Studienreihe Informatik

Herausgegeben von W. Brauer und G. Goos

E. Jessen   R. Valk

Rechensysteme

Grundlagen der Modellbildung

Mit 269 Abbildungen

Springer-Verlag
Berlin Heidelberg New York
London Paris Tokyo

Prof. Dr.-Ing. Eike Jessen
Institut für Informatik, Technische Universität München
Postfach 20 24 20, D-8000 München 2

Prof. Dr. Rüdiger Valk
Fachbereich Informatik, Universität Hamburg
Rothenbaumchaussee 67/69, D-2000 Hamburg 13

ISBN 3-540-16383-2 Springer-Verlag Berlin Heidelberg New York
ISBN 0-387-16383-2 Springer-Verlag New York Berlin Heidelberg

Cip-Kurztitelaufnahme der Deutschen Bibliothek
Jessen, Eike: Rechensysteme: Grundlagen d. Modellbildung / E. Jessen; R. Valk. –
Berlin; Heidelberg; New York; London; Paris; Tokyo: Springer, 1987.
(Studienreihe Informatik)
ISBN 3-540-16383-2 (Berlin Heidelberg New York)
ISBN 0-387-16383-2 (New York Berlin Heidelberg)
NE: Valk, Rüdiger:

Druck und Bindearbeiten: Druckhaus Beltz, Hemsbach/Bergstr.
2142/3140 – 543210

Wer sich der Praxis hingibt ohne Wissenschaft
ist wie der Steuermann,
der ein Schiff ohne Ruder und Kompass besteigt
und nie weiß, wohin er fährt.

Leonardo da Vinci

All denen gewidmet, die angesichts immer
perfekterer technischer Systeme nie vergessen,
daß Humanität nur ist, wo Menschen sich
ihrer eigenen Vernunft und persönlichen
Verantwortung bewußt sind.

Vorwort

Das Buch ist hervorgegangen aus Vorlesungen, die wir an der Universität Hamburg gehalten haben. Der Umstand, daß die übliche getrennte Darstellung der Gebiete "Betriebssysteme", "Rechnerorganisation" und "Verteilte Systeme" jede der Veranstaltungen mit der Präsentation eines Instrumentariums von Verfahren belastet und dabei den Lernenden die Einheit der Gesichtspunkte leicht verborgen bleibt, führte dazu, daß das Lehrgebiet "Rechnerorganisation und Betriebssysteme" in eine Grundvorlesung "Rechensysteme" und darauf aufbauende – dank der bereits gebrachten Grundlagen – mehr implementationsorientierte Vorlesungen "Rechnerorganisation", "Betriebssysteme", "Verteilte Systeme" gegliedert wurde. Die Vorlesung "Rechensysteme" hat Ansatz und Material zu diesem Buch geliefert.

Das Buch eignet sich daher als Begleittext für Studenten der Informatik im Hauptstudium und für Nebenfachinformatiker mit Interesse für Rechensysteme, sowie als Grundlagentext für Programmierer und Systemanalytiker. Es ist als Lehrbuch für eigenständiges Lernen und als Nachschlagewerk für Praktiker geeignet, die Aufschluß über theoretische Modelle voraussetzende Fragen brauchen. Für vertiefende Studien werden zahlreiche Literaturhinweise gegeben.

Wir danken Eike Best, Wilfried Brauer, Heino Carstensen, Hans–Jürgen Siegert und Bernd Wolfinger für viele wichtige Ratschläge, Werner Pohlmann und zahlreichen Studenten für Hinweise auf Fehler und Verständnisschwierigkeiten und den vielen, die mit Geduld und Verständnis Manuskript und druckfertigen Text hergestellt haben: Gabriele Diem, Ullrich Dillis, Heidrun Durry, Anita Graef, Monika Grimm und Anne Christine Hogrefe.

München/Hamburg, Juni 1986

Eike Jessen
Rüdiger Valk

Inhaltsverzeichnis

0 Einleitung

Die programmierbare Rechenanlage erlaubt es, eine gewünschte Funktion wahlweise durch ein Gerät, also durch Hardware, festzulegen oder aber durch Interpretation eines Programms auf einem Prozessor. Es ist daher seit langem anerkannt, daß die Betrachtungsweisen, die eine Problemlösung auf das Gerät alleine oder nur das Programm festlegen, in weiten Bereichen untauglich sind. Diese Austauschbarkeit von Gerät und Programm in der Definition der Funktion führte zum Begriff des "Rechensystems" für den Rechner einschließlich der sein betriebliches Verhalten definierenden Grundprogrammausstattung. Die in dem umfassenden Begriff ausgedrückte Anschauung liegt auch diesem Buch zugrunde.

Rechensysteme werden anhaltend mit erheblicher Unsicherheit entworfen und beurteilt. Die Mächtigkeit ihrer Funktionen verbietet, sie anders als in Modellen abstrahiert zu entwickeln und zu begreifen. Den unstrittigen Fortschritten in den Modellierungs- und Bewertungsverfahren stehen immer wieder neue Freiheitsgrade gegenüber. Die siebziger Jahre haben durch räumliche Verteilung von Funktionen ebenso neue Möglichkeiten und offene Fragen aufgeworfen wie die sechziger Jahre durch die verschiedenen Erscheinungsformen des Zeitmultiplexbetriebs.

Ein besonderer Mißstand des Gebietes besteht darin, daß die verschiedenen teilweise hochentwickelten Analyse- und Bewertungstechniken, wie formale Semantik, Verifikation, Netztheorie, Wartezeittheorie, Zuverlässigkeitstheorie, beziehungslos nebeneinander stehen, obwohl sie in der Praxis benötigt werden zur Analyse von Objekten, an denen sich Fragestellungen wie Eigenschaften der Datentransformation, Verklemmungsfreiheit, Leistung und Zuverlässigkeit miteinander verkoppelt ergeben. Es wird eine der wichtigen Aufgaben der Theorie von Rechensystemen in den nächsten Jahrzehnten sein, hier integrale Beschreibungs- und Analyseverfahren zu entwickeln.

Das vorliegende Buch versucht hierzu einige Ansätze. Netztheorie wird eingesetzt wegen ihrer Mächtigkeit und wegen ihrer guten Anpassung an das Vermögen des Menschen, bildliche Strukturen und Vorgänge zu erfassen und zu verarbeiten. Insbesondere bietet sie Vorteile bei der Darstellung nebenläufiger Handlungen und Funktionseinheiten und deren Strukturierung durch Vergröberung über mehrere

Abstraktionsschichten hinweg. Nebenläufigkeit und Strukturierung sind gleichermaßen zentrale Erscheinungen in heutigen Rechensystemen. Beide Themen werden daher ausführlich behandelt.

Nebenläufigkeit wird als kausale Unabhängigkeit in Auftragssystemen und Prozessen charakterisiert. Die grundlegenden Probleme und Mechanismen bei der Synchronisation nebenläufiger Handlungen werden erörtert. Abstraktion wird zunächst als Vergröberung und Verfeinerung von Handlungen und Auftragssystemen, später als Strukturierungs- und Modularisierungskonzept in Programmiersprachen und schließlich bei verschiedenen Schichtenmodellen für Betriebssysteme, Sicherheitsmodelle und Kommunikationsprotokolle behandelt.

Abstraktion und Nebenläufigkeit zeigen wichtige Wechselwirkungen. Nebenläufigkeit kann nur in Bezug auf eine gewählte Abstraktionsebene betrachtet werden. Umgekehrt kann durch Abstraktion kausale Unabhängigkeit von Systemteilen hervorgehoben und dadurch Nebenläufigkeit ermöglicht werden. Abstraktion ist oft aber auch nötig, um unerwünschte oder auch nur unbeherrschbare Einflüsse nebenläufiger Handlungen zu unterbinden. Dies führt zum zentralen Begriff der Unteilbarkeit. Serialisierbarkeit und Funktionalität wiederum erlauben, Auftragssysteme von außen (d.h. als abstrakte Einheit) als sequentiell und unteilbar zu betrachten, während sie intern (also in der Verfeinerung) einen hohen Grad von nebenläufiger Bearbeitung zulassen.

Probleme der Zuverlässigkeit und Auftrags-Sicherheit werden in Zukunft als Entwurfs- und Bewertungs-Kriterien von Rechensystemen an Bedeutung gewinnen. Daher wird diese Problematik eingehend diskutiert, und es werden Sicherheits- und Zuverlässigkeitsmodelle vorgestellt. Die Ergebnisse der Wartezeittheorie werden auf das aus der Netztheorie gewonnene Instrumentarium von Elementen aufgebaut; mit der Zuverlässigkeit teilen sie nicht nur die mathematischen Verfahren, sondern es werden auch Wechselwirkungen zwischen beiden Leistungsaspekten quantitativ erfaßt.

Durchweg haben wir uns als Verfasser Anschaulichkeit zum Ziel gesetzt. Ein Verzicht auf mathematische Modellbildung hätte jedoch zu weitaus weniger präzisen Begriffen und Aussagen geführt. Die mathematischen Anforderungen konnten so begrenzt werden, daß die Kenntnisse des Vordiploms im Studiengang Diplom-Informatiker vollständig ausreichen. Hierzu werden in der Literatur bekannte Ergebnisse, z.B. in der Theorie der Bedienstrategien, auf einfachere Art begründet als sonst üblich.

Um die Lesbarkeit und Anschaulichkeit zu erhöhen, haben wir die Darstellung der benötigten Teile von Netz- und Wahrscheinlichkeitstheorie dort eingeführt, wo sie benötigt werden. Den Zusammenhang auseinanderliegender Teile stellen besondere Abschnitte und Diagramme (wie Abb. 1.3.4) her. Um das Auffinden von Definitionen und Sätzen zu erleichtern, enthält das Inhaltsverzeichnis eine stichwortartige Beschreibung der Abschnitte. Wichtige mathematische Notationen werden im folgenden zusammengefaßt.

Allgemeine mathematische Notationen

$\mathbb{R}$ Menge der reellen Zahlen

$\mathbb{R}_o^+ := \{x \in \mathbb{R} \mid x \geq 0\}$ nicht–negative reelle Zahlen

$\mathbb{R}^+ := \{x \in \mathbb{R} \mid x > 0\}$ positive reelle Zahlen

$(a;b) := \{x \in \mathbb{R} \mid a \leq x \leq b\}$ reelle Intervalle

$(a;b(:= \{x \in \mathbb{R} \mid a \leq x < b\}$

$)a;b) := \{x \in \mathbb{R} \mid a < x \leq b\}$

$)a;b(:= \{x \in \mathbb{R} \mid a < x < b\}$

$\mathbb{Z} := \{\ldots -2, -1, 0, 1, 2, \ldots\}$ ganze Zahlen

$\mathbb{N} = \mathbb{N}_o := \{0, 1, 2, \ldots\}$ nicht–negative ganze Zahlen

$\mathbb{N}^+ := \mathbb{N} \setminus \{0\}$ positive ganze Zahlen

$\{a..b\} := \{x \in \mathbb{Z} \mid a \leq x \leq b\}$ ganzzahliges Intervall

$A \subset B$ oder zuweilen $A \subseteq B$ Mengeninklusion

$A \subsetneqq B$ echte Mengeninklusion

$P(A) := \{B \mid B \subset A\}$ Potenzmenge von A

$A \setminus B$ Mengendifferenz

$\cup \{A_i \mid i \in I\}$ Vereinigung aller Mengen A_i mit $i \in I$

$|A|$ Elementeanzahl der Menge A

X^* Menge der (endlichen) Worte (Folgen) über dem Alphabet X einschließlich des leeren Wortes λ

$X^+ := X^* \setminus \{\lambda\}$ Menge der Worte ohne λ

$\lg(w)$ Wortlänge von w, mit $\lg(\lambda)=0$

X^ω Menge der unendlichen Worte (Folgen) über dem Alphabet X

1 Elementare Begriffe und Erscheinungen

Aufgabe dieses Kapitels ist es, einige für die Behandlung von Rechensystemen wesentliche Erscheinungen begrifflich zu fassen und dann auf formale Begriffe zurückzuführen. Den vollen Umfang dieser Begriffe wird der Leser dann beim Studium der folgenden Kapitel erkennen. Die dadurch mögliche einheitliche Behandlung sehr unterschiedlicher Erscheinungen lohnt die Mühe, die die Aneignung der zunächst etwas abstrakten Grundbegriffe mit sich bringt.

Eine Definition von Begriffen, wie z.B. Handlung, die im Alltagsleben meist unkritisch benutzt und verstanden werden, wird hier deshalb notwendig, weil wir sie von Menschen auf Maschinen übertragen und sie somit einer eindeutigen operationalen Festlegung bedürfen. Durch die Entlehnung aus der natürlichen Sprache sollen diese Begriffe einerseits an ihre ursprünglichen Inhalte erinnern, um so dem Leser das Erlernen und die Anschauung zu erleichtern. Andererseits sollte man sich immer vor Augen führen, daß es in komplexen und abstrakten Zusammenhängen wichtig ist, den Gebrauch dieser Begriffe auf ihre explizite Definition zu reduzieren.

1.1 Handlung und Auftrag

Da es unser Ziel ist, Vorgänge in Systemen zu beschreiben, befassen wir uns zunächst mit dem elementaren Begriff der Handlung. Als Handlung können Phänomene sehr unterschiedlicher Komplexität verstanden werden: ein Rechensystem aus mehreren Prozessoren und peripheren Geräten vollbringt eine Handlung, ebenso der Benutzer, der auf einen Knopf drückt.

In beiden Beispielen wurde nicht gesagt, *wie* diese Handlung durchgeführt wurde, sondern die vollzogene Änderung beschrieben. Daher wollen wir, möglichst allgemein, eine Handlung durch ihre Wirkung definieren.

(1.1.1)   *Definition*: Unter einer *Handlung* verstehen wir die (möglichst zweckvolle) Herstellung oder Änderung eines Objektes.

Dieser Begriff stellt eine beträchtliche Einengung des philosophischen Handlungsbegriffs dar. Schon in der Antike unterscheidet Aristoteles in seiner Nikomachischen Ethik (Aristoteles 69) das "Herstellen" vom "Handeln". "Herstellen" hat sein Ziel außerhalb des Tuns in einer von ihm ablösbaren (abstrahierbaren) Sache. "Handeln" hat dagegen sein Ziel im Tun, z.B. wenn wir mit anderen verständnisvoll kommunizieren. Danach können Maschinen *nicht* handeln, da sie keinen freien Willen haben und nur Menschen zum "Verstehen" fähig sind.

Der philosophische Handlungsbegriff wurde in neuer Zeit z.B. von J. Habermas weiterentwickelt, indem er rationales (d.h. vernünftiges) Handeln in Bezug auf "kognitiv–instrumentelle Rationalität" einerseits und "kommunikative Rationalität" andererseits differenziert (Habermas 81). Im hier relevanten Kontext der Rechensysteme ist diese Unterscheidung wichtig, weil zunehmend, insbesondere im Sprachgebrauch über die "Mensch–Maschine–Kommunikation", die Tendenz besteht, den Begriff auch für den Menschen auf seine instrumentelle Komponente zu verkürzen (siehe auch (Schnädelbach 84)).

In Def. 1.1.1 liegt eine "extensionale" Begriffsbildung vor. Die Extension eines Begriffes ist sein Umfang, d.h. die Menge der Gegenstände oder Situationen, auf die er zutrifft. In unserem Falle bedeutet dies, daß Handlungen, die die gleiche Änderung bewirken, als gleich oder zumindest ununterscheidbar betrachtet werden. Auch für andere Begriffe dieses Buches gilt das Zitat aus (Klaus 69): "Es ist immer anzustreben, wissenschaftliche Formulierungen, Theorien usw. in einer extensionalen Sprache darzustellen, da diese Sprachen bedeutend leichter zu handhaben sind, sich präziser formulieren lassen. Besonders wichtig ist, daß sich die Probleme der maschinellen Rechentechnik wesentlich leichter bewältigen lassen, wenn der

Bereich, in den das betreffende Problem fällt, in einer extensionalen Sprache dargestellt ist." Eine formale Charakterisierung des Extensionalitätsprinzips behandeln wir in Kapitel 2.2.

Um diese Definition benutzen zu können, müssen wir "Änderung" und "Objekt" präziser fassen. Dazu betrachten wir das Beispiel in Abb. 1.1.1 (nach (Peterson 81)).

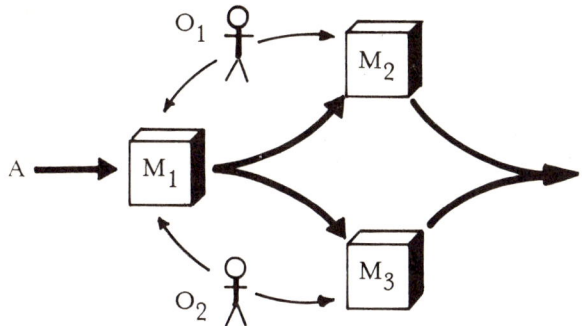

Abb. 1.1.1: Das Beispiel von drei Maschinen und zwei Operateuren

Ein Auftrag (z.B. ein Werkstück, ein Programm, ein Kartenstapel) A soll zunächst auf einer Maschine M_1, dann auf Maschinen M_2 oder M_3 bearbeitet werden. Ein Mensch (Arbeiter, Operateur) O_1 bedient M_1 und M_2, ein weiterer, O_2, bedient M_1 und M_3. In Abb. 1.1.2 ist die Änderung des Gesamtzustandes angegeben, die eintritt, sobald A in M_1 durch O_2 bearbeitet wird.

$$
\left\{
\begin{array}{c}
A\ unbearbeitet \\
M_1\ frei \\
M_2\ frei \\
M_3\ frei \\
O_1\ frei \\
O_2\ frei
\end{array}
\right\}
\xrightarrow{\ a\ }
\left\{
\begin{array}{c}
A\ in\ M_1\ mit\ O_2 \\
M_1\ belegt \\
M_2\ frei \\
M_3\ frei \\
O_1\ frei \\
O_2\ beschäftigt
\end{array}
\right\}
$$

Abb. 1.1.2: Ein Gesamtzustandswechsel

Der Gesamtzustand ist ein Vektor, dessen Komponenten den Zustand der beteiligten Personen und Geräte angeben. Nach Def. 1.1.1 liegt eine Änderung eines Objektes (hier des Gesamtzustands), also eine Handlung a, vor. Die Wirkung dieser Handlung wird jedoch schon vollständig durch die in Abb. 1.1.3 mit Pfeilen gekennzeichneten Komponenten charakterisiert, da alle anderen Komponenten unverändert bleiben.

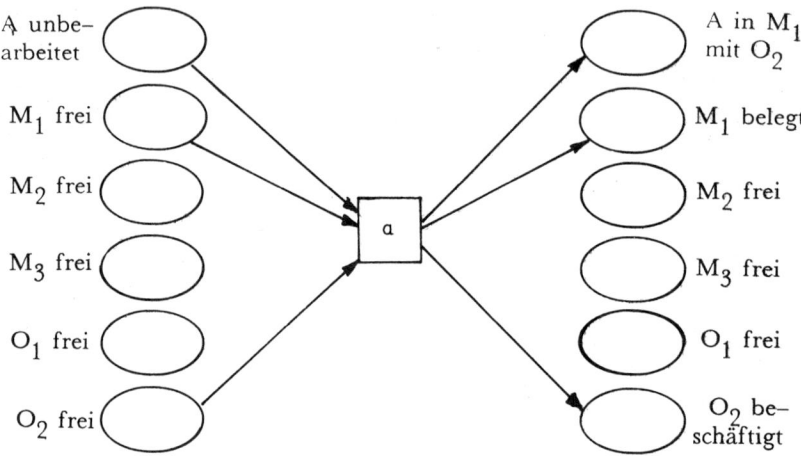

Abb. 1.1.3: Handlung mit Vor- und Nachbedingungen

Da die Komponenten des Gesamtzustandes Bedingungen darstellen, nennen wir die durch die Handlung a veränderten Komponenten im alten Zustand *Vorbedingungen der Handlung* a. Analog heißen die entsprechenden Komponenten im neuen Zustand *Nachbedingungen der Handlung* a. Bedingungen, die für das Stattfinden einer Handlung notwendig sind, aber nicht verändert werden, heißen *Nebenbedingungen* (etwa für a: "M_1 ist funktionsfähig"). Vor- und Nachbedingungen von Handlungen heißen auch *Eingangs-* und *Ausgangsgrößen*. Man unterscheidet bei ihnen *Nutzeingangsgrößen* (z.B. Operanden, Operatoren usw.), *Hilfseingangsgrößen*, wir sagen auch *Betriebsmittel* (z.B. Speicher, Geräte usw.), und *Signale*, die nur dazu dienen, bestimmte Ausführungsreihenfolgen von Handlungen sicherzustellen. Im konkreten Fall hängt diese Unterscheidung von der Sichtweise oder ihrem Zweck ab, ist also nicht formal ableitbar. Wir werden auf diese Unterscheidung später zurückkommen.

Graphisch stellen wir Bedingungen durch Kreise oder Ellipsen dar und nennen diese *Stellen*. Zur Unterscheidung wird die Handlung symbolisch durch ein Quadrat oder Rechteck dargestellt und *Transition* genannt. Pfeile werden von Vorbedingungen zu Transitionen und von Transitionen zu Nachbedingungen gezeichnet.

Die Beschränkung auf Vor- und Nachbedingungen einer Handlung erlaubt neben einer adäquateren auch eine ökonomischere Darstellung des Systemverhaltens (Nebenbedingungen treten in unserem Beispiel nicht auf). Um alle Handlungen zu beschreiben, stellen wir zunächst alle Vor- und Nachbedingungen durch Stellen dar. Dabei identifizieren wir äquivalente Bedingungen wie "A in M_1 mit O_2", "O_2 beschäftigt" und "M_1 belegt". Wir stellen Beginn und Ende der Arbeit jedes Operateurs an jeder seiner Maschinen als Transition dar. Das ergibt acht Transitionen. Der gesamte Graph ist in Abb. 1.1.4 dargestellt. (Wege von Objekten oder Information kann man durch Farben oder Fettdruck hervorheben, hier z.B. die möglichen Wege von A.)

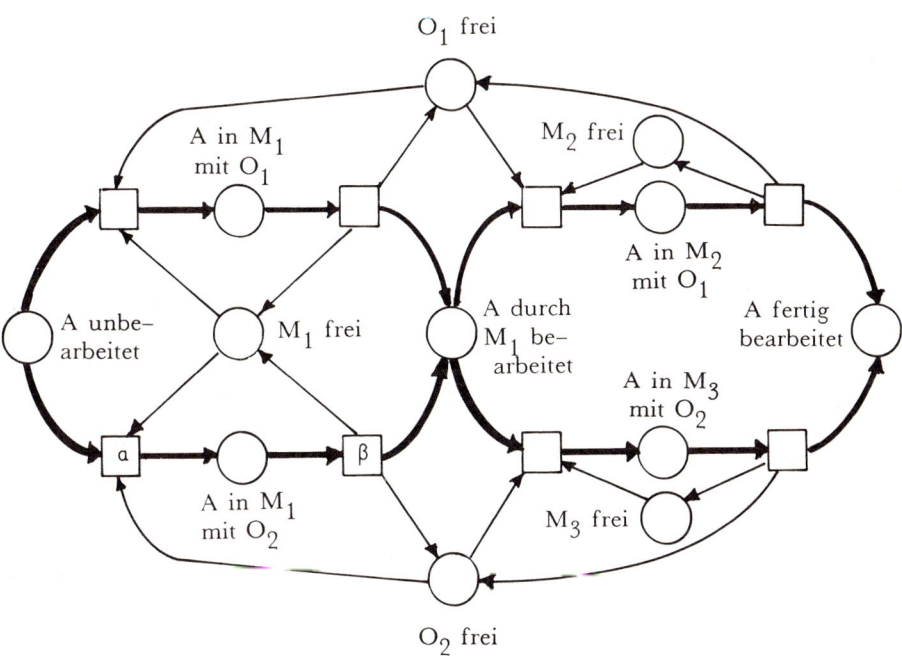

Abb. 1.1.4: Das Netz der drei Maschinen und zwei Operateure

Einen Graphen wie in Abb. 1.1.4 nennt man nach C. A. Petri ein Petri-Netz, oder kürzer ein Netz (Petri 62; Reisig 82).

(1.1.2)   *Definition*: Ein *Netz* (net) ist ein Tripel N = (S,T,F), bestehend aus einer Menge S von *Stellen*, man sagt auch *Plätzen* (places), einer dazu disjunkten nichtleeren Menge T von *Transitionen* (transitions) und einer *Flußrelation* (flow relation) F ⊆ (S x T) ∪ (T x S).

Die Flußrelation F eines Netzes kann als Kantenmenge eines Graphen aufgefaßt und dargestellt werden. Kanten können nie von Stellen zu Stellen oder von Transitionen zu Transitionen führen. In Abb. 1.1.4 sind ("M_1 frei", a) $\in$ F und (a, "A in M_1 mit O_2") $\in$ F solche Kanten.

"M_1 ist frei" ist also eine Vorbedingung oder Eingansstelle von a. Um Eingangs- und Ausgangs-Stellen bzw. -Transitionen einheitlich zu bezeichnen, wird üblicherweise folgende "Punktnotation" benutzt. Ist x eine Stelle bzw. Transition, dann bezeichnet ˙x die Menge aller Transitionen bzw. Stellen y, von denen aus eine Kante (y,x) zu x führt.

(1.1.3)   *Definition*: Es sei N=(S,T,F) ein Netz.

   a) Für ein Element x $\in$ S $\cup$ T bezeichnet
     ˙x := {y | (y,x) $\in$ F} die Menge der *Eingangselemente*, sowie
     x˙ := {y | (x,y) $\in$ F} die Menge der *Ausgangselemente* von x.
     Insbesondere heißt ˙t bzw. t˙ Menge der *Vor-* bzw. *Nachbedingungen* (pre-, post-conditions) oder auch *Eingangs-* bzw. *Ausgangsstellen* von t. ˙s bzw. s˙ heißen Menge der *Eingangs-* bzw. *Ausgangstransitionen* von s.

   b) Für eine Menge A $\subset$ S $\cup$ T definiert man entsprechend
     ˙A := {y | $\exists$ x $\in$ A : (y,x) $\in$ F} sowie
     A˙ := {y | $\exists$ x $\in$ A : (x,y) $\in$ F}.

   c) Ist eine Stelle s gleichzeitig Eingangs- und Ausgangsstelle einer Transition t, also s $\in$ ˙t $\cap$ t˙, dann heißt s *Nebenstelle* oder *Nebenbedingung* (side condition) von t. N heißt *nebenbedingungsfrei* oder *rein* (pure), falls N keine Nebenbedingungen enthält, d.h. t˙ $\cap$ ˙t = $\emptyset$ für alle t $\in$ T gilt.

Unsere Definition von Handlung erlaubt es, verschiedene Grade der Detaillierung zu erfassen. In dem Beispiel hatten wir den Arbeitsbeginn einer Maschine vom Arbeitsende unterschieden. Für verschiedene Zwecke kann es sinnvoller sein, diese beiden Transitionen zu einer Handlung zusammenzufassen. Handlungen können also in Teilhandlungen zerlegt werden. Die Eingangs- und Ausgangsgrößen einer Handlung können aus den entsprechenden Größen der Teilhandlungen des "Randes" der Handlung gewonnen werden.

(1.1.4)   *Definition*: Sei N = (S,T,F) ein Netz und A $\subset$ S $\cup$ T eine Menge von Stellen und Transitionen. Der *Rand* (surface) R(A) von A besteht aus denjenigen Elementen von A, die durch eine Kante mit einem Element außerhalb von A verbunden sind: R(A) := { x $\in$ A | $\exists$ y $\notin$ A : y $\in$ ˙x $\cup$ x˙}.

A heißt *stellenberandet* oder *offen* (open), falls R(A) ⊂ S und *transi-tionsberandet* oder *abgeschlossen* (closed), falls R(A) ⊂ T gilt.

Das Netz in Abb. 1.1.7 a) zeigt durch unterbrochene Linien vier transitionsberandete und zwei stellenberandete Mengen.

(1.1.5)   *Definition*: Gegeben sei ein Netz N = (S,T,F) und eine transitionsberandete Menge A⊂S∪T. Faßt man die Elemente von A zu einer Transition t_A zusammen und entfernt dadurch mehrfach auftretende Kanten, so heißt das so entstandene Netz N[A]=(S[A],T[A],F[A]) *Vergröberung von N* bezüglich A (abstraction). N heißt *Verfeinerung* (refinement) von N[A]. Es ist also zu setzen:

$$S[A] := S\backslash A$$
$$T[A] := (T\backslash A)\cup t_A$$
$$F[A] := \{(x,y)\,|\,x\notin A \wedge y\notin A \wedge (x,y)\epsilon F\}$$
$$\cup \{(x,t_A)\,|\,x\notin A \wedge \exists\ y\epsilon A: (x,y)\epsilon F\}$$
$$\cup \{(t_A,y)\,|\,y\notin A \wedge \exists\ x\epsilon A: (x,y)\epsilon F\}$$

Ist A stellenberandet, dann ist analog zu definieren: $S[A]:=(S\backslash A)\cup\{s_A\}$, $T[A]:=T\backslash A$ und in F[A] ist t_A durch s_A zu ersetzen.

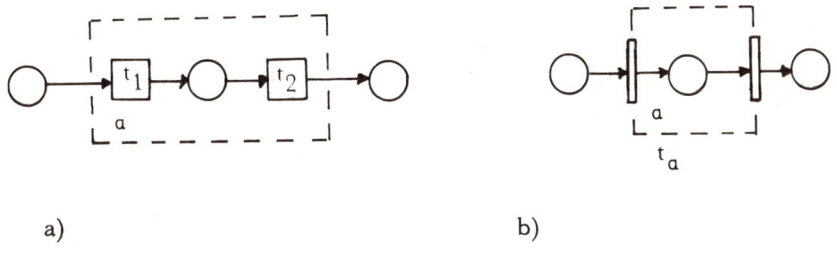

a)   b)

Abb. 1.1.5: Eine einfache Vergröberung

Abbildung 1.1.5 a) stellt einen sehr einfachen Fall einer Vergröberung einer Handlung a dar. Um die Ereignisse "Beginn der Handlung a" und "Ende der Handlung a" zu kennzeichnen, werden Transitionen t_1 und t_2 eingeführt. Um anzudeuten, daß t_1 und t_2 keine weiteren Unterteilungen zulassen, benutzen wir auch die abkürzende Darstellung in Abb. 1.1.5 b), in der t_1 und t_2 durch schmale Rechtecke erscheinen.

- 12 -

Häufig werden wir auch die Vergröberung von Abb. 1.1.6 a) benutzen und dabei die symbolische Abkürzung von Abb. 1.1.6 b) verwenden.

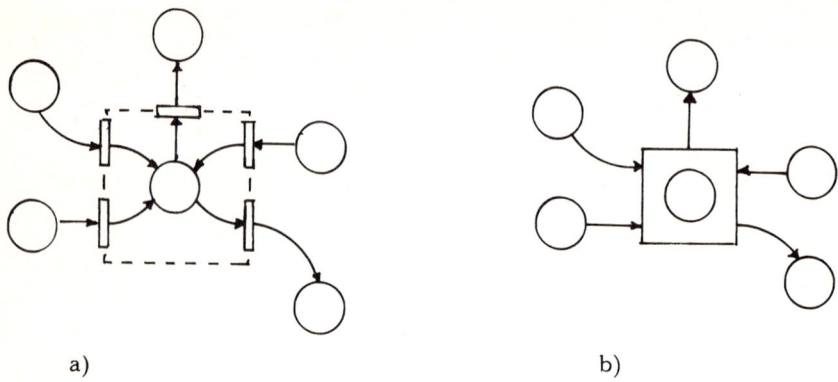

a)   b)

Abb. 1.1.6: Vergröberung für alternative Verzweigung a) und abkürzende Darstellung b).

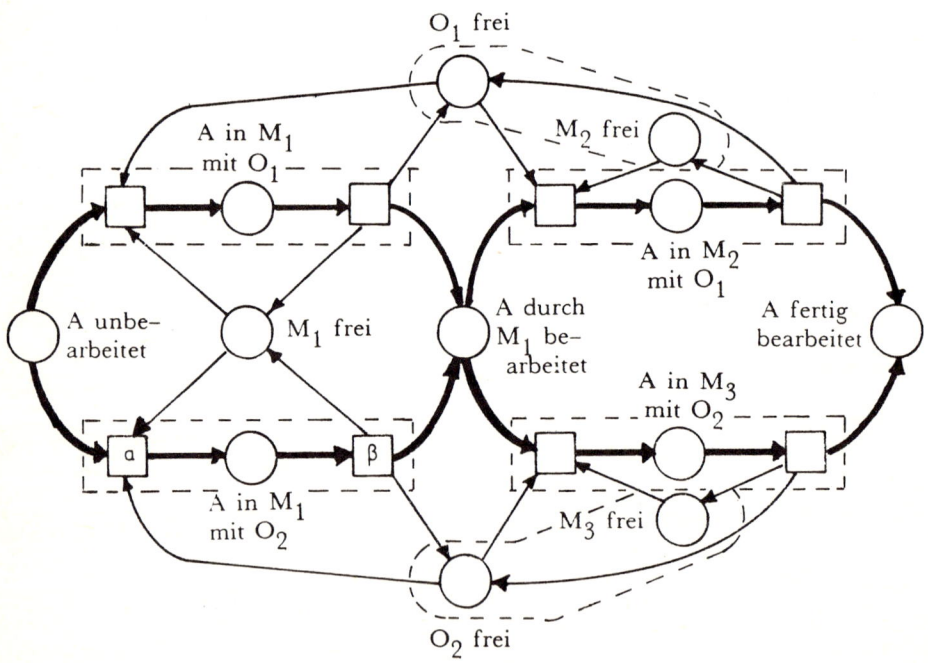

a) Netz N

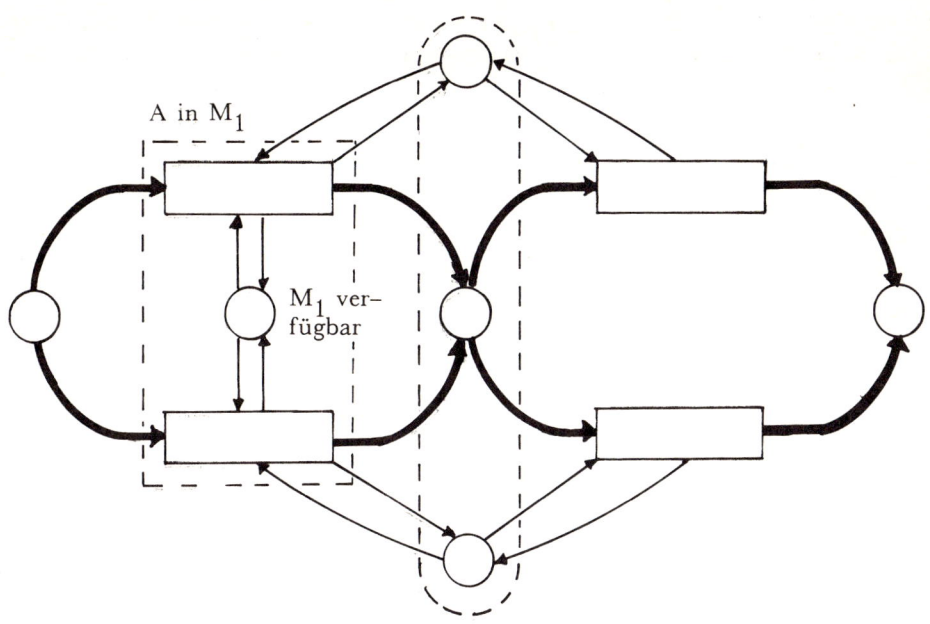

b) Netz N_1

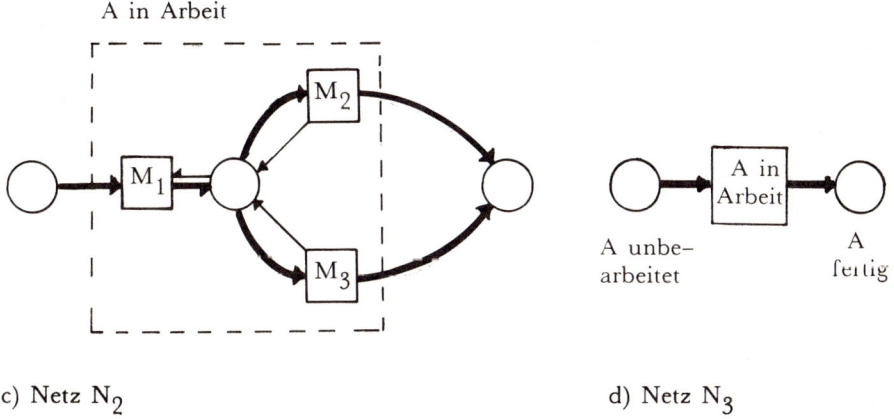

c) Netz N_2 d) Netz N_3

Abb. 1.1.7: Ein Netz N mit Vergröberungen.

In Abb. 1.1.7 sind mehrere Vergröberungen unseres Beispielnetzes N von Abb. 1.1.4 dargestellt. Die Vergröberung N_1 faßt Beginn und Ende der Maschinenbearbeitungsphasen als Transitionen zusammen. Außerdem wurden die Freiphasen der Operateure O_1 bzw. O_2 mit den Freiphasen der von ihnen aktiv bedienten Maschinen M_2 bzw. M_3 zusammengefaßt. Die Vergröberung N_2 von

N_1 faßt zusätzlich die beiden Handlungen von M_1 zusammen, so daß die groben Zusammenhänge der drei Handlungen der drei Maschinen betont werden. Die Vergröberung N_3 von N_2 faßt schließlich den gesamten Vorgang zu einer Transition oder Handlung zusammen. Natürlich sind Vereinigungen von stellenberandeten bzw. transitionsberandeten Mengen wieder stellen- bzw. transitionsberandet. Folglich sind auch N_2 und N_3 Vergröberungen von N. Durch die Vergröberung N_1 entsteht die Nebenbedingung "M_1 verfügbar", die wir bei der Einführung des Begriffs erwähnt haben.

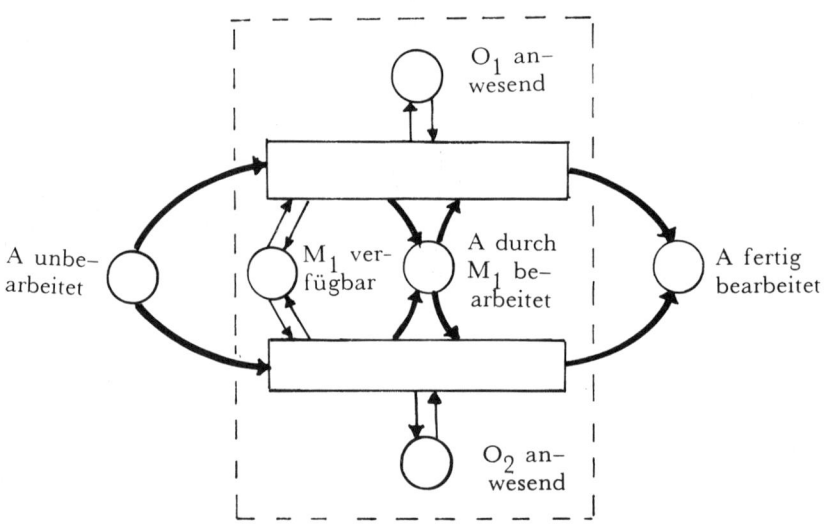

a) Netz N_4

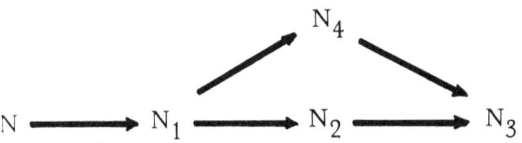

b) Diagramm

Abb. 1.1.8: Eine weitere Vergröberung N_4 und ihr Verhältnis zu den anderen

Es sind aber auch andere Vergröberungen wie in Abb. 1.1.8 a) denkbar. Hier wird die gesamte Bearbeitung des Auftrags zu den Transitionen "A wird in M_1 und M_2 bearbeitet" oder "A wird in M_1 und M_3 bearbeitet" zusammengefaßt. Die entstehenden Nebenbedingungen können mehr oder weniger sinnvoll interpretiert werden. Abbildung 1.1.8 b) zeigt alle Vergröberungen zusammenhängend als Diagramm.

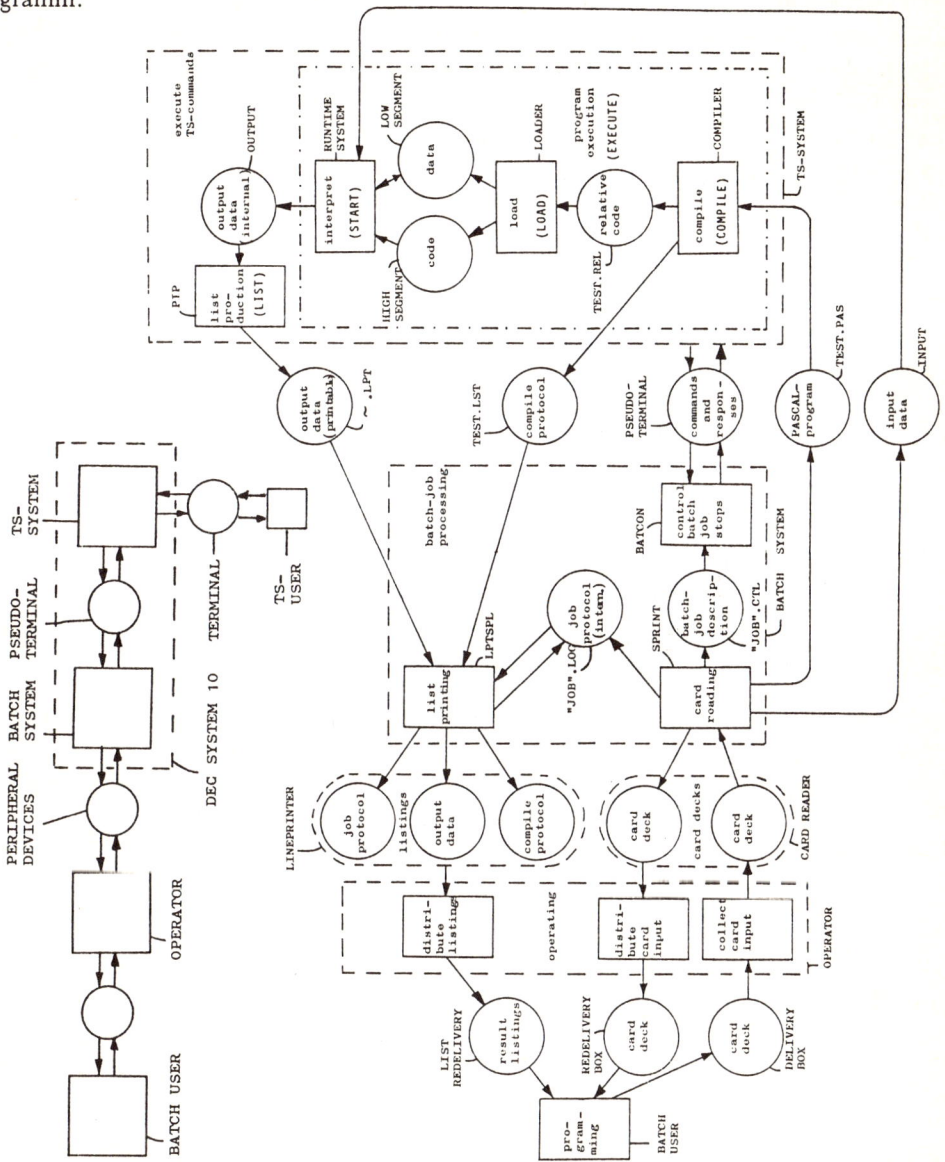

Abb. 1.1.9: Netz mit Vergröberung zur Darstellung einer Auftragsbearbeitung im DEC 10 System

Bei einer Netzvergröberung, wie N_1 oder N_4, sind nicht mehr alle ursprünglichen Bedingungen oder Transitionen einzeln dargestellt, sondern zu Gruppen zusammengefaßt. Die Kanten beschreiben daher nicht den Bedingungswechsel der vergröberten Bedingung, sondern den Einfluß der Transition auf eine ihrer Teilbedingungen. Sie stellen einen nicht näher spezifizierten Einfluß dar.

Netze werden in dieser Form zur strukturierten Darstellung von komplexen Systemen benutzt. Ob eine Systemkomponente dabei als Stelle oder Transition dargestellt wird, hängt von ihrer Rolle ab, die sie in der betreffenden Darstellung haben soll. Die Stellen in einem solchen Netz heißen oft auch *Kanäle* und stehen für die mehr *passiven* Systemkomponenten wie Speicher, Zustände, Objekte, Bedingungen, Information oder Nachrichten (zur Übergabe). Die Transitionen (sie heißen oft *Instanzen*) stellen dagegen die mehr *aktiven* Systemkomponenten dar, also Handlungen wie Speicherzugriff, Zustandswechsel, Objekt- oder Bedingungsänderung, Informationstransport und –verarbeitung, sowie Geräte oder Programme, deren Aufgabe in der Ausübung einer Tätigkeit (nicht Nachrichtenübergabe) besteht . Die Kanten eines solchen Netzes beschreiben Beziehungen zwischen Kanälen und Instanzen wie Speicherzugriffsrechte, Vor- und Nachbedingungsbeziehungen, Nachrichtenfluß usw. (Um diesen Aspekt hervorzuheben, wurden solche Netze auch als Kanal/Instanzen-Netze (channel/agency-nets) bezeichnet (Petri 76; Oberquelle 80).)

In N_1 von Abb. 1.1.7 erkennen wir z.B., daß Operateur O_1 an M_1 und M_2 arbeitet, in N_2 nur noch, daß O_1 und O_2 an M_1, M_2, M_3 arbeiten. Als weiteres Beispiel zeigt Abb. 1.1.9 die Bearbeitung eines PASCAL-Auftrags in einem DEC 10 System als Netz mit einer Vergröberung (Oberquelle 80). Auf die etwas engere Definition von Kanal und Instanz in DIN 66200 (DIN 66200) kommen wir später zurück.

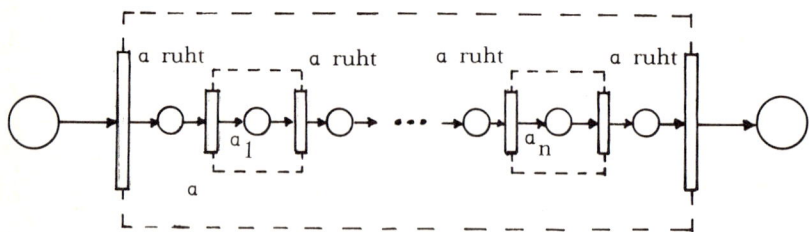

Abb. 1.1.10: Handlung mit Teilhandlungen

Eine Handlung kann in Teilhandlungen *zerlegbar* sein. Abbildung 1.1.10 zeigt eine solche Zerlegung als Netz. Zwischen Teilhandlungen *ruht* die Handlung. Das Ruhen einer Handlung kann sich über eine bestimmte Zeitdauer erstrecken. Im Grenzfall der Zeitdauer null beschreibt die Stelle nur die Trennung der Teilhandlungen, bzw. die Übergabe von Information.

Eingangsgrößen, die nicht unmittelbar dem erklärten Zweck der Handlung zugeordnet werden und meist unverändert als Ausgangsgröße erscheinen, heißen *Hilfseingangsgrößen* oder *Betriebsmittel*. Betriebsmittel können *wiederverwendbar* oder *verbrauchbar* sein (Abb. 1.1.11).

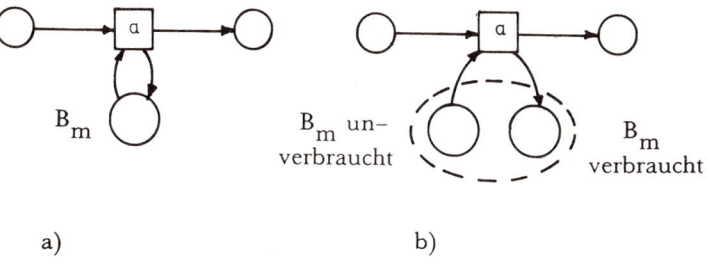

a)   b)

Abb. 1.1.11: Wiederverwendbares und verbrauchbares Betriebsmittel

Wie Abb. 1.1.11 b) zeigt, kann diese Unterscheidung eine Frage der Detaillierung oder Betrachtungsebene sein.

Betriebsmittel, die zu einem Zeitpunkt höchstens *einer* Handlung zugeordnet sein können, heißen *exklusiv*, sonst *nicht exklusiv* oder *gemeinsam*. Dies hängt wieder von der gewählten Betrachtungsebene ab: in Abb. 1.1.12 ist B_m gemeinsam für a_1 und a_2, aber exklusiv für die Vergröberung a.

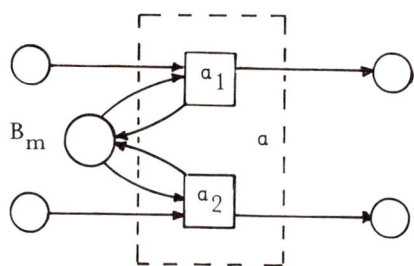

Abb. 1.1.12: Gemeinsames und exklusives Betriebsmittel

Wird ein (gemeinsames) Betriebsmittel während seiner Benutzung durch eine Handlung a_1 von einer anderen (priorisierten) Handlung a_2 benötigt, so kann es nützlich sein, die Teilung von a_1 (und die Freigabe des Betriebsmittels) durchzuführen. Solche Betriebsmittel heißen *entziehbar*.

Abbildung 1.1.13 zeigt eine teilbare Handlung, die jedesmal das Betriebsmittel freigibt.

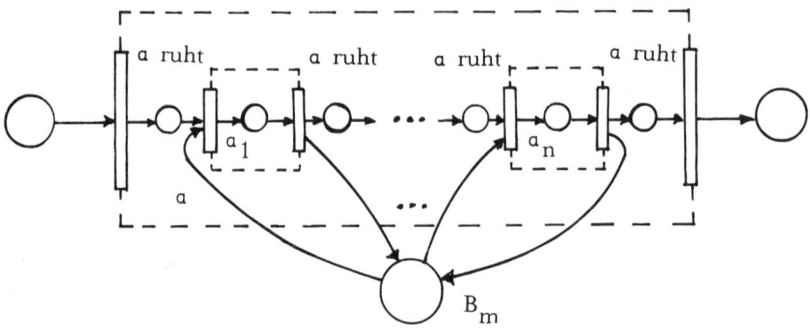

Abb. 1.1.13: Teilbare Handlung mit Betriebsmittelfreigabe

In unserem Beispiel können M_1 und O_1 als Betriebsmittel der vergröberten Handlung links oben in Abb. 1.1.7 a) aufgefaßt werden. Genauso gut kann man aber auch A als nicht wiederverwendbares Betriebsmittel dieser O_1 zugeschriebenen Handlung auffassen.

Gemeinsame Betriebsmittel, deren Verfügbarkeit eingeschränkt ist, können zu Konflikten, Verzögerungen und Verklemmungen führen – Erscheinungen, auf die wir zurückkommen werden. Da sie in solchen Fällen besondere Beachtung erzwingen, definiert DIN 62200 Betriebsmittel einschränkender als "Teile eines Rechensystems, die in wechselndem Ausmaß belegt werden und deren beschränkte Verfügbarkeit zu Belegungskonflikten führen kann".

Handlungen können auf verschiedene Arten festgelegt und beschrieben werden. Neben der bisher gewählten Darstellung durch Netze kann dies durch Algorithmen, Programme, Nachrichten, Texte usw. geschehen. Jede solche Beschreibung, festgehalten auf einem Datenträger, nennen wir *Handlungsanweisung* oder kürzer *Anweisung*. Eine Anweisung kann i.a. eine Menge von Handlungen beschreiben.

Ist eine Handlung in Teilhandlungen zerlegbar, so entsprechen diesen meist auch Teilanweisungen. In einer gegebenen Betrachtungsebene (z.B. höhere Programmsprache, Maschinensprache) sind solche Verfeinerungen nur bis zu einem gewissen Grade ökonomisch und sinnvoll. Meist sind nicht mehr weiter teilbare Handlungen, die wir *elementar* nennen, durch einen Handelnden oder Prozessor festgelegt. Dieser wird interpretationsneutral *Funktionseinheit* genannt.

Einerseits ist also die Spezifikation einer Handlungsanweisung nur sinnvoll in Hinblick auf eine Funktionseinheit – andererseits nennen wir alles, was Anweisungen ausführen kann, Funktionseinheiten. Ein "Auftrag" bindet die Handlungsanweisung an eine geeignete Funktionseinheit.

(1.1.6) *Definition*: Unter einer *Funktionseinheit* (FE) (functional unit) verstehen wir ein durch Aufgabe oder Wirkung abgrenzbares Gebilde, wobei Aufgabe oder Wirkung in Handlungen bestehen. Hierzu kann etwa die Verarbeitung von Daten ebenso wie die Übertragung oder Speicherung gehören.

Der erste Halbsatz dieser Definition entspricht DIN 44300 bzw. DIN 66200. Einschränkend fassen wir z.B. eine Nachricht nicht als Funktionseinheit auf. Eine Anweisung, die an eine Funktionseinheit gegeben wird, um sie zu einer Handlung zu verpflichten, begründet einen Auftrag an eine Funktionseinheit.

(1.1.7) *Definition*: Ein *Auftrag* (task) ist eine Verpflichtung zur Ausführung einer Handlung. Ein Auftrag wird durch Übergabe einer *(Handlungs-) Anweisung* (statement), der *Auftragsbeschreibung* (task specification), an die verpflichtete, den Auftrag ausführende Funktionseinheit begründet (vgl. DIN 66200). Wir stellen Aufträge daher oft als Paar $a = (a, R)$ dar, wobei a die Anweisung und R die verpflichtete Funktionseinheit darstellt.

(1.1.8) *Definition*: Die *Auftragsbeschreibung* ist die Beschreibung der auszuführenden Handlung eines Auftrages. Sie ist in einer *Auftragssprache* auf einem *Datenträger* formuliert. Anweisungen in Form eines Textes nennen wir auch *Programm*, *Protokoll* oder *Prozeßanweisung*. Zur graphischen Darstellung von Anweisungen benutzen wir statt Flußdiagrammen *Netze*.

Zum Beispiel ist M_1 in Abb. 1.1.1 eine Funktionseinheit, die durch den Auftrag A zu einer Handlung verpflichtet wird. Anfang und Ende dieser Handlung γ_1 sind im Netz von Abb. 1.1.4 durch die Transitionen α und β dargestellt. Ist a_1 die zugehörige Anweisung, dann hat dieser Teilauftrag die Form $a_1 = (a_1, M_1)$, der gesamte Auftrag A z.B. die Form "erst $a_1 = (a_1, M_1)$, dann $a_2 = (a_2, M_2)$" (vgl. Abb. 1.2.1).

Was bedeutet es nun, wenn wir die Stellen "A unbearbeitet" und "A fertig bear-beitet" verschmelzen und den Auftrag mehrmals bearbeiten lassen?

Im Sinne unserer Definition ist jeder Durchlauf eine neue Verpflichtung der jeweiligen Funktionseinheit, also ein neuer Teilauftrag. Die Auftragsbeschreibung erfolgt durch ein Netz, genauer gesagt durch ein S/T–Netz. Da die formale Defin-ition von S/T–Netzen im Zusammenhang mit der Definition ihres dynamischen Verhaltens, den auf ihnen ablaufenden Prozessen, besser verständlich wird, ver-schieben wir diese Definition nach 1.3. Programme, also Anweisungen in Textform, beschreiben wir in einer von Dijkstra eingeführten Sprache (Dijkstra 75). Wegen ihrer logisch überzeugenden Gestalt wird sie zunehmend in der Literatur für sequentielle (Gries 81), wie auch für nebenläufige Programme (Hoare 78) benutzt (siehe auch (Best 83)).

(1.1.9)   *Definition*: Die Programmiersprache PROG bestehe aus folgenden Anweisungstypen:

a) Variablen können durch

$$\underline{var}\ x : \langle typ \rangle \qquad\qquad (1.1.1)$$

vereinbart werden. Mit

$$\underline{var}\ x := c : \langle typ \rangle \qquad\qquad (1.1.2)$$

kann x mit dem Wert c initialisiert werden.

b) Eine Mehrfach–Zuweisung (multiple assignment) hat die Form

$$x_1, x_2, ..., x_n := e_1, e_2, ..., e_n \qquad\qquad (1.1.3)$$

wobei $x_1, ..., x_n$ verschiedene Variable und $e_1, ..., e_n$ Ausdrücke sind. Sie wird ausgeführt, indem erst alle Ausdrücke $e_1, ..., e_n$ aus-gewertet werden und dann der Wert von e_i der Variablen x_i (mit passendem Typ) zugewiesen wird. (Damit ist z.B. x,y := x+1,x−1 nicht äquivalent zu x := x+1; y := x−1!)

Soweit nicht anders vermerkt (wie z.B. in Kap. 2) betrachten wir Mehrfach–Zuweisungen als Beschreibungen von unteilbaren (ununter-brechbaren) Handlungen. Ist n = 1, dann sprechen wir von einer *Zuweisung* (assignment).

c) Sind A_1 und A_2 Anweisungen, dann beschreibt

$$A_1 ; A_2 \qquad\qquad (1.1.4)$$

die *Hintereinanderausführung* (sequential composition) von A_1 und A_2. skip ist die *leere Anweisung*, die keine Wirkung hat.

d) Die *geschützte Anweisung* (guarded command)

$$B \rightarrow A \qquad\qquad (1.1.5)$$

besteht aus einem boole'schen Ausdruck B (ihrem *Schutz*, ihrer *Schutzbedingung*) (guard), und einer Anweisung A (ihrer *Anweisung*). A wird nur ausgeführt, wenn der (unteilbar ermittelte) Wert von B wahr ist.

e) Geschützte Anweisungen können in einer *Auswahl-Anweisung* (select command, alternative command) der Form

$$\text{if } B_1 \rightarrow A_1 \;\square\; B_2 \rightarrow A_2 \;\square\ldots\square\; B_n \rightarrow A_n \text{ fi} \qquad (1.1.6)$$

mit $n \geq 1$ zusammengefaßt werden. Sie wird ausgeführt, indem genau eine beliebige, aber ausführbare, ihrer geschützten Anweisungen $B_i \rightarrow A_i$ ($1 \leq i \leq n$) ausgeführt wird. Ist keine ihrer geschützten Anweisungen ausführbar, dann ist die Auswahlanweisung nicht ausführbar.

Bei $n > 1$ benutzen wir die Bedingung $B_n =$ else als Abkürzung für $\neg(B_1 \vee \ldots \vee B_{n-1})$.

(Zum Beispiel können in if $(x \geq y \wedge y > 0) \rightarrow z := x \;\square\; x \leq y \rightarrow z := y$ fi bei den Werten (2,1), (1,1) bzw. (2,0) für (x,y) jeweils eine, zwei bzw. keine Auswahl getroffen werden.)

f) Eine *Schleifen-Anweisung* (iterative command) hat die Form

$$\text{do } B_1 \rightarrow A_1 \;\square\; B_2 \rightarrow A_2 \;\square\ldots\square\; B_n \rightarrow A_n \text{ od} \qquad (1.1.7)$$

mit $n \geq 1$. Es wird solange die in do od eingeschlossene Auswahl-Anweisung wiederholt, wie diese ausführbar ist. Ist diese nicht mehr ausführbar, dann wird die Schleife abgebrochen und die nächste Anweisung ausgeführt.

g) Die *Nebenlauf-Anweisung* (concurrent command) hat die Form

$$\text{con } A_1 \;||\; A_2 \;||\ldots||\; A_n \text{ noc} \qquad (1.1.8)$$

mit $n \geq 1$. Sie wird ausgeführt, indem jede der Anweisungen A_i ($1 \leq i \leq n$) unabhängig ausgeführt wird. Erst wenn *alle* A_i ausgeführt sind, kann die nächste Anweisung ausgeführt werden. Enthält A_i die Anweisung A_i' und A_j die Anweisung A_j', dann heißen A_i' und A_j' (wie natürlich auch A_i und A_j) *nebenläufig* (concurrent), falls $i \neq j$.

h) Eine *Zusicherung B* (assertion) ist eine Bedingung, die in der Form

(*   B   *)   (1.1.9)

vor oder nach Anweisungen stehen kann. Damit wird behauptet, daß
B gilt, wenn die Ausführung diese Stelle erreicht und verläßt
(unabhängig von eventuellen nebenläufigen Handlungen).

Zum Abschluß noch einige Beispiele:

(1.1.10)   *Beispiel*: (* a,b integer, b $\geq$ 0 *)

```
           var x,y := a,b : integer, var z := 0: integer;
           do y>0 ∧ even(y)    → y,x := y+2,x+x
           □ odd(y)            → y,z := y-1,z+x
           od
           (* z=a*b *)
```

Dieses Programm berechnet das Produkt von a und b ohne Benutzung
der Multiplikations-Operation.

(1.1.11)   *Beispiel*: Gegeben seien drei sequentielle Dateien f, g, h unbekannter
           Länge mit Namen in alphabetischer Reihenfolge. Es soll der erste Name
           gefunden werden, der in allen drei Dateien auftaucht. Die Dateien wer-
           den als unbeschränkte Felder betrachtet, < bezeichne die alphabetische
           Reihenfolge. Das folgende Programm (Gries 81) löst die Aufgabe in
           geschickter Ausnutzung der Schleifenanweisung.

```
           var i, j, k := 0, 0, 0 : integer,
           var f, g, h : array [0..?] of string;
           do f[i]<g[j]    → i := i+1
           □ g[j]<h[k]     → j := j+1
           □ h[k]<f[i]     → k := k+1
           od
           (* f[i] = g[j] = h[k] *)
```

Die Schleifenanweisung terminiert, wenn f[i]$\geq$g[j], g[j]$\geq$h[k], h[k]$\geq$f[i],
also mit f[i]=g[j]=h[k], wie gewünscht.

(1.1.12)   *Beispiel*: Gegeben seien zwei disjunkte endliche Mengen A_o und B_o von
           ganzen Zahlen. Sie sollen so in Mengen A und B jeweils gleicher
           Mächtigkeit umgeformt werden, daß alle Elemente in A kleiner als alle
           Elemente in B sind.

```
(* A = A  ⊂ ℤ, B = B  ⊂ ℤ, A und B endlich und disjunkt *)
         o            o

var A,B : set of integer,
var max, min : integer;
max,min := max(A), min(B);
do max>min →
     con A := A\{max}; A := A ∪ {min}
     ||  B := B\{min};  B := B ∪ {max}
     noc;
     max,min := max(A), min(B)
od
```

$$(* \ A \cup B = A_o \cup B_o, \ A \cap B = \emptyset, \ |A| = |A_o|, \ |B| = |B_o|,$$
$$\max(A) \leq \min(B) \ *)$$

Das Programm (Dijkstra 77) benutzt die Operationen max(A), min(B) für das maximale bzw. minimale Element einer Menge.

1.2 Präzedenzen

Beim Beispiel der drei Maschinen und zwei Operateure haben wir bereits gesehen, daß zwischen Aufträgen bzw. den entsprechenden Handlungen unterschiedliche Beziehungen bestehen können; sie können sich bedingen oder unabhängig sein. Diese logische, nicht zeitliche, Beziehung formalisieren wir durch den Begriff des Auftragssystems. Damit wird zwar für die zeitliche Ordnung der zugehörigen Handlungen ein Rahmen gesetzt, aber keine Festlegung getroffen. Letzteres ist Thema des nächsten Abschnitts.

(1.2.1)   *Definition*: Ein Auftragssystem AS = (A, $\lessdot$) besteht aus einer endlichen Menge A von Aufträgen (Def. 1.1.7) und einer irreflexiven, transitiven Relation $\lessdot \subset A \times A$, genannt *Präzedenzrelation* (precedence relation). Für $(a_i, a_j) \in \lessdot$ schreiben wir auch $a_i \lessdot a_j$ und nennen den Auftrag a_i *präzedent* zu a_j. a_i heißt *direkt präzedent* zu a_j, wenn $a_i \lessdot a_j$, jedoch $a_i \lessdot a_k \lessdot a_j$ für kein $a_k \in A$ gilt.

Die Präzedenzrelation wird als irreflexiv vorausgesetzt, da kein Auftrag seine eigene Ausführung voraussetzen kann. Wegen der Transitivität ist sie daher auch nie symmetrisch (falls $\lessdot \neq \emptyset$).

Ein Auftragssystem für das Beispiel aus Kap. 1.1 könnte so aussehen:

AS = (A, $\lessdot$) mit A = $\{a_1, a_2\}$, $\lessdot$ = $\{(a_1, a_2)\}$ und $a_1 = (\mathfrak{a}_1, M_1)$, $a_2 = (\mathfrak{a}_2, M_2)$.

Das Auftragssystem A besteht also aus zwei Aufträgen a_1 und a_2 mit der Präzedenz $a_1 \lessdot a_2$. a_1 besteht aus einer Auftragsbeschreibung $\mathfrak{a}_1$ und der zugehörigen Funktionseinheit M_1. Wie jede binäre Relation kann die Präzedenz auch als gerichteter Graph dargestellt werden (Abb. 1.2.1).

$$(\mathfrak{a}_1, M_1) \rightarrow (\mathfrak{a}_2, M_2)$$

Abb. 1.2.1: Ein einfaches Auftragssystem

Komplexere Auftragssysteme werden oft direkt als Graph dargestellt (Abb. 1.2.2 a)) oder übersichtlicher durch den Graph der Relation "direkt präzedent" (Abb. 1.2.2 b)). Ersteren nennt man *Präzedenzgraph*, letzteren *Konnektivitätsgraph* oder *Hasse-Diagramm*.

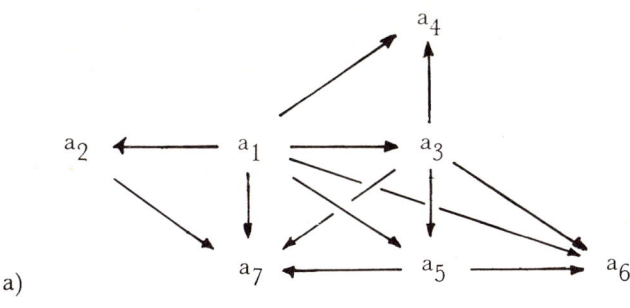

a)

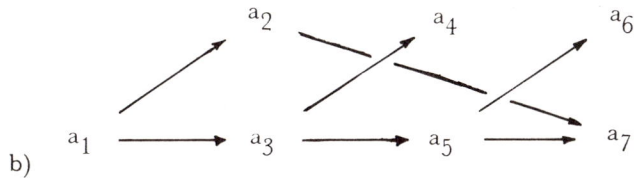

b)

Abb. 1.2.2: Präzedenzgraph G_1 in a) und zugehöriger Konnektivitätsgraph G_2 in
b)

Die folgende Definition faßt einige für Relationen übliche und häufig gebrauchte
Operationen zusammen.

(1.2.2)   *Definition*: Ist $R \subset A \times A$ eine Relation, dann bezeichnen

$R^{-1} := \{(a,b)|(b,a)\epsilon R\}$ die *inverse Relation*

$\bar{R} := \{(a,b)|(a,b)\epsilon(A \times A)\backslash R\}$ die *komplementäre Relation*

$id_{|A} := \{(a,a)|a\epsilon A\}$ die *identische Relation*

$\hat{R} := R \cup R^{-1} \cup id_{|A}$ die *symmetrische und reflexive* Hülle von R

$R^+ := \{(a_1,a_n)\epsilon A \times A \mid n \geq 2$ und es gibt $a_2, ..., a_{n-1}\epsilon A$ mit
$(a_i,a_{i+1})\epsilon R$ für $1\leq i\leq n-1\}$ die *transitive Hülle*

$R^* := R^+ \cup id_{|A}$ die *Iteration* oder *transitive und reflexive Hülle* von R

Für $B \subset A$ heißt $R_{|B\times B} := \{(a,b)\epsilon B\times B \mid (a,b)\epsilon R\}$ die *Einschränkung* auf B

Will man ein Auftragssystem als Netz (Def. 1.1.2) darstellen, dann wird eine
Präzedenz (a_i,a_j) zur Bedingung b_{ij}, und zwar zur Nachbedingung von a_i und zur
Vorbedingung von a_j. Abbildung 1.2.3 zeigt das Auftragssystem von Abb. 1.2.2 in
dieser Form. Netze dieses Typs nennt man "Kausalnetze".

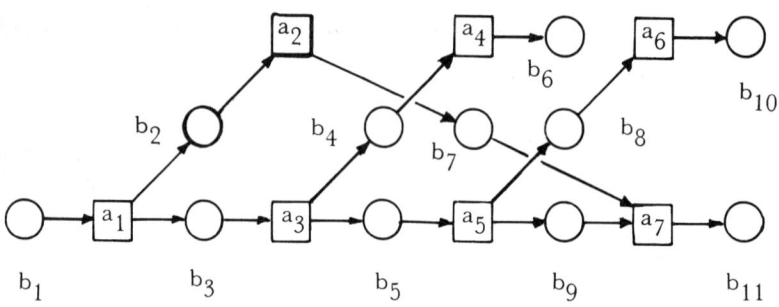

Abb. 1.2.3: Auftragssystem als Kausalnetz

(1.2.3)   *Definition*: Es sei N = (S,T,F) ein Netz. Eine Folge von Paaren der Form (a_1,a_2), (a_2,a_3), ..., (a_n,a_{n+1}) $(n \geq 1)$ mit $(a_i,a_{i+1}) \in F$ heißt *Pfad* von a_1 nach a_{n+1}. Sind Anfang und Ende identisch, d.h. $a_1 = a_{n+1}$, dann heißt der Pfad *Zyklus*. N heißt *zyklusfrei*, wenn es keine Zyklen enthält.

(1.2.4)   *Definition*: Ein Netz N = (S,T,F) heißt *Kausalnetz* (causal net), wenn

a) N zyklenfrei ist, d.h. $F^+ \cap id_{(S \cup T)} = \emptyset$

b) alle Stellen höchstens eine Eingangs- und Ausgangstransition haben, d.h.:
$$\forall s \in S : |\cdot s| \leq 1 \text{ und } |s \cdot| \leq 1$$

Die Relation $\prec \subset (S \cup T) \times (S \cup T)$ mit $\prec := F^+$ heißt *Kausalrelation* des Kausalnetzes. Ist $S \cup T$ endlich, dann heißt N *endliches Kausalnetz*.

Die Kausalrelation ist eine Halbordnung, d.h. wie die Präzedenzrelation eine irreflexive, transitive Relation. Endliche Kausalnetze und Auftragssysteme entsprechen sich daher in eineindeutiger Weise.

(1.2.5)   *Definition*:

a) Ist AS = $(A, \prec \cdot)$ ein Auftragssystem, dann heißt N = (S,T,F) das AS *zugeordnete Kausalnetz*, wobei

$T := A$

$S := \{b_{ij} | a_i \in A \text{ ist direkt präzedent zu } a_j \in A\} \cup \{b_i | a_i \in A \text{ und } \neg\exists a_j : a_j \prec \cdot a_i\} \cup \{b_i' | a_i \in A \text{ und } \neg\exists a_j : a_i \prec \cdot a_j\}$

$F := \{(a_i,b_{ij}), (b_{ij},a_j), (b_i,a_i), (a_i,b_i') | a_i \in A, b_{ij} \in S, b_i \in S, b_i' \in S\}$

b) Ist N = (S,T,F) ein endliches Kausalnetz mit Kausalrelation $\prec$, dann heißt $(T, \prec_{|T \times T})$ das N zugeordnete Auftragssystem.

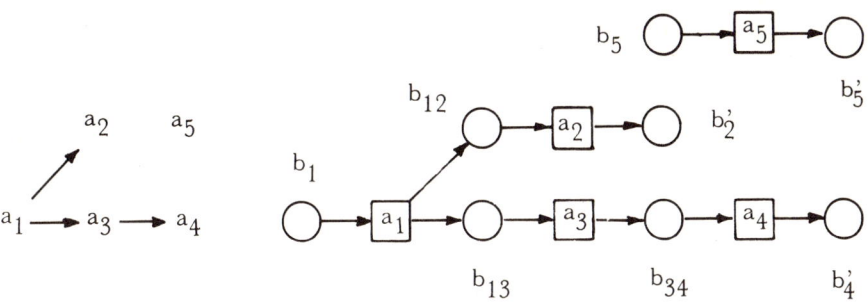

Abb. 1.2.4: Ein Auftragssystem mit zugeordnetem Kausalnetz

Die Abb. 1.2.4 zeigt ein Beispiel zu Teil a) der obigen Definition. Die Bedingungen b_{ij} drücken gerade die entsprechende direkte Präzedenz $a_i \prec\cdot a_j$ aus. Wegen der Isomorphie von Auftragssystem und endlichem Kausalnetz lassen sich die weiteren Definitionen leicht von der einen in die andere Darstellung übertragen. Die folgenden Definitionen sollen daher sinngemäß auch für Auftragssysteme gelten.

Für ein Kausalnetz drückt die Kausalrelation $\prec$ die logischen Abhängigkeiten der Transitionen (bzw. Aufträge, Handlungen) im Hinblick auf die Reihenfolge ihrer Ausführung aus. Gilt $t_1 \prec t_2 \prec \ldots \prec t_n$, dann gibt es nur *eine* solche Reihenfolge. Alle Transitionen t_i stehen mit allen Transitionen t_j in der Relation $\prec$ oder $\prec^{-1}$. Zusammen mit der identischen Relation erhalten wir die Relation "in Linie": $li := \prec \cup \prec^{-1} \cup id_{(S \cup T)}$. Transitionen, die nicht in der Relation li stehen, können also unabhängig voneinander schalten. Wir nennen sie "nebenläufig".

(1.2.6) *Definition*: Es sei N = (S,T,F) ein Kausalsatz mit der Kausalrelation $\prec = F^+$. Dann definieren wir auf $S \cup T$ durch

$$li = \prec \cup \prec^{-1} \cup id_{(S \cup T)}$$

also mit Def. 1.2.2 $li = \hat{\prec}$, die Relation *"in Linie"* (on a line) und durch

$$co := \overline{li} \cup id_{(S \cup T)}$$

die Relation *"nebenläufig"* (concurrent).

li und co sind symmetrische und reflexive Relationen (wobei letzteres mehr formaler Natur ist). Eine Menge von Transitionen mit *mehr* als zwei Elementen kann nebenläufig schalten, wenn alle Transitionen dieser Menge paarweise unabhängig bezüglich der Relation li sind. Dies führt zu folgender Begriffsbildung.

(1.2.7)   *Definition*: Es sei $R \subset A \times A$ eine symmetrische, reflexive Relation und $K \subset A$ eine Menge.

a) K heißt *unabhängig* (independent) bezüglich R, falls keine zwei verschiedenen Elemente von K in der Relation R stehen:

$$(x \in K \wedge y \in K \wedge x \neq y) \Rightarrow (x,y) \notin R$$

b) K heißt *Klique* (clique) bezüglich R, falls alle Elemente von K in der Relation R stehen:

$$(x \in K \wedge y \in K) \Rightarrow (x,y) \in R$$

c) K heißt *Elementüberdeckung* (covering) von R, falls für jedes Paar $(x,y) \in R$ von verschiedenen Elementen mindestens ein Element zu K gehört:

$$((x,y) \in R \wedge x \neq y) \Rightarrow (x \in K \vee y \in K)$$

Diese Begriffe sind in folgendem Sinne äquivalent (vgl. (Garey 79)):

(1.2.8)   *Satz:* Es sei $R \subset A \times A$ eine reflexive, symmetrische Relation. Dann sind für $K \subset A$ die folgenden Aussagen äquivalent.

a) K ist unabhängig bezüglich R
b) K ist Klique bezüglich $\bar{R} \cup id_A$
c) $\bar{K}$ ist Elementeüberdeckung von R

Beweis: Die drei Aussagen lassen sich leicht äquivalent in die Aussage $(x,y) \notin R \vee x=y \vee x \notin K \vee y \notin K$ umformen und sind daher äquivalent.

□

Angewandt auf die Relationen li und co bedeutet dies, daß für eine Menge K von Transitionen die folgenden Aussagen äquivalent sind:

a) K ist unabhängig bezüglich li
b) K ist Klique bezüglich co
c) $\bar{K} = (S \cup T) \setminus K$ ist Überdeckung bezüglich li

a) bezeichnet die kausale Unabhängigkeit von K, b) die paarweise Nebenläufigkeit in K und c), daß $\bar{\text{K}}$ alle Paare von li berührt.

Es kann auch eine Bedingung s ∈ S nebenläufig zu einer Transition t ∈ T sein: (s,t) ∈ co, oder dies für zwei Bedingungen gelten: (s,s') ∈ co. Dies bedeutet, daß die Bedingung s unabhängig vom Schalten von t bzw. von s' zutreffen kann. Insbesondere ist man an maximalen Mengen von nebenläufigen Elementen interessiert.

(1.2.9) *Definition*: Es sei K eine Klique bezüglich der (symmetrischen, reflexiven) Relation R ⊂ A x A. K heißt *maximale Klique* (maximal clique) oder *Bezirk* (ken), wenn gilt:

a ∉ K ⇒ ∃ k ∈ K : (a,k) ∉ R

(1.2.10) *Definition*: Es sei N = (S,T,F) ein Kausalnetz mit den Relationen li und co. Dann bezeichnet

a) IL := {K | K ist Bezirk bezüglich li} die Menge der *Linien* (lines) von N,

b) ℂ := {K | K ist Bezirk bezüglich co} die Menge der *Schnitte* (cuts) von N,

c) $:= {K | K ⊂ S ∧ K ∈ ℂ} die Menge der *S-Schnitte* (S-cuts) von N,

d) $\bar{\text{T}}$:= {K | K ⊂ T ∧ K ∈ ℂ } die Menge der *T-Schnitte* (T-cuts) von N.

Linien sind maximale Mengen von paarweise kausal abhängigen Elementen, ähnlich den "Weltlinien" in der Physik, die Schnitte hingegen maximale Mengen von unabhängigen solchen Elementen. S-Schnitte bzw. T-Schnitte sind die Einschränkungen auf Stellen bzw. Transitionen. Ein Kausalnetz bzw. Auftragssystem heißt sequentiell, wenn keine verschiedenen nebenläufigen Elemente existieren.

(1.2.11) *Definition*: Ein Kausalnetz bzw. Auftragssystem heißt *sequentiell*, wenn li = ∅ bzw. $\bar{\cdot}$ = ∅ gilt, oder äquivalenterweise co = id$_{(S \cup T)}$.

Abbildung 1.2.5 a) zeigt das Kausalnetz von Abb. 1.2.3, wobei die Elemente einer Linie l ∈ IL hervorgehoben sind. Das Netz kann durch vier Linien überdeckt werden und jede dieser Linien kann einem sequentiellen Kausalnetz zugeordnet werden. Diese wiederum kann man als ausführende, sequentiell arbeitende Funktionseinheiten interpretieren. β ist ein Schnitt und α ein S-Schnitt.

Abbildung 1.2.5 b) zeigt die Nebenläufigkeitsrelation, die zur Vereinfachung auf die Transitionen eingeschränkt wurde, also co' = co$_{|T \times T}$. Es sind vier Bezirke von co' dargestellt, die auch T–Schnitte des Kausalnetzes, also bezüglich co sind. Man sieht, daß Transitionen eines Schnittes unabhängig schalten können.

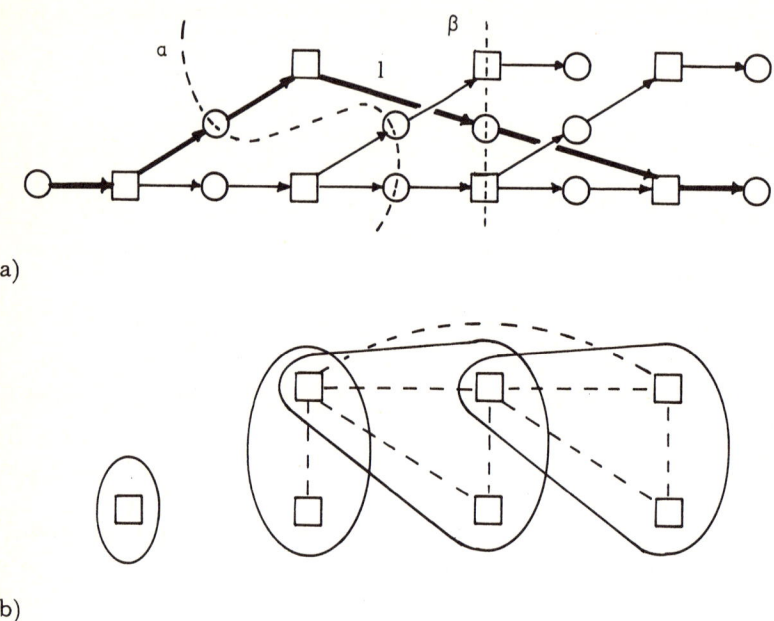

a)

b)

Abb. 1.2.5: Eine Linie l, ein Schnitt β, ein S–Schnitt α, sowie 4 T–Schnitte in b)

Wir erläutern den Begriff der Nebenläufigkeit anhand eines Beispiels von Dijkstra (68).

Gegeben seien vier paarweise verschiedene natürliche Zahlen {a(1), a(2), a(3), a(4)} ⊂ IN. Es soll eine Maschine konstruiert werden, die anzeigt, welche der vier Zahlen den größten Wert hat. Den Zahlen seien elektrische Ströme entsprechender Stärke zugeordnet, die Relais paarweise ansteuern.

Der in Abb. 1.2.6 mit "a(1) < a(2)?" bezeichnete Kasten stellt ein solches Relais dar. Es wird von den nicht eingezeichneten Strömen a(1) und a(2) angesteuert. Wird der ebenfalls nicht eingezeichnete Schalter für diese Ströme geschlossen, dann fließen die Ströme a(1) und a(2) über das Relais und stellen eine leitende Verbindung vom eingezeichneten Eingang oben nach unten links oder rechts her, je nachdem ob a(1) > a(2) galt oder nicht. Entsprechendes gelte auch für die anderen Relais.

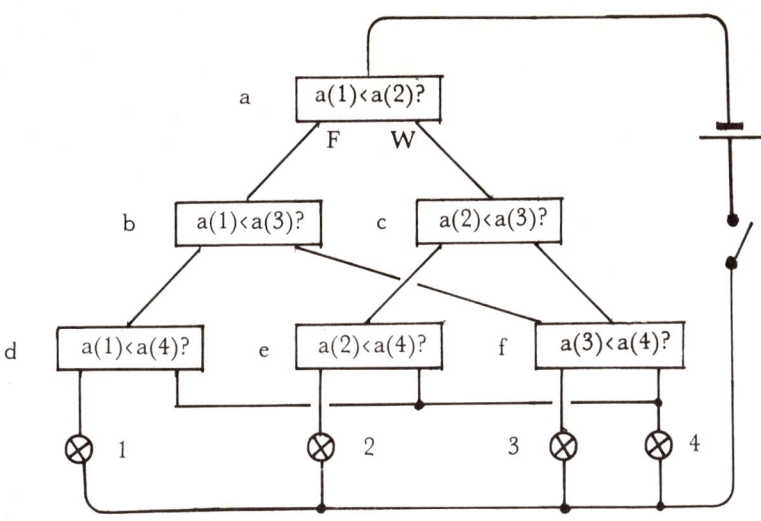

Abb. 1.2.6: Ein Relais-Schaltbild

Der Schalter schließt außerdem den eingezeichneten Stromkreis, so daß genau eine der Lampen 1 bis 4 aufleuchtet und damit den größten der Ströme $a(1)$ bis $a(4)$ anzeigt. Was passiert, wenn z. B. zu einem Zeitpunkt t die Ströme $(a(1), \ldots, a(4))$ = (7, 12, 2, 9) anliegen und der Schalter geschlossen wird?

Der mehr an serielles Denken und Programmieren gewöhnte Leser könnte zu einer seriellen Interpretation neigen: zuerst wird der "Test" a (7<12 = wahr), dann die "Tests" c (12<2 = falsch) und e (12<9 = falsch) ausgeführt, mit dem Ergebnis, daß die Lampe 2 aufleuchtet. Abbildung 1.2.7 zeigt das entsprechende Kausalnetz, in dem keine Transitionen oder Ereignisse nebenlaufig sind. In Wirklichkeit schalten die Relais jedoch unabhängig voneinander sofort nach dem Ereignis "Schalter an". Abbildung 1.2.8 zeigt das entsprechende Kausalnetz und Abb. 1.2.9 die Relationen co und li, eingeschränkt auf die Transitionen.

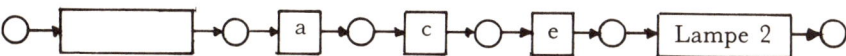

Abb. 1.2.7: Serielle Interpretation

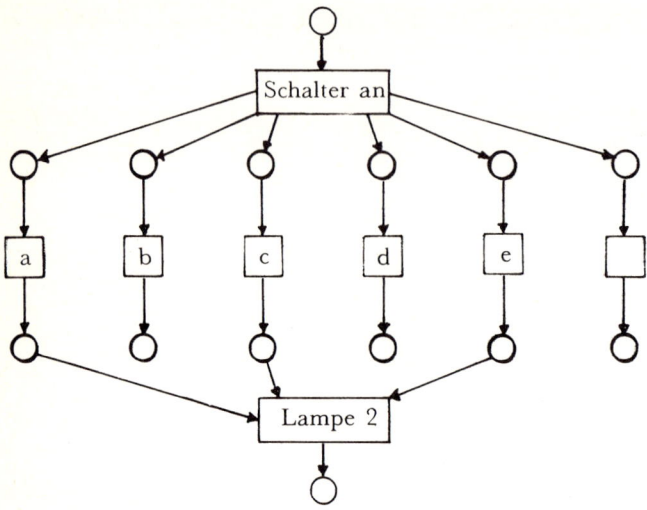

Abb. 1.2.8: Nebenläufige Interpretation

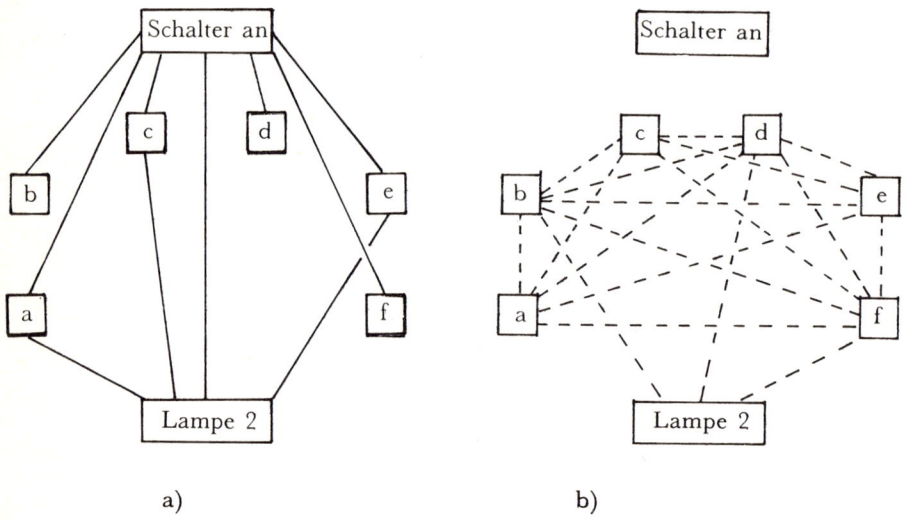

a)   b)

Abb. 1.2.9: a) Relation li und b) Relation co für Kausalnetz von Abb. 1.2.8 bezogen auf die Transitionen

"Schalter an" und "Lampe 2" liegen zwar in Linie, bilden aber z.B. ohne "a" keine Linie. Die Mengen M_1 = {a, b, c, d, e, f} und M_2 = {b, d, f, "Lampe 2"} bilden jeweils einen Schnitt, nicht jedoch ihre Vereinigung $M_1 \cup M_2$. (Die

Nebenläufigkeitsrelation ist *nicht* transitiv!) Dies entspricht unserer Anschauung, denn b, d, f und "Lampe 2" schalten bei der Eingabe (7, 12, 2, 9) in der Tat unabhängig.

Wir fassen zusammen:

bei der seriellen Interpretation wurde
- das Schaltbild der Relais-Anordnung (unnötigerweise) auf die zeitliche Anordnung übertragen,
- an nur eine ausführende Funktionseinheit gedacht (entsprechend der einzigen Linie und co = id),
- die dreifache Gesamtschaltzeit in Kauf genommen.

Dagegen wird bei der nebenläufigen Interpretation
- nur die tatsächliche kausale Abhängigkeit in die zeitliche Anordnung übernommen,
- die größte mögliche Nebenläufigkeit dargestellt (6 FE entsprechend der Elementezahl des größten Schnitts),
- die Gesamtschaltzeit nur durch die maximale Relaisschaltzeit bestimmt.

Wir haben somit zwei mögliche Prozeßabläufe für ein Auftragssystem kennengelernt. Dies ist das Thema des folgenden Abschnitts.

Zum Abschluß dieses Abschnitts sei noch angemerkt, daß die Einschränkung der Relation li auf die Transitionsmenge ein durchaus anderes Bild ergeben kann: das Kausalnetz in Abb. 1.2.10 besitzt zwei verschiedene Linien, bei der Einschränkung $li_{|T \times T}$ gibt es jedoch nur noch einen Bezirk!

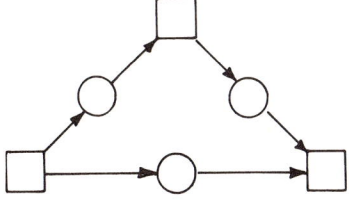

Abb. 1.2.10: Kausalnetz zur Anmerkung

1.3 Zeitliche Ordnung und Prozesse

Nachdem wir eine Beschreibungsform der Kausalbeziehungen zwischen Aufträgen behandelt haben, wollen wir nun das zeitliche Verhalten von Systemen beschreiben, also die im System möglichen Prozesse.

Um die möglichen Handlungen eines Auftragssystems zu definieren, benutzen wir die Darstellung als Netz. Zunächst definieren wir daher allgemein S/T–Netze und ihre Prozesse.

Im Abschnitt 1.1 haben wir eine Handlung als Änderung eines Objektes eingeführt und als Transition dargestellt. Eine Handlung transformiert Vorbedingungen in Nachbedingungen, bei eventueller Gültigkeit von Nebenbedingungen. Die Gültigkeit von Nebenbedingungen stellen wir durch eine Marke in der entsprechenden Stelle dar. Die Handlung in Abb. 1.3.1 beschreibt eine solche Bedingungsänderung.

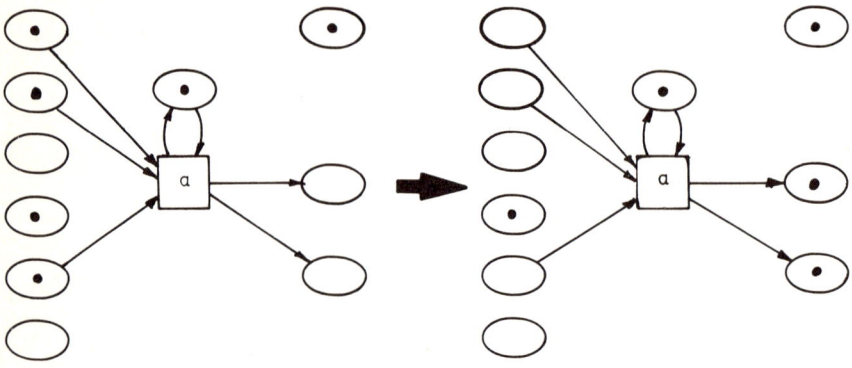

Abb. 1.3.1: Schalten einer Transition

Voraussetzung für das Schalten der Transition ist, daß alle Eingangsstellen (Def. 1.1.3) und Nebenbedingungen markiert, sowie alle Ausgangsstellen unmarkiert sind.

In Vergröberungen von Netzen können mehrere Bedingungen zu einer Stelle zusammengefaßt sein. Abbildung 1.3.2 b) zeigt eine solche Vergröberung des Netzes von Abb. 1.3.2 a). Als Konsequenz können nun mehrere Marken in einer Stelle erscheinen. Außerdem ist es möglich, für Stellen eine maximale Markenzahl festzulegen, die Kapazität der Stelle (3 im Beispiel).

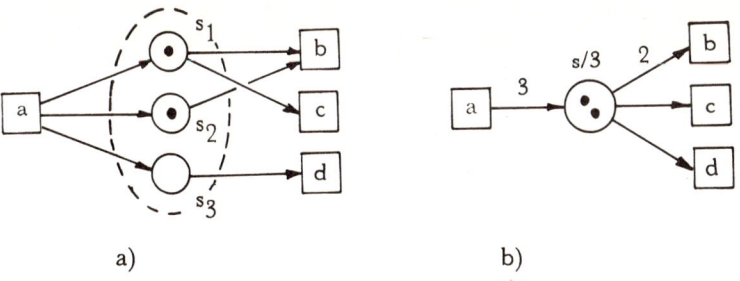

a)   b)

Abb. 1.3.2: S/T-Netz b) als Vergröberung eines B/E-Netzes in a)

Um das Verhalten des Netzes adäquat darzustellen, ist es außerdem nötig, Kanten mehrfach zu zählen. Dies wird durch eine Bewertung der Kante dargestellt. Ein Schalten der Transition a im Netz von Abb. 1.3.2 b) bewirkt eine Erhöhung der Markenzahl um drei, d.h. a kann wegen der Kapazität nur schalten, wenn s keine Marke enthält. Soll für eine Stelle s keine Kapazität vorgeschrieben werden, dann läßt man die Kapazitätsangabe weg oder setzt sie durch das Symbol ω gleich "unendlich". Abbildung 1.3.3 zeigt einen typischen Schaltvorgang. Netze dieses Typs heißen Stellen/Transitions-Netze (S/T-Netz); solche, die nur Bedingungen enthalten, Bedingungs/Ereignis-Netze (B/E-Netz). Letztere können wir formal als S/T-Netze mit Kapazität eins auf allen Stellen definieren.

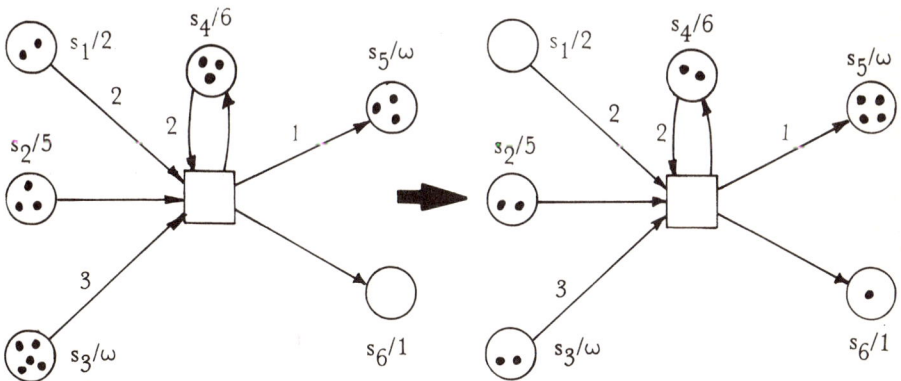

Abb. 1.3.3: Schalten in S/T-Netzen

Bevor wir nun S/T-Netze formal einführen, soll zur Orientierung des Lesers ein

Überblick über alle Netztypen in diesem Buch gegeben werden. Die schon definierten Netze umfassen den spezielleren Typ der Kausalnetze. Waagerechte, einfache Pfeile in Abb. 1.3.4 bedeuten Definition durch zusätzliche und einschränkende Bedingungen. S/T–Netze sind Netze, die ein dynamisches Verhalten haben. Deswegen werden Marken für die Stellen und eine Schaltregel definiert, durch die Marken bewegt werden können. B/E–Netze und markierte Kausalnetze sind wieder Spezialfälle. Doppelte Pfeile in Abb. 1.3.4 bedeuten, daß Netze umfangreichere Beschriftung und komplexeres Verhalten haben.

Prädikaten/Transitions–Netze (Pr/T–Netze) erlauben, die Marken individuell zu unterscheiden. Durch sie können komplexere Systeme einfacher beschrieben werden. Pr/T–Netze können als Vergröberung von S/T–Netzen aufgefaßt werden. Daher werden sie als höhere Netztypen (high level nets) bezeichnet. Bei Auftragsverkehrs–Netzen (AV–Netzen) werden die Individuen zu Auftragssystemen verfeinert. Anstelle von Marken bewegen sich hier Auftragssysteme durch das Netz und verändern dabei ihren Zustand (d.h. ihren Grad der Abarbeitung). Netz–Programme sind S/T–Netze, die beim Schalten Zuweisungen ausführen. Sie dienen zur Netz–Darstellung von PROG–Programmen und deren Semantik.

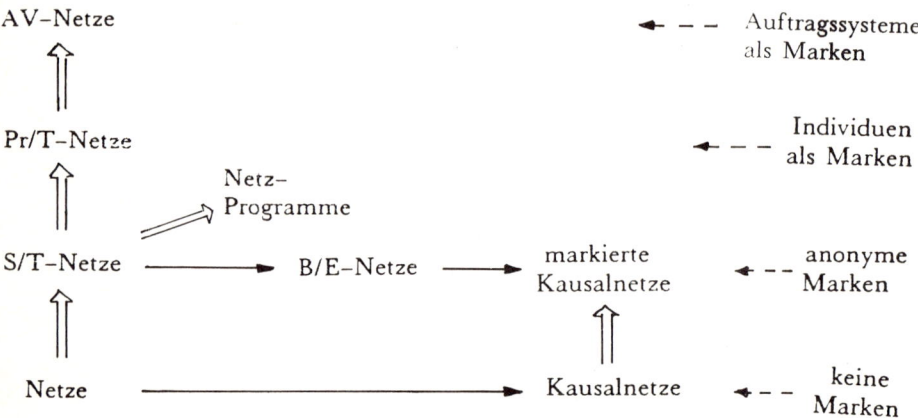

Abb. 1.3.4: Beziehungen der Netztypen

(1.3.1)   *Definition*: Es sei N = (S,T,F) ein Netz mit endlicher Stellenmenge S = $\{s_1, \ldots, s_n\}$. Eine *Markierung* (marking) m für N ist eine Verteilung von Marken auf den Stellen, oder formal eine Abbildung

$$m : S \to \mathbb{N}$$

von S in die nichtnegativen ganzen Zahlen $\mathbb{N}:=\{0, 1, 2, ...\}$. $m(s_i) \in N$ gibt die Anzahl der *Marken* (tokens) in der Stelle s_i an. Mit M_S oder M bezeichnen wir die Menge aller Markierungen über S.

Andere Darstellungsweisen für Markierungen sind Vektoren $m \in \mathbb{N}^n$, $m(i):=m(s_i)$ oder Zeichenfolgen $\langle s_{i_1} s_{i_2} ...s_{i_k} \rangle$. Tritt darin der Buchstabe s_j q-mal auf, so bedeutet dies, daß s_j q Marken enthält. Wir schreiben dafür kurz s_j^q. Der Nullvektor $\underline{0}$ bzw. die leere Folge $\langle \rangle$ bezeichnet die Markierung ohne Marken.

Als Beispiel geben wir die Ausgangsmarkierung des Netzes in Abb. 1.3.3 in allen drei Darstellungsformen an:

a) als Abbildung: $m:S \to \mathbb{N}$, $m(s) = \begin{cases} 2 & \text{falls } s = s_1 \\ 3 & \text{''} \quad s = s_2 \\ 5 & \text{''} \quad s = s_3 \\ 3 & \text{''} \quad s = s_4 \\ 3 & \text{''} \quad s = s_5 \\ 0 & \text{''} \quad s = s_6 \end{cases}$

b) als Vektor $m = (2,3,5,3,3,0) \in \mathbb{N}^6$

c) als Folge $m = \langle s_1^2 s_2^3 s_3^5 s_4^3 s_5^3 \rangle \in S^*$

Die Darstellung als Folge ist natürlich bei vielen leeren Stellen günstig.

(1.3.2)   *Definition*: Ein *Stellen/Transitions-Netz*, kurz *S/T-Netz* (place/transition net, P/T-net) $N = (S,T,F,K,W,m_0)$ besteht aus folgenden Komponenten:

  a) einem Netz (S,T,F) (Def. 1.1.2) mit endlichen Mengen von Stellen S und Transitionen T,

  b) einer Kapazitätsfunktion $K : S \to \mathbb{N} \cup \{\omega\}$. ($K(s) = \omega$ bedeutet keine endliche Kapazität),

  c) einer Kantenbewertung $W : (S \times T) \cup (T \times S) \to \mathbb{N}$ mit $W(x,y) = 0$ genau dann, wenn $(x,y) \notin F$,

  d) einer Anfangsmarkierung $m_0 : S \to \mathbb{N}$ mit $m_0(s) \leq K(s)$ für $s \in S$.

In der graphischen Darstellung werden K(s), W(f) bzw. $m_0(s)$ an bzw. in das entsprechende Element geschrieben. Soweit nicht explizit notiert, wird $K(s)=\omega$, $W(f)=1$ bzw. $m_0(s)=0$ angenommen. Ebenso kann K bzw. W in der Angabe von N entfallen, wenn $K(s)=\omega$ bzw. $W(f)=1$ für alle $f \in F$, $s \in S$ gilt. Umgekehrt ist F

- 38 -

durch die Angabe von W eindeutig festgelegt. Abbildung 1.3.6 zeigt ein S/T–Netz.
Die Stellen eines S/T–Netzes können als Bedingungen interpretiert werden, wenn
die Kapazitäten auf eins festgelegt werden. Ein solches Netz heißt auch B/E–Netz.

(1.3.3) *Definition*: Ein *Bedingungs/Ereignis–Netz*, kurz *B/E–Netz* (condi-
tion/event–net, C/E–net) N = (S,T,F,m_o) wird definiert als S/T–Netz
N = (S,T,F,K,W,m_o) mit

a) K(s) = 1 für alle s ϵ S und

b) W(x,y) = 1 für alle (x,y) ϵ F .

Wird ausdrücklich gesagt, daß N ein B/E–Netz ist, dann kann in der graphischen
Darstellung auf die (ja festgelegte) Angabe von K und W verzichtet werden.

Abbildung 1.1.7 a) mit m_o=〈A unbearbeitet〉 ist ein B/E–Netz. Abbildung 1.2.3
mit m_o=〈b_1〉 ist ebenfalls ein B/E–Netz.

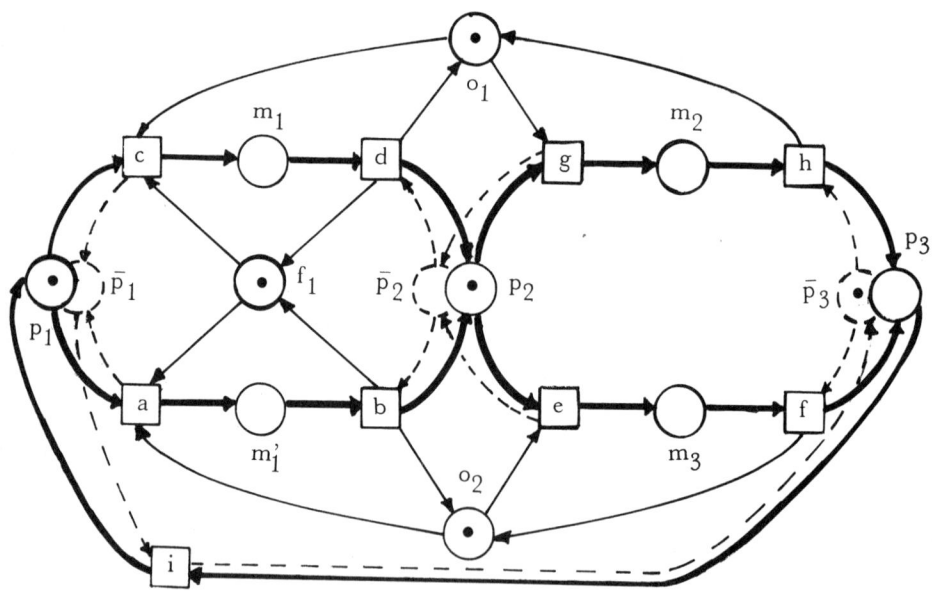

Abb. 1.3.5: Netz von Abb. 1.1.7 für zwei Aufträge und mit
komplementären Stellen

Abbildung 1.3.5 zeigt eine Variante von Abb. 1.1.7 a) mit zwei zu bearbeitenden

Werkstücken in p_1 und p_2. Man beachte, daß auch die "Wartepools" die Kapazität 1 haben. Mit oder ohne den gestrichelten Teilen ist das Netz ein B/E-Netz.

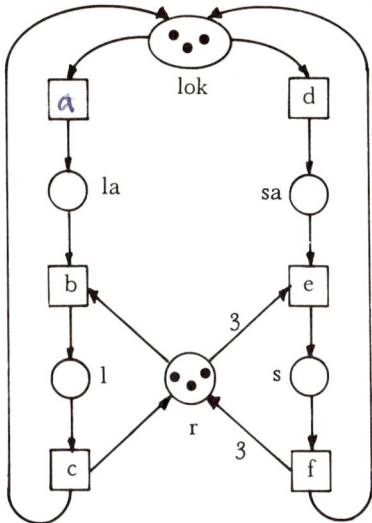

Abb. 1.3.6: S/T-Netz mit Kantenbewertung

Wir definieren nun das Schalten einer Transition für S/T-Netze und damit auch für B/E-Netze.

(1.3.4)   *Definition*: Es seien $N = (S,T,F,K,W,m_o)$ ein S/T-Netz, $t \in T$ eine Transition und m_1, $m_2 \in M_S$ Markierungen.

a) t heißt *aktiviert* in m_1, symbolisch $m_1 \xrightarrow{t}_{N}$ (activated, firable), falls $m_1(s) \geq W(s,t)$ und $m_1(s) - W(s,t) + W(t,s) \leq K(s)$ für alle $s \in S$ gilt. (Dabei gelte $n < \omega$ für $n \in \mathbb{N}$.)

b) t *schaltet* m_1 zu m_2, symbolisch $m_1 \xrightarrow{t}_{N} m_2$ (fires m_1 to m_2), falls t in m_1 aktiviert ist und $m_2(s) = m_1(s) - W(s,t) + W(t,s)$ für alle $s \in S$ gilt. Ist N unzweifelhaft, so schreibt man auch $m_1 \xrightarrow{t}$ bzw. $m_1 \xrightarrow{t} m_2$.

t ist also aktiviert, wenn alle Stellen s für den unter b) beschriebenen Schaltvorgang genügend Marken enthalten (d.h. $m_1(s) - W(s,t) \geq 0$), andererseits dabei nicht die Kapazitäten überschritten werden (d.h. $m_2(s) \leq K(s)$). (Achtung! In (Reisig 82) wird statt der letzten Bedingung gefordert: $m_2(s) + W(s,t) \leq K(s)!$)

Durch wiederholtes Schalten erhalten wir eine Schaltfolge, also einen "seriellen Prozeß".

(1.3.5)   *Definition*: Es sei $N = (S,T,F,K,W,m_o)$ ein S/T–Netz, m, $m' \in M_S$ Markierungen und

$w \in T^*$ eine endliche Folge über T. Dann gilt $m \xrightarrow{w} m$, falls $w = \lambda$ die *leere Folge* ist und $m \xrightarrow{w} m'$, falls $w = t_{i_1} \dots t_{i_k}$ und $m \xrightarrow{t_{i_1}} m_1 \xrightarrow{t_{i_2}} \dots \xrightarrow{t_{i_k}} m_k = m'$ für Markierungen $m_1, \dots, m_k$.

$R(N) = \{m \in M_S | \exists\, w \in T^* : m_o \xrightarrow{w} m\}$ heißt Menge der in N *erreichbaren Markierungen* oder *Erreichbarkeitsmenge von N* (reachability set).

$F(N) = \{w \in T^* | \exists\, m \in M_S : m_o \xrightarrow{w} m\}$ heißt Menge der *Schaltfolgen* (firing sequences) oder Menge der *seriellen Prozesse* von N. Für eine endliche Menge $M_E \subset M_S$ von *Endmarkierungen* heißt $F(N,M_E) = \{w | \exists\, m \in M_E : m_o \xrightarrow{w} m\}$ Menge der *terminalen Schaltfolgen* von N oder Menge der *terminierenden seriellen Prozesse von N*.

Der Erreichbarkeitsgraph eines S/T–Netzes kann dazu dienen, die Menge der möglichen seriellen Prozesse als Graph darzustellen. Dieser Graph kann jedoch unendlich sein.

(1.3.6)   *Definition*: Für ein S/T–Netz $N = (S,T,F,K,W,m_o)$ ist der *Erreichbarkeitsgraph* (reachability graph) $Er(N) = (KN,KA,m_o)$ definiert durch die Knotenmenge

$KN := R(N)$

und die bewertete Kantenmenge

$KA := \{(m,t,m') | m,m' \in R(N), m \xrightarrow{t} m'\}$.

m_o ist der Anfangsknoten des Graphen.

Handelt es sich bei N um ein B/E–Netz, dann heißen die Markierungen auch *Fälle* (cases) und $Er(N)$ auch *Fallgraph* (case graph).

Abbildung 1.3.7 zeigt den Fallgraph $Er(N)$ für das B/E–Netz aus Abb. 1.2.3 mit $m_o = \langle b_1 \rangle$ als Anfangsmarkierung. (Es sei an die Darstellung von Markierungen als Folgen erinnert.) Der Anfangsknoten m_o wird durch einen Pfeil gekennzeichnet. Statt b_i steht kürzer i.

Aus diesem Fallgraphen kann man $R(N)$ als Knotenmenge und $F(N)$ als Inschriftenfolgen von in m_0 beginnenden Pfaden entnehmen. Beispielsweise gilt a_1 a_2 a_3 a_5 a_7 ϵ F(N). Denken wir an das diesem Netz zugrunde liegende Auftragssystem (Abb. 1.2.2). Uns interessieren diejenigen Auftragsfolgen, die a) die Präzedenzen respektieren und b) alle Aufträge enthalten. Da die letztere Bedingung auch als Bedingung "Aufträge a_4, a_6 und a_7 bearbeitet" formuliert werden kann, erhalten wir im zuhörigen Netz N von Abb. 1.2.3 die Menge der terminierenden seriellen Prozesse: $F(N, M_E)$ mit $M_E = \{\langle b_6 \ b_{10} \ b_{11}\rangle\}$. Im Fallgraphen wird diese Menge durch die Pfade beschrieben, die von $m_0 = \langle b_1\rangle$ zu $\langle b_6 \ b_{10} \ b_{11}\rangle$ führen.

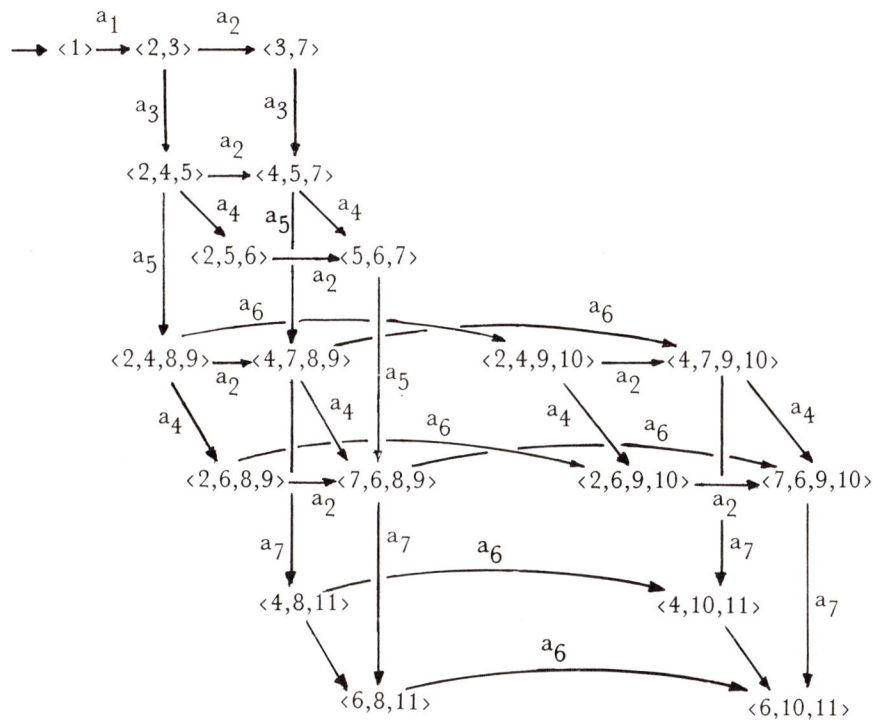

Abb. 1.3.7: Fallgraph zum S/T–Netz in Abb. 1.2.3 mit $m_0 = \langle b_1\rangle$

m_0 markiert gerade diejenigen Stellen, die keine Eingangstransition haben. In einem Netz wird diese Menge mit $^O N$ bezeichnet.

(1.3.7)   *Definition*:

a) Für ein Netz N = (S,T,F) bezeichnen

$^O N := \{s \in S \mid {}^{\cdot}s = \emptyset\}$ die Stellen ohne Eingangs– und

$N^O := \{s \in S \mid s^{\cdot} = \emptyset\}$ die Stellen ohne Ausgangstransitionen.

b) Für ein Auftragssystem AS = (A,⟨·⟩) sei N = (S,T,F) das AS zugeord-
nete Kausalnetz (Def. 1.2.5). Legt man in jede Stelle von ^{O}N bzw.
N^{O} genau eine Marke, so erhält man Markierungen m_o bzw. m_E.
Dann heißt

$$F_E(AS) := F((S,T,F,m_o),\{m_E\})$$

Menge der Ausführungsfolgen (execution sequences) von AS.

Das S/T–Netz in Abb. 1.3.6 kann folgendermaßen interpretiert werden. Die drei
Marken in lok stellen jeweils einen Auftrag dar. Für deren Bearbeitung kann es
nötig sein, auf einen bestimmten Datensatz zuzugreifen, der allen Aufträgen
zugänglich ist. Es wird jedoch unterschieden, ob dieser Zugriff die Daten verändert
(schreibender Zugriff) oder nur liest (lesender Zugriff). Das Netz beschreibt nur die
möglichen Wege dieser Aufträge. Solange sich der Auftrag nicht um den Zugriff
auf den Datensatz bewirbt, befindet sich die zugehörige Marke in lok (lokaler Zugriff). Je nachdem, ob ein Zugriff lesend oder schreibend sein soll, schaltet dann
die Transition a oder d und der Auftrag befindet sich in la (Lesewunsch angemeldet) oder sa (Schreibwunsch angemeldet).

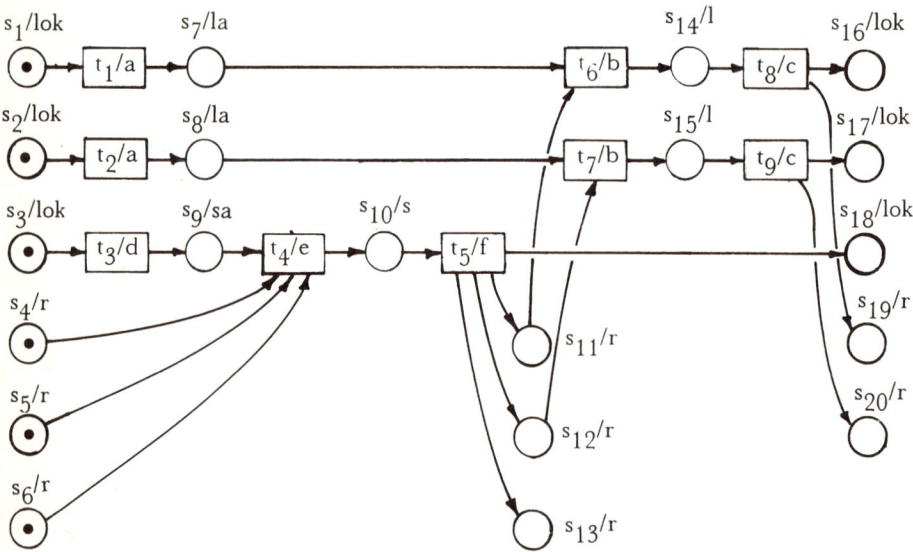

Abb. 1.3.8: Prozeß zum S/T–Netz in Abb. 1.3.6

Das Lesen bzw. Schreiben findet dann in l bzw. s statt. Lesende Zugriffe können unabhängig voneinander erfolgen, schreibende Zugriffe jedoch nur im wechsel-seitigen Ausschluß untereinander und zu den lesenden Zugriffen.

Die Auftragsbeschreibungen können z.B. so beschaffen sein, daß folgende serielle Prozesse ablaufen:

        1.) a a d e f b b c c a

        2.) a d a e f b c a b c

        3.) d a a e f b b c a c

Diese seriellen Prozesse geben natürlich nur unzureichend wieder, welche Teilaufträge nebenläufig ablaufen und welche nicht. Beispielsweise wären sie für die Variante des S/T–Netzes von Abb. 1.3.9 a) genauso möglich, obwohl dort die Nebenläufigkeit durch ein Betriebsmittel bm eingeschränkt wird.

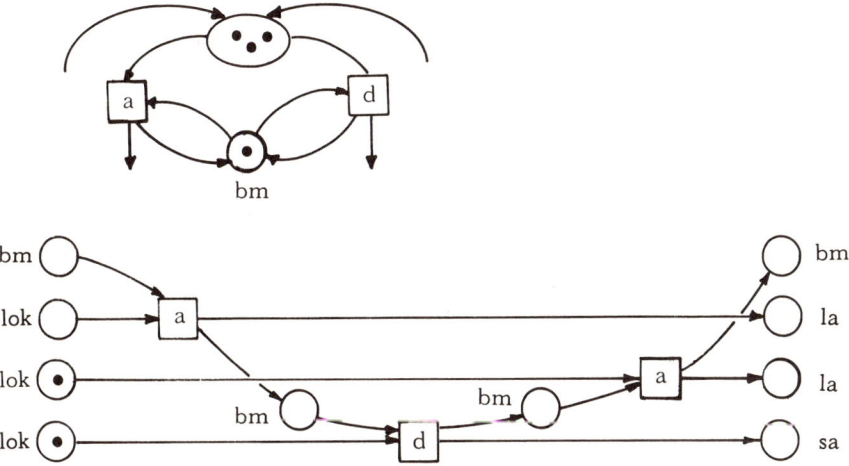

Abb. 1.3.9: Variante des Netzes von Abb. 1.3.6 durch Betriebsmittel bm (in a) und zugehöriger Prozeß (in b)

Um zu einer adäquateren Darstellung der Prozesse zu kommen, stellen wir zunächst die drei Marken getrennt in einer Kopie der Stelle lok dar. Das Schalten einer Transition wird nun wie in Abb. 1.3.8 durch die Transition selbst *mit* ihren Vor- und Nachbedingungen dargestellt. Man sieht jetzt, daß das doppelte Schalten von a und von d unabhängig, nebenläufig erfolgt. In dieser Weise fortfahrend erreichen wir am Ende wieder die Ausgangsmarkierung. Für jede neue Markierung einer Stelle benutzen wir jedoch eine neue Kopie dieser Stelle. Dadurch wird deutlich, daß z.B. ein erneutes Auftreten der Transition a eine neue Verpflichtung einer FE ist, also ein neuer Teilauftrag zustande kommt. Das unseren Prozeß beschreibende Netz in Abb. 1.3.8 ist (bis auf die Markierung) ein Kausalnetz. Damit ist definiert, welche Teilaufträge nebenläufig sind, z.B. die ersten Auftritte von a, a und d, denn $\{t_1, t_2, t_3\}$ liegen in einem Schnitt. t_3 und t_8 liegen in Linie. Schaltfolgen dieses markierten Kausalnetzes mit Anfangsmarkierung sind auch Schaltfolgen von N. Abbildung 1.3.9 b) zeigt ausschnittweise den Anfang eines Kausalnetzes bei den Modifikationen von Abb. 1.3.9 a).

Das Auftreten von a, d und a liegt in Linie, entspricht damit eindeutig dem seriellen Prozeß ada. Kausalnetze wie in Abb. 1.3.8 nennen wir asynchrone Prozeßdarstellung oder einfach Prozeß des S/T–Netzes, da alle weitergehenden Serialisierungen nicht den mit dem Netz gegebenen Präzedenzen entsprechen.

Nach DIN 66201 ist ein *Prozeß* eine Gesamtheit von aufeinander einwirkenden Vorgängen in einem System, durch die Materie, Energie oder Information umgeformt, transportiert oder gespeichert wird. Ein Prozeß ist also nichts anderes als eine Handlung (im Sinne von Abschnitt 1.1). Ein *Prozeßmodell* ist (weiter nach DIN) die Darstellung eines Prozesses aufgrund einer Prozeßidentifikation oder aufgrund bekannter physikalischer Gesetze oder getroffener Annahmen. Ein Prozeß im Sinne der folgenden Definition entspricht dem *mathematischen Prozeßmodell* in DIN 66201 als einem Prozeßmodell, das durch mathematische Gleichungen, numerische Tabellen, Signalflußpläne oder auf ähnliche Weise dargestellt wird. Wir werden Prozesse als Kausalnetze (oder Auftragssysteme) definieren, d.h. als "mathematische Prozeßmodelle" im Sinne der DIN.

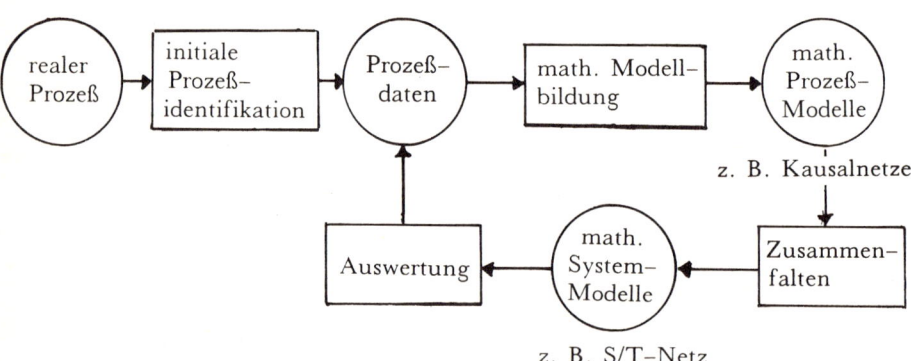

Abb. 1.3.10: Bildung mathematischer Prozeß– und Systemmodelle

Aufgrund von Beobachtungen, Messungen, Experimenten können aus einem realen

Prozeßablauf Prozeßdaten gefunden werden (vgl. Abb. 1.3.10). Aus diesem werden
möglicherweise Gesetzmäßigkeiten (z.B. Präzedenzen) entnommen und ein erstes
mathematisches Prozeßmodell (z.B. als Menge von Kausalnetzen) erstellt. Durch
Identifikationen gleicher Handlungsbeschreibungen werden diese zu einem
mathematischen Systemmodell zusammengefaltet (z.B. als S/T-Netz). Daraus
entstehen durch Auswertung neue Prozeßdaten. Die folgende Prozeßdefinition
beschreibt die zu einem S/T-Netz gehörenden Prozeßmodelle.

Leser, denen diese Definition trotz der vorangeschickten Erklärungen zu abstrakt
ist, können sie überspringen und stattdessen die äquivalente Konstruktion in Konstruktion 1.3.9 benutzen.

(1.3.8)   *Definition*: Es sei $N = (S,T,F,W,m_0)$ ein S/T-Netz (ohne Kapazitätsbeschränkung). Ein *asynchroner Prozeß* von N, kurz ein *Prozeß* von
N, ist ein Paar (N_K,p), bestehend aus einem markierten Kausalnetz
$N_K = (S_K,T_K,F_K,m_{0K})$ und einer Abbildung p: $S_K \cup T_K \rightarrow S \cup T$ mit
folgenden Eigenschaften:

a) $p(S_K) \subseteq S$, $p(T_K) \subseteq T$ und $(x,y) \in F_K \Rightarrow (p(x),p(y)) \in F$
   (die Struktur von N_K "paßt" zu N)

b) ^oN_K (Def. 1.3.7) ist ein Schnitt (Def. 1.2.10) von N_K und m_{0K}
   enthält genau in den Stellen von ^oN_K je eine Marke, sowie

   $m_0(s) = |p^{-1}(s) \cap {}^oN_K|$ für alle $s \in S$ (m_{0K} stellt m_0 dar) .

c) $\forall t \in T_K \; \forall s \in {}^\cdot p(t) : W(s,p(t)) = |p^{-1}(s) \cap {}^\cdot t|$
   $\forall t \in T_K \; \forall s \in p(t)^\cdot : W(p(t),s) = |p^{-1}(s) \cap t^\cdot|$

   (Die Anzahl der Marken in s entspricht der Anzahl der Kopien von s
   in N_K.)

Proz(N) bezeichne die Menge aller Prozesse (N_K,p) von N.

Abbildung 1.3.11 veranschaulicht diese Definition:

zu a) $(s_9,t_4) \in F_K \Rightarrow (p(s_9),p(t_4)) = (s_a,e) \in F$
zu b) $m_0(r) = |p^{-1}(r) \cap {}^oN_K| = |\{s_4,s_5,s_6\}| = 3$
zu c) $W(r,p(t_4)) = |p^{-1}(r) \cap {}^\cdot t_4| = |\{s_4,s_5,s_6\}| = 3$

Oft schreibt man in der graphischen Darstellung von Prozessen nur die Bilder p(s)
an die Stellen s des Kausalnetzes (wie in Abb. 1.3.9). Diese Konvention wird

bereits in der folgenden Konstruktion benutzt, wo dementsprechend Stellen mehrfach vorkommen können.

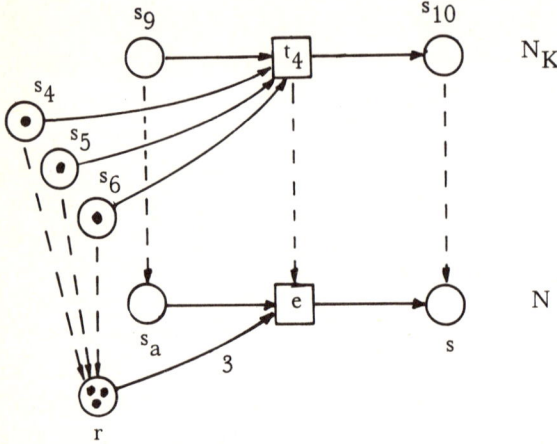

Abb. 1.3.11: Beispiel zu Def. 1.3.8

(1.3.9)   *Konstruktion* eines Prozesses N_K zu einem S/T–Netz $N = (S,T,F,W,m_o)$.

> *Schritt 1*: Für jede Stelle $s \in S$ mit $m_o(s)=r$ Marken zeichne r Stellen s in N_K und markiere sie jeweils mit einer Marke.
>
> *Schritt 2*: Betrachte $N_K{}^o$ (Def. 1.3.7) für das bis jetzt konstruierte Netz N_K. Enthält für eine Transition $t \in T$ die Menge $N_K{}^o$ jede Eingangsstelle $s \in {}^\cdot t$ mindestens $W(s,t)$-mal, dann zeichne t als neue Transition ein mit den genannten $W(s,t)$ Stellen als Eingangsstellen und für jedes $s' \in t^\cdot$ genau $W(t,s')$ neue Kopien von s' als Ausgangsstellen.
>
> *Schritt 3*: Höre auf oder wiederhole Schritt 2.

Man mache sich zunächst klar, daß der Prozeß von Abb. 1.3.8 auf diese Weise konstruiert werden kann. Die Konstruktion ist nichtdeterministisch in Schritt 2 bei der Wahl von t. Dies entspricht der Existenz verschiedener Prozesse für N. Asynchrone Prozesse können unendlich sein. Die Konstruktion (1.3.9) liefert beliebig große Anfangsstücke solcher Prozesse. In (Best et al 84) wird gezeigt, daß jeder nach (1.3.9) konstruierte endliche oder unendliche Prozeß auch ein Prozeß im Sinne der Definition 1.3.8 ist. Die Umkehrung gilt, wenn in Def. 1.3.8 für unendliche Prozesse gefordert wird, daß sie aus Anfangsstücken endlicher Prozesse bestehen.

Zwei Transitionen eines Prozesses heißen nebenläufig, wenn sie in der Relation co liegen (Def. 1.2.6), sonst sequentiell. Zum Beispiel sind die Transitionen t_1, t_2 und t_4 des Prozesses von Abb. 1.3.8 nebenläufig und bilden einen Schnitt. Sie stellen das erste Schalten der Transitionen a (doppelt) und e dar.

Nebenläufige Transitionen in asynchronen Prozessen sind dadurch gekennzeichnet, daß ihr Schalten in keinerlei Beziehung zueinander steht. In manchen Fällen, insbesondere bei räumlich konzentrierten Systemen, kann Schaltbeginn und Schaltende eindeutig Zeitpunkten zugeordnet werden, die bezüglich einer zentralen Uhr gemessen werden. Solche Prozesse nennen wir synchron.

(1.3.10)   *Definition*: Gegeben sei ein S/T-Netz $N = (S,T,F,W,m_o)$ und ein asynchroner Prozeß (N_K,p) mit $N_K = (S_K,T_K,F_K,m_{oK})$ von N.

   a) Zwei Transitionen $t_1,t_2 \in T_K$ heißen *nebenläufig* (concurrent), wenn gilt t_1 co t_2 (Def. 1.2.7) und *sequentiell* (sequential), falls t_1 li t_2.

   b) (N_K,p) heißt *sequentiell*, falls alle Elemente $t \in T_K$ in Linie liegen.

   c) Der Prozeß (N_K,p) heißt *synchron* (synchronous), falls es Abbildungen

   $a: T_K \rightarrow \mathbb{R}^+$

   $e: T_K \rightarrow \mathbb{R}^+$

   gibt mit $a(t_1) \leqq e(t_1)$ und $t_1 < t_2 \Rightarrow e(t_1) \leqq a(t_2)$ für alle $t_1,t_2 \in T_K$. $a(t)$ heißt *Anfangszeitpunkt*, $e(t)$ heißt *Endzeitpunkt* von t.

   d) Zwei Transitionen t_1,t_2 eines synchronen Prozesses heißen *kollateral*, falls

   $)a(t_1);e(t_1)(\cap)a(t_2);e(t_2)(\neq \emptyset,$ d.h.
   $\exists z \in \mathbb{R}^+ : a(t_1) < z < e(t_1) \wedge a(t_2) < z < e(t_2),$

   sonst *seriell*, d.h. $e(t_1) \leqq a(t_2)$.

   e) Ein synchroner Prozeß (N_K,p) heißt *seriell* (serial), falls je zwei Transitionen aus T_K seriell sind. In diesem Fall kann der Prozeß auch als endliche oder unendliche Folge aller Transitionen von $T_K : t_{i_1} \, t_{i_2} \, t_{i_3} \, \ldots$ dargestellt werden. Auch die Folge

   $p \, (t_{i_1} \, t_{i_2} \, t_{i_3} \, \ldots) := p(t_{i_1}) \, p(t_{i_2}) \, p(t_{i_3}) \, \ldots$

   heißt *serieller Prozeß* oder *Schaltfolge* von N.

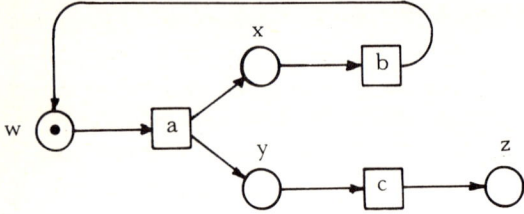

a) S/T–Netz N

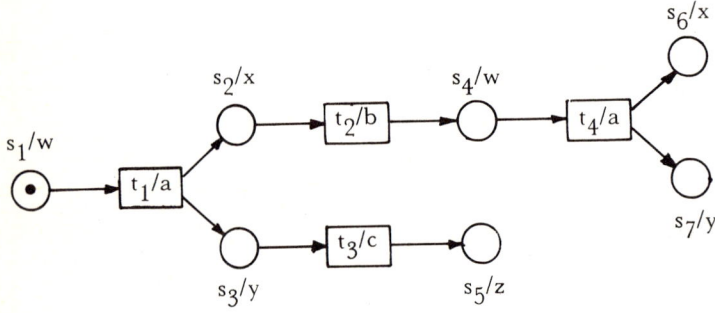

b) asynchroner Prozeß (N_K,p) von N

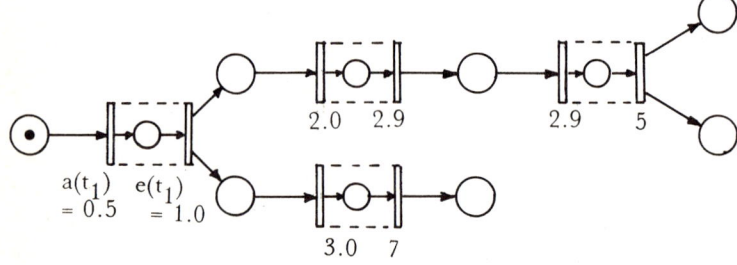

c) synchroner Prozeß von N mit Anfangs– und Endzeitpunkten

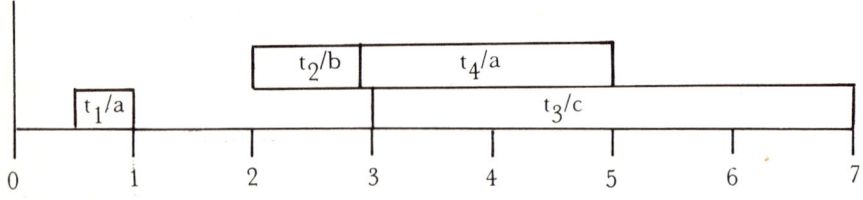

d) synchroner Prozeß von N in Balkendarstellung

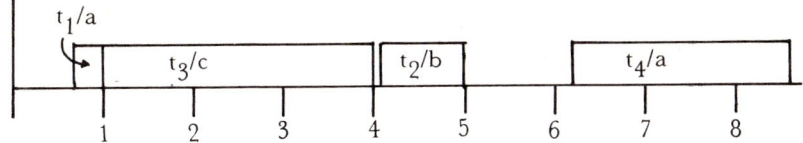

e) serieller Prozeß von N in Balkendarstellung

$$a \ c \ b \ a \ \epsilon \ F(N)$$

f) derselbe serielle Prozeß als Schaltfolge

Abb. 1.3.12: Verschiedene Prozesse b) bis f) für ein S/T–Netz in a)

Abbildung 1.3.12 b) zeigt einen asynchronen endlichen Prozeß von N in a). t_2 und t_3 sind nebenläufig, t_1 und t_4 sequentiell. c) zeigt einen synchronen Prozeß von N. Schaltbeginn und –ende ist für jede Transition mit Zeitangaben als Verfeinerung dargestellt. t_3 und t_4 sind kollateral, t_2 und t_3 seriell. Alle Transitionen des Prozesses in e) sind seriell. Dieser serielle Prozeß ist bei Abstraktion der Zeitangaben in f) als Schaltfolge dargestellt. In der Literatur werden auch Petri-Netze untersucht, bei denen nur synchrone Prozesse wie in Definition (1.3.10 c)) zugelassen werden. Jedoch werden dort nicht die Anfangs- und Endzeitpunkte a(t) und e(t), sondern nur relative Abhängigkeiten wie $e(t) - a(t) = const.$ oder $a(t_2) - e(t_1) \epsilon (0.3;1.5)$ gefordert. Solche Netze heißen *Zeit-Petri-Netze* (timed Petri nets) (Ramchandani 73; Zuberek 80; Berthmieu et al 82; Sepehr 84; Timed 85).

Eine *Konfliktstelle* ist eine Stelle mit zwei Ausgangstransitionen. Prozesse enthalten keine Konfliktstellen, da alle Konflikte beim Prozeßablauf entschieden wurden. Die Existenz solcher Konflikte läßt sich höchstens beim Vergleich verschiedener Prozesse nachvollziehen. Das einem Auftragssystem AS (Def. 1.2.1) zugeordnete Netz N (Def. 1.2.5) besitzt dementsprechend genau einen Prozeß, nämlich es selbst:

$$Proz(N) = \{N\}$$

Wie bei Auftragssystemen lassen sich alle seriellen Prozesse (Schaltfolgen) aus den Prozessen gewinnen.

(1.3.11) *Satz*: Für jedes S/T–Netz N gilt:

$$F(N) = \bigcup_{(N_K,p) \in Proz(N) endlich} \{p_K(w) | w \in F(N_K) \}.$$

Den Beweis führen wir informell. Jede Schaltfolge $w \in F(N_K)$ eines Prozesses (N_K,p) von N mischt alle Linien des Prozesses unter Respektierung der Präzedenzen. Die Transitionen t auf diesen Linien beschreiben das Schalten von Transitionen $p(t)$ in N. $p(w)$ ist folglich eine mögliche Schaltfolge von Transitionen in N. Andererseits erhält man so alle Schaltfolgen.   □

Die Definition asynchroner Prozesse (Def. 1.3.8) setzt ein S/T–Netz N ohne Kapazitäten voraus, und ist damit so nicht anwendbar auf B/E–Netze. Wir zeigen dies am Beispiel eines Prozesses (Abb. 1.3.13) des B/E–Netzes von Abb. 1.3.5 (ohne gestrichelte Linie).

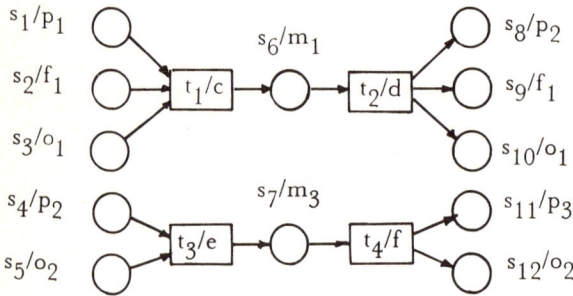

Abb. 1.3.13: Prozeß für B/E–Netz von Abb. 1.3.5

Die Transitionen c und e schalten zunächst nebenläufig, was korrekt ist. Im Prozeß sind ebenso e und d nebenläufig. Dies ist wegen der Kapazität $K(p_2) = 1$ falsch im B/E–Netz. Im Prozeß von Abb. 1.3.13 fehlt also die Präzedenz e $<\cdot$ d. Nimmt man die gestrichelten Teile von Abb. 1.3.5 hinzu, dann findet man diese Präzedenz in Form der Stelle $\overline{p_2}$.

Um asynchrone Prozesse zu definieren, müssen S/T–Netze so umgeformt werden, daß die Kapazitäten entfallen können, ohne das Verhalten des Netzes zu ändern. Solche Netze nennt man kontaktfrei. Die Einschränkung $K(s) \in \mathbb{N}$ einer Ausgangsstelle $s \in t\cdot$ muß dann in einer anderen Form als Eingangsstelle $\overline{s} \in \cdot t$ erscheinen. Die Stelle $\overline{s}$ heißt komplementäre Stelle zu s, da sie bei B/E–Netzen den komplementären Wert der Bedingung s anzeigt.

(1.3.12)   *Definition*: Ein S/T–Netz $N = (S,T,F,K,W,m_o)$ heißt *kontaktfrei* (contactless), wenn für alle erreichbaren Markierungen $m \in R(N)$ eine Transition $t \in T$ genau dann aktiviert ist, wenn $m(s) \geq W(s,t)$ für alle $s \in \cdot t$ gilt.

(1.3.13)   *Definition*: Es sei s ∈ S eine Stelle eines S/T–Netzes N = (S,T,F,K,W,m_o) mit endlicher Kapazität K(s) ≠ ω. Dann heißt eine Stelle $\bar{s}$ ∈ S *komplementär* zu s, wenn für alle t ∈ T gilt:

a) W($\bar{s}$,t) = max(W(t,s) – W(s,t),0)

b) W(t,$\bar{s}$) = max(W(s,t) – W(t,s),0)

c) $m_o(\bar{s})$ = K(s) – m_o(s)

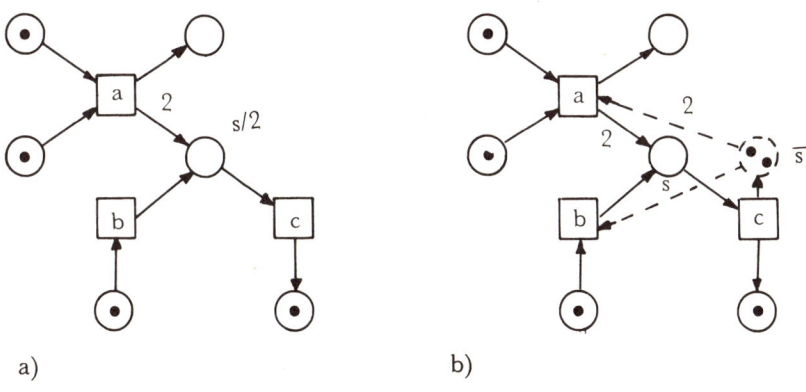

a)   b)

Abb. 1.3.14: Konstruktion einer komplementären Stelle $\bar{s}$ für s

Nach dem Schalten von Transition b in Abb. 1.3.14 a) kann Transition a nicht schalten, weil sonst die Kapazität von s überschritten würde. Das Netz ist nicht kontaktfrei. Durch Einführen der komplementären Stelle $\bar{s}$ in Abb. 1.3.14 b) wird das Netz kontaktfrei.

(1.3.14)   *Satz*: Es sei N = (S,T,F,K,W,m_o) ein S/T–Netz. Man setze

$\bar{S}$:= S∪{$\bar{s}$|s ∈ S, K(s)≠ω}. $\bar{N}$=($\bar{S}$,T,$\bar{F}$,$\bar{W}$,$\bar{m}_o$) entstehe aus N durch Hinzufügen von komplementären Stellen $\bar{s}$ und Erweiterung von F,W,m_o zu $\bar{F}$,$\bar{W}$,$\bar{m}_o$ entsprechend Def. 1.3.13. Für eine Markierung m ∈ M_S von N sei $\bar{m}$ die Markierung aus $M_{\bar{S}}$ mit

$$\bar{m}(s) = \begin{cases} m(s) \text{ falls } s \in S \\ K(s_1) - m(s_1) \text{ falls } s \notin S \text{ und } s = \bar{s}_1 \end{cases}$$

Dann gilt für $\bar{N}$:

a) Für alle m_1, $m_2 \in R(N)$, $t \in T$ gilt: $m_1 \xrightarrow{t}_N m_2$ gdw $\bar{m}_1 \xrightarrow{t}_{\bar{N}} \bar{m}_2$

b) $R(\bar{N}) = \{\bar{m} \mid m \in R(N)\}$

c) $F(\bar{N}) = F(N)$

Beweis: Die Teile b) und c) folgen aus a) durch Induktion über $R(\bar{N})$ bzw. $F(\bar{N})$.

Zum Beweis von Teil a) überlegt man sich zunächst leicht aus der Definition von $\bar{s}$, daß aus $m_1 \xrightarrow{t}_N m_2$ und $\bar{m}_1 \xrightarrow{t}_{\bar{N}} \tilde{m}_3$ folgt $\tilde{m}_3 = \bar{m}_2$. Es bleibt damit nur zu beweisen, daß t in m_1 genau dann aktiviert ist, wenn dies für t in $\bar{m}_1$ gilt:

$$m_1 \xrightarrow{t}_N \Leftrightarrow \bar{m}_1 \xrightarrow{t}_{\bar{N}} \tag{1}$$

Es gilt $m_1 \xrightarrow{t}_N$ genau dann, wenn für alle $s \in S$:

$$m_1(s) \geqq W(s,t) \tag{2}$$

und

$$m_1(s) - W(s,t) + W(t,s) \leqq K(s) \tag{3}$$

Für $s \in S$ ist $\bar{W}(s,t) = W(s,t)$ und $m_1(s) = \bar{m}_1(s)$, also

$$\bar{W}(s,t) \leqq \bar{m}_1(s) \Leftrightarrow W(s,t) \leqq m_1(s) \tag{4}$$

Für $\bar{s} \in \bar{S} \backslash S$ mit $s \in t \cdot \backslash \cdot t$ gilt wegen $K(s) \neq \omega$; $\bar{m}_1(\bar{s}) = K(s) - m_1(s)$ und $\bar{W}(\bar{s},t) = W(t,s)$:

$$
\begin{aligned}
(3) &\Leftrightarrow W(t,s) - W(s,t) \leqq K(s) - m_1(s) \\
&\Leftrightarrow \bar{W}(\bar{s},t) - 0 \quad\quad \leqq K(s) - (K(s) - \bar{m}_1(\bar{s})) \\
&\Leftrightarrow \bar{W}(\bar{s},t) \quad\quad\quad \leqq \bar{m}_1(\bar{s}_1)
\end{aligned}
\tag{5}
$$

Für $\bar{s} \in \bar{S} \backslash S$ mit $s \in t \cap t \cdot$ gemäß Def. 1.3.1 ist nur der Fall $\bar{W}(\bar{s},t) = W(t,s) - W(s,t) \geqq 0$ beachtenswert. Hier gilt ebenso:

$$
\begin{aligned}
(3) &\Leftrightarrow W(t,s) - W(s,t) \leqq K(s) - m_1(s) \\
&\Leftrightarrow \bar{W}(\bar{s},t) \quad\quad\quad \leqq \bar{m}_1(\bar{s})
\end{aligned}
\tag{6}
$$

Insgesamt haben wir gezeigt:

$$
\begin{aligned}
m_1 \xrightarrow{t}_N &\Leftrightarrow (2) \wedge (3) \Leftrightarrow (4) \wedge (5) \wedge (6) \\
&\Leftrightarrow \forall s \in \bar{S} : \bar{m}_1(s) \geqq \bar{W}(s,t) \\
&\Leftrightarrow \bar{m}_1 \xrightarrow{t}_{\bar{N}} \qquad\qquad\qquad\qquad \square
\end{aligned}
$$

Das B/E-Netz von Abb. 1.3.5 zeigt in den gestrichelten Teilen die Konstruktion derjenigen komplementären Stellen (hier Bedingungen), die notwendig sind, um das Netz kontaktfrei zu machen. Folglich können die Kapazitäten entfallen und Prozesse gemäß Def. 1.3.8 konstruiert werden.

Die in Definition 1.1.9 eingeführten Anweisungstypen der Programmsprache PROG erlauben eine äquivalente Darstellung als S/T-Netze mit Inschriften, die es dann erlaubt, asynchrone Prozesse dieser Programme zu erzeugen. Abbildung 1.3.15 a) bis h) zeigt die den Anweisungen von Def. 1.1.9 a) bis h) entsprechenden Netzdarstellungen. Bei den geschützten Anweisungen in c), d) und e) sind die mit Bedingungen bezeichneten Transitionen nur dann aktiviert, wenn die Bedingung erfüllt ist. Für diese Anweisung ist rechts eine abkürzende Version angegeben. Eine Transition mit einer Mehrfachanweisung ist ausführbar, wenn die zugehörige Eingangsstelle markiert ist. Beim Schalten der Transition werden die Wertzuweisungen als unteilbare Handlung ausgeführt (vgl. 1.1.9 b)). Wir nennen Programme in dieser Darstellung *Netzprogramme* (in (Keller 76) heißen sie interpretierte S/T-Netze).

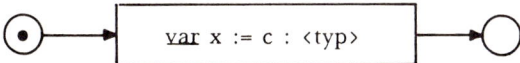

a) Programmanfang, Initialisierungen und Typ-Vereinbarungen

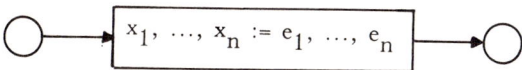

b) (Mehrfach-)Zuweisung

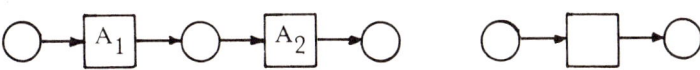

c) Hintereinanderausführung und leere Anweisung

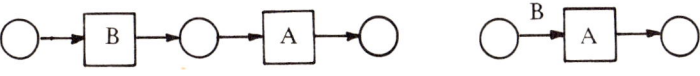

d) geschützte Anweisung

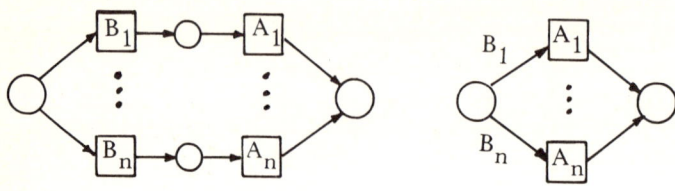

e) Auswahl–Anweisung

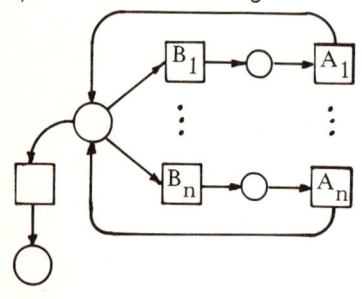
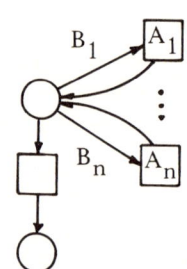

f) Schleifen–Anweisung

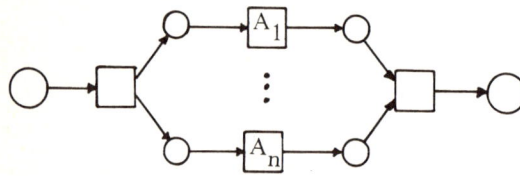

g) Nebenlauf–Anweisung

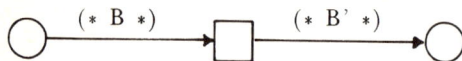

h) Zusicherungen

Abb. 1.3.15: Netzdarstellungen von Anweisungstypen

Abbildung 1.3.17 bzw. Abb. 1.3.18 zeigen die Programme von Beispiel 1.1.11 bzw. 1.1.12 in Netzform. Dabei sind zum Teil Vereinfachungen durchgeführt worden.

Um den Begriff des asynchronen Prozesses für solche Programme zu verstehen, orientiere man sich zunächst an Abb. 1.3.16.

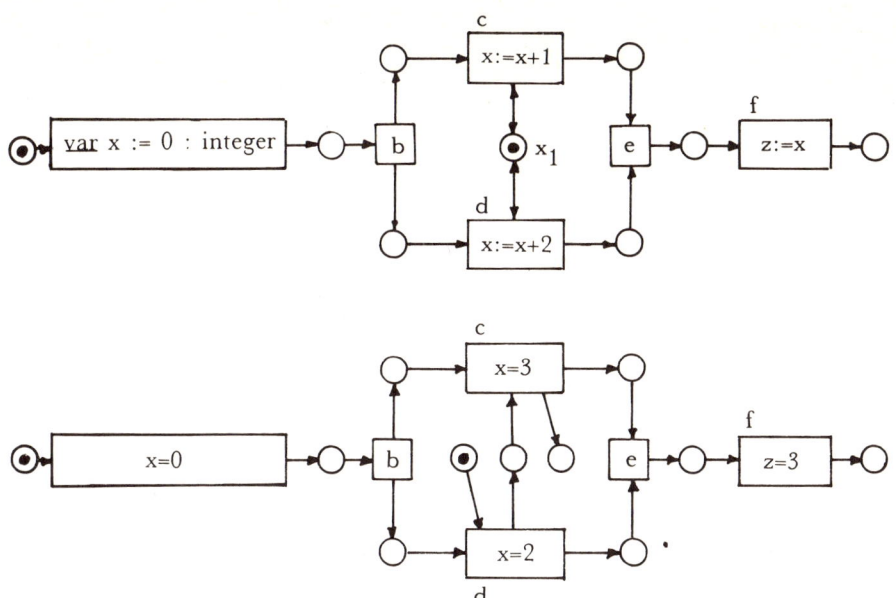

Abb. 1.3.16: Netzprogramm mit Prozeß

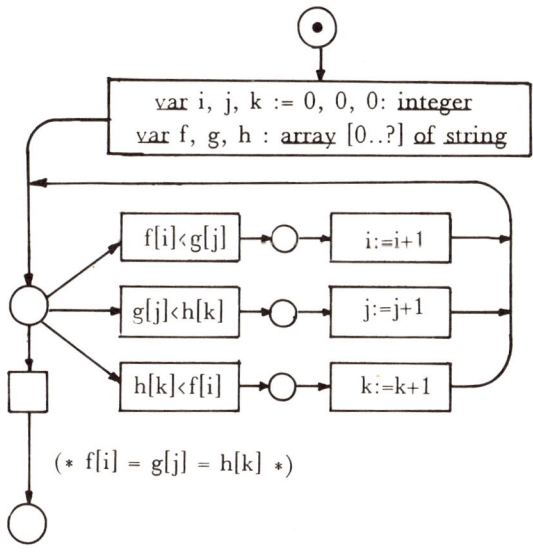

Abb. 1.3.17: Netzprogramm zum Programm in Beispiel 1.1.11

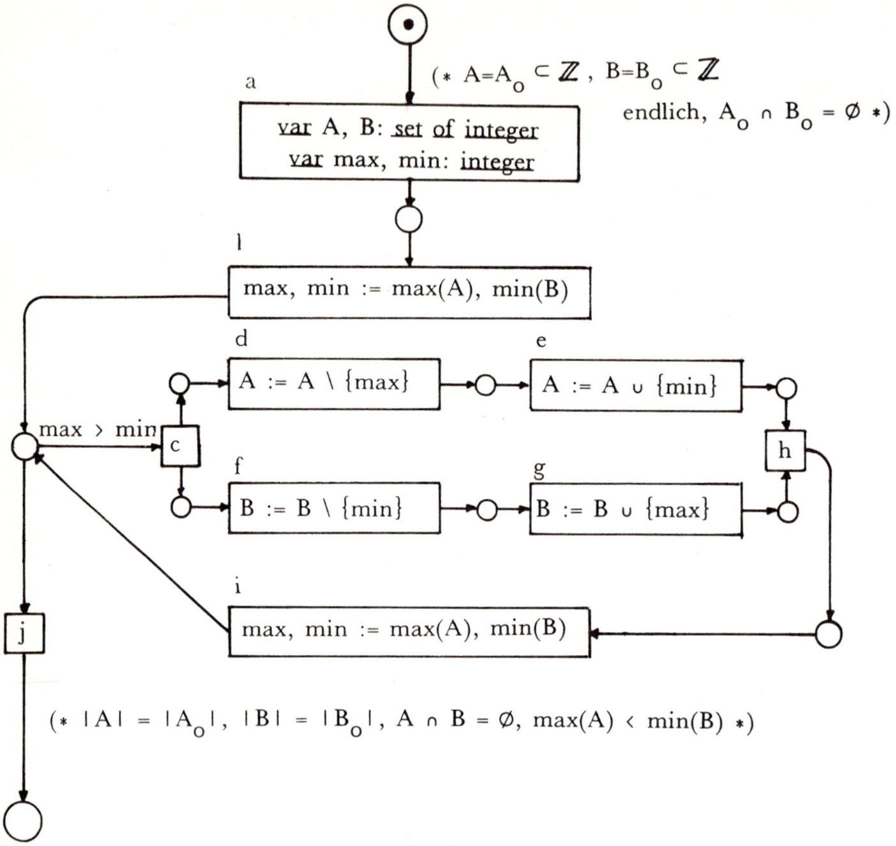

a
$(* \ A = A_o \subset \mathbb{Z} \ , \ B = B_o \subset \mathbb{Z}$

endlich, $A_o \cap B_o = \emptyset \ *)$

var A, B: set of integer
var max, min: integer

l

max, min := max(A), min(B)

d

A := A \ {max}

e

A := A ∪ {min}

max > min   c

h

f

B := B \ {min}

g

B := B ∪ {max}

j

i

max, min := max(A), min(B)

$(* \ |A| = |A_o|, \ |B| = |B_o|, \ A \cap B = \emptyset, \ max(A) < min(B) \ *)$

Abb. 1.3.18: Netzprogramm zum Programm in Beispiel 1.1.12

Die Zuweisung einer Transition t_1 enthalte eine Variable x, die auf der linken Seite der Zuweisung in t_2 auch vorkommt. Beide Transitionen denke man sich über die Nebenbedingung s_{12} wie in Abb. 1.3.19 verbunden. s_{12} drückt den Konflikt beim nebenläufigen Zugriff auf das Betriebsmittel x aus.

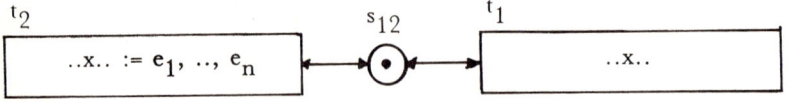

t_2

..x.. := $e_1, .., e_n$

s_{12}

t_1

..x..

Abb. 1.3.19

Diese Konstruktion bewirkt, daß in einem asynchronen Prozeß alle Wertzuweisungen an eine Variable x auf einer Linie liegen. Wird der Wert von x in der
rechten Seite einer Anweisung gebraucht, so findet man diesen Wert auf einer
durch diese Transition verlaufenden Linie.

Abbildung 1.3.20 zeigt einen Prozeß des Netzprogramms von Abb. 1.3.18 (bzw.
des Programms von Beispiel 1.1.11). Die der Vereinbarung oder Initialisierung
entsprechende Transition enthält die Anfangswerte der Variablen. Die zu
Zuweisungen gehörenden Transitionen enthalten die Werte der zugewiesenen Variablen *nach* der Zuweisung. Transitionen, die boole'sche Bedingungen enthalten,
dürfen nur schalten, wenn diese wahr sind. Die Variablenwerte für ihre Auswertung sind auf einer Linie zwischen dem Anfang und dieser Transition zu finden.
Die Relation co gibt an, welche Transitionen nebenläufig sind.

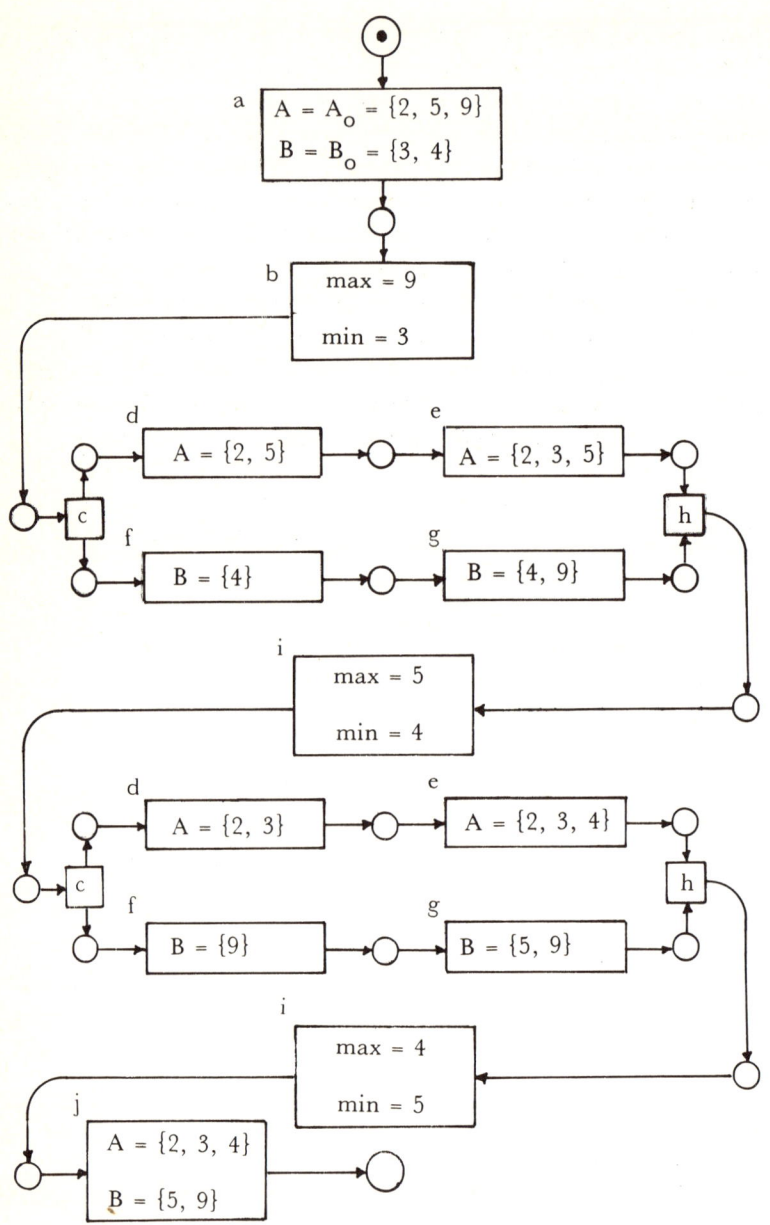

Abb. 1.3.20: Prozeß zum Netzprogramm von Abb. 1.3.18

1.4 Aufträge an Funktionseinheiten

Eine Handlung in einem Rechensystem kommt durch die Verpflichtung einer Funktionseinheit durch einen entsprechenden Auftrag zustande (Def. 1.1.7). Verschiedene Aufträge bzw. Funktionseinheiten können durch Verknüpfung komplexe Strukturen bilden, die wir Auftragssysteme bzw. Systeme von Funktionseinheiten nennen. In diesem Abschnitt wird beschrieben, wie Auftragssysteme in Systemen von Funktionseinheiten bearbeitet werden.

Eine Funktionseinheit ist (nach Def. 1.1.6) ein durch Aufgabe oder Wirkung abgrenzbares Gebilde, wobei Aufgabe oder Wirkung in Handlungen bestehen. Die Funktionseinheit braucht nicht durch ein Gerät (wie z.B. einen Drucker) gegeben sein: Programme, Kommunikationssysteme sind solche Funktionseinheiten. Ein Nachrichtenkanal kann z.B. sowohl als Gerät, wie auch als Funktionseinheit betrachtet werden. In DIN 40150 ist deshalb der Oberbegriff *Betrachtungseinheit* als "ein nach Aufgabe und Umfang abgegrenzter Gegenstand einer Betrachtung" definiert worden. Darunter fallen "*Funktionseinheit*", deren Abgrenzung nach Aufgabe und Wirkung erfolgt, wie auch "*Baueinheit*", deren Abgrenzung nach Aufbau und Zusammensetzung erfolgt. Es werden aber auch andere Beispiele von Betrachtungskriterien genannt:

- Betriebs-/Nutzungseinheit
- Instandhaltungseinheit
- Prüfeinheit
- Austauscheinheit
- Fertigungseinheit

Betrachtungsebenen können hierarchisch geordnet sein. Dies entspricht der im ersten Abschnitt dieses Kapitels behandelten Vorstellung von Verfeinerung und Vergröberung von Handlungen. DIN 40150 schlägt eine Unterteilung in vier Betrachtungsebenen vor:

1. *Element*, als in Abhängigkeit von der Betrachtung als *unteilbar* aufgefaßten Einheit der *untersten Betrachtungsebene*;

2. *Gruppe*, als Zusammenfassung von Elementen in einer höheren Betrachtungsebene zu einer noch *nicht selbständig verwendeten* Betrachtungseinheit;

3. *Einrichtung*, als Zusammenfassung von Elementen und/oder Gruppen in einer nächsthöheren Betrachtungseene zu einer *selbständig verwendbaren* Betrachtungseinheit;

4. *System*, als Gesamtheit der zur selbständigen Erfüllung eines Aufgabenkom-

plexes erforderlichen technischen und/oder organisatorischen und/oder anderen Mittel der *obersten Betrachtungsebene* (zu organisatorischen Mitteln zählen auch Personal und Ausbildung).

Betrachtungskriterien können mit Betrachtungsebenen kombiniert werden:

Betrachtungs–		–Kriterien			
		Funktions–einheit	Bau–einheit	Betriebs–einheit	Instand–haltungs–einheit .....
–Ebenen	Element	Funktions–element	Bau–element	.....	
	Gruppe	Funktions–gruppe	Bau–gruppe		
	Einrich–tung	funktionale Einrichtung	bauliche Einrichtung		
	System	funktional abgegrenztes System	baulich abgegrenz–tes System		

Diese Begriffe sind zum Gebrauch für alle Bereiche der Technik bestimmt. Wir empfehlen ihre Benutzung für den Bereich der Rechensysteme.

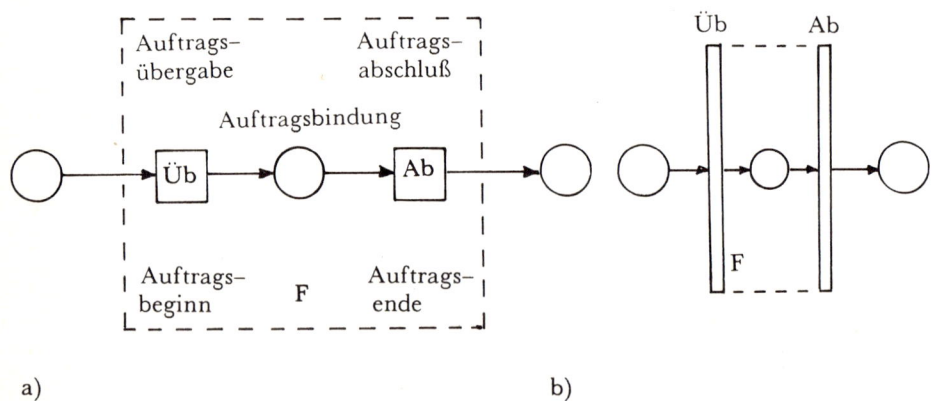

Abb.1.4.1: Auftrag und Funktionseinheit: a) Begriffe, b) Kurzdarstellung

Um **Begriffe** wie Füllung, Durchsatz, Verweilzeit definieren zu können, ist es notwendig, den Vorgang der Auftragsausführung durch eine Funktionseinheit F genauer zu betrachten, wobei man sich an der Abb. 1.4.1 orientieren kann.

(1.4.1)   *Definition*: Ein *Auftrag* ist eine Verpflichtung einer Funktionseinheit F zur Ausführung einer Handlung mittels einer Auftragsbeschreibung (vgl. Def. 1.1.7). Der Zustand der Verpflichtung heißt *Auftragsbindung*. Verschiedene Auftragsbindungen werden durch *Auftragskennzeichen* unterschieden. F heißt *Auftragsnehmer*. Die *Übergabe* der Auftragsbeschreibung (der Anweisung) heißt auch *Auftragserteilung*. *Auftragsbeginn* bzw. *Auftragsende* ist das Ereignis, das Beginn bzw. Ende einer Auftragsbindung definiert, i.a. Auftragserteilung und Abschluß der zugehörigen Handlung. Mit Auftragsende ist der Auftrag *erledigt* (*ausgeführt*).

Als Beispiel betrachte man die Anweisung

do i$\leq$2 → i:= i+1 od

und eine Funktionseinheit F (wie in Abb. 1.4.1), die den Speicherplatz i mit Anfangswert i=1 und die Operation "erhöhe um 1" verfügbar haben möge.

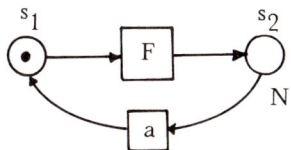

Abb. 1.4.2: Wiederholt nutzbare Funktionseinheit

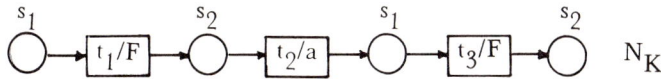

Abb. 1.4.3: Prozeß zum S/T-Netz N in Abb. 1.4.2

Abbildung 1.4.2 zeigt die Funktionseinheit F (als Vergröberung von Abb. 1.4.1 b)). Wir interpretieren das Schalten von F als Auftragsbearbeitung und das Schalten von a als Vorbereitung zur erneuten Übergabe. Abbildung 1.4.3 zeigt einen Prozeß N_K des S/T-Netzes N (im Sinne von Def. 1.3.10). Die Transitionen t_1 und t_3

unterscheiden als Auftragskennzeichen die beiden Auftragsbindungen der Anweisung "i:=i+1" an F. Anders als in diesem Beispiel können Funktionseinheiten zu einem Zeitpunkt mehrere Auftragsbindungen eingegangen sein. Ihre Anzahl heißt Füllung der Funktionseinheit.

(1.4.2)   *Definition*: Die *Füllung* f (number of tasks, population) einer Funktionseinheit ist die Anzahl der Aufträge, die der Funktionseinheit (zu einem Zeitpunkt) übergeben, aber noch nicht erledigt worden sind. Bei Füllung f = 0 heißt die Funktionseinheit *frei* (idle), bei f > 0 *beschäftigt* (busy). Bei f > 1 sprechen wir auch von *Simultanbetrieb* (parallel mode). Existiert eine maximale Füllung, dann heißt diese *Kapazität* k (capacity) der Funktionseinheit. Ist k = 1, dann heißt die Funktionseinheit *einfach* (simple), bei f = k heißt sie *belegt* (occupied). $\phi := f/k$ heißt relative *Füllung* (relative population) der Funktionseinheit.

Die Kapazität einer Funktionseinheit F kann in der Netzdarstellung durch die Kapazität einer Stelle (Abb. 1.4.4 a)) oder explizit, aber äquivalent, durch eine komplementäre Stelle $\bar{f}$ (Abb. 1.4.4 b)) ausgedrückt werden.

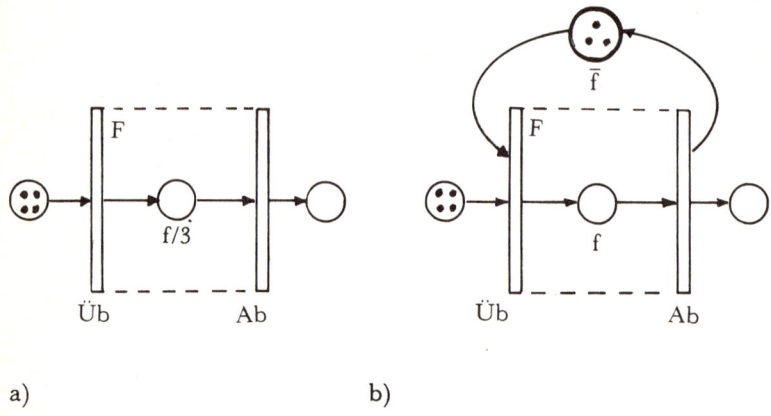

a)   b)

Abb. 1.4.4: Funktionseinheit mit Kapazität 3

Simultanbetrieb einer Funktionseinheit kann z.B. durch Lagerung von Teilaufträgen (Abb. 1.4.5 a)) oder durch kollaterale Handlungen (Def. 1.3.10) in Untereinheiten F_i (Abb. 1.4.5 b)) entstehen. Abbildung 1.4.6 zeigt eine mögliche Verfeinerung von Abb. 1.4.5 a) (die Stellen "Auftragspuffer" und "Ergebnispuffer" sollen die Kapazität 1 haben). Die Funktionseinheit enthält eine einfache Funktionseinheit "Bearbeitung" und eine nicht einfache Funktionseinheit

"Lagerung" mit Kapazität 5. Wegen der beiden Puffer hat die gesamte Funktionseinheit F die Kapazität 8.

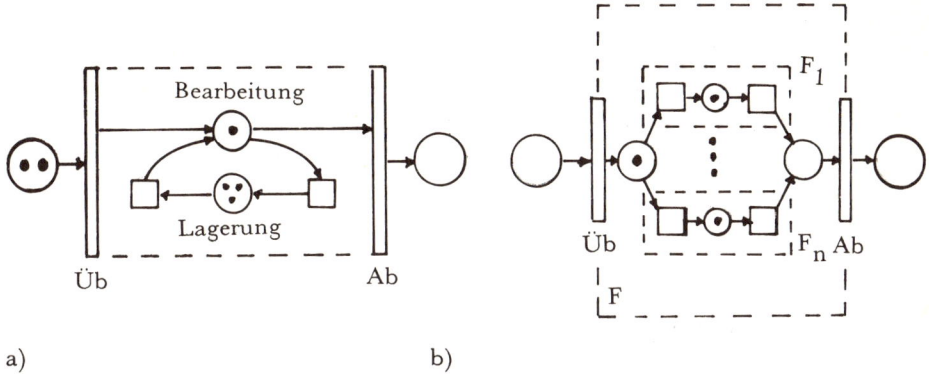

a)   b)

Abb. 1.4.5: Simultanbetrieb einer FE: Lagerung und Parallelarbeit

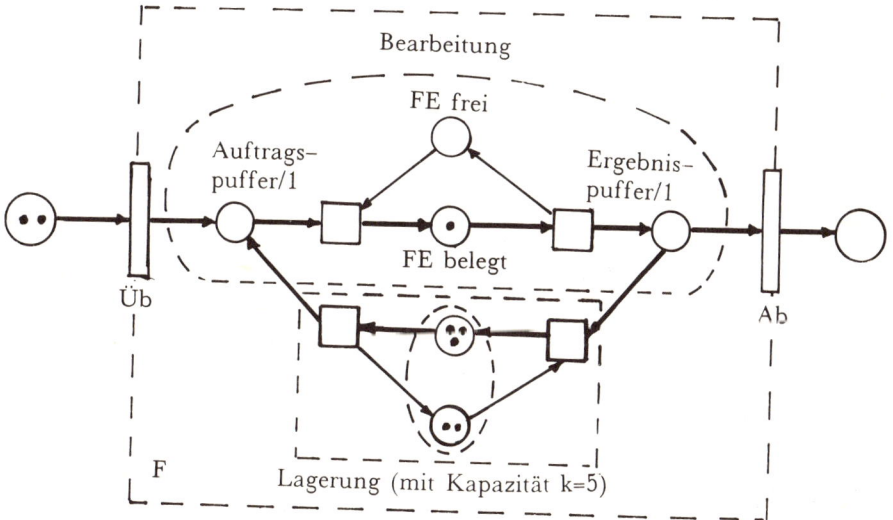

Abb. 1.4.6: Verfeinerung von Abb. 1.4.5 a)

Um komplexe Systeme einfacher darzustellen bzw. große S/T-Systeme zu verein-
fachen, wurden Netze untersucht, bei denen anstelle der ununterscheidbaren Marken individuelle Objekte verwendet werden (vgl. (Reisig 82)). Das Netz in
Abb. 1.4.7 a) enthält z.B. die *Individuen* a, b, c, d.

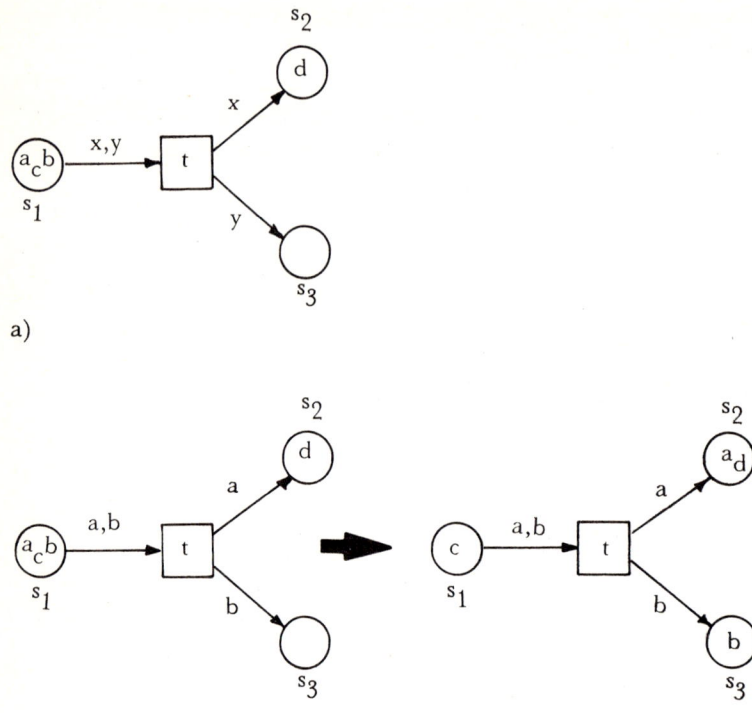

a)

b)

Abb. 1.4.7: Netz mit Individuen statt Marken

Die Kanten sind mit *Variablen* x und y bewertet, die diese Individuen als Werte annehmen können. Dem Schalten von t muß also eine *Zuweisung* oder *Bindung* von Werten an diese Variablen vorausgehen. Zum Beispiel könnte die Zuweisung

$$x,y := a,b \qquad\qquad (1.4.1)$$

gewählt werden. Die Transition schaltet dann wie in Abb. 1.4.7 b), d.h. entfernt die Individuen a und b aus s_1, bringt a zur Stelle s_2 und b zur Stelle s_3. Analog wie bei S/T-Netzen ist t *aktiviert bei der Zuweisung*, falls die zu entnehmenden Individuen überhaupt vorhanden sind und eventuell vorgeschriebene Kapazitäten nicht überschritten werden. Bei der Zuweisung

$$x,y := c,c \qquad\qquad (1.4.2)$$

wäre die Transition t also *nicht* aktiviert, da dies zwei Individuen c in s_1 voraussetzen würde. Netze dieses Typs sind in der Literatur als *Prädikaten/Transitions-Netze* (Pr/T-Netze) (Genrich et al 81) oder als gefärbte

Netze (Jensen 81) bekannt. Auf eine formale Einführung wird hier verzichtet. Will man den Verkehr unterschiedlicher Aufträge in Netzen von Funktionseinheiten modellieren, so bieten sich Pr/T–Netze an. Abbildung 1.4.8 zeigt das S/T–Netz von Abb. 1.4.6 in dieser Darstellung. Es enthält sechs Individuen a, b, c, d, e und f. Die Kanten ohne Variablen werden wie in S/T–Netzen behandelt. Sie stellen nicht den Fluß von Individuen dar, sondern dienen Kontrollzwecken, wie Kapazitätsbeschränkung, Präzedenzen usw. Das Netz hätte in diesem Beispiel das gleiche Verhalten, wenn alle Variablen x, y, z durch eine einzige Variable u ersetzt würden, da sich die Individuen–Zuweisungen immer nur lokal auf eine Transition beziehen.

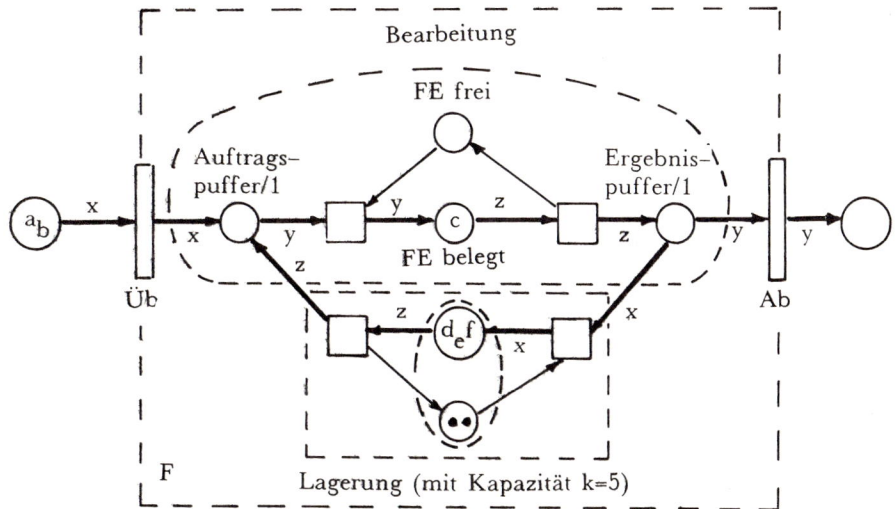

Abb. 1.4.8: Funktionseinheit F von Abb. 1.4.6 als Pr/T–Netz

(1.4.3)   *Definition*: Es sei a ein Auftrag, der zum Zeitpunkt t_1 an eine Funktionseinheit F übergeben und zum Zeitpunkt t_2 abgeschlossen wird. $y = t_2 - t_1$ heißt dann *Verweilzeit* (sojourn time, delay) von a in F. Der *Durchsatz* (throughput) $d(t_1, t_2)$ einer Funktionseinheit F im Zeitintervall $(t_1; t_2)$ mit $(t_1 < t_2)$ ist die Zahl der Auftragsende–Ereignisse aller von F im Intervall $(t_1; t_2)$ ausgeführten Aufträge geteilt durch $t_2 - t_1$. Besteht – bestimmt durch die Art der Aufträge und der Funktionseinheit – ein maximaler Durchsatz, so heißt dieser *Grenzdurchsatz* (bandwidth) c von F. *Relativer Durchsatz* oder *Auslastung* (utilization) von F heißt der Quotient $\rho = \dfrac{d}{c}$.

Besonders übersichtliche Verhältnisse liegen bei einfachen Funktionseinheiten (Def. 1.4.2) vor, die ein wichtiges Modellierungsmittel für Rechensysteme sind. Im Intervall $(t_1;t_2)$ möge eine solche Funktionseinheit Aufträge verarbeiten, die Verweilzeiten y_j ($j \in \{1..n\}$) (Def. 1.4.3) erfordern. Da eine einfache Funktionseinheit nach Auftragsbeginn eines einzigen Auftrags belegt ist (Def. 1.4.2), verursachen die Aufträge die Belegtzeit

$$x = \sum_{j=1}^{n} y_j \qquad (1.4.3)$$

der Funktionseinheit (Def. 1.4.4). Die mittlere erforderliche Verweilzeit (Def. 1.4.3) der betrachteten Aufträge ist

$$\bar{y} = \frac{x}{n} = \frac{1}{n} \sum_{j=1}^{n} y_j \; . \qquad (1.4.4)$$

Von Aufträgen dieser Charakteristik kann die Funktionseinheit einen Grenzdurchsatz (Def. 1.4.3)

$$c = \frac{1}{\bar{y}} = \frac{n}{\sum_{j=1}^{n} y_j} \qquad (1.4.5)$$

leisten; sie hat eine Auslastung (Def. 1.4.3)

$$\rho = \frac{d}{c} = \frac{n \cdot \sum_{j=1}^{n} y_j}{(t_2-t_1) \cdot n} = \frac{1}{t_2-t_1} \cdot \sum_{j=1}^{n} y_j \; . \qquad (1.4.6)$$

Mithin ist in $(t_1;t_2)$ ihre Auslastung gleich der *relativen Belegtzeit* $x \cdot (t_2-t_1)^{-1}$! Man beachte, daß diese naheliegende Auffassung von "Auslastung" aus der wesentlich allgemeineren Definition 1.4.3 nur für den Spezialfall der einfachen Funktionseinheit folgt.

(1.4.4) *Definition*: *Belegtzeit* einer Funktionseinheit ist innerhalb eines Betrachtungsintervalls $(t_1;t_2)$ die Zeit, in der die Funktionseinheit belegt (Def. 1.4.2) ist. Die *Bedienzeit* b (service time) eines Auftrags in einer Funktionseinheit ist seine Verweilzeit (Def. 1.4.3) bei Füllung 1, d.h. wenn kein anderer Auftrag in der Funktionseinheit verweilt.

Der Begriff Bedienzeit wird üblicherweise dazu benutzt, diejenige Verweilzeit zu bezeichnen, die sich bei günstigster Bedienung aufgrund der Charakteristik des Auftrags und der ausführenden Instanz ergibt, also ohne irgendwelche Verzögerung durch Bedienung von Mitbewerbern oder gar durch mutwillige Verschleppung. Mit der von uns gebrauchten Definition bemühen wir uns wieder, den Begriff auf einfach nachweisbare Größen zurückzuführen, da sich i.a. bei Füllung 1 der günstigste Fall für die Verweilzeit eines Auftrages ergibt.

Da also auch die Verweilzeit eines Auftrages einer einfachen Funktionseinheit eine solche Bedienzeit b mit dem Mittelwert $\bar{b}$ ist, folgt für den Grenzdurchsatz der einfachen Funktionseinheit nach 1.4.5:

$$c = \frac{1}{\bar{b}} \ .$$

(1.4.7)

Diese Definitionen setzen wegen ihres Bezuges auf Zeitpunkte einen synchronen Prozeß voraus (Def. 1.3.10), d.h. eine Bestimmung der Zeitpunkte $a(\ddot{U}b) = e(\ddot{U}b) = t_1$ und $a(Ab) = e(Ab) = t_2$, wenn man diese Vorgänge als zeitlos idealisiert.

Bei Funktionseinheiten mit relativ zur Informationsübertragungsgeschwindigkeit weit auseinanderliegenden Untereinheiten für Übergabe und Abgabe von Aufträgen kann dies zu Problemen führen. Man denke z.B. an eine Funktionseinheit zur Nachrichtenübertragung im Weltall (FE = Sender + Empfänger) oder an nebenläufige Schaltelemente in Hochleistungsrechnern mit sehr kurzen Schaltzeiten.

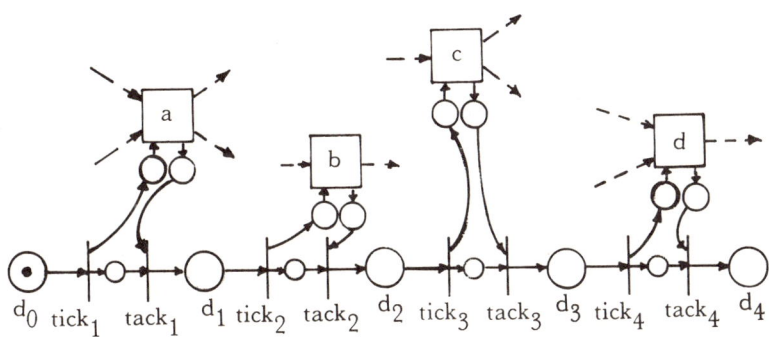

Abb. 1.4.9: Getaktete Ereignisse

Die Bestimmung von Ereigniszeitpunkten kann durch *Messen* oder durch *Takten* erfolgen. Beides setzt eine für die fraglichen Ereignisse zentrale Funktionseinheit "Uhr" voraus, mit der kommuniziert wird. Abbildung 1.4.9 zeigt einen Prozeß, in dem die (zeitlosen) Ereignisse tick_i und tack_j einer Funktionseinheit "Uhr" auf der hervorgehobenen Linie durch d_0, d_1, ..., d_4 liegen. Die "Ereignis-Intervalle" $(e(\text{tick}_i); a(\text{tack}_i))$ $(1 \leq i \leq 4)$ bestimmen den "Takt", d.h. wann die Ereignisse a, ..., d stattzufinden haben. Die "Taktintervalle" $(e(\text{tack}_i); a(\text{tick}_{i+1}))$ $(1 \leq i < 4)$ werden auch durch die Uhr bestimmt, und sind i.a. groß gegenüber den Ereignisintervallen (siehe auch Richter 85).

Abbildung 1.4.10 zeigt eine Funktionseinheit F, die durch eine Uhr getaktet wird. Zu jedem Ereignisintervall werden drei Aufträge übernommen. Jeder Auftrag bleibt 4 Taktintervalle in der Funktionseinheit. Folglich beträgt die Verweilzeit y = 4 Einheiten. Der Durchsatz beträgt d = 3, da 3 Abgänge in jedem Ereignisintervall stattfinden. Die Füllung ist f = 12.

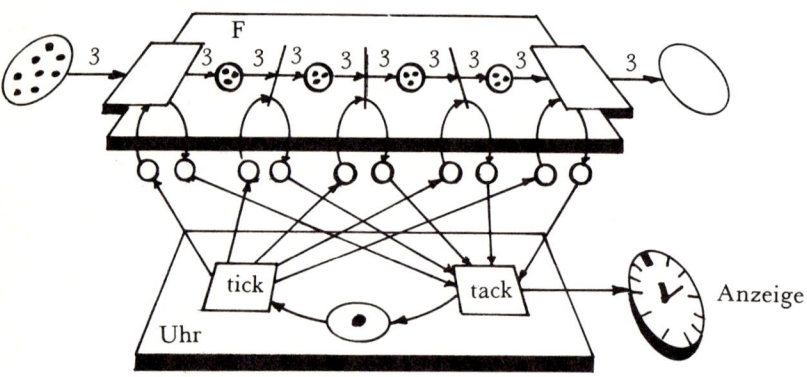

Abb. 1.4.10: Funktionseinheit mit Uhr zum Gesetz von Little

Im Abschnitt 5.1 wird Little's Formel behandelt werden. Sie sagt aus, daß unter geeigneten Umständen der zeitliche Mittelwert der Füllung f gleich dem Produkt aus der mittleren Verweilzeit y und dem Durchsatz d ist. Das vorstehende Beispiel stellt einen sehr einfachen (deterministischen) Fall dieser Formel

$$f = y \cdot d$$

dar und veranschaulicht das allgemeine Gesetz.

In Definition 1.4.1 wurde ein Auftrag als Verpflichtung einer Funktionseinheit F zur Ausführung einer Handlung definiert. Kann man eine Instanz angeben, von der die Verpflichtung ausgesprochen wird, so nennt man diese *Auftraggeber*. DIN 66200 behandelt insbesondere den Fall, wo F ein Rechensystem und der Auftraggeber eine Person, ein *Benutzer*, ist.

Abbildung 1.4.11 zeigt den Rechenbetrieb als Netz einschließlich der dazu in DIN 66200 definierten Begriffe. Die Kanten zwischen "Ein-" bzw. "Ausgangskanal" und "Bearbeiten" stellen Interaktion des Benutzers mit bereits in Bearbeitung befindlichen Aufträgen dar, wie z.B. im Dialogbetrieb. Die Verantwortung für einen

Auftrag kann natürlich nur bei der Person des Benutzers liegen. Wir zitieren aus der DIN-Norm:

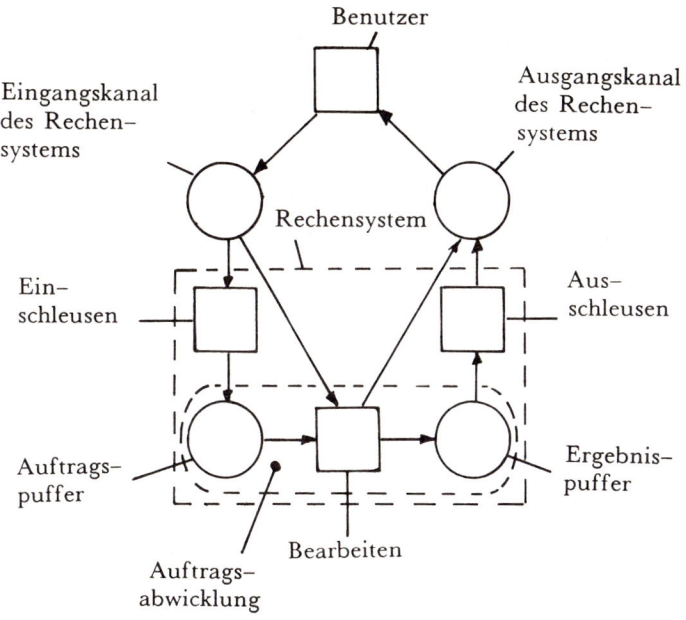

Abb. 1.4.11: Rechenbetrieb als Netz

"Durch die Verwendung der Wörter "Auftrag" und "benutzen" bei der Festlegung des Begriffsystems wird deutlich, daß man von der Funktion des Rechensystems unterschiedliche Auffassungen haben kann: auf der einen Seite die Funktion eines (Geschäfts-) *Partners*, dem man im Rahmen eines allgemeinen Vertragsverhältnisses *Aufträge erteilt*, auf der anderen Seite die eines *Werkzeugs*, das man für die Lösung bestimmter Aufgaben *benutzt*. Diese beiden Auffassungen lassen sich durch die Vorstellung miteinander vereinbaren, daß die Rolle des Auftragnehmers teilweise von einer (gegebenenfalls juristischen) Person auf ein Werkzeug übergehen kann. Dieser Vorgang geschieht durch *Delegation* von Aufgaben.

In dem vorliegenden Fall kann man sich vorstellen, daß der Rechenbetriebsleiter als eine der Funktionseinheiten des Gesamtsystems die Abwicklung aller Aufträge, die ihm (bzw. dem Rechenbetrieb, den er vertritt) von den Benutzern erteilt werden, an das Rechensystem delegiert hat. Es liegt in der Natur der vom Benutzer geforderten Auftragsleistungen, aber auch in der Leistungsfähigkeit der heutigen Rechensysteme, daß diese Delegation durch die Formulierung geeigneter Kriterien so vollständig geschehen kann, daß für den Benutzer der Leiter des Rechenbetriebs normalerweise nicht mehr in Erscheinung tritt und daher von der weiteren Betrachtung ausgenommen werden kann. Nicht delegiert werden kann die mit der Rolle des Vertragspartners verbundene und Personen vorbehaltene Verantwortung. Mit der Sprechweise, daß ein Benutzer einem Rechensystem Aufträge erteilen kann, ist also nicht gemeint, daß das Rechensystem selbst eine Verantwortung für die ordnungsgemäße Abwicklung übernimmt. Diese kann nur bei den Repräsentanten des Rechenbetriebs liegen."

Funktionseinheiten (Transitionen) sind in einem System durch Kanäle (Stellen) verbunden und können als Netze dargestellt werden. Da wir insbesondere an der dynamischen Modellierung von durch solche Systeme laufenden Auftragssystemen interessiert sind, wählen wir die spezielle Darstellung durch S/T–Netze.

Abbildung 1.4.12 zeigt in a) ein solches System von Funktionseinheiten. Eintretende Auftragssysteme sind zunächst in dem Funktionseinheitenelement R zu bearbeiten und können dann an die Funktionseinheiten P oder T oder direkt wieder an R weitergeleitet werden (R kann als "central server" aufgefaßt werden).

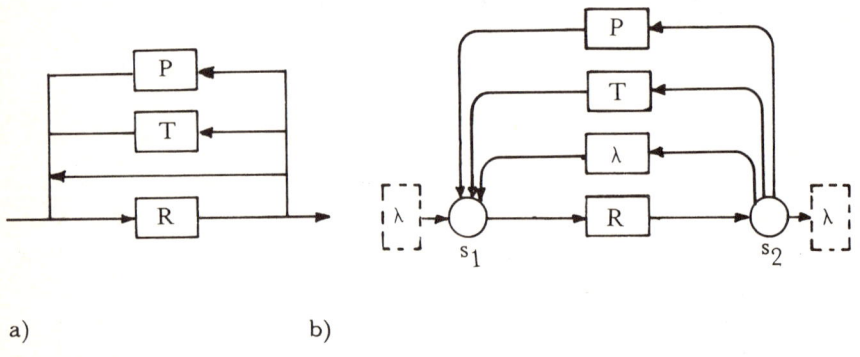

a)   b)

Abb. 1.4.12: Ein System von Funktionseinheiten

Abbildung 1.4.12 b) zeigt die entsprechende Darstellung als S/T–Netz. Hinzugekommen sind Transitionen, die das Ein– bzw. Ausschleusen von Aufträgen in das System, sowie den Rücktransport zu R explizit beschreiben. Sie können natürlich unterschiedlich benannt werden. Soll ihr Schalten in Schaltfolgen jedoch nicht explizit auftreten, dann kann man sie mit λ (gr.: Lambda) bezeichnen. Lambda steht für die "leere Funktionseinheit", die nur einen Transport, aber keine Bearbeitung des Auftragssystems bewirkt. In einer Feuerfolge fassen wir "λ" als leere Folge auf, die weggelassen werden kann, also z.B.:

$$R \, \lambda \, R \, \lambda \, R \, T \, R \, P \, R = R \, R \, R \, T \, R \, P \, R \qquad\qquad (1.4.8)$$

Wir verallgemeinern den Begriff des Systems von Funktionseinheiten in folgender Hinsicht:

1. Funktionseinheiten können nebenläufig arbeiten (wie z.B. S und T in Abb. 1.4.13).

2. Funktionseinheiten können als ein Typ mehrfach in verschiedenen Rollen auftreten (der Typ R kommt z.B. in Abb. 1.4.13 einmal als t_1 in der Rolle "nur abschließende Bearbeitung" oder als t_2 in der Rolle "nicht abschließende Bearbeitung" vor).

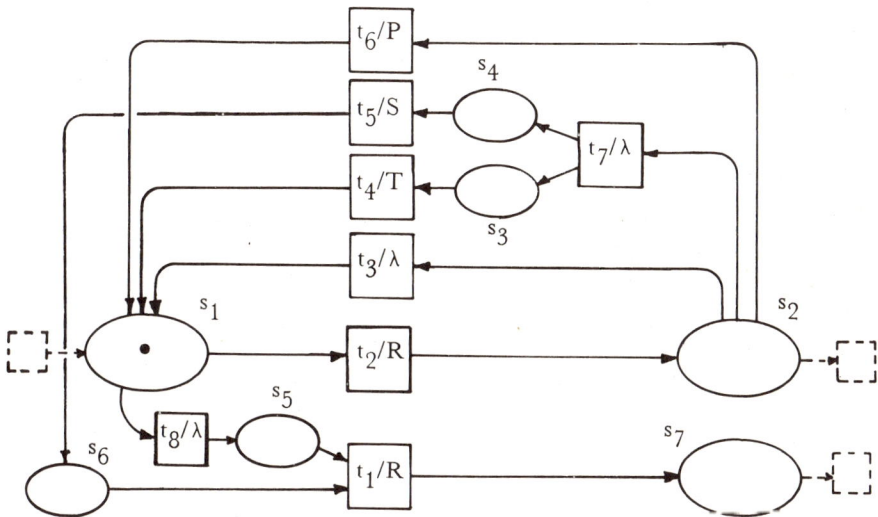

Abb. 1.4.13: System von Funktionseinheiten mit nebenläufigen Elementen als S/T–Netz N mit Anschrift

Soll ein Auftragssystem in einem System von Funktionseinheiten bearbeitet werden, so muß auch dort für jeden Teilauftrag angegeben werden, auf welcher Funktionseinheit er ausgeführt werden kann bzw. soll. Abbildung 1.4.14 zeigt das Auftragssystem von Abb. 1.2.3 mit einer solchen Anschrift von Funktionseinheiten.

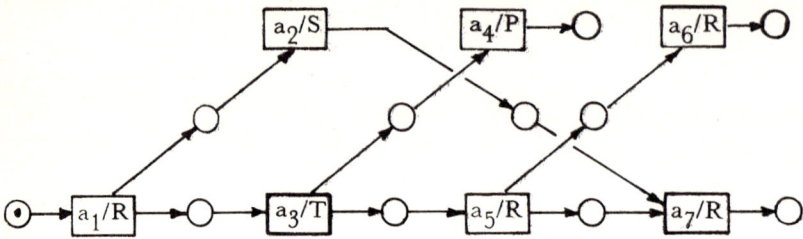

Abb. 1.4.14: Auftragssystem AS mit Anschrift zugehöriger Funktionseinheiten

In beiden Fällen handelt es sich formal um ein S/T–Netz mit Transitions-Anschrift.

(1.4.5)   *Definition*: Ein S/T–Netz $N = (S,T,F,K,W,m_o,l)$ mit *Transitions-Anschrift* (T–Anschrift) (transition labelling) ist ein S/T–Netz $N = (S,T,F,K,W,m_o)$ mit einer Abbildung

$$l : T \rightarrow X \cup \{\lambda\}$$

Die Bilder $l(t)$ heißen *Typ von t* und werden in der graphischen Darstellung durch "t/l(t)" oder "l(t)" in den Transitionen angegeben.

l wird durch $l^*(t_{i_1} t_{i_2} \dots t_{i_r}) := l(t_{i_1}) l(t_{i_2}) \dots l(t_{i_r})$ zu einer Abbildung (Monoid–Homomorphismus) $l^* : T^* \rightarrow X^*$.

$$L(N) = \{l^*(w) | w \in F(N)\} \qquad \text{bzw.}$$

$$L(N,M_E) = \{l^*(w) | w \in F(N,M_E)\}$$

bezeichnen die den Schaltfolgen entsprechenden *Typ–Folgen* bzw. *terminalen Typ–Folgen* (Def. von $F(N)$, $F(N,M_E)$ siehe Def. 1.3.5). Analog zu Def. 1.3.7 schreiben wir $L_E(AS)$ statt $L(AS,M_E)$.

Man beachte, daß das 'leere Wort' $\lambda \in X^*$ in Typfolgen, entsprechend (1.4.8) nicht auftritt. Für das Auftragssystem AS in Abb. 1.4.14 ist

$$w = a_1 a_2 a_3 a_4 a_5 a_6 a_7 \in F_E(AS) \tag{1.4.9}$$

eine Ausführungsfolge. Die zugehörige (terminale) Typfolge

$$l^*(w) = RSTPRRR \in L_E(AS) \tag{1.4.10}$$

ist jedoch *keine* Typfolge des Funktionseinheiten–Systems N von Abb. 1.4.13: $l^*(w) \notin L(N)$. Die Typfolge ist inkompatibel zur Verbindungsstruktur der Funktionseinheiten, da zwischen T und P immer R durchlaufen werden muß.

Dagegen ist

$$v = a_1 a_2 a_3 a_5 a_4 a_6 a_7 \in F_E(AS) \qquad (1.4.11)$$

eine Auftragsfolge, deren zugeordnete FE-Typenfolge

$$l^*(v) = RSTRPRR \in L(AS) \qquad (1.4.12)$$

im System der Funktionseinheiten N abgearbeitet werden kann: $l^*(v) \in L(N)$. Der Durchschnitt $L_E(AS) \cap L(N)$ ist also die Menge der insgesamt möglichen Typfolgen.

(1.4.6) *Definition*: Ein *System von Funktionseinheiten* oder *Funktionseinheiten-System* (FES) ist ein S/T-Netz

$$N = (S,T,F,K,W,m_o,l)$$

mit T-Anschrift $l:T \to X \cup \{\lambda\}$. X bezeichnet die Menge der *Typen* der Funktionseinheit T. Ein Auftragssystem AS = $(A, \triangleleft \cdot)$ (mit zugeordnetem Kausalnetz K = (S',A,F')) heißt *passend* zu N, wenn eine Abbildung

$$l_{AS}: A \to X'$$

gegeben ist mit $X' \subset X$. l_{AS} ordnet den Aufträgen in A passende Typen von Funktionseinheiten von N zu. $L_E(AS) := \{l^*_{AS}(w) | w \in F(AS)\}$ (vgl. Def. 1.3.7) ist die AS zugeordnete Menge der FE-Folgen.

In der folgenden Definition beschreiben wir die Schaltfolgenmengen, die bei Vorgabe von FE- und passendem Auftrags-System möglich sind. Zunächst wird jeweils in a_1), b_1) und c_1) die Definition der jeweiligen Grundmenge für das in Klammern angegebene Netz wiederholt. Die Teile a_2), b_2) und c_2) definieren dann die Einschränkungen bezüglich des tiefgesetzt bezeichneten anderen Netzes.

(1.4.7) *Definition*: Es sei N ein System von Funktionseinheiten und AS ein dazu passendes Auftragssystem. Dann bezeichnen

a_1) $F_E(AS)$ die Menge der (terminalen) *Ausführungsfolgen* von AS,

a_2) $Kom_N(AS) := \{w \in F_E(AS) | l^*_{AS}(w) \in L(N)\}$ die Menge der *N-kompatiblen Ausführungsfolgen* von AS,

b_1) $F(N)$ die Menge der *Schaltfolgen* (von Transitionen) in N,

b_2) $F_{AS}(N) := \{w \in F(N) | \exists v \in F_E(AS) : l^*_{AS}(v) = l^*(w)\}$ die Menge der *bei Bearbeitung von AS möglichen Schaltfolgen in N*,

c_1) $L(N)$ die Menge der *Typfolgen* von N,

c_2) $\text{Kom}_{AS}(N) := \{w \in L(N) | \exists\ v \in F_E(AS) : l^*_{AS}(v) = w\}$ die Menge der *AS-kompatiblen Typfolgen von N.*

Die Mengen dieser Definition können durch das Diagramm in Abb. 1.4.15 in Beziehung gebracht werden. Dabei sind die Bezeichnungen wie in Def. 1.4.5 gewählt. Die Pfeile zeigen auf die Bilder der Mengen unter den Abbildungen l^* bzw. l^*_{AS}.

$$
\begin{array}{ccccc}
\text{Kom}_N(AS) & \subset & F_E(AS) & \subset & A^* \quad \text{(Folgen von Aufträgen)} \\
\Big\downarrow l^*_{AS} & & \Big\downarrow l^*_{AS} & & \\
L_E(AS) \cap L(N) & \subset & L_E(AS) & \subset & X^* \\
\| & & & & \\
\text{Kom}_{AS}(N) & \subset & L(N) & \subset & X^* \\
\Big\uparrow l^* & & \Big\uparrow l^* & & \\
F_{AS}(N) & \subset & F(N) & \subset & T^* \quad \text{(Folgen von Transitionen} \\
& & & & \text{im FE-System)}
\end{array}
$$

$\left.\begin{array}{l} \\ \\ \end{array}\right\}$ (Folgen von FE-Typen)

Abb. 1.4.15: Diagramm zu Def. 1.4.7

Man beachte, daß die Folgen in $\text{Kom}_{AS}(N)$ nur terminal für das Auftragssystem, nicht aber für das FES sein müssen. Man könnte natürlich auch für das FES N eine Menge von Endmarkierungen (etwa $M_E = \{\langle s_2 \rangle, \langle s_7 \rangle\}$ für Abb. 1.4.13) festlegen und entsprechend $L_E(AS) \cap L(N, M_E)$ bilden.

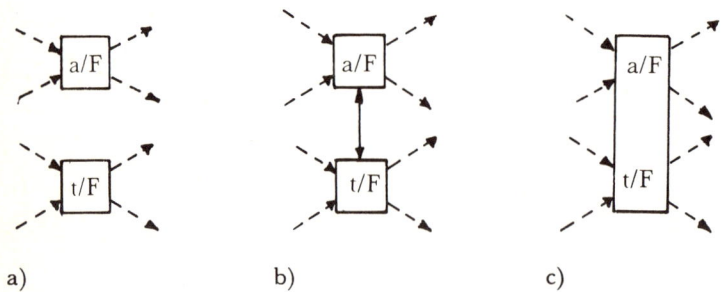

a)   b)   c)

Abb. 1.4.16: Auftrag als Verpflichtung der FE F zur Handlung a

Bekannte Verfahren der Netztheorie erlauben es, die Mengen $\text{Kom}_N(AS)$, $F_{AS}(N)$ und $\text{Kom}_{AS}(N)$ als terminale Typ-Folgenmengen eines *einzigen* S/T–Netzes $\hat{N}$ darzustellen. Dazu wird die einen Auftrag a darstellende Transition von AS mit der Transition der zugehörigen Funktionseinheit F verschmolzen, wie dies im Übergang von a) zu b) in Abb. 1.4.16 dargestellt ist. Dieser Vorgang entspricht der Auftragsübergabe an die Funktionseinheit (vgl. Def. 1.1.7). Da an eine FE nacheinander verschiedene Aufträge gebunden werden können, muß die Transition der FE eventuell mehrfach kopiert werden. Abbildung 1.4.17 zeigt das entsprechende Netz für das Auftragssystem von Abb. 1.4.14 und das FE–System von Abb. 1.4.13. Dabei sind nur die Typen in den Transitionen angegeben. Bei der gegebenen Anfangsmarkierung ist z.B. die Typen-Folge (1.4.12), nicht jedoch (1.4.10) möglich.

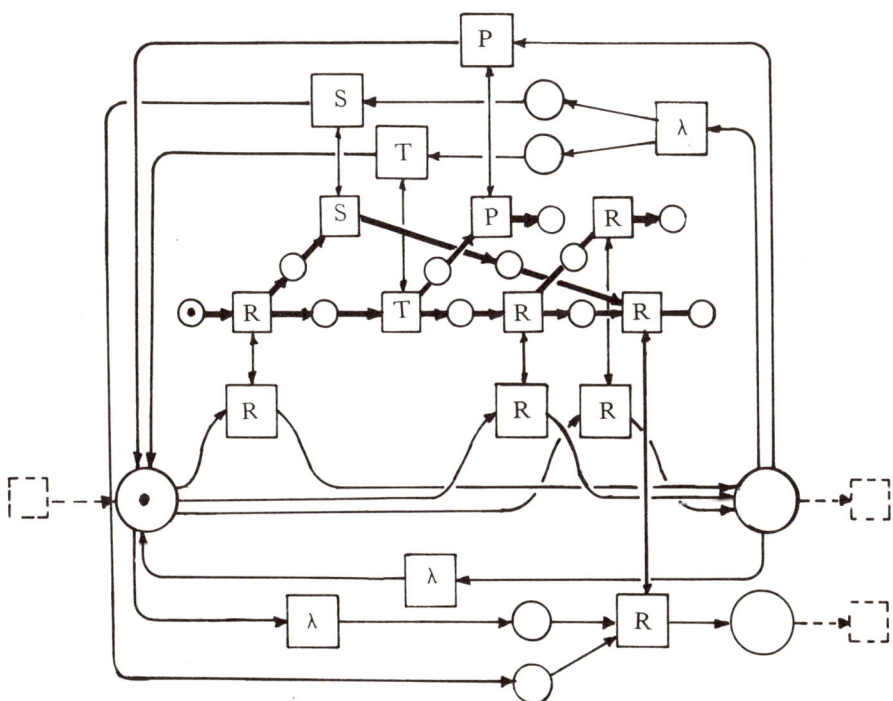

Abb. 1.4.17: Netz $\hat{N}$ zur Auftragsabwicklung

Allgemeiner und präziser folgt für dieses Beispiel:

Wählt man für $\hat{N}$ die Endmarkierungsmenge

$$M_E = \{m \,|\, m(b_6) = m(b_{10}) = m(b_{11}) = 1\}$$

und die T-Anschrift wie angegeben, so gilt:

$$L(\hat{N}, M_E) = L_E(AS) \cap L(N) = Kom_{AS}(N). \qquad (1.4.13)$$

Diese Darstellung von $Kom_{AS}(N)$ durch $\hat{N}$ in (1.4.13) beschreibt zwar sehr schön den Vorgang der Auftragsverpflichtung und das Zusammenwirken von Auftragssystem AS und FE-System N, trifft aber weniger gut die Modellvorstellung, daß sich Auftragssysteme *in* FE-Systemen bewegen.

Es liegt nahe, Pr/T-Netze zur Modellierung heranzuziehen, bei denen die Individuen Auftragssysteme sind. In (Oberquelle 84) haben die Individuen eine Struktur wie etwa Records oder Bäume und werden *Objekte* genannt. Wir gehen hier noch einen Schritt weiter und betrachten als Objekte Auftragssysteme wie in Abb. 1.4.18.

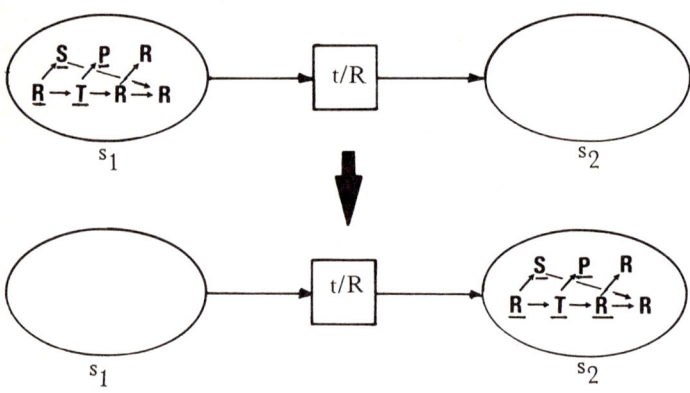

Abb. 1.4.18: Netz mit Auftragssystem statt Marke

Da wir Auftragssysteme AS nun als Objekte in einem anderen S/T-Netz als Funktionseinheitensystem betrachten, stellen wir sie zur Unterscheidung als Präzedenzgraphen dar. Auch sprechen wir bei AS nicht von erreichbaren Markierungen m, sondern geben stattdessen die Menge der bearbeiteten Aufträge an und nennen diese Menge den Zustand β von AS. In s_1 von Abb. 1.4.18 ist das Auftragssystem von Abb. 1.4.14 enthalten. Die Namen von Stellen und Transitionen sind weggelassen und nur die zugehörigen Funktionseinheiten als T-Anschrift angegeben. Durch Unterstreichung ist ein Zustand $\beta = \{a_1, a_2, a_3, a_4\}$ gekennzeichnet, der die bereits bearbeiteten Aufträge angibt und der der Markierung $m = \langle b_5, b_6, b_7 \rangle$ in Abb. 1.4.14 entspricht.

Die Transition t vom Typ R in Abb. 1.4.18 stelle wieder die Funktionseinheit R dar. Ihre Eingangsstelle $s_1 \in {}^{\cdot}t$ enthält also das Auftragssystem AS im Zustand β, worin alle zum Auftrag a_5 präzedenten Aufträge (nämlich a_1, a_3) bearbeitet sind. Da a_5 für die FE R bestimmt ist, kann der Auftrag ausgeführt werden. Dies wird durch das Schalten von t dargestellt. In der Folgemarkierung befindet sich AS in s_2 im Zustand $\beta' = \beta \cup \{a_5\}$.

Wir nennen solche Netze *Auftrags/Verkehrs-Netze (AV-Netze)*. Alle Netztypen der Übersicht von Abb. 1.3.4 sind damit erklärt. Im folgenden beschreiben wir AV-Netze allgemein, aber ohne formale Definition. Sollen nebenläufige Aufträge des Auftragssystems AS kollateral in verschiedenen Funktionseinheiten bearbeitet werden, so muß die Auftragsbeschreibung für die verschiedenen Funktionseinheiten als Kopie übergeben werden. Um die Kopien als zum gleichen Auftragssystem gehörig zu kennzeichnen, versehen wir sie mit einem Bezeichner.

Wir fassen Auftragssysteme daher als Tripel (q,AS,β) auf, bestehend aus *Bezeichner* q, *Präzedenzgraph* AS = $(A, \lessdot)$ und *Zustand* $\beta \subset A$. Ein AV-Netz ist ein FES. also ein S/T-Netz N = (S,T,F,K,W,m_o,l) mit T-Anschrift $l:T \to X \cup \{\lambda\}$ (Def. 1.4.5). Marken sind aber, anders als bei S/T-Netzen, Auftragssysteme. In der Anfangsmarkierung m_o enthalten die Stellen von N zu N passende (Def. 1.4.5) Auftragssysteme (q_i,AS_i,β_i) im Anfangszustand $\beta_i = \emptyset$ (d.h. alle Aufträge sind unbearbeitet). Zur Vereinfachung nehmen wir an, daß N schlingenfrei ist ($\forall t: {}^{\cdot}t \cap t^{\cdot} = \emptyset$) und W(x,y) = 1 für alle $(x,y) \in F$ gilt.

Der *Schaltvorgang* einer Transition $t \in T$ vom Typ $l(t)=R \neq \lambda$ wird folgendermaßen erklärt. Es sei m eine Markierung des AV-Netzes. T ist *aktiviert in m für ein Auftragssystem mit Bezeichner* q, wenn

a) jede Eingangsstelle $s \in {}^{\cdot}t$ mindestens ein Auftragssystem (q,AS,β_j) mit Bezeichner q enthält und

b) AS=$(A, \lessdot)$ einen Auftrag $a \in A$ für die Funktionseinheit R (also $l_{AS}(a)=R=l(t)$) enthält und alle zu a präzedenten Aufträge bearbeitet sind, d.h.

$$\{a'|a' \lessdot a\} \subset \cup \{\beta_j |(q,AS,\beta_j) \in {}^{\cdot}t\} =: \gamma$$

Ist t in einer Markierung m für ein Auftragssystem mit Bezeichner q aktiviert, dann *kann t schalten*, wobei wie folgt eine *Nachfolgemarkierung* m' aus m entsteht:

c) Aus den Eingangsstellen $s \in {}^{\cdot}t$ werden alle Auftragssysteme mit Bezeichner q entfernt.

d) Zu allen Ausgangsstellen $s \in t^{\cdot}$ wird (q,AS,β') im Zustand $\beta':=\gamma \cup \{a\}$ hinzugefügt.

Besondere Regelungen sind für (Hilfs–)Transitionen t vom Typ l(t) = λ nötig. Bei ihnen wird in d) der neue Zustand durch β' :=γ definiert.

Wir erläutern diese Definition anhand von Abb. 1.4.19. Das AV–Netz $\tilde{N}$ stellt einen Ausschnitt des S/T–Netzes N von Abb. 1.4.13 dar. Am Anfang sei nur s_1 mit dem zu N passenden Auftragssystem (q,AS,β_1) markiert, wobei AS = $(A,\lessdot)$ wie in Abb. 1.4.14 definiert ist und β_1 = ∅ gilt. Zur Vereinfachung sind in Abb. 1.4.14 alle Nachfolgemarkierungen in das gleiche Netz eingezeichnet. (Die Zustände sind wieder durch Unterstreichen gekennzeichnet und der (überall gleiche) Bezeichner q ist weggelassen.)

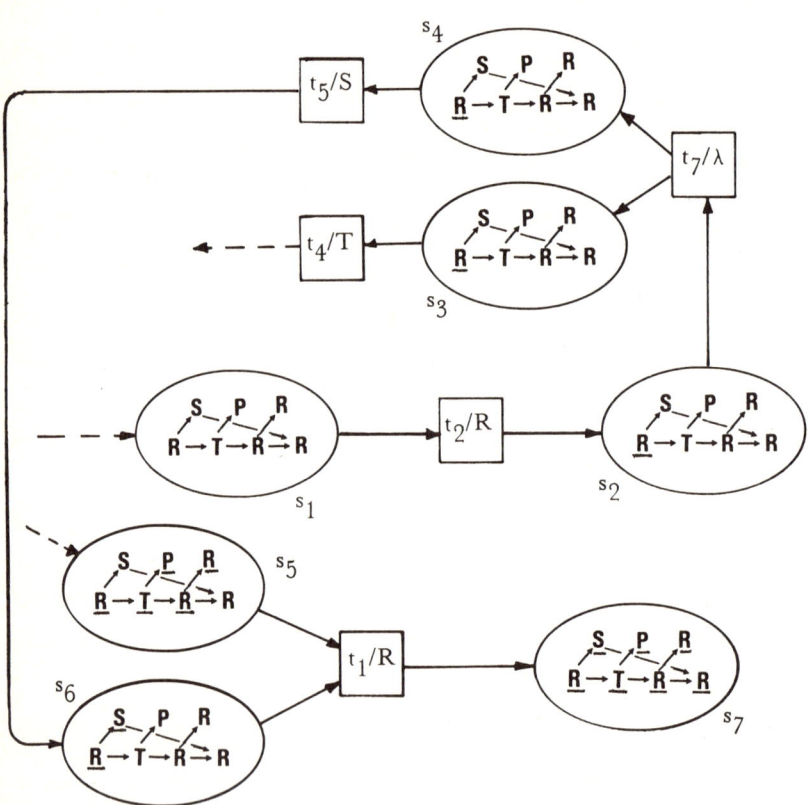

Abb. 1.4.19: Ein Auftragsverkehrsnetz $\tilde{N}$ mit Markierungen

t_2 kann nun schalten und AS wandert nach s_2 als (q,AS,β_2) mit $\beta_2 = \{a_1\}$. Dann kann die Transition t_7 vom Typ λ schalten, wodurch (q,AS,β_2) nach s_3 und s_4 kopiert wird. Durch Schalten von t_5 erreicht das Auftragssystem dann s_6 als (q,AS,β_6) mit $\beta_6 = \{a_1, a_2\}$. Der Leser kann sich das weitere Schicksal von (q,As,β_2) in s_3 leicht anhand von Abb. 1.4.13 vorstellen und wird erkennen, daß das Auftragssystem irgendwann s_5 als (q,AS,β_5) mit $\beta_5 = \{a_1, a_3, a_4, a_5, a_6\}$ erreichen kann. Für t_1 mit $l(t_1) = R$ sind nun die Schaltbedingungen

a) $(q,AS,\beta_5) \epsilon s_5$ und $(q,AS,\beta_6) \epsilon s_6$ und

b) $\{a'|a' < a_7\} = \{a_1, a_2, a_3, a_5\} \subset \beta_5 \cup \beta_6 =: \gamma$

erfüllt. t_1 schaltet, indem

c) (q,AS,β_5) und (q,AS,β_6) aus s_5 und s_6 entfernt werden und

d) in s_7 das Auftragssystem (q,AS,β') mit $\beta' = \gamma \cup \{a_7\} = \{a_1, \dots, a_7\}$ hinzugefügt wird.

Man erkennt, daß das gerade beschriebene Verhalten des AV-Netzes $\tilde{N}$ durch die Schaltfolge $u = t_2 t_7 t_5 t_4 t_2 t_6 t_2 t_8 t_1$ mit zugehöriger Typfolge $l^*(u) = RSTRPRR$ beschrieben wird. Dies ist die gleiche Typfolge wie (1.4.12).

Betrachtet man nur solche Schaltfolgen $w \epsilon F(\tilde{N})$ des AV-Netzes $\tilde{N}$ aus Abb. 1.4.19, bei denen AS *ganz* bearbeitet wird, dann erhält man die Menge der bei Bearbeitung von AS möglichen Schaltfolgen in N (von Abb. 1.4.13):

$$F(\tilde{N}) = F_{AS}(N)$$

und für die Typfolgen entsprechend:

$$L(\tilde{N}) = Kom_{AS}(N).$$

In diesem Abschnitt wurde gezeigt, wie die Verpflichtung einer Funktionseinheit durch einen Auftrag (als Netz) beschrieben wird. Die Menge der AS-kompatiblen Typfolgen $Kom_{AS}(N)$ eines FE-Systems N wurde dann auf drei verschiedene, aber äquivalente, Weisen dargestellt:

1. als Durchschnitt in Abb. 1.4.15: $L_E(AS) \cap L(N)$

2. als Typfolge des S/T-Netzes $\hat{N}$: $L(\hat{N}, M_E)$

3. als Typfolge des AV-Netzes $\tilde{N}$: $L(\tilde{N}, M_E)$.

Wir betrachten nun ein System S bestehend aus n_F Funktionseinheiten 1, ..., n_F. S kann, aber braucht nicht, als S/T-Netz wie in Def. 1.4.5 gegeben sein. Im Intervall $(t_1; t_2)$ mögen n_A Aufträge 1, ..., n_A von dem System S erledigt werden.

Der Durchsatz beträgt

$$d_S(t_1, t_2) = \frac{n_A}{t_2 - t_1} \qquad (1.4.15)$$

Bei Abarbeitung eines an S gegebenen Auftrags j komme es in der Funktionseinheit i zu v_{ij} Teilaufträgen der Verweilzeit y_{ijl} ($l \in \{1..v_{ij}\}$). v_{ij} heißt Besuchszahl. Beispielsweise ist die Besuchszahl v_{ij} für den Auftrag (oder das Auftragssystem) von Abb. 1.4.14 in der Funktionseinheit i = R gerade gleich 4. Dabei muß nicht vorausgesetzt werden, daß die Teilaufträge durch eine Folge von Handlungen realisiert werden (a_2 und a_3 können z.B. kollateral in S und T bearbeitet werden). Letzteres ist vielmehr als Spezialfall in unserem Ansatz enthalten.

(1.4.8) *Definition*: Die Zahl der Teilaufträge, die bei Erledigung eines Auftrags an eine Funktionseinheit i gegeben wird, heißt *Besuchszahl* (visit ratio) v_{ij} des Auftrags j in der Funktionseinheit i. Später werden wir die Besuchszahl statt auf eine Funktionseinheit auch auf einen Funktionseinheitstyp beziehen (5.3).

Mit dieser Definition ist die gesamte in $(t_1; t_2)$ anfallende *Belegtzeit* x_{ij} *der Funktionseinheit i durch den Auftrag j* gleich

$$x_{ij} = \sum_{l=1}^{v_{ij}} y_{ijl} \qquad (1.4.16)$$

Die Belegtzeit der Funktionseinheit i durch alle n_A Aufträge in S ist:

$$\sum_{j=1}^{n_A} x_{ij} = \sum_{j=1}^{n_A} \sum_{l=1}^{v_{ij}} y_{ijl} \qquad (1.4.17)$$

Die mittlere Belegtzeit von i aller Aufträge, die im Betrachtungsintervall von S erledigt worden sind, ist

$$\overline{x}_i = \frac{1}{n_A} \sum_{j=1}^{n_A} x_{ij} \qquad (1.4.18)$$

und damit der Grenzdurchsatz der Funktionseinheit i für Aufträge der in $(t_1; t_2)$ im System S bearbeiteten Art nach (1.4.5):

$$c_{i,S} = \frac{1}{\overline{x}_i} = \frac{n_A}{\sum_{j=1}^{n_A} x_{ij}}$$

1.5 Kosten

Bereitstellung und Betrieb von Rechensystemen verursachen Kosten. Je nach Aspekt und Umstand können die Kosten verschiedenen Ursachen zugeschrieben werden, etwa als Entwicklungskosten, Herstellkosten, Kaufpreis, Miete, Betriebskosten (Energie, Datenträger, Ersatzteile, Personal für Betrieb und Wartung). Ebenso können den einzelnen Funktionseinheiten des Rechensystems Kosten zugeordnet werden. Kosten liefern entscheidende Gesichtspunkte für die Bewertung von Rechensystemen.

Für eine genauere Betrachtung nehmen wir an, daß alle Kosten zeitbezogen sind, d.h. Einmalkosten werden auf die Betriebszeit umgelegt. Diese *zeitbezogenen* Kosten werden mit κ bezeichnet. Wir definieren eine Konkretisierung des "Preis-Leistung-Verhältnisses" und mittlere Kosten eines Auftrages:

(1.5.1)   *Definitionen:* Eine Funktionseinheit FE habe zeitbezogene Kosten κ_{FE} und einen Grenzdurchsatz c_{FE}. Der Quotient

$$KDV_{FE} = \frac{\kappa_{FE}}{c_{FE}} \qquad (1.5.1)$$

heißt *Kosten – Durchsatz – Verhältnis* (cost–throughput–ratio) der Funktionseinheit FE. Man beachte, daß implizit diejenige Art der Aufträge in die Definition eingeht, für die der Grenzdurchsatz c_{FE} gilt. – Eine Funktionseinheit sei am Anfang und Ende eines Intervalles $(t_1; t_2)$ frei. Im Intervall mögen n Aufträge von ihr fertiggestellt werden, auf die wir die während des Intervalls kumulierten Kosten $\kappa_{FE} \cdot (t_2 - t_1)$ umzulegen haben; als *mittlere Kosten je Auftrag* definieren wir in $(t_1; t_2)$

$$\bar{q} = \frac{\kappa_{FE} \cdot (t_2 - t_1)}{n} \qquad . \qquad (1.5.2)$$

Unter Rückgriff auf Def.1.4.3 gilt für die mittleren Kosten je Auftrag auch

$$\bar{q} = \frac{\kappa_{FE}}{d_{FE}\,(t_1,\ t_2)} \qquad , \qquad (1.5.3)$$

wobei $d_{FE}\,(t_1, t_2)$ der Durchsatz der Funktionseinheit in $(t_1; t_2)$ ist. Beträgt der Grenzdurchsatz für diese Aufträge c_{FE} , so folgt

$$\overline{q} = \frac{\kappa_{FE}}{d_{FE}\,(t_1,\,t_2)} = \frac{\kappa_{FE}}{c_{FE}} \cdot \frac{c_{FE}}{d_{FE}\,(t_1,t_2)} = \frac{KDV_{FE}}{\rho_{FE}\,(t_1,t_2)} \qquad , \qquad (1.5.4)$$

wobei ρ_{FE} die Auslastung der Funktionseinheit in $(t_1,\,t_2)$ nach Def. 1.4.3 ist. Die mittleren Kosten hängen also nicht nur von der Art des Auftrages und der Wirtschaftlichkeit der Funktionseinheit, sondern auch von ihrer Auslastung ab.

Für den Fall der *einfachen* Funktionseinheit (Def. 1.4.2) geht 1.5.4 über in

$$\overline{q} = \frac{\kappa_I}{\rho_I} \cdot \overline{b} \qquad (1.5.5)$$

(mittlere Kosten eines Auftrags bei Bedienung in einer einfachen Instanz I). Eine damit verträgliche Zuteilung von Kosten q an einen individuellen Auftrag mit der Bedienzeit b ist

$$q = \frac{\kappa_I}{\rho_I} \cdot b \qquad , \qquad (1.5.6)$$

andere Zuteilungen sind möglich.

Mit der gleichen Überlegung können wir verallgemeinert für die einfache Funktionseinheit

$$\overline{q} = \frac{\kappa_{FE}}{\rho_{FE}} \cdot \overline{y} \qquad (1.5.7)$$

ermitteln und für den individuellen Auftrag

$$q = \frac{\kappa_{FE}}{\rho_{FE}} \cdot y \qquad (1.5.8)$$

festlegen. Wir betrachten nun ein System S aus k einfachen Funktionseinheiten, für dessen zeitliche Kosten gilt

$$\kappa_S = \sum_{i=1}^{k} \kappa_i \qquad (1.5.9)$$

(κ_i = zeitliche Kosten der Funktionseinheit i). Offenbar ist k zugleich die Kapazität des Systems. Das System S betrachten wir wieder unter der Voraussetzung, daß es zu Beginn und zu Ende des Betrachtungsintervalls (t_1; t_2) frei von Aufträgen ist. Im Intervall werden n_S Aufträge an das System S erledigt. Der Durchsatz beträgt

$$d_s(t_1, \ t_2) = \frac{n_s}{t_2 - t_1} \quad .$$

(1.5.10)

Wieder sind die mittleren Kosten je Auftrag an S

$$\overline{q}_s = \frac{\kappa_s}{d_s(t_1, t_2)} = \sum_{i=1}^{k} \frac{\kappa_i}{d_s(t_1, t_2)} \quad .$$

(1.5.11)

Bei Abarbeitung eines an S gegebenen Auftrags j komme es in der Funktionseinheit i zu v_{ij} Teilaufträgen der Verweilzeit y_{ijl} ($l \in \{1..v_{ij}\}$). Dabei muß nicht vorausgesetzt werden, wie in Def. 1.4.2 / 1.4.4, daß die Aufträge durch eine Folge von Handlungen realisiert werden; letzteres ist vielmehr als ein Spezialfall in unserem Ansatz enthalten. Beispielsweise ist die Besuchszahl v_{ij} des Auftrags(systems) j = AS von Abb. 1.4.14 in der FE i = R gerade gleich 3.

Nun gilt nach Def. 1.4.3

$$d_{i,s}(t_1, \ t_2) = \rho_i \cdot c_{i,s} = \frac{\rho_i \cdot n_s}{\sum_{j=1}^{ns} x_{ij}}$$

Da wir $d_{i,S}$ und $c_{i,S}$ in *Aufträgen an S* definiert haben, ist $d_{i,S}(t_1, t_2) = d_S(t_1, t_2)$ und damit nach 1.5.8

$$\overline{q}_s = \sum_{i=1}^{k} \frac{\kappa_i}{d_s(t_1, t_2)} = \sum_{i=1}^{k} \left(\frac{\kappa_i}{\rho_i \cdot n_s} \sum_{j=1}^{ns} x_{ij} \right)$$

(1.5.12)

$$\overline{q}_s = \frac{1}{n_s} \sum_{j=1}^{ns} \left[\sum_{i=1}^{k} \frac{\kappa_i}{\rho_i} \cdot x_{ij} \right] \quad ,$$

(1.5.13)

womit eine Zuweisung von Kosten

$$q_{sj} = \sum_{i=1}^{k} \frac{\kappa_i}{\rho_i} \cdot x_{ij} \qquad (1.5.14)$$

an den Auftrag j, der von S verarbeitet wird, verträglich ist: Jeder Auftrag trägt die Kosten, die er in der von ihm besuchten Funktionseinheit i kumuliert, vergrößert um den Auslastungsfaktor $1/\rho_i$. Wenn die Funktionseinheit zusätzlich Dienste für einen nicht mit Kosten belasteten Auftrag erbringt, der aber zugunsten der anderen Aufträge ausgeführt wird, wie in Rechensystemen das Betriebssystem, dann ist als Auslastung nur der für kostenbelastete Aufträge erbrachte Durchsatz zu veranschlagen; der "Gemeinkosten"auftrag wirkt bei der Kostenrechnung wie eine Auslastungsminderung.

Wir wenden das Ergebnis nun auf eine spezielle Funktionseinheit an: einen Speicher.

(1.5.2) *Definition:* Ein Kanal, der Nachrichten bzw. Daten auf unbestimmte Zeit zur Übergabe an Instanzen aufnehmen kann, heißt *Speicher* (storage). Die Verweilzeit eines Auftrages in einem Speicher heißt Lagerzeit. Die Kapazität (Def. 1.4.2) eines Speichers wird i.a. in Elementaraufträgen angegeben, die die Lagerung eines Bits, Bytes oder Worts beinhalten; dasselbst gilt bezüglich der Füllung: Ein Speicher ist damit auffaßbar als ein System aus einfachen Funktionseinheiten, deren jede gerade die Kapazität 1 Bit, Byte oder Wort hat. Wir nennen diese für unser Modell *Zellen* (cells).

Die Kapazität des Speichers, angegeben in Zellen, sei k. Im Betrachtungsintervall, an dessen Beginn und Ende der Speicher die Füllung null habe und in dem er n_{sp} Lageraufträge durchsetzt, ist die mittlere Füllung

$$\bar{f} = \frac{1}{t_2 - t_1} \sum_{i=1}^{k} \sum_{j=1}^{nSp} x_{ij} \qquad (1.5.15)$$

und die durch den Auftrag j verursachte mittlere Teilfüllung

$$\bar{f}_j = \frac{1}{t_2 - t_1} \sum_{i=1}^{k} x_{ij} \qquad . \qquad (1.5.16)$$

Die mittleren Kosten je Auftrag sind nach 1.5.2

$$\bar{q} = \frac{\kappa_{Sp} \cdot (t_2 - t_1)}{n_{Sp}} \qquad , \qquad \text{Sp: Speicher} \qquad (1.5.17)$$

und mit den zeitlichen Kosten κ je Zelle und mit der relativen Füllung ϕ (vgl. Def. 1.4.2) folgt

$$\bar{q} = \frac{\kappa \cdot k \cdot (t_2 - t_1)}{n_{Sp}} = \frac{\kappa \cdot \bar{f} \cdot (t_2 - t_1)}{\phi \cdot n_{Sp}} \qquad (1.5.18)$$

$$\bar{q} = \frac{\kappa}{\phi \cdot n_{Sp}} \sum_{i=1}^{k} \sum_{j=1}^{nSp} x_{ij} = \frac{\kappa}{\phi \cdot n_{Sp}} \sum_{j=1}^{nSp} \sum_{i=1}^{k} x_{ij} \quad .$$

Damit verträglich sind die Kosten für den Auftrag j

$$q_j = \frac{\kappa}{\phi} \sum_{i=1}^{k} x_{ij} = \frac{\kappa}{\phi} \bar{f}_j \cdot (t_2 - t_1) \qquad (1.5.19)$$

d.h. der Auftrag bezahlt die von ihm beanspruchte Belegt-Zeit, vergrößert um den Faktor $1/\phi$, der die Mehrkosten durch schlechte Ausnutzung des Speichers berechnet. Wieder ist ein "Gemeinkosten"auftrag in das Modell wie eine Minderauslastung einzubringen; d.h. die durch ihn verursachte Minderfüllung wirkt wie eine entsprechend große Zahl nicht gefüllter Speicherzellen.

Beispiele zu Kosten sind in nachfolgender Übersicht zusammengestellt. Dabei sind nur Kaufpreis und 7% jährliche Wartung verrechnet, ohne Zinsen, bei 8 Jahren Betriebszeit, 7000 h je Jahr. Dann entspricht 1 DM Kaufpreis $7,74 \cdot 10^{-9}$ DM$\cdot$s^{-1} zeitlichen Kosten κ ; man beachte, daß keinerlei Betriebskosten enthalten sind.

Rechensystem	(angenäherter) Kaufpreis/10^3 DM	zeitliche Kosten/10^{-3} DM s^{-1}
sehr groß	20.000	150
groß	4.000	30
mittel	500	3,8
klein	50	0,38
Personal Computer [1]	3	0,023
Taschenrechner [1]	0,05	0,00039
Zentralprozessor		
sehr groß	4.000	30
mittel	150	1,1
klein	10	0,077
Mikroprozessor	0,4	0,0031
einf. Mikroprozessor	0,04	0,00031
Hauptspeicher je MB	10	0,077
Plattenspeicher		
500 MB	100	0,77
5 MB	20	0,15
0,25MB (Floppy Disk)	5	0,038
Zeilendrucker	100	0,77
Serieller Drucker	5	0,038
Terminal (alphanum.)	4	0,031
Compiler	30	0,23
(Programmierer, 1600h jährlich, 100.000 DM jährlich		17)

[1]Man beachte, daß die jährliche Nutzungszeit hier weit unter den angenommenen 7000 h liegt!

(1.5.3)   *Beispiel:* Ein Programmlauf wird in einem Rechensystem ausgeführt
mit folgenden Daten:

Zentralprozessor $\kappa = 2 \cdot 10^{-3}$ DM $\cdot s^{-1}$
     Auslastung 80%, davon 15% für das Betriebssystem

Hauptspeicher 4 MB, $\kappa = 3 \cdot 10^{-4}$ DM $\cdot s^{-1}$
     relative Füllung 80%, davon 20% für das Betriebssystem

Plattenspeicher insgesamt 1 GB, $\kappa = 2,5 \cdot 10^{-3}$ DM $\cdot s^{-1}$
     relative Füllung 90%, davon 20% für das Betriebssystem

Kanal und Steuerwerk für Plattenspeicher, $\kappa = 0,8 \cdot 10^{-3}$ DM $\cdot s^{-1}$
     Auslastung 15%

Zeilendrucker, $\kappa = 1 \cdot\cdot 10^{-3}$ DM $\cdot s^{-1}$,
     Auslastung 30%

Terminal, $\kappa = 0,03 \cdot 10^{-3}$ DM $\cdot s^{-1}$,
     Auslastung 25%

Compiler, $\kappa = 0,15 \cdot 10^{-3}$ DM $\cdot s^{-1}$,
     Auslastung 2%

Der Programmlauf benötige:

Zentralprozessor	200s
Hauptspeicher	200 MB $\cdot$ s
Plattenspeicher	200 MB $\cdot$ s
Kanal und Steuerwerk für Plattenspeicher	20s
Zeilendrucker	100s
Terminal	2500s
Compiler	50s

Die Kosten für das Betriebssystem sind auf die Anlagenkosten verteilt. Der Compiler sei nur von einem Benutzer zugleich verwendbar (eine "einfache" Funktionseinheit). Die für die Compilation benötigten Betriebsmittelbelegungen sind in den Gesamtangaben enthalten.

Kosten des Programmlaufs (nach 1.5.13, 1.5.19):

Zentralprozessor

$$q = \frac{\kappa}{\rho} \cdot x = \frac{2 \cdot 10^{-3}}{0,8 - 0,15} \cdot 200 \; DM = 0,62 \; DM$$

Hauptspeicher

In 1.5.19 werden zeitliche Kosten κ je Zelle benutzt. Indem wir Kosten und Belegtzeitsumme in DM/MB bzw. MB·s rechnen, ergibt sich

$$q = \frac{\kappa}{\phi} \cdot \sum_{i=1}^{k} x_i = \frac{3 \cdot 10^{-4} DM \cdot s^{-1}}{4 \; MB(0,8-0,2)} \cdot 200 \; MB \cdot s = 0,025 \; DM$$

Plattenspeicher

$$q = \frac{\kappa}{\phi} \cdot \sum_{i=1}^{k} x_i = \frac{2,5 \cdot 10^{-3} DM \cdot s^{-1}}{1024 \; MB(0,9-0,2)} \cdot 200 \; MB \cdot s = 0,0007 \; DM$$

Kanal und Steuerwerk für Plattenspeicher

$$q = \frac{\kappa}{\rho} \cdot x = \frac{0,8 \cdot 10^{-3}}{0,15} \cdot 20 \; DM = 0,11 \; DM$$

Zeilendrucker

$$q = \frac{\kappa}{\rho} \cdot x = \frac{1 \cdot 10^{-3}}{0,3} \cdot 100 \; DM = 0,33 \; DM$$

Terminal

$$q = \frac{\kappa}{\rho} \cdot x = \frac{0{,}003 \cdot 10^{-3}}{0{,}25} \cdot 2500 \; DM = 0{,}30 \; DM$$

Compiler

$$q = \frac{\kappa}{\rho} \cdot x = \frac{0{,}15 - 10^{-3}}{0.02} \cdot 50 \; DM = 0{,}38 \; DM \quad .$$

Also betragen die gesamten Kosten für den Programmablauf DM 1,77, ebenso viel wie ca. 2 Minuten Arbeit eines Programmierers.

1.6 Nutzen

Die Bearbeitung von Aufträgen in Instanzen soll einen wirtschaftlichen Nutzen bringen. Der Nutzen ist eine Funktion der Verweilzeit. Wenn wir ausschließen, daß im Laufe der Auftragsbearbeitung der Nutzen anders eingeschätzt wird, so muß der Nutzen eine monoton nicht wachsende Funktion der Verweilzeit v sein:

Wäre es anders, also etwa der Nutzen einer Erledigung in v größer als in v', bei $v > v'$, so brauchte man das Ergebnis lediglich bis v aufzubewahren[1] und könnte der Erledigung in v' bereits den höheren Nutzen des Zeitpunktes v zuschreiben. In den meisten Fällen ist ohnehin ersichtlich, daß eine Verschleppung der Auftragserledigung den Nutzen senkt.

Ziel der Bearbeitung von Aufträgen, die im Wettbewerb um Betriebsmittel stehen, muß es sein, so vorzugehen, daß die Summe der Nutzenverluste der Aufträge minimiert wird. Vielfach wird der Nutzenverlust durch über die Verweilzeit integrierte "Gebühren" (Greenberger 65) modelliert (ein eher irreführender Begriff, da der Nutzenverlust die Nutzenminderung für den Auftraggeber darstellt und *keinen* Kostencharakter hat). Das Ziel der Betriebsführung muß dann sein, die Summe der für die Aufträge auflaufenden "Gebühren" zu minimieren.

Bei der Einschätzung des wirtschaftlichen Werts der Auftragserledigung wird man auch an Schaden, also negativen Nutzen, bei Verschleppung der Auftragserledigung denken. Da aber bei der Minimierung des Nutzenverfalls offenbar der absolute Wert des Nutzens ohne Betracht bleiben kann, verfügen wir ohne Beschränkung der Allgemeinheit folgendermaßen:

(1.6.1)   *Definition:* Die *Nutzenfunktion* $n(y)$ ist eine monoton nicht wachsende, nicht negative Funktion der Verweilzeit. Es ist $\lim\limits_{y \to \infty} n(y) = 0$.

Abb. 1.6.1 zeigt Beispiele für Nutzenfunktionen von Aufträgen an Rechensystemen.

Wenn auch die Minimierung des Nutzenverlustes (oder die Maximierung des Restnutzens) einer Menge bzw. eines Stromes von Aufträgen für allgemeine Nutzenfunktionen sehr aufwendig ist (Kretschmann 83), erlaubt dieses Ziel doch wenigstens theoretisch eine Anzahl wichtiger Abwägungen unter ein einziges quantitatives Kriterium zu stellen:

---

[1] Wir vernachlässigen, daß dieses Aufbewahren Kosten bringt!

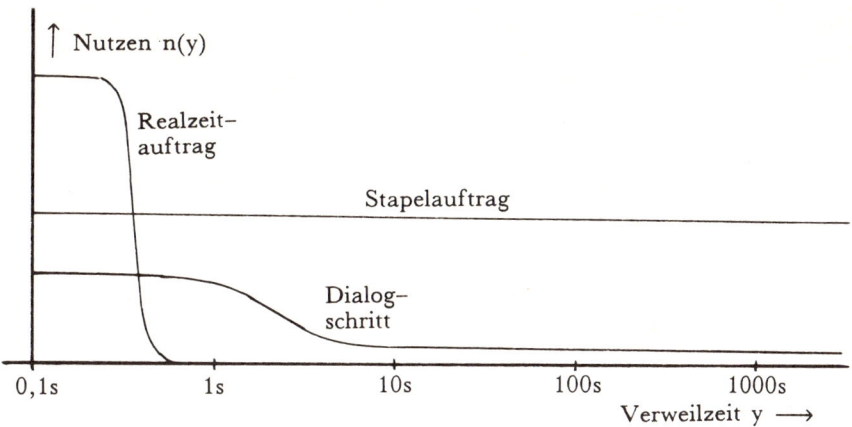

Abb. 1.6.1: Beispiele von Nutzenfunktionen

- Nach welchen Regeln sollen Betriebsmittel an die im Wettbewerb stehenden Aufträge zugeteilt werden; im Falle einer einfachen Instanz: in welcher Folge sollen die Aufträge bedient werden?

- Soll ein Auftrag überhaupt vom System angenommen werden, wenn zu erkennen ist, daß die Differenz von Nutzen am Ende der Verweilzeit und für die Auftragsbearbeitung aufgewendeten Kosten negativ ist, in welchem Fall das System besser sofort den Auftrag ablehnt?

- Ist es lohnender, das System für große oder kleine Auslastung zu entwerfen? Wir wissen bereits, daß große Auslastung (und ebenso große relative Füllung) die Kosten für die Auftragsbearbeitung senkt. Im 5.Kapitel werden wir sehen, daß große Auslastung die Wartezeiten, damit die Verweilzeiten herauftreibt. Wo liegt das Optimum?

- Wie sind Zuverlässigkeitsmängel zu beurteilen? Welcher Aufwand lohnt zu ihrer Behebung? Zuverlässigkeitsmängel führen zu vollständigem Verlust des Auftrages oder (nach Wiederaufnahme) zur Verschleppung der Fertigstellung, wodurch kein bzw. ein reduzierter Nutzen eintritt. Kompensationsmaßnahmen belegen Funktionseinheiten, die für die Auftragsbearbeitung nur noch eingeschränkt zur Verfügung stehen, wodurch Verweilzeiten verlängert und Durchsätze verringert, also Nutzen verkleinert und Kosten vergrößert werden.

In typischen Betriebsmittelzuteilungsstrategien werden höchstens zwei Grenzfälle der Nutzenfunktionen betrachtet:

- Alle im System vorliegenden Aufträge haben identische, im Planungszeitraum konstante Nutzenfunktionen. Die Maximierung der Restnutzensumme der Aufträge führt zur Maximierung des Durchsatzes.

- Alle im System vorliegenden Aufträge haben Nutzenfunktionen, die im Planungszeitraum konstantes Gefälle haben. Die Maximierung der Restnutzensumme der Aufträge führt im Falle gleichen Gefälles zur Minimierung der Verweilsumme.

Im Kapitel 6 werden diese Erwägungen wieder aufgenommen.

1.7 Einige Aspekte des Entwurfs von Rechensystemen: Strukturen, Strategien, Dimensionierung

Entwurf (design) ist die Festlegung der Eigenschaften eines bislang nicht bekannten Systems derart, daß gegebene Anforderungen (requirements) erfüllt werden, unter Verwendung zulässiger Mittel für die Realisierung des Systems; solche können bei Rechensystemen z.B. Schaltbausteine, eine Programmiersprache oder auch Modellelemente sein. Nach (Blaauw 76) werden die Eigenschaften des Systems oft getrennt in Architektur (in diesem Zusammenhang die Menge der für den Benutzer eines Systems relevanten Eigenschaften), Implementierung (die innere Struktur des Systems, die die Funktion der Architektur leistet) und Realisierung (die elementaren z.B. physischen Bausteine, die die Implementation verkörpern). Da der Begriff Architektur im Zusammenhang mit Rechensystemen auch wesentlich anders definiert wird (vgl. etwa Bode Händler 78, Giloi 80, Stone 75), soll die Menge der für den Benutzer des Systems relevanten Eigenschaften im folgenden (statt Architektur) schlicht als Leistungen des Systems berechnet werden. Wir registrieren, daß damit der Begriff "Leistung" nicht nur auf qualitative Leistungsmerkmale ausgedehnt wird (z.B. Sprachschnittstellen, Benutzerfreundlichkeit, Erlernbarkeit), sondern auch auf gewisse im weiteren Sinne benutzerrelevante Eigenschaften, denen sonst nicht die positive Bewertung "Leistung" anhängt, wie z.B. Stellfläche, Ausfallhäufigkeit, zulässige Grenztemperatur etc.

Unter *Bewertung* (evaluation) versteht man die Ermittlung der Leistungen des Systems. Dazu muß das System keinesfalls real vorhanden sein, sondern kann ebenso auch als geeignetes Modell vorliegen. Bewertung ist – außer bei trivialen Systemen – eine schwierige Aufgabe; Methoden, die die Bewertung eines Systems unterstützen, sind der wesentliche Inhalt dieses Buches.

Im Grenzfall einer Bewertung können verschiedene quantifizierte Leistungen gewichtet und summiert werden, um zu einem skalaren, umfassenden Leistungsmaß zu gelangen, etwa für die Entscheidung über Varianten der Systemgestaltung, wie bei Beschaffungsentscheidungen.

Am Ausgangspunkt eines Entwurfs stehen die Anforderungen, denen das fertige System gehorchen soll, und die Festlegung der Mittel, mit denen es realisiert werden kann. Es gibt allgemein anerkannte Ansprüche an Anforderungen:

- Vollständigkeit (und zwar nicht nur anfangs, sondern auch im Laufe der Entwicklung des Systems; da die Anforderungen die Leistungen des Systems nicht umfassend festlegen, sondern durch den Entwerfer erst in die Leistungen (die Architektur im obigen Sinne) einzubetten sind, erhält das System bei seinem

Entwurf über die Anforderungen hinaus Eigenschaften, die gegenüber dem Benutzer verbindlich werden können und damit die Anforderungen vervollständigen)

- Sparsamkeit

- Eindeutigkeit

- Prüfbarkeit (die Erfüllung muß von *außen* prüfbar sein).

Da Anforderungen an Rechensysteme immer noch unzureichend bekannt sind, ist die Robustheit und Flexibilität des System gegenüber veränderten Anforderungen ein wichtiges Gütemerkmal.

In ähnlicher Weise gibt es auch allgemein formulierbare Ansprüche an die Leistungen (die Architektur) des Systems:

- Orthogonalität: die Grundeigenschaften/elemente sollen frei kombinierbar sein

- Sauberkeit: keine unwesentlichen Eigenschaften einführen

- Allgemeinheit: keine Eigenschaften einschränken, die sich natürlich ergeben.

Die Anforderungen und Leistungen sind lediglich Restriktionen der Lösungsmenge, aus denen die Implementation zu wählen ist. Die Elemente der Lösungsmenge unterscheiden sich qualitativ (durch die Strukturen und Strategien) und quantitativ (durch die Werte der quantitativen Parameter). Typisch für nicht triviale Implementationen ist der hierarchische Aufbau, in dem die fertige Implementation schichtenweise aufgebaut erscheint; ein fertiger, gut strukturierter Entwurf kann betrachtet werden, als sei er von den Anforderungen und den Leistungen auf die Realisierungsmittel hin durch rekursives Zerteilen entstanden, wobei sich aus jedem Zerteilungsschnitt Anforderungen für Bausteine ergeben. Andererseits gibt es viele Systeme, die tatsächlich durch fortschreitende Komposition von Bausteinen zu Einheiten höherer Schichten entstanden sind; Mischformen beider Verfahren sind häufig. Auch für Implementierungen gibt es allgemein formulierbare Ansprüche:

- Zerlegung in eine mittlere Zahl von Bausteintypen der nächstniederen Schicht (bzw. Komposition aus einer mittleren Zahl)

- einfache und sichere Bewertbarkeit der Lösung (Verifikation, Analyse, Test, Simulation, Modellierung)

- minimale und wohldefinierte Schnittstellen der Bausteine jeder Schicht

- Anforderungen und Leistungen der Bausteine jeder Schicht nach obigen Kriterien

- Verbergen aller nicht in den Leistungen festgelegten Eigenschaften (Geheimnisprinzip)

- unabhängige Implementierbarkeit (Testbarkeit, Fertigbarkeit, Wartbarkeit, Änderbarkeit) der Bausteine

- Typenarmut

- sichere Integrierbarkeit jeder Schicht aus ihren Bausteinen.

Im allgemeinen wird durch Bewertungsverfahren aus den Elementen der Lösungsmenge eine optimale Lösung bestimmt. Man greift dazu einen der quantitativen Parameter des Systems heraus, z.B. eine quantitative Leistung wie Durchsatz oder Kosten oder benutzt ein umfassendes, skalares Leistungsmaß und macht dieses zur Zielgröße der Optimierung. Dazu muß man diese Zielgröße als Funktion der qualitativen und quantitativen Parameter auffassen. Es bestehen Verfahren zur Optimierung durch Variation der quantitativen Parameter, nicht durch Variation der qualitativen Parameter. Aber es gibt für eine Reihe von Strukturen und Strategien Optimalitätsaussagen, so z.B.

- wartezeitminimale Bedienstrategien (6.3, 6.4)

- optimale Seitenersetzung (7.3)

- optimale räumliche Verteilung und Vernetzung von Funktionseinheiten

die eine Vorauswahl gestatten; einige günstige Strukturen und Strategien können dann bezüglich der quantitativen Parameter optimiert werden. Eine Wertebelegung der quantitativen Parameter des Systems heiße eine *Dimensionierung* des Systems; es handelt sich also um die Aufgabe, für eine günstige Auswahl von Strukturen und Strategien optimale Dimensionierungen zu finden, Strukturen und Strategien dann zu vergleichen und die beste zu wählen.

Die optimale Dimensionierung ist ein Problem der i.a. nichtlinearen Optimierung mit Restriktionen; letztere sind i.a. Ungleichungen. Sehr oft aber hängt die Zielfunktion beim Entwurf von Rechensystemen monoton von den Parametern ab; in diesem Falle wird das Optimum auf dem Rand der Lösungsmenge angenommen.

Wir verfolgen nun das Problem der optimalen Dimensionierung an einem wichtigen Sonderfall; die Restriktionen seien nicht Ungleichungen, sondern Gleichungen (d.h. wir ermitteln aus dem genannten Grund nur ein Optimum auf dem Rand), und Zielfunktion Z und die n Restriktionen R_i ($i \in \{1..n\}$) seien in einem Bereich $D \subseteq \mathbb{R}^m$ differenzierbare Funktionen der m quantitativen Systemparameter p_j ($j \in \{1..m\}$, $m > n$); die Funktionalmatrix

$$\frac{dR}{d\vec{p}}$$

habe paarweise linear unabhängige Zeilen. Ist dann die Existenz eines lokalen Extremums bekannt, dann ist die Lösung nach *Lagranges Verfahren* (vgl. etwa (Erwe 62)) aus den folgenden m+n Gleichungen

$$\frac{\partial Z}{\partial p_J} - \sum_{i=1}^{n}\left[\lambda_i \frac{\partial R_i}{\partial p_J}\right] = 0 \qquad j \in \{1..m\} \qquad (1.7.1)$$

$$R_i = R_{io} \quad (i \in \{1..n\},\ n\ Restriktionen) \qquad (1.7.2)$$

zu bestimmen.

R_{io} sind Konstanten, λ_i sind die Lagrangeschen Faktoren und abhängig von den p_j. Wir verengen nun dieses Ergebnis für unsere Zwecke auf einen *ersten Spezialfall*. Es möge nur eine Restriktion R bestehen. Dann folgt

$$\frac{\partial Z}{\partial p_J} - \lambda \frac{\partial R}{\partial p_J} = 0 \qquad j \in \{1..m\} \qquad (1.7.3)$$

$$R = R_o \quad . \qquad (1.7.4)$$

Das bedeutet, daß ein bezüglich einer Restriktion optimal dimensioniertes System die Eigenschaft

$$\frac{\frac{\partial Z}{\partial p_J}}{\frac{\partial R}{\partial p_J}} = \frac{dZ}{dR}\Big|_{p_J} = \lambda \qquad j \in \{1..m\} \qquad (1.7.5)$$

hat, d.h. für *alle* Parameter p_i ist der Zuwachs der Zielfunktion Z im Verhältnis zur Restriktionsfunktion R, hervorgerufen durch Variation von p_j, gleich.

Es seien etwa

Z die Kosten des Systems
R der Durchsatz .

$R = R_o$ gibt den verlangten Durchsatz vor. Dann muß – falls die obigen Voraussetzungen bestehen – eine geringe Variation jedes Systemparameters dieselben Mehrkosten je zusätzlichen Durchsatz bringen (wäre es durch Schaltungen mit höherer Taktfrequenz, Drucker mit höherer Geschwindigkeit, besser bezahlte Operateure oder einen höheren Grad an Mehrprogrammbetrieb).

Ein noch *speziellerer Fall* liegt dann vor, wenn die Zielfunktion als Summe von Größen darstellbar ist, von denen jede nur Funktion eines Parameters p_j ist.

$$Z(p_1,..,p_m) = \sum_{j=1}^{m} Z_j(p_j) \tag{1.7.6}$$

Es folgt

$$\frac{\partial Z}{\partial p_j} = \frac{\partial Z}{\partial Z_j} \cdot \frac{dZ_j}{dp_j} \quad, \tag{1.7.7}$$

damit geht 1.7.3 über in

$$\frac{dZ_j}{dp_j} - \lambda \frac{\partial R}{\partial p_j} = 0 \quad (j \in \{1..m\}) \quad. \tag{1.7.8}$$

(1.7.1) *Beispiel:* Ein System bestehe aus m Bausteinen, seine Kosten Z seien die Summe der Bausteinkosten Z_j. Die optimale Dimensionierung, d.h. Wahl der Parameterwerte $p_1...p_m$ soll so erfolgen, daß die Kosten Z minimiert werden, aber eine Leistungsgröße R des Systems, die von jedem Baustein j nur über einen Parameter p_j abhängig ist, einen Wert R_o erreicht.

Dann gilt 1.7.8

$$\frac{dZ_j}{dp_j} = \lambda \frac{\partial R}{\partial p_j} \quad (j \in \{1..m\}) \tag{1.7.9}$$

und ist folgendermaßen zu deuten: im bezüglich der Leistung R kostenoptimalen System beeinflußt ein Baustein die Leistung umso mehr, je (differentiell) teurer er ist; die absoluten Kosten eines Bausteines sind ohne Bedeutung für die optimale Dimensionierung.

(1.7.2) *Beispiel:* Ähnlich wie in 1.5 betrachten wir ein System aus einfachen Instanzen. Es sei zu einem Zeitpunkt genau ein Auftrag im System, dessen Teilaufträge seriell abgearbeitet werden und in der Instanz j durch die mittlere Bedienzeit $\overline{b}_j$ und die Besuchszahl v_j gekennzeichnet sind; dann ist die Belegtzeit der Instanz j durch diesen Auftrag

$$x_j = v_j \cdot \overline{b}_j \tag{1.7.10}$$

(vgl. Def. 1.4.4, 1.4.8). Die Bedienzeit des Auftrages im System aus m einfachen Instanzen ist

$$b = \sum_{j=1}^{m} v_j \cdot \overline{b}_j = \sum_{j=1}^{m} \frac{v_j}{c_j} \quad. \tag{1.7.11}$$

Die Instanzen haben Kosten K_j, die vom Grenzdurchsatz c_j abhängen:

$$K_j = K_j(c_j) \tag{1.7.12}$$

Die Kosten des Systems, K, mögen nach

$$K = \sum_{i=1}^{m} K_i(c_i) \tag{1.7.13}$$

von den Grenzdurchsätzen c_i der Instanzen abhängen. K sei eine monoton nicht fallende Funktion der Grenzdurchsätze. Also gilt 1.7.9 hier als

$$\frac{dK_j}{dc_j} = \lambda \frac{\partial y}{\partial c_j} \tag{1.7.14}$$

$$\frac{dK_j}{dc_j} = -\lambda \frac{v_j}{c_j^2}$$

$$c_j = \sqrt{\frac{(-\lambda) \cdot v_j}{\dfrac{dK_j}{dc_j}}} \tag{1.7.15}$$

$\sqrt{-\lambda}$ ermitteln wir aus der Restriktion $b = b_o$

$$\sum_{i=1}^{m} \frac{v_i}{c_i} = \frac{1}{\sqrt{-\lambda}} \cdot \sum_{i=1}^{m} \frac{v_i}{\sqrt{\dfrac{v_i}{\dfrac{dK_i}{dc_i}}}} = \frac{1}{\sqrt{-\lambda}} \cdot \sum_{i=1}^{m} \sqrt{v_i \frac{dK_i}{dc_i}} = b_o \quad ,$$

also

$$\sqrt{-\lambda} = \frac{1}{b_o} \cdot \sum_{i=1}^{m} \sqrt{v_j} \frac{dK_j}{dc_j} \tag{1.7.16}$$

Damit folgt

$$c_j = \frac{1}{b_o} \sqrt{\frac{v_j}{\dfrac{dK_j}{dc_j}}} \cdot \sum_{i=1}^{m} \sqrt{v_j \frac{dK_j}{dc_j}} \tag{1.7.17}$$

Für die Auslastungen gilt (wir benutzen wieder die Folgerungen 1.4.5 und 1.4.6)

$$\rho_j = \frac{v_j \cdot x_j}{b_o} = \frac{v_j}{c_j \cdot b_o} \tag{1.7.18}$$

$$\rho_j = \frac{\sqrt{v_j \dfrac{dk_j}{dc_j}}}{\sum\limits_{i=1}^{m} \sqrt{v_i \dfrac{dK_i}{dc_i}}} \tag{1.7.19}$$

Also muß bei Optimalität die Auslastung einer Instanz umso größer sein, je mehr Teilaufträge ein Auftrag an sie gibt und je mehr Kosten für eine Steigerung ihres Grenzdurchsatzes, gemessen in Teilaufträgen, aufzuwenden sind.

Eine große Klasse von Optimierungsproblemen in Rechensystemen betreffen die optimale räumliche Verteilung und Vernetzung von Funktionseinheiten. Untersucht wurde z.B., wie "Dateien" oder andere Betriebsmittel in Speichermedien eines Rechensystems so zu verteilen sind, daß Kosten wie z.B. Kommunikations- oder Speicherkosten minimal werden. Oft werden dabei bestimmte Wahrscheinlichkeitsverteilungen für den Auftragsverkehr oder die Betriebsansprüche angenomen. Arbeiten zu diesem Thema sind bekannt unter Titeln wie: "file allocation in networks" (Chandy et al 76; Bucci et al 77; Morgan et al 77).

Probleme der räumlichen Verteilung lassen sich oft als Probleme der Graphentheorie formulieren. Kobayashi (82) gibt eine aktuelle Übersicht. Man unterscheidet *zentralisierte* und *verteilte Systeme* oder *Netze* von Funktionseinheiten. Ein zentralisiertes Netz kann zum Beispiel aus einer großen Zahl von geographisch verstreuten Endgeräten bestehen, die über Kanäle mit dem Zentralrechner verbunden sind. Das Leitunssystem bildet einen ungerichteten Graphen, dessen Kanten mit den jeweiligen Kosten gewichtet sind. Minimale Leitungskosten können durch die Konstruktion eines kostenminimalen "Gerüstes" erzielt werden.

(1.7.3)   *Definition*: Ein *endlicher, ungerichteter Graph* $G = (E,K)$ ist gegeben durch

  – eine endliche Menge $E = \{e_1, ..., e_m\}$ von *Ecken* und
  – eine endliche Menge $K = \{k_1, ..., k_n\}$ von *Kanten* der Form $k_i = \{e_{i_1}, e_{i_2}\} \subset E$ (also: k_i ist ungerichtet!).

G heißt *gewichtet*, wenn eine *Kostenfunktion*

$$Kst : K \to \mathbb{R}^+$$

für die Kanten gegeben ist.

Ein *Pfad* ist eine Folge $p = e_{i_1}, e_{i_2}, ..., e_{i_k}$ von Ecken mit $(e_{i_j}, e_{i_{j+1}}) \in K$ $(1 \leq j < k)$. p heißt *Zyklus*, falls $e_{i_1} = e_{i_k}$. G heißt *Baum*, falls G keinen Zyklus enthält. $B = (E,K')$ mit $K' \subset K$ heißt *aufspannender Baum* oder *Gerüst* von G (spanning tree), falls B ein Baum ist und alle Ecken in B paarweise durch Pfade miteinander verbunden sind. Ist G gewichtet, dann heißt B *kostenminimal*, falls

$$Kst(K'):= \sum_{k \in K'} Kst(k) \qquad\qquad (1.7.20)$$

minimal unter allen Gerüsten von G ist.

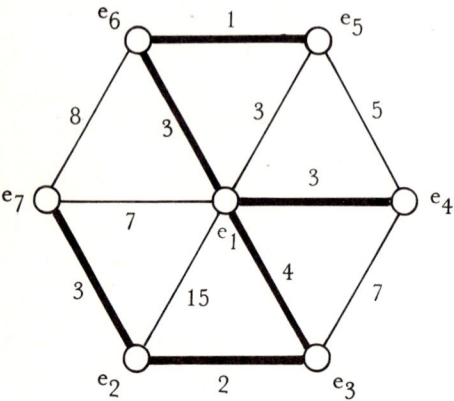

Abb. 1.7.1: Leitungssystem mit minimalem Gerüst

Abbildung 1.7.1 zeigt ein Leitungssystem, in dem z.B. e_1 als Zentralrechner und e_2, ..., e_7 als Endgeräte betrachtet werden können. Das fett gezeichnete Gerüst $B = (E,K')$ mit minimalen Leitungskosten $Kst(K') = 16$ wurde mit dem Algorithmus von Kruskal (Kruskal 56) von Abb. 1.7.2 berechnet. Die Komplexität des Algorithmus hängt im Wesentlichen von der Sortierprozedur des Feldes Q ab und kann in $O(n \cdot \log n)$ Schritten ausgeführt werden. Aber schon bei relativ leichten Verschärfungen wird das Problem NP-vollständig.

Alle bekannten Algorithmen zur Lösung NP-vollständiger Probleme benötigen einen Zeitaufwand, der exponentiell mit der Problemgröße wächst. Solche Algorithmen betrachtet man daher als praktisch nur für kleine Probleme einsetzbar.

Da direkte Verbindungen der Endgeräte (Terminals) zum Zentralrechner teuer sind, werden Gruppen von ihnen mit lokalen *Konzentratoren* verbunden, die ihrerseits durch leistungsfähige Kanäle die Verbindung zum Zentralrechner herstellen. Es ergibt sich ein *doldenförmiges* Gerüst wie in Abb. 1.7.3.

```
(*G = (E,K,Kst) endlicher, ungerichteter, gewichteter Graph *)
var K' set of Kanten aus K,
var EP set of Eckenmengen aus K,
var Q array of Kanten aus K,
K':=∅;
EP:={{e} |e∈E};
sortiere alle Kanten aus K und lege sie sortiert in Q ab;
do |EP| > 1 →
        (* K' ist die bislang konstruierte Kantenmenge des Gerüsts und
           enthält keine Zyklen. EP ist Partition von E; die Klassen von
           EP enthalten die bereits durch K' verbundenen Ecken.
           Q ∪ K' = K *)
    begin wähle eine Kante k = {e₁,e₂} aus Q mit minimalen Kosten Kst(k);
          entferne k aus Q;
          if e₁ und e₂ sind in verschiedenen Mengen E₁ und E₂ von EP
              → begin ersetze E₁ und E₂ in EP durch E₁ ∪ E₂;
                  K' := K' ∪ {k}
                end
          □ es gibt E₁ ∈ EP mit {e₁, e₂}⊆ E₁ → skip
          fi
    end
od
(* B := (E,K') ist minimales Gerüst von G *)
```

Abb. 1.7.2: Algorithmus von Kruskal

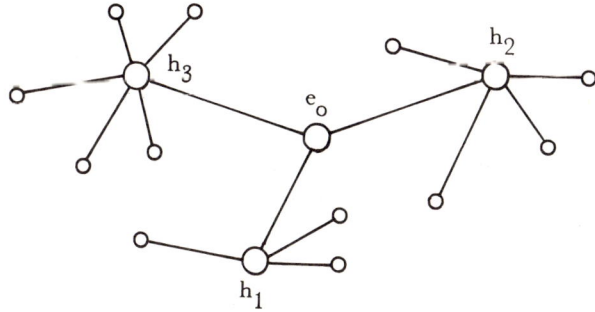

Abb. 1.7.3: Doldenförmiges Netz mit Konzentratoren und Zentralknoten e_o

Der *Grad* eines Knotens ist die Anzahl der inzidenten Kanten. Technische Randbedingungen können den Grad von Konzentratoren beschränken. Dies führt zum Problem des *gradbeschränkten minimalen Gerüsts* (degree constrained spanning tree). Dieses Problem ist NP–vollständig (Garey et al 79). Die Leitungen zum Zentralrechner können auch Grenzdurchsätzen bzw. Kanalkapazitäten unterworfen sein, deren Nichtbeachtung zu unzumutbaren Verzögerungen führt. Das Problem des *kapazitätsbeschränkten Gerüsts* (capacitated spanning tree) ist ebenfalls NP–vollständig (Garey et al 79).

Weitere NP–vollständige Probleme betreffen die Festlegung der Anzahl und Lage der Konzentratoren (concentrator location problem). Wir formulieren nun das speziellere Problem der Leitungsoptimierung bei gegebenen Konzentratoren und Endgeräten und nennen es *Konzentrator–Terminal–Vernetzungsproblem* (concentrator–terminal assignment problem) (Boorstyn et al 77; Tang et al 78).

Gegeben seien m Konzentratoren $\{k_1, ..., k_m\}$ und n Endgeräte $\{e_1, ..., e_n\}$. Außerdem seien die Kosten $c_{ij} \in \mathbb{N}$ für die direkte Verbindung eines jeden Konzentrators k_i mit jedem Endgerät e_j gegeben. Jedes Endgerät e_j benötige $r_j \in \mathbb{N}^+$ Verbindungen zu Konzentratoren (in vielen Fällen genügt $r_j = 1$; $r_j > 1$ kann zur Erhöhung der Zuverlässigkeit gewählt werden).

Jeder Konzentrator k_j habe einen Grad $a_j := K(k_j) \in \mathbb{N}$, d.h. ist in der Lage bis zu a_j Leitungen aufzunehmen. Gesucht sind Zahlen $x_{ij} \in \mathbb{N}$ ($1 \leq i \leq m$, $1 \leq j \leq n$), die Anzahl der Leitungen von k_i zu e_j so bestimmen, daß die Kosten minimal werden:

Bestimme $x_{ij} \in \mathbb{N}$ ($1 \leq i \leq m$, $1 \leq j \leq n$) mit der Zielfunktion

$$\sum_{i=1}^{m} \sum_{j=1}^{n} c_{ij} x_{ij} \quad minimal \tag{1.7.21}$$

unter den Randbedingungen

$$\sum_{i=1}^{m} x_{ij} = r_j \quad (1 \leq j \leq n) \tag{1.7.22}$$

und

$$\sum_{j=1}^{n} x_{ij} \leq a_i \quad (1 \leq i \leq m) \tag{1.7.23}$$

Dieses Problem ist als *Transport–Problem* in Operations Research bekannt. Es ist z.B. mit dem "Out–of–Kilter–Algorithmus" von Fulkerson lösbar (Neumann 75).

Wir gehen nun näher auf eine verwandte Optimierungsaufgabe ein, bei der Funktionseinheiten (also auch Anweisungen, Programme, usw.) auf Baueinheiten optimal verteilt werden sollen (Jenny 82).

Es ist ein häufig beobachtetes Phänomen, daß der Durchsatz eines Systems von Funktionseinheiten ab einer gewissen Anzahl von Komponenten nicht weiter linear steigt, sondern rückläufig ist (Abb. 1.7.4). Der Grund liegt natürlich in dem für die Kommunikation notwendigen Verwaltungsaufwand. Dem hier betrachteten Modell liegen drei Annahmen zugrunde:

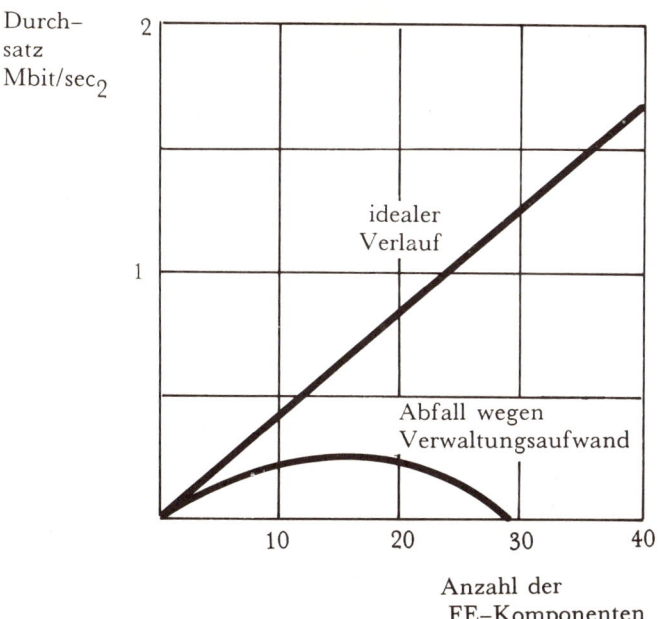

Abb. 1.7.4: Durchsatz als Funktion der Anzahl der Funktionseinheiten

1. *Annahme*: Die Übermittlungskosten zwischen allen Funktionseinheiten werden als annähernd gleich angesehen. In der Tat fallen die Kosten oft hauptsächlich bei den Programmen für Schnittstellen, den Endgeräten und Zugriffsmechanismen ins Gewicht, weniger jedoch die Leitungskosten. (Letztere sind oft auch nicht technisch bedingt, sondern von der Tarifstruktur abhängig (siehe das Konzentrator-Terminal-Vernetzungsproblem oben).)

2. *Annahme*: Die Kosten pro Elementaranweisung sind auf allen Baueinheiten ungefähr gleich. Prozeßanweisungen können also ohne Kostenmehraufwand auf andere Baueinheiten verlagert werden.

3. *Annahme*: Kosten für Kommunikation zwischen Prozeßanweisungen in ver-

schiedenen Baueinheiten sind relativ hoch im Vergleich zu solchen innerhalb von gleichen Baueinheiten. Dies ist ebenfalls begründet durch komplexere Zugriffsmechanismen und aufwendige Kommunikationsprotokolle. Diese Kosten können als Geräte- oder Programmierkosten, aber auch als Nutzenverfall (z.B. durch Verzögerungen) anfallen.

Wir betrachten, wie in Abschnitt 1.4, Auftragssysteme, die in Systemen von Funktionseinheiten bearbeitet werden. Letztere werden einem System von Baueinheiten zugeordnet. Diese Zuordnung ist Gegenstand der Optimierung.

(1.7.4)   *Beispiel:* Gegeben seien Auftragssysteme, die Daten von einem Kartenleser übernehmen und diese zur Aktualisierung von Datensätzen in einer Datei d_1 oder zum Eintrag von neuen Datensätzen in einer Datei d_2 verwenden. Abbildung 1.7.5 a) zeigt das Auftragssystem AS, das die Datenaufnahme a_1 in einer FE "Kartenlesertreiber (KLT)" vornimmt, dann die Formatierung der Datensätze als Auftrag a_2 in einer FE "Datensätze aktualisieren (Akt)" und schließlich den Speicherzugriff auf d_1 in der FE "Plattentreiber 1 (PT1)" vornimmt. In AS' werden dagegen in der FE "Datensätze erzeugen (Erz)" neue Datensätze erzeugt, dann in der FE "Prü" mittels Zugriff auf PT1 die neuen Datensätze mit d_1 abgeglichen, bevor in der FE "Plattentreiber 2 (PT2)" der Eintrag in die Datei d_2 erfolgt.

Abbildung 1.7.5 b) zeigt das entsprechende System von Funktionseinheiten FES als Netz (nicht als S/T-Netz wie in 1.4).

Die Funktionseinheiten von FES sind Programme, die auf den in Abb. 1.7.5 c) dargestellten Rechner-Komponenten auszuführen sind. Dabei ist es naheliegend, KLT dem Rechner 1 zuzuordnen, da dieser direkten Zugriff auf die Baueinheit "Kartenleser" hat. Entsprechendes gilt für PT1 und PT2. Der Kanal k soll ausdrücken, daß Verbindungen zwischen allen angeschlossenen Geräten bestehen, also nicht zwingend einen zentralen Kanal voraussetzen. Die Symbole der Transitionen sind zum Teil den entsprechenden Symbolen für Baueinheiten angeglichen. Entsprechend der Annahme 2 können die Programme Akt, Erz und Prü beliebigen Rechnern zugeordnet werden. Diese Zuordnung soll optimal erfolgen.

AS : a_1/KLT → a_2/Akt → a_3/PT1

AS': a_1'/KLT → a_2'/Erz → a_3'/Prü → a_4'/PT1 → a_5'/Prü → a_6'/Erz → a_7'/PT2

a)

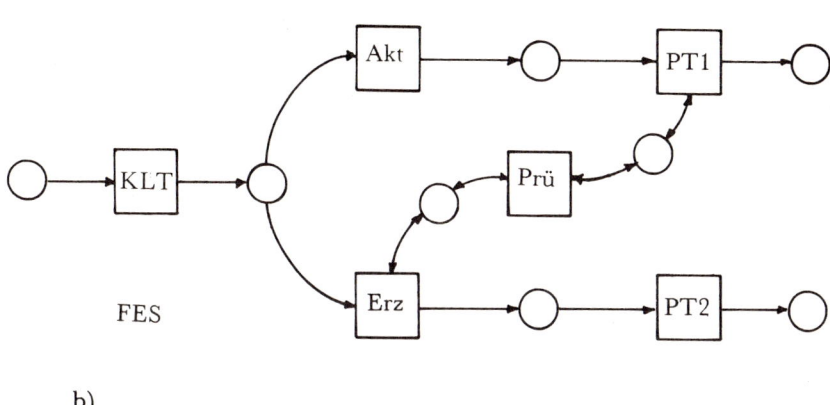

FES

b)

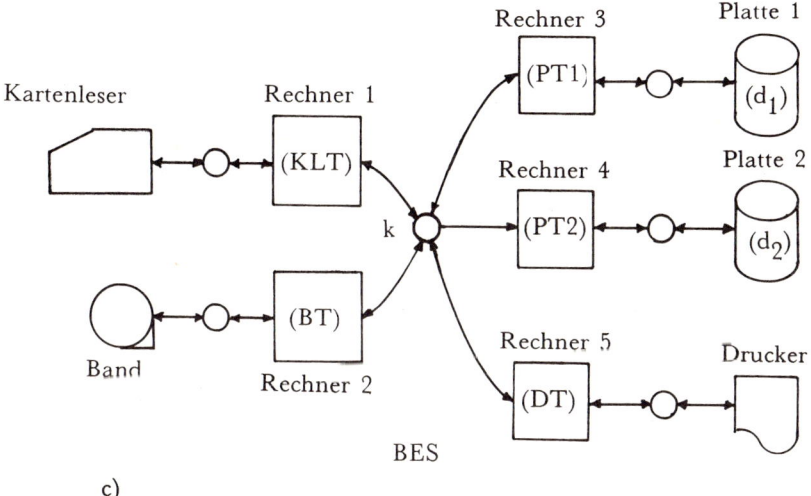

BES

c)

Abb. 1.7.5: a) Auftragssysteme AS, AS' für das System von Funktionseinheiten FES in b) auf dem System von Baueinheiten BES
in c)

Um die Optimierungsaufgabe zu präzisieren, muß festgelegt werden

a) welche Funktionseinheiten schon fest zugeordnet sind,

b) welche Funktionseinheiten miteinander kommunizieren und

c) welches die jeweiligen Kosten für die Kommunikation sind.

Diese Festlegung erfolgt durch ein Kausal–Netz, das wir *Bindungs–Netz K* nennen. Die Transitionen von K bilden die Funktionseinheiten. Stellen ohne Eingangstransitionen kennzeichnen die *festgelegten Funktionseinheiten*. Von diesen ausgehend werden diejenigen Funktionseinheiten miteinander verbunden, die direkt miteinander kommunizieren. Bewertungen an den zwischen ihnen liegenden Stellen geben die Kosten für die Kommunikation an, falls diese Funktionseinheiten *verschiedenen* Baueinheiten zugeordnet werden.

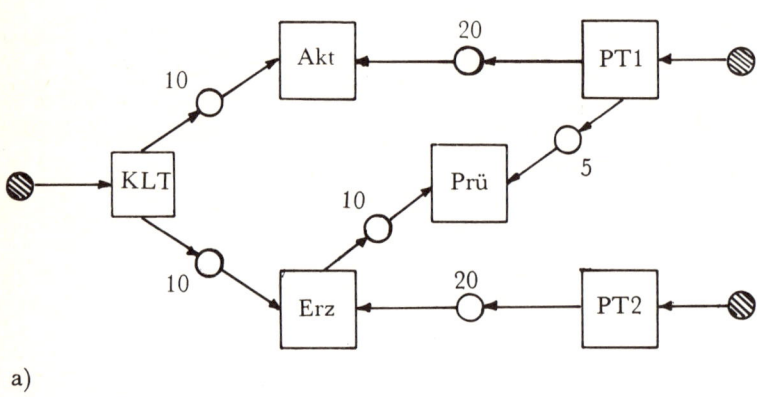

a)

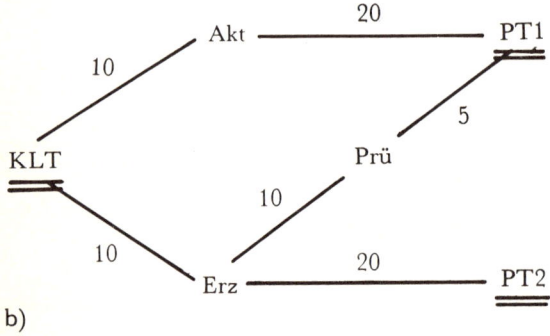

b)

Abb. 1.7.6: Bindungsnetz a) und Bindungsgraph b) zu Beispiel 1.7.5

(1.7.5) *Beispiel*: Abbildung 1.7.6 zeigt das Bindungsnetz zu unserem Beispiel. Wie schon erwähnt, sind KLT, PT1 und PT2 festgelegte Funktionseinheiten (nämlich für Rechner 1, 3 und 4). KLT kommuniziert mit Akt bei Kosten 10, PT1 mit Akt bei Kosten 20 usw. Bei Akt ergibt sich ein Konflikt, ob diese FE im Rechner von KLT (Rechner 1) oder im Rechner von PT1 (Rechner 3) alloziert werden soll. Bei der Optimierung sind solche Konflikte zu lösen.

Ein *Bindungsnetz* ist ein Kausalnetz $K = (S,T,F)$ mit einer Kostenfunktion $Kst: S\backslash{}^oK \to \mathbb{R}^+$ (Definition von ${}^oK$ siehe Def 1.3.7). Bezeichnet ${}^ol$ das erste Element einer Linie $l \in \mathbb{L}$ von K, dann heißt K *konfliktfrei*, wenn für alle Linien $l_1, l_2 \in \mathbb{L}$ von K gilt:

$$l_1 \cap l_2 \neq \emptyset \Rightarrow {}^ol_1 = {}^ol_2 \qquad (1.7.24)$$

Da ${}^ol$ immer einer festgelegten Funktionseinheit zuzuordnen ist, bedeutet (1.7.24), daß keine Funktionseinheit zwei verschiedenen festgelegten Funktionseinheiten zugeordnet werden kann. Unsere Optimierungsaufgabe besteht also darin, aus einem Bindungsnetz $K = (S,T,F,Kst)$ eine Stellenmenge $S_1 \subset S\backslash{}^oK$ so zu entfernen, daß K konfliktfrei wird und dabei

$$\sum_{s \in S_1} Kst(s) \qquad (1.7.25)$$

minimal ist.

Um eine Vorstellung von der Größe des Problems bei Anwendungen zu geben, betrachten wir ein ähnliches, aber **größeres Beispiel** aus (Hofri et al 78):

(1.7.6) *Beispiel*: festgelegte Funktionseinheiten:
L1 Keyboard driver
L2 Terminal printer driver
L3 Line printer driver
L4 Disk driver
L5 Resource management facility

zu allozierende Funktionseinheiten:
A1 Data entry initiator
A2 Session supervisor
A3 Record identifier
A4 Command analyzer
B1 Buffering, data transfer
B2 Buffer allocator
D1 Disk file manager: catalog routine (file creation)
D2   space management
E1 Edit process: edit command interpreter

E2   retrieval
E3   data manipulation routines
F1 Line scan
F2 Header propagation, page numbering
F3 Formatting, line numbering, titles, identation
G1 Printing process: character conversion (type, print)
G2 Font selection
G3 Printer (printing activity, parameter interpretation)
G4 Local keyboard escape for form letters
H1 Disk utility: control
H2   copying to special devices
H3   dictionary file
H4   general utilities
H5   spooling
H6 High–speed buffering support

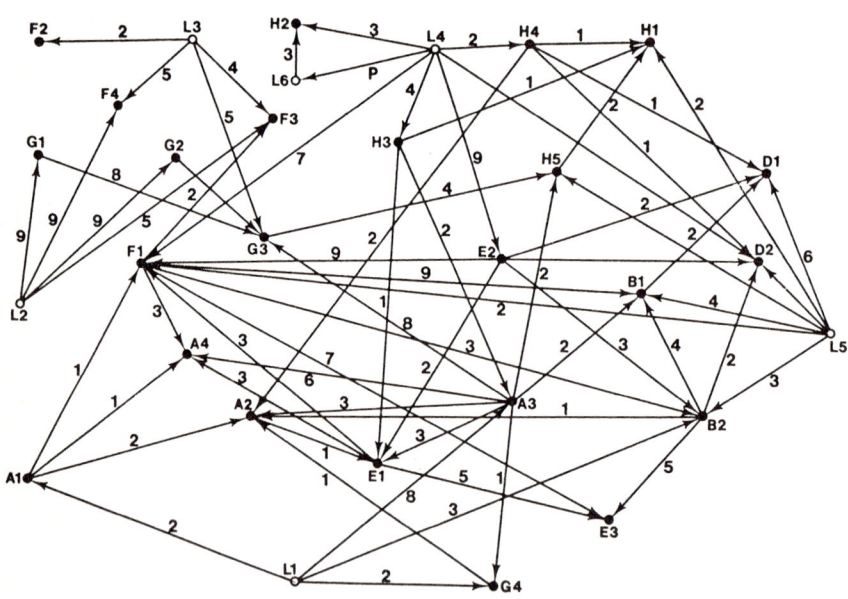

Abb. 1.7.7: Ein großes Bindungsnetz mit festgelegten Funktionseinheiten L_1, L_2, L_3, L_4, L_5

Abbildung 1.7.7 zeigt das Bindungsnetz, wobei die Stellen weggelassen wurden. Die Kosten für die Kommunikation wurden durch

$$Kst(s) = gr * fr \in \{1, \ldots, 9\}$$

ermittelt, wobei gr die Nachrichtengröße (proportional zu bytes/Nachricht) und fr ihre Frequenz (in Nachrichten/sec) angibt.

Sind einmal die festgelegten Funktionseinheiten bestimmt, dann kann man vereinfachend (wie in Abb. 1.7.6) vom Bindungsnetz zu einem ungerichteten Graphen, dem Bindungsgraphen, übergehen.

(1.7.7)   *Definition*: Ein endlicher, ungerichteter und gewichteter Graph (Def. 1.7.3)

G = (E,K,Kst)

heißt *Bindungsgraph*, falls eine Menge

$$A = \{p_1, \ldots, p_q\} \subset E$$

von *festgelegten Ecken* gegeben ist.

Eine Partition $P = \{P_1, \ldots, P_q\}$ von E

(d.h. $\bigcup_{i=1}^{q} P_i = E$ und $i \neq j \Rightarrow P_i \cap P_j = \emptyset$)

heißt *konfliktfrei*, falls jede Klasse $P_i \in P$ genau eine festgelegte Ecke $p_i \in P_i$ enthält.

$$Kst(P) = \sum \{Kst(k_i) \mid \forall P_j \in P : k_i \subsetneqq P_j\} \qquad (1.7.26)$$

heißt *Kosten der Partition P*. Eine Partition P von G heißt *optimal*, falls Kst(P) minimal unter allen Partitionen von G ist.

(1.7.8)   *Beispiel*: Abbildung 1.7.6 b) zeigt den Bindungsgraphen zu unserem Beispiel mit festgelegten Ecken p_1 = KLT, p_2 = PT1, p_3 = PT2. $P = \{P_1, P_2, P_3\}$ mit $P_1 = \{KLT, Akt\}$, $P_2 = \{PT1, Prü\}$, $P_3 = \{PT2, Erz\}$ ist eine konfliktfreie Partition mit Kosten

Kst(P) = 10 + 20 + 10 = 40.

Die Kosten Kst(P) entstehen durch die Summe der Kosten von Kanten, die verschiedene Klassen P_i und P_j der Partition verbinden, also ”rechner–externen” Kommunikationskosten entsprechen.

Die Kosten (1.7.26) entsprechen (1.7.25). Die Definition zeigt, daß die Zyklenfreiheit des Bindungsnetzes *nicht* wesentlich für das Problem ist. Das Problem, für einen Bindungsgraphen eine optimale, konfliktfreie Partition zu finden, ist (höchstwahrscheinlich) exponentiell. Eine erste Annäherung an die Lösung kann durch den Algorithmus von Kruskal zur Berechnung eines den Graphen aufspannenden Baumes mit *maximalen* Kosten in polynomialer Zeitkomplexität gefunden werden. Dazu wird zunächst der Bindungsgraph durch einen Knoten W ("Wurzel") erweitert. W wird mit allen q festgelegten Ecken durch Kanten verbunden, deren Kosten so festgelegt werden, daß sie größer als alle sonstigen Kosten von Kanten sind. Abbildung 1.7.8 zeigt diese Erweiterung für den Bindungsgraphen von Abb. 1.7.6 b). Die fetten Kanten dieser Abbildung geben ein mit dem Algorithmus von Kruskal berechnetes Gerüst mit maximalen Kosten (im Algorithmus von Abb. 1.7.2 ist in der Schleife jeweils eine Kante k mit *maximalen* Kosten Kst(k) zu wählen).

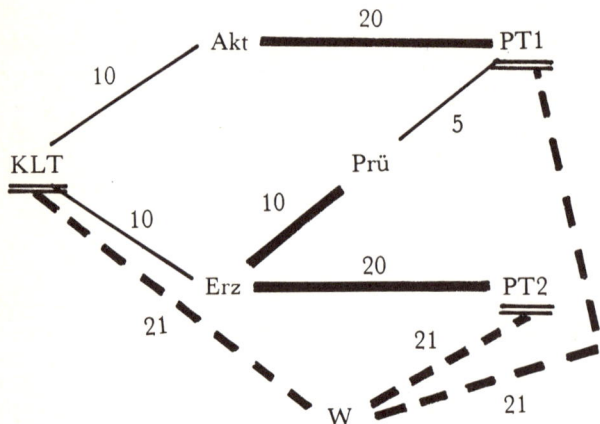

Abb. 1.7.8: Erweiterung des Bindungsgraphen durch eine Wurzel W und maximales Gerüst

Die Kanten von W zu den festgelegten Ecken werden zuerst ausgewählt. Dies stellt sicher, daß diese Ecken nur über den Knoten W innerhalb des Gerüstes verbunden werden. Entfernt man die Kanten an W, dann zerfällt das Gerüst in q Bäume $P_1, ..., P_q$ mit Wurzeln $p_1, ..., p_q$. Da die Kostensumme aller ihrer Kanten maximal ist, haben die nicht in ihnen enthaltenen Kanten minimale Kostensumme. $P = \{P_1, ..., P_q\}$ ist also eine konfliktfreie Partition mit relativ geringen Kosten.

Für unser Beispiel ergeben sich geringere Kosten Kst(P) = 10 + 10 + 5 als für die Partition in Beispiel 1.7.8. Für dieses Beispiel sind sie sogar optimal. Abbildung 1.7.9 zeigt die entsprechende optimale Aufteilung der Funktionseinheiten auf die

Baueinheiten "Rechner 1" bis "Rechner 5". Abbildung 1.7.10 zeigt einen Bindungsgraphen, bei dem die Konstruktion des maximalen Gerüsts jedoch zu einer Partition P mit Kosten Kst(P) = 22 führt, die über den Kosten der optimalen Partition P' mit Kst(P') = 16 liegen.

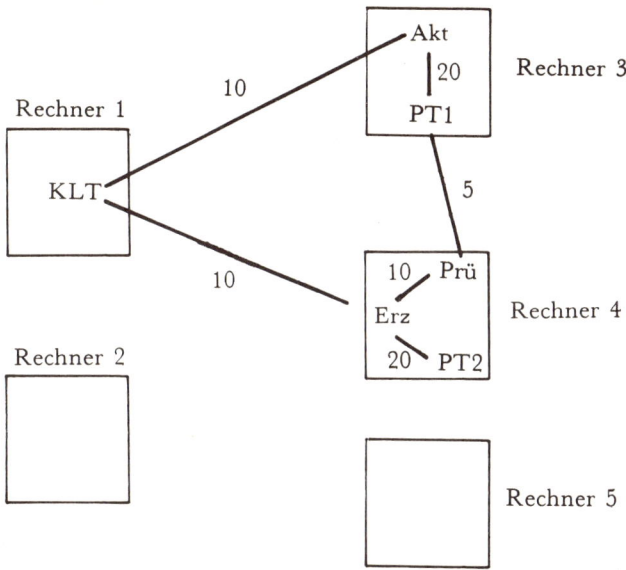

Abb. 1.7.9: Optimale Verteilung der Funktions- auf die Baueinheiten

Das in (Jenny 82) beschriebene Programm-Paket "PROXCUT" versucht, durch verschiedene Heuristiken dem Optimum in polynomialer Zeitkomplexität nahe zu kommen und erhärtet dies durch zahlreiche Fallstudien. Eine dieser Methoden besteht in der Anwendung von minimalen Fluß-Problemen und dem Algorithmus von Ford/Fulkerson (Ford et al 62).

Anstatt nur für jeweils eine Ecke zu prüfen, ob ihre Verlagerung in eine andere Partition die Gesamtkosten senkt, wird dies gleich für ganze Mengen von Knoten versucht. Beispielsweise betrachte man in Abb. 1.7.10 den Fluß von der festgelegten Ecke p_1 in der Klasse P_1 der (suboptimalen) Partition P in die Klasse P_2 dieser Partition. Dieser Fluß ist in Abb. 1.7.11 dargestellt.

Der Algorithmus von Ford/Fulkerson liefert als minimalen Schnitt die Abtrennung e_4 von e_5 und e_6 mit der Kostensumme 3 + 5 = 8. Da dieser Wert kleiner ist als der Wert 4 + 4 + 4 = 12 an der alten Grenze von P_1 zu P_2, ist es günstiger, die Knoten e_5 und e_6 der Klasse P_2 zuzuschlagen. Dies ergibt in diesem Teil die Partition P' von Abb. 1.7.10.

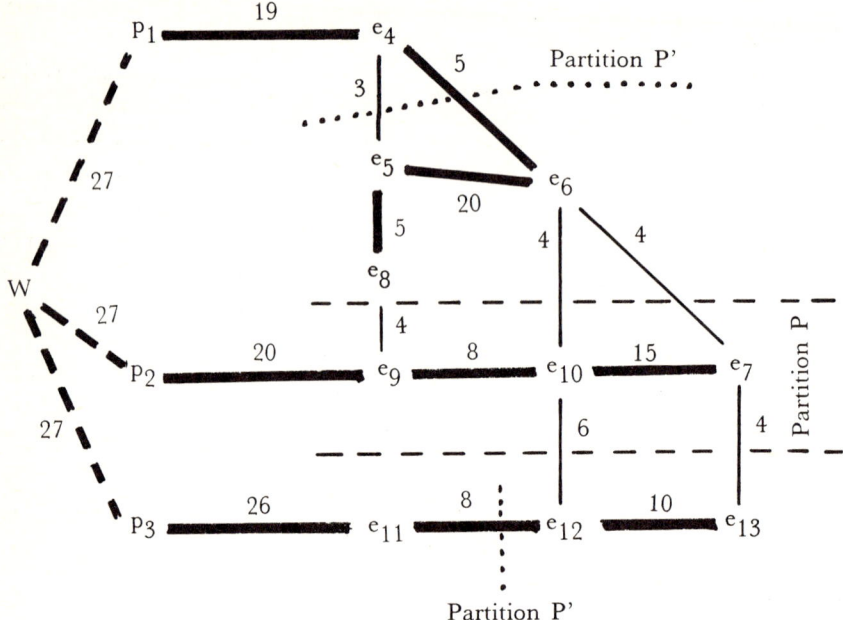

Abb. 1.7.10: Bindungsgraph mit maximalem Gerüst, suboptimaler Partition P und optimaler Partition P'

Annahme 2 für das Problem kann gelockert werden, indem unterschiedliche Kosten für die Ausführung von Anweisungen in verschiedenen Baueinheiten angenommen werden. Die entsprechende Randbedingung kann durch Erweiterung des Bindungsgraphen bei Beibehaltung der Optimierungsaufgabe einbezogen werden. Eine weitere Randbedingung besteht in der Annahme von Kapazitäten für die Baueinheiten (z.B. Speichergröße) und Betriebsmittelbelegung für die Funktionseinheiten (z.B. Speicherbedarf). Abbildung 1.7.12 zeigt Werte für unser Beispiel.

Die optimale Verteilung von Abb. 1.7.9 wäre unter dieser Randbedingung nicht möglich, da die Speicherkapazität von Rechner 4 überschritten würde. Durch nachträgliche Umordnung könnte jedoch die Funktionseinheit Prü von Rechner 4 nach Rechner 3 verlegt werden (Jenny 82).

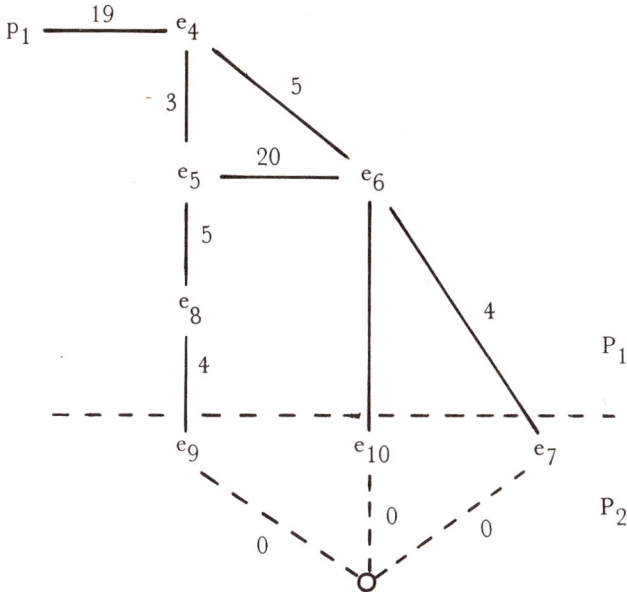

Abb. 1.7.11: Anwendung des Algorithmus von Ford/Fulkerson

Baueinheit	Rechner 1	Rechner 2	Rechner 3	Rechner 4	Rechner 5
Speicher-kapazität	10	5	10	10	5

Funktions-einheit	PT 1	PT 2	Akt	Erz	Prü	KLT
Speicher-bedarf	4	4	3	5	2	3

Abb. 1.7.12: Speicherkapazität und Speicherbedarf

In diesem Abschnitt wurde exemplarisch gezeigt, wie ein System von Funktions-einheiten optimiert werden kann und zwar bezüglich

       - der Größe der einzelnen Funktionseinheiten
       - ihrer Lage bezüglich der verfügbaren Baueinheiten.

Die dabei eingesetzten Methoden wurden, ebenfalls beispielhaft, verschiedenen Theorien entnommen, und zwar

- der Optimierung innerhalb der Analysis, sowie

- der Graphentheorie und des Operations Research innerhalb der diskreten Mathematik und Kombinatorik.

2 Nebenläufige Prozesse

2.1 Nebenläufigkeit in Rechensystemen

Im ersten Kapitel wurde schon mehrfach darauf hingewiesen, daß Nebenläufigkeit die Abfolge von Handlungen in der realen Welt bestimmt. Sequentielle Prozesse ohne nebenläufige Handlungen sind dagegen Sonderfälle.

Das Verhalten nebenläufiger Systeme kann allerdings sehr komplex und dementsprechend schwer zu analysieren sein. Zum Beispiel hat das einfache Auftragssystem von Abb. 1.2.3 eine recht komplizierte Menge von seriellen Prozessen, wie deren explizite Darstellung als Fallgraph in Abb. 1.3.7 zeigt. Sequentielle Prozesse erlauben oft auch logisch einfachere Darstellungen und Verallgemeinerungen. Zur Illustration greifen wir Dijkstras Beispiel aus Kapitel 1.2 auf. Ist die Gesamtausführungszeit oberstes Optimierungsziel, dann ist die nebenläufige Realisierung des Problems von Abb. 1.2.8 eindeutig überlegen. Die sequentielle Realisierung von Abb. 1.2.7 gestattet jedoch folgende vorteilhafte Form der Auftragsbeschreibung und Verallgemeinerung.

In Abb. 2.1.1 a) wird zunächst ein Feldindex i eingeführt, was eine "Zusammenfaltung", d.h. Komprimierung des Schemas gestattet. In Abb. 2.1.1 b) wird auch die zweite Größe in den Tests als Variable dargestellt. Die weitere Zusammenfaltung zu einer Schleife ermöglicht die Verallgemeinerung für beliebig viele $n \geq 1$ Eingangsgrößen.

Da die Minimierung des technischen Aufwandes bei den ersten elektronischen Rechnern im Vordergrund stand, ist es wenig verwunderlich, daß der "von Neumann"-Rechner vollständig seriell arbeitet. Das gilt in der Folgezeit auch für die meisten Programme (mit einigen Ausnahmen von Programmen in PL/1, Concurrent PASCAL, ADA).

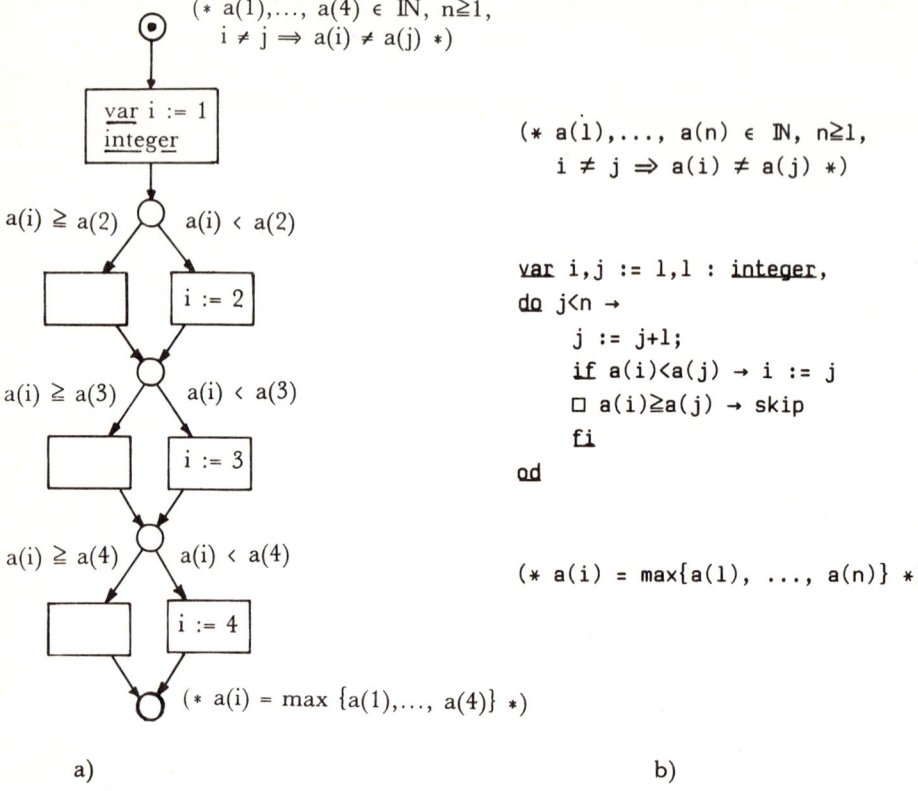

a)   b)

Abb. 2.1.1: Zusammenfaltungen der sequentiellen Interpretationen von Abb. 1.2.7

Aber auch bei seriellem Betrieb von sequentiellen Aufträgen gibt es de facto Nebenläufigkeit: Bediener, Fehlerbehandlung und Unterbrechung. In der weiteren Entwicklung wird schrittweise der Grad der Nebenläufigkeit wie folgt erhöht:

- Verdrängung und Wiederaufnahme eines Programms durch ein höher priorisiertes (typisch für Termin–Betrieb (Realzeit–Betrieb)).
- Verbesserung der Auslastung der Systemteile durch Auflösung des Systems in unabhängig arbeitsfähige, getrennt beauftragbare Funktionseinheiten. Simultanbetrieb des Systems mit vielen zueinander nebenläufigen, in sich aber sequentiellen Aufträgen. Dadurch höherer Durchsatz bei größerer Verweilzeit (Füllung typisch: 2, ..., 10).
- Vielbenutzer– (z.B. Teilnehmer–) Betrieb mit besonderer Bedienstrategie (z.B. Vorzug für Kleinaufträge) (Füllung: 3, ..., 300).

- Verteilte Systeme mit verteilten Auftragsquellen, überwiegend lokale Verwaltung, lokal weniger Aufträge.
- Nebenläufigkeit innerhalb eines Auftrages durch kollaterale Bearbeitung. Wichtige Bedeutung in der Rechnerorganisation durch Überlappung von konsekutiven Operationen:
    - Überlappung von Abruf- und Ausführungsphase, sequentielle Auflösung der Phasen in viele Teilschritte und Überlappung (Pipelining).
    - Synchrone Ausführung vieler gleicher Ausführungsphasen (Feldrechner).
- Nebenläufigkeit in Netzen von Rechnern.

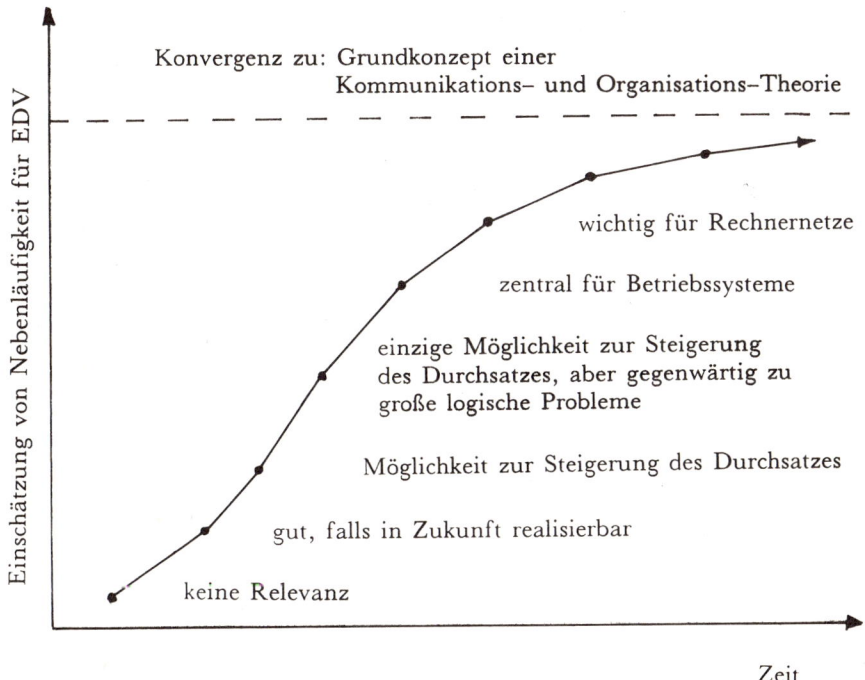

Abb. 2.1.2: Einschätzung von "Nebenläufigkeit" für EDV

Petri hat diese Entwicklung der Einschätzung von Nebenläufigkeit in dem Diagramm von Abb. 2.1.2 dargestellt (Petri 75).

2.2 Das Extensionalitäts-Prinzip

Wir betrachten zwei einfache sequentielle Systeme und deren Synchronisation. Die sequentiellen Systeme seien durch die B/E–Netze (Def. 1.3.3) in Abb. 2.2.1 a) gegeben. Da sie zunächst völlig ungekoppelt arbeiten, ergibt sich der Erreichbarkeits– oder Fallgraph (Def. 1.3.6) von Abb. 2.2.2.

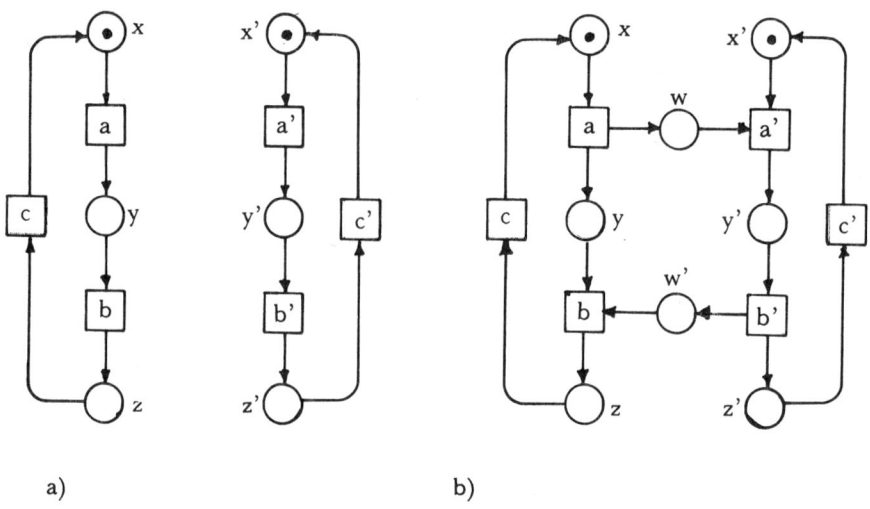

a)   b)

Abb. 2.2.1: Zwei sequentielle Systeme in zwei Varianten

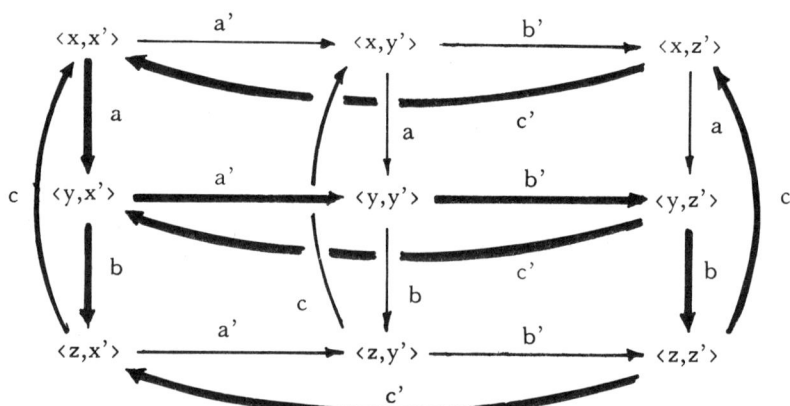

Abb. 2.2.2: Fallgraph des Netzes von Abb. 2.2.1 a) und fettgedruckt ein Teilgraph

Synchronisation oder Kopplung der beiden Systeme bedeutet Einschränkung der Nebenläufigkeit und des Fallgraphen: bestimmte Übergänge werden verboten, gewisse Markierungen werden unerreichbar.

Unter Synchronisation versteht man üblicherweise Herbeiführung von Gleichlauf oder Gleichtakt, auch Einordnen einer unabhängigen Handlung in ein sequentielles Schema. Mit Petri (76) definieren wir etwas allgemeiner:

(2.2.1)   *Definition*: Unter *Synchronisation* einer Menge von Handlungen verstehen wir ihre Abstimmung aufeinander in kausaler oder zeitlicher Hinsicht. Etwas formaler: Synchronisation ist die Einschränkung von Nebenläufigkeit, z.B. der Relation co für eine Menge von durch Kausalnetze gegebenen Prozessen (Def. 1.2.4/1.3.8).

In unserem Beispiel betrachten wir Synchronisation in Form von Präzedenzbedingungen, ähnlich wie in Kap. 1 für Prozesse:

     "a' und b' dürfen nur nach a und vor b ausgeführt werden".

Präziser wird diese Bedingung durch die zusätzlichen Stellen w und w' in Abb. 2.2.1 b) spezifiziert. Es ergibt sich der Fallgraph von Abb. 2.2.3, der dem fettgedruckten Untergraphen von Abb. 2.2.2 ähnelt.

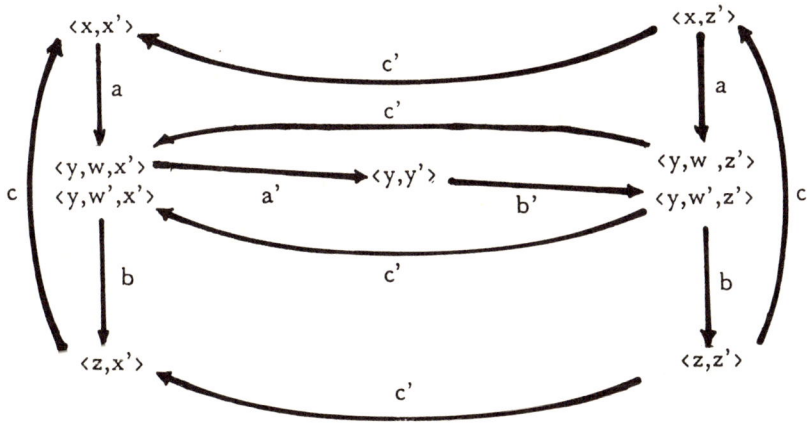

Abb. 2.2.3: Fallgraph des Netzes von Abb. 2.2.1 b)

Durch die Synchronisation wurde der Fallgraph in folgenden Eigenschaften geändert:

a) Gewisse *Fälle* sind nicht mehr erreichbar und entfallen daher (z. B. $\langle x,y' \rangle$).

b) Gewisse *Übergänge* entfallen (z.B.: $\langle x,z' \rangle \xrightarrow{a} \langle y,z' \rangle$), die zugehörigen Fälle können jedoch erreichbar bleiben.

c) Gewisse *Folgen von Übergängen* werden verboten (z.B. a b und c' a' in $\langle y,x' \rangle$), der Knoten muß daher aufgespalten werden!.

Ein beliebiger Graph wie Abb. 2.2.2 heißt Fall/Transitions-System. Es muß nicht unbedingt aus einem B/E-Netz entstanden sein. In ihm sind die Zustände eines Systems als Bedingungskombinationen (Fälle) und die erlaubten Übergänge als Kanten dargestellt (Genrich et al 80). Bekannter sind "Transitions-Systeme", bei denen im Unterschied dazu keine Fälle für die Knoten gegeben sind (Keller 75; Berthelot et al 80).

(2.2.2)   *Definition*: Ein   *Fall/Transitions-System*   ist   ein   Quadrupel Σ = (B,C,T,r), wobei

B = $\{b_1, b_2, \ldots\}$ eine Menge von *Bedingungen* ist,

C $\subset$ P(B) := $\{A | A \subset B\}$ die Menge der (möglichen) *Fälle*, also eine Menge von Bedingungsmengen, und

T die Menge der *Transitionen* bezeichnet.

Durch r $\subset$ C x T x C ist die Menge der (erlaubten) *Übergänge* gegeben.

Abbildung 2.2.2 zeigt ein Fall/Transitionssystem mit B = $\{x, x', y, y', z, z'\}$ und T = $\{a, a', b, b', c, c'\}$. Die erlaubten Übergänge r = (c_1, t, c_2) sind als Kanten $c_1 \xrightarrow{t} c_2$ eingezeichnet. Allgemein läßt sich ein Fall/Transitions-System Σ als gerichteter Graph auffassen.

(2.2.3)   *Definition*: Sei Σ = (B,C,T,r) ein Fall/Transitions-System. Es kann als Graph mit Knotenmenge C und bewerteter Kantenmenge r $\subset$ C x T x C aufgefaßt werden. In diesem Sinne spricht man von *Pfaden* p = $c_1 \xrightarrow{t_1} c_2 \xrightarrow{t_2} \ldots \xrightarrow{t_n} c_{n+1}$ von Σ. Die Folge $t_1 t_2 \ldots t_n \in T^+$ heißt *Bewertung des Pfades* p. Σ heißt *von einem Fall c_o aus erreichbar*, wenn von c_o zu jedem Fall c $\in$ C $- \{c_o\}$ ein Pfad führt.

Allgemein nennt man *Extension* eines Begriffes seinen Umfang, d.h. die Menge der Gegenstände, auf die der Begriff zutrifft. Die *Intension* eines Begriffes wird dagegen durch eine Menge seiner Merkmale angegeben.

Zum Beispiel haben die Begriffe "Bewußtsein besitzen" und "denken können" die gleiche Extension (nämlich die Menge der Menschen), aber verschiedene Intensionen.

In Kapitel 1 haben wir bereits betont, daß wir Handlungen durch ihre Vorbedingungen und Bedingungsänderungen charakterisieren wollen, und nicht durch etwaige Namen, Ausführende, usw.

Sind Handlungen durch Transitionen eines Netzes dargestellt, dann dürfen verschiedene Transitionen nicht gleiche Eingangs- und Ausgangsstellen haben. Ein solches Netz wird schlicht genannt.

(2.2.4)   *Definition*: Ein Netz $N = (S,T,F)$ heißt *schlicht* (simple), falls für alle Transitionen t_1 und t_2 aus T gilt:

$$^\cdot t_1 = ^\cdot t_2 \wedge t_1^\cdot = t_2^\cdot \Rightarrow t_1 = t_2$$

Beschreibt t eine Handlung, dann sind im folgenden pre(t) bzw. side(t) die Mengen der sich ändernden bzw. nicht ändernden Vorbedingungen und post(t) die Menge der durch t neu herbeigeführten Bedingungen. Eine Bedingung, die in *jedem* Fall $c \in C$ gilt, ist unspezifisch für eine Handlung t und wird daher als Nebenbedingung ausgeschlossen. Aus systematischen oder logischen Gründen kann es sinnvoll sein, nur Vorbedingungen zuzulassen, die nach Ausführung der Handlung nicht mehr gelten. Das Fall/Transitions-System heißt dann "ohne Nebenbedingung".

(2.2.5)   *Definition*: Ein Fall/Transitions-System $\Sigma = (B,C,T,r)$ erfüllt das *Extensionalitäts-Prinzip*, falls Abbildungen

pre : $T \to P(B)$,

side : $T \to P(B)$ und

post : $T \to P(B)$

mit den folgenden Eigenschaften existieren:

1) $\forall\ (c_1,t,c_2) \in r$: $pre(t)=c_1-c_2 \wedge post(t)=c_2-c_1 \wedge side(t) \subset c_1 \cap c_2$
(Die Bedingungsänderung von t ist überall gleich. Die *Vorbedingungen* $b \in pre(t)$ gelten nur vor Ausführung der Handlung t, die *Nachbedingungen* $b' \in post(t)$ nur danach. *Nebenbedingungen* $b'' \in side(t)$ gelten vor- und hinterher.)

2) $\forall\ c_1 \in C\ \forall\ t \in T$: $(pre(t) \cup side(t)) \subset c_1 \wedge post(t) \cap c_1 = \emptyset \Rightarrow \exists c' : (c_1,t,c') \in r$
(Immer wenn Vor- und Nebenbedingungen von t erfüllt und alle Nachbedingungen unerfüllt sind, kann t stattfinden.)

3) $\forall\ t_1,t_2 \in T$: $(pre(t_1)=pre(t_2) \wedge post(t_1)=post(t_2) \wedge side(t_1)=side(t_2)) \Rightarrow t_1=t_2$
(Eine Handlung t wird durch ihre "Extension" (pre(t), side(t), post(t)) eindeutig bestimmt.)

4) $\forall\, t\in T\ \forall\, b\in B:\ b\in side(t) \Rightarrow \exists\, c\in C : b\notin c$

(Eine Seitenbedingung gilt nicht permanent).

Gilt $side(t)=\emptyset$ für alle $t\in T$, dann erfüllt Σ das Extensionalitäts–Prinzip *ohne Nebenbedingungen.*

Wie stellt man für ein Fall/Transitions–System fest, ob es das Extensionalitäts–Prinzip erfüllt? Die Antwort lautet: indem man für alle Transitionen feststellt, ob sie durch ihre Extensionalität eindutig bestimmt sind. Genauer heißt dies:

* Streiche zunächst alle "permanenten Bedingungen" $b\in \underset{c\in C}{\cap}\, c$, die in allen Fällen $c\in C$ gelten (gemäß 4).
* Betrachte für jede Transition $t\in T$ alle Übergäge $(c_1,t,c_2)\in r$ und bilde c_1-c_2 und c_2-c_1. Überprüfe, ob diese Differenzen für alle Übergänge t gleich sind und nenne sie dann $pre(t)$ und $post(t)$ (gemäß 1).
* Wähle eine Teilmenge aus $\cap\{c_1\cap c_2 \mid (c_1,t,c_2)\in r\}$ als $side(t)$ derart, daß 2), 3) und 4) gelten.

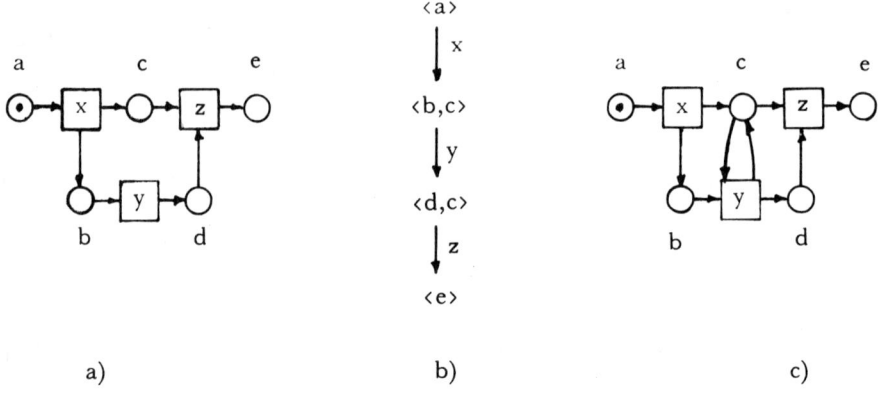

a)　　　　　　　　b)　　　　　　　　c)

Abb. 2.2.4: Zwei B/E–Netze mit gleichem Fall–Graphen

In dem Fall/Transitions–System von Abb. 2.2.4 b) ist c nach dieser Konstruktion eine mögliche Nebenbedingung von y: $side(y)=\{b,c\}\cap\{d,c\}=\{c\}$. Aber auch $side(y)=\emptyset$ würde das Extensionalitäts–Prinzip erfüllen (mit geeigneter Wahl der anderen Größen). In dieser Beobachtung erkennen wir hier den bekannten Sachverhalt, daß eine extensionale Beschreibung nur bedingt kausale Beziehungen wiedergibt. In dem Fall/Transitions–System kann c sowohl eine "inhaltlich" notwendige, wie auch eine "zufällige" Nebenbedingung sein. Die unterschiedliche Form der Netze in a) und c) kann als *intensionale Differenzierung* aufgefaßt werden.

Der folgende Satz drückt aus, daß ein Fall/Transitions-System genau dann dem Extensionalitäts-Prinzip genügt, wenn es Fall-Graph eines B/E-Netzes ist. (Vgl. den entsprechenden Satz für B/E-Netze ohne Nebenbedingung in (Genrich et al 80).)

(2.2.6)   *Satz*:

a) Der Fallgraph $(R(N),K)$ eines schlichten B/E-Netzes $N = (S,T,F,m_o)$ ist ein Fall/Transitions-System Σ, welches das Extensionalitäts-Prinzip erfüllt und von m_o aus erreichbar ist. Ist N schlingenfrei, dann ist Σ ohne Nebenbedingungen.

b) Ist $\Sigma = (B,C,T,r)$ ein Fall/Transitions-System, welches das Extensionalitäts-Prinzip erfüllt und von einem c_o aus erreichbar ist, dann existiert ein schlichtes B/E-Netz N mit Σ als Fallgraph. Ist Σ ohne Nebenbedingungen, dann ist N schlingenfrei.

Beweis:

a) Hat N einen Fallgraph $(R(N),K)$, dann gilt nach Def. 1.3.6 für alle $m \in R(N)$ und $s \in S$: $m(s) \leq 1$. Eine solche Markierung m kann als Fall $c_m = \{s \in S \mid m(s) = 1\}$ betrachtet werden. Folglich können wir definieren:

$$C := \{c_m \mid m \in R(N)\}$$
$$c_o := c_{m_o}$$
$$B := S$$
$$T' := \{t \in T \mid t \text{ kommt im Fallgraph vor}\}$$
$$r := \{(c_{m_1},t,c_{m_2}) \mid (m_1,t,m_2) \in K\}$$

Damit ist $\Sigma = (C,c_o,B,T',r)$ ein Fall/Transitions-System, das von c_o aus erreichbar ist.

Sei $N\Gamma = \{b \in B \mid \exists c \in C : b \notin c\}$ die Menge der nicht permanenten Bedingungen. Es bleibt zu zeigen, daß Σ die Bedingungen von Def. 2.2.3 erfüllt. Dazu definieren wir für jedes $t \in T'$:

$$side(t) := \{s \in NP \mid (s,t) \in F \wedge (t,s) \in F\}$$
$$pre(t) := \,{}^{\cdot}t - side(t)$$
$$post(t) := t^{\cdot} - side(t)$$

Bedingung 1: Nach der Schaltregel von t (Def. 1.3.4) folgt aus $(c_{m_1},t,c_{m_2}) \in r$, d.h. $m_1 \xrightarrow{t}$ unmittelbar $pre(t) = c_{m_1} - c_{m_2}$, $post(t) = c_{m_2} - c_{m_1}$, $side(t) \subset c_{m_1} \cap c_{m_2}$

Bedingung 2: Aus $\text{pre}(t) \cup \text{side}(t) \subset c_{m_1}$ folgt, daß t in m_1 aktiv ist, d.h. $\exists\, m_2 : m_1 \xrightarrow{t} m_2$, also $\exists\, c_{m_2} : (c_{m_1}, t, c_{m_2}) \in r$.

Bedingung 3: folgt unmittelbar aus der Eigenschaft von N, schlicht zu sein

Bedingung 4: folgt aus $\text{side}(t) \subset NP$.

Ist N schlingenfrei, so gilt für alle $t \in T$: $\text{side}(t) = \emptyset$.

b) Erfüllt $\Sigma = (B,C,T,r)$ die Bedingungen aus Def. 2.2.5, und ist Σ von $c_o \in C$ aus erreichbar, dann läßt sich folgendermaßen ein B/E–Netz $N = (S,T',F,m_o)$ definieren: Jedem Fall $c \in C$ ordnen wir die Markierung m_c bezüglich $S:=B$ zu: $m_c(s):=1 \Leftrightarrow s \in c$. Dann sei $m_o:=m_{c_o}$, $T':=\{t \in T|\ \exists\, c_1, c_2 : (c_1, t, c_2) \in r\}$, sowie $F:= \{(b,t)|\ b \in \text{pre}(t) \cup \text{side}(t)\} \cup \{(t,b)|\ b \in \text{post}(t) \cup \text{side}(t)\}$.

Jede Transition $t \in T'$ kommt in einem Übergang $(c,t,c_2) \in r$ von Σ vor. Wegen $\text{pre}(t) = c_1 - c_2$, $\text{post}(t) = c_2 - c_1$, $\text{side}(t) \subset c_1 \cap c_2$ müssen diese Mengen für jedes $t \in T'$ disjunkt sein.

Es ist zu zeigen, daß N schlicht ist. Dazu seien t_1 und t_2 Transitionen mit $\cdot t_1 = \cdot t_2$ und $t_1 \cdot = t_2 \cdot$. Nach der Definition von F heißt dies $\text{pre}(t_1) \cup \text{side}(t_1) = \text{pre}(t_2) \cup \text{side}(t_2)$ und $\text{post}(t_1) \cup \text{side}(t_1) = \text{post}(t_2) \cup \text{side}(t_2)$. Wegen der genannten Disjunktheit folgt $\text{side}(t_1) = \text{side}(t_2)$, $\text{pre}(t_1) = \text{pre}(t_2)$, $\text{post}(t_1) = \text{post}(t_2)$, und damit aus Bedingung 3 auch $t_1 = t_2$. Also ist N schlicht. Ist Σ ohne Nebenbedingung, d.h. $\text{side}(t) = \emptyset$ für alle $t \in T$, dann muß N schlingenfrei sein. Wäre nämlich $\{(b,t),(t,b)\} \subset F$ eine Schlinge, dann würde $b \in \text{pre}(t)$ und $b \in \text{post}(t)$ gelten, d.h. $\text{pre}(t)$ und $\text{post}(t)$ wären nicht disjunkt.

Es bleibt noch zu zeigen, daß Σ der Fallgraph von N ist. Wir wissen bereits, daß der Anfangsknoten c_o von Σ der Anfangsmarkierung m_{c_o} von N entspricht.

Sei nun $m_c \in R(N)$ eine beliebige erreichbare Markierung, der ein Knoten c in Σ entspreche. Wir müssen nun für alle $t \in T'$ zeigen: $m_c \xrightarrow{t} m_1 \Leftrightarrow (c,t,c_1) \in r \wedge m_1 = m_{c_1}$. Beide Richtungen folgen aus Bedingung 2 in Verbindung mit Bedingung 1. $\qquad\qquad \square$

Als Beispiel betrachte man das Netz in Abb. 2.2.1 a). Es ist schlingenfrei und schlicht und besitzt Abb. 2.2.2 als Fallgraph. Man überprüfe die Bedingungen des Extensionalitäts-Prinzips.

Umgekehrt kann man die Konstruktion des Netzes aus dem Fall/Transitions-System nachvollziehen. Da das Extensionalitäts-Prinzip gilt, läßt sich z.B. für die Transition a berechnen:

$$\bigcap_{(c_1,a,c_2)\,\in\,r} (c_1 \cap c_2) = \emptyset, \qquad \text{also side(a)} = \emptyset.$$

Weiter z.B. mit der Kante $(c_1,a,c_2) \in r$ mit $c_1 = \langle x,x'\rangle$, $c_2 = \langle y,x'\rangle$ gilt

$$`a = \text{pre(a)} \cup \text{side(a)} = c_1 - c_2 = \{x\}$$
$$a` = \text{post(a)} \cup \text{side(a)} = c_2 - c_1 = \{y\}$$

Wir wollen nun eine Form der Synchronisation behandeln, die sich durch Präzedenzen *nicht* ausdrücken läßt: im System Abb. 2.2.1 a) soll es verboten sein, daß die sequentiellen Komponenten gleichzeitig in den Zuständen z und z' sind. Diese Art der Synchronisation heißt "wechselseitiger Ausschluß" oder "Implementation eines kritischen Abschnitts". Kritische Abschnitte werden z.B. benötigt, um einen konsistenten Zugriff auf gemeinsame Daten zu gewährleisten. Wir kommen ausführlicher auf dieses Thema zurück.

Wir wollen also ein B/E-Netz finden, das das Fall/Transitions-System aus Abb. 2.2.2 als Fallgraph hat, jedoch ohne $\langle z,z'\rangle$ und die anliegenden Kanten. Wir nennen es $\Sigma = (B,T,C,r)$, also $\langle z,z'\rangle \notin C$. Wir bemerken zunächst, daß Σ nicht dem Extensionalitäts-Prinzip ohne Nebenbedingungen genügt:

Wegen $(\{y,x'\},b,\{z,x'\}) \in r$ gilt pre(b)$=\{y\}$, post(b)$=\{z\}$. Nach Bedingung 2 müßte wegen pre(b) $\subset \{y,z'\}$, post(b)$\cap\{y,z'\} = \emptyset$ ein Übergang b im Fall $\langle y,z'\rangle$ möglich sein.

Eine Lösung erscheint jedoch möglich, wenn x' oder y' als Nebenbedingung zu b eingeführt wird. b muß dann zerlegt werden in b_1 mit Nebenbedingung x' und b_2 mit Nebenbedingung y', sowie Vor- und Nachbedingungen von b. Das Analoge hat mit b' zu geschehen. Abbildung 2.2.5 zeigt das resultierende Netz.

Dieses Netz hat zwar den gewünschten Fallgraph von Abb. 2.2.2 ohne $\langle z,z'\rangle$ (b und b' sind passend durch b_i, b_i' zu ersetzen), ist aber das Gegenteil von dem was wir von einem nebenläufigen System erwarten müssen: es ist unstrukturiert und unübersichtlich.

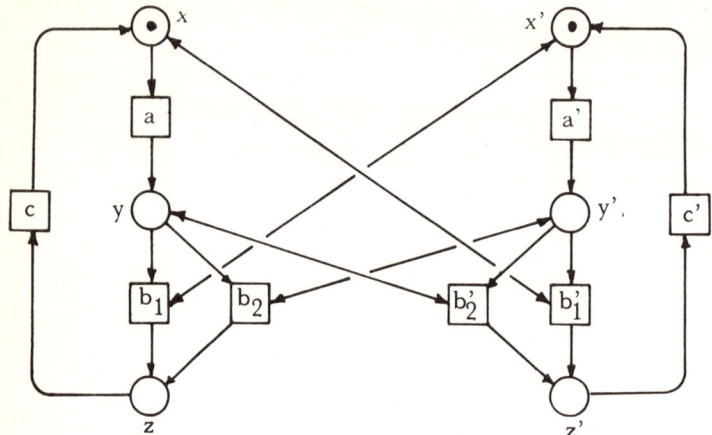

Abb. 2.2.5: B/E–Netz mit Schlingen

Daher suchen wir in einem zweiten Ansatz eine Lösung ohne Nebenbedingungen und Schlingen zu finden. Um wieder das Extensionalitäts-Prinzip (ohne Neben-bedingungen) gültig zu machen, führen wir *explizit* in B die neue Bedingung f:="es gilt weder z noch z'" ein, was soviel bedeutet wie: "der kritische Abschnitt ist frei". Es ergibt sich dadurch das Fall/Transitions-System Σ von Abb. 2.2.6.

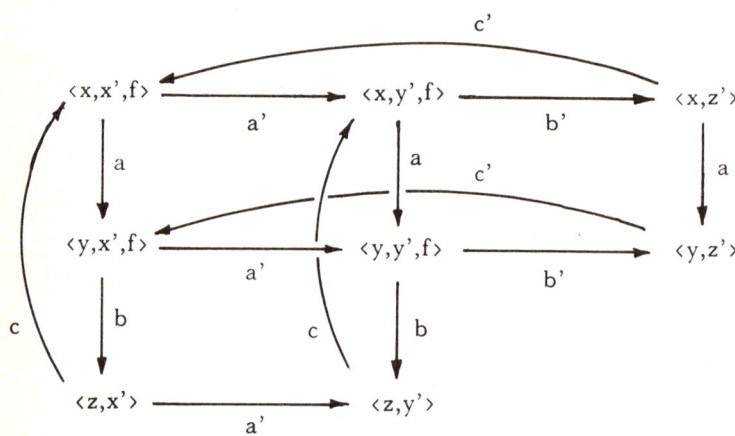

Abb. 2.2.6: Fall/Transitions-System Σ mit kritischem Abschnitt

Wegen $\mathrm{pre}(b) = \{y,f\}$ gilt nun nicht mehr $\mathrm{pre}(b) \subset \{y,z'\}$. Σ ist ein

Fall/Transitions-System, das z.B. von $c_o = \{x,x',f\}$ aus erreichbar ist und das Extensionalitäts-Prinzip ohne Nebenbedingung erfüllt. Nach Satz 2.2.6 b) existiert ein schlingenfreies und schlichtes B/E-Netz N mit Anfangsmarkierung c_o und Σ als Fallgraph. N erfüllt also den spezifizierten wechselseitigen Ausschluß. Mittels der im Teil b) des Beweises von Satz 2.2.6 angegebenen Konstruktionen erhalten wir N wie in Abb. 2.2.7.

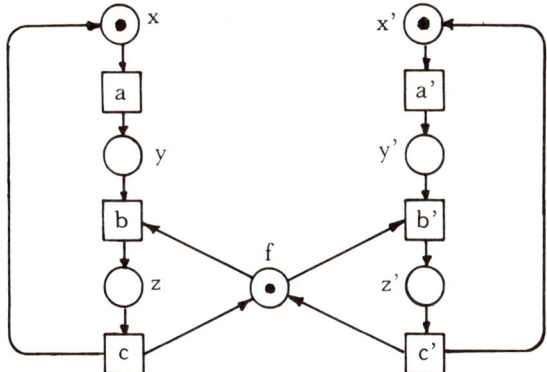

Abb. 2.2.7: B/E-Netz mit Fallgraph Σ in Abb. 2.2.6

2.3 Unteilbarkeit von Handlungen

Zusammengesetzte Handlungen heißen unteilbar, wenn ihre Ausführung nicht von einer nebenläufigen anderen Handlung beeinflußt werden darf. Nach einigen einführenden Beispielen werden wir erkennen, daß Unteilbarkeit ein notwendiges und sinnvolles programmier-methodologisches Konzept ist. Erst danach besprechen wir Möglichkeiten der Realisierung. Mit Hilfe der Darstellung durch Kausalnetze versuchen wir, Unteilbarkeit von Handlungen auch syntaktisch zu charakterisieren. Dies hat einen engen Bezug zu den semantischen Kriterien der Konsistenz und Funktionalität von Auftragssystemen.

2.3.1 Einführende Beispiele

Wir knüpfen an das im vorangehenden Abschnitt behandelte Problem des wechsel-seitigen Ausschlusses bei nebenläufigem Datenzugriff an. Dazu betrachten wir einige Beispiele von Programm-Fragmenten.

(2.3.1.1) *Beispiel*: P_1 : a_0 : z:=1;
con a_1 : x:= z+1; a_2: z:= x
|| b_1 : y:= z+2; b_2: z:= y
noc.

P_2 : a_0 : z:= 1;
con a: z:= z+1 || b: z:= z+2 noc.

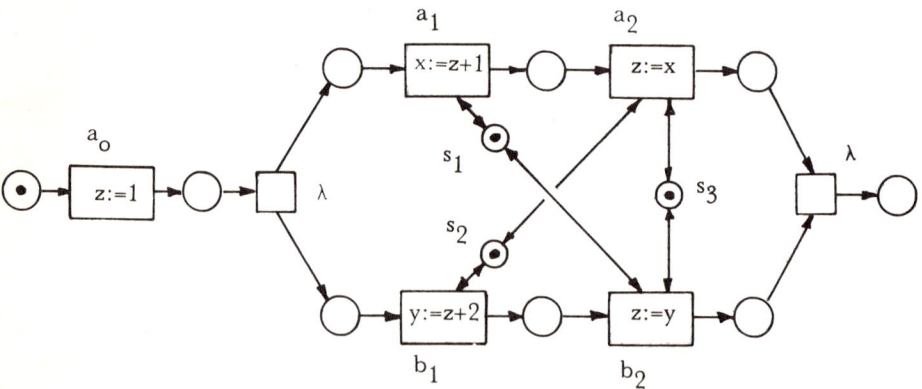

Abb. 2.3.1.1 a): Netz-Programm zu P_1

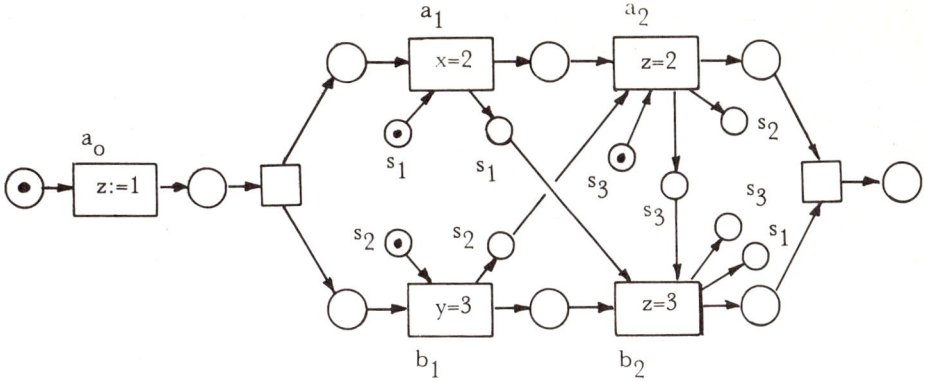

Abb. 2.3.1.1 b): Ein zugehöriger Prozeß

Das Programm P_1 in Beispiel 2.3.1.1 enthält nebenläufige Zugriffe auf die Variable z. Um uns die Semantik des Programmes klar zu machen, transformieren wir es in ein Netzprogramm (Abb. 2.3.1.1 a)) gemäß Abschnitt 1.3. (Man erinnere sich an die bei Abb. 1.3.19 getroffene Konvention bezüglich der Einführung von Nebenbedingungen.) Abbildung 2.3.1.1 b) zeigt einen zugehörigen Prozeß. Entsprechend der Definition in 1.3 enthalten die Transitionen die neu zugewiesenen Werte *nach* Ausführung der entsprechenden Zuweisung. Die Werte der anderen Variablen sind die jeweils letzten Werte auf einer Linie. In dem Prozeß von Abb. 2.3.1.1 b) können a_1 und b_1 nebenläufig ausgeführt werden, im Gegensatz zu a_2 und b_2, die nur seriell auftreten können. *Inhaltlich* liegt dies an der konflikthaften Zuweisung an z, *formal* an der die Serialisierung erzwingenden Nebenbedingung s_3. Der Wert von z nach Beendigung des Prozesses ist "z=3", da der Wert "z=2" wegen der Linie durch s_3 vor diesem liegt. Vereinfachend kann dieser Prozeß durch die Schaltfolge (den seriellen Prozeß) (Def. 1.3.5)

$$w_1 = a_o\, a_1\, b_1\, a_2\, b_2 \qquad (2.3.1.1)$$

des S/T-Netzes von Abb. 2.3.1.1 a) dargestellt werden (die mit λ benannten Hilfstransitionen wurden weggelassen). Für die ebenfalls möglichen Schaltfolgen

$$w_2 = a_o\, a_1\, a_2\, b_1\, b_2 \qquad (2.3.1.2)$$

bzw.

$$w_3 = a_o\, a_1\, b_1\, b_2\, a_2 \qquad (2.3.1.3)$$

sind die Endwerte von z gleich 4 bzw. gleich 2. Bei dem Programm P_2 ist nur der (2.3.1.2) entsprechende Wert möglich. Betrachtet man jedoch nur die Auswertung der rechten Seiten in P_2 als elementare Handlung, dann kann man die gleichen Überlegungen wie bei P_1 anstellen.

Wir entnehmen dem Beispiel:
1. Bei nebenläufigen Programmen sind verschiedene Endergebnisse möglich.
2. Dies hängt auch davon ab, welche Anweisungen und Handlungen als atomar betrachtet werden.

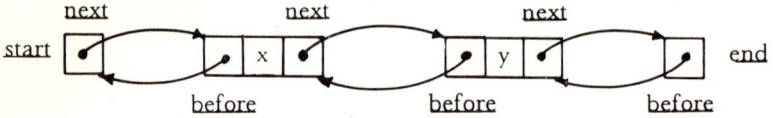

Abb. 2.3.1.2: Doppelt verkettete Liste

(2.3.1.2) *Beispiel*: (Best et al 81) Die Anweisung delete(p) soll ein Listenelement p aus einer doppelt verketteten Liste wie Abb. 2.3.1.2 entfernen. Dabei seien p_1 und p_2 lokale Variablen der Anweisung.

delete(p):
$$\text{con } a_1 : p_1 := p.\text{before} \mid \mid b_1 : p_2 := p.\text{next noc};$$
$$\text{con } a_2 : p_1.\text{next} := p_2 \mid \mid b_2 : p_2.\text{before} := p_1 \text{ noc}.$$
(2.3.1.4)

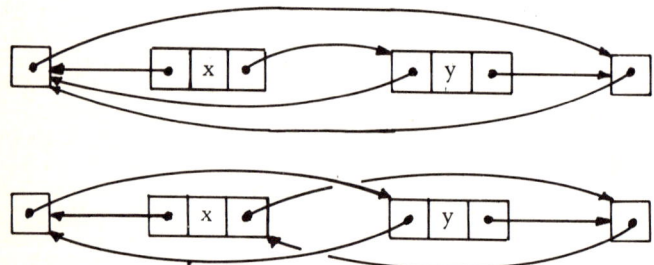

Abb. 2.3.1.3: Ergebnis der Anwendung von (2.3.1.5): a) bei serieller Ausführung und b) bei kollateraler Ausführung

Wendet man

$$p_3 : \text{con delete}(x) \mid \mid \text{delete}(y) \text{ noc}$$
(2.3.1.5)

auf die Liste von Abb. 2.3.1.2 an, so erhält man bei der seriellen Ausführung von delete(x) und delete(y), wie gewünscht, die leere Liste von Abb. 2.3.1.3 a), bei der kollateralen Ausführung von $a_1 \mid \mid b_1$ und $a_2 \mid \mid b_2$, z.B. durch die Folge

$$a_1^x \; a_1^y \; b_1^x \; b_1^y \; a_2^x \; a_2^y \; b_2^x \; b_2^y \qquad\qquad (2.3.1.6)$$

jedoch das Gebilde von Abb. 2.3.1.3 b). (Die Exponenten in (2.3.1.6) geben an, ob die (2.3.1.4) entsprechende Anweisung zu delete(x) oder delete(y) gehört.)

Sollen verschiedene Ergebnisse wie in Beispiel (2.3.1.1) oder (2.3.1.2) ausgeschlossen werden, muß man verhindern, daß gewisse Anweisungsfolgen kollateral ausgeführt werden. Wir wollen nun versuchen, in unserer Programmiersprache PROG (die natürlich gleichmächtig ist zu den üblichen) solche "kritischen Abschnitte" zu realisieren. Anweisungen, die die Kommunikation zwischen Programmen regeln, heißen oft Protokolle.

(2.3.1.3) *Definition*: Anweisungen oder Spezifikationen, die die Kommunikation zwischen Programmen regeln, heißen auch *Protokolle* oder *Kommunikationsprotokolle*.

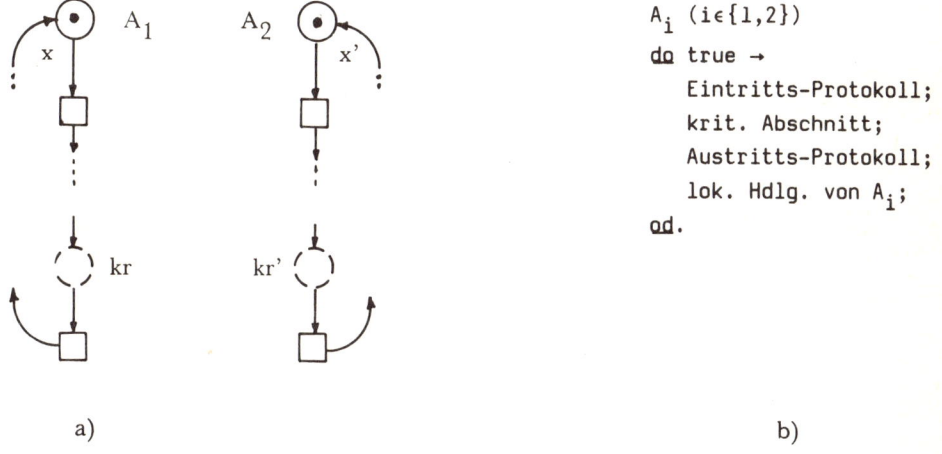

a)   b)

Abb. 2.3.1.4: Schema für Realisierung von kritischen Abschnitten als a) Netz und
            b) Programm

Synchronisation von wechselseitigem Ausschluß soll nun in Form eines Programmes

$$P : A_0; \; \underline{con} \; A_1 \; || \; A_2 \; \underline{noc}. \qquad\qquad (2.3.1.7)$$

untersucht werden. A_0 ist eine Initialisierungsanweisung. A_1 und A_2 bestehen, wie in Abb. 2.3.1.4 dargestellt, aus einer Schleife, in der sich die Benutzung des kritischen Abschnitts (z.B. mit Zugriff auf gemeinsame Variable) abwechselt mit Anweisungen, die nur lokale Daten benutzen. Eintritt und Austritt am kritischen Abschnitt werden durch die Anweisungen Eintritts-Protokoll und Austritts-Protokoll geregelt.

Bei diesen Programmen gehen wir davon aus, daß alle *elementaren* Anweisungen (also Zuweisungen und Tests) durch einen Speichersperrmechanismus serialisiert werden.

Die Programme sollen folgende Eigenschaften erfüllen:

A) Die Prozesse von A_1 und A_2 sind nie gleichzeitig in ihren kritischen Abschnitten.

B) Beginnt ein Prozeß A_i die Ausführung seines Eintritts-Protokolls, so kann er nach einer gewissen endlichen Zeit tatsächlich in seinen kritischen Abschnitt eintreten. Eintritts- und Austritts-Protokolle können nach endlicher Zeit verlassen werden.

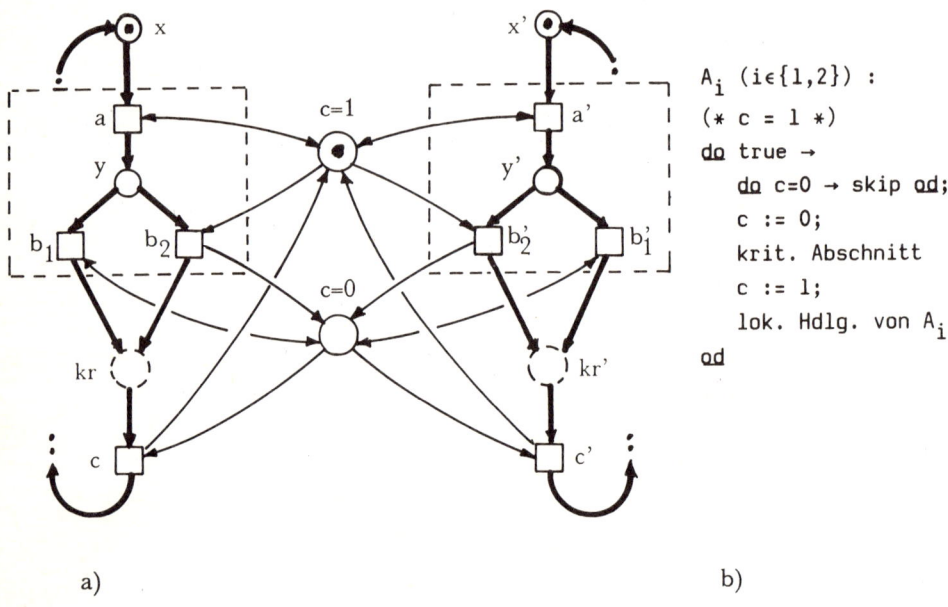

a)

b)

```
A_i (i∈{1,2}) :
(* c = 1 *)
do true →
    do c=0 → skip od;
    c := 0;
    krit. Abschnitt
    c := 1;
    lok. Hdlg. von A_i
od
```

Abb. 2.3.1.5: Programm mit Signalvariable c

Die erste Lösung des Problems durch

$$\text{PA} : c := 1;\ \underline{\text{con}}\ A_1 \mid \mid A_2\ \underline{\text{noc}}. \qquad\qquad (2.3.1.8)$$

mit A_i wie in Abb. 2.3.1.5 b) benutzt eine Art Signal in Form der Variablen c mit der Bedeutung "kritischer Abschnitt frei" bei c=1 und der Negation bei c=0. Die Ausführung der Anweisung

$$\underline{\text{do}}\ c = 0 \rightarrow \text{skip}\ \underline{\text{od}}$$

wird dabei solange wiederholt, bis c=1, also das Signal auf frei gesetzt wird. Diese Art auf ein Signal zu warten, nennt man "*aktives Warten*" (busy waiting), da die ausführende Funktionseinheit ständig beschäftigt ist. Aus Kostengründen ist aktives Warten natürlich nur in sehr billigen Funktionseinheiten sinnvoll.

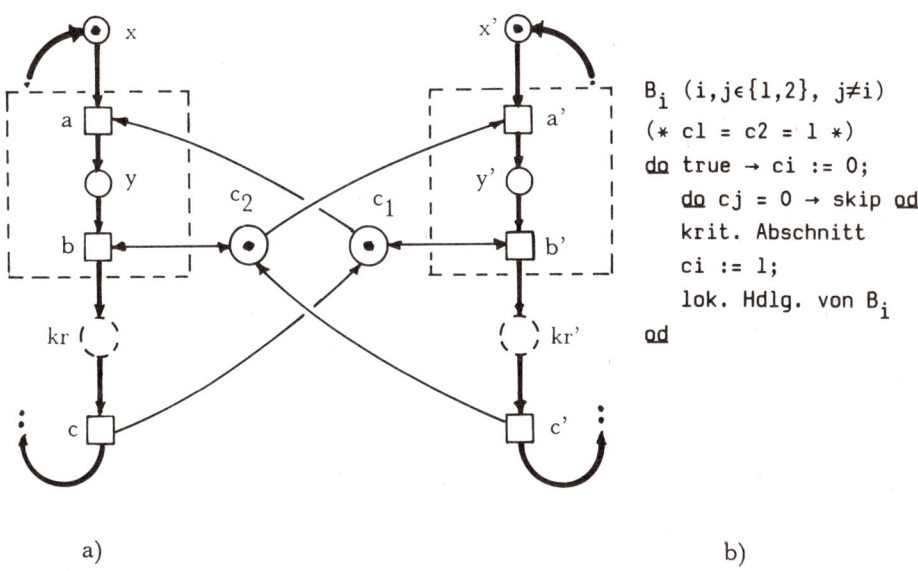

```
B_i (i,j∈{1,2}, j≠i)
(* cl = c2 = 1 *)
do true → ci := 0;
    do cj = 0 → skip od
    krit. Abschnitt
    ci := 1;
    lok. Hdlg. von B_i
od
```

a)   b)

Abb. 2.3.1.6: Programm mit getrennten Signalvariablen c_1 und c_2

Im Netz von Abb. 2.3.1.5 a) hat man dagegen die Möglichkeit, das aktive Warten durch das passive Warten der Transitionen a bzw. a' auf ihre Aktivierung zu ersetzen. Weiterhin wurden im Netz die möglichen Signalwerte c=0 und c=1 durch getrennte (komplementäre) Stellen dargestellt.

Man erkennt, daß PA die Forderung A) verletzt, denn die Schaltfolge aa'b_2b_1' führt zur gleichzeitigen Markierung von kr und kr'. Man überlege sich den entsprechenden Prozeß für PA.

Das Programm

$$\text{PB : c1,c2 := 1,1; } \underline{\text{con}} \text{ B}_1 \text{ | | B}_2 \underline{\text{noc}}. \qquad (2.3.1.9)$$

mit B_i in Abb. 2.3.1.6 b) stellt einen anderen Lösungsversuch des Problems dar, bei dem zwei getrennte Signalvariablen c1 und c2 benutzt werden. Wie die Netzdarstellung in Abb. 2.3.1.6 a) besonders deutlich zeigt, führt der Prozeß aa' in eine Situation, in der keine Transition mehr schalten kann. Die Möglichkeit einer solchen "Verklemmung" (deadlock) verletzt natürlich die Forderung B). Bei anderen vergeblichen Lösungsversuchen, wie sie z.B. in (Dijkstra 68) (in deutschen Büchern (Pieper 77; Weck 85)) diskutiert werden, kann Eigenschaft B) auch dadurch verletzt werden, daß beide Teilprozesse dem jeweils anderen den Vortritt anbieten und selbst darauf verzichten. Dieses Phänomen wird manchmal als "after you! after you!"-Effekt oder "livelock" bezeichnet. Nachdem man zunächst an der Lösbarkeit des Problems gezweifelt hat, fand Th. J. Dekker (Dijkstra 68) eine Lösung, die wir in der vereinfachten Form nach (Peterson 81) darstellen.

```
C_i  (i,j∈{1,2}, i≠j)
(* c1 = c2 = 1 *)
do true → ci:=0;
        turn:=j;
        do (cj=0 ∧ turn=j)
            → skip od;
        krit. Abschnitt
        ci:=1;
        lok. Hdlg. von C_i
od;

                        b)
```

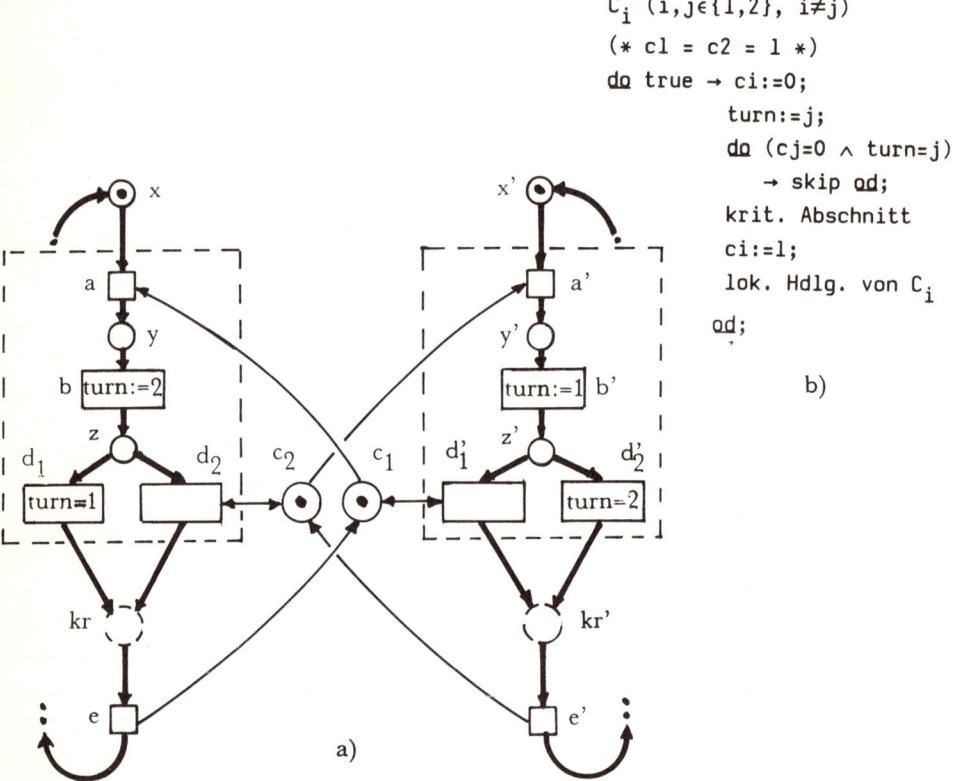

a)

Abb. 2.3.1.7: Lösung von Dekker/Peterson

Das Programm

$$PC : c1,c2 := 1,1; \text{ con } C_1 \text{ } | | \text{ } C_2 \text{ noc.} \qquad (2.3.1.10)$$

mit C_i in Abb. 2.3.1.7 geht von der Lösung PB (2.3.1.9) aus, verhindert aber die Verklemmung mithilfe einer Variablen "turn", die den Konflikt jeweils für eine Partei löst. In der Netzdarstellung von Abb. 2.3.1.7 a) haben wir zur Vereinfachung die Wirkung auf die Variable "turn" nicht durch Stellen beschrieben, sondern diese ist analog wie bei Netzprogrammen in 1.3 zu verstehen, d.h. bei Schalten der Transition b wird turn der Wert 2 zugewiesen und d_1 darf nur schalten, wenn turn = 1 gilt.

Wir beweisen jetzt anhand der Netzdarstellung, daß Dekkers Programm die Bedingungen A und B erfüllt. Man überlege sich zunächst, daß in allen erreichbaren Markierungen die folgenden Beziehungen zwischen den Markenzahlen auf den Stellen gelten (z.B. bedeute x die Anzahl m(x) der Marken auf der Stelle x). Für alle erreichbaren Markierungen m des Netzes gilt:

$$
\begin{aligned}
i_1 : &\quad x + y + z + kr = 1 \\
i_1' : &\quad x' + y' + z' + kr' = 1 \\
i_2 : &\quad c1 + y + z + kr = 1 \\
i_2' : &\quad c2 + y' + z' + kr' = 1
\end{aligned}
\qquad (2.3.1.11)
$$

Beweis von Eigenschaft A):
Annahme: es gibt eine von der **Anfangs**markierung m_o aus mit der Feuerfolge w erreichbare Markierung m_1 (also $\mathbf{m_o} \xrightarrow{w} m_1$), in der kr *und* kr' markiert sind. Es seien b, b', d_i und d_i' (für $i \in \{1,2\}$) das letzte Auftreten dieser Transitionen in w. $b <_w d_1$ bedeute, daß b in w vor d_1 auftritt.

Aus kr = kr' = 1 in m_1 folgt aus (2.3.1.11): x = y = z = x' = y' = z' = c1 = c2 = 0. Zuletzt kann also nur d_1 oder d_2' geschaltet haben; o.B.d.A. nehmen wir d_1, also turn = 1, an. Daraus folgt $b <_w b' <_w d_1$. Für d_2' muß aber gelten $b' <_w d_2'$ im Widerspruch zu turn = 1. Also ist die Annahme falsch und die Eigenschaft A) gilt.

□

Beweis von Eigenschaft B):
Es kann in jeder erreichbaren Markierung mindestens eine Transition schalten. Dies ist unmittelbar klar, wenn **Marken in** anderen Stellen als z und z' liegen. Bleibt also nur noch dieser Fall. **Wegen turn** = 1 oder turn = 2 kann dann d_1 oder d_2' schalten. Daher kann keine **Verklemmung** auftreten. C_1 kann also entweder direkt in den kritischen Abschnitt eintreten oder warten, bis C_2 lokale Handlungen ausführt, d.h. x' = 1 gilt. Wegen (2.3.1.11) gilt dann $c_2 = 1$ und C_1 kann mit d_2 in den kritischen Abschnitt eintreten. □

Im vorstehenden Beweis wurde natürlich vorausgesetzt, daß sich die Prozesse von C_1 und C_2 nicht endlos in den Protokollen oder dem kritischen Abschnitt befinden, wenn die Anweisungen dies nicht erzwingen. Diese angenommene Eigendynamik von Funktionseinheiten, eine ausführbare Anweisung auch tatsächlich auszuführen, nennt man Verschleppungsfreiheit oder "finite delay"-Eigenschaft (wir kommen darauf in 2.4.4 zurück). Wenn einer der Prozesse hingegen bei lokalen Handlungen, also in x bzw. x', terminiert oder ausfällt, wird der andere Prozeß nicht beim Eintritt in den kritischen Abschnitt behindert.

Der Algorithmus von Dekker war der erste, der das Problem des wechselseitigen Ausschlusses löste. Ein gewisser Nachteil ist die durch die Variable "turn" verursachte Steuerung der Konfliktlösung und natürlich seine relative Kompliziertheit. Diese wird besonders gravierend bei Protokollen für mehr als zwei Prozesse (Dijkstra 65; Eisenberg et al 72; Lamport 74). Eine Weiterentwicklung von Lamports "Bäckerei-Algorithmus" werden wir in 2.6 behandeln. Andere Arbeiten versuchen zusätzlich die Größe des notwendigen Speicherplatzes zu minimieren (Burns et al 82).

Warum ist der Algorithmus von Dekker relativ kompliziert, wo wir in der Netzdarstellung von Abschnitt 2.2 schon eine einfache und klare Lösung gefunden hatten? Netze bieten von ihrer Definition eine natürliche Möglichkeit *unteilbare Handlungen* darzustellen (in Abb. 2.2.7 z.B. die Handlung: wenn m(y) ≧ 1 und m(f) ≧ 1, dann schalte b). Bei den meisten Rechnertypen ist jedoch ein einzelner Speicherzugriff die größte unteilbare Handlung. Zum Beispiel wäre Abb. 2.3.1.5 a) ebenfalls eine korrekte (sogar strukturgleiche) Lösung, wenn die Transitionen in der Vergröberung unteilbar ausgeführt würden! Entsprechend würde es genügen, do c = 0 → skip od; c:=0; in Abb. 2.3.1.5 b) unteilbar auszuführen. Wir erkennen das Problem der Unteilbarkeit als ein Grundproblem bei nebenläufigen Prozessen.

2.3.2 Unteilbarkeit als programmier-methodologisches Konzept

Um ihre Aufträge zu erfüllen, müssen nebenläufige Prozesse einerseits miteinander kommunizieren können, andererseits vor unerwünschter Beeinflussung geschützt werden.

Dijkstra (68) fordert, daß gewisse primitive Operationen als "unteilbare Handlungen" (indivisible actions) betrachtet werden müssen. Brinch Hansen (73) schreibt sogar: "Es ist unmöglich, sinnvolle Aussagen über die Wirkungen nebenläufiger Handlungen zu machen, wenn Operationen auf gemeinsamen Variablen zum selben Zeitpunkt nicht ausgeschlossen sind. Damit basiert unser Verständnis nebenläufiger Prozesse auf der Fähigkeit, ihr Wechselwirken streng sequentiell auszuführen."

Aus der Literatur können drei Definitionen für unteibare oder atomare Handlungen entnommen werden (Lomet 77):

a) Eine Handlung ist atomar, wenn die ausführende Funktionseinheit nicht die Existenz einer anderen aktiven Funktionseinheit (d.h. keinen spontanen, von ihr nicht verursachten Zustandswechsel) wahrnehmen kann, und ebenso keine andere Funktionseinheit die Ausführung der atomaren Handlung wahrnehmen kann.

b) Eine Handlung ist atomar, wenn die Funktionseinheit während ihrer Ausführung nicht mit anderen Funktionseinheiten kommuniziert.

c) Handlungen sind atomar, wenn sie bezüglich der sie bewirkenden Zustandswechsel als unteilbar und augenblicklich angesehen werden können.

Das Konzept der atomaren Handlung kann zurückverfolgt werden bis zu den Arbeiten von Floyd (67) und Hoare (69) zur Korrektheit von (sequentiellen) Programmen. Die Korrektheit eines Programmes oder einer Anweisung A wird durch zwei Aussagen oder Prädikate über dem Zustandsraum ausgedrückt: einer (Eingangs-) Zusicherung Q und einer (Resultats-) Zusicherung R. A heißt partiell korrekt bezüglich Q und R (geschrieben (*Q*)A(*R*)), wenn A so auf dem Zustandsraum arbeitet, daß nach seiner Ausführung R gilt, vorausgesetzt, daß vorher Q galt. (Beispiele: die Programme in den Beispielen (1.1.10), (1.1.11) und (1.1.12) mit angegebenen Zusicherungen Q und R.)

Damit ist die Wirkungsweise von A beschreibbar durch die Betrachtung des Zustandsraumes unmittelbar vor und unmittelbar nach der Ausführung von A. A wirkt also ohne Seiteneffekte, oder wie eine atomare Handlung im Sinne der obigen Definition. Wir erinnern an die extensionale Beschreibung einer Handlung am Anfang des ersten Kapitels. Bei der Erweiterung der Floyd/Hoare'schen Methode der

Verifikation auf nebenläufige Programme, mußte folglich im Wesentlichen das Problem gelöst werden, Wechselwirkungen mit anderen nebenläufigen Handlungen zu behandeln. Dies gelang in (Owicki et al 76) durch explizite Beweisführung, daß Wechselwirkungen die Zusicherungen P und Q gültig lassen ("sequential proofs are interference-free"). In (Lamport 80) wird explizit der Hoare'sche Kalkül zum Beweis von $(*Q*)A(*R*)$ vorausgesetzt, wenn A atomar ist. Für nichtatomare Handlungen A wird für Q eine schärfere Definition benutzt. Weitere Bemerkungen zur Semantik nebenläufiger Programme werden wir in Abschnitt 2.5 machen.

Wir wollen die Unteilbarkeit oder Atomizität von Handlungen als programmsprachliches Konzept betrachten, um dessen logische Eigenschaften unabhängig von Implementationsbesonderheiten untersuchen und benutzen zu können. Lomet schreibt (Lomet 77): " Der Benutzer profitiert enorm durch die Befreiung seiner Verantwortlichkeit für dieses undurchsichtige Gebiet, was ihm erlaubt, sich auf die restlichen Programmier-Probleme zu konzentrieren."

Für jede Anweisung A in PROG sei ⟨A⟩ die gleiche Anweisung in unteilbarer Ausführung. (Diese Notation wird seit Dijkstra (78) häufig in der Literatur benutzt.) Mit Hilfe unserer, am Ende von 1.3 definierten Semantik von PROG, können wir natürlich präziser fassen, was das bedeuten soll. Dort haben wir nämlich Zuweisungen und Tests mit gleichen Variablen als unteilbar definiert und brauchen diese Definition nun nur noch auf beliebige Anweisungen auszudehnen.

Damit kann für die Programme P_1 und P_2 (Beispiel 2.3.1.1) wie im folgenden Beispiel (2.3.2.1) durch Einführung von unteilbaren Anweisungen das einheitliche Resultat z=4 für alle Prozesse sichergestellt werden. Abbildung 2.3.2.1 zeigt das entsprechende Netzprogramm und einen zugehörigen Prozeß. (Die alten Stellen s_i in Abb. 2.3.1.1 sind jetzt natürlich überflüssig.)

(2.3.2.1) *Beispiel*:

```
P'₁ : z:=1;
        con <x:=z+1; z:=x>
        || <y:=z+2; z:=y>
        noc.
P'₂ : z:=1;
        con <z:=z+1> || <z:=z+2> noc.
```

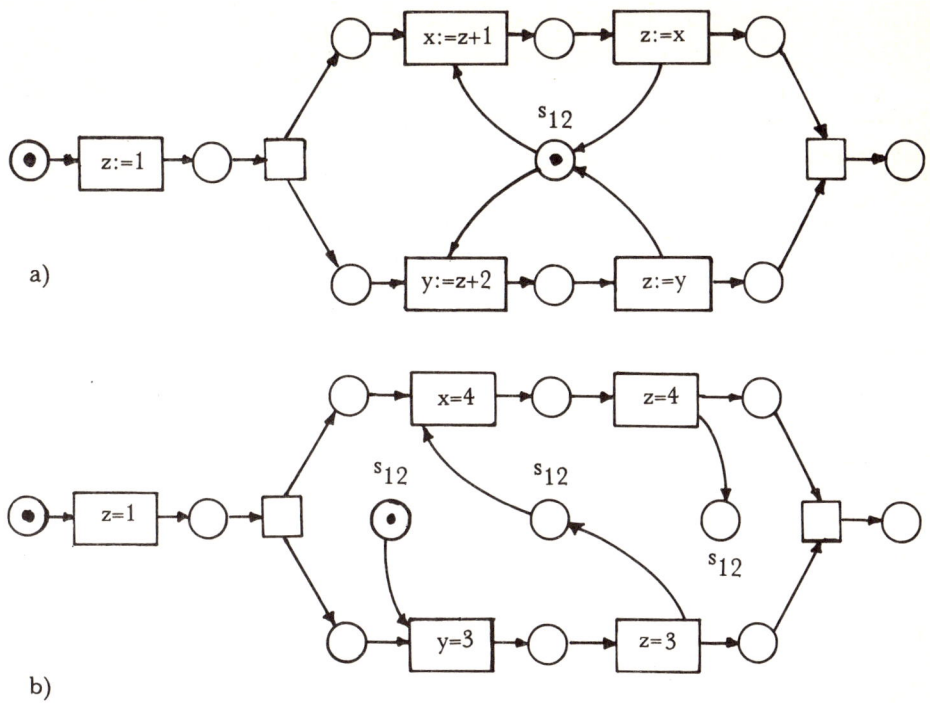

Abb. 2.3.2.1: a) Netz–Programm zu P_1' und b) ein zugehöriger Prozeß

In Beispiel (2.3.1.2) wäre durch

    P_3' : con ‹delete(x)› | | ‹delete(y)›   (2.3.2.1)

die unteilbare Ausführung der delete–Operation sichergestellt. Das allgemeine Problem des wechselseitigen Ausschlusses in (2.3.1.7) und Abb. 2.3.1.4 b) hat nun die triviale Lösung:

    A_i : do true → ‹krit. Abschnitt›;   (2.3.2.2)
              lokale Hdlg. von A_i

    od

Zum Programm PA (2.3.1.8 und Abb. 2.3.1.5) haben wir festgestellt, daß es eine korrekte Lösung darstellt, wenn

    do c=0 → skip od; c:=0

unteilbar ausgeführt wird, also als:

⟨do c=0 → skip od; c:=0⟩,

was äquivalent ist zu:

⟨if c≠0 → c:=0 fi⟩   (2.3.2.3)

Was passiert jedoch, wenn c=0 gilt und die Ausführung von (2.3.2.3) schon begonnen hat? Wegen der Unteilbarkeitsforderung kann c ja nicht mehr verändert werden; d.h. eine Verklemmung ist eingetreten. Um dies zu beheben, können wir etwa schreiben:

    repeat := true;
    do repeat → ⟨if c≠0 → c:=0; repeat:=false   (2.3.2.4)
            □ c=0 → skip
            fi⟩
    od

Damit wird in der Schleife die Unteilbarkeit wiederholt aufgehoben, um anderen Prozessen die Möglichkeit der Änderung von c zu geben. In den folgenden Definitionen ersetzen wir dieses aktive Warten durch eine konzeptionell einfachere (und billigere) Ausführung mit passivem Warten.

(2.3.2.2) *Definition*: Ist A eine Anweisung der Sprache PROG (Def. 1.1.9), aber *nicht* die Auswahl-Anweisung, dann bedeute

        ⟨ A ⟩

daß A *unteilbar* auszuführen ist, d.h. während der Ausführung von A darf an keine in A vorkommende Variable durch eine zu A nebenläufige Anweisung A' (Def. 1.1.9 g)) zugewiesen werden.

(2.3.2.3) *Definition*: Sei A die Auswahl-Anweisung (Def. 1.1.9 e)):

A : if $B_1 → A_1$ □ $B_2 → A_2$ □ ... □ $B_n → A_n$ fi.

Dann werde ⟨A⟩ wie folgt *unteilbar* ausgeführt:

a) Gilt für ein $i∈\{1, .., n\}$ B_i = true, dann werde für ein solches i die Anweisung

        ⟨ $B_i → A_i$ ⟩

unteilbar ausgeführt.

b) Gilt für kein $i∈\{1, .., n\}$ B_i = true, dann warte die ⟨A⟩ ausführende Funktionseinheit bis (durch nebenläufige Anweisungen) Fall a) eintritt.

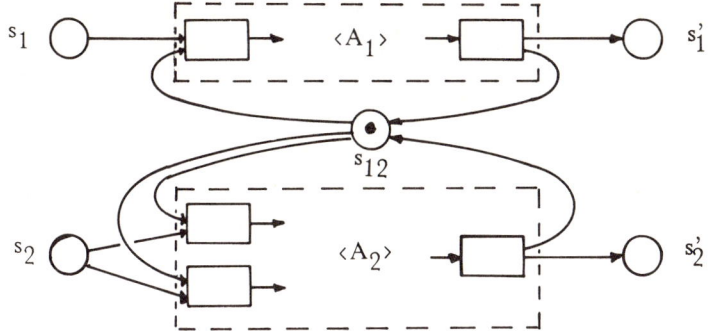

Abb. 2.3.2.2: Nebenläufige unteilbare Anweisungen

Die Ausführung unteilbarer Anweisungen durch Prozesse geschieht wie folgt, in Verallgemeinerung der Regelung für Zuweisungen und Tests in 1.3:

Es seien $\langle A_1 \rangle$ und $\langle A_2 \rangle$ zwei nebenläufige Anweisungen (also auch Zuweisungen oder Tests) als Netzprogramm wie in Abb. 2.3.2.2. Vor der Konstruktion von Prozessen denke man sich folgende Ergänzung durchgeführt. Enthält A_1 eine Variable x auf der linken Seite einer Zuweisung und ist x auch in A_2 enthalten (auch in rechten Seiten von Zuweisungen oder Tests), dann verbinde man die "Eingangstransitionen" aus $s_1 \cdot$ bzw. $s_2 \cdot$ und die "Ausgangstransitionen" $\cdot s_1'$ bzw. $\cdot s_2'$ von $\langle A_1 \rangle$ bzw. $\langle A_2 \rangle$ wie in Abb. 2.3.2.2 mit einer neu hinzugefügten Stelle s_{12}.

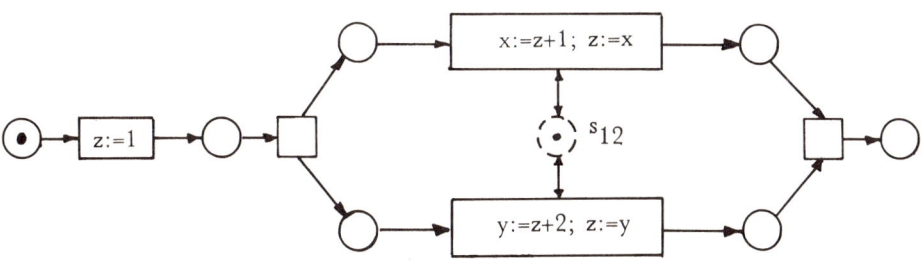

Abb. 2.3.2.3: Zusammenfassung von unteilbaren Anweisungen in einer Transition

Für den Spezialfall, daß A_1 und A_2 Zuweisungen oder Tests sind, wird Abb. 2.3.2.2 zu Abb. 1.3.19. Unter möglicher Einschränkung der Nebenläufigkeit kann man die Anweisungen von $\langle A_i \rangle$ auch in einer einzigen Transition zusammenfassen. Abbildung 2.3.2.3 zeigt dies für das Netzprogramm von Abb. 2.3.2.1 a), wodurch hier jedoch die Nebenläufigkeit nicht eingeschränkt wird.

Entsprechend der Darstellung von Auswahl-Anweisungen als Netzprogramme stellen wir die in Def. 2.3.2.3 definierte unteilbare Auswahl-Anweisung wie in Abb. 2.3.2.4 a) dar. Die mit B_i beschrifteten Transitionen dürfen nur schalten, wenn B_i wahr ist. Die ganze Anweisung $\langle B_i \to S_i \rangle$ wird unteilbar ausgeführt, also wie in Abb. 2.3.2.2 behandelt. Abbildung 2.3.2.4 zeigt eine abkürzende Darstellungsform.

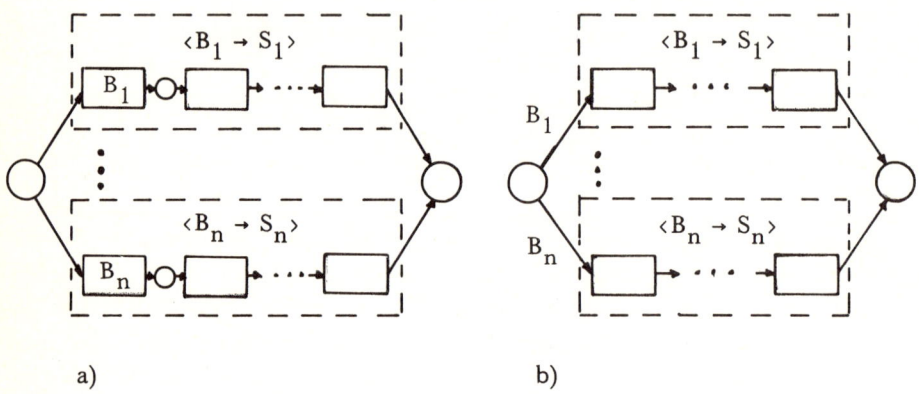

a)   b)

Abb. 2.3.2.4: Unteilbare Auswahl-Anweisung

2.3.3 Realisierungen von Unteilbarkeit

Bei der im vorangehenden Abschnitt definierten Unteilbarkeit von Anweisungen handelt es sich zweifellos um ein programmier-hochsprachliches Konzept. Historisch gesehen wurden niedersprachliche und maschinennahe Kontrollstrukturen für Synchronisation viel früher entwickelt, weil auf Betriebs- bzw. Rechensystemebene nur maschinennah programmiert werden konnte.

Eine niedersprachliche Synchronisationsanweisung soll
- *einfach* sein, um maschinenseits eindeutig und direkt implementiert werden zu können,
- *maschinenunabhängig* sein, um die Portabilität von Programmen (wenigstens prinzipiell) zu erleichtern, und
- *mächtig* genug sein, um alle anfallenden Synchronisationsaufgaben damit bewältigen zu können.

Daraus kann man z.B. folgern, Synchronisation nur auf die Programm-Steuerung und nicht auf die Datenbehandlung einwirken zu lassen. Unsere der Darstellung in (Dijkstra 68) folgenden Versuche zur Realisierung von wechselseitigem Ausschluß, legen nahe, die Anweisung (2.3.2.3) zu wählen, die im vorliegenden Fall äquivalent ist zu

$$\langle \text{ if } c\rangle 0 \rightarrow c:= c-1 \text{ fi}\rangle \qquad (2.3.3.1)$$

Eine solche Variable c soll natürlich für die vorgesehe Signalfunktion reserviert sein und wird daher als besonderer Typ "Semaphor" (griech. "Zeichenträger", "Signalmast", männlich oder sächlich (vgl. DUDEN)) eingeführt.

(2.3.3.1)   *Definition*: Ein *Semaphor* ist eine integer-Variable, auf die nach ihrer Initialisierung nur durch die folgenden Anweisungen P(sem) und V(sem) zugegriffen werden darf:

P(sem) :   ⟨if sem⟩0 → sem:=sem−1 fi⟩

V(sem) :   ⟨sem:=sem+1⟩ .

Semaphore wurden durch Dijkstra (68) in die Literatur eingeführt und stammen (nach seiner Darstellung) von C. S. Scholten. P und V sind abgeleitet von den niederländischen Wörtern "proberen" und "verhogen". Zuweilen werden sie auch durch WAIT und SIGNAL ersetzt.

Das folgende Programm zeigt die Realisierung von wechselseitigem Ausschluß in (2.3.1.7) mit Semaphoren.

(2.3.3.2)   *Beispiel*: P : var sem:=1 : semaphore,
             con | | noc
             A_1 : do true → A_2 : do true →
                 P(sem):   P(sem);
                 krit. Abschnitt;   krit. Abschnitt;
                 V(sem);   V(sem);
                 lok. Hdlg. von A_1 lok. Hdlg. von A_2
                 od   od

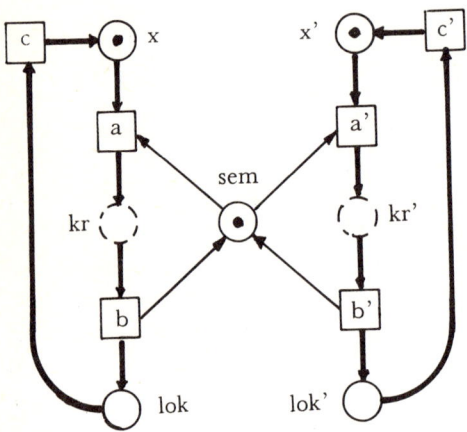

Abb. 2.3.3.1: Netzdarstellung eines Semaphor

Abbildung 2.3.3.1 zeigt eine Netzdarstellung von Beispiel (2.3.3.2) (nicht jedoch das zugehörige Netzprogramm!). Die Transitionen a und a' bzw. b und b' entsprechen der Wirkung der P– bzw. V–Operation auf den Semaphor sem. Für alle erreichbaren Markierungen m gilt:

$$kr + kr' + sem = 1 \qquad\qquad (2.3.3.2)$$

woraus unmittelbar folgt, daß kr und kr' nicht gleichzeitig markiert sein können. Das Netz entspricht der (bereits erwähnten) Vergröberung von Abb. 2.3.1.5 a) (sem entspricht "c=1") und natürlich dem B/E–Netz von Abb. 2.2.7. Man erkennt, daß in diesem Beispiel "große" unteilbare Anweisungen (nämlich ⟨krit. Abschnitt⟩) durch "kleine" unteilbare Anweisungen (nämlich P(sem) und V(sem)) realisiert werden.

Im Gegensatz zum Algorithmus von Dekker (2.3.1.10) und Abb. 2.3.1.7 läßt sich die Semaphor–Lösung ohne Mühe auf mehr als zwei nebenläufige Prozesse erweitern (ebenso wie auch die Gleichung (2.3.3.2)). Außerdem enthält sie nicht die zur Konfliktlösung eingeführte spezielle Variable "turn", sondern überläßt die Konfliktregelung ganz der jeweiligen Implementation, also etwa durch eine FIFO– oder LIFO–Schlange. In 2.4.1 werden wir zeigen, wie Semaphore auch zur Lösung anderer Synchronisationsprobleme benutzt werden können.

Eine ähnliche Möglichkeit der Realisierung unteilbarer Handlungen ist durch die "test–and–set"–Operation gegeben, die als Maschinen–Befehl z.B. in den Rechnern IBM/360 und /370 zu finden ist.

Diese Operation wird, in etwas verallgemeinerter Form, in (Cremers et al 78) durch folgende *unteilbare* Anweisung angegeben:

$$\text{wait for } c \text{ to assume one of the values } i_1, \ldots, i_k; \qquad (2.3.3.3)$$

$$\text{cases } c$$

$$i_1 : c := j_1;$$

$$\vdots$$

$$i_k : c := j_k.$$

Sie ist also äquivalent zur PROG–Anweisung:

$$\langle \text{if } c = i_1 \rightarrow c := j_1 \; \square \; \ldots \; \square \; c = i_k \rightarrow c := j_k \; \text{fi} \rangle \qquad (2.3.3.4)$$

Ähnlich wie oben kann ein kritischer Abschnitt auf einfache Weise folgendermaßen realisiert werden: ersetzt man in Beispiel (2.3.3.2) P(sem) durch $\langle \text{if } c = 1 \rightarrow c := 0 \; \text{fi} \rangle$ und V(sem) durch $\langle c := 1 \rangle$, dann erhält man ein Beispiel für die Realisierung von wechselseitigem Ausschluß mit test–and–set–Operationen der Form (2.3.3.4).

Eine ähnliche Synchronisationsanweisung zur Realisierung von wechselseitigem Ausschluß stellen Lock/Unlock–Anweisungen dar:

$$\text{var } g : \text{gate}, \; \text{Lock}(g), \; \text{Unlock}(g) \qquad (2.3.3.5)$$

Sie werden ähnlich benutzt wie var sem : semaphore, P(sem), V(sem).

In den Rechnern IBM 360/370 kommen sie als Enqueue/Dequeue–Operationen als Variante vor. In PL/1 wird dagegen durch

$$\text{DECLARE E EVENT} \qquad (2.3.3.6)$$

die Variable E mit false initialisiert, während

$$\text{WAIT(E), COMPLETION(E)} = \text{true, COMPLETION(E)} = \text{false} \qquad (2.3.3.7)$$

äquivalent zu $\langle \text{if } E = \text{true then skip} \rangle$, $\langle E := \text{true} \rangle$, $\langle E := \text{false} \rangle$ sind. Die Anwendung dieser Varianten von Semaphoren liegt auf der Hand (vgl. auch die Übersicht in (Holt 83)).

Brinch Hansen (73) führt Anweisungen der Form

    region v do A   (2.3.3.8)

ein. Dabei ist v eine in nebenläufigen Anweisungen vorkommende Variable. Sie darf nur innerhalb von A in Anweisungen der Form (2.3.3.8) vorkommen. Dabei sind verschiedene Anweisungen dieses Typs mit gleicher Variable v im wechselseitigen Ausschluß auszuführen.

Da nur v durch (2.3.3.8) geschützt wird, kann eine andere, innerhalb von A vorkommende Variable natürlich nebenläufig zu A geändert werden. Damit ist z.B. das Kriterium a) für Unteilbarkeit am Anfang von Abschnitt 2.3.2 verletzt (Lomet 77).

In der Literatur (Hoare 74; Owicki et al 76) wird auch die unteilbare Anweisung

    await B then A   (2.3.3.9)

benutzt. Sie ähnelt der Anweisung ⟨if B → A fi⟩ in PROG.

Weitere Anweisungstypen für Synchronisation werden wir in 2.4 und 2.5 kennenlernen.

2.3.4 Unteilbarkeit als Konsistenzkriterium

Im Beispiel der nebenläufigen Listen-Operationen (Beispiel 2.3.1.2) war klar, daß die genannte Ausführungsfolge w als inkorrekt zu betrachten ist. Anders in Beispiel 2.3.1.1: welches oder welche der drei möglichen Resultate sollen als korrekt gelten?

Eine ähnliche, jedoch i.a. ungleich komplexere Situation finden wir bei Aufträgen, die auf große Datensätze zugreifen. Ein solcher Auftrag a_i wird auch als Transaktion (transaction) bezeichnet. Er zergliedert sich i.a. in mehrere unteilbare Teilaufträge a_i^1, ..., a_i^k, die sequentiell auszuführen sind. Aus Effektivitätsgründen (z.B. annehmbare Antwortzeit) müssen mehrere solche Aufträge oder Transaktionen a_1, ..., a_n nebenläufig ausgeführt werden. Dabei sollen nach der Ausführung gewisse Datenbeziehungen erhalten bleiben (z.B. gleiche Adresse bei nicht getrennt lebenden Eheleuten). Man nennt dies die *Konsistenz* des Datensatzes.

Man geht davon aus, daß jede Transaktion a_i für sich korrekt arbeitet, d.h. ausgehend von einem konsistenten Datensatz einen solchen auch hinterläßt. Arbeiten nun mehrere Transaktionen nebenläufig zueinander, dann entsteht nach Beendigung aller Transaktionen ein Zustand der Datei, dessen Konsistenz fraglich ist. Wären die Transaktionen seriell, d. h. nicht überlappend, ausgeführt worden, dann wäre nach unserer Annahme die Konsistenz gesichert. In Unkenntnis anderer allgemeingültiger Kriterien für Konsistenz betrachtet man einen durch nebenläufige Ausführung mehrerer Transaktionen erhaltenen Zustand der Datei als konsistent, wenn dieser Zustand auch bei einer ungeteilten Ausführung aller beteiligten Transaktionen a_i in irgend einer Reihenfolge a_{i_1}; a_{i_2}; ...; a_{i_n} herstellbar ist. Die ursprüngliche Ausführungfolge heißt dann *serialisierbar* (serializable). (Eswaran et al 76; Papadimitriou 79; Bernstein et al 79; Sethi 82)

Die ungeteilte Ausführung von $\langle a_1; a_2 \rangle$ und $\langle b_1; b_2 \rangle$ in Beispiel (2.3.1.1) liefert in beiden Serialisierungen z = 4. Jede ein anderes Ergebnis liefernde Folge ist daher nicht serialisierbar. Im Beispiel (2.3.1.2) liefert z.B. w': $a_1^x b_1^y b_1^x b_2^y a_1^y b_2^y a_2^x a_2^y$ wie die ungeteilte Serialisierung die leere Liste.

Im folgenden spezialisieren wir uns auf den Fall k = 2 und fassen eine Transaktion als Auftrag a_i eines Auftragssystems AS = $(A, \lessdot)$ auf. a_i hat also eine Verfeinerung in zwei Teilaufträgen l_i und s_i, die *Lese-* und *Schreibauftrag* von a_i heißen. Es besteht natürlich die Präzedenz $l_i \lessdot s_i$. Alle Präzedenzen $a_j \lessdot a_i$ in AS übertragen sich zu $s_j \lessdot l_i$.

(2.3.4.1) *Beispiel*: Wir betrachten das Auftragssystem AS = $(A, \lessdot)$ aus Abb. 2.3.4.1

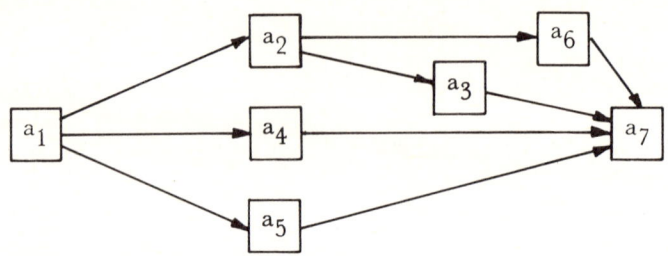

Abb. 2.3.4.1: Ein Auftragssystem AS

Die Aufträge a_i mögen folgende Verfeinerung in Leseaufträge l_i und Schreibaufträge s_i haben:

l_1 : skip $\quad\quad\quad\quad$ s_1 : x,y,z:= 0,1,2

l_2 : skip $\quad\quad\quad\quad$ s_2 : x:= 20

l_3 : lo_3:= x $\quad\quad\quad$ s_3 : x:= lo_3+5

l_4 : lo_4:= y $\quad\quad\quad$ s_4 : x,y,z:= lo_4-1,lo_4+10,lo_4

l_5 : lo_5:= z $\quad\quad\quad$ s_5 : y:= lo_5

l_6 : lo_6:= x $\quad\quad\quad$ s_6 : y:= 2·lo_6

l_7 : write (x,y,z) $\quad\quad$ s_7 : skip

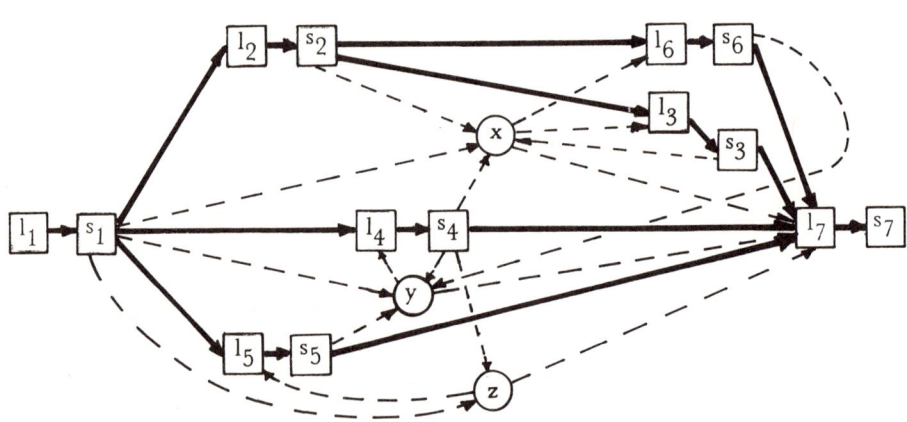

Abb. 2.3.4.2: Verfeinertes Auftragssystem AS' mit Darstellung der Schreib- und Lese-Zugriffe

Abbildung 2.3.4.2 zeigt das entsprechend verfeinerte Auftragssystem AS' = (A',<·'), wobei mit gestrichelten Pfeilen die Zugriffe auf die global benutzten Variablen x, y und z dargestellt sind.

Die mögliche Ausführungsfolge

$$w = l_1\ s_1\ l_2\ s_2\ l_4\ l_3\ l_6\ s_4\ l_5\ s_3\ s_6\ s_5\ l_7\ s_7$$

liefert das Resultat $(x,y,z) = (25,1,1)$. Ist dieser Zustand konsistent?

Die ungeteilte Ausführung $\langle a_1 \rangle\ \langle a_2 \rangle\ \langle a_3 \rangle\ \langle a_4 \rangle\ \langle a_5 \rangle\ \langle a_6 \rangle\ \langle a_7 \rangle$ liefert zwar den Zustand $(0,0,1)$, jedoch existiert die folgende Serialisierung w' $= \langle a_1 \rangle\ \langle a_4 \rangle\ \langle a_2 \rangle\ \langle a_6 \rangle\ \langle a_5 \rangle\ \langle a_3 \rangle\ \langle a_7 \rangle$ mit dem gleichen Resultat $(25,1,1)$. Daher ist das Resultat von w konsistent. Die unteilbaren Anweisungen von w' können durch Elimination der lokalen Variablen übersichtlicher wie folgt geschrieben werden:

$$
\begin{aligned}
\langle a_1 \rangle &: x,y,z := 0,1,2 \\
\langle a_4 \rangle &: x,y,z := y-1,y+10,y \\
\langle a_2 \rangle &: x \quad\ := 20 \\
\langle a_6 \rangle &: \quad y := 2 \cdot x \\
\langle a_5 \rangle &: \quad y := z \\
\langle a_3 \rangle &: x \quad\ := x+5 \\
\langle a_7 \rangle &: \text{write}(x,y,z)
\end{aligned}
$$

Im folgenden wird ein Algorithmus zur Entscheidung der Serialisierbarkeits-Eigenschaft entwickelt. Da im allgemeinen weder die Eingangswerte noch die Aufträge bekannt sind oder feststehen, werden Lese- und Schreibaufträge nur durch die zu lesenden und zu überschreibenden Variablen gekennzeichnet. Eine konkrete Festlegung der die Wirkung der Lese- und Schreibaufträge beschreibenden Funktion nennt man eine *Interpretation*.

(2.3.4.2) *Definition*: Ein Auftragssystem AS = $(A, \lessdot)$ (Def. 1.2.1) heißt *schematisch* oder *uninterpretiert*, wenn die Auftragsmenge die Form

$$A = \{l_1, s_1, \ldots, l_n, s_n\} \quad (n \geq 1)$$

hat. Gefordert werden auf jeden Fall die direkten Präzedenzen $l_i \lessdot s_i$ $(1 \leq i \leq n)$. Weiter können weitere direkte Präzedenzen der Form $s_i \lessdot l_j$ $(1 \leq i \leq n)$ $(i \neq j)$ bestehen. l_i bzw. s_i heißen *Lese-* bzw. *Schreib-Auftrag*. Zusammen bilden sie den Auftrag $a_i = (l_i, s_i)$. Ferner sei eine endliche Menge $V = \{v_1, v_2, \ldots, v_p\}$ von *Variablen* gegeben. Zu jedem a_i $(1 \leq i \leq n)$ ist

– eine Menge $ein_i := \{e_1, \ldots, e_{p_i}\} \subseteq V$ von *Eingangsvariablen* und
– eine Menge $aus_i := \{u_1, \ldots, u_{q_i}\} \subseteq V$ von *Ausgangsvariablen* festgelegt.

AS kann somit eindeutig durch $\langle\cdot$ und die Schreibweise A = $\{l_1[ein_1],$ $s_1[aus_1], ..., l_n[ein_n], s_n[aus_n]\}$ dargestellt werden.

Ist A' = $\{l_{i_1}, s_{i_1}, ..., l_{i_m}, s_{i_m}\}\subseteq A$ eine Teilmenge der Aufträge (m≤n) und $\langle\cdot' = \langle\cdot_{|A'}$, dann heißt $AS' = (A',\langle\cdot')$ *Unterauftragssystem* von AS.

(2.3.4.3) *Definition*: Die Vergröberung $\hat{AS} = (\hat{a},\langle\cdot)$ eines schematischen Auftragssystems wie in (2.3.4.2) ist gegeben durch die Auftragsmenge

$$\hat{A} := \{a_1, ..., a_n\}$$

und die Präzedenzen

$$a_i \langle\cdot a_j \Leftrightarrow s_i \langle\cdot l_j \qquad (1\leq i,j\leq n)$$

Die Mengen ein_i und aus_i werden beibehalten.

(2.3.4.4) *Beispiel*: Dem Auftragssystem aus Beispiel 2.3.4.1 entspricht das schematische Auftragssystem

$$AS = (A,\langle\cdot)$$

mit

$$A = \{l_1, s_1[xyz], l_2, s_2[x], l_3[x], s_3[x], l_4[y], s_4[xyz], l_5[z], s_5[y],$$
$$l_6[x], s_6[y], l_7[xyz], s_7\}$$

(Mengenklammern von ein_i, aus_i bzw. [∅] wurden weggelassen) und dem Konnektivitätsgraph von Abb. 2.3.4.2. Abbildung 2.3.4.1 zeigt den Konnektivitätsgraph der Vergröberung $\hat{AS}$.

Oft ist es nützlich, am Anfang einer jeden Ausführungsfolge einen "Initialisierung–Auftrag" zu haben, der alle Variablen beschreibt, und am Ende einen "Ausgabeauftrag", der alle Variablen liest und an den Drucker weitergibt. Ein solches Auftragssystem heißt *vollständig*. Das schematische Auftragssystem von Beispiel (2.3.4.4) ist vollständig.

(2.3.4.5) *Definition*: Ein schematisches Auftragssystem AS = $(A,\langle\cdot)$ wie in (2.3.4.2) heißt *vollständig*, wenn n≥3 und

- $a_1 = (l_1,s_1)$ der *Initialisierungsauftrag* ist mit $ein_1=∅$, $aus_1=V$ und $s_1\langle\cdot l_i$ für alle $1\langle i\leq n$, sowie
- $a_n = (l_n,s_n)$ der *Ausgabeauftrag* ist mit $ein_n=V$, $aus_n=∅$ und $s_i\langle\cdot l_n$ für alle $1\leq i\langle n$.

Macht man ein nicht vollständiges schematisches Auftragssystem durch Hinzufügen dieser Aufträge vollständig, so sprechen wir von der *Vervollständigung*. Analog sprechen wir von der *Vervollständigung einer Ausführungsfolge* w ∈ F(AS).

(2.3.4.6) *Definition*: Eine *Interpretation I* eines schematischen Auftragssystems AS mit Bezeichnungen wie in (2.3.4.2) ist durch eine Wertemenge D_I (kurz D) und für jedes $1 \leq i \leq n$ durch *Funktionen*

$$f_i^j : D^{p_i} \to D \qquad (1 \leq j \leq q_i)$$

sowie durch einen *Anfangszustand* $d_o \in D^p$ gegeben. Ist $p_i = 0$, dann ist $f_i^j \in D$ eine *Konstante*, ist $q_i = 0$, dann entfällt f_i^j.

Ein *Zustand* ist ein Vektor $d \in D^p$ der Länge p und ordnet jeder Variablen $v_i \in V$ einen Wert $d_i \in D$ zu.

Zu einer Ausführungsfolge $w = w_1 w_2 ... w_{2n} \in F(AS)$ ist eine *Zustandsfolge* $d_0, d_1, d_2, ... d_{2n}$ mit $d_i \in D^p$ folgendermaßen definiert:

* d_0 ist der *Anfangszustand*.

* Ist $w_j = l_i$ ein *Leseauftrag* $(1 \leq j \leq 2n)$, dann ist $d_j = d_{j-1}$ und für eine nur in a_i vorkommende Menge von lokalen Variablen $lok_i := \{lo_1, ..., lo_{p_i}\}$ erhalten wir die Werte:

$$lo_1, lo_2, ..., lo_{p_i} := e_1, e_2, ..., e_{p_i}$$

* Ist $w_j = s_i$ ein *Schreibauftrag*, dann entsteht d_j aus d_{j-1} durch die Zuweisung:

$$u_1, ..., u_{q_i} := f_i^1(lo_1, ..., lo_{p_i}), ..., f_i^{q_i}(lo_1, ..., lo_{p_i})$$

Mit $res(w,I) := d_{2n}$ bezeichnen wir das *Resultat* von w bezüglich der Interpretation I.

Zwei Ausführungsfolgen $w_1, w_2 \in F(AS)$ heißen *äquivalent*, wenn

$$res(w_1,I) = res(w_2,I)$$

für *alle* Interpretationen I von AS gilt.

Da eine Interpretation I von AS auch eine Interpretation für jedes Unterauftragssystem AS' von AS ist, ist diese Definition der Äquivalenz auch für Ausführungsfolgen $w_1 \in F(AS)$ und $w_2 \in F(AS')$ sinnvoll und gültig.

(2.3.4.7) *Beispiel*: Wählt man für das schematische Auftragssystem vom Beispiel (2.3.4.4) die Interpretation I mit $D_I = \mathbb{Z}$ und
$f_1^1 = 0, f_1^2 = 1, f_1^3 = 2,$
$f_2^1 = 20$

$$f_3^1(lo_3) = lo_3 + 5$$

$$f_4^1(lo_4) = lo_4 - 1, \quad f_4^2(lo_4) = lo_4 + 10, \quad f_4^3(lo_4) = lo_4$$

$$f_5^1(lo_5) = lo_5$$

$$f_6^1(lo_6) = 2 \cdot lo_6$$

und $d_0 = (0,0,0)$, dann erhält man Beispiel (2.3.4.1).

(Da s_1 alle Variablen überschreibt, ist d_0 unwichtig).

Für die Ausführungsfolge w in Beispiel (2.3.4.1) erhält man die Zustandsfolge:

	d_0	d_1	d_2	d_3	d_4	d_5	d_6	d_7	d_8	d_9	d_{10}	d_{11}	d_{12}	d_{13}	d_{14}
x	0	0	0	0	20	20	20	20	0	0	25	25	25	25	25
y	0	0	1	1	1	1	1	1	11	11	11	40	1	1	1
z	0	0	2	2	2	2	2	2	1	1	1	1	1	1	1

Folglich gilt $res(w,I) = d_{14} = (25,1,1)$.

Im folgenden soll ein notwendiges und hinreichendes Kriterium für die Äquivalenz von Ausführungsfolgen entwickelt werden.

(2.3.4.8) *Definition*: Es sei $AS = (A, <\cdot)$ wie in (2.3.4.2). Wir definieren für eine gegebene Ausführungsfolge $w \in F(AS)$ und $a_1, a_2 \in A$:

$$a_1 <_w a_2, \text{ falls } a_1 \text{ vor } a_2 \text{ in } w \text{ vorkommt.}$$

Weiter sagen wir:

l_i liest v von s_j in w, falls

a) $s_j <_w l_i$ (s_j ist vor l_i in w)

b) $v \in ein_i \cap aus_j$ (v wird von l_i gelesen und von s_j beschrieben)

c) für alle $a_p = (l_p, s_p)$, $p \notin \{j,i\}$ mit $v \in aus_p$ gilt

$$s_p <_w s_j \text{ oder } l_i <_w s_p \quad \text{(kein dritter Auftrag schreibt dazwischen).}$$

Die Relation $W\ddot{U}(w) := \{(a_j, a_i) \mid \exists \, v \in V: l_i \text{ liest } v \text{ von } s_j \text{ in } w\}$ heißt *Werteübertragungsrelation*.

(2.3.4.9) *Beispiel*: Für w von Beispiel (2.3.4.1) läßt sich $W\ddot{U}(w)$ wie folgt angeben:

$$w = l_1 s_1 [xyz] l_2 s_2 [x] l_4 [y] l_3 [x] l_6 [x] s_4 [xyz] l_5 [z] s_3 [x] s_6 [y] s_5 [y] l_7 [xyz] s_7$$

In einer Ausführungsfolge kann es Aufträge geben, deren Ausführung bei *keiner* Interpretation einen Einfluß auf das Resultat haben können. Solche Aufträge heißen nutzlos, die anderen relevant.

(2.3.4.10) *Definition*: Sei AS = (a, <·) ein schematisches und vollständiges Auftragssystem und w∈F(AS) eine Ausführungsfolge. Die *für w relevanten* Aufträge sind folgendermaßen definiert:

 a) Der Ausgabeauftrag ist relevant.

 b) Wenn $a_i \in A$ relevant ist und $(a_j, a_i) \in W\ddot{U}(w)$ gilt, dann ist auch a_j relevant.

 c) Nur nach a) und b) erhaltene Aufträge heißen *relevant für w*, die anderen *nutzlos für w*.

Ein Auftrag $a_i \in A$ heißt *relevant*, falls er für mindestens eine Ausführungsfolge w∈F(AS) relevant ist, sonst *nutzlos* oder *inhärent nutzlos*. AS heißt *relevant*, falls alle Aufträge relevant sind.

(2.3.4.11) *Beispiel*: Aus Beispiel 2.3.4.9 entnehmen wir: a_7 ist relevant für w, also auch a_5, a_3 und a_4. Da a_3 bzw. a_4 relevant für w sind, gilt dies auch für a_2 bzw. a_1. a_6 ist nutzlos für w. Die von ihm beschriebene Variable y wird von a_5 überschrieben, ohne seine Ergebnisse zu benutzen. a_6 ist nicht inhärent nutzlos, denn a_6 ist relevant für w' = $l_1 s_1 l_2 s_2 ... l_6 s_6 l_7 s_7$. Folglich ist AS relevant.

(2.3.4.12) *Satz*: Zwei Ausführungsfolgen w_1, w_2 ∈ F(AS) eines schematischen Auftragssystems AS sind genau dann äquivalent, wenn für ihre Vervollständigungen w_1', w_2' gilt:

 a) w_1', w_2' haben die gleichen Mengen von relevanten Aufträgen und

 b) für alle relevanten Aufträge a_i, a_j und jedes v∈V gilt:
 a_j liest v von a_i in w_1' ⟺ a_j liest v von a_i in w_2'.

Entsprechendes gilt, falls $w_2 \in$ F(AS') für ein Unterauftragssystem AS'.

Beweis: Der Beweis ist gleich demjenigen für den analogen Satz über die Äquivalenz von Programm-Schemata (Luckham et al 70) mit Hilfe von "Herbrand-Interpretationen". Wir erläutern die Hauptidee des Beweises anhand unseres Beispiels. Zunächst vervollständigen wir AS. Der Anfangszustand wird jetzt bei einer beliebigen Interpretation I durch die Funktionen des Initialisierungs-Auftrages bestimmt. Da wir alle Interpretationen betrachten, kommen auch alle ursprünglichen Anfangszustände vor.

Die Herbrand-Interpretation H hat als Wertebereich D die Menge aller Terme über den vorkommenden Funktionen f_j^i. Funktionsanwendung bedeutet dann Termerweiterung. Wendet man z.B. $f(x)$ auf $f_3(f_1(x,y))$ an, dann ergibt sich $f(f_3(f_1(x,y)))$. $res(w_i,H)$ ist dann ein p–Tupel solcher Terme. Die Ausführungsfolge w aus Beispiel 2.3.4.9 liefert als Resultat:

$x = f_3^1(lo_3)$ mit $lo_3 = x'$ und $x' = f_2^1$, also $x = f_3^1(f_2^1)$
$y = f_5^1(lo_5)$ mit $lo_5 = z$ und $z = f_4^3(lo_4)$, $lo_4 = y$, $y = f_1^2$,
    also $y = f_5^1(f_4^3(f_1^2))$
$z = f_4^3(lo_4)$ mit $lo_4 = y$ und $y = f_1^2$, also $z = f_4^3(f_1^2)$
also $res(w,H) = (f_3^1(f_2^1)), f_5^1(f_4^3(f_1^2)), f_4^3(f_1^2))$

Man sieht, daß in den Resultaten $res(w_i,H)$ nur Funktionszeichen f_1^i von relevanten Aufträgen a_i vorkommen (also nicht f_6^1). Die Termbildung geschieht entsprechend der "liest v von"–Relation. Gelten also a) und b) für w_1', w_2', dann gilt

$res(w_1',H) = res(w_2',H)$.

(Man nehme im Beispiel $w_1':=w$ und $w_2':=w'$ aus Beispiel 2.3.4.1.)

Dann gilt auch für beliebige Interpretationen I

$res(w_1',I) = res(w_2',I)$,

da dann die Terme gemäß I auszuwerten sind (in unserem Beispiel mit I aus Beispiel 2.3.4.7 ist $x = f_3^1(f_2^1) = 20+5 = 25$, $y = f_5^1(f_4^3(f_1^2)) = 1$, $z = f_4^3(f_1^2) = 1$).

Also sind w_1', w_2' und damit auch w_1, w_2 äquivalent. Wäre umgekehrt a) oder b) verletzt, dann enthielten die Tupel $res(w_1',H)$ und $res(w_2',H)$ in einer Komponente verschiedene Terme. Damit wären w_1', w_2' und damit auch w_1, w_2 nicht äquivalent, da $res(w_1',I) \neq res(w_2',I)$ für mindestens eine Interpretation I, nämlich gerade die Herbrand-Interpretation H gilt.

□

(2.3.4.13) *Definition*: Eine Ausführungsfolge $w=w_1 w_2 \ldots w_{2n} \in F(AS)$ eines schematischen Auftragssystems $AS=(A,\langle \cdot \rangle)$ heißt *seriell*, wenn für alle $1 \leq i < 2n$ gilt:

$$w_i = l_k \Rightarrow w_{i+1} = s_k$$

d.h. Leseauftrag l_k und Schreibauftrag s_k eines Auftrages a_k werden (ungeteilt) hintereinander ausgeführt.

w ∈ F(AS) heißt *Serialisierung* von w' ∈ F(AS), wenn w seriell und äquivalent zu w' ist.

Ersetzt man alle Paare l_i, s_i durch a_i, dann wollen wir auch die so erhaltene Folge Serialisierung von w' nennen. Diese Folge ist Ausführungsfolge der Vergröberung $\hat{AS}$ (Def. 2.3.4.3).

w' ∈ F(AS) heißt *serialisierbar* (serializable), wenn w' eine Serialisierung w ∈ F(AS) besitzt.

w' ∈ F(AS) heißt *schwach serialisierbar*, wenn w' äquivalent zu einer seriellen Ausführungsfolge w ∈ F(AS') eines Unterauftragssystems von AS ist.

Gehen wir davon aus, daß alle Aufträge konsistente Zustände in ebensolche transformieren, dann gilt dies natürlich auch für schwach serialisierbare Ausführungsfolgen. Jede serialisierbare Folge ist schwach serialisierbar, jedoch gilt nicht die Umkehrung, wie das folgende Beispiel zeigt.

(2.3.4.14) *Beispiel*: Für das schematische Auftragssystem in Abb. 2.3.4.3 betrachte man die folgende Ausführungsfolge w:

$$w = l_1 \; s_1[a,b] \; l_2[a] \; l_3 \; s_3[a] \; l_4 \; s_4[b] \; s_2[b] \; l_5[a,b] \; s_5$$

$$w' = l_1 \; s_1[a,b] \; l_2[a] \; s_2[b] \quad l_3 \; s_3[a] \qquad l_5[a,b] \; s_5$$

w' ist eine schwache Serialisierung von w (a_4 ist nutzlos in w).

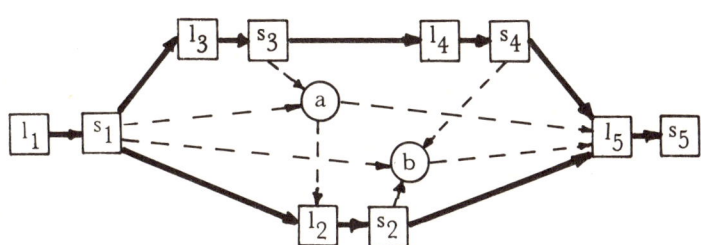

Abb. 2.3.4.3: Schematisches Auftragssystem zu Beispiel 2.3.4.14

Für jede Serialisierung w'' von w muß gelten:

a) $a_4 \lessgtr_{w''} a_2$, da beide auf b schreiben

b) $a_2 \underset{w}{<}{}'' a_3$, da a_2 den Wert von a liest und a_3 auf a schreibt

Aus a) und b) folgt $a_4 \underset{w}{<}{}'' a_3$ im Widerspruch zur Präzedenz $a_3 <\cdot a_4$. Also ist w nicht serialisierbar.

Wie kann geprüft werden, ob eine Ausführungsfolge w_1 schwach serialisierbar ist und somit einen konsistenten Zustand hergestellt hat? Eine (schwache) Serialisierung w_2 von w_1 muß äquivalent zu w_1 sein. Nach Satz 2.3.4.12 a) müssen ihre Vervollständigungen die gleichen relevanten Aufträge haben. Wir nehmen daher an, daß unser Auftragssystem AS vollständig war (oder gemacht wurde) und bilden das aus den für w_1 relevanten Aufträgen bestehende Unterauftragssystem AS'=(A', $<\cdot$'). Weiterhin sollen alle Aufträge in w_2 ungeteilt ausgeführt werden. Zu AS' konstruieren wir daher die Vergröberung $\hat{AS}$'=($\hat{A}$', $<\cdot$'). Als Ergebnis unserer bisherigen Schritte halten wir fest: Falls w_1 überhaupt eine schwache Serialisierung w_2 besitzt, dann muß eine solche Ausführungsfolge von $\hat{AS}$' sein: $w_2 \epsilon F(\hat{AS}')$. Nach Satz 2.3.4.12 b) müssen w_1 und w_2 außerdem die gleichen Werteübertragungsrelationen haben. Wir nehmen daher WÜ(w_1) als Präzedenzen zu $<\cdot$' hinzu: $<\cdot''$:=$<\cdot$'UWÜ(w_1). Ist AS'':=($\hat{A}$', $<\cdot$'') kein Auftragssystem (d.h. ist $<\cdot$' nicht asymmetrisch), dann kann w_1 keine schwache Serialisierung haben. Ist AS'' jedoch ein Auftragssystem, dann muß nicht jede Ausführungsfolge $w'' \epsilon F(AS'')$ schwache Serialisierung von w_1 sein:

Liest a_j die Variable v von a_i in w_1 und schreibt ein dritter Auftrag a_k ebenfalls auf v:

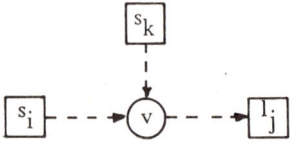

dann muß sichergestellt sein, daß a_k entweder *vor* a_i (also $a_k <\cdot a_i$) oder *nach* a_j (also $a_j <\cdot a_k$) ausgeführt wird. Wir nehmen *genau eine* dieser Präzedenzen in AS'' auf. Da diese Wahl später zu Zyklen in der Präzedenz-Relation führen kann, müssen wir auch die andere mögliche Wahl im Auge behalten. Präzedenzen (a_i,a_j) mit $i \epsilon \{1,n\}$ oder $j \epsilon \{1,n\}$ brauchen nicht hinzugenommen werden, da sie oder ihre Umkehrungen bereits vorhanden sind.

Wir erhalten also eine Menge von Relationen auf $\hat{A}$', die als Graphen aufgefaßt Serialisierungsgraphen von w heißen. Ist einer dieser Graphen zyklenfrei, dann besitzt w eine Serialisierung (und nur dann).

(2.3.4.15) *Definition*: Sei AS=($\{l_1$, s_1, ..., l_n, $s_n\}$,$<\cdot$) ein vollständiges, schematisches Auftragssystem und $w \in F(AS)$ eine Ausführungsfolge.

$\widehat{AS}= (A, \lessdot)$, $A := \{a_1, \ldots, a_n\}$ sei die Vergröberung von AS.

$\widehat{AS}' = (A', \lessdot')$ sei das durch die Menge A' der für w relevanten Aufträge definierte Unterauftragssystem von $\widehat{AS}$

Ein Graph $SG(w) = (A', \lessdot_0)$ heißt *Serialisierungsgraph* von w, wenn $\lessdot_0$ die transitive Hülle von $\lessdot' \cup \lessdot_1 \cup \lessdot_2$ ist, wobei folgendes gilt:

a) $\lessdot_1 := \text{WÜ}(w)_{|A}$, ist die Werteübertragungsrelation eingeschränkt auf A',

b) $\lessdot_2 := \{(a_x, a_y)| \; a_i \text{ liest } v \text{ von } a_j \text{ und } v \in \text{aus}_k \text{ und}$
   entweder $(a_x, a_y) = (a_k, a_j)$
   oder $\quad\;\;\; (a_x, a_y) = (a_i, a_k) \}$

$MSG(w)$ sei die *Menge* der Serialisierungsgraphen von w.

(2.3.4.16) *Satz*: Sei $w_1 \in F(AS)$ Ausführungsfolge eines vollständigen und relevanten schematischen Auftragssystems AS.

$SER(w_1) := \cup \{F(SG_i(w_1))| \; SG_i(w_1) \in MSG(w_1) \text{ ist Auftragssysstem}\}$

ist die Menge der Serialisierungen von w_1.

Insbesonere ist w_1 genau dann serialisierbar, wenn mindestens ein Serialisierungsgraph aus $MSG(w_1)$ ein Auftragssystem (d.h. zyklenfrei) ist.

Beweis: Sei $w_2 \in SER(w_1)$, also $w_2 \in F(SG_j(w_1))$ für einen Serialisierungsgraph $SG_j(w_1)$ von w_1. $F(SG_j(w_1))$ enthält nur serielle Ausführungsfolgen. Andererseits sind die Präzedenzen gerade so definiert, daß a_j ein v von a_i genau dann in w_1 liest, wenn dies auch für w_2 gilt. Also enthalten w_1 und w_2 die gleichen relevanten Aufträge. w_1 und w_2 sind nach Satz 2.3.4.12 äquivalent. Sei umgekehrt $w_2 \in F(AS)$ eine Serialisierung von w_1. Da w_1 und w_2 äquivalent sind, haben sie nach Satz 2.3.4.12 dieselben relevanten Aufträge und die "liest v von"–Relation zwischen Aufträgen stimmt überein. Folglich muß $w_2 \in F(SG_i(w_1))$ für ein $SG_i(w_1) \in MSG(w_1)$ gelten. $\qquad\qquad\qquad\qquad\qquad\qquad\qquad$ $\Box$

Hat man ein beliebiges schematisches Auftragssystem $AS=(A, \lessdot)$ und $w \in F(AS)$ vorliegen, dann bestimme man zunächst die für w relevanten Aufträge $A' \subset A$ (Def. 2.3.4.10). Mit Def. 2.3.4.15 und Satz 2.3.4.16 lassen sich diejenigen Auftragssysteme gewinnen, die alle Serialisierungen mit Aufträgen aus A' als Ausfüh-

rungsfolgen enthalten. Damit kann auch entschieden werden, ob w schwach serialisierbar ist. Sollen die Auftragssysteme alle Aufträge von A enthalten, dann sind die
für w nutzlosen Aufträge mit ihren Präzedenzen in die Serialisierungsgraphen
einzufügen. Zusätzlich müssen ggf. noch Präzedenzen angebracht werden, die
gewährleisten, daß diese Aufträge in jeder Ausführungsfolge nutzlos sind. w ist
genau dann serialisierbar, wenn dabei ein zyklenfreier Graph, also ein Auftragssystem, entsteht.

(2.3.4.17) *Beispiel*: Wir betrachten AS=(A,$\lessdot$) aus Beispiel 2.3.4.4 mit der Ausführungsfolge w aus Beispiel 2.3.4.9, wo die Werteübertragungsrelation
WÜ(w) angegeben ist mit:

$$w = l_1 s_1 [xyz] l_2 s_2 [x] l_4 [y] l_3 [x] l_6 [x] s_4 [xyz] l_5 [z] s_3 [x] s_6 [y] s_5 [y] l_7 [xyz] s_7$$

Nach Beispiel 2.3.4.11 sind A'=$\{a_1,a_2,a_3,a_4,a_5,a_7\}$ relevant. $\hat{AS}$'=(A',$\lessdot$')
gemäß Def. 2.3.4.15 ist in Abb. 2.3.4.1 gegeben, wenn man dort a_6
streicht.

$\lessdot_1$ = WÜ(w)$|_{A'}$ = $\{(a_1,a_4), (a_2,a_3), (a_4,a_5), (a_4,a_7), (a_3,a_7), (a_5,a_7)\}$
$\lessdot_2$ = {entweder (a_4,a_2) oder (a_3,a_4), (a_4,a_3), (a_2,a_3)}

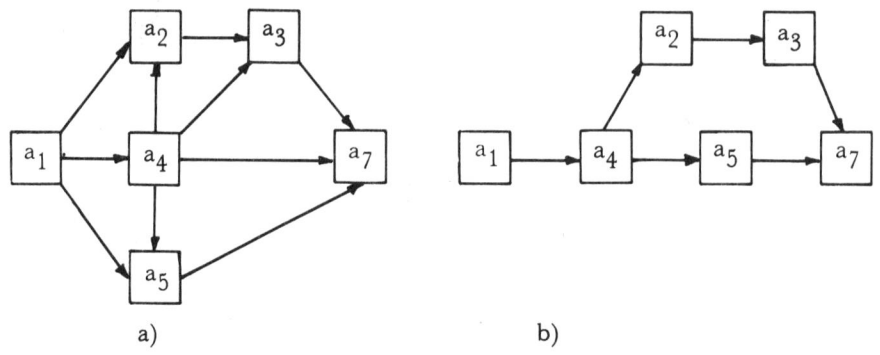

a)   b)

Abb. 2.3.4.4: Serialisierungsgraph $SG_1(w)$

Abbildung 2.3.4.4 a) zeigt den Serialisierungsgraphen $SG_1(w)$ (für die 1.
Alternative in $\lessdot_2$). $SG_2(w)$ erhält man durch Ersetzen von (a_4,a_2) durch
(a_3,a_4). Da ein Zyklus entsteht, ist $SG_2(w)$ kein Auftragssystem.

Abbildung 2.3.4.4 b) zeigt den Konnektivitätsgraphen von $SG_1(w)$.

$a_1 a_4 a_2 a_5 a_3 a_7 \in F(SG_1(w))$ ist damit eine schwache Serialisierung von w.
$F(SG_1(w))$ ist genau die Menge aller schwachen Serialisierungen von w
aus für w relevanten Aufträgen.

Ist man an einer Serialisierung von w interessiert, dann muß der für w
nutzlose Auftrag a_6 mit seinen alten Präzedenzen $a_2 < \cdot a_6 < \cdot a_7$ eingefügt
werden. Außerdem muß man durch zusätzliche Präzedenzen sicherstel-
len, daß a_6 bei *allen* Ausführungsfolgen nutzlos ist (hier genügt z.B.:
$a_6 < \cdot a_5$). Das so erhaltene Auftragssystem AS_1 in Abb. 2.3.4.5 enthält
alle Serialisierungen von w als Ausführungsfolgen, darunter auch die aus
Beispiel 2.3.4.1 bekannte:

$$w' = a_1 \ a_4 \ a_2 \ a_6 \ a_5 \ a_3 \ a_7.$$

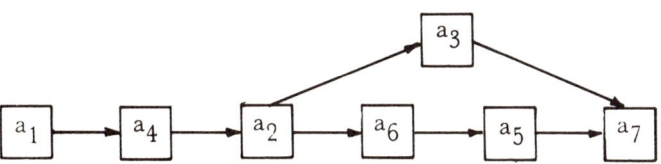

Abb. 2.3.4.5: $SG_1(w)$ mit nutzlosem Auftrag a_6

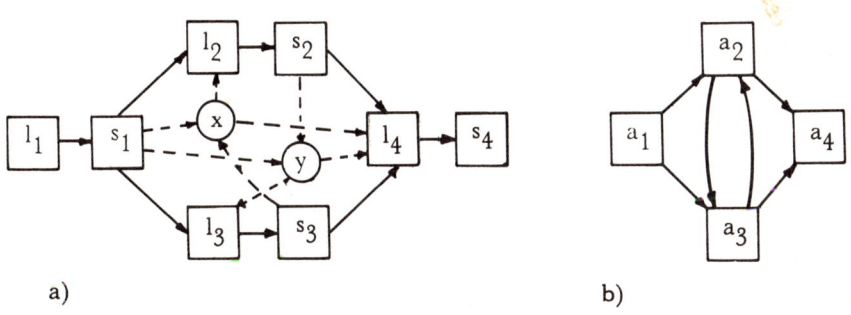

a)   b)

Abb. 2.3.4.6: Auftragssystem mit zyklischem Serialisierungsgraphen

(2.3.4.18) *Beispiel*: Die Ausführungsfolge

$$w = l_1 \ s_1[xy] \ l_2[x] \ l_3[y] \ s_2[y] \ s_3[x] \ l_4[xy] \ s_4$$

des Auftragssystems von Abb. 2.3.4.6 a) ist nicht (schwach) serialisierbar, da der (einzige) Serialisierungsgraph in Abb. 2.3.4.6 b) kein Auftragssystem ist.

Für die folgende Interpretation I:

$$l_1 : \text{skip}$$
$$s_1 : x,y := 1,2$$
$$l_2 : lo_2 := x$$
$$l_3 : lo_3 := y$$
$$s_2 : y := lo_2 + 1$$
$$s_3 : x := lo_3 + 2$$
$$l_4 : lo_4^1, lo_4^2 := x,y$$
$$s_4 : \text{skip}$$

gilt: $res(w_1, I_1) = (x=4, y=2)$. Dies ist ein konsistenter Zustand. Die Interpretation I_2 unterscheide sich von I_1 nur durch die Initialisierung s_1' : $x,y := 0,0$. Für I_2 ist $res(w, I_2) = (x=2, y=1)$ jedoch inkonsistent!

Das Auftragssystem könnte aus folgendem Programm abgeleitet worden sein:

$$x,y := 1,2;$$
$$\text{con } y := x+1 \mid\mid x := y+2 \text{ noc}$$

Das Problem der Serialisierbarkeit ist NP-vollständig (Papadimitriou 79). Damit wächst die Ausführungszeit jedes Algorithmus, der für eine Ausführungsfolge und beliebige Interpretationen feststellen soll, ob ein konsistenter Zustand erreicht wird, praktisch exponentiell. Daher wurden Teilklassen des Problems untersucht, die eine geringere, d.h. polynomiale Komplexität haben. Eine Übersicht findet man in (Papadimitriou 79; Bernstein et al 79). Dies gilt zum Beispiel schon dann, wenn man für das Auftragssystem voraussetzt, daß jede von einem Auftrag beschriebene Variable von demselben Auftrag auch gelesen wird (also: $aus_i \subseteq ein_i$ für alle $1 < i \leq n$). Wir behandeln hier jedoch zwei andere Teilklassen, die vom Konzept her von allgemeiner Bedeutung sind. Dabei beschränken wir uns auf Auftragssysteme, die nur die in Def. 2.3.4.2 vorgeschriebenen Präzedenzen enthalten und nennen diese, wie in der Literatur üblich, Transaktionen-Systeme.

(2.3.4.19) *Definition*: Ein schematisches Auftragssystem (Def. 2.3.4.2) heißt *Transaktionen-System*, wenn $l_i <\cdot s_i$ $(1 \leq i \leq n)$ die einzigen Präzedenzen sind.

In der ersten Teilklasse existieren Zeitpunkte, genannt "Serialisierungspunkte" t_i, an denen eine Transaktion als ungeteilt ausgeführt gedacht werden kann.

(2.3.4.20) *Definition*: Sei $w = w_1 w_2 \dots w_{2n} \in F(AS)$ eine Ausführungsfolge eines Transaktionen–Systems AS. Für l_i bzw. s_i ($1 \leq i \leq n$) bezeichne $\pi(l_i)$ bzw. $\pi(s_i)$ ihre *Position* in w, d.h. $\pi(l_i) = j \Leftrightarrow w_j = l_i$ und $\pi(s_i) = j \Leftrightarrow w_j = s_i$.

w heißt *virtuell seriell*, falls *Serialisierungs–Zeitpunkte* $t_1, \dots, t_n \in \mathbb{R}$ existieren und für alle $i, j \in \{1..n\}$ mit $i \neq j$ gilt:

  a) $\pi(l_i) < t_i < \pi(s_i)$
    "t_i liegt 'innerhalb' des Auftrags a_i."
  b) wenn $ein_i \cap aus_j \neq \emptyset$ und $\pi(l_i) < \pi(s_j)$, dann $t_i < t_j$.
    "Liest a_i eine Variable, bevor a_j auf sie schreibt, dann $t_i < t_j$."
  c) wenn $aus_i \cap aus_j \neq \emptyset$ und $\pi(s_i) < \pi(s_j)$ für $1 \leq i, j \leq n$, $i \neq j$, dann $t_i < t_j$.
    "Schreibt a_i vor a_j auf eine Variable, dann $t_i < t_j$."

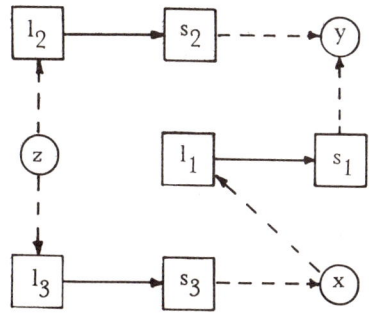

Abb. 2.3.4.7: Transaktionensystem zu Beispiel 2.3.4.21

(2.3.4.21) *Beispiel*: Die Ausführungsfolge $w - l_1[x] \; l_2[z] \; s_2[y] \; l_3[z] \; s_3[x] \; s_1[y]$ des Transaktionensystems von Abb. 2.3.4.7 ist virtuell seriell mit $t_1 = 3,5$, $t_2 = 2,5$ und $t_3 = 4,5$.

Der folgende Satz zeigt, daß die Serialisierungs–Zeitpunkte einer virtuell seriellen Ausführungsfolge als Zeitpunkte der ungeteilten Ausführung aufgefaßt werden können. Solche Ausführungsfolgen sind daher immer serialisierbar.

(2.3.4.22) *Satz*: Jede virtuell serielle Ausführungsfolge ist serialisierbar.

  Beweis: Sei $w \in F(AS)$ virtuell seriell. In Anlehnung an Def. 2.3.4.20 definieren wir folgendes Auftragssystem AS': $-(A', <\cdot')$ mit $w \in F(AS')$.

$A' := \{a_1, \ldots, a_n\}$

$<\cdot' = <\cdot_a \cup <\cdot_b \cup <\cdot_c$

$<\cdot_a = \{(a_i, a_j) \mid \pi(s_i) < \pi(l_j)\}$

$<\cdot_b = \{(a_i, a_j) \mid \pi(l_i) < \pi(s_j) \text{ und } ein_i \cap aus_j \neq \emptyset\}$

$<\cdot_c = \{(a_i, a_j) \mid \pi(s_i) < \pi(s_j) \text{ und } aus_i \cap aus_j \neq \emptyset\}$

Um zu beweisen, daß $<\cdot'$ zyklenfrei ist, zeigen wir:

$(a_i, a_j) \epsilon <\cdot' \implies t_i < t_j.$

O. B. d. A. können wir annehmen, daß alle Aufträge relevant sind und $a_1, \ldots, a_n$ so sortiert ist, daß $t_1 < t_2 < \ldots < t_n$ gilt.

Sei also $(a_i, a_j) \epsilon <\cdot'$:

Fall a) $(a_i, a_j) \epsilon <\cdot_a$
    Wegen $t_i < \pi(s_i) < \pi(l_j) < t_j$ (Def. 2.3.4.20 a)) folgt $t_i < t_j$.

Fall b) und c): $(a_i, a_j) \epsilon <\cdot_b \cup <\cdot_c$
    Wegen Def. 2.3.4.20 b) und c) folgt $t_i < t_j$

Wir machen nun AS durch $A := A' \cup \{a_o, a_{n+1}\}$ vollständig und erweitern $<\cdot'$ um die entsprechenden Präzedenzen: $a_o <\cdot a_i$ ($1 \leq i \leq n+1$), $a_i <\cdot a_{n+1}$ ($0 \leq i \leq n$). Dieser Graph ist isomorph zu einem Serialisierungsgraphen (Def. 2.3.4.15):

Die Kanten aus $<\cdot_1$ sind in $<\cdot_a$ enthalten, diejenigen aus $<\cdot_2$ sind in $<\cdot_b$ oder $<\cdot_c$ enthalten. Dabei ist immer nur genau eine der Alternativen in $<\cdot_2$ möglich. w hat also einen einzigen azyklischen Serialisierungsgraphen und ist damit serialisierbar. □

Im vorstehenden Beweis ist ein Verfahren enthalten, mit dem man entscheiden kann, ob eine Ausführungsfolge virtuell seriell ist. Dies ist genau dann der Fall, wenn $AS' = (A', <\cdot)$ ein Auftragssystem ist. Das Verfahren hat polynomialen Rechenaufwand.

(2.3.4.23) *Beispiel*: Der Graph $AS' = (A', <\cdot')$ zum Beispiel 2.3.4.21 ist gegeben durch:

$A' = \{a_1, a_2, a_3\}$, $<\cdot' = <\cdot_a \cup <\cdot_b \cup <\cdot_c$
$<\cdot_a = \{(a_2, a_3)\}$, $<\cdot_b = \{(a_1, a_3)\}$, $<\cdot_c = \{(a_2, a_1)\}$

$a_2 a_1 a_3$ ist also eine Serialisierung von w

Eine relativ alte und inzwischen klassische Methode zur Gewährleistung von Seriali-sierbarkeit ist die Zwei-Phasen-Methode nach (Eswaren et al 76). Sie erscheint hier als Spezialfall der virtuell seriellen Ausführungsfolge. Die Zwei-Phasen-Methode ist eine Strategie zur Betriebsmittelverwaltung. Danach kann die Ausführung eines Auftrages in zwei Phasen unterteilt werden: in der ersten Phase, der BM-Erwerbs-Phase, werden Betriebsmittel gesperrt. Die erste Freigabe eines Betriebsmittels leitet dann die zweite Phase ein, in der keine neuen Betriebsmittel gesperrt werden dürfen.

(2.3.4.24) *Beispiel*: Wir betrachten das Programm

$$x,y := 1,1; \underline{con} \ x := x+100; \ y := y+100$$
$$| \ | \quad x := 2 \cdot x; \ y := 2 \cdot y$$
$$\underline{noc}$$

wobei (wie üblich) alle Zuweisungen unteilbar sein sollen.

Nach der Initialisierung werden zwei Aufträge

A_1: a_1: $x := x+100$; $\quad$ und $\quad$ A_2: b_1: $x := 2 \cdot x$;
$\qquad$ a_2: $y := y+100$ $\qquad\qquad\qquad$ b_2: $y := 2 \cdot y$

ausgeführt.

Zustände seien konsistent, wenn $x=y$ gilt. Serielle Ausführungen stellen konsistente Zustände her.

Dies gilt ebenso für $w_1 = a_1 b_1 a_2 b_2$ $\quad$ (Resultat: $x=y=202$),
jedoch nicht $\quad$ für $w_2 = a_1 b_1 b_2 a_2$ $\quad$ (Resultat: $x=202$, $y=102$).

Um die Betriebsmittelverwaltung hervorzuheben, benutzen wir die Be-fehle $LOCK(A_i,x)$ bzw. $UNLOCK(A_i,x)$, die die Variable x zugunsten des Auftrages A_i exklusiv sperren (vgl. (2.3.3.5) in Abschnitt 2.3.3).

w_1:	w_2:	
$LOCK(A_1,x)$	$LOCK(A_1,x)$	
$LOCK(A_1,y)$	$LOCK(A_2,y)$	
a_1: $x := x+100$	a_1: $x := x+100$	
$UNLOCK(A_1,x)$	$UNLOCK(A_1,x)$	(*)
$LOCK(A_2,x)$	$LOCK(A_2,x)$	
b_1: $x := 2 \cdot x$	b_1: $x := 2 \cdot x$	
a_2: $y := y+100$	b_2: $y := 2 \cdot y$	
$UNLOCK(A_1,y)$	$UNLOCK(A_2,y)$	
$LOCK(A_2,y)$	$LOCK(A_1,y)$	(**)
b_2: $y :+ 2 \cdot y$	a_2: $y := y+100$	
$UNLOCK(A_2,y)$	$UNLOCK(A_1,y)$	

$$\text{UNLOCK}(A_2,x) \qquad\qquad \text{UNLOCK}(A_2,x)$$

Man erkennt, daß w_1 die Betriebsmittel zweiphasig verwaltet, nicht jedoch w_2: auf die BM-Freigabe in (*) folgt ein BM-Erwerb in (**).

Um die Zwei-Phasen-Methode formal zu beschreiben, schränken wir uns wieder auf Transaktionen-Systeme ein. Die Methode ist jedoch auch für Transaktionen mit mehr als zwei Teilaufträgen korrekt.

(2.3.4.25) *Definition*: Eine Ausführungsfolge $w \in F(AS)$ eines Transaktionen-Systems AS heißt *zweiphasig*, falls *Sperr-Zeitpunkte* $sp_1, \ldots, sp_n \in \mathbb{R}$ existieren und für alle $i,j \in \{1..n\}$, $i \neq j$ gilt:

 a) $\pi(l_i) < sp_i < \pi(s_i)$
 b) wenn $ein_i \cap aus_j \neq \emptyset$ und $\pi(l_i) < \pi(s_j)$, dann $sp_i < sp_j$
 c) wenn $aus_i \cap aus_j \neq \emptyset$ und $\pi(s_i) < \pi(s_j)$, dann $\pi(s_i) < sp_j$

Die Sperr-Zeitpunkte geben an, wann der Auftrag alle Betriebsmittel erworben hat, und ungeteilt ausgeführt werden könnte. Die beiden Phasen $Phase_1(a_i)$ und $Phase_2(a_i)$ eines Auftrags a_1 sind durch die Intervalle $(\pi(l_i),sp_i)$ und $(sp_i,\pi(s_i))$ gegeben:

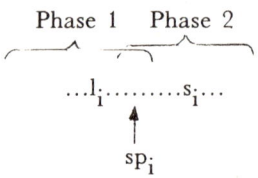

Bedingung b) fordert, daß sich $Phase_1(a_i)$ und $Phase_2(a_j)$ nicht überlappen, falls $ein_i \cap aus_j \neq \emptyset$, d. h. in Phase 1 ist $x \in ein_i$ für jeden anderen schreibenden Auftrag gesperrt. Bedingung c) fordert, daß sich $Phase_2(a_i)$ und $Phase_2(a_j)$ nicht überlappen, falls $aus_i \cap aus_j \neq \emptyset$, d. h. in Phase 2 ist $x \in aus_i$ für jeden anderen schreibenden Auftrag gesperrt.

(2.3.4.26) *Satz*: Jede zweiphasige Ausführungsfolge $w \in F(AS)$ eines Transaktionen-Systems ist virtuell seriell und daher serialisierbar.

Beweis: Da man Sperr-Zeitpunkte sp_i als Serialisierungs-Zeitpunkte auffassen kann, unterscheiden sich die Definitionen 2.3.4.25 und 2.3.4.20 formal nur in c). Es genügt also zu zeigen: $\pi(s_i) < sp_j \Rightarrow sp_i < sp_j$. Dies folgt aber aus 2.3.4.20 a): $sp_i < \pi(s_i)$. □

(2.3.4.27) *Beispiel*: Die Ausführungsfolge

$$w = l_1 \ l_2 \ l_3[x] \ s_1[x] \ s_2[y,z] \ s_3[y]$$

ist virtuell seriell (mit Serialisierungs–Zeitpunkten t_2=2,5, t_3=3,2, t_1=3,5), jedoch nicht zweiphasig.

Aus $x \in ein_3 \cap aus_1$ und $3 = \pi(l_3) < \pi(s_1) = 4$ würde nämlich mit Def. 2.3.4.25 b) und a) folgen: $sp_3 < sp_1 < \pi(s_1) = 4$. Andererseits müßte wegen $aus_2 \cap aus_3 \neq \emptyset$, $2 = \pi(l_2) < \pi(s_3) = 6$ und Def. 2.3.4.25 c) gelten: $5 = \pi(s_2) < sp_3$, also zusammen $5 < sp_3 < 4$.

2.3.5 Funktionalität

Sind in einem Auftragssystem alle Ausführungsfolgen serialisierbar, dann sind alle möglichen Resultate konsistent. Oft ist es jedoch notwendig, darüberhinaus trotz nebenläufiger Ausführung *ein einziges* und damit eindeutiges Resultat aller Berechnungen sicherzustellen. Da das Resultat dann eine Funktion der Anfangswerte ist, nennen wir ein solches Auftragssystem *funktional*.

(2.3.5.1)   *Beispiel*: Für das Umordnungsprogramm von Beispiel 1.1.12 nehmen wir feste Anfangswerte A_0 und B_0 an. Das Programm möge dann nach $x \geq 1$ Schleifendurchläufen terminieren (den Fall $x=0$ betrachten wir hier nicht).

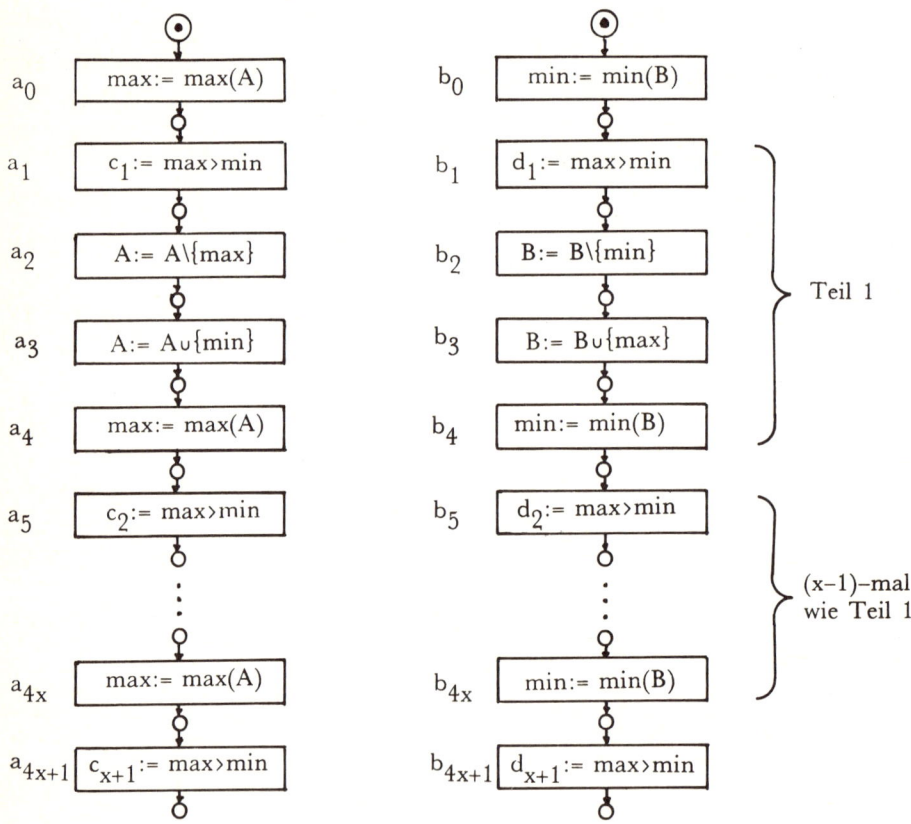

Abb. 2.3.5.1: Interpretiertes Auftragssystem zu Beispiel 1.1.12

Da wir an möglichst großer Nebenläufigkeit interessiert sind, formulieren wir diesen Prozeß als (interpretiertes) Auftragssystem. Alle möglichen Abläufe sollen natürlich das gleiche, in Beispiel 1.1.12 angegebene Resultat haben.

Da wir an einem Verfahren zur Sicherstellung der Funktionalität interessiert sind, betrachten wir das den zugehörigen Prozeß beschreibende interpretierte Auftragssystem in Abb. 2.3.5.1. Die Notwendigkeit der dort schon angegebenen Präzedenzen leuchtet unmittelbar ein. Die Aufgliederung der Aufträge in Lese- und Schreibaufträge entsprechend der Definition 2.3.4.2 eines schematischen Auftragssystems ist vorausgesetzt, aber nicht in der Abbildung dargestellt. Die Werte der verschiedenen Tests werden jeweils neuen boole'schen Variablen c_i, d_j zugewiesen. Soll das Programm korrekt sein, dann muß es zumindest funktional sein.

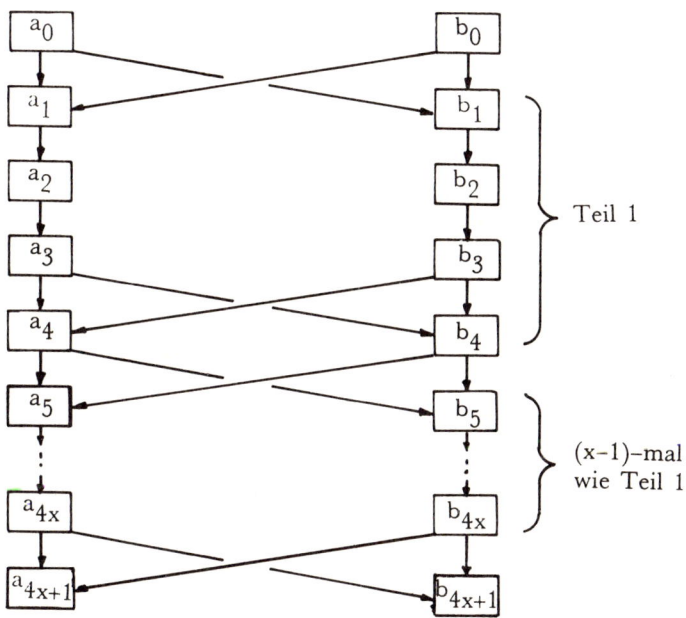

Abb. 2.3.5.2: Für Funktionalität notwendige Präzedenzen

Wir fragen, welche zusätzlichen Präzedenzen notwendig sind, um Funktionalität zu gewährleisten. Man mache sich klar, daß dazu die in Abb. 2.3.5.2 (als Konnektivitätsgraph) angegebenen Präzedenzen notwendig und hinreichend sind. Jede Ausführung des Programms von

Beispiel 1.1.12 bei x-maligem Schleifendurchlauf (x≥1) hält diese Präzedenzen ein. Also sind die Ergebnisse aller Ausführungsfolgen (bei festen Anfangswerten A_o, B_o) identisch und das Programm in diesem Sinne "funktional". Wir werden in diesem Abschnitt sehen, wie man diese zusätzlichen Präzedenzen von Abb. 2.3.5.2 systematisch findet. Dieses Verfahren kann dazu benutzt werden, ein nebenläufiges Programm wie Beispiel 1.1.12 zu konstruieren, das größtmögliche Nebenläufigkeit zuläßt.

Bei vielen Prozessen in Rechensystemen, insbesondere bei verteilten Funktionseinheiten, ist es nicht sinnvoll, ein "Resultat" zu erwarten. Vielmehr erzeugen diese Prozesse ständig Werte, die sich auf die Umgebung des Prozesses auswirken. Die Folge der Werte einer Variablen nennt man auch *Spur*. Ist bei allen Ausführungsfolgen eines Auftragssystems die Spur jeder Variablen gleich, so nennen wir es *spurfunktional*.

(2.3.5.2) *Definition*: Sei AS ein schematisches Auftragssystem. AS heißt *funktional*, falls alle Ausführungsfolgen zueinander äquivalent sind (Def. 2.3.4.6).

Sei d_o, d_1, ..., d_{2n} Zustandsfolge einer Ausführungsfolge $w \in F(AS)$ bei einer Interpretation I (Def. 2.3.4.6) und $v \in V$ eine Variable. Weiterhin sei d_{i_o}, d_{i_1}, ..., d_{i_k} die Teilfolge von Zuständen, in denen der Variablen v Werte zugewiesen werden (also genau diejenigen Zustände d_{i_j} mit $w_{i_j} = s_k$ und $v \in aus_k$).

Die Folge der v-Komponenten heißt *Spur* (history) von v in w bei I:
$$spur(w,v,I) := d_{i_o}(v) \, d_{i_1}(v) \, ... \, d_{i_k}(v).$$
Der Vektor
$$spur(w,I) = (spur(w,v_1), ..., spur(w,v_p))$$
heißt *Spur von w bei I*.

Zwei Ausführungsfolgen $w_1, w_2 \in F(AS)$ heißen *spuräquivalent*, falls $spur(w_1,I) = spur(w_2,I)$ für alle Interpretationen I gilt.

AS heißt *spurfunktional* (oder determiniert, determinate), falls alle Ausführungsfolgen paarweise spuräquivalent sind.

In Satz 2.3.4.16 wurde bewiesen, daß azyklische Serialisierungsgraphen funktionale Auftragssysteme sind.

Die folgenden Definitionen bereiten notwendige und hinreichende Kriterien für die Funktionalität und Spurfunktionalität eines Auftragssystems vor.

(2.3.5.3) *Definition*: Sei AS ein schematisches Auftragssystem.

(a) Zwei Aufträge a_i und a_j von AS heißen *störungsfrei*, falls $a_i <\cdot a_j$ oder $a_j <\cdot a_i$ oder $dis(a_i, a_j)$ gilt, wobei
$dis(a_i, a_j) := (aus_i \cap aus_j = ein_i \cap aus_j = aus_i \cap ein_j = \emptyset)$.
AS heißt *störungsfrei*, falls alle seine Aufträge paarweise störungsfrei sind.

(b) Ein Auftrag a_i mit $aus_i \neq \emptyset$ heißt *verlustfrei*. AS heißt *verlustfrei*, falls alle Aufträge verlustfrei sind.

(2.3.5.4) *Satz*: Sei AS ein schematisches Auftragssystem.

(a) AS ist genau dann funktional, wenn alle relevanten Aufträge von AS paarweise störungsfrei sind.

(b) AS ist genau dann spurfunktional, wenn alle verlustfreien Aufträge von AS paarweise störungsfrei sind.

Beweis: Wir beweisen (a) und erwähnen die Modifikation für (b) in Klammern.

Es seien zunächst alle relevanten (verlustfreien) Aufträge von AS=$(A, <\cdot)$ paarweise störungsfrei.

Für beliebige Ausführungsfolgen $w_1, w_2 \in F(AS)$ müssen wir zeigen, daß sie (spur–) äquivalent sind. Dazu bilden wir zunächst ihre Vervollständigungen w_1' und w_2', um Satz 2.3.4.12 anwenden zu können. Seien a_i und a_j zwei beliebige relevante (verlustfreie) Aufträge von AS. Liest a_j eine Variable v von a_i in w_1', dann muß wegen $v \in aus_i \cap ein_j \neq \emptyset$ entweder $a_i <\cdot a_j$ oder $a_j <\cdot a_i$ gelten.

Zum Beispiel im ersten Fall $a_i <\cdot a_j$ muß s_i auch in w_2' vor l_j stehen, d.h. $s_i <_{w_2'} l_j$. Schreibt ein dritter relevanter (verlustfreier) Auftrag a_k auf v, dann gilt nach der Definition von "a_j liest v von a_i" entweder $s_k <_{w_1'} s_i$ oder $l_j <_{w_1'} s_k$. Da a_k und a_i bzw. a_k und a_j störungsfrei sind, gilt $a_k <\cdot a_i$ oder $a_i <\cdot a_k$ und folglich auch $s_k <_{w_2'} s_i$ oder $l_j <_{w_2'} s_k$. Damit ist bewiesen, daß unter den relevanten (verlustfreien) Aufträgen der Auftrag a_j ein v von a_i bei w_1' genau dann liest, wenn dies auch bei w_2' gilt. Nach Def

2.3.4.10 müssen dann w_1' und w_2' auch die gleichen relevanten Aufträge haben. w_1 und w_2 sind damit äquivalent (Satz 2.3.4.12).

(Sei a_i ein verlustfreier Auftrag mit $v_i \epsilon aus_i$. Weiterhin sei $\hat{w}_1'$ bzw. $\hat{w}_2'$ dasjenige Anfangsstück von w_1' bzw. w_2', das mit s_i endet. $\hat{w}_1'$ und $\hat{w}_2'$ haben dann die gleichen relevanten Aufträge und sind nach Satz 2.3.4.12 äquivalent. Insgesamt sind w_1' und w_2' und damit auch w_1 und w_2 spuräquivalent.)

Sei umgekehrt AS nun funktional (spurfunktional) und a_i, a_j seien zwei für AS relevante (verlustfreie) Aufträge.

Folglich muß a_i für ein $w_i \epsilon F(AS)$ relevant (a_i für ein Anfangsstück w_i eines $\hat{w}_i \epsilon F(AS)$ relevant) sein. Das Analoge gelte für a_j und w_j.

Wenn weder $a_i <\cdot a_j$ noch $a_j <\cdot a_i$ gilt, so müssen wir $dis(a_i, a_j)$ beweisen.

Wir nehmen zunächst $v \epsilon aus_i \cap ein_j \neq \emptyset$ als gegeben an und führen dies zum Widerspruch.

Es gibt serielle Ausführungsfolgen w_1' und w_2' mit $a_i <_{w_1'} a_j$ und $a_j <_{w_2'} a_i$. Da diese zu w_i und w_j äquivalent sind, müssen in ihnen a_i und a_j relevant sein.

a_j kann v von a_i in w_1 nicht lesen, da sonst w_1' und w_2' nicht äquivalent (spuräquivalent) sein können (Satz 2.3.4.12).

Daher existiert ein Auftrag a_k mit $a_i <_{w_1'} a_k <_{w_1'} a_j$ und $v \epsilon aus_k$. Dies muß sogar für jede Ausführungsfolge w mit $a_i <_w a_j$ gelten, also: $a_i <\cdot a_k <\cdot a_j$.

Daraus folgt $a_i <\cdot a_j$ im Widerspruch zur Annahme.

Der Fall $aus_j \cap ein_i \neq \emptyset$ ist natürlich genauso zu behandeln. Der Fall $aus_j \cap aus_i \neq \emptyset$ führt mit obigem w_1' und w_2' ähnlich direkt zum Widerspruch.

Also sind alle relevanten (verlustfreien) Aufträge a_i, a_j ($i \neq j$) störungsfrei.

$\square$

(2.3.5.5) *Beispiel*:

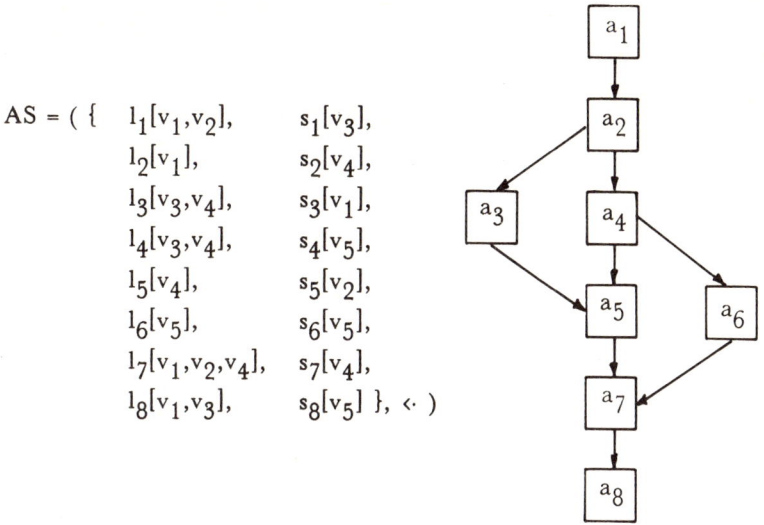

$$AS = (\{ \quad l_1[v_1,v_2], \quad s_1[v_3],$$
$$l_2[v_1], \quad s_2[v_4],$$
$$l_3[v_3,v_4], \quad s_3[v_1],$$
$$l_4[v_3,v_4], \quad s_4[v_5],$$
$$l_5[v_4], \quad s_5[v_2],$$
$$l_6[v_5], \quad s_6[v_5],$$
$$l_7[v_1,v_2,v_4], \quad s_7[v_4],$$
$$l_8[v_1,v_3], \quad s_8[v_5] \}, \prec \cdot)$$

Abb. 2.3.5.3: Ein Auftragssystem

Für die serielle Ausführungsfolge

$$w = l_1 \ s_1 \ l_2 \ s_2 \ ... l_8 \ s_8$$

sind die Aufträge $a_1, a_2, a_3, a_5, a_7, a_8$ relevant, nicht jedoch a_4 und a_6.

a_4 und a_6 schreiben nur auf die Variable v_5, die in *jeder* Ausführungsfolge $w' \epsilon F(AS)$ nachfolgend von a_8 überschrieben werden und zwar unabhängig vom alten Wert. a_4 und a_6 sind also nutzlos, was allein durch die Präzedenzen $a_4 \prec \cdot a_8$ und $a_6 \prec \cdot a_8$ sichergestellt ist.

Um Satz 2.3.5.4 zu benutzen, berechnen wir die Relation $dis(a_i, a_j)$ für alle $a_i \neq a_j$ und kennzeichnen ihre Ungültigkeit durch (–) in der folgenden Tabelle.

verlustfrei

	a_1	a_2	a_3	a_5	a_7	a_8	a_4	a_6
a_1		$\lessdot\cdot$ $-$	$\lessdot\cdot$ $-$	$\lessdot\cdot$	$\lessdot\cdot$ $-$	$\lessdot\cdot$ $-$	$\lessdot\cdot$	$\lessdot\cdot$
a_2			$\lessdot\cdot$ $-$	$\lessdot\cdot$ $-$	$\lessdot\cdot$ $-$	$\lessdot\cdot$	$\lessdot\cdot$ $-$	$\lessdot\cdot$
a_3				$\lessdot\cdot$	$\lessdot\cdot$ $-$	$\lessdot\cdot$ $-$		
a_5					$\lessdot\cdot$ $-$	$\lessdot\cdot$		
a_7						$\lessdot\cdot$		
a_8								
a_4				$\lessdot\cdot$	$\lessdot\cdot$ $-$	$\lessdot\cdot$ $-$		$\lessdot\cdot$ $-$
a_6					$\lessdot\cdot$	$\lessdot\cdot$ $-$		

relevant (bracket spanning rows a_1 through a_8)

Da für alle relevanten (verlustfreien) Aufträge $a_i \neq a_j$ gilt: $\mathrm{dis}(a_i, a_j) \vee a_i \lessdot \cdot a_j \vee a_j \lessdot \cdot a_i$ (d.h. falls $(-)$, dann auch $(\lessdot\cdot)$ für jeden Eintrag), ist AS funktional (und spurfunktional). Entsprechend überprüfe man, daß AS von Abb. 2.3.5.2 funktional und spurfunktional ist.

Um mehrere Implikationen in einer Graphik darzustellen, hat sich folgende durch die Netztheorie gestützte Schreibweise bewährt:

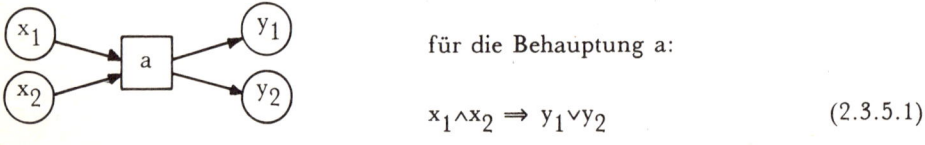

für die Behauptung a:

$$x_1 \wedge x_2 \Rightarrow y_1 \vee y_2 \qquad (2.3.5.1)$$

Dies ist insbesondere für die folgende Übersicht unserer Ergebnisse nützlich. (An ein Schalten solcher Transitionen ist hierbei nicht zu denken!)

(2.3.5.6) *Satz*:

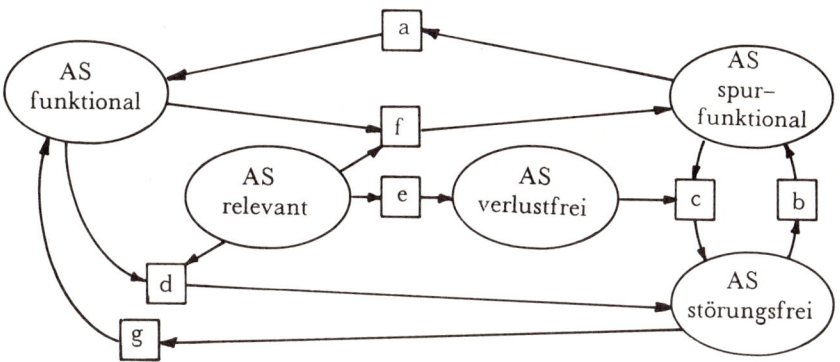

Beweis:

a) Spuräquivalente Folgen sind auch äquivalent.

b) Sind alle Aufträge störungsfrei, dann auch alle verlustfreien. Nach 2.3.5.4 (b) ist also AS spurfunktional.

c) (nach 2.3.5.4 (b))

d) Sind alle Aufträge relevant und ist AS funktional, dann sind alle Aufträge störungsfrei (2.3.5.4 (a)).

e) Relevante Aufträge müssen verlustfrei sein.

f) Folgt aus d) und b).

g) Folgt aus a) und b).   □

Im Beispiel 2.3.5.5 wurde deutlich, daß nicht alle Präzedenzen eines Auftragssystems zur Gewährleistung von Funktionalität bzw. Spurfunktionalität notwendig sind. Ist dies doch der Fall, dann spricht man von einem Auftragssystem mit *minimaler Präzedenzrelation* oder *maximaler Nebenläufigkeit* bezüglich der entsprechenden Eigenschaft.

(2.3.5.7) *Definition*: Ein schematisches Auftragssystem AS=(A,$\prec\cdot$) heißt *maximal nebenläufig für Funktionalität* (bzw. *für Spurfunktionalität*), wenn AS einerseits funktional (bzw. spurfunktional) ist, andererseits das Entfernen einer beliebigen Präzedenz $(a_i,a_j)\in\prec\cdot$ aus der Präzedenzrelation diese Eigenschaft zerstören würde.

Nach folgendem Verfahren läßt sich mit Satz 2.3.5.4 ein (spur-) funktionales Auftragssystem AS=(A,$<\cdot$) in ein für (Spur-) Funktionalität maximal nebenläufiges Unterauftragssystem AS'=(A',$<\cdot$') verwandeln, dessen Ausführungsfolgen alle (spur-) äquivalent zu denjenigen von AS sind.

Dazu bestimme man zunächst die Menge A'⊆A der relevanten (verlustfreien) Aufträge, ersteres z.B. anhand einer beliebigen Serialisierung. Auf A' definiert man als Präzedenzrelation $<\cdot$' die transitive Hülle von

$$<\cdot" = \{(a_i,a_j) \in A'xA' \mid a_i <\cdot a_j \text{ und } \neg dis(a_i,a_j)\} \qquad (2.3.5.2)$$

AS'=(A',$<\cdot$') hat nur relevante (verlustfreie) Aufträge, die paarweise störungsfrei sind. Nach Satz 2.3.5.4 ist also AS' funktional (spurfunktional). Das Entfernen einer beliebigen Präzedenz $(a_i,a_j) \in <\cdot$' würde wegen $\neg dis(a_i,a_j)$ diese Eigenschaft zerstören. Also ist AS maximal nebenläufig für Funktionalität (Spurfunktionalität).

Jede Folge $w_1 \in F(AS')$ ist äquivalent (spuräquivalent) zu einer beliebigen seriellen Folge $w_2 \in F(AS')$. Diese ist wiederum äquivalent (spuräquivalent) zu allen Folgen $w_3 \in F(AS)$.

(2.3.5.8) *Beispiel*: Wir konstruieren zu AS=(A,$<\cdot$) in Beispiel 2.3.5.5 ein maximal nebenläufiges Auftragssystem:

    a) AS'=(A',$<\cdot$') ist maximal nebenläufig für Funktionalität, wobei A'=$\{a_1,a_2,a_3,a_5,a_7,a_8\}$ die Menge der relevanten Aufträge ist und $<\cdot$' aus der transitiven Hülle derjenigen Paare $(a_i,a_j) \in A'xA'$ besteht, die in der Tabelle von Beispiel 2.3.5.5 einen Eintrag (–) haben (siehe Abb. 2.3.5.4).

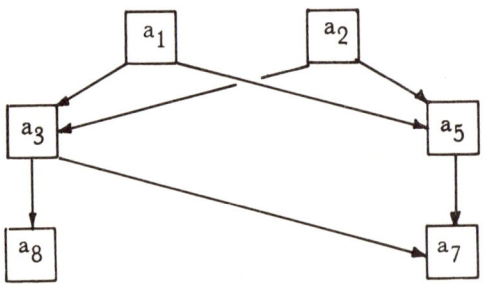

Abb. 2.3.5.4: Für Funktionalität maximal nebenläufiges Auftragssystem

b) Bildet man $AS"=(A,\langle\cdot")$ mit allen Aufträgen A und $\langle\cdot"=\langle\cdot'\cup\{(a_4,a_8),(a_6,a_8)\}$, dann ist $AS"$ ebenfalls maximal nebenläufig bezüglich Funktionalität. a_4 und a_6 sind dann nämlich nutzlos (vgl. Beispiel 2.3.5.5).

c) $AS"=(A,\langle\cdot"')$ ist maximal nebenläufig für Spurfunktionalität, wobei $\langle\cdot"'$ aus der transitiven Hülle derjenigen Paare $(a_i,a_j)\in A\times A$ besteht, die in der Tabelle von Beispiel 2.3.5.5 einen Eintrag $(-)$ haben (alle Aufträge sind verlustfrei) (siehe Abb. 2.3.5.5).

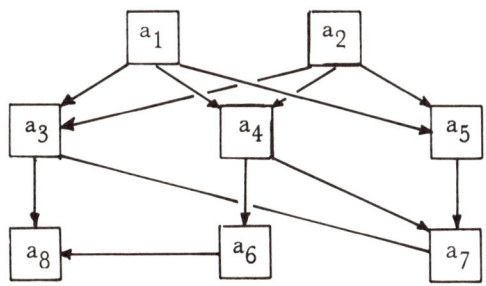

Abb. 2.3.5.5: Für Spurfunktionalität maximal nebenläufiges Auftragssystem

Auch das Auftragssystem AS von Abb. 2.3.5.2 ist maximal nebenläufig für Funktionalität.

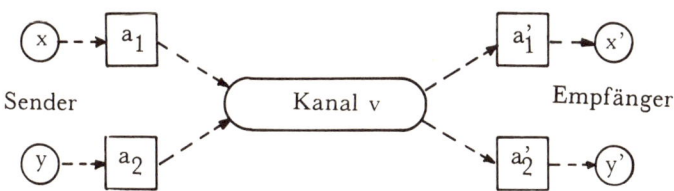

Abb. 2.3.5.6: Kanal mit Sendern und Empfängern

Nachdem wir gesehen haben, wie ein funktionales Auftragssystem in ein maximal nebenläufiges transformiert werden kann, gehen wir zum Abschluß dieses Abschnitts kurz auf die Frage ein, wie ein Auftragssystem überhaupt funktional gemacht werden kann.

Dazu betrachten wir die Situation, daß eine Nachricht in der Stelle x von einem Sender a_1 über einen Kanal v an einen Empfänger a_1' übermittelt werden soll, der die Nachricht in x' ablegt. Der Kanal v kann aber auch von einem Sender a_2 benutzt werden, der y über v und Empfänger a_2' nach y' übermitteln will (Abb. 2.3.5.7).

Gewünscht ist natürlich ein funktionales Systemverhalten: für jede Ausführungsfolge w soll (x',y') am Ende den Wert von (x,y) haben. Wir stellen das Problem wie folgt als schematisches Auftragssystem AS=(A,⊰) in Abb. 2.3.5.7 dar.

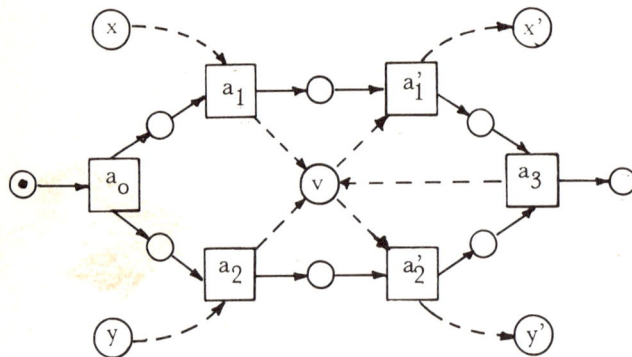

Abb. 2.3.5.7: Schematisches Auftragssystem zu Abb. 2.3.5.6

Der Endwert des Kanals ist unwichtig für die Korrektheit des Systems. Daher wird v von einem Endauftrag a_3 überschrieben (gelöscht). a_0 erscheint nur aus Gründen der Symmetrie. AS ist nicht funktional, da es z. B. möglich ist, den Wert von y nach x' zu bringen. Als konsistentes Ergebnis betrachten wir dasjenige der seriellen Ausführungsfolge

$$w = l_0 \; s_0 \; l_1 \; s_1 \; l_1' \; s_1' \; l_2 \; s_2 \; l_2' \; s_2' \; l_3 \; s_3. \qquad (2.3.5.3)$$

Alle Serialisierungsgraphen (Def. 2.3.4.15) sind funktional (Satz 2.3.4.16) mit demselben Resultat wie w. Die Serialisierungsgraphen liefern die für Funktionalität notwendigen zusätzlichen Präzedenzen.

⊰'∪⊰$_1$ aus Def. 2.3.4.15 ist in der Präzedenzrelation ⊰ enthalten. Für ⊰$_2$ ergeben sich 4 Alternativen:

	$a_2 \langle \cdot a_1$	$a_1' \langle \cdot a_2$
$a_1 \langle \cdot a_2$	$SG_1(w)$	$SG_2(w)$
$a_2' \langle \cdot a_1$	$SG_3(w)$	$SG_4(w)$

$$(2.3.5.4)$$

mit den Serialisierungsgraphen $SG_i(w)$ in Abb. 2.3.5.8.

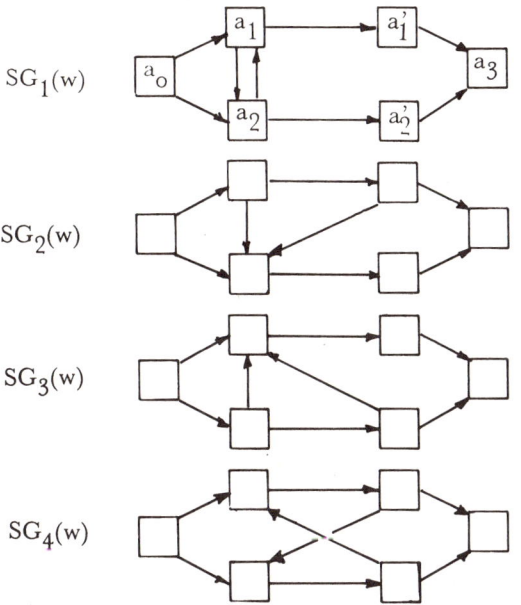

Abb. 2.3.5.8: Vier Serialisierungsgraphen

Nur $SG_2(w)$ und $SG_3(w)$ sind Auftragssysteme. Alle seriellen, zu w äquivalenten Ausführungsfolgen sind durch $F(SG_2(w)) \cup F(SG_3(w))$ gegeben (Satz 2.3.4.16). Beim Systementwurf ist also eine Ablaufsteuerung zu entwickeln, die genau diese Abläufe zuläßt. Eine solche Steuerung nennen wir *Synchronisation*. Im vorliegenden Fall würde der in den Abschnitten 2.2 und 2.3.1 bis 2.3.3 behandelte wechselseitige Ausschluß realisiert.

2.3.6 Syntaktische Kriterien für Unteilbarkeit

In den vorstehenden Abschnitten haben wir das Kriterium der Serialisierbarkeit benutzt, um Handlungen zu charakterisieren, deren Wirkung auch bei nebenläufiger Ausführung wie die einer ungeteilten Handlung ist. Die Charakterisierung war *semantischer* Natur, da konkrete Funktionen auf Datenmengen (Interpretationen) benutzt wurden. In diesem Abschnitt soll dagegen ein Kriterium entwickelt werden, das nur auf den Präzedenzen des Auftragssystems beruht.

(2.3.6.1) *Beispiel*: Wir knüpfen an das Beispiel 2.3.1.2 der nebenläufigen Listenbearbeitung an. Die nebenläufige Anweisung

$$P_3: \underline{con} \; delete(x) \; || \; delete(y) \; \underline{noc} \qquad (2.3.6.1)$$

ist in Abb. 2.3.6.1 als Auftragssystem oder Kausalnetz dargestellt, wobei die Transitionen die Zuweisungen enthalten.

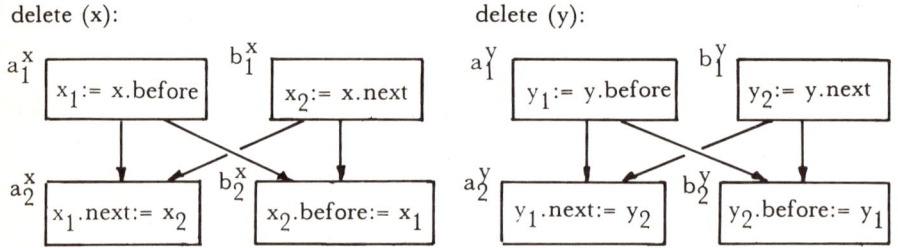

delete (x):

a_1^x $x_1 := x.before$ b_1^x $x_2 := x.next$

a_2^x $x_1.next := x_2$ b_2^x $x_2.before := x_1$

delete (y):

a_1^y $y_1 := y.before$ b_1^y $y_2 := y.next$

a_2^y $y_1.next := y_2$ b_2^y $y_2.before := y_1$

Abb. 2.3.6.1: Nebenläufige Listenbearbeitung als Auftragssystem

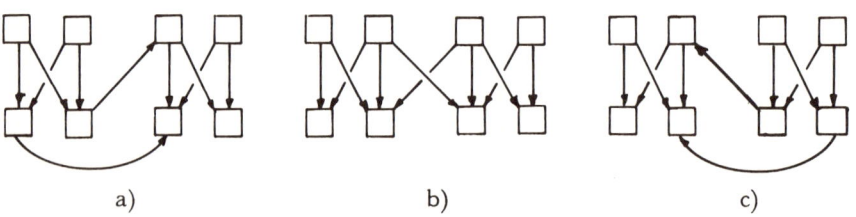

a) b) c)

Abb. 2.3.6.2: Drei mögliche funktionale Ergänzungen

Das Ergebnis aller Ausführungen von (2.3.6.1) soll natürlich eindeutig und gleich sein. In Abb. 2.3.6.2 ist das Auftragssystem daher auf drei verschiedene Arten so durch Präzedenzen ergänzt worden, daß die Auftragssysteme maximal nebenläufig für Funktionalität sind. Die Systeme in a) und b) haben dabei jedoch unterschiedliche Wirkung auf die Liste von Abb. 2.3.1.2.

Wir behandeln nun die Frage, ob aus der Struktur der Kausalnetze allein entschieden werden kann, daß a) und c) das gewünschte (konsistente) Ergebnis liefern.

Wird ein Auftragssystem schrittweise durch Verfeinerung von Aufträgen konstruiert, so sprechen wir von einem *strukturierten Auftragssystem*. Die einzelnen Stufen der Verfeinerung lassen sich als Partitionen auf der Auftragsmenge darstellen. Abbildung 2.3.6.3 zeigt eine solche Struktur für unser Beispiel aus Abb. 2.3.6.2 a). Die eingezeichneten Mengen sind immer als transitionsberandet aufzufassen. Dabei werden auch die Transitionen als kleinste transitionsberandete Mengen aufgefaßt.

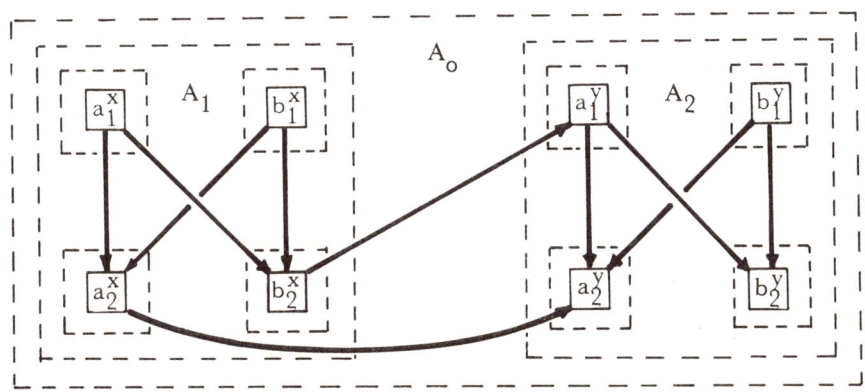

Abb. 2.3.6.3: Strukturiertes Auftragssystem

(2.3.6.2) *Definition*: Ein *strukturiertes Auftragssystem* (AS, **A**) besteht aus einem Auftragssystem $AS = (A, \lessdot)$ und einer Menge **A** von Teilmengen $A_i \subset A$, den *vergröberten Aufträgen* A_i.

Dabei soll **A** folgende Eigenschaften haben:

(a1) für alle Aufträge $a \in A$ gilt $\{a\} \in \mathbf{A}$
(a2) $A_1, A_2 \in \mathbf{A} \Rightarrow A_1 \cap A_2 = \emptyset \lor A_1 \subset A_2 \lor A_2 \subset A_1$
(a3) $A \in \mathbf{A}$

Es sei $\mathbf{B} = \{A_{i_1}, \ldots, A_{i_k}\} \subset \mathbf{A}$ eine Teilmenge von Mengen, die ganz A disjunkt überdecken, d.h. **B** ist eine Partition von A. Dann heißt die Vergröberung

$$N_{\mathbf{B}} := (\ldots(AS[A_{i_1}])\ldots[A_{i_k}])$$

Vergröberungsebene von AS bezüglich **B**. (Dabei fassen wir die A_i als transitionsberandete Mengen des zugehörigen Kausalnetzes auf und bilden die Vergröberungen gemäß Def. 1.1.5. Das resultierende Netz $L_{\mathbf{B}}$ ist unabhängig von der Reihenfolge $A_{i_1}, \ldots, A_{i_k}$, da alle A_{i_j} disjunkt sind.)

(2.3.6.3) *Beispiel*: Abbildung 2.3.6.3 zeigt ein strukturiertes Auftragssystem, wobei die Menge **A** gegeben ist durch $\mathbf{A} = \{\{a_1^x\}, \ldots, \{b_2^y\}, A_1, A_2, A_o\}$. $\mathbf{B} = \{\{a_1^x\}, \{a_2^x\}, \{b_1^x\}, \{b_2^x\}, A_2\}$ ist eine Partition von A. Die zugehörige Vergröberungsebene $N_{\mathbf{B}}$ ist in Abb. 2.3.6.4 a) dargestellt. Überflüssige Vor- und Nachbedingungen von t_{A_2} sind weggelassen worden. In b) ist N als Auftragssystem dargestellt.

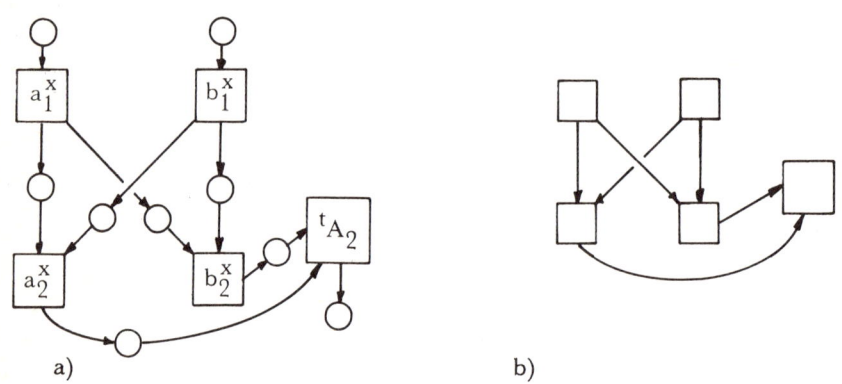

a)   b)

Abb. 2.3.6.4: Vergröberungsebene $N_{\mathbf{B}}$ als Netz in a) und zugehöriges Auftragssystem in b)

Es wäre falsch, zu glauben, daß *jede* Vergröberungsebene eines Auftragssystems ein Kausalnetz ist und in ein Auftragssystem umgewandelt werden kann. Abbildung 2.3.6.5 zeigt dazu ein Beispiel. Diese Eigenschaft, daß jede Vergröberungsebene zyklenfrei ist, ist jedoch eine wünschenswerte Eigenschaft beim Entwurf von Auftragssystemen. In Vergröberungsebenen hängen dann nämlich keine (vergröberten) Aufträge zyklisch von anderen ab und können ungeteilt ausgeführt (oder entworfen) werden. In der Tat erfüllt t_{A_1} in Abb. 2.3.6.5 *nicht* diese Eigenschaft. t_{A_1} kann nicht ungeteilt bearbeitet werden, da nach dem Teilauftrag a der Auftrag b eingeschoben werden muß. Der Auftrag t_{A_1} (oder die zugehörige Handlung) kann auch als Gegenbeispiel zur Definition b) am Anfang von Abschnitt 2.3.2 aufgefaßt werden, da t_{A_1} während seiner Ausführung mit dem Auftrag b "kommunizieren" müßte.

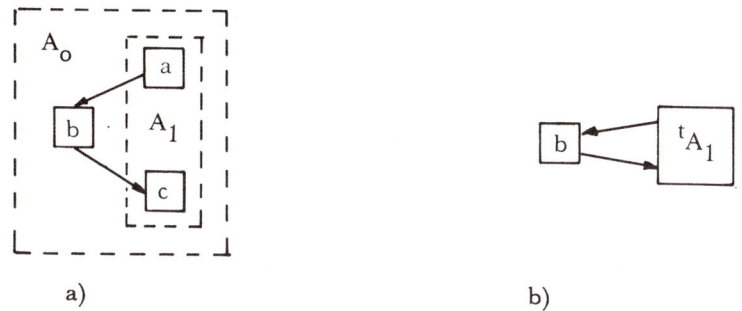

a)   b)

Abb. 2.3.6.5: Strukturiertes Auftragssystem mit Vergröberungsebene

(2.3.6.4) *Definition*: Ein strukturiertes Auftragssystem heißt *wohlstrukturiert*, falls alle seine Vergröberungsebenen Kausalnetze, d.h. Auftragssysteme sind.

(2.3.6.5) *Beispiel*: Faßt man die Auftragssysteme zur Listenbearbeitung von Abb. 2.3.6.2 als strukturierte Auftragssysteme analog zu Abb. 2.3.6.3 auf, so stellen Abb. 2.3.6.6 a), b) und c) jeweils die Abstraktionsebene N_B für $B=\{A_1,A_2\}$ dar. Man erkennt, daß gerade die fehlerhafte Variante b) nicht wohlstrukturiert ist. a) und c) stellen dagegen die möglichen Serialisierungen dar.

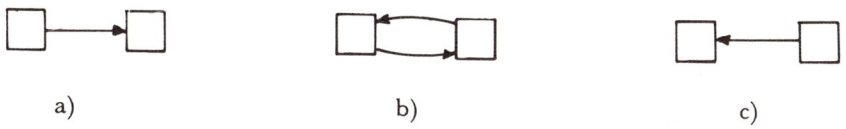

a)   b)   c)

Abb. 2.3.6.6: Abstraktionsebenen N_B zu den Auftragssystemen in Abb. 2.3.6.2

(2.3.6.6) *Beispiel*: Wir betrachten zu P_1 aus Beispiel 2.3.1.1 das strukturierte Auftragssystem in Abb. 2.3.6.7 a). Die Vergröberungsebene N_B in b) mit $\mathbf{B}=\{A_1,A_2\}$ zeigt, daß das Auftragssystem nicht wohlstrukturiert ist. Das entspricht der Erwartung, denn die Ausführungsfolge

$$w_1 = a_o \ a_1 \ b_1 \ a_2 \ b_2$$

erzeugt den inkonsistenten Wert z=3.

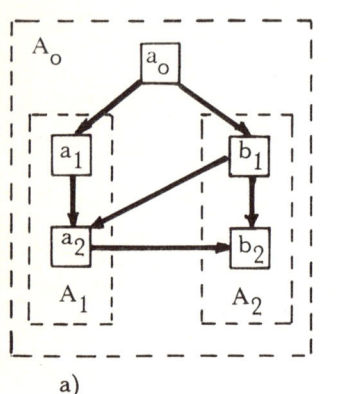 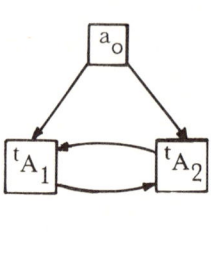

a)   b)

Abb. 2.3.6.7: Nicht wohlstrukturiertes Auftragssystem zu Beispiel 2.3.6.6

Die Vergröberungsebene in Abb. 2.3.6.7 b) zeigt zwar, daß das Auftragssystem nicht wohlstrukturiert ist, läßt jedoch offen, *welcher* vergröberte Teilauftrag (also A_1 oder A_2) dafür verantwortlich ist. Wie kann man erkennen, ob A_1 oder A_2 (oder beide) nicht "serialisierbar" oder "ungeteilt ausführbar" sind? Neben dem "globalen" Kriterium der Wohlstrukturiertheit wird in (Best et al 81) auch das folgende "lokale" Kriterium angegeben.

(2.3.6.7)   *Definition*: Es sei (AS,**A**) ein strukturiertes Auftragssystem. Für die vergröberten Aufträge $A_i \in \mathbf{A}$ wird induktiv definiert, wann sie *wohldefiniert* heißen:

a) Alle vergröberten Aufträge der Form {a} mit $a \in A$ heißen wohldefiniert.

b) Ein vergröberter Auftrag $A_i \in \mathbf{A}$ mit $|A_i| > 1$ heißt wohldefiniert, falls die folgenden beiden Bedingungen gelten:

    b1) Alle vergröberten Aufträge $A_j \subsetneq A_i$ sind wohldefiniert.

    b2) Sind $N_\mathbf{B}$ und $N_{\mathbf{B}'}$ zwei beliebige Vergröberungsebenen, wobei $N_{\mathbf{B}'}=N_\mathbf{B}[A_i]$ durch Vergröberung von A_i aus $N_\mathbf{B}$ hervorgegangen ist, dann gilt:

$$x <t_{A_i} <y \text{ in } N_{\mathbf{B}'} \Rightarrow \exists A_j \subseteq A_i: x <t_{A_j} <y \text{ in } N_{\mathbf{B}}$$

(Dabei sei $< := F^+$ für das jeweilige Netz.)

(2.3.6.8) *Beispiel*: In Beispiel 2.3.6.6 ist A_1 wohldefiniert, da $\{a_1\} \subsetneq A_1$ und $\{a_2\} \subsetneq A_2$ wohldefiniert sind und für $\mathbf{B} = \{\{a_0\}, \{a_1\}, \{a_2\}, A_2\}$, $\mathbf{B}' = \{\{a_0\}, A_1, A_2\}$ aus $A_2 < A_1 < A_2$ in $N_{\mathbf{B}'}$ (Abb. 2.3.6.7 b)) folgt $A_2 < a_2 < A_2$ in $N_{\mathbf{B}}$. Für A_2 und $a_2 < A_2 < a_2$ in $N_{\mathbf{B}}$ gilt das entsprechende jedoch nicht. Also ist A_2 nicht wohldefiniert.

Der folgende Satz aus (Best et al 81) zeigt, daß ein strukturiertes Auftragssystem als Ganzes genau dann wohlstrukturiert ist, wenn *jeder* seiner vergröberten Aufträge wohldefiniert ist.

(2.3.6.9) *Satz*: Ein strukturiertes Auftragssystem $(AS, \mathbf{A})$ ist genau dann wohlstrukturiert, wenn jeder seiner vergröberten Aufträge $A_i \in \mathbf{A}$ wohldefiniert ist.

Beweis: Wenn $(AS, \mathbf{A})$ wohlstrukturiert ist, dann enthält keine Abstraktionsebene Zyklen. Folglich kann auch die in Def. 2.3.6.7 b2) angenommene Abstraktionsebene $N_{\mathbf{B}'}$ keinen Zyklus enthalten und die Bedingung gilt trivialerweise. Durch Induktion folgt so, daß jeder vergröberte Auftrag $A_i \in \mathbf{A}$ wohldefiniert ist.

Sei nun umgekehrt jedes $A_i \in \mathbf{A}$ wohldefiniert und $N_{\mathbf{B}}$ eine beliebige Abstraktionsebene von N. Wir nehmen an, daß in $N_{\mathbf{B}}$ ein Zyklus $x_1 < x_2 < \ldots < x_{n-1} < x_n < x_1$ existiert. Dabei ist jedes x_i ein Auftrag $a_j \in \mathbf{A}$ oder ein vergröberter Auftrag $A_j \in \mathbf{A}$. Im letzteren Fall folgt aus Def. 2.3.6.7 b2), daß $x_{i-1} < t_{A_j} < x_{i+1}$ durch einen Pfad $x_{i-1} < a_{j_1} < \ldots < a_{j_k} < x_{i+1}$ aus Aufträgen $\{a_{j_1}, \ldots, a_{j_k}\} \subseteq A_j$ ersetzt werden kann. Letztendlich erhalten wir so einen Zyklus in AS, im Widerspruch zur Voraussetzung, daß AS ein Auftragssystem ist. Daher ist die Annahme falsch und $N_{\mathbf{B}}$ enthält keinen Zyklus.

Das strukturierte Auftragssystem von Abb. 2.3.6.3 kann als Beispiel zu Satz 2.3.6.9 betrachtet werden. Es ist wohlstrukturiert und alle vergröberten Aufträge sind wohldefiniert. Die Wohldefiniertheit eines vergröberten Auftrags A_1 hängt natürlich im allgemeinen von seiner Umgebung im Auftragssystem ab. Sorgt man jedoch dafür, daß wie in Abb. 2.3.6.8 jede Eingangsstelle $s_i \in {}^\bullet t_{A_1}$ zu jeder Ausgangsstelle $s_j \in t_{A_1}^\bullet$ präzedent ist, also $s_i < s_j$ gilt, dann kann die Bedingung b2) in Def. 2.3.6.7 für A_1 nicht mehr verletzt werden. A_1 ist dann unabhängig von seiner Umgebung wohldefiniert. In A_1 existiert dann immer ein Schnitt (z B. s_3, s_4, s_5, s_6), der alle

Linien durch A_1 schneidet. In Analogie zu Def. 2.3.4.20 kann man diesen Schnitt als virtuellen Zeitpunkt der Ausführung auffassen. Auch die Zweiphasigkeit von Auftragssystemen (Def. 2.3.4.25) wird so anschaulicher gemacht (vgl. (Best et al 81)).

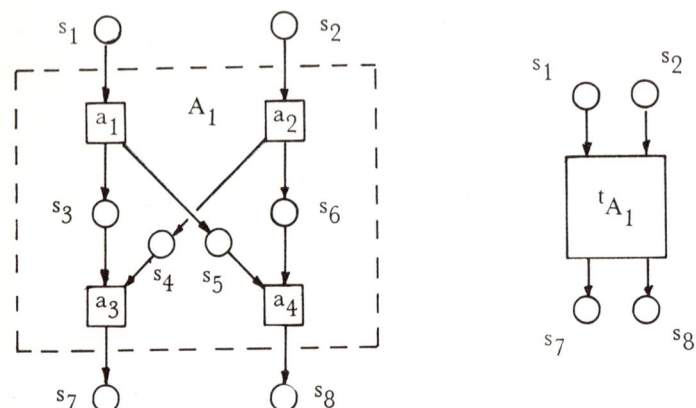

Abb. 2.3.6.8: Vergröberter Auftrag A_1, der unabhängig von seiner Umgebung wohldefiniert ist.

- 185 -

2.4 Synchronisation

2.4.1 Typen von Synchronisation

In Def. 2.2.1 wurde Synchronisation als "Abstimmung von Handlungen aufeinander in zeitlicher Hinsicht" oder als "Einschränkung von Nebenläufigkeit" erklärt. In diesem Abschnitt werden die wichtigsten Typen von Synchronisation vorgestellt und im anschließenden Abschnitt analysiert.

Synchronisation nebenläufiger Handlungen hat meist einen oder beide der folgenden Zwecke:

a) Herstellung von konsistenten (korrekten) Ergebnissen: "Konsistenz-Synchronisation"

b) Verwaltung knapper Betriebsmittel: "Betriebsmittel-Synchronisation"

Phänomene der ersten Kategorie wurden ausführlich im vorangehenden Abschnitt 2.3 untersucht. Ausführungsfolgen, die nicht serialisierbar sind bzw. zu einem nicht funktionalen Auftragssystem gehören, sind zwar ohne Wartezeit oder Verklemmung ausführbar, können aber die bearbeiteten Daten in inkonsistentem bzw. nicht korrektem Zustand hinterlassen.

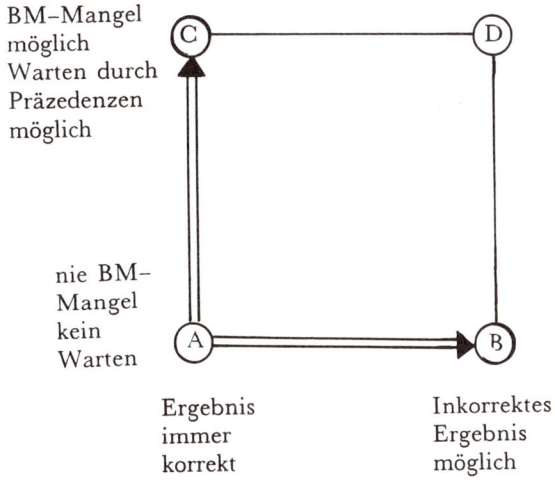

Abb. 2.4.1.1: Konsistenz- versus Betriebsmittel-Synchronisation

Umgekehrt können Wartezeiten und Verklemmungen bei knappen gemeinsamen Betriebsmitteln oder in Folge von Präzedenzen auftreten, das Ergebnis jedoch immer korrekt sein.

Oft treten beide Phänomene gemeinsam auf, wie Punkt D im Diagramm von Abb. 2.4.1.1. Dies ist z.B. dann gegeben, wenn ein Auftrag auf Daten warten muß, die ein anderer Auftrag liefert. Zu beiden Synchronisationstypen geben wir nun Beispiele.

a) *Konsistenz–Synchronisation*
Um zu erzwingen, daß alle Ausführungfolgen eines schematischen Auftragssystems serialisierbar sind, wird meist ein zweiphasiges Auftragssystem benutzt (Def. 2.3.4.25, Satz 2.3.4.26). Die entsprechende Synchronisation ist im Beispiel 2.3.4.24 dargestellt.

Bei beliebigen Auftragssystemen ist man dagegen gezwungen, nach Ende der Ausführungsfolge zu entscheiden, ob diese (schwach) serialisierbar ist (z. B. mit Hilfe von Satz 2.3.4.16). Bei negativem Ergebnis muß das Ergebnis unterdrückt bzw. die Wirkung der Folge auf die Datenmenge rückgängig gemacht werden. Letzteres setzt die Haltung mehrerer Kopien der Daten voraus (Bayer et al 83). Mehr über Synchronisation zur Herstellung von Serialisierbarkeit findet man in (Kung et al 83). Soll ein (schematisches) Auftragssystem durch Synchronisation funktional bzw. spurfunktional gemacht werden, so genügt es nach Satz 2.3.5.4, Präzedenzen derart einzuführen, daß alle relevanten bzw. verlustfreien Aufträge paarweise störungsfrei sind. Zwei nichtpräzedente Aufträge sind per definitionem genau dann störungsfrei, wenn sie auf gemeinsame Daten höchstens lesend zugreifen.

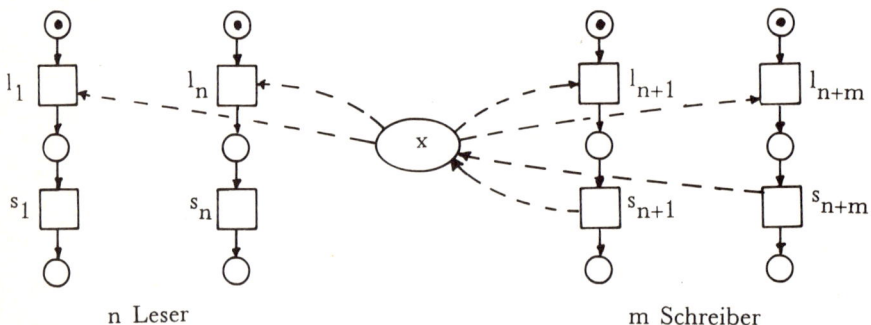

Abb. 2.4.1.2: Leser und Schreiber als schematisches Auftragssystem

Aus diesem Grunde teilt man die Aufträge in lesende Aufträge a_i mit $aus_i = \emptyset$ ("Leser") und schreibende Aufträge a_j mit $aus_j \neq \emptyset$ ("Schreiber") ein. Oft setzt man keine Präzedenzen zwischen den Aufträgen und nur eine einzige (komplexe) gemeinsame Variable voraus. Man erhält dann das sogenannte "Leser/Schreiber-Problem" (Courtois et al 71), das als schematisches Auftragssystem die Form von Abb. 2.4.1.2 annimmt.

Im allgemeinen soll durch Synchronisation nicht nur *ein* Auftragssystem oder Prozeß in seinem Ablauf gesteuert werden, sondern eine ganze Klasse von solchen. Daher stellen wir Leser und Schreiber als zyklische Netze (analog zu Abb. 2.3.1.4) wie in Abb. 2.4.1.3 a) dar. Da jeweils explizit angegeben wird, ob es sich um einen Leser oder Schreiber handelt, verzichten wir auf die Darstellung des Datenzugriffs und vergröbern wie in Abb. 2.4.1.3 b). (Der Buchstabe z wird zu l oder s, je nach dem, ob ein Leser oder Schreiber dargestellt werden soll.)

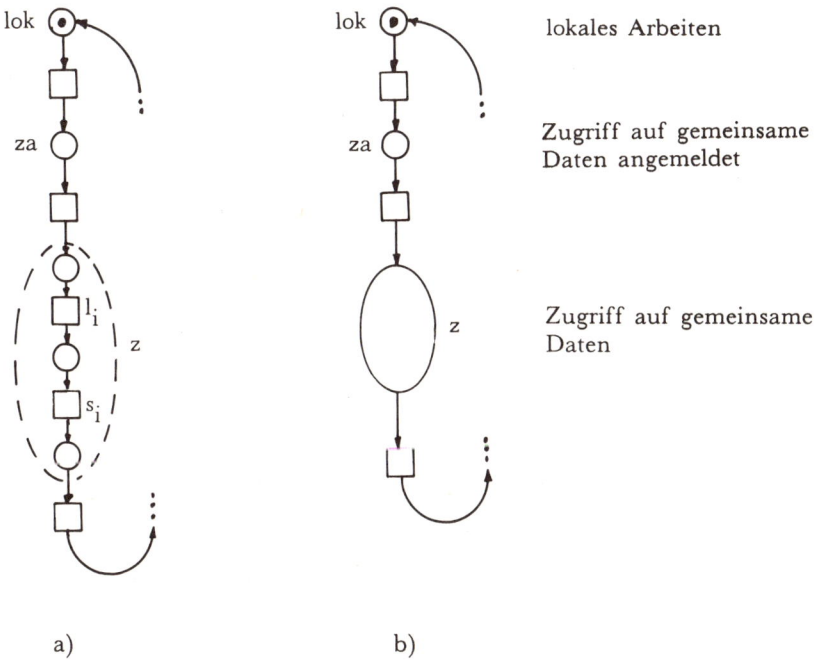

a)   b)

Abb. 2.4.1.3: Alternative Darstellung für Leser und Schreiber

Um die Lese- und Schreib-Aufträge in den zugehörigen Prozessen paarweise störungsfrei und damit spurfunktional zu machen (vgl. Satz 2.3.5.4), müssen die folgenden Synchronisationsbedingungen erfüllt sein:

* Wenn ein Schreiber schreibt, darf kein Leser lesen.　　　　　(2.4.1.1)
* Es darf höchstens ein Schreiber schreiben.　　　　　　　　　(2.4.1.2)
* Wenn ein Leser liest, dann darf kein Schreiber schreiben.　　　(2.4.1.3)

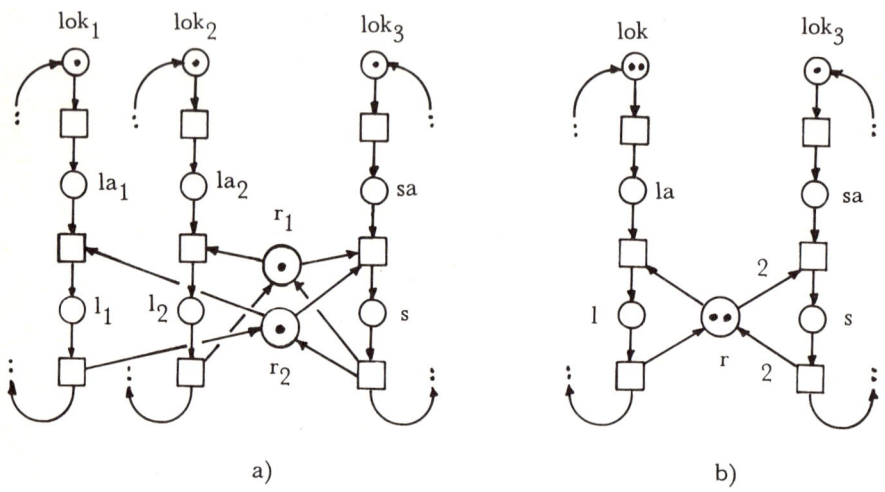

a)　　　　　　　　　　　　　　　　　b)

Abb. 2.4.1.4: Zwei Leser und ein Schreiber als a) B/E–Netz und b) S/T–Netz

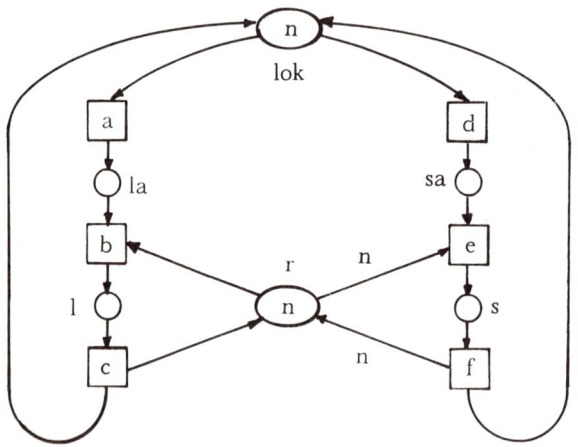

Abb. 2.4.1.5: Leser/Schreiber–Problem für n Aufträge

Diese Bedingungen werden z.B. von dem B/E–Netz in Abb. 2.4.1.4 a) erfüllt. Bei großen Mengen von Lesern ist es günstig, diese zusammenzufassen in ein Teilnetz und jeden Auftrag durch eine Marke darzustellen. Abbildung 2.4.1.4 b) zeigt die entsprechende Vergröberung von a) als S/T–Netz. Dabei wurden die Paare (lok_1, lok_2), (la_1, la_2) usw. sowie (r_1, r_2) zu einer Stelle vergröbert. In Abb. 2.4.1.5 sind zusätzlich auch die Stellen lok und lok_3 zusammengefaßt. (Das gleiche Netz für n=3 haben wir schon in Abb. 1.3.6 kennengelernt.)

Die in lok befindlichen n>0 Aufträge können entweder durch Schalten von a Lese- oder durch Schalten von d Schreibaufträge werden. Man beachte, daß es zwar mehr als einen Schreibauftrag geben kann, die Synchronisationsbedingung (2.4.1.2) aber doch gilt. Die Synchronisationsbedingungen (2.4.1.1) bis (2.4.1.3) können für dieses Netz exakter wie folgt als Gleichungen formuliert werden:

Für alle erreichbaren Markierungen $m \in R(N)$ gilt:

* $m(s) > 0 \Rightarrow m(l) = 0$ \hfill (2.4.1.4)
* $m(s) \leq 1$ \hfill (2.4.1.5)
* $m(l) > 0 \Rightarrow m(s) = 0$ \hfill (2.4.1.6)

Wir werden die Gültigkeit dieser Bedingungen im nächsten Abschnitt beweisen.

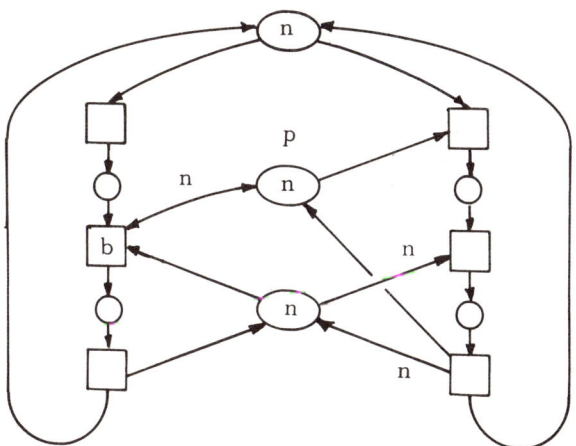

Abb. 2.4.1.6: Priorität für Schreibaufträge

Es gibt verschiedene Varianten des Leser/Schreiber–Problems. Um eine möglichst schnelle Aktualisierung der Daten zu gewährleisten, kann man z.B. den Schreibern priorisierten Zugriff einräumen. Abbildung 2.4.1.6 zeigt die entsprechende Erweiterung: sobald mindestens ein Schreiber angemeldet ist oder schreibt, darf kein neuer Leser anfangen zu lesen (denn b ist wegen m(p) < n gesperrt). Eine noch weitergehendere Forderung besteht darin, die Schreiber *nie* auf einen Leser warten zu lassen.

Das setzt einen Erkennungsmechanismus voraus, der einen Leser von neuem arbeiten läßt, falls es zu überlapptem Zugriff gekommen ist.

```
Protokoll für i-ten Leser (1≤i≤n)      Protokoll für Schreiber
a) reading[i]:= not writing i:         u) wflag:= true;
b) sflag:= wflag;                      v) start writing;
c) sswitch:= switch;                      :
d) start reading;                         :
      :                                w) end writing;
      :                                x) switch:= not switch;
e) end reading;                        y) wflag:= false;
f) if (sflag                           z) j:= 1;
   or wflag                               do j≤n →
   or switch ≠ sswitch)                      writing[j]:= reading[j];
   → goto b)                                  j:= j+1
   □ else → skip                          od
   fi
g) if reading[i]=writing[i]
   → goto a)
   □ else → skip
   fi
```

Abb. 2.4.1.7: Schreiber muß nie warten

In den Programmen von Abb. 2.4.1.7 wird vorausgesetzt, daß nur ein Schreiber mitwirkt, dieser aber wiederholt arbeitet. Alle mit Buchstaben markierten Anweisungen sind unteilbar. Die Variablen sollen alle boole'sch sein und dürfen nur in *einem* Protokoll geändert werden. Sie haben anfangs alle den Wert "true" mit Ausnahme von wflag=false.

Zur Analyse nehmen wir zunächst an, daß der Leser nur einmal zugreift und entfernen die Anweisungen a), g) und z). Der Analyse kann man entnehmen, daß die Anweisung b) nicht benötigt wird (sie bereitet nur die nachfolgende Erweiterung vor). Die Protokolle können dann wie in Abb. 2.4.1.8 als Netz dargestellt werden,

wobei wir zur Abkürzung Zuweisungen und Tests z. T. in den Transitionen darstellen (wie in Abb. 2.3.1.7).

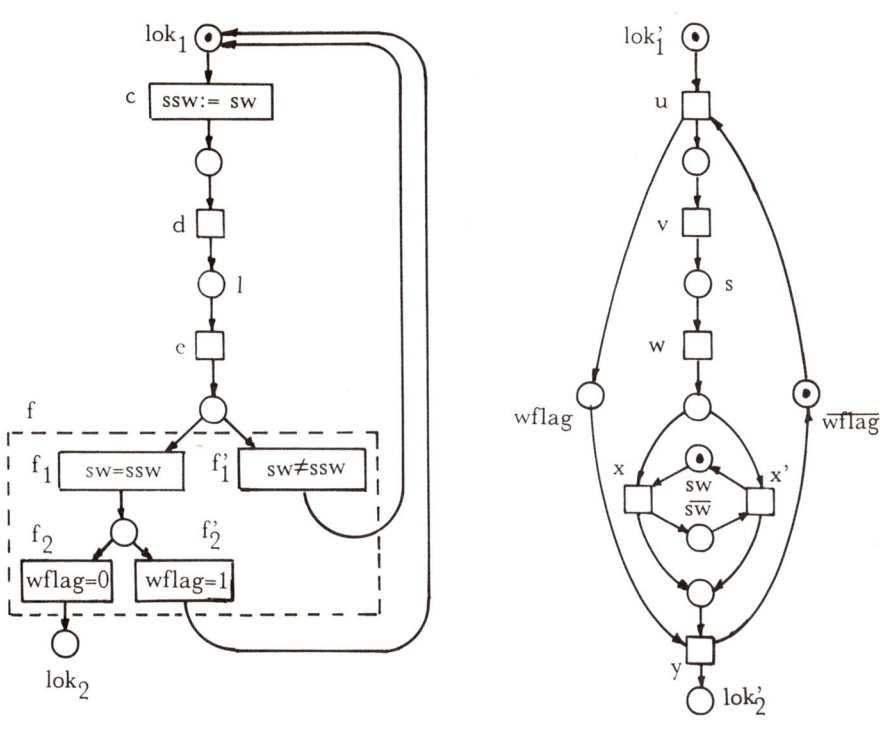

Protokoll für Leser   Protokoll für Schreiber

Abb. 2.4.1.8: Protokolle für nur einen Leser als Netzprogramm

Es sei q eine Ausführungsfolge, bei der Leser und Schreiber nur einmal ihr Protokoll durchlaufen. Wir zeigen, daß der Leser neu beginnt, wenn sein Lesen sich
mit dem Schreiben des Schreibers überlappt.

c<x bedeute, daß in q die Anweisung c vor x ausgeführt wird.

Fall 1: c<x<f ⟹ switch ≠ sswitch, also Wiederholung
Fall 2: x<c   ⟹ w<x<c<d, also Schreiben vor Lesen
Fall 3: f<x

    Fall 3.1: bei f ist wflag=true, dann Wiederholung
    Fall 3.2: bei f ist wflag=false ⟹ f<u ∨ y<f

Fall 3.2.1: $f<u \Rightarrow e<f<u<v \Rightarrow$ also Lesen vor Schreiben
Fall 3.2.2: $y<f$ also $y<f<x$ unmöglich.

Läßt man den Schreiber wiederholt arbeiten, dann gilt der Schluß vom Fall 1 nicht mehr. Zwischen c und f kann der Schreiber zweimal x ausgeführt haben: z.B. in der Folge a b c d / u v w x y z / u v w x y z / e f wird der Leser nicht wiederholt ausgeführt.

Abhilfe schaffen 2n zusätzliche Variable und die Anweisungen a), q) und z). Im obigen Fall gilt dann in g): reading[i]=false≠wirting[i] und der Leser wiederholt den Lesevorgang.

```
Protokoll für i-ten Leser (1≦i≦n)          Protokoll für Schreiber


reading[i]:= not writing[i];               wflag := true;
sflag     := wflag;                        write in buff1;
sswitch   := switch;                       switch:= not switch;
b1        := value read in buffer1;        wflag := false;
sflag2    := wflag;                            j:= 1
sswitch2  := switch;                       do j≦n →
b2        := value read in buffer2;        if reading[j]≠writing[j]
bad       := (switch≠sswitch2                 → write in copybuff[j]
              ∨ sflag ∨ sflag2);                 writing[j]:= reading[j]
if reading[i]=writing[i]                   fi
   → return value read                     j:= j+1
         in copybuff[i]                    od;
□ bad1 → return b2                         write in buff2;
□ else → return b1
fi
```

Abb. 2.4.1.9: Leser und Schreiber müssen nie warten

Es gibt durchaus einfachere Lösungen des Problems. Diese Darstellung bereitet jedoch die Erweiterung von Abb. 2.4.1.9 vor, bei der weder Leser noch Schreiber warten müssen. Der Preis ist die Haltung von n+2 Datenkopien oder Nachrichtenpuffern: buff1, buff2, copybuff[1], ..., copybuff[n]. Der Schreiber schreibt zunächst in buff1 und legt dann für jeden nebenläufigen Leser i eine Kopie in copybuff[i] an. Danach legt er noch eine weitere Kopie in buff2 an. Jeder Leser i liest sowohl in buff1 als auch in buff2. Wenn eine Kopie erstellt wurde, dann benutzt er jedoch diese Werte (return value read in copybuff[i]). Im anderen Fall prüft er, ob buff1 konsistent ist (return b1), sonst benutzt er buff2 (return b2). In (Peterson 83) wird gezeigt, daß dieses Problem nicht mit weniger Kopien der gemeinsamen Daten lösbar ist.

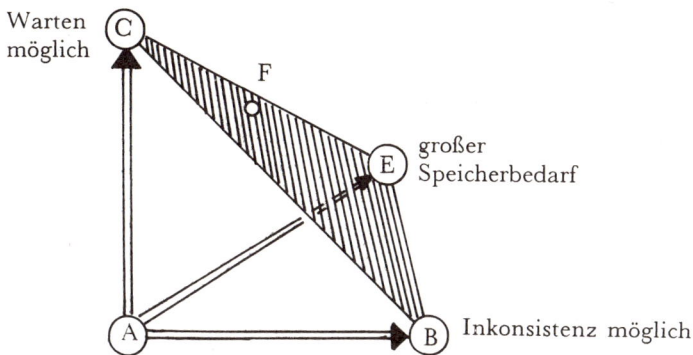

Abb. 2.4.1.10: Erweiterung von Abb. 2.4.1.1

Die vorstehenden Beispiele zeigen, daß im Diagramm von Abb. 2.4.1.1 zwar Punkt B vermieden, dafür aber Warten in Kauf zu nehmen ist (Punkt C). Durch Vergrößerung des Speichers (und der Rechenzeit) gelang es dann, das Warten wieder zu eliminieren (Punkt A). Betrachtet man den Speicherbedarf als dritte Komponente (Abb. 2.4.1.10), so ist man gezwungen, auf der schraffierten Fläche zu bleiben (also Punkt E statt A). Punkt F stellt einen Kompromiß dar: annähernde Konsistenz bei gleichmäßiger Inkaufnahme von Wartezeit und Speicherbedarf. Selten auftretende Inkonsistenzen werden dabei in Kauf genommen oder durch Sonderprozeduren eliminiert.

b) *Betriebsmittel-Synchronisation*
Betriebsmittel wurden in Kapitel 1.1 als Eingangsgrößen einer Handlung definiert, die nicht unmittelbar dem erklärten Zweck der Handlung zugeordnet werden. Sie erscheinen meist unverändert wieder als Ausgangsgrößen. Als Beispiel kann der Operateur O_2 oder die Maschine M_1 in Abb. 1.1.1 zur Bearbeitung von A angesehen werden.

Im Zusammenhang mit Betriebssystemen sind insbesondere gemeinsame Betriebsmittel von Interesse, die von mehreren Handlungen nebenläufig genutzt werden können. Aus technischen oder logischen Gegebenheiten oder Kostengründen sind sie meist so knapp bemessen, daß sie nur in (partiell) serieller Form nutzbar sind.

Wir beginnen wie unter a) wieder mit einem schematischen Auftragssystem. Wir interpretieren nun aber die Variablen als *Klassen von Betriebsmitteln*. Die Einheiten einer Klasse sind ununterscheidbar, aber von begrenzter Anzahl. Beispiele sind Prozessoren, Speicherzeiten, Bandeinheiten, Plattenspuren, aber auch Klassen ohne eigenständige physikalische Realisierung wie Dateien, Nachrichtenpuffer, Systemtabellen.

(2.4.1.1) *Definition*: Ein *schematisches Betriebsmittel-Auftragssystem* (BM-AS) ist ein schematisches Auftragssystem (Def. 2.3.4.2), mit folgenden abweichenden Bezeichnungen:

Variable in $V = \{v_1, \ldots, v_p\}$ heißen *BM-Klassen*

Leseaufträge l_i heißen *BM-Erwerbsaufträge*, e_i

Schreibaufträge s_j heißen *BM-Freigabeaufträge*, f_j

Wir fassen ein BM-AS als S/T-Netz auf, indem wir wie in Kap. 1 zunächst das Kausalnetz des Auftragssystems (mit Anfangsmarkierung) bilden. Die BM-Klassen sind Stellen; Eingangs-BM-Klassen sind Eingangsstellen, Ausgangs-BM-Klassen sind Ausgangsstellen.

Das schematische Auftragssystem von Abb. 2.3.4.2 kann auch als schematisches BM-Auftragssystem mit den Betriebsmitteln x, y und z aufgefaßt werden. Interpretiert man diese als Stellen und zieht die unterbrochenen Linien aus, dann erhält man das entsprechende BM-AS als S/T-Netz (kein Kausalnetz!).

(2.4.1.2) *Definition*: Aus einem schematischen BM-AS entsteht durch Bewertung der mit den BM-Klassen verbundenen Kanten ein *BM-Auftragssystem*. Außerdem enthält jede BM-Klasse Marken, die die Anzahlen der BM-Einheiten der Klasse angeben.

Abbildung 2.4.1.11 zeigt ein BM-AS, das genau dem Beispiel Fig. 2.3.4 in (Coffman et al 73) entspricht. Das zugrundeliegende Auftragssystem besteht aus zwei sequentiellen Auftragssystemen, die fett hervorgehoben sind.

Das Verhalten eines BM-AS erklären wir durch das Schalten des zugehörigen S/T-Netzes. Abbildung 2.4.1.12 zeigt den Markierungsgraphen des BM-AS von Abb. 2.4.1.11, wobei nur die Marken der BM-Klassen angegeben sind. Sinnvollerweise werden die BM-Klassen mindestens so ausgestattet, daß die sequentiellen Teilsysteme seriell arbeiten können.

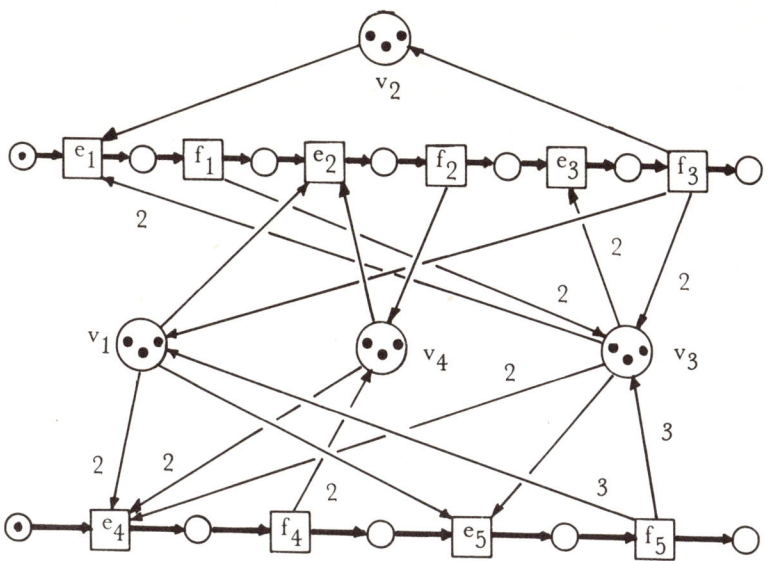

Abb. 2.4.1.11: Ein Betriebsmittel–Auftragssystem

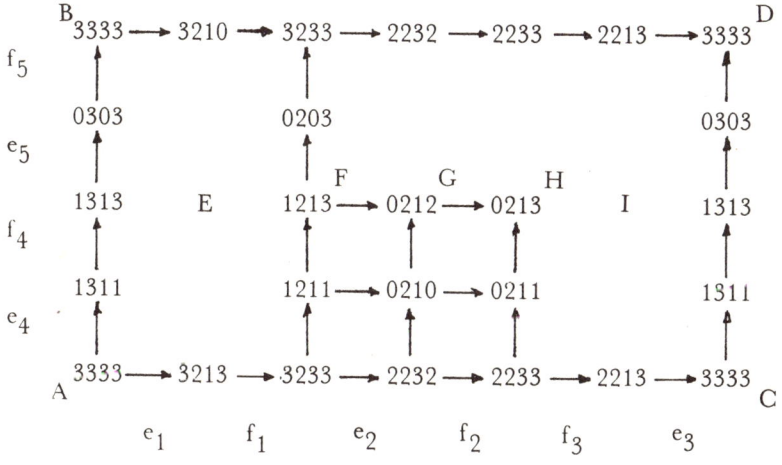

Abb. 2.4.1.12: Markierungsgraph zum Netz in Abb. 2.4.1.11 (nur Markenzahlen von v_1, v_2, v_3, v_4 angegeben)

Dies entspricht den beiden Wegen von A über B oder C nach D und in gewisser Weise dem Kriterium der Serialisierbarkeit. Andererseits sind die Betriebsmittel knapp und gewisse Folgen (wie z.B. $e_4 f_4 e_1$ nach E) unmöglich. Die Folge

$e_1f_1e_2e_4f_4f_2$ endet in H, von wo eine vollständige Abarbeitung unmöglich ist. Markierungen wie in H heißen Verklemmungen (deadlock). Eine Markierung wie G ist selbst keine Verklemmung, führt aber notwendigerweise zu einer solchen. Solch eine Markierung heißt daher *unsicher*.

In einer sicheren oder fortsetzbaren Markierung hingegen gibt es immer mindestens eine Feuerfolge, die das System terminieren bzw. unbegrenzt weiterlaufen läßt. Um unendliche Prozesse in Rechensystemen modellieren zu können, definieren wir zunächst die Menge der unendlichen Schaltfolgen analog zu Def. 1.3.5. In entsprechender Weise kann man auch unendliche asynchrone Prozesse definieren.

(2.4.1.3) *Definition*: Es sei $N=(S,T,F,K,W,m_o)$ ein S/T–Netz und $m \in M_S$ eine Markierung. T^ω bezeichnet die Menge aller unendlichen Folgen von Elementen aus T. Für eine solche unendliche Folge $w \in T^\omega$, die auch ω– *Folge* heißt, und $n \in \mathbb{N}\backslash\{0\}$ sei $w(n) \in T$ das n-te Folgenelement und $w[n] \in T^*$ das Anfangsstück $w(1)w(2)...w(n)$ von w der Länge n. Eine unendliche Folge von Transitionen $w \in T^\omega$ heißt aktiviert in m, symbolisch $m \overset{w}{\rightarrow}$, falls alle ihre Anfangsstücke aktiviert sind: $\forall\, n \geq 1: m \overset{w[n]}{\longrightarrow}$. $F_\omega(N):= \{w \in T^\omega \mid m_o \overset{w}{\rightarrow}\}$ ist die *Menge der unendlichen Schaltfolgen von N*.

(2.4.1.4) *Definition*: Es sei $N=(S,T,F,K,W,m_o)$ ein S/T–Netz und $m \in M_S$ eine Markierung.

a) m heißt *Verklemmung* (deadlock), falls keine Transition schalten kann:

$$\neg\; \exists\, t \in T: m \overset{t}{\rightarrow}$$

N heißt *verklemmungsfrei*, falls keine erreichbare Markierung $m \in R(N)$ eine Verklemmung ist.

b) Ist für N eine Menge $M_E := \{m_1, ..., m_k\}$ von terminalen Markierungen gegeben, dann heißt m *sicher* oder *fortsetzbar*, falls

$$\exists\, w \in T^* \; \exists\, m_i \in M_E: m \overset{w}{\rightarrow} m_i$$

c) m heißt ω–*sicher* oder ω–*fortsetzbar*, falls

$$\exists\, w \in T^\omega: m \overset{w}{\rightarrow}$$

SICH(N) oder SICH bezeichne die Menge aller ω–sicheren Markierungen von N.

Anmerkung: Abweichend von Def. 2.4.1.4 heißt eine Markierung oft sicher, wenn jede Stelle höchstens eine Marke enthält.

Während die Benutzung dieser allgemeinen Begriffe bis zum Abschnitt 2.4.3 zurückgestellt wird, diskutieren wir im folgenden Synchronisationsformen anhand von weiteren Beispielen.

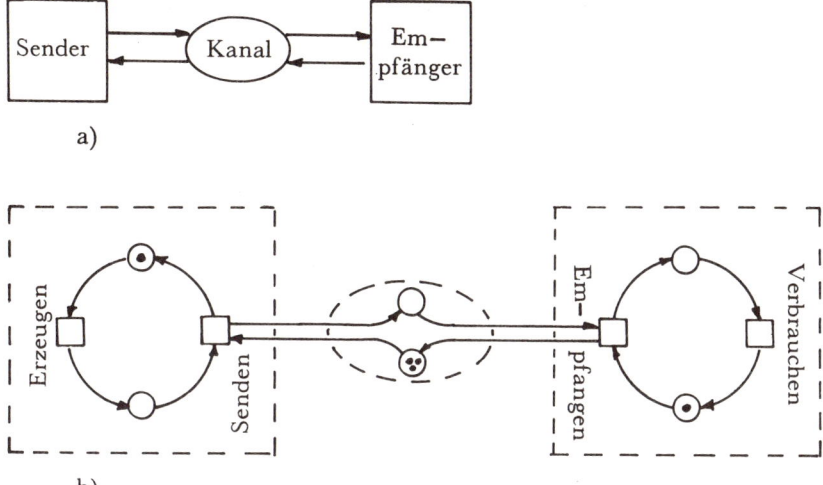

a)

b)

Abb. 2.4.1.13: Synchronisation von Funktionseinheiten

Abbildung 2.4.1.13 a) zeigt ein gemeinsames Betriebsmittel "Kanal" für zwei Funktionseinheiten Sender und Empfänger als Netz. In der Verfeinerung als S/T–Netz in Abb. 2.4.1.13 b) erkennt man die Unterfunktionseinheiten Erzeugen, Senden bzw. Empfangen, Verbrauchen, die die entsprechenden Handlungen in zyklischer Weise bestimmen. Das Betriebsmittel hat die Kapazität 3, d.h. der Sender kann höchstens dreimal eine Nachricht ablegen, ohne daß der Empfänger sie entnimmt.

Die Synchronisation wird durch die Nachricht selbst (die Marke) vorgenommen. Da ein realer Speicher oder Kanal i.a. nicht anzeigt, daß seine Füllung seiner Kapazität entspricht, muß die Synchronisation von der Datenübertragung getrennt werden.

Als Beispiel realisieren wir einen als Feld dargestellten Nachrichtenpuffer endlicher Kapazität k, der von einem Sender und einem Empfänger benutzt wird. Diese Struktur liegt z.B. bei einer SPOOLing–Organisation der Ein/Ausgabe eines Rechensystems vor. Das in Abb. 2.4.1.15 dargestellte nebenläufige Programm benutzt einen Ring–Puffer der Form Abb. 2.4.1.14 als Kanal und Semaphore (Def.

2.3.3.1) zur Synchronisation, bezüglich welcher das Netz von Abb. 2.4.1.16 eine äquivalente Darstellung ist.

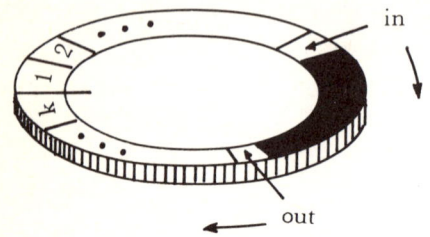

Abb. 2.4.1.14: Ringpuffer "buffer"

```
var full:= 0, empty:= k: semaphor;
    in:= out:= 1: integer; in:= out:= 1: integer;
    buffer: array[1..k] of message;
    v,w: message;


con  (* Sender *)         //        (* Empfänger *)


do true →                          do true →

  (10) produce(v)                    (20) P(full);

  (11) P(empty)                      (21) w:= buffer[out]

  (12) buffer[in]:= v;               (22) out:= (out+1) mod k;

  (13) in:= (in+1) mod k;                 out:= out+1

       in:= in+1                     (23) V(empty)

  (14) V(full)                       (24) consume(w)

od                                 od

noc
```

Abb. 2.4.1.15: Sender/Empfänger-Programm

Für Korrektheitsbeweise werden üblicherweise Hilfsvariable wie $\overline{in}$ und $\overline{out}$ eingeführt. Sie werden in (13) bzw. (22) wie in und out verändert, jedoch ohne die Bildung von modulo k :

$$0 \leq \overline{\text{in}} - \overline{\text{out}} \leq k \Rightarrow \overline{\text{in}} - \overline{\text{out}} = \| \text{ in} - \text{out} \|_k \qquad (2.4.1.7)$$

wobei $\| \text{ in} - \text{out} \|_k := (\text{in} + k - \text{out}) \mod k$.

Auch im Netz von Abb. 2.4.1.16 benutzen wir $\overline{\text{in}}$ und $\overline{\text{out}}$, um mittels (2.4.1.7) Aussagen über in und out zu beweisen. $\overline{\text{in}}$ und $\overline{\text{out}}$ existieren nur zu Beweiszwecken und heißen daher *Hilfsvariable*. Ihre Entfernung ändert nicht das Verhalten des übrigen Programmes bzw. Netzes.

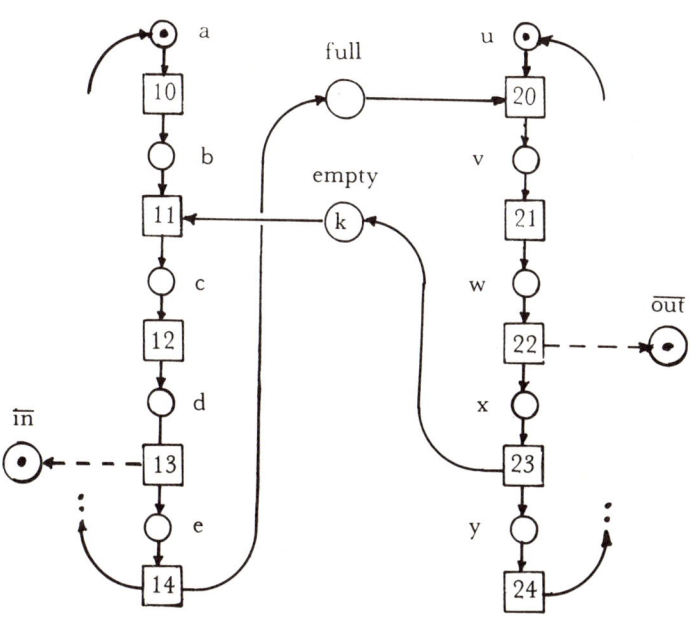

Abb. 2.4.1.16: Sender/Empfänger–S/T–Netz

Synchronisation bedeutet hier die zeitliche Abstimmung von Sender und Empfänger in der Weise, daß der Puffer ordnungsgemäß verwaltet wird. Das bedeutet präziser:

1. kein Überlaufen des Puffers: $\overline{\text{in}} - \overline{\text{out}} \leq k$ (2.4.1.8)

2. kein Unterlaufen des Puffers: $\overline{\text{in}} - \overline{\text{out}} \geq 0$

3. wenn der Sender schreibt (also (12) ausführt), ist der Puffer nicht voll (also $\| \text{ in} - \text{out} \|_k < k$)

4. wenn der Empfänger liest (also (21) ausführt), ist der Puffer nicht leer (also $\| \text{ in} - \text{out} \|_k > 0$)

5. Verklemmungsfreiheit: in jedem erreichbaren Zustand ist mindestens eine Anweisung ausführbar.

Diese Eigenschaften werden in 2.4.2 mit Hilfe von Invarianten bewiesen.

Die vorgenommene Unterscheidung in

a) Konsistenz-Synchronisation und
b) Betriebsmittel-Synchronisation

betrifft den Typ des Synchronisations*problems*, und nicht dessen algorithmische Behandlung. Bezüglich letzterer unterscheidet man ebenfalls zwei Typen:

c) Synchronisation mit gemeinsamen Daten: "Speichersynchronisation"
d) Synchronisation mit verteilten Daten: "Rendezvous-Synchronisation".

Bei d) müssen zwei Aufträge zur Kommunikation an verabredeten Stellen ihrer Ausführung warten, bis der noch fehlende eingetroffen ist und tauschen dann die Information direkt.
Bei c) vereinbaren zwei Aufträge einen Ort, an dem der eine Nachrichten hinterlegen kann, die der andere zu einem späteren Zeitpunkt abholt. Man denke z.B. an zwei Geheimagenten, die miteinander korrespondieren, indem sie ein Postfach oder einen toten Briefkasten benutzen (c), oder sich alternativ zu einem Treffen verabreden (d).

Die bisher behandelten Beispiele benutzen alle Speicher-Synchronisation. Der Speicher war dabei etwa ein Feld oder eine Semaphorvariable.

Abbildung 2.4.1.18 zeigt das Mengensortierprogramm aus Abschnitt 1.1 mit Rendezvous-Synchronisation. Jedem der nebenläufigen Programme P_1 und P_2 ist die Verwaltung einer der beiden Mengen A und B übertragen. Alle Variablen dieser Programme sind lokal. Soll P_1 auf den Wert der Variablen min von P_2 zugreifen, dann muß P_2 in einem Rendezvous mit P_1 diesen Wert übergeben.

P_1 signalisiert z.B. durch P_2? mn, daß es von P_2 einen Wert zu empfangen bereit ist, der auf der Variablen mn abgespeichert wird (Abb. 2.4.1.17). P_2 signalisiert z.B. durch P_1! min, daß es bereit ist, den Wert von min an P_1 zu senden. Wenn beide Handlungen zusammentreffen (und der Datentyp von mn und min gleich ist), dann werden beide unteilbar ausgeführt mit der Wirkung:

⟨mn:= min⟩

Die Möglichkeit eines Rendezvous ist in der Netzdarstellung von Abb. 2.4.1.19 wie in Abb. 2.4.1.17 b) dargestellt. Kommt das Rendezvous zustande, dann haben wir die Handlung von Abb. 2.4.1.17 c).

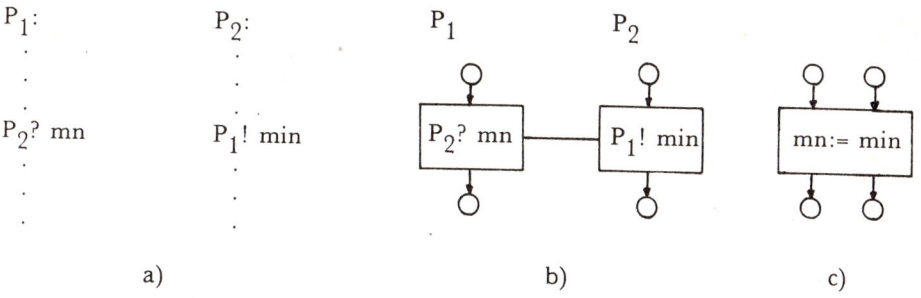

$$P_1: \qquad\qquad P_2:$$

```
P_1:                P_2:
 .                   .
 .                   .
 .                   .
P_2? mn             P_1! min
 .                   .
 .                   .
 .                   .
```

a)   b)   c)

Abb. 2.4.1.17: Rendezvous-Synchronisation

(* $A=A_0 \subset \mathbb{Z}$, $B=B_0 \subset \mathbb{Z}$; A,B disjunkt, endlich und nicht leer *)

```
con
   P_1:   max:= max(A);          //     P_2:   min:= min(B);
          P_2! max;                            P_1? mx;
          P_2? mn;                             P_1! min;
       do max > mn →                        do mx > min →
          A:= A \ {max};                       B:= B \ {min};
          A:= A ∪ {mn};                        B:= B ∪ {mx};
          max:= max(A);                        min:= min(B);
          P_2! max;                            P_1? mx;
          P_2? mn                              P_1! min
       od                                   od
noc
```

(* $A \cup B = A_0 \cup B_0$, $|A| = |A_0|$, $|B| = |B_0|$, $max(A) < min(B)$ *)

Abb. 2.4.1.18: Das Programm von Beispiel 1.1.12 in Rendezvous-Synchronisation

Im allgemeinen steht vor dem Start des Programms *nicht* fest, welche Rendezvous zustandekommen. In (Taylor 83) wird sogar gezeigt, daß das Problem, dies zu berechnen, NP-vollständig ist. Aus diesem Grunde kann man meist zu einem Programm in PROG nicht ein Netz wie in Abb. 2.4.1.19 angeben. In den zugehörigen Prozessen können jedoch wie in Abb. 2.4.1.17 die Rendezvous-Partner zu einer Transition verschmolzen werden.

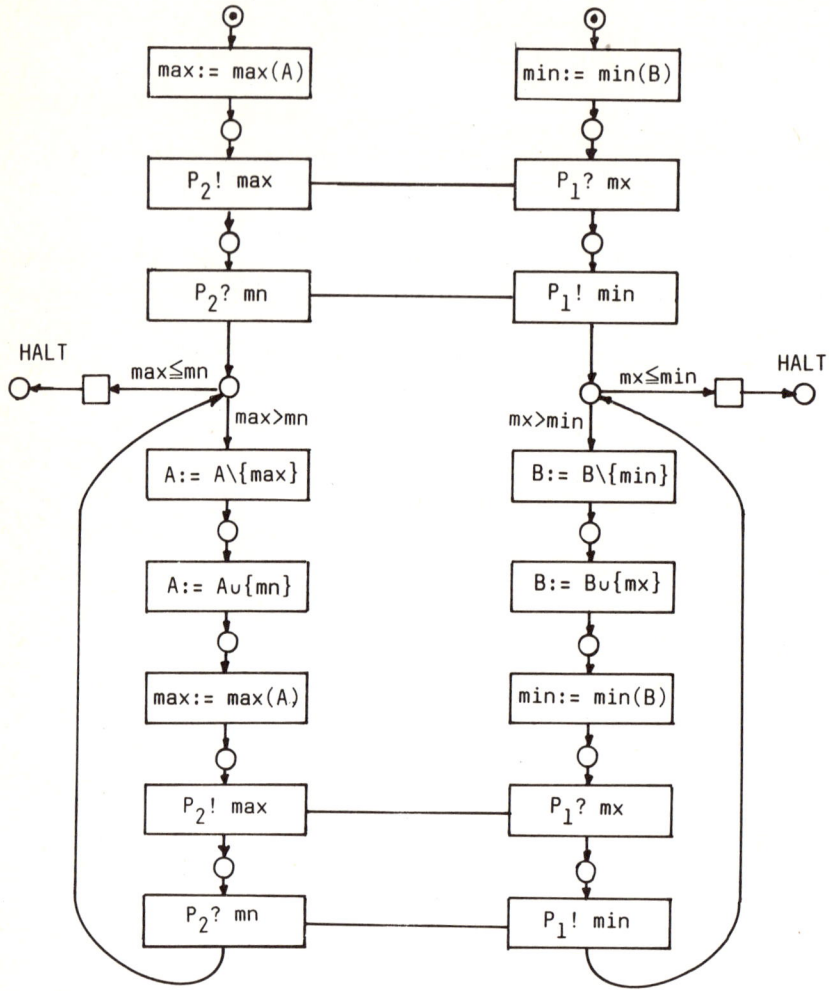

Abb. 2.4.1.19: Das Programm von Abb. 2.4.1.18 als Netzprogramm

Rendezvous–Synchronisation wurde in der Form von "Pfad–Programmen" (Campbell et al 74) und der Sprache COSY (Lauer et al 79) bekannt. HOARE hat sie dann in seiner idealen Sprache CSP benutzt (Hoare 78). Praktisch realisiert wird sie in ADA. Speichersynchronisation findet man auch im MONITOR-Konzept, welches in der Sprache Concurrent PASCAL (Brinch Hansen 77) realisiert wurde. Wir behandeln diese Sprachen im Abschnitt 2.5.

Um die Unterschiede bzw. Gemeinsamkeiten der beiden Synchronisationsformen zu untersuchen, ist es nützlich, Programme der einen Form in der anderen zu simulieren. Dabei gehen wir von einer virtuellen Funktionseinheit aus, bei der alle Daten direkt von allen Prozeßanweisungen zugreifbar sind.

Liegt ein Programm mit verteilter Datenhaltung und Rendezvous-Synchronisation vor, dann ist unmittelbar klar, wie es durch ein Programm mit Speichersynchronisation simuliert werden kann. Zunächst werden die den einzelnen nebenläufigen Prozessen zugeordneten Variablen so umbenannt, daß sie auch bei zentraler Datenhaltung lokal bleiben. Jedes Rendezvous ist dann darstellbar als Zuweisung, wobei die kommunizierenden Prozesse mit den zur Verfügung stehenden Mitteln (z.B. Semaphore) entsprechend synchronisiert werden müssen.

Soll umgekehrt ein Programm mit zentraler Datenhaltung und Speichersynchronisation durch ein Programm mit dezentraler Datenhaltung und Rendezvous-Synchronisation simuliert werden, muß man zusätzliche Prozeßanweisungen einführen. Für jede von verschiedenen der ursprünglichen Prozeßanweisungen gemeinsam genutzte Datenstruktur d (z. B. eine Variable, ein Feld usw.) wird eine Prozeßanweisung P_d eingeführt. d ist natürlich lokal für P_d. Jede andere Prozeßanweisung, die auf d zugreifen will, muß also mit P_d ein entsprechendes Rendezvous eingehen und dadurch P_d zu dem gewünschten Zugriff veranlassen.

```
con Sender // Empfänger // Puffer noc

wobei:

Puffer: full:= 0, empty:= k: integer;
        in:= out:= 1      : integer;
        buffer: array[1..k]of message;
do (1) full<k; Sender? buffer[in] → (2) full,in:= full+1,(in+1)mod k
□  (3) full>0; Empfänger! buffer[out] → (4) full,out:=
                                        full-1,(out+1)mod k
od


Sender: v:  message,        Empfänger: w:  message;
    do true → (a) produce(v);    do true → (c) Puffer?w;
              (b) Puffer!v                  (d) consume(w)
    od                           od
```

Abb. 2.4.1.20: Sender/Empfänger-Programm mit Rendezvous-Synchronisation

Behandelt man so z.B. das Beispiel von Abb. 2.4.1.15, dann wird für die den Prozeßanweisungen "Sender" und "Empfänger" gemeinsame Datenstruktur "buffer" eine neue Prozeßanweisung "Puffer" eingeführt. Das Feld "buffer" ist nun lokal in "Puffer". Der Zugriff wird durch die alternativ ausführbaren Rendezvous' mit dem Sender und dem Empfänger realisiert. Die Synchronisation wird dabei ganz durch den Puffer durchgeführt (Abb. 2.4.1.20). Dabei darf der Schutz einer geschützten Anweisung B→A auch die Form $B=B_1;B_2$ haben, wobei B_1 eine normale boole'sche Bedingung und B_2 eine Kommunikationsanweisung ist.

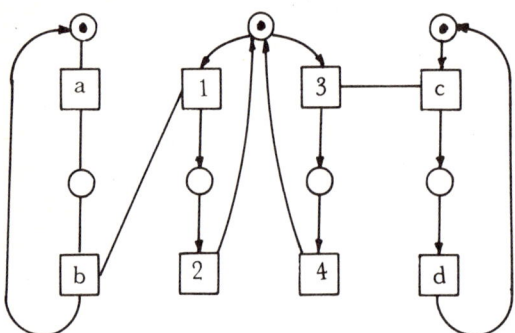

Abb. 2.4.1.21: Kontrollstruktur des Programms von Abb. 2.4.1.20

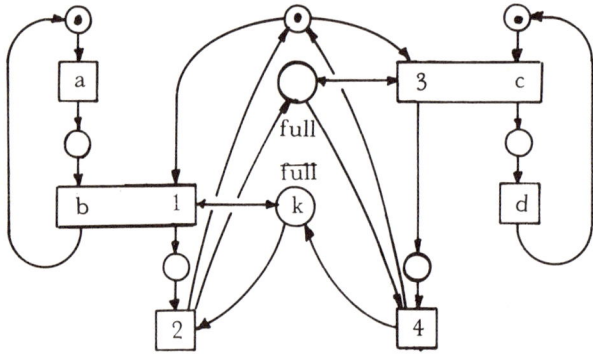

Abb. 2.4.1.22: Kontrollstruktur mit Speicher–Synchronisation

$B_1;B_2$→A ist ausführbar, wenn B_1 wahr *und* B_2 ausführbar ist. Dann wird erst B_2 und dann A ausgeführt.

Das Programm von Abb. 2.4.1.20 wurde möglichst analog zu Abb. 2.4.1.15

geschrieben. Abbildung 2.4.1.22 zeigt seine Synchronisationsstruktur als Netz. Will
man (wie in Abb. 2.4.1.16) die Synchronisation des Pufferzugriffs genauer darstellen, so muß man wegen der Abfrage "full<k", eine zweite, komplementäre Stelle
$\overline{\text{full}}$ mit

$$m(\text{full}) = m(\overline{\text{full}}) = k \qquad\qquad (2.4.1.9)$$

für alle erreichbaren Markierungen m einführen. Der Vergleich mit Abb. 2.4.1.16
zeigt, daß $\overline{\text{full}}$ die Rolle von empty übernimmt.

Der Übergang von Speicher–Synchronisation zu Rendezvous–Synchronisation kann
also auch in Netzen durch Aufspaltung dargestellt werden.

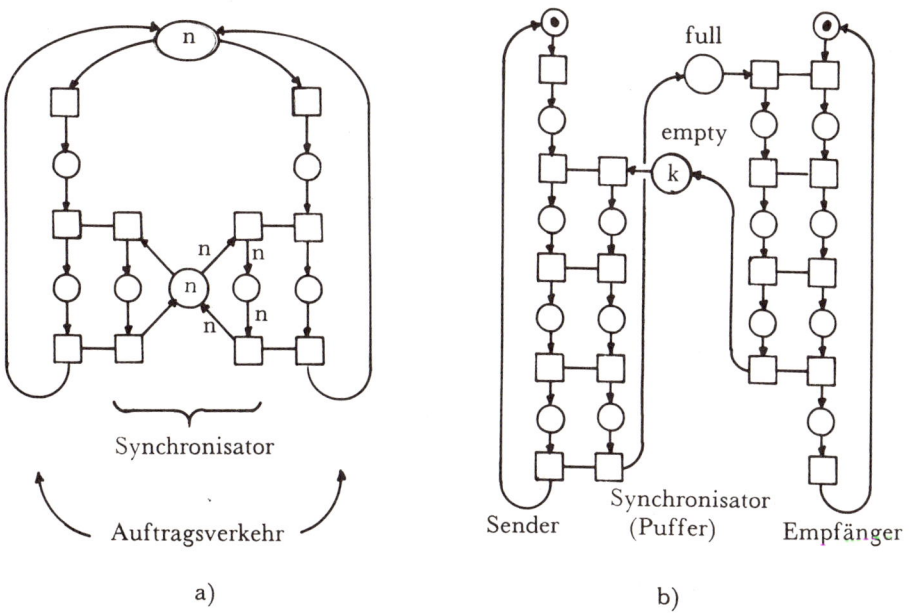

Abb. 2.4.1.23: Rendezvous–Synchronisation bei Netzen

Abbildung 2.4.1.23 a) zeigt das Leser/Schreiber–Problem (Abb. 2.4.1.5) und Abb.
2.4.1.23 b) das Sender/Empfänger–Beispiel (Abb. 2.4.1.16) in dieser Form. Die
durch Linien verbundenen Transitionen dürfen nur gemeinsam schalten
(entsprechend Abb. 2.4.1.17).

2.4.2 Nachweis von Synchronisationsbedingungen

Beziehungen zwischen Programmvariablen, die bei der Ausführung des Programmes erhalten bleiben, heißen Invarianten. Ihre Nützlichkeit zum Nachweis von Programmeigenschaften ist aus der sequentiellen Programmierung bereits hinreichend bekannt. Da das Verhalten von nebenläufigen Programmen weitaus komplexer und unübersichtlicher ist, sind Invarianten von entsprechend größerer Bedeutung, vorausgesetzt, es gelingt solche Gesetzmäßigkeiten zu erkennen.

Als Beispiel greifen wir die Semaphor–Realisierung von unteilbaren Handlungen aus Abschnitt 2.3.3 auf.

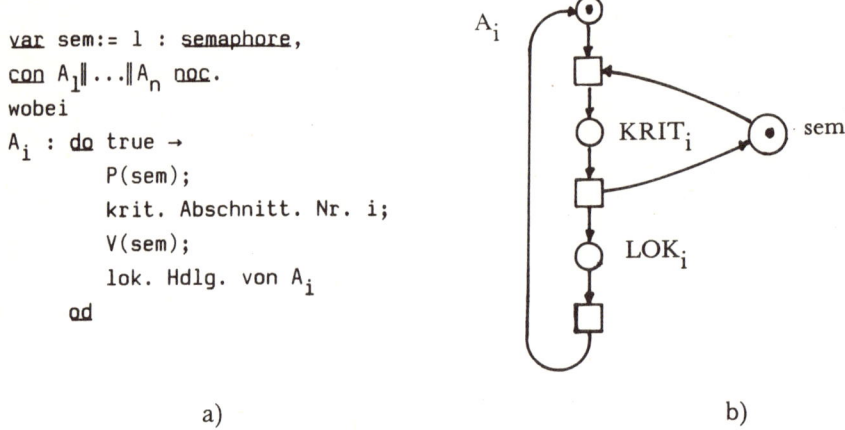

```
var sem:= 1 : semaphore,
con A₁ ‖ ... ‖ Aₙ noc.
wobei
Aᵢ : do true →
        P(sem);
        krit. Abschnitt. Nr. i;
        V(sem);
        lok. Hdlg. von Aᵢ
    od
```

a)   b)

Abb. 2.4.2.1: Wechselseitiger Ausschluß für n Prozeßanweisungen

Eine Invariante für das Programm in Abb. 2.4.2.1 a) ist gegeben durch:

Entweder sem=1 oder genau ein A_i ist im krit. Abschnitt   (2.4.2.1)

Benutzt man den Operator $\odot$ für "ausschließliches Oder" und $KRIT_i$ als Aussage "A_i ist in seinem kritischen Abschnitt", dann wird (2.4.2.1) zu

$$sem = 1 \odot \overset{n}{\underset{i=1}{\odot}} KRIT_i \qquad\qquad (2.4.2.2)$$

Da die Darstellung als B/E–Netz N (Abb. 2.4.2.1 b)) diese Bedingung als Stelle $KRIT_i$ enthält, können wir (2.4.2.2) als Gleichung formulieren, die für alle erreichbaren Markierungen gilt.

Für alle erreichbaren Markierungen $m \in R(N)$ gilt:

$$m(sem) + \sum_{i=1}^{n} m(KRIT_i) = 1 \qquad (2.4.2.3)$$

Eine solche Gleichung nennen wir *lineare Invariante* des Netzes. Für n=2 ist

$$m(KRIT_1) \cdot m(KRIT_2) = 0$$

eine nicht lineare Invariante, die auch für alle erreichbaren Markierungen m gilt. Aus beiden läßt sich die Eigenschaft der Unteilbarkeit direkt ableiten:

$$m(KRIT_i) = 1 \wedge j \neq i \implies m(KRIT_j) = 0 \qquad (2.4.2.4)$$

Invariantengleichungen wie (2.4.2.3) schreiben wir auch kürzer, indem wir den Bezug auf m weglassen als

$$sem + \sum_{i=1}^{n} KRIT_i = 1 \qquad (2.4.2.5)$$

Für das S/T-Netz des Leser/Schreiber-Problems in Abb. 2.4.1.5 gelten die Invarianten ($n \geq 1$):

i_1:　lok + la + sa + l + s = n　　　　　　　　　　　(2.4.2.6)
i_2:　　l + r + n·s = n　　　　　　　　　　　　　　(2.4.2.7)

Interessanterweise entsprechen diese Invarianten der Zerlegung in Abb. 2.4.1.23 a). (2.4.2.6) drückt aus, daß die Anzahl der Aufträge konstant n bleibt, während (2.4.2.7) den Synchronisator beschreibt. Den Beweis, daß diese Invarianten für alle erreichbaren Markierungen gelten, stellen wir zurück, leiten aber aus ihnen die Synchronisationsbedingungen (2.4.1.4) bis (2.4.1.6) ab:

$s > 0 \implies l = 0$　　(folgt aus i_2)
$s \leq 1$　　　　　　(wegen i_2)
$l > 0 \implies s = 0$　　(wegen i_2)

Damit ist nachgewiesen, daß das Netz von Abb. 2.4.1.5 die Synchronisationsbedingungen des Leser/Schreiber-Problems erfüllen. (Wir müssen nur noch den Beweis der Gültigkeit von i_1 und i_2 nachholen.)

Für das Sender/Empfänger-Beispiel in Abb. 2.4.1.16 gelten die folgenden Invarianten, d.h. folgende Gleichungen gelten für alle erreichbaren Markierungen:

$a + b + c + d + e = 1$　　　　　　　　　　　　　(2.4.2.8)
$u + v + w + x + y = 1$　　　　　　　　　　　　　(2.4.2.9)
$empty + c + d + e + full + v + w + x = k$　　　　(2.4.2.10)
$e + full + v + w = \overline{in} - \overline{out}$　　　　　　　　　　　(2.4.2.11)

Die ersten drei Invarianten entsprechen wiederum den drei durch Rendezvous-

Synchronisation gekoppelten Teilnetzen "Sender", "Empfänger" und "Puffer" in Abb. 2.4.1.23 b). Mit diesen Invarianten beweisen wir nun die Eigenschaften 1. bis 5. (2.4.1.8) :

* Aus (2.4.2.11) und (2.4.2.10) und der Tatsache, daß Markenanzahlen nicht negativ sein können, folgen die ersten beiden Behauptungen: $0 \leq \overline{in} - \overline{out} \leq k$. Damit können wir (2.4.1.7) benutzen als:

$$\overline{in} - \overline{out} = \|in - out\|_k \qquad (2.4.2.12)$$

* Prämisse der dritten Behauptung von (2.4.1.8) ist $c>0$, also wegen (2.4.2.8) sogar $c=1$. Aus (2.4.2.10) bis (2.4.2.12) folgt dann

$$\|in - out\|_k = \overline{in} - \overline{out} = e+full+v+w = k-empty-c-d-x \leq k-c = k-1 < k$$

Damit gilt die dritte Behauptung.

* Prämisse der vierten Behauptung ist $v>0$, also wegen (2.4.2.9) sogar $v=1$. Wie oben folgt:

$$\|in - out\|_k = \overline{in} - \overline{out} = e + full + v + w \geq 1$$

* Die fünfte Behauptung heißt für das S/T-Netz:

   N ist verklemmungsfrei

Für $m \in R(N)$ machen wir folgende Fallunterscheidung:

Fall 1: Von den Stellen a,c,d,e,v,w,x oder y ist mindestens eine markiert. Dann ist die jeweils folgende Transition aktiviert.

Fall 2: $a = c = d = e = v = w = x = y = 0$

   (2.4.2.8) bis (2.4.2.10) lauten dann: $b = 1$, $u = 1$ und $empty + full = k > 0$.

   Also ist Transition 11 oder 20 aktiviert.

Wir zeigen nun, wie man die Gültigkeit von Invarianten nachweist.
Dazu betrachten wir das S/T-Netz von Abb. 2.4.1.5 und die Invariante (2.4.2.7):

$$m(l) + m(r) + n \cdot m(s) = n \qquad (2.4.2.13)$$

Sie gilt für die eingezeichnete Anfangsmarkierung m_o.

Als Induktionsbeweis zeigt man dann:

   Gilt (2.4.2.13) für eine Markierung $m_1 \in R(N)$ und ändert eine Transition t die Markierung m_1 durch Schalten zu m_2 (also $m_1 \overset{t}{\to} m_2$), dann gilt (2.4.2.13) auch für m_2.

Für $t = e$ gilt $m_2(sa) = m_1(sa)-1$

$$m_2(r) = m_1(r) - n \qquad\qquad\qquad (2.4.2.14)$$
$$m_2(s) = m_1(s) + 1$$

während alle anderen Stellen unverändert bleiben. Gilt (2.4.2.13) für m_1, dann auch für m_2. Dies ist für alle Transitionen durchzuführen.

Um dies systematischer zu behandlen, definieren wir die "Wirkung" einer Transition.

(2.4.2.1) *Definition*: Es sei $N=(S,T,F,K,W,m_o)$ ein S/T-Netz mit $S=\{s_1,\ldots, s_p\}$ und $T=\{t_1,\ldots, t_q\}$. Der Vektor $\Delta_N(t)\in \mathbb{N}^p$ heißt *Wirkung* der Transition $t\in T$ und ist definiert durch

$$\Delta_N(t)(s) = W(t,s) - W(s,t).$$

Die durch Aneinanderreihung der Vektoren $\Delta_N(t_1)\ldots\Delta_N(t_q)$ gebildete $(p\times q)$-Matrix Δ_N heißt *Wirkungs-* oder *Inzidenzmatrix*. $\Delta_N(t)$ ist dann die t-Spalte von Δ_N.

Der Name "Inzidenzmatrix" ist durch die Darstellung von N als Graph zu erklären, während die Bezeichnung "Wirkung" durch den folgenden Satz deutlich wird.

(2.4.2.2) *Satz*: Wenn t die Markierung m_1 durch Schalten in m_2 überführt $(m_1 \overset{t}{\to} m_2)$, dann gilt:

$$m_2 = m_1 + \Delta_N(t)$$

Der Beweis folgt direkt durch Vergleich der Definitionen 1.3.4 und 2.4.2.1. □

Von Invarianten bei Programmen ist bekannt, daß sie nicht algorithmisch aus dem Programm gewonnen werden können. Einer der Vorteile der Darstellung von Synchronisations-Problemen durch S/T-Netze beruht darauf, daß Netz-Invarianten berechnet werden können. Die Grundlage dazu liefert der folgende Satz von Lautenbach.

(2.4.2.3) *Satz*: Es sei M' die Transponierte einer Matrix M und $\underline{0}\in \mathbb{Z}^{|S|}$ der Nullvektor.

Ist $N=(S,T,F,K,W,m_o)$ ein S/T-Netz mit Inzidenzmatrix Δ_N und $i\in \mathbb{Z}^{|S|}$ eine ganzzahlige Lösung des linearen Gleichungssystems

$$\Delta_N' \cdot i = \underline{0},$$

dann gilt $i'\cdot m = i'\cdot m_o$ für alle erreichbaren Markierungen $m\in R(N)$.

Beweis: (durch Induktion über R(N)):

Die Behauptung ist trivial für $m = m_o$.

Es gelte die Behauptung für $m_1 \in R(N)$, also $i' \cdot m_1 = i' \cdot m_o$, und es gelte $m_1 \overset{t}{\mapsto} m_2$ für eine Transition $t \in T$. Aus der Voraussetzung $\Delta_N' \cdot i = \underline{0}'$ folgt dann $\underline{0}' = (\Delta_N' \cdot i)' = i' \cdot \Delta_N$ und $i' \cdot \Delta_N(t) = \underline{0}$. Also gilt mit Satz 2.4.2.2 die Induktionsbehauptung:

$$
\begin{aligned}
i' \cdot m_2 &= i' \cdot (m_1 + \Delta_N(t)) \\
&= i' \cdot m_1 + i' \cdot \Delta_N(t) \\
&= i' \cdot m_1 \\
&= i' \cdot m_o
\end{aligned}
$$

$\square$

(2.4.2.4) *Definition*: Jede ganzzahlige Lösung $i \in \mathbb{Z}^{|S|} \setminus \{\underline{0}\}$ von $\Delta_N' \cdot i = \underline{0}$ heißt *S-Invarianten-Vektor* des S/T-Netzes N.

Wir interpretieren Satz 2.4.2.3 anhand unseres Beispiels. Abbildung 2.4.2.2 zeigt die Inzidenzmatrix Δ_N des Netzes von Abb. 2.4.1.5 und zwei Invarianten-Vektoren i_1 und i_2. (Man rechne nach: $\Delta_N' \cdot i_k = \underline{0}$.)

N	a	b	c	d	e	f		i_1		i_2
lok	-1	0	1	-1	0	1		1		0
la	1	-1	0	0	0	0		1		0
sa	0	0	0	1	-1	0		1		0
l	0	1	-1	0	0	0		1		1
s	0	0	0	0	1	-1		1		n
r	0	-1	1	0	-n	n		0		1

j	3	3	3	2	2	2

Abb. 2.4.2.2: Inzidenzmatrix Δ_N mit S-Invarianten i_1, i_2 und T-Invariante j

Folglich gilt nach Satz 2.4.2.3 für jede von der Anfangsmarkierung $m_o' = (n,0,0,0,0,n)$ aus erreichbare Markierung m:

$$
\begin{aligned}
i_2' &= 1 \cdot m(l) + n \cdot m(s) + 1 \cdot m(r) \\
&= 1 \cdot m_o(l) + n \cdot m_o(s) + 1 \cdot m_o(r) \\
&= 1 \cdot 0 + n \cdot 0 + 1 \cdot n = n
\end{aligned}
$$

Dies ist genau die Invariantengleichung (2.4.2.7) bzw. (2.4.2.13).

Wir fassen zusammen:

Aus einem gegebenen S/T–Netz N können durch Berechnung aller ganzzahligen Lösungen i in $\Delta'_N \cdot i = \underline{0}$ alle *Invarianten-Vektoren* gefunden werden. Für die Anfangsmarkierung m_o werden durch $i' \cdot m = i' \cdot m_o$ die entsprechenden *Invariantengleichungen* aufgestellt, die für alle $m \in R(N)$ gelten. Mit ihnen können, wie oben gezeigt, Netzeigenschaften nachgewiesen werden.

Das ganzzahlige Lösen von linearen Gleichungssystemen ist NP–vollständig. Damit ist dieses Verfahren nur unter Einschränkungen praktikabel. Große Netze bzw. Systeme sollten daher zusammen mit ihren S–Invarianten entwickelt werden. Invariantengleichungen sollten sowohl formal genutzt als auch inhaltlich gedeutet werden.

Auch die Lösungen j von $\Delta_N \cdot j = \underline{0}$ haben eine wichtige Interpretation für die Analyse von Rechensystemen.

(2.4.2.5) *Definition*: Jede Lösung $j \in \mathbb{N}^{|T|} \setminus \{\underline{0}\}$ von $\Delta_N \cdot j = \underline{0}$ heißt *T–Invarianten-Vektor* des S/T–Netzes N.

T–Invarianten liefern notwendige Bedingungen für die Reproduzierbarkeit von Systemen. Dabei heiße eine Markierung m *reproduzierbar*, wenn sie durch eine (nicht leere) Schaltfolge w von Transitionen wieder erreichbar ist. Kommt eine Transition $t_i \in T$ in w gerade $\#_i(w)$ mal vor, dann ist der Vektor $\#(w) := (\#_1(w), \#_2(w), \ldots, \#_{|T|}(w))$ ein T–Invarianten-Vektor. T–Invarianten beschreiben also die Häufigkeit des Schaltens jeder Transition bei reproduzierendem Verhalten.

(2.4.2.6) *Satz*: Es seien m_1, m_2 Markierungen und $w = t_{i_1} \ldots t_{i_k}$ eine Schaltfolge, die m_1 in m_2 überführt: $m_1 \xrightarrow{w} m_2$. Die Markierungen m_1 und m_2 sind genau dann gleich, wenn es einen T–Invarianten-Vektor $j \in \mathbb{N}^{|T|}$ derart gibt, daß jede Transition $t_i \in T$ genau $j(i)$ mal in w vorkommt: $j(i) = \#_i(w)$.

Beweis: Es gilt nach Voraussetzung $m_1 = m_2 = m_1 + \Delta_N(t_{i_1}) + \Delta_N(t_{i_2}) + \ldots + \Delta_N(t_{i_k})$ genau dann, wenn gilt:
$$\underline{0} = \Delta_N(t_{i_1}) + \Delta_N(t_{i_2}) + \ldots + \Delta_N(t_{i_k}) = \Delta_N \cdot \#(w). \qquad \Box$$

Der T–Invarianten-Vektor j in Abb. 2.4.2.2 besagt also, daß die Anfangsmarkierung m_o dann wieder erreicht (reproduziert) wird, wenn drei Lese– und zwei Schreibaufträge ihren Zyklus durchlaufen haben.

2.4.3 Verklemmungsfreiheit

Der Begriff der Verklemmungsfreiheit wurde im Abschnitt 2.4.1 eingeführt und anhand von Beispielen erläutert. Insbesondere war durch das Modell des Betriebsmittel-Auftragssystems (BM-Auftragssystem) eine detaillierte Beschreibung von Betriebsmittelzugriffen möglich. In vielen Fällen kann jedoch nur von viel ungenauerer Kenntnis der möglichen Prozeßabläufe ausgegangen werden. Zum Beispiel kann nur bekannt sein, welche Betriebsmittel von den Aufträgen prinzipiell benötigt werden, nicht jedoch in welcher Reihenfolge dies stattfindet.

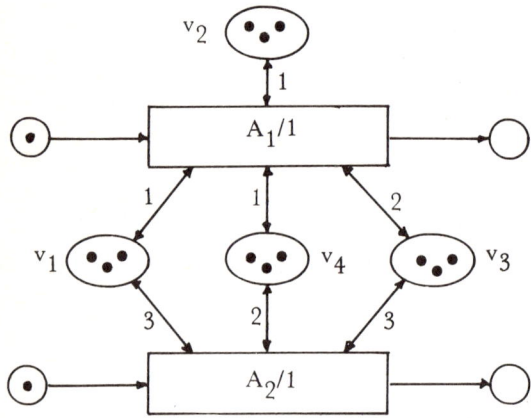

Abb. 2.4.3.1: BM-Bedarfsnetz zu Abb. 2.4.1.11

Abbildung 2.4.3.1 zeigt das Betriebsmittel-Auftragssystem von Abb. 2.4.1.11 in dieser Weise vergröbert als S/T-Netz. Da hier nur noch die maximalen Ansprüche auf die Betriebsmittel dargestellt sind, nennen wir solche Netze *BM-Bedarfsnetze*. Die Kantenbewertung gibt den jeweiligen maximalen Bedarf und die Markierung die Anzahl der vorhandenen gleichartigen Betriebsmitteleinheiten an.

Allgemein bestehe ein *BM-Bedarfsnetz* aus

* n Auftragstypen $A_1,\ldots, A_n$ und
* m BM-Typen $v_1,\ldots, v_m$

Jeder Auftrag a_i eines Auftragstyps A_i kann eine maximale Anzahl c_{ij} von Einheiten des BM-Tys v_j belegen, von dem u_j Einheiten vorhanden seien. Für jeden Auftragstyp A_i kann es beliebig viele Aufträge dieses Typs geben. Außerdem existiere eine System-Kapazität k, die die Gesamtzahl aller zur Zeit vorhandenen Aufträge begrenzt, also:

$$\sum_{i=1}^{n} x_i \leq k \qquad\qquad (2.4.3.1)$$

wobei x_i die jeweils aktuelle Anzahl der Aufträge vom Typ A_i im System angibt. Man denke z.B. an k Sichtgeräte eines Rechensystems im Teilnehmerbetrieb.

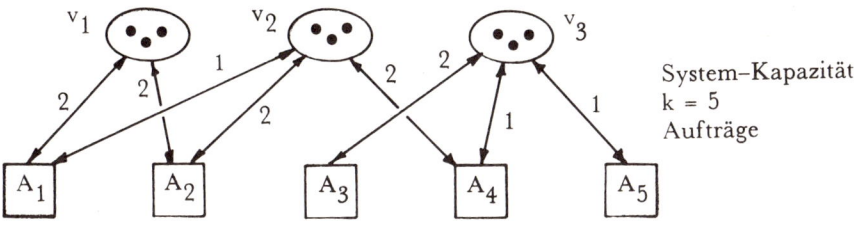

Abb. 2.4.3.2: BM-Bedarfsnetz

Abbildung 2.4.3.2 zeigt ein Beispiel mit 5 Auftragstypen $A_1,..., A_5$. Die Anzahlen u_j der BM-Typen v_j sind als Marken dargestellt, die Maximalforderungen c_{ij} an den Kanten von A_i nach v_j.

Es wird *nicht* als bekannt vorausgesetzt, in welcher Reihenfolge die Aufträge Betriebsmittel belegen und wie hoch die Forderungen und Nachforderungen sind. Das BM-Auftragssystem von Abb. 2.4.1.11 nimmt daher die gröbere Darstellung von Abb. 2.4.3.1 an.

Allgemein unterscheidet man

a) Entdeckung (detection),
b) Ausschluß (prevention) und
c) Umgehung (avoidance)

von Verklemmungen.

a) *Entdeckung*

Eine Verklemmung liegt in einem S/T-Netz vor, wenn keine Transition mehr aktiviert ist. Schwieriger ist es im allgemeinen, eine *mögliche* Verklemmung zu entdecken, oder nachzuweisen, ob ein Netz verklemmungsfrei ist. Wie im vorhergehenden Abschnitt gezeigt, können dazu in vielen Fällen Invarianten benutzt werden. Im allgemeinen Fall muß dazu wie in Abb. 2.4.1.12 der Markierungsgraph konstruiert werden (vorausgesetzt, daß dieser endlich ist). Das Verfahren ist enumerativ und hat exponentielle Zeitkomplexität.

In einem BM-Bedarfsnetz *ist eine Verklemmung möglich*, wenn eine Menge

$\{a_{i_1}, ..., a_{i_r}\}$ von Aufträgen existiert, die alle schon Betriebsmitteleinheiten belegt haben. Jeder dieser Aufträge a_{i_q} hat aber für mindestens einen BM-Typ v_{j_q} noch nicht die maximal mögliche Anzahl $c_{i_q j_q}$ ausgeschöpft. Andererseits sind alle u_{j_q} Einheiten von v_{j_q} belegt, sodaß keiner der Aufträge a_{i_q} terminieren kann.

Beispielsweise ist für das BM-Bedarfsnetz von Abb. 2.4.3.2 eine Verklemmung möglich, da

- ein Auftrag a_1 vom Typ A_1 je eine Einheit von v_1 und v_2,
- ein Auftrag a_2 vom Typ A_2 zwei Einheiten von v_1 und eine von v_2, sowie
- ein Auftrag a_3 vom Typ A_4 eine Einheit von v_2

belegen kann.

a_1 benötigt möglicherweise eine weitere Einheit von v_1 ($c_{11}=2$), ohne daß jemals eine solche wieder verfügbar würde.

In (Ibaraki et al 82) ist ein polynomialer Algorithmus angegeben, der entdeckt, ob für ein BM-Bedarfsnetz eine Verklemmung möglich ist.

Die Verklemmung $m = (0,2,1,3)$ (Punkt H) in Abb. 2.4.1.12 entspricht in Abb. 2.4.3.1 der Situation, in der ein Auftrag von A_1 je eine Einheit von v_1 und v_2, sowie ein Auftrag von A_2 je zwei Einheiten von v_1 und v_3 belegen.

Existiert jedoch noch die zusätzliche Randbedingung, daß über die Forderung (2.4.3.1) hinaus auch die Anzahl der gleichzeitig Betriebsmittel belegenden Aufträge *einer* Klasse beschränkt sind, also

$$x_i \leq k_i \quad (i = 1, ..., n) \qquad (2.4.3.2)$$

für feste $k_1, ..., k_n$, dann ist das Problem der Entdeckung möglicher Verklemmungen sogar NP-vollständig (Ibaraki et al 82)!

b) *Ausschluß*
Die Möglichkeit von Verklemmung kann von vorneherein ausgeschlossen werden, wenn notwendige Voraussetzungen für ihr Auftreten beseitigt werden:

1) *begrenzte Kapazität der Betriebsmittel beseitigen*
Man kann für mehr Speicher, Kanäle, Peripherieeinheiten sorgen, oder durch Aufhebung von exklusivem Zugriff (z.B. bei nur lesenden Aufträgen) Betriebsmittelengpässe beseitigen.

Jedoch schon im einfachen Fall der BM-Bedarfsnetze stellt sich das Problem der Optimierung als sehr aufwendig heraus.

Es seien $a_j \in \mathbb{N}$ die (Anschaffungs- oder Betriebs-) Kosten einer BM-Einheit vom Typ v_j und max die maximal einsetzbaren Investitionen. Gibt es Anzahlen u_j, $1 \leq j \leq m$ der Betriebsmittel vom Typ v_j derart, daß einerseits Verklemmungen ausgeschlossen sind, andererseits der Investitionsrahmen

$$\sum_{j=1}^{m} a_j \cdot u_j \leq \text{max} \qquad (2.4.3.3)$$

nicht gesprengt wird? Dieses Problem ist NP-vollständig.

Umgekehrt kann man die größte Schranke k mit (2.4.3.1) berechnen, so daß Verklemmungen ausgeschlossen sind. Es gibt dazu einen polynomialen Algorithmus; das Problem wird wieder NP-vollständig, wenn zusätzlich (2.4.3.2) gefordert wird (Ibaraki et al 82).

2) *Betriebsmittel-Nachforderungen verbieten*
Alle Aufträge müssen beim Start alle benötigten Betriebsmittel belegen. Diese sind aber nur für einfache Programme und Betriebsformen vorweg bekannt; insbesondere nicht für
- rekursive Prozeduren und dynamische Datenstrukturen
- im Dialogbetrieb angeforderte Betriebsmittel.

3) *Nichtentziehbarkeit der Betriebsmittel beseitigen*
Diese Voraussetzung für das Auftreten von Verklemmungen kann durch die Forderung aufgehoben werde, daß bei allen Nachforderungen für einen BM-Typ die Freigabe dieses BM-Typs angeboten wird.

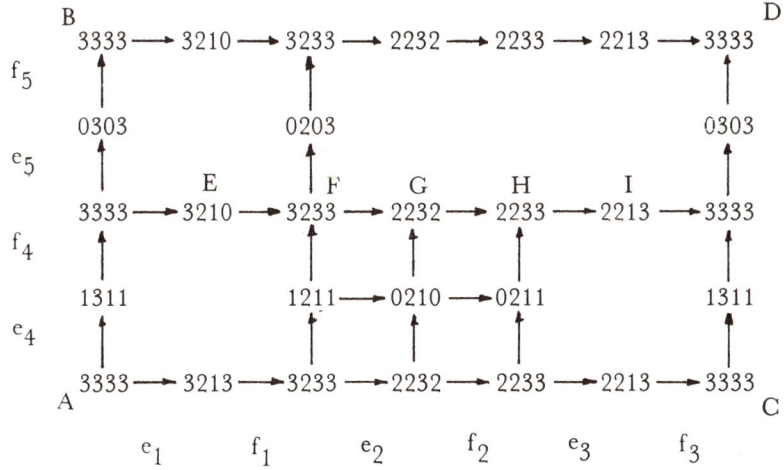

Abb. 2.4.3.3: Markierungsgraph von Abb. 2.4.1.11 bei BM-Freigabe

Wir zeigen dies am BM-Auftragssystem von Abb. 2.4.1.11. Es muß dahingehend geändert werden, daß vor dem Betriebsmittelerwerb e_5 in f_4 die Betriebsmittel vom Typ v_1 und v_3 freigegeben werden. Die Nachforderung in e_5 wird dann zur Gesamtforderung von jeweils 3 Einheiten.

Der Markierungsgraph des so geänderten BM-Auftragssystems in Abb. 2.4.3.3 zeigt, daß die Verklemmung H beseitigt wurde (vgl. Abb. 2.4.1.12).

c) *Umgehung*

Wenn das Auftreten von Verklemmungen nicht auszuschließen ist, kann man immer noch versuchen, durch geschickte Betriebsmittelzuteilung um Verklemmungen herumzunavigieren. Eine solche Umgehungsstrategie darf Betriebsmittel nur so zuweisen, daß stets alle Aufträge verklemmungsfrei beendet werden können.

Unter Benutzung von Def. 2.4.1.4 heißt dies für S/T-Netze: nur solche Transitionen dürfen schalten, die wieder eine sichere Markierung herstellen.

Wir beschränken uns hier auf den Fall von Def. 2.4.1.4 c), da wir den Fall b) durch Anbringung einer Schleife auf c) zurückführen können. Wir interessieren uns also für die Menge der ω-sicheren Markierungen eines S/T-Netzes. Diese Menge kann durch ihr "Residuum" dargestellt werden. Für den Rest dieses Kapitels mögen alle S/T-Netze nur unendliche Kapazitäten haben. Es sei daran erinnert, daß trotz dieser Einschränkung die Nutzung beschränkter Betriebsmittel darstellbar ist (vgl. Satz 1.3.14).

(2.4.3.1) *Definition*: Es seien K, K_1, $K_2 \subset \mathbb{N}^n$ Mengen von Vektoren.

    a) $K_1 + K_2 := \{k_1 + k_2 \mid k_1 \epsilon K_1, k_2 \epsilon K_2\}$ heißt *Summe von K_1 und K_2*. Für Vektoren k_1, $k_2 \epsilon \mathbb{N}^n$ gelte $k_1 \leq k_2$, falls $k_1(i) \leq k_2(i)$ für alle Komponenten $1 \leq i \leq n$ gilt.

    b) $K \subset \mathbb{N}^n$ heißt *abgeschlossen*, falls $K + \mathbb{N}^n \subset K$, d.h. $k \epsilon K \wedge k_1 \geq k \Rightarrow k_1 \epsilon K$

    c) Die kleinste Menge $res(K) \subset \mathbb{N}^n$ mit $res(K) + \mathbb{N}^n = K + \mathbb{N}^n$ heißt *Residuum von K*.

(2.4.3.2) *Satz*:
    a) Das Residuum $res(K)$ einer abgeschlossenen Menge $K \subset \mathbb{N}^n$ ist endlich.

    b) Die Menge SICH aller ω-sicheren Markierungen (Def. 2.4.1.4 c)) eines S/T-Netzes ist abgeschlossen.

Beweis:

a) Jede Menge unvergleichbarer Vektoren aus $\mathbb{N}^k$ ist endlich (Lemma von Dickson).

b) Es sei $m \in$ SICH, d.h. in m kann eine unendliche Transitionsfolge $w \in T^\omega$ schalten. Dies gilt dann natürlich auch für $m_1 \geq m$, da alle Kapazitäten nicht endlich sind. Also folgt $m_1 \in$ SICH. □

Das Residuum res(SICH) kann berechnet werden (Schroff 74; Valk et al 84). Man umgeht also jede Verklemmung eines S/T-Netzes N, indem man dafür sorgt, daß N in keine Markierung m schaltet, für die

$$\exists\, m_1 \in \text{res(SICH)}: m \geq m_1 \qquad (2.4.3.4)$$

verletzt ist. Dadurch wird die Menge der erreichbaren Markierungen von N so eingeschränkt, daß niemals unsichere Markierungen $m \in$ SICH erreicht werden.

(2.4.3.3) *Definition*: Es sei $N=(S,T,F,W,m_o)$ ein S/T-Netz und $K \subset \mathbb{N}^{|S|}$ eine Menge mit $m_o \in K$. Dann heißt

$$F_K(N) := \{w = t_1 \ldots t_n \in T^* \mid m_o \xrightarrow{t_1} m_1 \xrightarrow{t_2} \ldots \xrightarrow{t_n} m_n \text{ wobei } m_i \in K\}$$

K-eingeschränkte Menge der Feuerfolgen von N und

$$R_K(N) := \{m' \in \mathbb{N}^{|S|} \mid \exists\, w \in F_K(N): \underline{m}_o \xrightarrow{w} m'\}$$

K-eingeschränkte Erreichbarkeitsmenge von N.

Es ist möglich, die oben beschriebene Steuerung des Netzes in das Netz selbst zu integrieren. Bestimmte Transitionen $t \in T$ werden dabei durch mehrere Transitionen t_1, t_2,... t_k ersetzt, denen man den gleichen Typ $l(t_1) = l(t_2) = \ldots = l(t_k) = t$ zuschreibt.

(2.4.3.4) *Definition*: Es sei $N=(S,T,F,W,m_o)$ ein S/T-Netz und $K \subset \mathbb{N}^{|S|}$ eine abgeschlossene Menge mit $m_o \in K$. Wir definieren das *K-gesteuerte S/T-Netz* $N_K = (S,T',F',W',m_o)$ und eine Typen-Abbildung (vgl. Def. 1.4.5) $l: T' \to T$ durch:

a) $T' := T_1 \cup T_2$, wobei
$$T_1 := \{t \in T \mid \forall\, m' \in \text{res}(K)\ \exists\, m \in \text{res}(K)\ \forall\, s \in S:$$
$$\max(m'(s),W(s,t)) + \Delta_N(t)(s) \geq m(s)\}$$
$$T_2 := \{t_m \mid t \in T \backslash T_1,\ m \in \text{res}(K)\}$$

b) $W'(x,y) = W(x,y)$ für alle $(x,y) \in (S \times T_1) \cup (T_1 \times S)$

c) für alle $s \in S$, $t_m \in T_2$ gilt:

$$(W'(s,t_m), W'(t_m,s)) = \begin{cases} (W(s,t), W(t,s)), \text{ falls } W(t,s) \geq m(s) \\ (m(s) - \Delta_N(t)(s), m(s)) \text{ sonst} \end{cases}$$

d) $l(t') = \begin{cases} t' \text{ falls } t' \in T_1 \\ t \text{ falls } t' = t_m \in T_2 \end{cases}$

Bei der Konstruktion von N_K bleiben also alle Stellen $s \in S$ und alle Transitionen $t \in T_1$ unverändert. Dagegen wird jede Transition $t \in T_2$ durch $k = |\operatorname{res}(K)|$ neue Transitionen $t_{m_1}, \ldots, t_{m_k}$ ersetzt. Diese haben die gleiche Wirkung wie t: $\Delta_N(t) = \Delta_{N_K}(t_{m_j})$ $(1 \leq j \leq k)$, jedoch unterschiedliche Werte für $W(s, t_{m_j})$.

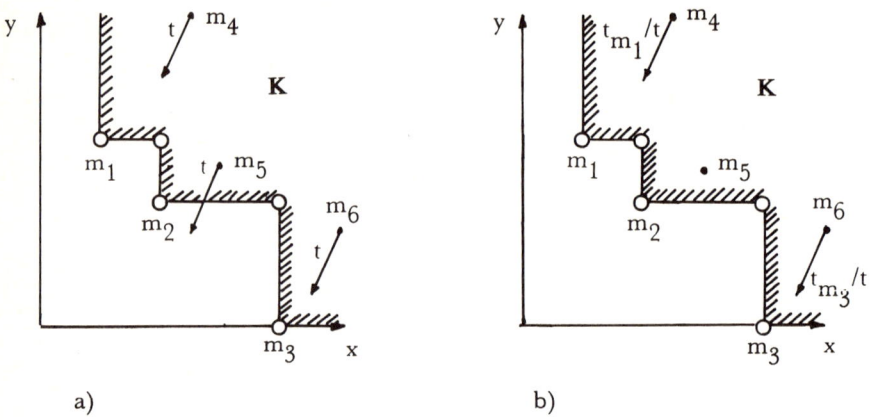

Abb. 2.4.3.4: Zur Konstruktion von Def. 2.4.3.4

Abbildung 2.4.3.4 zeigt schematisch ein dreielementiges Residuum einer abgeschlossenen Menge $K \subset \mathbb{N}^2$. Symbolisch ist eine Transition t dargestellt, die in drei Markierungen m_4, m_5, m_6 schalten kann. In der Markierung m_5 bewirkt das Schalten von t ein Verlassen der Menge K. Um dies zu verhindern, gleichzeitig aber das Schalten von t an den beiden anderen Stellen (mit der gleichen Wirkung) zu erhalten, wird t durch zwei Transitionen $t_{m_1}, t_{m_3} \in T_2$ mit $l(t_{m_1}) = l(t_{m_3}) = t$ ersetzt. Durch Schalten einer Transition $t \in T_1$ kann K jedoch nie verlassen werden. Der folgende Satz zeigt, daß N_K genau die K-eingeschränkte Erreichbarkeitsmenge von N hat (Def. 2.4.3.3). Außerdem ist die K-eingeschränkte Menge der Feuerfolgen von N gleich der Menge $L(N_K)$ der Typfolgen von N_K (Def. 1.4.5).

(2.4.3.5) *Satz*: Es sei $N=(S,T,F,W,m_o)$ ein S/T-Netz und $K \subset \mathbb{N}^{|S|}$ eine abgeschlossene Menge mit $m_o \in K$. Dann gilt für das K-gesteuerte Netz N_K:

$$R(N_K) = R_K(N) \text{ und}$$
$$L(N_K) = F_K(N).$$

Beweis: Wir zeigen zunächst, daß die Transitionen von N_K die gleiche Wirkung (Def. 2.4.2.1) wie die entsprechenden von N haben.

Behauptung 1: $\forall\ t' \in T': \Delta_{N_K}(t') = \Delta_N(l(t'))$

Da für $t' \in T_1$ nichts zu beweisen ist, sei $t'=t_m \in T_2$. Falls $W(t,s) \geq m(s)$, gilt nach Def. 2.4.3.4 c) für $s \in S$:

$$\Delta_{N_K}(t_m)(s) = W'(t,s) - W'(s,t) = W(t,s) - W(s,t) = \Delta_N(l(t'))(s)$$

Falls jedoch $W(t,s) < m(s)$, dann folgt:

$$\Delta_{N_K}(t_m)(s) = W'(t,s) - W'(s,t) = m(s)-(m(s)-\Delta_N(t)(s)) = \Delta_N(t)(s)$$
$$= \Delta_N(l(t_m))(s)$$

Damit ist Behauptung 1 bewiesen.

Behauptung 2: für jedes $m_1 \in K$ gilt: $(m_1 \xrightarrow[N]{b} m_2 \wedge m_2 \in K) \Rightarrow \exists\ t' \in T'$:
$(l(t') = t \wedge m_1 \xrightarrow[N_K]{t'} m_2)$

Beweis: Sei $m_1 \xrightarrow[N]{t} m_2$ und $m_2 \in K$. Dann existiert ein $m \in res(K)$ mit $m \leq m_2$. Definiere $t':=t_m$. Da t in m_1 aktiviert ist (also $\forall\ s \in S$: $W(s,t) \leq m_1(s)$), folgt:

$W'(s,t_m) = W(s,t) \leq m_1(s)$ (falls $W(t,s) \geq m(s)$) oder

$W'(s,t_m) = m(s)-\Delta_N(t)(s) \leq m_2(s)-\Delta_N(t)(s) = m_1(s)$ (falls $W(t,s) < m(s)$).

Also ist t_m auch in m_1 aktiviert und es gilt wegen Behauptung 1:

$$m_1 \xrightarrow[N_K]{t'} m_2' \text{ mit } m_2' = m_1+\Delta_{N_K}(t') = m_1+\Delta_N(l(t')) = m_1+\Delta_N(t) = m_2$$

Behauptung 3: Für jedes $t' \in T'$ und $m_1 \in K$ gilt:

$$m_1 \xrightarrow[N_K]{t'} m_2 \Rightarrow (m_1 \xrightarrow[N]{l(t')} m_2 \wedge m_2 \in K)$$

Beweis: Falls $t' \in T_1$, dann ist $t'=l(t') \in T$ unverändert übernommen worden und es gilt $m_1 \xrightarrow[N]{t'} m_2$. Es muß nur $m_2 \in K$ bewiesen werden. Nach der Definition von T_1 gibt es zu $m' \in res(K)$ mit $m' \leq m_1$ ein $m \in res(K)$ mit $max(m'(s),W(s,t))+\Delta_N(t')(s) \geq m(s)$ für alle $s \in S$. Also gilt $m_2(s) = m_1(s)+\Delta_N(t')(s) \geq max(m'(s),W(s,t'))+\Delta_N(t')(s) \geq m(s)$, also $m_2 \geq m$ und $m_2 \in K$.

Falls jedoch $t' \in T_2$, dann ist $t'=t_m$ für ein $m \in res(K)$. Dann ist $l(t')=t$ in m_1 aktiviert. Es gilt nämlich $W'(s,t_m) = W(s,t) \leq m_1(s)$ (falls $W(t,s) \geq m(s)$) und

$W'(s,t_m) = m(s) - \Delta_N(t)(s) = m(s) - (W(t,s) - W(s,t)) \leq W(s,t) \leq m_1(s)$.

Folglich ist $l(t')=t$ auch in N für m_1 aktiviert und es gilt $m_1 \xrightarrow[N]{l(t')} m_2$, da $\Delta_N(l(t')) = \Delta_{N_k}(t')$.

Es muß nun noch $m_2 \in K$ bewiesen werden. Dazu beweisen wir $m_2 \geq m$.

Falls $W(t,s) \geq m(s)$, dann gilt der erste Fall von Def. 2.4.3.4 c), d.h. $m_1(s) \geq W(s,t)$, da t in m_1 aktiviert ist. Es folgt:

$m_2(s) = m_1(s) + (W(t,s) - W(s,t)) = W(t,s) + (m_1(s) - W(s,t)) \geq W(t,s) \geq m(s)$. Im zweiten Fall von Def. 2.4.3.4 c) ist hingegen $m_1(s) \geq m(s) - \Delta_N(t)(s)$, da t wiederum in m_1 aktiviert ist.

Also folgt $m_2(s) = m_1(s) + \Delta_N(t)(s) \geq m(s) - \Delta_N(t)(s) + \Delta_N(t)(s) = m(s)$. In beiden Fällen gilt also $m_2(s) \geq m(s)$ und damit $m_2 \geq m \in K$, d.h. $m_2 \in K$. □

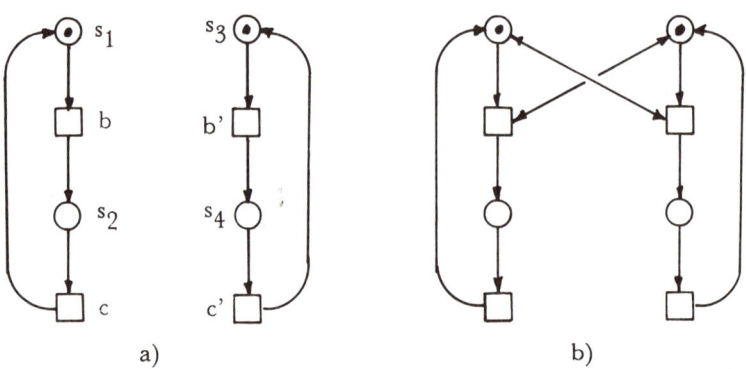

Abb. 2.4.3.5: Ein S/T–Netz mit K–Einschränkung in b)

(2.4.3.6) *Beispiel*: Für das Netz in Abb. 2.4.3.5 a) soll wieder wechselseitiger Anschluß von s_2 und s_4 realisiert werden. Für alle erreichbaren Markierungen m soll also gelten:

$$m(s_2) = 0 \vee m(s_4) = 0 \qquad (2.4.3.5)$$

Da die Invariantengleichungen

$$m(s_1) + m(s_2) = 1 \qquad\qquad (2.4.3.6)$$
$$m(s_3) + m(s_4) = 1 \qquad\qquad (2.4.3.7)$$

gelten, kann (2.4.3.5) auch geschrieben werden als

$$m(s_1) \geqq 1 \vee m(s_3) \geqq 1 \qquad\qquad (2.4.3.8)$$

Setzt man $m_1 := (1000)$, $m_2 := (0010)$ und $K := \mathrm{res}(K) + \mathbb{N}^4$, $\mathrm{res}(K) = \{m_1, m_2\}$, dann muß N_K nach Satz 2.4.3.5 die gewünschte Realisierung des wechselseitigen Ausschlusses darstellen: Wir berechnen nun N_K entsprechend Def. 2.4.3.4.

Zunächst gilt $\{c, c'\} = T_1$ und $T_2 = \{b_{m_1}, b_{m_2}, b'_{m_1}, b'_{m_2}\}$. Die Vorbedingungsvektoren $(W'(s_1, t), W'(s_2, t), W'(s_3, t), W'(s_4, t))$ für die Transitionen in T_2 ergeben in der gleichen Reihenfolge (2000) (1010) (1010) (0020). Wegen der Invariantengleichungen (2.4.3.6) und (2.4.3.7) können b_{m_1} und b'_{m_2} nie schalten. Die verbleibenden Transitionen b_{m_2} und b'_{m_1} bezeichnen wir wieder mit b und b'. Sie sind in Abb. 2.4.3.5 b) dargestellt. Die so erhaltene Lösung gleicht strukturell derjenigen von Abb. 2.2.5.

(2.4.3.7) *Beispiel*: Die Problematik der Umgehung von Verklemmungen bei der Betriebsmittelvergabe wurde von Dijkstra als Problem des Bankiers dargestellt (Dijkstra 68). Hier wurde auch der Begriff des sicheren Zustands eingeführt.

Ein Bankier besitzt ein Kapital k. Seine n Kunden $P_1, \ldots, P_n$ erhalten wechselnden Kredit $f_1, \ldots, f_n$. Jeder Kunde muß seinen maximalen Kreditwunsch f_i^{max} von vornherein bekanntgeben und wird nur als Kunde akzeptiert, wenn dieser das Kapital nicht übersteigt:

$$0 \leq f_i \leq f_i^{max} \leq k \quad (1 \leq i \leq n) \qquad\qquad (2.4.3.9)$$

Kredite werden nicht entzogen. Dafür muß aber jeder Kunde versprechen, den Maximalkredit f_i^{max} auf einmal nach endlicher Zeit zurückzuzahlen. Der Bankier verspricht, jede Bitte um Kredit (mit (2.4.3.9)) in endlicher Zeit zu erfüllen. Für den Bankier besteht natürlich das Problem der Verklemmung: es kann sein, daß mehrere Kunden noch nicht ihren Maximalkredit erhalten haben, das Restkapital des Bankiers aber zu klein ist, mindestens einen Kunden total zu befriedigen, um dann nach einer Frist wieder neues Kapital zu haben.

Wir wählen das Zahlenbeispiel aus (Brinch Hansen 73).

$$n=3, \ f_1^{max}=8, \ f_2^{max}=3, \ f_3^{max}=9, \ k=10 \qquad (2.4.3.10)$$

Es ist folgender Ausleihvorgang (Betriebsmittelvergabe) denkbar:

$$\begin{bmatrix} f_1 \\ f_2 \\ f_3 \end{bmatrix} = \begin{bmatrix} 0 \\ 0 \\ 0 \end{bmatrix} \rightarrow \begin{bmatrix} 1 \\ 0 \\ 0 \end{bmatrix} \rightarrow \begin{bmatrix} 1 \\ 0 \\ 1 \end{bmatrix} \rightarrow \begin{bmatrix} 1 \\ 0 \\ 2 \end{bmatrix} \rightarrow \begin{bmatrix} 2 \\ 0 \\ 2 \end{bmatrix} \rightarrow \begin{bmatrix} 2 \\ 0 \\ 3 \end{bmatrix} \rightarrow \begin{bmatrix} 2 \\ 1 \\ 3 \end{bmatrix} \rightarrow \begin{bmatrix} 2 \\ 1 \\ 4 \end{bmatrix} \qquad (2.4.3.11)$$

Das restliche Kapital $10-(2+1+4)=3$ reicht nun weder für P_1 noch P_3, der Bankier ist also in einer unsicheren Situation. Wir empfehlen ihm, das Residuum res(SICH) zu berechnen, womit er in der Lage ist, unsichere Situationen zu vermeiden. Der Ausleihvorgang mit Rückgabe hat für jeden Kunden P_i eine S/T-Netz-Darstellung wie in Abb. 2.4.3.6.

Wir stellen das Problem so dar, daß nach Rückzahlung aller Kredite das System wieder im Ausgangszustand ist. Das Rückzahlen des Kunden P_i wird daher durch eine Marke in einer Stelle s_i angezeigt. Erst wenn alle s_1 bis s_n markiert sind, schaltet die Transition t: "Kreditgeschäft beendet" und stellt die Anfangsmarkierung wieder her.

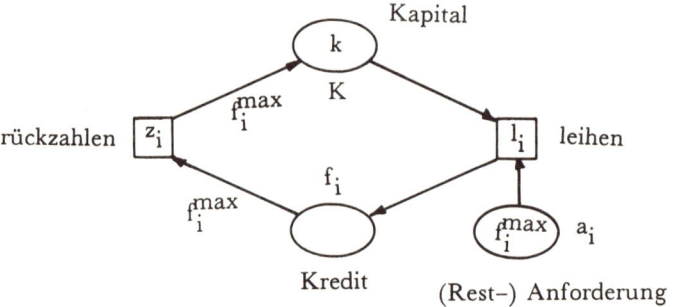

Abb. 2.4.3.6: Bedienung des Kunden i

Abbildung 2.4.3.7 zeigt das Netz für unser Beispiel. Es gelten die folgenden Invarianten:

Invarianz der umlaufenden Geldmenge:
$$K + f_1 + f_2 + f_3 = 10 \qquad (2.4.3.12)$$

Invarianz von Kredit und Anforderung:

$$a_1 + f_1 + 8 \cdot s_1 = 8 \qquad (2.4.3.13)$$
$$a_2 + f_2 + 3 \cdot s_2 = 3 \qquad (2.4.3.14)$$
$$a_3 + f_3 + 9 \cdot s_3 = 9 \qquad (2.4.3.15)$$

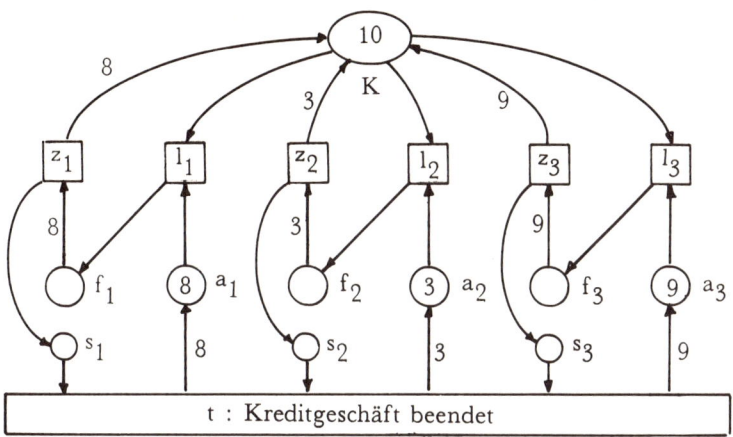

Abb. 2.4.3.7: Bankiersproblem mit drei Kunden

Aus diesen Invarianten läßt sich leicht beweisen, daß das Schalten der Transition t tatsächlich den Anfangszustand wieder herstellt (Übungsaufgabe). Hat der Bankier also das Residuum res(SICH) berechnet, muß er bei jedem Ausleihschritt, d.h. vor einem Übergang $m' \xrightarrow{li} m$, überprüfen, ob (2.4.3.4) erfüllt ist. Nur dann wird das Schalten dieser Transition zugelassen. Nach Satz 2.4.3.5 kann diese Steuerung in das S/T-Netz integriert werden. Wir beschränken uns hier jedoch darauf, die Menge SICH anhand von zwei Beispielen anschaulich zu machen.

Zu diesem Zweck ist es günstig, die Anzahl der Stellen zu reduzieren. Wir verzichten daher auf die Stellen $s_1, \ldots, s_n$ in Abb. 2.4.3.7 und stellen die Anfangsanforderung für jeden Kunden direkt beim Schalten der Transition z_i (Rückzahlen) wieder her (Abb. 2.4.3.8). Die Invarianten (2.4.3.12) bis (2.4.3.15) werden dann zu

$$K + f_1 + \ldots + f_n = k \qquad (2.4.3.16)$$
$$a_i + f_i = f_i^{max} \quad (1 \leq i \leq n) \qquad (2.4.3.17)$$

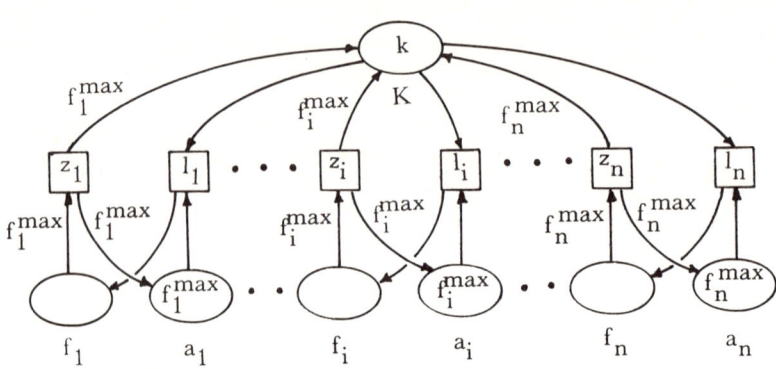

Abb. 2.4.3.8: Vereinfachtes Bankiersproblem

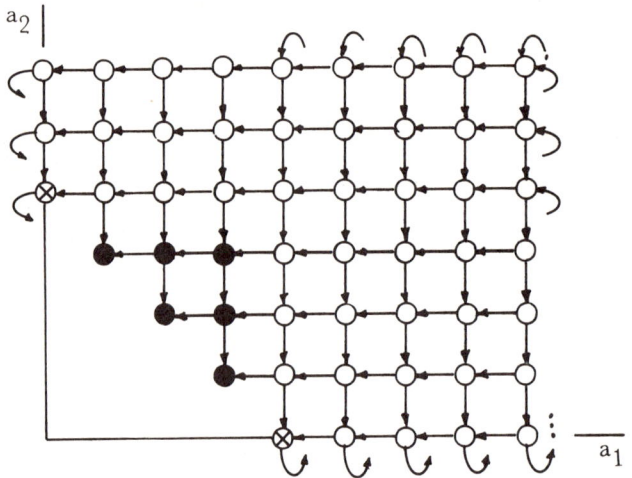

Abb. 2.4.3.9: Erreichbarkeitsgraph für das zwei-Kunden-Beispiel

Wegen dieser Invarianten ist jede Markierung eindeutig durch die Marken auf a_1,..., a_n festgelegt. Für n=2 Kunden können wir den Erreichbarkeitsgraph als 2-dimensionales Gitter darstellen, wie z.B. in Abb. 2.4.3.9 für f_1^{max}=8, f_2^{max}=6 und k=10. Die Anfangsmarkierung ist der Punkt (8,6). Helle Kreise stellen die ω-sicheren Markierungen aus SICH dar, deren minimale Elemente res(SICH) = {(0,4),(4,0)} ein Kreuz tragen. Die schwarzen Punkte sind nicht ω-sicher. Man erkennt gut die Abgeschlossenheit der Menge SICH. Eine entsprechende Darstellung für das Beispiel aus Abb. 2.4.3.7 geben wir im nächsten Abschnitt.

Das Problem des Bankiers stellt eine typische Situation bei der Betriebsmittelvergabe bei Prozessen dar. Für Probleme dieser Art existieren effektive Algorithmen, um zu überprüfen, ob ein Zustand ω–sicher ist: z.B. mit Zeitkomplexität proportional zu n·m, wobei n die Anzahl der Prozesse (Kunden) und m die Anzahl der Betriebsmittel–Typen ist (Holt 72). Muß dieser Algorithmus sehr häufig aufgerufen werden, kann es günstiger sein, das Residuum res(SICH) zu berechnen.

2.4.4 Lebendigkeit und Fairneß

Die Verklemmungsfreiheit eines Systems von Funktionseinheiten bedeutet, daß kein totaler Stillstand der ablaufenden Prozesse eintritt. Dadurch ist natürlich nicht ausgeschlossen, daß gewisse Funktionseinheiten oder Teile des gesamten Systems blockiert sind. Die Abwesenheit von solchen partiellen Verklemmungen nennt man Lebendigkeit des Systems. Wir erläutern dies am Beispiel des Bankiers–Problems.

(2.4.4.1) *Beispiel*: Wir betrachten das vereinfachte Bankiersproblem aus Beispiel 2.4.3.7 und Abb. 2.4.3.8 mit den Werten von Abb. 2.4.3.7, also n=3 Kunden, k=10, f_1^{max}=8, f_2^{max}=3, f_3^{max}=9. Von der Markierung m mit a_1=4, a_2=3, a_3=6 kann die Schaltfolge

$$l_2\ l_2\ l_2\ z_2$$

schalten und erreicht wieder die Markierung m. Obwohl also in m eine unendliche Schaltfolge möglich ist, können die Kunden 1 und 3 nie ihr Kreditgeschäft erledigen. Bei dieser Schaltfolge befinden sich nämlich höchstens 3 Marken in K, was weder für die Restforderung 4 in a_1 noch für die Restforderung 6 in a_3 ausreicht. In m liegt also keine totale, wohl aber eine *partielle Verklemmung* vor: man sagt "N ist nicht lebendig".

(2.4.4.2) *Definition*: Es sei N=(S,T,F,K,W,m_o) ein S/T–Netz, m∈M_S eine Markierung und E⊂T eine Teilmenge von Transitionen.
  a) E heißt *lebendig* in m, falls ∀ t∈E ∀ u∈T* ∃ v∈T*: m $\xrightarrow{u}$ ⇒ m $\xrightarrow{uvt}$
  b) m heißt *lebendig*, falls T in m lebendig ist.
  c) N heißt *lebendig*, falls m_o lebendig ist.
  d) m heißt E-fortsetzbar, falls ∃ w∈T$^\omega$: m $\xrightarrow{w}$ und alle t∈E in diesem w unendlich oft vorkommen.

Ein S/T–Netz ist lebendig, wenn nach einer beliebigen Schaltfolge *jede* Transition wieder zum Schalten gebracht werden kann. Eine Markierung m ist T-fortsetzbar, wenn von m aus so geschaltet werden kann, daß *jede* Transition immer wieder schaltet.

Abbildung 2.4.4.1 a) zeigt ein nichtlebendiges S/T–Netz, das durch Einfügen eines "Regulationskreises" lebendig gemacht wurde (Abb. 2.4.4.1 b)). Das letztere Netz zeigt auch, daß die Menge LEB(N) der lebendigen Markierungen eines S/T–Netzes *nicht* abgeschlossen (Def. 2.4.3.1) ist. Fügt man nämlich eine Marke zu s_4 hinzu, erhält man eine größere Markierung m > m_o, die nicht mehr lebendig ist. Andererseits ist die Menge CONT(E) der E-fortsetzbaren Markierungen abgeschlossen und hat damit ein endliches Residuum (Satz 2.4.3.2). res(CONT(E)) ist auch berechen-

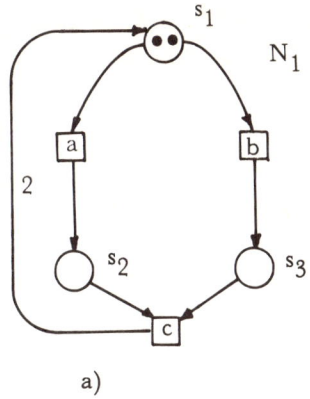
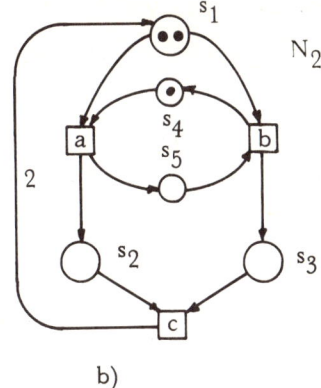

Abb. 2.4.4.1: Nichtlebendiges S/T-Netz N_1 und lebendiges S/T-Netz N_2

bar (Valk et al 84). Zwischen lebendigen und T-fortsetzbaren Markierungen besteht folgender Zusammenhang:

(2.4.4.3) *Satz*: In einem S/T-Netz $N=(S,T,F,W,m_0)$ ist eine Markierung m genau dann lebendig, wenn alle von m aus erreichbaren Markierungen m' T-fortsetzbar sind.

Beweis: Jede von einer lebendigen Markierung m aus erreichbare Markierung m' ist wieder lebendig und daher auch T-fortsetzbar.
Gelte nun umgekehrt $m' \in \text{CONT}(T)$ für alle von m aus erreichbaren Markierungen m'. Sei $t \in T$, $u \in T^*$ mit $m \xrightarrow{u} m'$. Dann gibt es $w \in T^\omega$ mit $m' \xrightarrow{w}$ und t kommt unendlich oft in w vor. Also gibt es eine endliche Anfangsfolge v von w mit $m \xrightarrow{uvt}$, d.h. m ist lebendig.   ⊔

Aus Satz 2.4.4.3 läßt sich der folgende Nutzen ziehen. Konstruiert man zu N das K-gesteuerte Netz N_K und wählt dabei $K = \text{CONT}(T)$, dann verhält sich N_K wie der "lebendige Teil" von N.

(2.4.4.4) *Satz*: Es sei N ein S/T-Netz und N_K das K-gesteuerte Netz wie in Def. 2.4.3.3. Dabei sei nun $K = \text{CONT}(T)$ und $m_0 \in K$.
  a) Dann gilt: $\forall\, t \in T\ \forall\, u \in L(N_K)\ \exists\, v \in T^*:\ u\, v\, t \in L(N_K)$ (2.4.4.1)
     d.h. N_K ist lebendig bezüglich der Typenfolgen.
  b) $L(N_K)$ ist die größte Teilmenge von $F(N)$ mit der Eigenschaft a).

Beweis: Teil a) folgt direkt aus Satz 2.4.4.3 und Satz 2.4.3.5. Zum

Beweis von Teil b) sei $L(N_K) \subset Q \subset F(N)$ und Q habe die Eigenschaft (2.4.4.1). Für $u = t_{i_1} \ldots t_{i_q} \in Q$ mit $m_o \xrightarrow{t_{i_1}} m_1 \xrightarrow{t_{i_2}} \ldots \xrightarrow{t_{i_q}} m_q$ folgt dann, daß alle m_i $(1 \leq i \leq q)$ T–fortsetzbar sind, d.h. in K liegen. Nach Satz 2.4.3.5 gilt aber $u \in F_K(N) = L(N_K)$. Also gilt $Q = L(N_K)$. $\square$

(2.4.4.5) *Beispiel*: Wendet man Satz 2.4.4.4 auf das Netz N_1 in Abb. 2.4.4.1 an, so ergibt sich (nach Streichen unnützer Transitionen) das Netz N_3 von Abb. 2.4.4.2. N_3 erfüllt (2.4.4.1). $L(N_3)$ ist die größte Teilmenge von $F(N_1)$ mit dieser Eigenschaft und echt größer als $F(N_2)$. Bei der Synchronisation von N_2 wurde nämlich z.B. die Schaltfolge b a c ausgeschlossen; es gilt aber b a c $\in L(N_3)$.

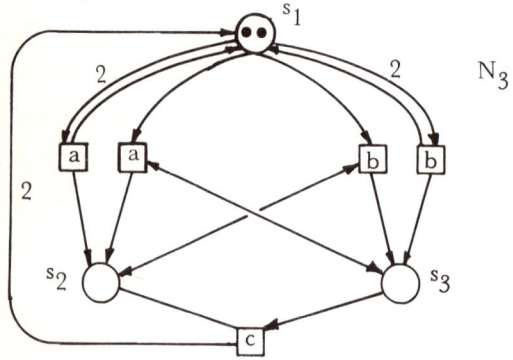

Abb. 2.4.4.2: Netz N_3 mit maximalem lebendigem Teilverhalten bzgl. Abb. 2.4.4.1

(2.4.4.6) *Beispiel*: Die Menge der erreichbaren Markierungen von Beispiel 2.4.4.1 besteht aus genau denjenigen, die (2.4.3.16) und (2.4.3.17) erfüllen. Sie besteht aus 195 Elementen und ist in Abb. 2.4.4.3 dargestellt. Die Teilmenge der 137 T–fortsetzbaren Markierungen (helle Kreise) kann durch 10 minimale Elemente des Residuums beschrieben werden (Kreuz im Kreis). Eine allgemeine Berechnung ist in (Hauschildt et al 84) durchgeführt. Man erkennt, daß die im Beispiel 2.4.4.1 durch $(a_1, a_2, a_3) = (4, 3, 6)$ behandelte Markierung zwar $\{l_2, z_2\}$-fortsetzbar, aber nicht T–fortsetzbar ist.

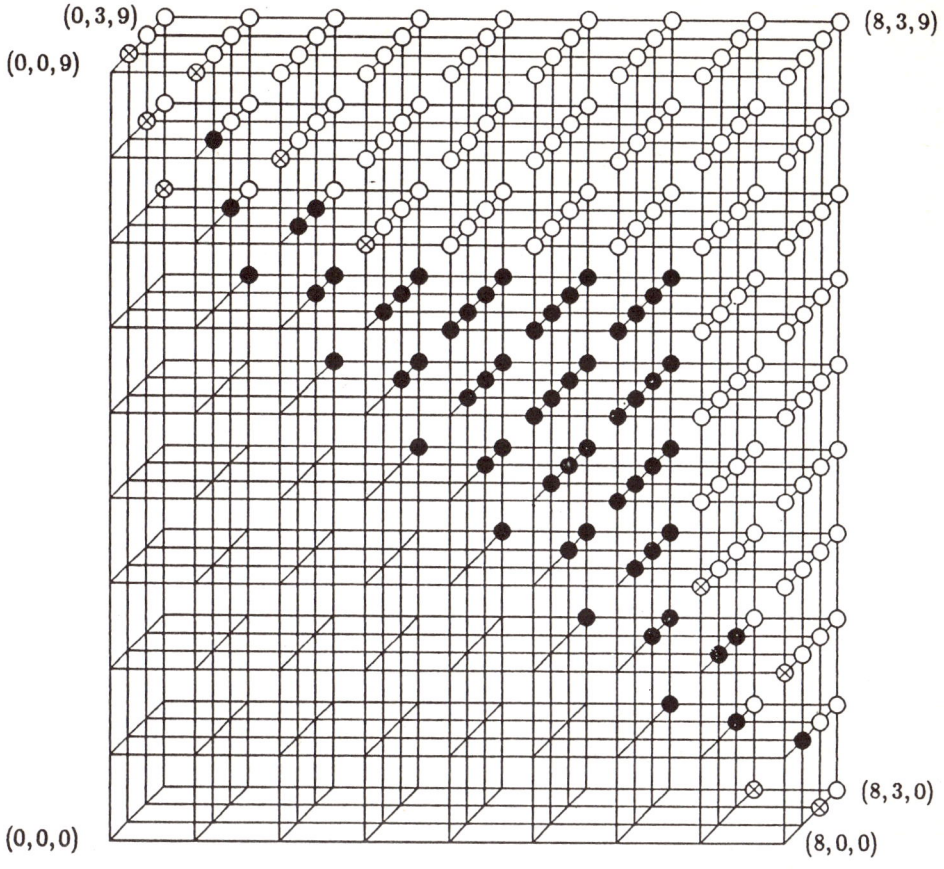

Abb. 2.4.4.3: Erreichbarkeitsmenge von Beispiel 2.4.4.1 mit Residuum von
CONT(T)

Zum Begriff der Fairneß betrachten wir das Problem der fünf Philsophen (Dijkstra
72), mit dem ein Betriebsmittelzuteilungsproblem besonderer Art beschrieben wird.

Fünf Philosophen $Ph_1,\ldots, Ph_5$ sitzen an einem runden Tisch, in dessen Mitte eine
Schüssel mit Spaghetti steht (Abb. 2.4.4.4). Jeder Philosoph Ph_i befindet sich
entweder im Zustand des "Denkens" (d_i) oder "Essens" (e_i). Zum Essen stehen
insgesamt nur 5 Gabeln $g_1,\ldots, g_n$ (die Betriebsmittel) zur Verfügung, jeweils eine
zwischen zwei benachbarten Philosophen. Geht ein Philosoph vom Denken zum
Essen über, nimmt er erst die rechte und dann die linke Gabel auf.

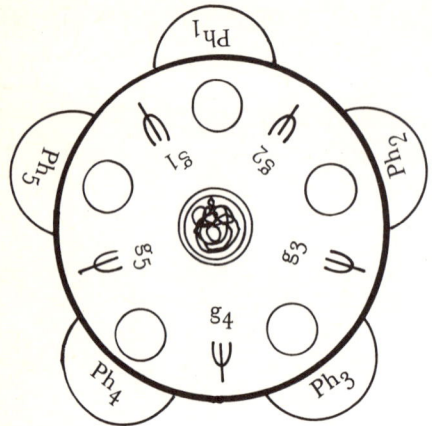

Abb. 2.4.4.4: Die fünf Philosophen am Tisch

Abbildung 2.4.4.5 zeigt eine S/T-Netz-Darstellung des Problems. Das Netz ist natürlich nicht lebendig: wenn alle fünf Philosophen ihre rechte Gabel nehmen, entsteht eine Verklemmung. Um dies zu verhindern, kann man die beiden Transitionen, die das Aufnehmen der rechten und linken Gabel darstellen, unteilbar machen, also zu der in Abb. 2.4.4.5 dargestellten Vergröberung übergehen. Nun ist das Netz zwar lebendig, aber es besteht immer noch die Möglichkeit, daß zwei Philosophen, etwa Ph_1 und Ph_3 so die Gabeln benutzen, daß Ph_2 nie die Chance hat, seine beiden Gabeln aufzunehmen. Man sagt, für den Philosophen Ph_2 besteht die Gefahr des Verhungerns (starvation), oder die Philosophen Ph_1 und Ph_3 verhalten sich unfair gegenüber Ph_2.

(2.4.4.7)   *Definition*: Ein S/T-Netz $N=(S,T,F,W,K,m_o)$ hat ein *faires Verhalten*, oder *verhält sich fair* (behaves fairly), wenn in jeder unendlichen Schaltfolge $w \in F_\omega(N)$ jede Transition $t \in T$ unendlich oft vorkommt.

Wir vergleichen die wichtigen Begriffe der Lebendigkeit und Fairneß:

a) *Lebendigkeit* bedeutet Freiheit von *unvermeidbaren* partiellen Verklemmungen.

b) *Fairneß*   bedeutet Freiheit von *faktischen* partiellen Verklemmungen.

Versucht man, die formalen Definitionen in logisch möglichst ähnliche Form umzuformen, so erhält man:

a) *N ist lebendig* $\Longleftrightarrow \forall\, t \in T \; \forall\, m \in R(N) \; \exists\, w \in T^\omega: m \xrightarrow{w} \wedge \; |w|_t = \infty$

b) *N verhält sich fair* $\Longleftrightarrow \forall\, t \in T \; \forall\, m \in R(N) \; \forall\, w \in T^\omega: m \xrightarrow{w} \Longrightarrow \; |w|_t = \infty$

   ($|w|_t$ gibt an, wie oft t in w auftritt.)

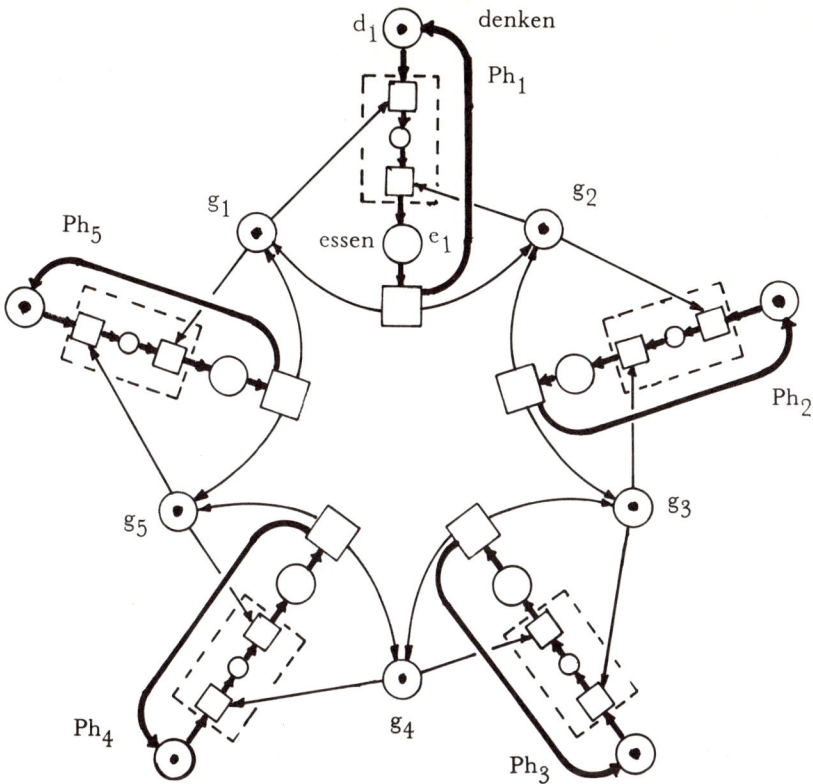

Abb. 2.4.4.5: Die fünf Philosophen als S/T–Netz

Der Unterschied zwischen lebendigem und fairem Verhalten ist also gekennzeichnet durch den Existenzquantor in a) (alle Transitionen *können* immer wieder schalten) und den Allquantor in b) (alle Transitionen *müssen* immer wieder schalten).

Außer in einfachen Fällen hat ein System oder Netz kein faires Verhalten. In dem Netz von Abb. 2.4.4.6 kann natürlich die faire Folge

$$a\ c\ b\ d\ \ a\ c\ b\ d\ \ \dots \qquad\qquad (2.4.4.2)$$

wie die unfaire Folge

$$a\ c\ \ a\ c\ \ a\ c\ \ a\ c\ \dots \qquad\qquad (2.4.4.3)$$

schalten. Dieses Netz entspricht in gewisser Weise dem Programm

$$a,b := true;$$
$$\text{do } a \to x \ \square\ b \to d \text{ od} \qquad\qquad (2.4.4.4)$$

worin c und d Anweisungen sind, die a und b nicht verändern.

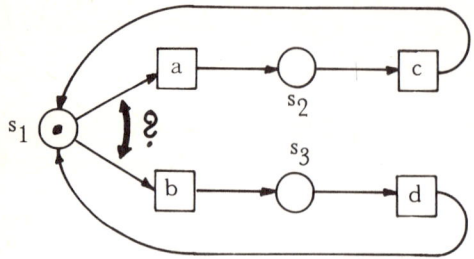

Abb. 2.4.4.6: Netz mit unfairem Verhalten

Sowohl für Netze wie für Programme hat man daher Formen des fairen Schaltens bzw. Programmablaufs vorgeschlagen. Das Problem wird bei der Definition von Programmiersprachen heute jedoch meist noch dem Implementator zugeschrieben.

(2.4.4.8) *Definition*: Es sei $N=(S,T,F,W,K,m_o)$ ein S/T–Netz.

    a) N schaltet *verschleppungsfrei* (auch produktiv), oder nach der *verschleppungsfreien Schaltregel* (finite delay property), wenn

$$\forall\ t\in T\ \forall\ m\in R(N)\ \neg\exists\ w\in T^{\omega}:$$

$$m \xrightarrow{w} \wedge\ t\ \text{ist bei w permanent aktiviert}\ \wedge\ |w|_t=0$$

    b) N schaltet *fair*, oder nach der *fairen Schaltregel* (fair firing rule), wenn

$$\forall\ t\ \forall\ m\in R(N)\ \neg\exists\ w\in T^{\omega}:$$

$$m \xrightarrow{w} \wedge\ t\ \text{ist bei w unendlich oft aktiviert}\ \wedge\ |w|_t=0$$

Ein Netz schaltet also nicht verschleppungsfrei (bzw. fair), wenn von einer erreichten Markierung m ab eine unendliche Schaltfolge w schaltet, bei der eine Transition zwar permanent, d.h. in allen durchlaufenen Markierungen (bzw. unendlich oft) aktiviert ist, aber nie schaltet.

Zu implementieren wäre diese Eigenschaft etwa durch Zähler, die über die Aktiviertheit von Transitionen Buch führen. Ab einer festgelegten Größe des Zählers würde dieser Transition dann Priorität eingeräumt.

Die verschleppungsfreie Schaltregel ist die elementarere. Sie sorgt z.B. dafür, daß unabhängige nebenläufige Anweisungen nach endlicher Zeit ausgeführt werden. Die faire Schaltregel wird oft in die Semantik nichtdeterministischer oder nebenläufiger Programme aufgenommen. Das Programm (2.4.4.5) terminiert z.B. zwingend nur unter der fairen Schaltregel.

b := true;

do b → x:= 1 □ b → b:= false od   (2.4.4.5)

Anhand der vorstehenden Beispiele kann man die Beziehung zwischen verschlep-
pungsfreiem bzw. fairem Schalten und lebendigem bzw. fairem Verhalten studieren.

(2.4.4.9) *Beispiel:*

a) Das Netz von Abb. 2.4.4.6 ist zwar lebendig, hat aber auch unter der
   verschleppungsfreien Schaltregel kein faires Verhalten ((2.4.4.3) ist
   immer noch möglich). Das Netz verhält sich jedoch fair bei der fairen
   Schaltregel.

b) Das Netz von Abb. 2.4.4.5 mit der vergröberten, und daher unteilbaren Transition ist lebendig. Es hat aber weder unter der verschleppungsfreien noch unter der fairen Schaltregel ein faires Verhalten.

c) Das Netz von Abb. 2.4.4.5 ohne Vergröberung ist nicht lebendig.
   Unter der fairen Schaltregel hat es jedoch ein faires Verhalten.
   Verhindert man die Verklemmung durch andere Maßnahmen, z.B.
   indem man nur höchstens 4 Philosophen in den Eßraum läßt (Abb.
   2.4.4.7), dann ist das Netz lebendig und fair bei der fairen Schaltregel.

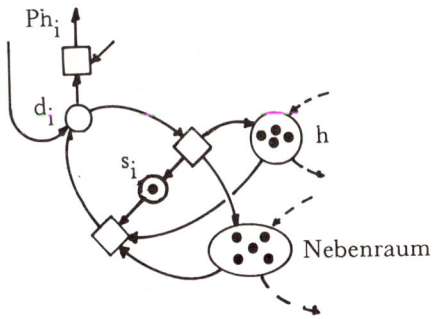

Abb. 2.4.4.7: Philsosophenproblem mit Nebenraum

In der dargestellten Anfangsmarkierung befinden sich alle Philosophen im Nebenraum. Die Stelle s_i bewirkt, daß höchstens eine Marke nach d_i, die Stelle h, daß
höchstens 4 Marken nach d_1 bis d_5 gelangen.

2.5 Höhere programmsprachliche Synchronisationskonzepte

Wie bei den meisten Anweisungstypen in Programmiersprachen gibt es auch für die Synchronisation nebenläufiger Handlungen elementare und komplexe Operationen. Die ersteren sind maschinennäher und daher einfacher zu implementieren, die letzteren unterstützen die fehlerfreie und strukturierte Programmierung komplexer Aufgaben.

Die in Abschnitt 2.3 vorgestellten Semaphoroperationen gehören natürlich zu den eher niedersprachlichen Formen. Da Semaphore mit Hilfe der P- und V- Anweisungen von beliebigen Programmteilen aus zugreifbar sind, können sehr unübersichtliche Programme entstehen.

Wie mehrfach gezeigt, kann der nebenläufige Zugriff auf gemeinsame Variable zu fehlerhaftem Verhalten führen. Daher versuchen hochsprachliche Synchronisations- anweisungen bei nebenläufig genutzten Variablen

a) einen strukturierten und kontrollierten Zugriff zu unterstützen, sowie
b) die Lokalität zu erhöhen.

Der zweite Punkt hat leider zur Folge, daß Datenmengen oft kopiert werden müssen, wie dies z. B. bei Rendezvous–Synchronisation oder Datenflußprogrammen der Fall ist. Wir behandeln diese Konzepte der Strukturierung im folgenden für

    1. Speicher–Synchronisation
    2. Rendezvous–Synchronisation
    3. Datenflußprogramme und funktionale Programmierung

2.5.1 Speicher-Synchronisation

Schon bei der Entwicklung sequentieller Programme wurde die Notwendigkeit erkannt, komplexe Datenstrukturen einzuführen, bei denen der Zugriff nur durch wohldefinierte Prozeduren möglich ist. Ausgehend von SIMULA 67 wurde dieses Konzept weiterentwickelt in Sprachen wie MODULA, EUCLID, CLU, ALPHARD oder ADA. Bei nebenläufigen Programmen war es dann natürlich naheliegend, den Zugriff auf solche Datenabstraktionen nur im wechselseitigen Ausschluß zuzulassen. Eine solche Datenabstraktion heißt daher "Monitor" (Brinch Hansen 73; Hoare 74). Das Monitor-Konzept wird in Sprachen für nebenläufige Programmierung wie Concurrent PASCAL (kurz CP) (Brinch Hansen 77) oder Concurrent EUCLID (Holt 83) benutzt.

Ein Monitor ist nach folgendem Schema aufgebaut:

>Monitorname, Zugriffsrechte
>gemeinsame Variablen
>sichtbare Prozeduren
>unsichtbare Prozeduren
>Initialisierung.

Nur die sichtbaren Prozeduren können von nebenläufigen Prozessen aufgerufen werden, und dies per definitionem nur im wechselseitigen Ausschluß. Beim Aufruf wird der Monitorname und der Name der sichtbaren Prozedur benutzt. Durch die Zugriffsrechte wird festgelegt, welche Prozeßanweisungen oder Monitore überhaupt einen solchen Aufruf enthalten dürfen. Durch Benutzung der sichtbaren Prozeduren können die gemeinsamen Daten geändert werden. Dabei können die unsichtbaren Prozeduren nützlich sein, welche aber nicht außerhalb des Monitors aufrufbar sind. Im Initialisierungsteil kann den gemeinsamen Variablen bei der Erzeugung des Monitors ein Anfangswert zugewiesen werden.

Soll ein aufrufender Prozeß P_1 verzögert werden, so ist dies mit einer Anweisung delay(p) möglich. Dabei wird der aufrufende Prozeß in einem Wartepool p der Kapazität 1 verzögert, bis ein anderer Prozeß P_2 die Anweisung continue(p) ausführt. Wenn P_2 dann den Monitor verläßt, kann P_1 die nächste Anweisung nach delay(p) ausführen. Mit empty(p) kann abgefragt werden, ob der Pool frei oder belegt ist. Pools mit größerer Kapazität können durch Felder vom Typ Wartepool dargestellt werden.

Abbildung 2.5.1.1 zeigt das Sender/Empfänger-Programm von Abb. 2.4.1.20 als CP-Programm. Der Puffer ist zum Monitor geworden. Empfänger und Sender sind zyklische Prozeßanweisungen mit Zugriffsrecht auf den Puffer. Die sichtbaren Prozeduren sind durch "entry" gekennzeichnet.

```
Puffer = monitor;
    var full, empty, in, out :integer;
        buffer : array[1..k] of message;
        p, q: queue;
    procedure entry send(v:message)
      begin
        if full=k then delay(p);
        buffer[in]:=v;
        full:= full+1;
        in  := (in+1)mod k;
        continue(q)
      end
    procedure entry receive (var w: message)
      begin
        if full=0 then delay(q);
        w:= buffer[out];
        full:= full-1;
        out := (out+1)mod k;
        continue(p)
      end
    begin full:= 0; empty:= k;
          in  := 1; out  := 1
    end.


Sender = process(Puffer);
    var v: message; cycle produce(v);
          Puffer.send(v) end.
Empfänger = process(Puffer);
    var w: message; cycle Puffer.receive(w);
          consume(w) end.
```

Abb. 2.5.1.1: Sender/Empfänger–Programm mit Monitor

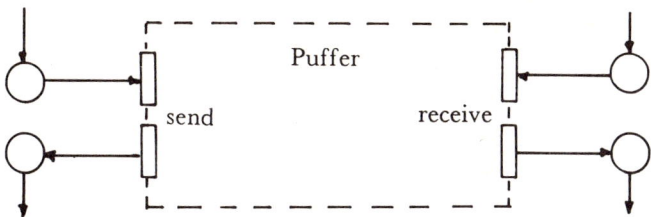

Abb. 2.5.1.2: Monitor als unteilbare Vergröberung

Ein Monitor stellt also – bis auf die wichtige Ausnahmeregel für delay und con-
tinue – eine *unteilbare* und *vergröberte* Anweisung im Sinne des Abschnitts 2.3.2
dar. Der Zugriff auf gemeinsame Variable ist streng kontrolliert. Abbildung 2.5.1.3
zeigt das Programm von Abb. 2.5.1.1 als Netz: Monitore sind natürlich als passive
Systemteile durch Kanäle (Stellen) dargestellt; der Pfeil zeigt in Zugriffsrichtung.

Abb. 2.5.1.3: Netz zu Abb. 2.5.1.1

2.5.2 Rendezvous–Synchronisation

Bei der Rendezvous–Synchronisation wird das Problem der gemeinsamen Variablen in radikaler Weise gelöst: gemeinsame Variablen werden gänzlich ausgeschlossen. Kommunikation und Synchronisation werden durch direkten Nachrichtenaustausch vollzogen (vgl. Abschnitt 2.4.1). Wie in der Einleitung erwähnt, wird dies mit größerem Speicheraufwand und vielen Kopieroperationen erkauft. Im Programm von Abb. 2.4.1.18 sind die Variablen max bzw. min im wesentlichen Kopien der gleichen Variablen in P_1 bzw. P_2. Natürlich kann Rendezvous–Synchronisation auch durch technische Gegebenheiten, wie kommunizierende Funktionseinheiten ohne gemeinsamen Speicher, notwendig werden. Rendezvous–Synchronisation wurde systematisch durch die theoretische Programmiersprache CSP (Communicating Sequential Processes) in (Hoare 78) eingeführt. Durch OCCAM (May et al 84,85) existiert auch eine Implementation von CSP. Da CSP geschützte Anweisungen benutzt, können wir diese Sprache leicht unter Rückgriff auf die Definition von PROG (Def. 1.1.9) darstellen. CSP ist wie PROG, wobei alle Variablen für jede Anweisung A_i in einer Nebenlaufanweisung (1.1.8) lokal sind. Dafür werden am Ende von Schutzbedingungen und im Anweisungsteil Rendezvous–Anweisungen wie in Abb. 2.4.1.17 zugelassen. Die Abbildungen 2.4.1.18 und 2.4.1.20 zeigen CSP–Programme. (Man beachte, daß in (Hoare 78) unterschiedliche Bezeichnungen für die Kontrollstrukturen benutzt werden, und zwar $[B_1 \rightarrow A_1 \; \square \; ... \; \square \; B_n \rightarrow A_n]$ für (1.1.6), $*[B_1 \rightarrow A_1 \; \square \; ... \; \square \; B_n \rightarrow A_n]$ für (1.1.7) und $[P_1 :: A_1 \| \; ... \; \| P_n :: A_n]$ für (1.1.8).) Das Abb. 2.5.1.3 entsprechende Netz für das CSP–Programm von Abb. 2.4.1.20 ist in Abb. 2.5.2.1 dargestellt: der Puffer ist aktive Prozessanweisung geworden; die Kommunikation ist wechselseitig.

Abb. 2.5.2.1: Netz zu Abb. 2.4.1.20

Auch die Programmiersprache ADA (Ada 80; Barnes 80; Horowitz 83) benutzt Rendezvous–Synchronisation. Die kommunizierenden Anweisungen heißen "tasks". Anders als in CSP braucht der gerufene Task nicht den Namen der rufenden Task zu kennen. Der Grund liegt darin, daß der gerufene Task auch eine dienstleistende Funktionseinheit (etwa eine Programmbibliothek) sein kann. ADA kennt eine der Auswahlanweisung ähnliche Anweisung, die "Select-Anweisung":

```
select
    when B₁ ⇒ A₁ or B₂ ⇒ A₂ or ... or Bₙ ⇒ Aₙ        (2.5.2.1)
```

```
        else A_{n+1}
end select
```

Wie in der Auswahlanweisung wird eine Anweisung A_i ($1 \le i \le n$) ausgeführt, für die die Bedingung B_i wahr ist. Ist kein B_i wahr, dann wird A_{n+1} ausgeführt. Der else–Teil mit A_{n+1} kann auch fehlen. Dann ist die Anweisung blockiert, bis ein B_i wahr ist. Es sind jedoch eine Reihe von Ausnahmeregelungen zu beachten. Zur Illustration formulieren wir in Abb. 2.5.2.2 den Puffer des CSP–Programms von Abb. 2.4.1.20 als ADA–Task.

```
task Puffer is
  entry sende (v:in message);
  entry empfange (w:out message),
end;
task body Puffer is
  full: integer:= 0; empty: integer:= k;
  in  : integer:= 1; out  : integer:= 1;
  buffer: array[1..k]of message;
begin
  loop
    select
      when full<k ⟹
        accept sende(v:in message) do
              buffer[in]:= v
              end;
              full:= full+1;
              in  := (in+1)mod k
      or
      when full>0 ⟹
        accept empfange(w:out message) do
              w:= buffer[out]
              end;
              full:= full-1;
              out := (out+1)mod k
    end select;
  end loop;
end Puffer
```

Abb. 2.5.2.2: Puffer als ADA–Task

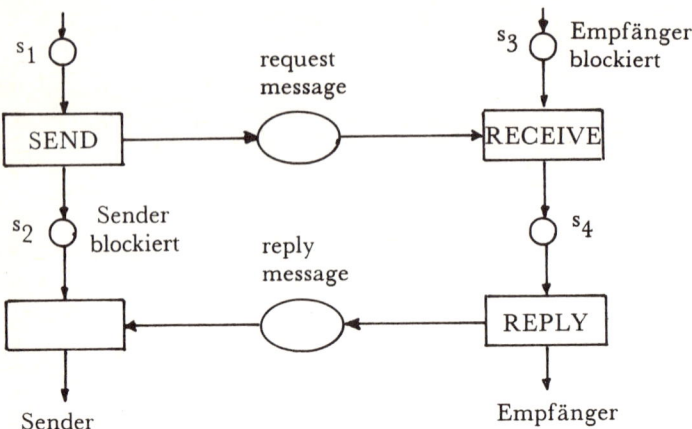

Abb. 2.5.2.3: Rendezvous im V–System

Abbildung 2.5.2.3 zeigt eine verfeinerte Form der Rendezvous–Synchronisation. Sie wurde im V–System (Cheriton 84) gewählt, das zur Kommunikation in lokalen Rechnernetzen entwickelt wurde (vgl. V–Kern in Kapitel 3.3). Den Sender kann man sich z.B. als Benutzerauftrag und den Empfänger als Dienstleistungsauftrag denken. Der letztere ist solange inaktiv oder blockiert, bis er durch eine SEND–Anweisung eines Senders aktiviert wird. Danach bleibt der Sender blockiert, bis der Empfänger den Dienstleistungsauftrag vollzogen hat. Dieser kann z.B. darin bestehen, einen Datenblock von einem Teilnehmer zum anderen zu kopieren. Gegenüber der in CSP oder ADA gewählten Form erlaubt dieser Rendezvous–Mechanismus eine direkte Anwendung von Bedienstrategien (vgl. Kapitel 6). Der Empfänger kann nämlich mehrere Anforderungen abwarten und diese nach einer gewählten Bedienstrategie (z.B. Restrotationszeit bei einer Platte) behandeln. Eine entsprechende ADA–Implementation wäre viel komplizierter.

Rendezvous–Synchronisation ist ein Spezialfall von *Gruppen–Kommunikation*. Hierbei ist es möglich, anstelle eines einzigen Partners mit einer ganzen Gruppe zu kommunizieren. Gruppen werden durch spezielle Gruppenbezeichner ausgewiesen. Aufträge können durch bestimmte Anweisungen einer Gruppe beitreten ("Join Group") oder diese verlassen ("Leave Group") (vgl. (Cheriton 84)), was bestimmte Rechte (vgl. Kapitel 3) des Auftrages voraussetzen kann. Als Kommunikationsform unterscheidet man eine *Mitteilung* (notification) von einer *Anfrage* (query).

Gruppen–Kommunikation ist bei verteilten Systemen sinnvoll einsetzbar. Beispielsweise kann ein Auftrag eine Gruppe von Dienstleistungsaufträgen befragen, ob sie frei sind ("freie Drucker bitte melden!"). Umgekehrt können

Aufträge durch Mitteilungen ihren Zustand anderen Aufträgen bekanntgeben ("ich, der Drucker XY, bin frei"). Eine solche Mitteilung könnte z.B. gut im "Bäcker-Algorithmus" (Ricart et al 81) (Kapitel 2.6) eingesetzt werden. Gruppenkommunikation ist in vielen lokalen Rechnernetzen relativ leicht zu implementieren, da alle Teilnehmer einen Gemeinschaftskanal abhören (z.B. ein Koaxial-Kabel in Ethernet).

2.5.3 Datenflußprogramme und funktionale Programmierung

Wir betrachten das folgende Programmstück (aus (Ackermann 82)).

$$
\begin{aligned}
&1 \quad p:= u+v; \\
&2 \quad q:= p/v; \\
&3 \quad r:= u \cdot p; \\
&4 \quad s:= r-q; \\
&5 \quad t:= r \cdot p; \\
&6 \quad \text{Ergebnis}:= s/t;
\end{aligned}
\qquad (2.5.3.1)
$$

Wie im Abschnitt 2.3.5 ausführlich untersucht, sind einige der Zuweisungen nebenläufig ausführbar. Es wurden optimisierende Compiler entwickelt, die solche kausalen Unabhängigkeiten bei der Ausführung auf Multiprozessoren, Vektor- oder Feldrechnern ausnutzen. Eine wirklich effektive Nutzung solcher Architekturen nebenläufiger Funktionseinheiten ist jedoch nur möglich, wenn dem Programmierer Sprachen zur Verfügung stehen, die die explizite Darstellung nebenläufiger Handlungen erlauben. Wegen ihres Verwaltungsaufwandes sind die in diesem Abschnitt bereits behandelten Sprachen hierfür weniger geeignet.

Datenflußsprachen sind eine Teilklasse der *funktionalen* oder *applikativen Sprachen*. Das Grundprinzip dieser Sprachen (z.B. LISP) ist das Zusammenwirken von Funktionen, welches durch den Fluß der Daten zwischen ihnen gesteuert wird. Dies unterstützt Modularisierung und unabhängige Ausführung unabhängiger Teile.

Entsprechend Def. 1.1.8 können Anweisungen als Text oder in graphischer Weise beschrieben werden. Wir bevorzugen hier die graphische Beschreibung und erwähnen am Ende entsprechende Programmiersprachen in Textform.

Um die Anweisungsfolge (2.5.3.1) als Datenflußgraph zu beschreiben, wenden wir die Ergebnisse der Abschnitte 2.3.4 und 2.3.5 an. Abbildung 2.5.3.1 a) zeigt die Anweisungfolge als schematisches Auftragssystem AS (Def. 2.3.4.2), wobei die hier vorliegende Interpretation (Def. 2.3.4.6), also die konkreten Funktionen, angegeben sind.

In Abb. 2.5.3.1 b) ist das zugehörige maximal nebenläufige Auftragssystem AS_m dargestellt (vgl. Def. 2.3.5.7 und nachfolgende Konstruktion; da AS_m relevant ist, sind Funktionalität und Spurfunktionalität äquivalent (Satz 2.3.5.6)). Die Präzedenzrelation von AS_m ist die transitive Hülle von (2.3.5.2):

$$\langle\cdot" = \{(a_i, a_j) \mid (a_i \langle\cdot a_j \text{ und } aus_i \cap ein_j \neq \emptyset) \text{ oder}$$
$$(a_i \langle\cdot a_j \text{ und } ein_i \cap aus_j \neq \emptyset) \text{ oder} \qquad\qquad (2.5.3.2)$$
$$(a_i \langle\cdot a_j \text{ und } aus_i \cap aus_j \neq \emptyset) \quad\}$$

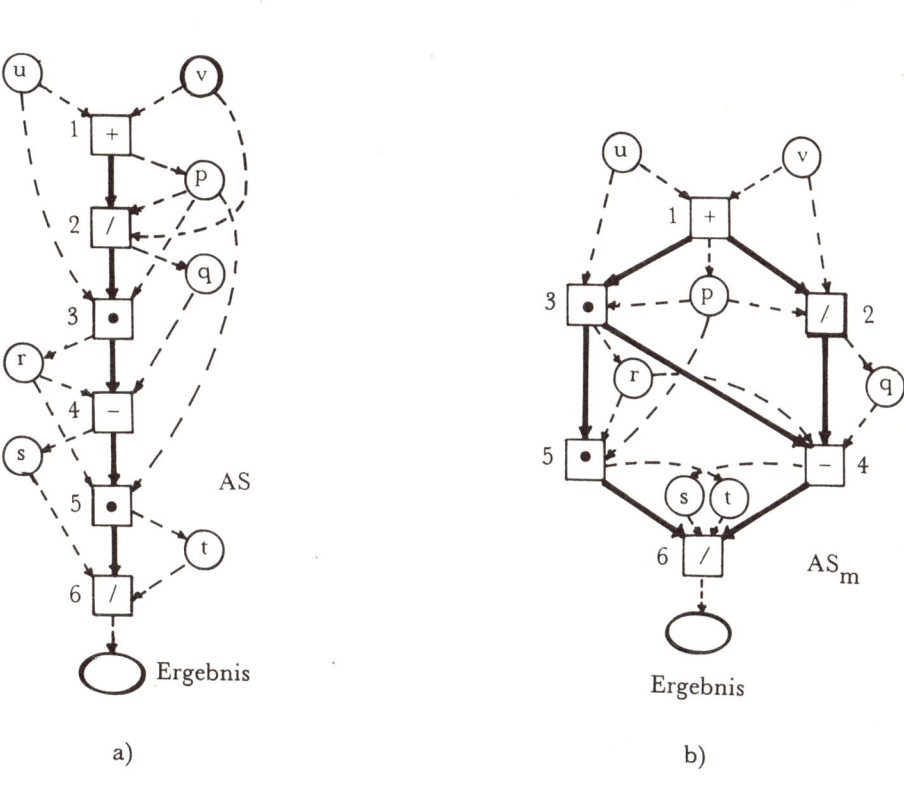

a)   b)

Abb. 2.5.3.1: Schematisches Auftragssystem zu (2.5.3.1) und zugehöriges maximal nebenläufiges Auftragssystem

Datenflußgraphen sind dadurch gekennzeichnet, daß die Präzedenzen aus der *ersten* Bedingung von (2.5.3.2) durch die Daten selbst hergestellt werden: a_j kann erst ausgeführt werden, wenn die von a_i zu liefernden Ausgabedaten vorhanden sind.

Eine natürliche Darstellung dieses Verhaltens ist mit Prädikaten/Transitions-Netzen (Pr/T-Netzen) möglich, die wir im 1. Kapitel (nach Def. 1.4.2) erklärt und benutzt haben. Abbildung 2.5.3.2 zeigt den Übergang an einem abstrakten Beispiel. Die Transition a_i in Abb. 2.5.3.2 b) schaltet, indem sie Objekte x bzw. y von den Stellen r bzw. t abzieht und das Objekt z=f(x,y) in die Stelle u ablegt. Die Transition ist aktiviert, wenn die abzuziehenden Objekte vorhanden sind. Daher kann die Transition a_j erst *nach* a_i schalten, d.h. es gilt $a_i \langle\cdot a_j$.

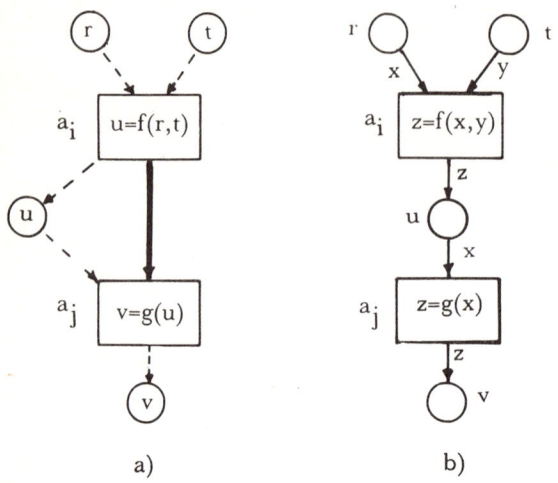

Abb. 2.5.3.2: Übergang vom schematischen Auftragssystem zum Pr/T–Netz

Abbildung 2.5.3.3 a) zeigt in dieser Weise das maximal nebenläufige Auftragssystem von Abb. 2.5.3.1 b) als Pr/T–Netz. Die Objekte sind vom Typ real. Da die Variablen auf rechten Seiten von Zuweisungen nicht gelöscht werden, erscheinen sie als Nebenbedingungen. Zunächst ist nur die Transition 1 aktiviert. Beim Schalten wird unter Benutzung der Objekte x=7,0 und y=3,5 das Objekt z=x+y=10,5 nach p abgelegt. Erst dann können die Transitionen 2 und 3 unabhängig von einander schalten: 3 legt das Objekt 73,5 nach r und 2 das Objekt 3,0 nach q. Das Pr/T–Netz hat die gleichen Ausführungsfolgen wie A_m bei der entsprechenden Interpretation, die alle das selbe Ergebnis wie (2.5.3.1) liefern. Da die Variablen an den Kanten lokal für jede Transition sind, wurden sie einheitlich mit x, y und z bezeichnet. Vor einer neuen Berechnung müssen alle Objekte von den Stellen entfernt werden. Durch zusätzliche Kanten können die Stellen bei Neubelegungen vorher geleert werden, was dem Vorgang des "Überschreibens von Variablen" entspricht. (Eine zusätzliche, mit c bewertete Kante von der Stelle p zur Transition 1 würde z.B. ein beliebiges Objekt c aus p beim Schalten von 1 entfernen.)

Datenflußgraphen haben oft die Gestalt von Abb. 2.5.3.3 b) (vgl. (Ackermann 82)), wo die Reihenfolge der Argumente und die Frage des Löschens implizit vereinbart wird. Die folgenden, nach (Davis et al 82) zitierten Vorteile treffen gleichermaßen auf Datenflußgraphen, wie auf Pr/T–Netze im allgemeinen zu:

(1) Das Stattfinden einer Handlung hängt nur von explizit dargestellten Vor- und Nebenbedingungen ab. Es gibt keine Seiteneffekte.

– 245 –

(2) Modularisierung und Strukturieren durch schrittweises Verfeinern wird unterstützt.

(3) Durch Beschränkung auf kausal notwendige Präzedenzen wird maximale Nebenläufigkeit erzielt.

(4) Durch Graphen wird eine operationale oder funktionale Semantik definiert. Die erstere wird durch Schaltfolgen oder Prozesse, die letztere durch die insgesamt erzeugte Funktion beschrieben.

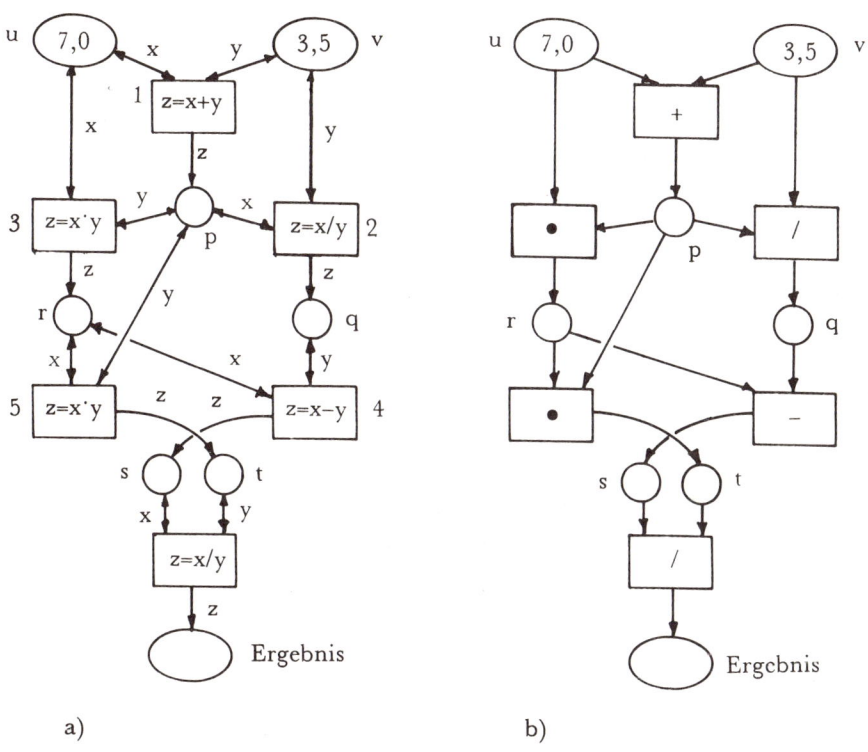

Abb. 2.5.3.3: Datenflußgraph zu Abb. 2.5.3.1

Eine besondere Rolle spielen Schleifen, da zwischen alten und neuen Werten von Variablen unterschieden werden muß. Wir geben dazu jetzt ein Beispiel nach (Davis et al 82). Im nächsten Abschnitt über Kommunikation in verteilten Systemen sind weitere Beispiele von Pr/T-Netzen zu finden.

Oft werden in Datenflußgraphen Kontrollstrukturen benutzt, wie sie in Abb. 2.5.3.4 durch eine Verfeinerung als Pr/T-Netz definiert sind. Dabei darf die Stelle s nur die boole'schen Werte 'W' oder 'F' enthalten.

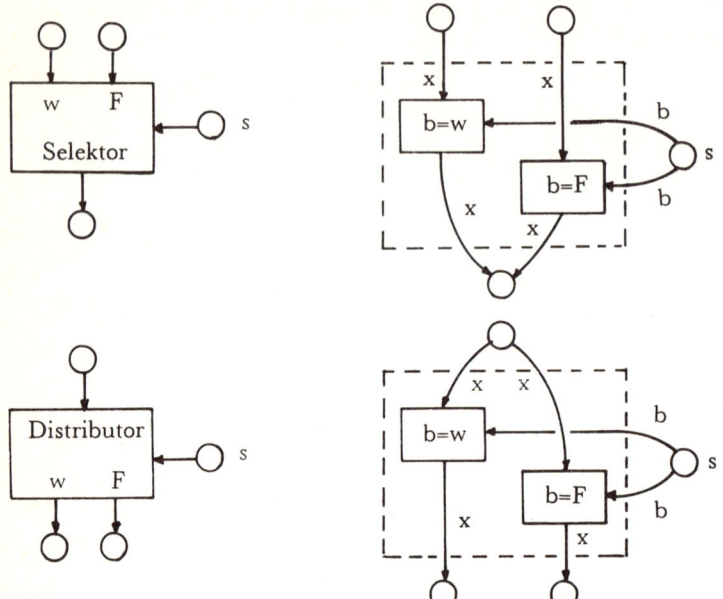

Abb. 2.5.3.4: Selektor und Distributor

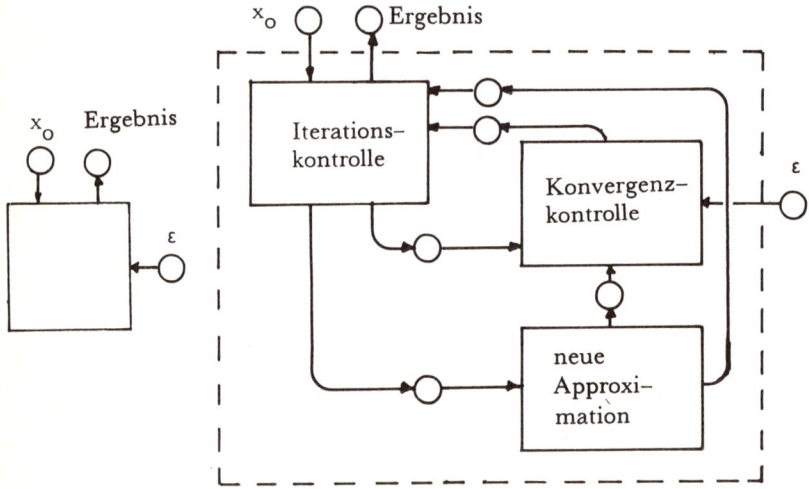

Abb. 2.5.3.5: Erste Verfeinerung der Approximationsaufgabe von Beispiel 2.5.3.1

(2.5.3.1) *Beispiel*: (nach (Davis et al 82)) Ausgehend von einer Näherung x_0 soll
im folgenden Beispiel die Nullstelle einer Funktion f mit der Genauigkeit
ε nach dem Newton'schen Verfahren berechnet werden. Dabei wird
nach der Rekursionsformel

$$x_{i+1} = x_i - \frac{f(x_i)}{f'(x_i)} \;,\; bis \; \left| \frac{f(x_i)}{f'(x_i)} \right| < \varepsilon \qquad (2.5.3.3)$$

vorgegangen. Abbildung 2.5.3.5 zeigt eine erste, Abb. 2.5.3.6 eine
zweite Verfeinerung (Def. 1.1.5) als Pr/T-Netz. Dabei werden, wie in
Datenflußgraphen, die Kontrollstrukturen von Abb. 2.5.3.4 benutzt.

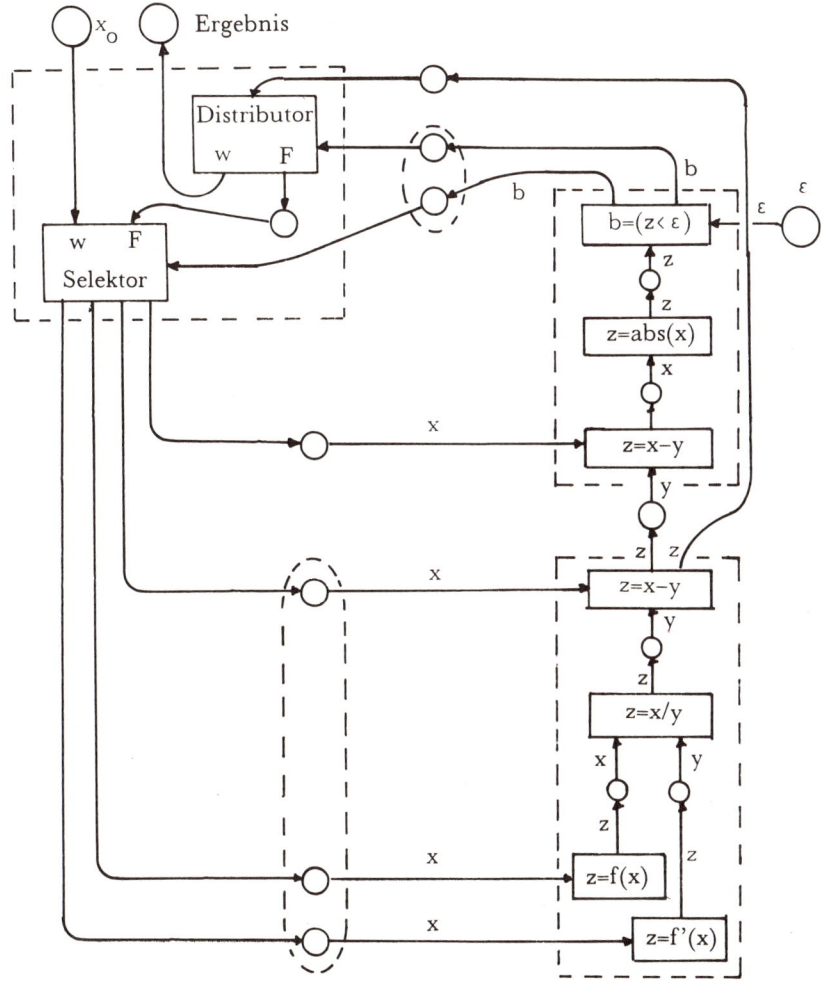

Abb. 2.5.3.6: Zweite Verfeinerung von Beispiel 2.5.3.1

VAL ist ein Beispiel einer Sprache in Textform zur Beschreibung von Datenflußprogrammen (McGraw 82; Horowitz 83). Als funktionale Sprache (sie ist verwandt mit CLU) können unabhängige Anweisungen nebenläufig ausgeführt werden. Untypisch für funktionale Sprachen ist dagegen das Fehlen von Rekursion.

Über Datenflußrechner kann man sich in (Watson et al 82; Gajski et al 82) informieren.

2.6 Kommunikation in verteilten Systemen

Die Benutzung von Rendezvous–Synchronisation für kooperierende Prozesse hatte ihren Grund in der oft anzutreffenden Situation, daß die zugrundeliegenden Funktionseinheiten auf keinen gemeinsamen Speicher zugreifen können. Der Nachrichtenaustausch über gemeinsam benutzte Daten wird ersetzt durch den direkten Nachrichtenaustausch während des Rendezvous. Dauert die Nachrichtenübermittlung im Verhältnis zur Arbeitsgeschwindigkeit der Funktionseinheiten zu lange, kann diese jedoch nicht auf das Zustandekommen des Rendezvous warten. In diesem Fall betrachten wir die Funktionseinheiten als durch Kanäle miteinander verbunden.

Gleichzeitigkeit in verschiedenen Funktionseinheiten ist nun nicht mehr feststellbar. Auf einen globalen Zustand kann folglich nicht Bezug genommen werden. Unter einem *verteilten System* verstehen wir also ein System von Funktionseinheiten, dessen globaler Zustand von keinem Algorithmus oder Protokoll benutzt wird. Etwas genauer kann man fordern, daß in einem verteilten System nie auf die gleichzeitige Gültigkeit von Variablenwerten in verschiedenen Funktionseinheiten Bezug genommen wird.

Als Beispiel eines verteilten Systems kann das Sender/Empfänger–System von Abb. 2.4.1.13 betrachtet werden. Für verschiedene Zwecke wurden Algorithmen entwickelt, die auf die besondere Situation der unbestimmten Laufzeit von Nachrichten in verteilten Systemen Rücksicht nehmen. Als Beispiel für diese Klasse von Algorithmen kommen wir auf das schon mehrfach behandelte Problem des wechselseitigen Ausschlusses zurück.

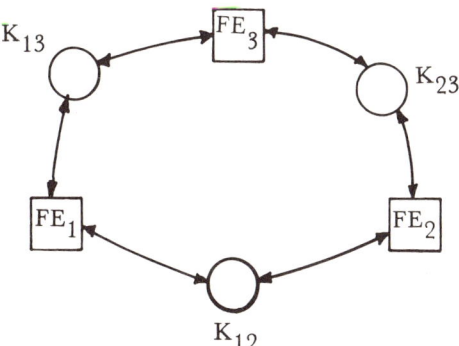

Abb. 2.6.1: Verteiltes System aus drei Funktionseinheiten

Gegeben seien $n \geq 2$ Funktionseinheiten FE_1, ..., FE_n, die über Kanäle K_{ij} ($1 \leq i < j \leq n$) direkt miteinander verbunden sind (Abb. 2.6.1). Jede Funktionseinheit kann wiederholt in einen kritischen Abschnitt eintreten, in dem ein gemeinsames Betriebsmittel exklusiv genutzt wird (etwa ein nur empfangender Satellit von weit verteilten Rechnern). Es soll ein Algorithmus vorgestellt werden, der wechselseitigen Ausschluß für alle n Funktionseinheiten realisiert. Der Algorithmus soll für alle Knoten gleich sein und zur Kommunikation nur die Kanäle K_{ij} benutzen.

Der folgende Algorithmus nach (Ricart et al 81) kommt dabei mit $2 \cdot (n-1)$ Nachrichten pro Eintritt in den kritischen Abschnitt aus. Ähnlich wie beim "Bäcker-Algorithmus" von Lamport (Lamport 78) versendet jeder Knoten sukzessive "Sequenznummern", die er jeweils größer wählt, als alle bisher empfangenen. Will ein Knoten in seinen kritischen Abschnitt eintreten, sendet er seine aktuelle Sequenznummer an alle anderen Knoten. Er darf erst in den kritischen Abschnitt eintreten, wenn er von allen Knoten eine Antwort erhalten hat. Will ein anderer Knoten auch in den kritischen Abschnitt eintreten, dann verzögert er die Antwort, falls seine Sequenznummer kleiner ist als die empfangene. Ist sie zufällig gleich, verzögert er die Antwort nur, wenn auch seine Knotennummer kleiner als die des Senders ist.

Abbildung 2.6.2 zeigt den Algorithmus für den Knoten FE_i. OSN (our sequence number) enthält die aktuelle Sequenznummer des Knotens, während HSN (highest sequence number) die bisher höchste empfangene Sequenznummer von anderen Knoten darstellt. Die boole'sche Variable RCS (request critical section) zeigt an, ob der Knoten FE_i in den kritischen Abschnitt eintreten will oder bereits konnte. Jeder Knoten FE_i enthält drei nebenläufig arbeitende Programme Ai, Bi und Ci. Ai ist das Hauptprogramm und enthält auch den kritischen Abschnitt. Bi empfängt die Anforderungen von anderen Knoten und beantwortet bzw. verzögert sie. Ci empfängt die Rückmeldungen. Die Programme kommunizieren über gemeinsame Variable OSN, HSN, ORC, RCS und RD[i], die natürlich lokal für den Knoten FE_i sind.

```
me:= i: const,
HSN:= 0,YSN,OSN,ORC,You: integer,
RCS:= Defer:= false: boolean,
RD[1..n]:= false: array of boolean,
con  Ai ‖ Bi ‖ Ci  noc.
```

Wobei:

```
Ai:: do true →
              Ai₁: <RCS,OSN:= true,HSN+1>;
              Ai₂: ORC:= n-1;
              Ai₃: con send(Request(me,OSN)) to j ‖ j=1..n, j≠i noc;
              Ai₄: <ORC=0 → skip>;
              Ai₅: krit. Abschnitt;
              Ai₆: <RCS:= false>;
              Ai₇: con
                   if RD[j]→RD[j]:=false; send(Reply) to j
                   □  not RD[j]→skip
                   fi ‖ j=1..n, j≠i
                   noc;
              Ai₈: lok. Hdlg. von FE_i
      od
```

```
Bi:: do true →
              Bi₁: receive(Request(You,YSN));
              Bi₂: HSN:= max(HSN,YSN);
              Bi₃: <Defer:= RCS and
                            (YSN>OSN or
                            (YSN=OSN and You>me));
              Bi₄: if Defer→RD[You]:= true
                   □  not Defer→send(Reply) to You
                   fi>
      od.
```

```
Ci:: do true →
              Ci₁: receive(Reply);
              Ci₂: ORC:= ORC-1
      od.
```

Abb. 2.6.2: Algorithmus für FE_i

Will der Knoten FE_i den kritischen Abschnitt benutzen, dann setzt er zunächst RCS=true und seine Sequenznummer höher als alle bisher empfangenen (Anweisung Ai_1). Danach setzt er ORC (outstanding reply count) auf $n-1$ (Ai_2), sendet an alle anderen Knoten seine Sequenznummer zusammen mit seiner Identifizierung (Ai_3) und wartet, bis alle Knoten geantwortet haben (Ai_4). Danach kann er in den kritischen Abschnitt eintreten (Ai_5). Jeder andere Knoten FE_j empfängt die Nachricht (me,OSN) als (you,YSN) (your sequence number) (Bj_1), berechnet den neuen Wert von HSN (Bj_2) und antwortet sofort (Bj_4, 2. Teil), falls Defer=false (Bj_3), d.h. falls FE_i gar nicht den kritischen Abschnitt benutzt (not RCS), oder YSN≤OSN sowie, falls YSN=OSN, dann you<me. Im anderen Fall (Defer=true) wird in (Bj_4, 1. Teil) RD[you]=true gesetzt. Die Antwort wird also aufgehalten, bis der Knoten FE_j den kritischen Abschnitt verlassen hat und dann erst die Antwort absendet (Aj_7).

Das Programm von Abb. 2.6.2 folgt bis auf Anpassungen an PROG der Darstellung in (Ricart et al 81). Dazu gehört z.B. die Benutzung von unteilbaren Anweisungen anstelle von Semaphor-Operationen. Abbildung 2.6.3 zeigt den Algorithmus als Pr/T-Netz. Die gemeinsamen Variablen erscheinen als Stellen zwischen den Teilen Ai und Bi. Doppelpfeile bedeuten als Nebenbedingung wie üblich lesenden Zugriff, während eine doppelte Pfeilspitze eine Abkürzung für Überschreiben, d.h. Löschen und Schreiben ist. Statt durch eine Marke wird der Kontrollfluß in Ai und Bi durch ein Objekt me mit festem Wert i angezeigt. Die Beschriftung "all" bedeutet, daß alle Objekte aus s_1 entfernt und genau diese Menge nach s_2 gebracht wird. Präziser sind die Objekte von s_1 als Mengen aufzufassen. Das Senden an alle Knoten in i2 bzw. das Empfangen in i3 wurde als unteilbare Handlung dargestellt. Dabei werden die Kanäle K_{ij} von Abb. 2.6.1 verfeinert in Teilkanäle Req_{ij} (für die Anforderungen (request) von FE_i an FE_j) und Rep_{ij} (für die Antwort (response) von FE_i an FE_j). Im Gegensatz zu Abb. 2.6.2 haben wir so eine echte Darstellung des Nachrichtenflusses. Dadurch ist es möglich, die Kommunikation zwischen FE_i und FE_j als Teilnetz wie in Abb. 2.6.4 direkt darzustellen! Req_{ij} enthält immer (höchstens) ein Objekt (me,OSN), das als Verbund (record) aufgefaßt werden kann.

- 253 -

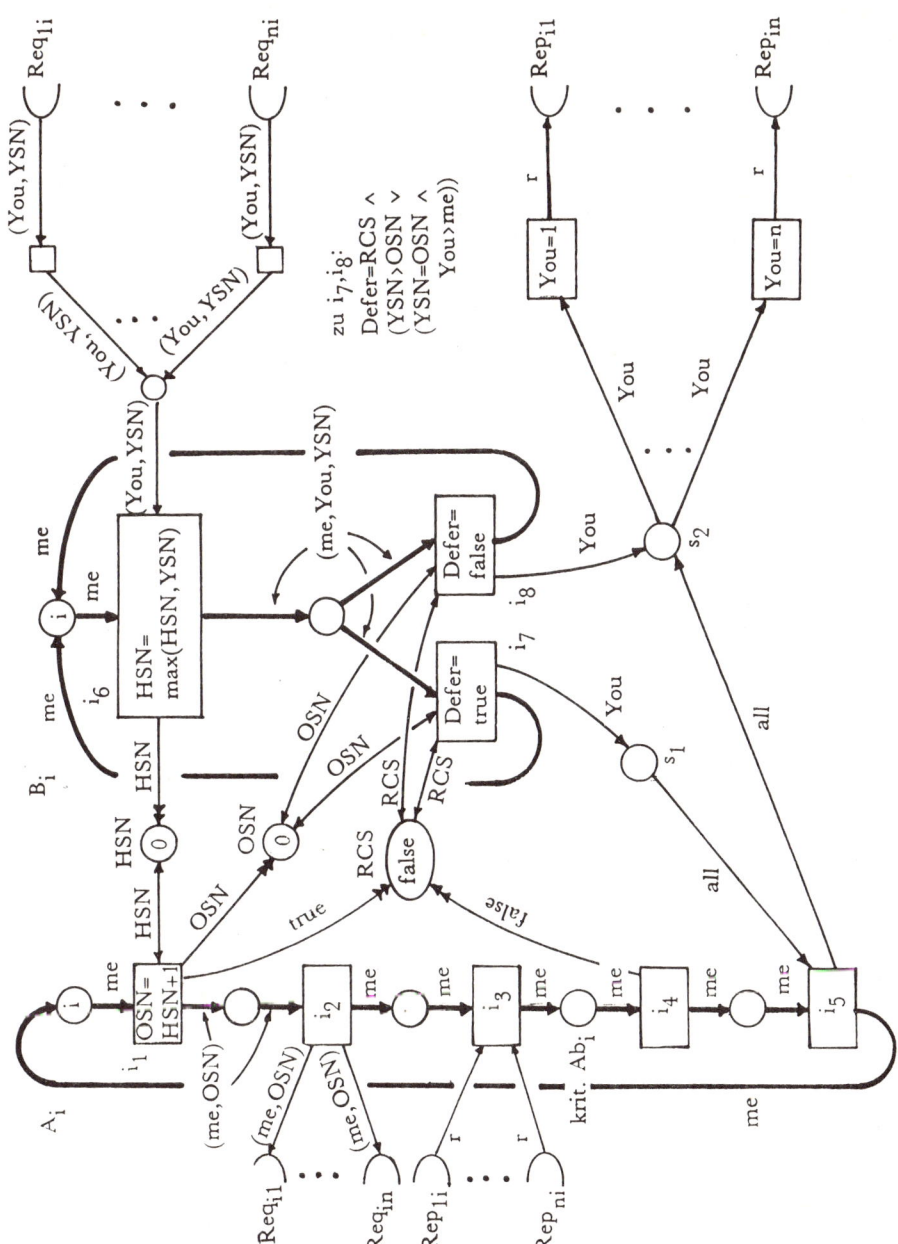

Abb. 2.6.3: Knoten FE$_i$ als Pr/T-Netz

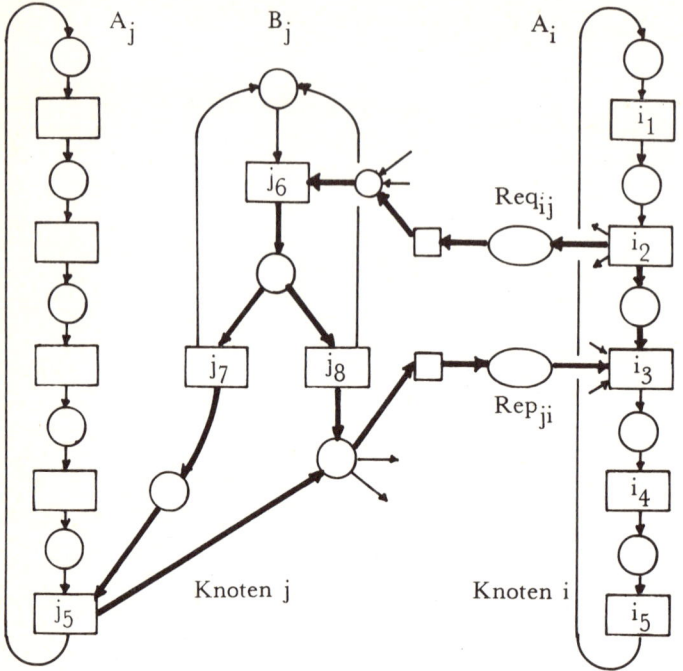

Abb. 2.6.4: Nachrichtenfluß zwischen FE_i und FE_j

Abbildung 2.6.5 zeigt ein Ablaufbeispiel aus (Ricart et al 81). Dabei bedeuten durchgezogene Pfeile Kommunikation über die Stelle Req_{ij} (mit Angabe von OSN) und unterbrochene Pfeile die Antwort über Rep_{ij}. Durch Ausrufungszeichen gekennzeichnete Knoten FE_i benutzen gerade den kritischen Abschnitt (Ai_5).

Es ist interessant, die beiden Darstellungen desselben Algorithmus als Programm und als Pr/T-Netz zu vergleichen. Das Pr/T-Netz beschränkt sich mehr auf die wesentlichen Handlungen, ohne spezielle Kontrollstrukturen zu antizipieren. Es hat daher mehr den Charakter einer allgemeinen Spezifikation des Algorithmus. Darstellungen wie Abb. 2.6.3 oder wie in (Ricart et al 81) werden dagegen geprägt durch bestimmte programmiersprachliche Anweisungsformen. Die Netze für die Knoten FE_i ($1 \leq i \leq n$) können durch Identifizieren der Kanäle direkt zu einem Gesamtnetz verbunden werden, wobei jeweils auch die Zustände der Kanäle in ihrem dynamischen Verhalten beschrieben werden.

Wir beschreiben einige Eigenschaften des Algorithmus, verzichten aber hier auf den Beweis.

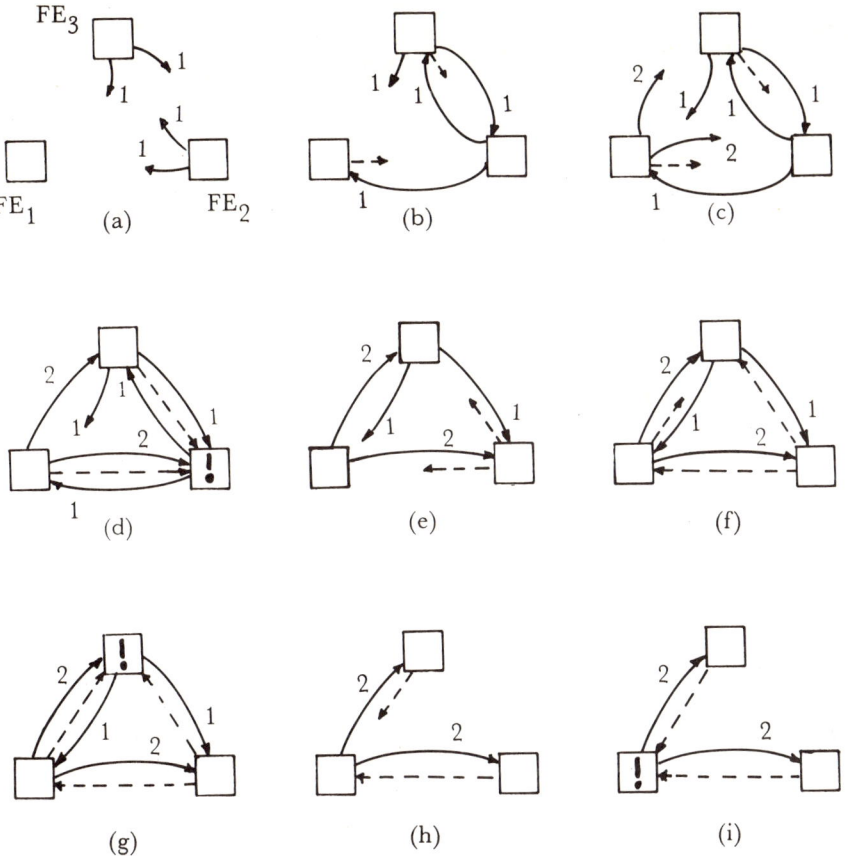

Abb. 2.6.5: Fallbeispiel mit n=3 Knoten

1. *Der wechselseitige Ausschluß wird eingehalten.*
Es gibt keinen erreichbaren Zustand (bzw. keine Markierung), in dem für $1 \leq i < j \leq n$ sowohl Ai_5 als auch Aj_5 in Abb. 2.6.2 ausgeführt werden (bzw. die Stellen Krit.AB$_i$ und Krit.AB$_j$ in Abb. 2.6.3 markiert sind).

2. *Der Algorithmus ist verklemmungsfrei*
Es gibt keinen erreichbaren Zustand, in dem keine Anweisung (in Abb. 2.6.2) bzw. Transition (in Abb. 2.6.3) ausführbar ist. Das Pr/T-Netz ist also verklemmungsfrei im Sinne der Def. 2.4.1.4 und lebendig (Def. 2.4.4.2).

3. *Das System verhält sich fair.*
Es kann nicht vorkommen, daß ein Knoten FE$_i$ den krit. Abschnitt benutzen will

(also Ai_1 ausführt), dies aber nie erreicht (also nie Ai_5 ausführt), obwohl ständig andere Anweisungen ausgeführt werden. Für das Pr/T–Netz heißt dies folgendes. Unter der Annahme der verschleppungsfreien Schaltregel (Def. 2.4.4.8) folgt in jeder unendlichen Schaltfolge auf ein Schalten der Transition i_1 irgendwann das Schalten der Transition i_3. Das Netz verhält sich dann fair (Def. 2.4.4.7).

4. Anzahl der Nachrichtenübermittlungen

Für jeden Eintritt eines Knotens in seinen kritischen Abschnitt müssen $2 \cdot (n-1)$ Nachrichten zwischen Knoten übermittelt werden. Vor dem Eintritt muß mindestens die "Nachrichtenumlaufzeit" abgewartet werden, d. h. die Zeit, die vom Absenden der Anforderung (Ai_3) bis zum Empfang der Antwort (Ci_1) vergeht. Der Weg einer solchen Nachricht ist in Abb. 2.6.4 dargestellt.

Zum Beweis vieler dieser Behauptungen können Invarianten wie in Abschnitt 2.4.2 benutzt werden. Abbildung 2.6.4 legt das Aufstellen einer wichtigen solchen Invarianten nahe.

Entfernung der Funktionseinheiten	Gebiet (gerundet)	Beispiel
10^{-3} m = 1 mm	Chip	VLSI–Prozessoren
10^{-2} m = 1 cm	Wafer–Integration	Datenfluß–
10^{-1} m = 1 dm	Steckkarte	maschine
10^{0} m = 1 m	Schrank	Multiprozessor
10^{1} m = 10 m	Raum	
10^{2} m = 100 m	Gebäude	lokale
10^{3} m = 1 km	Viertel	Netze
10^{4} m = 10 km	Stadt	
10^{5} m = 100 km	Region	Netze
10^{6} m = 1T km	Land	mit großen
10^{7} m = 10T km	Erde	Transportwegen
10^{8} m = 100T km	Erde–Mond	
10^{9} m = 1 Mill km	interplaneta-rischer Raum	Raumschiffe
10^{10} m = 10 Mill km	Erde–Mars	und
10^{11} m = 100 Mill km	Erde–Jupiter	Sonden
10^{16} m	Erde-Proxima-Centauri	

Abb. 2.6.6: Größe von verteilten Systemen

In (Ricart et al 81) werden noch weitere Eigenschaften und Modifikationen diskutiert. Darüberhinaus wurde in (Carvalho et al 84) der Algorithmus so verbessert,
daß die Anzahl der Nachrichtenübermittlungen zwischen n–1 und 2·(n–1) liegt.

Ob eine Menge von Funktionseinheiten nach unserer Definition ein verteiltes System ist, hängt wesentlich von der Länge der Transportwege zwischen den
Funktionseinheiten ab.

Quantifiziert man grob die Entfernungen zwischen den beteiligten Funktionseinheiten, so ergibt sich die Tabelle von Abb. 2.6.6.

Abbildung 2.6.7 zeigt beispielhaft die Struktur eines Rechnernetzes. Die miteinander kommunizierenden Arbeitsrechner (hosts) sind über Kommunika-
tionsrechner (interface message processor, data switching exchange) mit dem
eigentlichen Kommunikationsnetz verbunden. Die Übermittlungskanäle können im
Netz unterschiedliche topologische Strukturen bilden (Stern, Ring, Baum, Klique,
usw.). Von solchen "Punkt-zu-Punkt-Netzen" unterscheidet man "Rundspruch-
kommunikation", bei der alle Teilnehmer alles mithören und an alle gleichzeitig
senden (Bus, Satellit, Radio) – (siehe (Tannenbaum 81)).

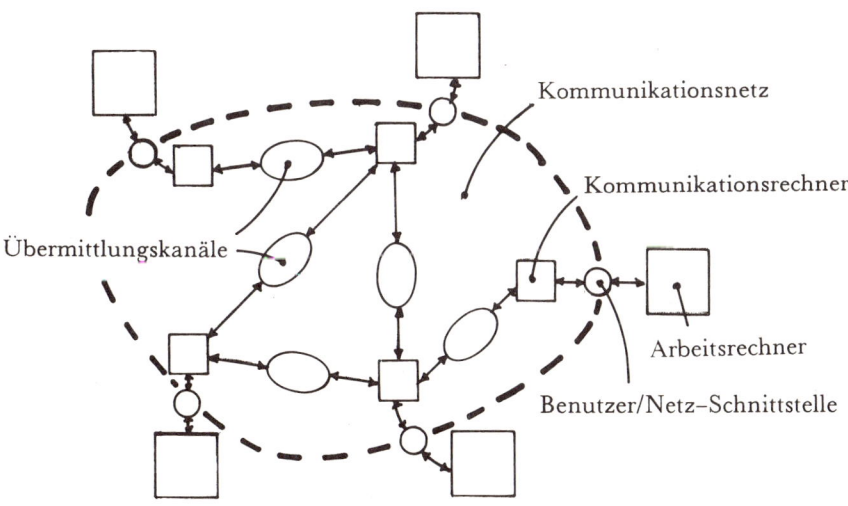

Abb. 2.6.7: Struktur eines Rechnernetzes

Da die beteiligten (Arbeits–) Rechner und Kanäle von sehr verschiedener technischer Bauart sein und verschiedenen (auch gesetzlichen) Normen unterliegen

können, muß die Kommunikation zwischen ihnen formalen Regeln unterliegen. In Def. 2.3.1.3 haben wir Anweisungen, die die Kommunikation zwischen Programmen in dieser Weise regeln, *Kommunikations–Protokolle* genannt.

Die Kommunikation zwischen den Arbeitsrechnern kann auf hoher und komfortabler Abstraktionsebene stattfinden, während die Kanäle nur in der Lage sind, Bit-Folgen zu übermitteln. Da der Sprung zwischen diesen beiden Ebenen zu groß ist, werden meist mehrere Abstraktionsschichten eingeschoben. Wir stellen hier das OSI-Schichtenmodell (Reference Model of Open Systems Interconnection) der International Standards Organisation (ISO) vor, die dazu folgende Entwurfsprinzipien formuliert hat (Zimmermann 80):

1. Für verschiedene Abstraktionsebenen sind auch verschiedene Protokollebenen vorzusehen.

2. Jede Protokollebene soll eine in sich wohldefinierte Anweisung darstellen.

3. Die Funktionen jeder Ebene sollen zu international bereits standardisierten Protokollen passen.

4. Die Schnittstellen sollen minimal sein.

5. Die Anzahl der Ebenen soll groß genug sein, um 1. zu erfüllen, jedoch nicht zu groß, um die Übersichtlichkeit zu beeinträchtigen.

Das OSI-Schichtenmodell sieht sieben Schichten vor, die in Abb. 2.6.8 dargestellt sind. Für jeden der Arbeitsrechner A und B stellen die sieben Instanzen eine Verfeinerung der darüberliegenden bzw. eine Vergröberung der darunterliegenden Instanz dar. Dazwischen liegen die Schnittstellen der Schichten. Nur das Übertragungsprotokoll auf Ebene 1 beschreibt eine tatsächliche Nachrichtenübermittlung, die darüberliegenden Protokolle beschreiben die virtuelle Kommunikation über virtuelle (und daher gestrichelte) Kanäle. Das Transportprotokoll ist die unterste Ebene, die von den zwischengeschalteten Kommunikationsrechnern abstrahiert. Wir beschreiben kurz die Aufgaben der einzelnen Schichten:

1. *Physikalische Schicht* (physical layer)
Übertragung von bit-Folgen, ihre physikalische Darstellung, Korrektur von Übertragungsfehlern, kollaterale oder serielle Übermittlung in beiden Richtungen.

2. *Leitungs–Schicht* (data link layer)
Übermittlung von komplexeren Dateneinheiten (data frames), Fehlerkorrektur durch Quittieren (acknowledgement frames), Wiederholen der Übermittlung, Ausgleich von Verarbeitungsgeschwindigkeiten der Kommunikationspartner.

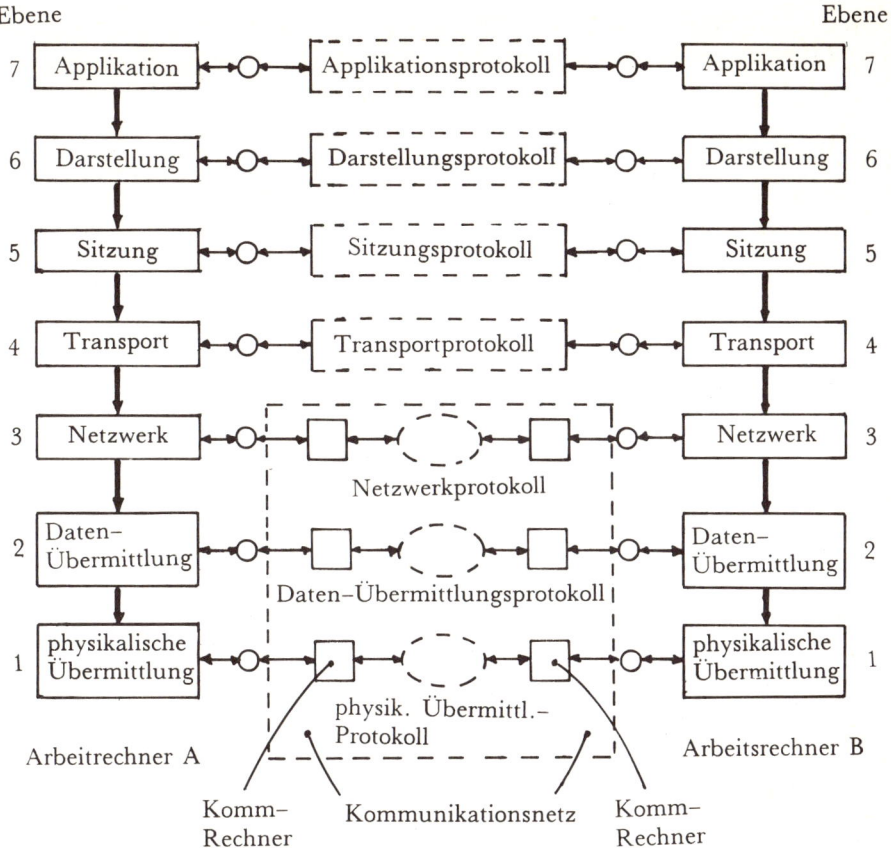

Abb. 2.6.8: OSI–Schichtenmodell als Netz

3. *Netzwerk-Schicht* (network layer)
Kontrolle des Kommunikationsnetzes, Bestimmung von Übermittlungswegen, Berücksichtigung von Engpässen, Multiplexbetrieb bei Mehrfachbelastung.

4. *Transport-Schicht* (transport layer)
Darstellung der untersten Protokollebene zwischen Arbeitsrechnern, Zerlegung von Daten in kleinere Einheiten (Pakete) beim Sender und Zusammensetzen beim Empfänger, Berücksichtigung von Multiplexprogrammierung der Arbeitsrechner, Herstellung und Abbruch von Verbindungen.

5. *Sitzungs-Schicht* (session layer)
Festlegung der Kommunikation von Benutzerprogrammen in Arbeitsrechnern,

Aufbau, Durchführung und ordnungsgemäßer Abbruch einer Kommunikationssitzung (Authentisierung, Datenschutz), Durchsetzung von Unteilbarkeit von Handlung (z.B. kein Abbruch von Datenbankzugriffen ohne Konsistenzsicherung), Maßnahmen bei Hard- und Software-Fehlern in den Arbeitsrechnern.

6. *Darstellungs-Schicht* (presentation layer)
Bereitstellung von häufig benötigten Funktionen wie Formatierung von Texten, Zeichenkonversion, Dateiformatanpassung, Anpassung von Endgeräten.

7. *Applikations-Schicht* (application layer)
Anwendungsspezifische Funktionen, Verdeckung von Betriebsmitteln für den Benutzer, Verteilung der Auftragsbearbeitung auf die Arbeitsrechner des Netzes, spezielle Programme (Bankwesen, Flugreservierung, Bildschirmtext, usw.), Fern-Stapel-Betrieb, Dateiübertragung, Dialog, rechnergestützter Briefverkehr.

Als Beispiel betrachten wir ein Datenübermittlungs-Protokoll als Pr/T-Netz (Abb. 2.6.9). Ein Arbeitsrechner X erzeugt eine unendliche Folge $d_1, d_2, \ldots$ von Daten d_i. Diese Folge soll an den Arbeitsrechner Y übermittelt werden und in gleicher Reiherfolge von diesem übernommen werden. Durch das Pr/T-Netz von Abb. 2.6.9 wird dies gewährleistet, da die Stellen s_1, s_2 und s_3 die Kapazität 1 haben.

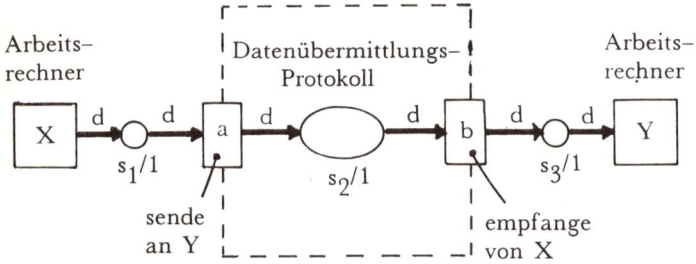

Abb. 2.6.9: Pr/T-Netz zu Ebene 2

Für die Übermittlung stehe ein Kanal zur Verfügung, auf dem in beiden Richtungen, aber nur in einer Richtung zur Zeit, übermittelt werden kann (Halbduplex-Kanal). Bei der Übermittlung kann die Nachricht gestört werden. Durch redundante Kodierung (im physikalischen Übermittlungsprotokoll der 1. Ebene) wird aber jeder Fehler erkannt und angezeigt. Eine fehlerhafte Übermittlung wird im Pr/T-Netz von Abb. 2.6.10 durch Schalten der Transition g statt h dargestellt, wobei die Nachricht z vernichtet und die Konstate F (für fehlerhaft) abgeliefert wird. (Die Halbduplexeigenschaft ist nicht explizit dargestellt, da sie sich später automatisch ergibt.)

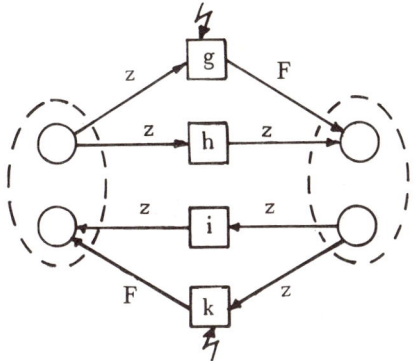

Abb. 2.6.10: Fehlerhafter Halbduplex-Kanal mit Fehlererkennung

Um das gewünschte fehlerfreie Protokoll von Abb. 2.6.9 zu realisieren, hat man natürlich die Möglichkeit, durch Rückmeldung den korrekten Empfang quittieren zu lassen oder bei Fehlern ein erneutes Senden herbeizuführen. Problematisch dabei ist jedoch, daß auch bei der Rückmeldung Fehler auftreten können. Erhält der Sender eine gestörte Quittung, sendet er sicherheitshalber die alte Nachricht noch einmal. Der Empfänger muß nun aber davor bewahrt werden, die Wiederholung von d_i für die nächste Nachricht d_{i+1} zu halten. Um dies zu erreichen, wird der Nachricht d ein Bit x beigepackt und vor Ablieferung der Nachricht an y wieder entfernt. In Abb. 2.6.11 ist die Verfeinerung von Abb. 2.6.9 unter Benutzung des Halbduplex-Kanals von Abb. 2.6.10 als Pr/T-Netz dargestellt. Die möglichen Wege der Daten d_i sind fett eingezeichnet. Als Besonderheit kommt dieses Protokoll zur Quittierung mit nur *einem* Bit x aus (Bartlett et al 69). Es heißt daher auch *Alternierbitprotokoll*. Wichtiger ist für uns jedoch die Darstellung des Protokolls als Verfeinerung von Ebene 2 unter Benutzung von Ebene 1.

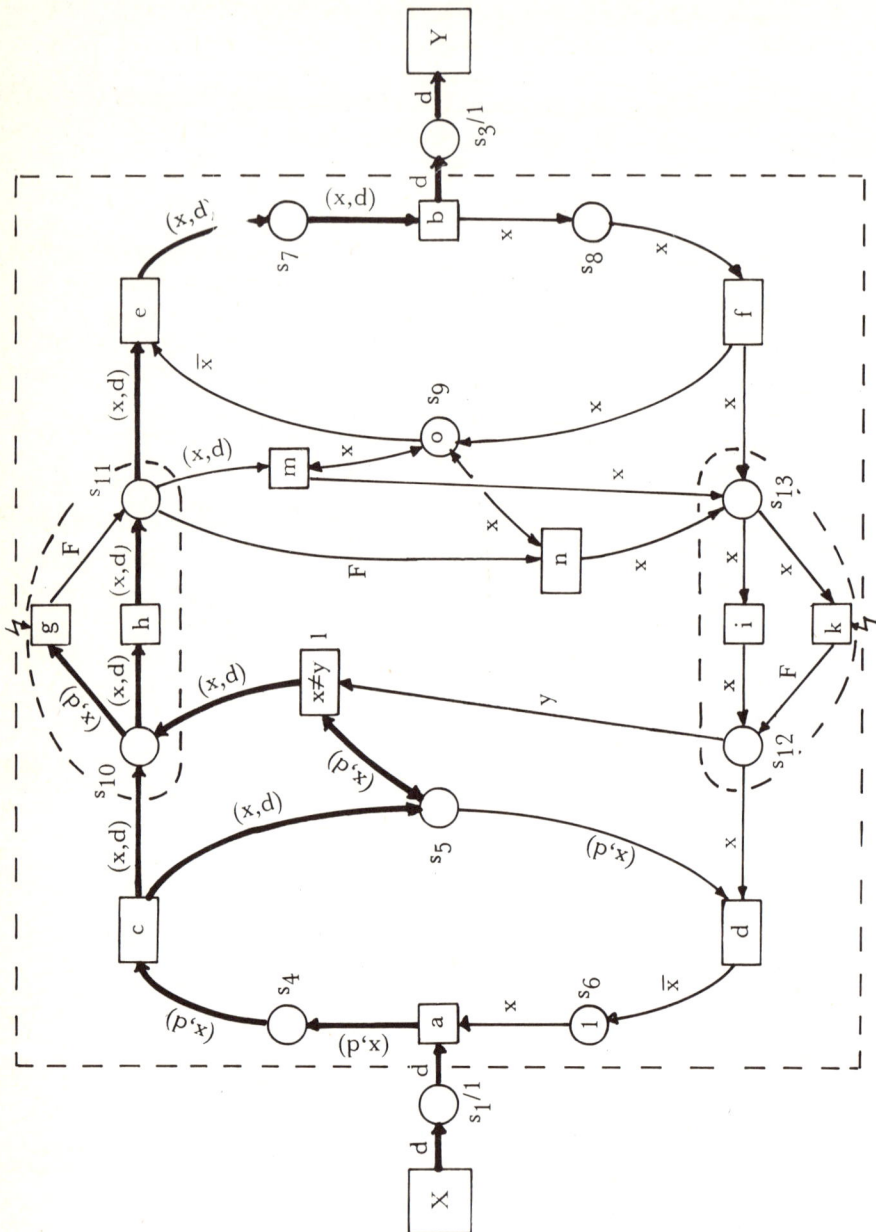

Abb. 2.6.11: Fehlerkorrigierendes Protokoll für Abb. 2.6.9 unter Benutzung von Abb. 2.6.10

Wird die Nachricht gestört (Transition g), dann schaltet die Transition n. Diese befördert das nicht geänderte Alternierbit x nach s_{13} und mit i nach s_{12}. Wegen $x \neq y$ wird dann die Nachricht (x,d) nochmal gesendet (Transition l), deren Kopie in s_5 aufbewahrt wurde. Transition l schaltet auch, wenn eine ordnungsgemäße Quittung durch k gestört als F ankommt. In diesem Fall wird die zum zweiten Male ankommende Nachricht durch Schalten der Transition m gelöscht und nicht an Y weitergegeben. Wir verzichten hier auf einen Beweis, der in (Hailpern 82) nachgelesen werden kann. Dort wird mit Mitteln der *temporalen Logik* für die Folge $\alpha = d_1 d_2 \ldots$ der von X abgegebenen und für die Folge $\beta = d_1' d_2' \ldots$ der von Y aufgenommenen Nachrichten gezeigt, daß β immer Präfix von α ist und beide unendlich sind, also zusammen: $\alpha = \beta$. Dazu muß vorausgesetzt werden, daß das Netz verschleppungsfrei schaltet. Außerdem muß man annehmen, daß von keinem Zeitpunkt an der Kanal permanent gestört ist, d.h. daß die Transitionen h und i unendlich oft schalten.

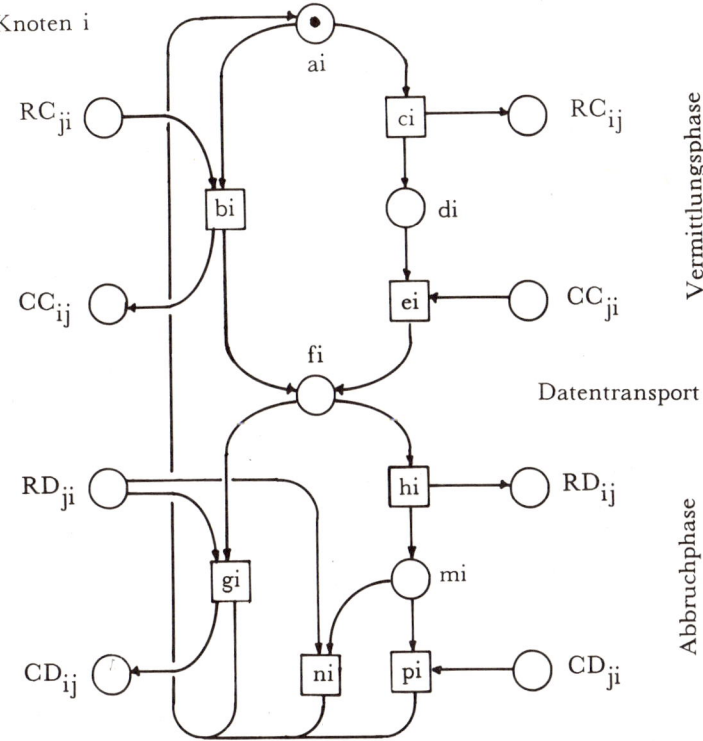

Abb. 2.6.12: Transportprotokoll: Vermittlung- und Abbruchsphase einer Verbindung als S/T-Netz

Unser letztes Beispiel für ein Protokoll ist der Transportebene zuzuordnen. Zu den Leistungen dieser Ebene gehört auch die Herstellung und der Abbruch von Verbindungen. In unserem Beispiel nach (Berthelot et al 82) kann ein Netzteilnehmer nur mit der Vermittlungsphase beginnen, wenn er keine Verbindung hat. In der Darstellung des Knotens i von Abb. 2.6.12 heißt dies, daß entweder der Teil des Netzes mit den Transitionen c_i und e_i oder die Transition b_i vorhanden sind. Soll vom Knoten i zum Knoten j eine Verbindung vermittelt werden, so schaltet c_i und markiert RC_{ij} (connection request from i to j). Wird (durch Schalten der Transition b_j im Knoten j) die Vermittlung akzeptiert, dann erscheint auf dem Kanal CC_{ji} (connection confirm) eine Marke, sodaß e_i schalten kann und f_i markiert wird. Sind in den Knoten i und j die Stellen f_i und f_j markiert, dann ist die Vermittlungsphase abgeschlossen und der Datentransport zwischen diesen Knoten kann beginnen. Diesen Vorgang stellen wir später durch ein Pr/T–Netz dar. In Abb. 2.6.13 sind durch Identifizieren der Kanäle RC_{ij} und CC_{ij} die beiden Netze für die Knoten i und j zusammengesetzt worden.

Die Verbindung kann sowohl durch den Knoten i (Transition h_i) als auch durch den Knoten j (Transition h_j) abgebrochen werden. Dies wird dem Kommunikationspartner durch Markierung der Stellen RD_{ij} bzw. RD_{ji} (disconnection request) angezeigt und durch Schalten der Transitionen p_i bzw. p_j sowie Markieren von CD_{ji} bzw. CD_{ij} (connection established) quittiert. Im Netz von Abb. 2.6.13 sind die mit RD_{ji} und CD_{ij} bezeichneten Paare von Stellen als jeweils eine Stelle identifiziert zu denken. Besondere Aufmerksamkeit verdient der Fall, wenn beide Knoten die Verbindung abbrechen wollen, d.h. h_i *und* h_j schalten. Dann wird die Markierung $\langle m_i, RD_{ij}, m_j, RD_{ji} \rangle$ erreicht, von der durch Schalten von n_i und n_j wieder die neutrale Anfangsmarkierung $\langle a_i, a_j \rangle$ hergestellt wird.

Durch diese Überlegungen wird natürlich nicht bewiesen, daß das S/T–Netz und damit das Protokoll korrekt arbeitet, und z.B. verklemmungsfrei ist. Dies kann mit den in Abschnitt 2.4.2 behandelten Invarianten gezeigt werden. Mit der dort beschriebenen Methode kann man die folgenden Invarianten für das S/T–Netz von Abb. 2.6.13 berechnen:

$$
\begin{aligned}
i_1&: a_i + d_i + f_i + m_i = 1 \\
i_2&: d_i - RC_{ij} - CC_{ji} = 0 \\
i_3&: a_j + f_j + m_j = 1 \\
i_4&: a_i + RC_{ij} + f_j + RD_{ji} + CD_{ji} = 1 \\
i_5&: a_j + CC_{ji} + f_i + RC_{ij} + CD_{ij} = 1
\end{aligned}
\tag{2.6.1}
$$

Mit Hilfe dieser Invarianten beweist man (Übungsaufgabe!):

1. Keine Stelle kann mehr als eine Marke enthalten.
2. Von jeder erreichbaren Markierung ist die Anfangsmarkierung erreichbar.
3. Von der Anfangsmarkierung aus kann jede Transition geschaltet werden.
4. Das Netz ist lebendig (folgt direkt aus 2. und 3.).

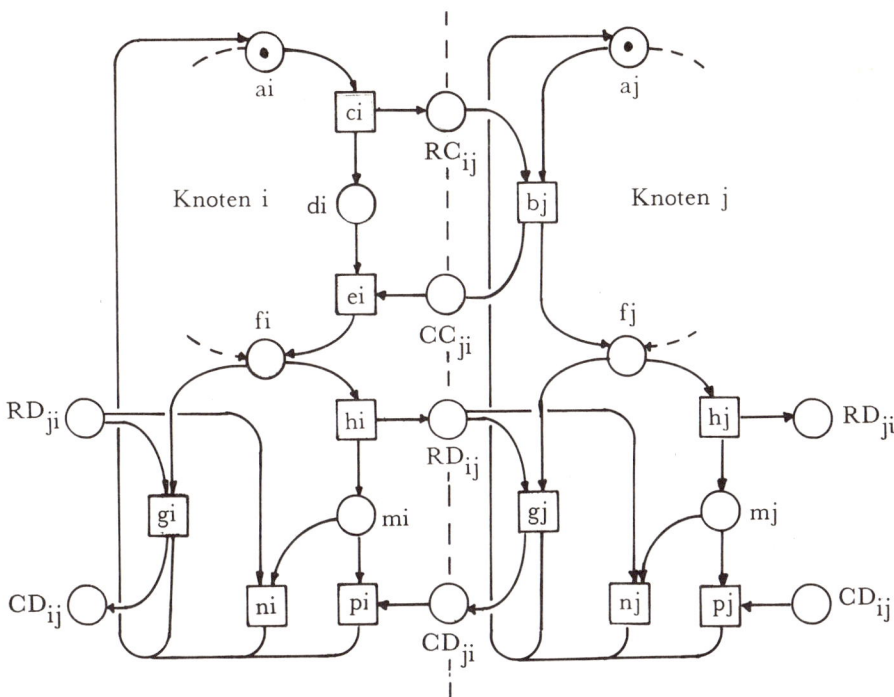

Abb. 2.6.13: Zusammenwirken der Knoten i und j

Der eigentliche Datentransport zwischen zwei Knoten i und j wurde bisher nicht beschrieben. Er findet statt, wenn die Stellen f_i und f_j markiert sind (Abb. 2.6.13) und könnte durch ein Protokoll wie in Abb. 2.6.12 gegeben sein. Wie das folgende Zahlenbeispiel zeigt, kann dies zu einer sehr schwachen Auslastung des Senders führen, wenn die Übermittlungszeit des Kanals groß ist.

(2.6.1) *Beispiel*: Ein Satelliten-Kanal habe eine Kapazität von 50 k bit/s und eine Umlaufzeit (für Hin- und Rückweg) von 0,5 s. Die Nachrichten sollen eine Größe von 1000 bit haben. Also beträgt die Sendezeit für jede Nachricht

$$\frac{10^3 \text{ bit}}{50 \cdot 10^3 \text{ bit/s}} = \frac{1}{50} \text{ s} = 20 \text{ m s}$$

Nach Absenden der Nachricht vergehen 0,5 s, bis die Bestätigung eintrifft. Erst dann wird im Protokoll von Abb. 2.6.12 die nächste Nachricht gesendet. Also beträgt die Auslastung des Senders nur $\rho = \dfrac{20 \text{ m s}}{520 \text{ m s}} = 4\ \%$. Die Auslastung würde auf 100 % steigen, wenn 25 Nachrichten abgesendet werden könnten, bevor die erste Bestätigung eintrifft.

Das vorstehende Beispiel legt nahe, den Sender bis zu f Nachrichten absenden zu lassen, ohne eine Bestätigung abwarten zu müssen. Um diese Nachrichten bei negativer Bestätigung erneut senden zu können, müssen sie beim Sender gepuffert werde. Dieser Ausschnitt des Nachrichtenstroms heißt "Fenster" (window) und f dementsprechend "Fenstergröße". Auch beim Empfänger können *nach* einem Fehler korrekt empfangene Nachrichten zwischengespeichert werden. Man spricht dann vom Sender- bzw. Empfängerfenster. Durch Nachrichtenfenster wird wie in Abschnitt 2.4.1 Wartezeitreduktion oder Durchsatzsteigerung mit erhöhtem Speicherplatz erkauft (Abb. 2.4.1.10).

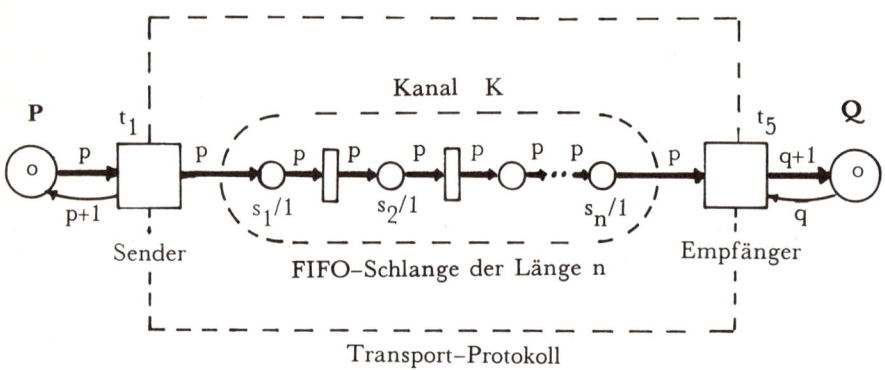

Abb. 2.6.14: Transportprotokoll-Spezifikation als Pr/T-Netz

Um die Reihenfolge der Nachrichten zu kennzeichnen, werden sie fortlaufend numeriert. Zur Vereinfachung verzichten wir auf die Darstellung der Nachrichten selbst, und nehmen die Nachrichtennummer als die Nachricht. In der Pr/T-Netz-Darstellung der Transport-Protokoll-Spezifikation in Abb. 2.6.14 werden daher nacheinander die Nachrichtennummern 0,1,2,... aus der Stelle P entnommen und an den Kanal abgegeben. Da alle Stellen $s_1,...s_n$ des Kanals die Kapazität eins haben, wirkt dieser wie eine FIFO-Schlange der Länge n.

Die Verfeinerung zu Abb. 2.6.14, also das Transport-Protokoll, ist in Abb. 2.6.15

als Pr/T–Netz dargestellt. Wie in Abb. 2.6.12 ist der Nachrichtenweg bei korrekter Übermittlung fett gezeichnet. f ist die angenommene Fenstergröße. Intern werden statt der Nachrichtennummern Transportnummern benutzt, mit denen modulo N für ein N>f gerechnet wird (Operationen: ⊙ ⊖). K_1 und K_2 sind FIFO–Schlangen der Länge n wie in Abb. 2.6.14, wobei in K_1 jedoch zusätzlich eine Nachricht (wie in Abb. 2.6.11) durch Fehlverhalten in 'F' geändert werden kann. Die Kanäle werden von der Netzwerkebene realisiert. Folglich stellen die Transitionen t_2 bis t_8 die Schnittstelle zu dieser Ebene dar. Umgekehrt bilden t_1 und t_5 die Schnittstelle zur Sitzungsebene. Abbildung 2.6.14 zeigt, wie das Transportprotokoll in der Sitzungsebene benutzt werden kann.

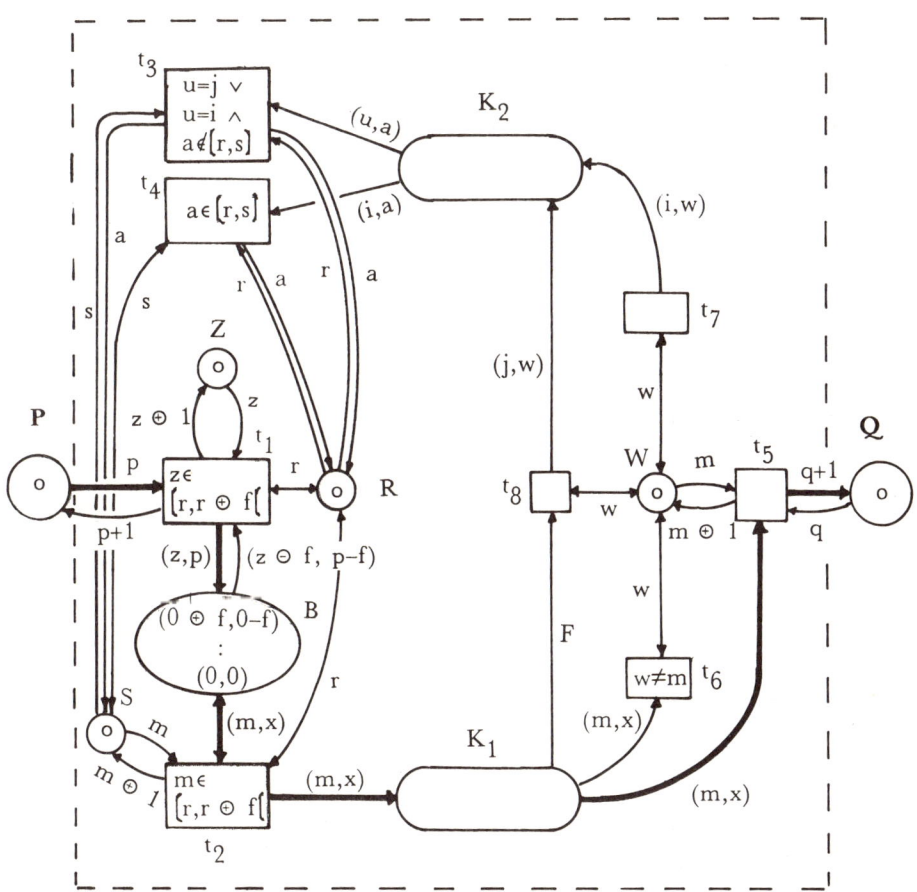

Abb. 2.6.15: Transportprotokoll als Verfeinerung von Abb. 2.6.14

Die Stelle Z enthält die jeweils als nächste zu wählende Transportnummer. R zeigt die Nummer der niedrigsten bislang unbestätigten Nachricht an. In B werden die bereits übernommenen, aber noch nicht bestätigten Nachrichten gepuffert. S enthält die Transportnummer der nächsten zu sendenden Nachricht. W enthält die Transportnummer der als nächste beim Empfänger erwarteten Nachricht. Auf ein Empfängerfenster wird verzichtet.

Wir erklären die Funktionsweise am Beispiel $N=4$, $f=3$ und $n=5$. Abbildung 2.6.16 zeigt eine typische Situation. Die Stelle B enthalte die bisher nicht bestätigten Nachrichten $(2,2)$, $(3,3)$ und $(0,4)$. R sei gerade auf $r=0$ gesetzt worden, d.h. alle Nachrichten bis zur Nachrichtennummer 3 sind bestätigt. Also können die Transportnummern $z \in (r, r \odot f(= (0, 0 \odot 3(= (0,1,2)$ als neues Fenster gewählt werden. Die im Nachrichtenpuffer B befindlichen Nachrichten werden entsprechend $m \in S$ und $m \in (r, r \odot f($ durch t_2 als Kopien nach K_1 befördert. Sie werden genau dann als korrekte Nachricht beim Empfänger angenommen, wenn sie nicht F sind und $m=w \in W$ gilt. Bei $m \neq w$ wird die Nachricht durch t_6 vernichtet und bei F durch j eine negative Bestätigung zusammen mit der Transportnummer w zurückgesandt.

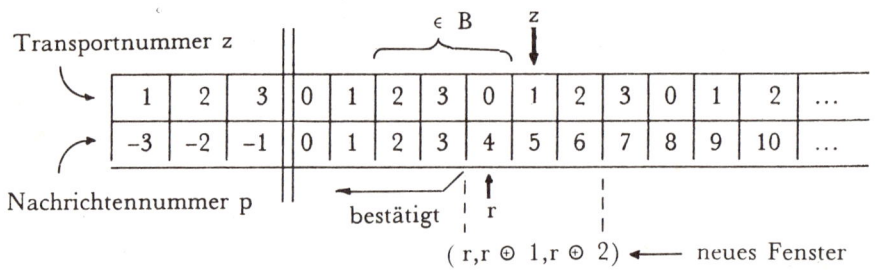

Abb. 2.6.16: Zur Funktionsweise von Abb. 2.6.15

Die Transition t_7 kann immer schalten und mit der positiven Bestätigung i die nächste Transportnummer w übermitteln, die dann durch t_4 nach R gebracht wird. Das Schaltenl t_3 schaltet, wenn $u=j$ gilt oder j nicht zu den unbestätigten, aber abgesandten Nachrichten gehört ($a \notin (s,r)$). Dann wird S auf a gesetzt und damit die Nachricht wiederholt gesendet. Durch den Kanal K_2 verursachte fehlerhafte Nachrichten werden einfach unterdrückt. Dies ist unproblematisch, wenn die Nachricht von t_7 kam, da t_7 wieder schalten kann. Kam die Nachricht jedoch von t_8, dann veranlaßt der Kanal ein erneutes Schalten von t_8 (z.B. durch F in K_1), was hier nicht dargestellt ist.

Zum Beweis von Korrektheitseigenschaften von Pr/T-Netzen lassen sich S–

Invarianten aufstellen, wie dies für S/T-Netze in Abschnitt 2.4.2 gezeigt wurde. Zum Beispiel läßt sich dann die Lebendigkeit des Pr/T-Netzes von Abb. 2.6.15 mit ähnlichen Methoden beweisen, wie wir dies für das S/T-Netz von Abb. 2.6.13 angedeutet haben. Das Pr/T-Netz übermittelt die Nachrichten in korrekter Weise, wenn es dies wie seine Spezifikation in Abb. 2.6.14 tut, d.h. ohne Nachrichtenverluste, Verdoppelungen oder Umordnungen. Diese Eigenschaft gilt genau dann, wenn bei der Übernahme der Nachricht im Empfänger die Nachrichtennummer x mit dem Wert q des fortlaufenden Zählers Q übereinstimmt. Man muß also zeigen, daß

$$x = q \qquad (2.6.2)$$

gilt, immer wenn die Transition t_5 schaltet. Wir geben einige S-Invarianten aus (Berthelot et al 82) an, ohne deren Gültigkeit zu beweisen, was wie im Abschnitt 2.4.2 durch Induktion über die erreichbaren Markierungen durchzuführen wäre (Übungsaufgabe). Der Leser mache sich zumindest ihre Gültigkeit plausibel. Wenn p, q bzw. w den Inhalt der Stellen P, Q bzw. W bedeuten, dann gilt für alle erreichbaren Markierungen·

$$m = x \bmod N \qquad (2.6.3)$$
$$w = q \bmod N \qquad (2.6.4)$$
$$q \leq x < p, \text{ wenn } t_5 \text{ schaltet.} \qquad (2.6.5)$$
$$q \leq p \leq q + f \qquad (2.6.6)$$

Mit diesen Invarianten beweisen wir (2.6.2) folgendermaßen. Wenn t_5 schaltet, gilt m=w, also wegen (2.6.3) und (2.6.4)

$$x = q + k \cdot N \qquad (2.6.7)$$

für ein $k \in \mathbb{N}$. Aus (2.6.5) und (2.6.6) folgt

$$q \leq x < q + f \qquad (2.6.8)$$

also mit (2.6.7):

$$q \leq q + k \cdot N < q + f \qquad (2.6.9)$$

Wegen f<N muß in (2.6.9) jedoch k=0 gelten, d.h. (2.6.7) beweist (2.6.2).

Mehr zur Aufstellung und Berechnung von S-Invarianten in Pr/T-Netzen findet man in (Genrich et al 81; Mevissen 82; Kujansuu et al 84).

3 Sicherheit und Korrektheit von Rechensystemen

3.1 Rechte und Schutzmechanismen

Ein Auftrag wurde als Verpflichtung einer Funktionseinheit zur Ausführung einer Handlung definiert (Def. 1.1.7). Stellen wir uns als Auftraggeber einen Rechenzentrumsbenutzer vor, so besteht die Auftragsbeschreibung z.B. in einem Programm, das dem Rechenzentrum (ideal: dem verantwortlichen Rechenzentrumsleiter) zur Bearbeitung übergeben wird. Die Auftragsbeschreibung kann (explizit oder implizit) "aktive" Rechte zur Benutzung von bestimmten Funktionseinheiten, wie Dienstleistungsprogramme, Übersetzer, Dateien, Drucker usw. enthalten. Außerdem erwartet der Auftraggeber, daß seine Programme und Daten nicht durch unbefugte Funktionseinheiten geändert, kopiert oder benutzt werden. Diese Rechte bezeichnen wir als "passiv".

(3.1.1)   *Definition*: Als *aktive Rechte* oder *Zugriffsrechte* eines Auftrages bezeichnet man alle Vereinbarungen oder Festlegungen, die die Erlaubnis zur Benutzung von Funktionseinheiten während seiner Übergabe, Bearbeitung oder Lagerung regeln. *Passive Rechte* oder *Schutzspezifikationen* eines Auftrages regeln dagegen alle Zugriffsrechte auf den Auftrag oder seine Daten durch andere Funktionseinheiten. Die Rechte eines Auftrages sind in der Auftragsbeschreibung enthalten oder allgemein als Rechte zwischen Auftraggeber und Auftragnehmer festgelegt.

Mit der Übernahme verpflichtet sich der Auftragnehmer, den Auftrag gemäß der Auftragsbeschreibung auszuführen. Damit sichert er dem Auftraggeber auch die Einhaltung seiner Rechte zu. Diese Rechte beruhen auf juristischen Rechten, wie Schutz der Privatsphäre und Datenschutz, oder wurden vertraglich zwischen Auftraggeber und Auftragnehmer vereinbart. Alle Maßnahmen zur Durchsetzung oder Überprüfung von passiven Rechten nennen wir *Schutzmechanismen*.

In Abb. 3.1.1 sind einige Spezifikationen von Auftragsrechten zusammen mit z.T. mehreren möglichen Schutzmechanismen aufgeführt.

Sollen z.B. in einem Rechensystem die Benutzeraufträge isoliert bearbeitet werden, so besteht der sicherste Schutzmechanismus darin, jedem Auftrag (oder jedem Auftraggeber) eine nach außen völlig isolierte Hardware zur Verfügung zu stellen. Um die passiven Rechte der Aufträge zu gewährleisten, genügen in diesem Fall die traditionellen nicht-elektronischen Schutzmechanismen, die bei jedem Rechensystem ohnehin zu beachten sind. Dazu gehören

- Schutz vor physikalischer Zerstörung und gewaltsamem Eindringen
- Kontrolle des Zugangs
- Überwachung des Bedienpersonals
- Sicherstellung der Betriebsbedingungen.

Rechte	Schutzmechanismen
Auftragsannahme nur von Befugten	Passwort Authentisierung
Isolation der Aufträge	getrennte Hardware
	zeitlich getrennte Bearbeitung und Datenhaltung
	virtuell getrennte Bearbeitung und Datenhaltung
getrennte Auftragsbearbeitung, Zugriffsrechte auf fremde Daten möglich	Zugriffslisten (capabilities) Berechtigungslisten (authority lists)
örtlich getrennte Auftragsbearbeitung, Kommunikation über besondere Kanäle bei entsprechenden Berechtigungen (Schutz vor Abhören)	Identifizierung, Authentisierung Verschlüsselung Selbstkorrektur durch redundante Kodierung

Abb. 3.1.1: Rechte und Schutzmechanismen

Steht nur eine Funktionseinheit zur Bearbeitung zur Verfügung, so kann die Isolation der Aufträge auch durch eine völlige *zeitliche* Trennung in der Bearbeitung erreicht werden (periods processing). In einem unter Umständen aufwendigen

Prozeß werden vor der Auftragsbearbeitung alle Daten in Speichern und Registern beseitigt (colour change), was bis zu einer Stunde dauern kann.

Dieses Beispiel zeigt, daß effektive Schutzmechanismen Kosten verursachen können, die den erbrachten Nutzen erheblich mindern. Insbesondere zeigt dieser einfache Fall auch, daß die Wahl des geeigneten Schutzmechanismus ein wichtiger Parameter für die Dimensionierung und Optimierung von Rechensystemen ist. Ein weniger Kosten verursachender Schutzmechanismus trennt die Aufträge nicht zeitlich, sonder *logisch*. Dies erlaubt dem Auftraggeber, Daten langfristig zu halten, setzt ihn aber dem Risiko des Versagens bzw. Unterlaufens elektronischer Schutzmaßnahmen aus. Beispielsweise wird jedem Auftraggeber durch ein eigenes Betriebssystem eine eigene 'virtuelle Maschine' (VM) bereitgestellt (z.B. IBM VM/370).

Um Speicherplatz zu sparen oder den direkten Austausch von Daten und Programmen zu gestatten, können Auftraggeber und deren Aufträge Rechte zum Zugriff auf Daten anderer erhalten. Schutzmechanismen wurden daher zuerst für Dateisysteme entwickelt, werden heute aber für alle Formen der Datenlagerung erwogen. Ihre Durchsetzung gehört zunehmend zu den wichtigen Aufgaben von Betriebssystemen. Einige Formen von Schutzmechanismen behandeln wir im zweiten Abschnitt.

Die direkte Kommunikation der Auftragsprozesse über besonders eingerichtete Kanäle erlaubt einen flexibleren Informationsaustausch, erhöht aber gleichzeitig die Gefahr des Mißbrauchs und Fehlverhaltens. Ein Schutzmechanismus ist hier eine besondere Form von Prozeß-Synchronisation, die wir im zweiten Kapitel eingehend behandelt haben. Die Einleitung, Durchführung und der Abschluß des Vorgangs der Nachrichtenübermittlung wird durch besondere Vereinbarungen und Anweisungen geregelt, die man Kommunikationsprotokolle (Def. 2.3.1.3) nennt. In ihnen kann festgelegt sein, daß sich die Kommunikationspartner ausweisen müssen, z. B. durch Paßworte oder "Authentisierungs-Dialoge". Bei diesen Dialogen muß die Funktionseinheit (ein Mensch, ein Terminal, ein Prozeß) ihre Identifikation durch Abgabe eines Informationsmusters nachweisen. Bei Nachrichtenübertragungen über große Distanzen muß der Übertragungskanal gegen Abhören oder Eingriffe geschützt werden. Dazu wird die Nachricht kodiert oder in Teile ("Pakete") zerlegt. Die Benutzung des in Kapitel 2.6 behandelten Schichtenmodells ist eine solche Form der Nachrichtenverschlüsselung. Der Kodierungs- und Dekodierungsvorgang kann auf komplexen Algorithmen beruhen, die nur den Kommunikationspartnern bekannt sind. Dies erlaubt im Prinzip einen hohen Sicherheitsgrad bei der Authentisierung (Beth 82).

Das Problem der Sicherheit von Schutzmechanismen ist natürlich eng mit der

Zuverlässigkeitsfrage von Rechensystemen verbunden, was im dritten Abschnitt diese Kapitels zu behandeln sein wird. Einen Überblick über alle Fragen der Datensicherung gibt (Weck 84), siehe auch (Denning 82).

3.2 Rechtsbereiche

Im ersten Kapitel wurden Aufträge als Paare $a_i = (b_i, F_i)$, bestehend aus Auftrags-beschreibung b_i und zu verpflichtender Funktionseinheit F_i, dargestellt. Wir betrachten die zweite Komponente von a_i nun differenzierter und ersetzen F_i durch eine Menge $B_i = \{(F_{j_1}, r_{j_1}), \ldots, (F_{j_k}, r_{j_k})\}$ von Paaren. $(F, r) \in B_i$ bedeutet dabei, daß der Auftrag a_i das Recht r auf die Funktionseinheit F hat. F kann beispielsweise eine Datei d mit den Rechten $r_1 =$ "lesen" und $r_2 =$ "anfügen" sein. Dann befinden sich die Paare $(d, \text{"lesen"})$ und $(d, \text{"anfügen"})$ in B_i. Eine solche Menge B_i heißt *Rechtsbereich* (domain). Enthält das Programm b_i des Auftrages $a_i = (b_i, B_i)$ beispielsweise die Anweisung "führe das Programm in der Datei d aus", so darf diese Anweisung nur ausgeführt werden, wenn der zugehörige Rechtsbereich B_i das Paar $(d, \text{"ausführen"})$ enthält. Eine Matrix-Darstellung einer Menge von Rechts-bereichen heißt *Zugriffsmatrix*.

(3.2.1) *Definition*: Ein *Zugriffsmatrix* (access matrix) ist eine Abbildung

$$Z: \mathbf{B} \times \mathbf{F} \to P(R), \text{ wobei}$$

$\mathbf{B} = \{B_1, B_2, \ldots\}$ Menge der *Rechtsbereiche*,

$\mathbf{F} = \{F_1, F_2, \ldots\}$ Menge der *Funktionseinheiten* und

$R = \{r_1, r_2, \ldots\}$ Menge der *Rechte*

heißen. Man sagt "B_i hat das Recht r auf F_j", falls $r \in Z(B_i, F_j)$. Für $B_i \in \mathbf{B}$ wird auch die Menge $\bar{B}_i := \{(F_j, r_k) \mid r_k \in Z(B_i, F_j)\}$ als *Rechtsbereich* (domain) bezeichnet.

Ist generell für einen Auftrag der Übergang von einem Bereich B_i zu einem Bereich B_j erlaubt, so stellt dies ein Recht von B_i auf B_j dar. Daher wurde in Def. 3.2.1 bewußt nicht $\mathbf{B} \cap \mathbf{F} = \emptyset$ gefordert. Dies erlaubt z.B. den Eintrag des Rechtes "übergehen" $\in Z(B_i, B_j)$.

(3.2.2) *Beispiel*: Die Zugriffsmatrix Z von Abb. 3.2.1 kann folgenden Aufträgen zugrundeliegen:

(a) Bereich B_1 für einen Auftrag a_1: Lesen eines Programms in F_1, Kompilieren mit F_4, Ablegen des übersetzten Programms in F_2. a_1 kann von B_1 in den Bereich B_3 überwechseln.

(b) Bereich B_2 für einen Auftrag a_2: Einlesen einer Anweisung a_2' durch Aufrufen des Eingabeprozesses F_5, Interpretieren und Übersetzen von a_2', sowie Ablegen in F_1.

(c) Bereich B_3 für einen Auftrag a_3: Einlesen einer Anweisung a_3' durch F_5 (zur Korrektur des Compilers), Interpretieren und Übersetzen von a_3', Ausführen von a_3', in F_4. a_3 kann zum 'Testen' in den Bereich B_1 überwechseln.

Z	F_1 (Datei)	F_2 (Datei)	F_4 (Datei: Compiler)	F_5 (Eingabe- Prozeß)	B_1	B_2	B_3
B_1	{lesen}	{lesen, schreiben}	{ausführen}	∅	∅	∅	Ü
B_2	{anfügen}	∅	∅	{aufrufen}	∅	∅	∅
B_3	{anfügen}	∅	{schreiben, lesen}	{aufrufen}	Ü	∅	∅

Abb. 3.2.1: Zugriffsmatrix

Die Implementation der Zugriffsmatrix als (zusammenhängendes) Feld ist i.a. nicht vorteilhaft, da die Zugriffsmatrix nur dünn besetzt ist und nebenläufige Aufträge unnötig serialisiert würden. Die Lagerung der Zugriffsmatrix kann im Prinzip auf zwei Arten verteilt werde, nämlich a) auf die Funktionseinheiten und b) auf die Aufträge.

a) Bei der ersten Form von Dezentralisierung verfügt jede Funktionseinheit F_j über eine Liste aller Paare $(B_i, Z(B_i, F_j))$, $B_i \in \mathbf{B}$, also über die jeweilige *Spalte* der Zugriffsmatrix. Diese Liste wird oft als *Zugriffsliste* (access list, authority list, descriptor) bezeichnet. Ihre Benutzung ist vorteilhaft, wenn sich die Rechte auf Eigenschaften der Funktionseinheit beziehen. Beispielsweise können Dateien F_j einen Besitzer haben, welcher sie meist auch erzeugt hat. Für diesen Besitzer besteht dann ein eigener Rechtsbereich B_i und ein Recht "besitzt" $\in Z(B_i, F_j)$. Im Dateisystem von Multics (Graham et al 72) existieren beispielsweise die Rechte "read", "write" und "execute". In UNIX wird vom Dateinamen im Inhaltsverzeichnis (directory) (Abschnitt 7.4) auf einen I-Knoten verwiesen. Dieser I-Knoten enthält neben anderer für die Datei relevanter Information die Identifikation des Eigentümers sowie "Schutzbits", die die Rechte "Lesen", "Schreiben", "Ausführen" für den Eigentümer, eine bestimmte Benutzergruppe oder für alle Aufträge enthalten. Da der I-Knoten auch die Adressen der Datenblöcke der Datei enthält, muß jeder Zugriff über diesen I-Knoten erfolgen. Dabei wird die Rechtmäßigkeit des Zugriffs entsprechend der Schutzbits überprüft.

Symboltabellen zur Regelung des Zugriffs auf Variablen in blockstrukturierten Programmen können auch als eine Form von Zugriffslisten aufgefaßt werden.

Rechte auf eine Funktionseinheit sind leicht durch Ändern der Zugriffsliste entziehbar. Zuweilen wird dabei auch eine in Ausführung befindliche Handlung unterbrochen, die so gerade ihr Recht verliert.

b) Werden die Rechte auf die Aufträge verteilt, so heißen sie *Berechtigungen* (capabilities). Jedem Auftrag wird ein Rechtsbereich B_i zugeordnet, der alle Paare $(F_j, Z(B_i, F_j))$, $F_j \epsilon$ **F**, also die jeweilige *Zeile* der Zugriffsmatrix enthält. Berechtigungen werden benutzt, wenn die Rechte von verhältnismäßig vielen Aufträgen auf wenige Objekte individuell festgelegt werden sollen. Um Fehlverhalten und Mißbrauch zu reduzieren, sollten Rechte nur dort vergeben werden, wo sie tatsächlich benötigt werden (principle of least privilege).

Rechtsbereiche können statisch festgelegt sein (z.B. im CAL–TSS–System (Lampson et al 76)) oder dynamisch veränderbar sein (z.B. HYDRA (Wulf et al 74), StarOS (Jones et al 77)). In HYDRA gibt es Rechtsbereiche, die als Berechtigungsliste Benutzer-Aufträgen zugeordnet werden ("local name space") und somit unserer Modellvorstellung entsprechen. Eine besondere Eigenschaft von HYDRA besteht auch darin, daß Aufträge Rechte an Unteraufträge (Prozeduren) weitergeben können, die diese dann entsprechend nutzen. Sind Rechtsbereiche durch Aufträge änderbar, so müssen sie selbst geschützt werden. Man faßt dann Rechtsbereiche als Teilmenge der Funktionseinheiten auf.

Berechtigungen (capabilities) wurden zuerst zum Schutz von Hauptspeichersegmenten benutzt (System 250 der Plessey Company und Cambridge University Machine). Zu jedem Zeitpunkt befindet sich ein Prozeß dabei in genau einem Rechtsbereich, der Zugriff auf ein Speichersegment erlaubt. Die Durchsetzung der Rechte wird durch bestimmte Bitfolgen als Teil der Instruktionen und der Adressen gewährleistet (Needham 80). Einen Überblick über Schutzmechanismen gibt (Jones 78).

Um den vorstehenden Überlegungen eine konkrete Form geben zu können, formulieren wir nun explizit einen Schutzmechanismus als Teil unserer Programmiersprache PROG.

(3.2.2)   *Definition*: Ein *Schutzmechanismen-Modul* (SM-Modul) SMM=(R,A) besteht aus einer endlichen Menge $R=\{r_1, ..., r_p\}$ von *Rechten* und einer endlichen Menge $A=\{a_1, ..., a_m\}$ von *Anweisungen* der Form

a = ‹Bezeichner› $(X_1, ..., X_k)$:
   ‹ b → op_1; op_2;...; op_n ›

Dabei ist b ein boole'scher Ausdruck über den *primitiven Ausdrücken* $\{r \text{ } in \text{ } (X_{i_1}, X_{i_2})| \text{ } r \in R, \text{ } i_1, i_2 \in \{1, ..., k\}\}$. Die *primitiven Operationen* op_i sind von der Form:

$$\underline{\text{enter}} \text{ } r \text{ } \underline{\text{into}} \text{ } (X_{i_1}, X_{i_2}), \text{ } \underline{\text{delete}} \text{ } r \text{ } \underline{\text{from}} \text{ } (X_{i_1}, X_{i_2})$$

$$\underline{\text{create}} \text{ } \underline{\text{Bereich}} \text{ } X_{i_1}, \text{ } \underline{\text{delete}} \text{ } \underline{\text{Bereich}} \text{ } X_{i_1}$$

$$\underline{\text{create}} \text{ } \underline{\text{FE}} \text{ } X_{i_1}, \text{ } \underline{\text{delete}} \text{ } \underline{\text{FE}} \text{ } X_{i_1}$$

mit $r \in R, \text{ } i_1, i_2 \in \{1, ..., k\}$.

Die Anweisungen sind also unteilbare geschützte Anweisungen mit Schutzbedingungen b. Wir definieren nun die Semantik dieser Anweisungen.

(3.2.3)   *Definition*: Ein *Zustand* $Q=(\mathbf{B},\mathbf{F},Z)$ eines SM–Moduls $SMM=(R,A)$ besteht aus einer endlichen Menge $\mathbf{B}=\{B_1,...,B_s\}$ von Rechtsbereichen, einer endlichen Menge $\mathbf{F}=\{F_1,...,F_t\}$ von Funktionseinheiten und einer Zugriffsmatrix $Z:\mathbf{B}\mathbf{x}\mathbf{F} \to P(R)$. $Q'=(\mathbf{B}',\mathbf{F}',Z')$ ist *Nachfolgezustand* von $Q=(\mathbf{B},\mathbf{F},Z)$ unter der primitiven Operation op (in Zeichen $Q \underset{op}{\Rightarrow} Q'$), falls:

a) für op = $\underline{\text{enter}}$ r $\underline{\text{into}}$ (B_i,F_j) gilt:
   $\mathbf{B}=\mathbf{B}'$, $\mathbf{F}=\mathbf{F}'$, $B_i \in \mathbf{B}$, $F_j \in \mathbf{F}$, $Z'(B_i,F_j)=Z(B_i,F_j)\cup\{r\}$ und
   $Z'(B_k,F_e)=Z(B_k,F_e)$ sonst

b) für op = $\underline{\text{delete}}$ r $\underline{\text{from}}$ (B_i,F_j) entsprechend bis auf
   $Z'(B_i,F_j)=Z(B_i,F_j)\setminus\{r\}$

c) für op = $\underline{\text{create}}$ $\underline{\text{Bereich}}$ B_k mit $B_k \in \mathbf{B}$ gilt:
   $\mathbf{B}'=\mathbf{B}\cup\{B_k\}$, $\mathbf{F}'=\mathbf{F}\cup\{B_k\}$ und $\emptyset$ in allen neuen Komponenten von Z'

d) für op = $\underline{\text{create}}$ $\underline{\text{FE}}$ F_j mit $F_j \in \mathbf{F}$ gilt:
   $\mathbf{B}'=\mathbf{B}$, $\mathbf{F}'=\mathbf{F}\cup\{F_j\}$ und $\emptyset$ in allen neuen Komponenten von Z'

e) für op = $\underline{\text{delete}}$ $\underline{\text{Bereich}}$ B_k mit $B_k \in \mathbf{B}$ gilt:
   $\mathbf{B}'=\mathbf{B}\setminus\{B_k\}$, $\mathbf{F}'=\mathbf{F}\setminus\{B_k\}$, Z' wie Z ohne B_k

f) für op = $\underline{\text{delete}}$ $\underline{\text{FE}}$ F_j mit $F_j \in \mathbf{F}\setminus\mathbf{B}$ gilt:
   $\mathbf{B}'=\mathbf{B}$, $\mathbf{F}'=\mathbf{F}\setminus\{F_j\}$, Z' wie Z ohne F_j.

(3.2.4)   *Definition*: Es sei $Q=(\mathbf{B},\mathbf{F},Z)$ ein Zustand eines SM–Moduls $SMM=(R,A)$ und $a(F_{i_1},..., F_{i_k})$ eine Anweisung wie in Def. 3.2.2, mit $F_{i_1},..., F_{i_k} \in \mathbf{F}$ an den formalen Parametern $X_1,..., X_k$ ersetzt. Q'

heißt Nachfolgezustand von Q unter $a(F_{i_1}, \ldots, F_{i_k})$, in Zeichen

$$Q \vdash_{a(F_{i_1}, \ldots, F_{i_k})} Q', \text{ falls}$$

a) b gilt für Z, wobei r in (F_{i_1}, F_{i_2}) bedeuten soll $r \in Z(F_{i_1}, F_{i_2})$ und

$$Q = Q_o \underset{op_1}{\Rightarrow} Q_1 \underset{op_2}{\Rightarrow} \cdots \underset{op_n}{\Rightarrow} Q_n = Q'$$

b) Q'=Q, falls b nicht für Z gilt.

Wir schreiben auch $Q \vdash_a Q'$ oder $Q \vdash Q'$ und $Q \vdash^* Q'$ für die reflexive, transitive Hülle von $\vdash$.

(3.2.5) *Beispiel*: Es sei Z_o die Zugriffsmatrix in Abb. 3.2.2. Durch folgende Anweisungsfolge a entsteht aus Z_o die Zugriffsmatrix Z von Abb. 3.2.1, also

$$(\{B_1, B_3\}, \{F_1, F_3, F_4, F_5\}, Z_o) \vdash^* (\{B_1, B_2, B_3\}, \{F_1, F_2, F_4, F_5\}, Z)$$

Z_o	F_1	F_3	F_4	F_5	B_1	B_3
B_1	{lesen}	{ausführen}	{ausführen, schreiben}	$\emptyset$	$\emptyset$	Ü
B_3	{anfügen}	$\emptyset$	{schreiben}	{aufrufen}	Ü	$\emptyset$

Abb. 3.2.2: Zugriffsmatrix

mit $a =$
  ‹ausführen in(B_1, F_4) → enter lesen into (B_3, F_4)›;
  ‹   true   › → create Bereich B_2›;
  ‹lesen in(B_1, F_1) and   (3.2.1)
    anfügen in(B_3, F_1) → enter anfügen into (B_2, F_1)›;
  ‹lesen in(B_1, F_1)   → create FE F_2;
  enter lesen into(B_1, F_2); enter schreiben into(B_1, F_2);
  delete schreiben from(B_1, F_4); delete F_3;
  enter aufrufen into (B_2, F_5)›

(3.2.6) *Beispiel*: Folgende Anweisung erlaubt einem Auftrag mit Bereich X_1 (wir sagen kurz "erlaubt X_1") das Lesen auf Y_1 aufgrund des indirekten Leserechtes "ind-lesen" von X_1 auf X_2. Voraussetzung ist natürlich, daß X_2 Leserecht auf Y_1 hat.

```
IREAD (X₁,X₂,Y₁):
  <not lesen in (X₁,Y₁) and
   ind-lesen in (X₁,X₂) and
     lesen in (X₂,Y₁)
  → enter lesen into (X₁,Y₁);
    "lesen"
    delete lesen from (X₁,Y₁) >
```
$$(3.2.2)$$

Die Leseoperation "lesen" gehört nicht zum SM-Modul. Sie wird jedoch erst möglich durch das umrahmende Zugriffsprotokoll, das zeitweise das Leserecht einräumt.

(3.2.7) *Beispiel*: In UNIX kann ein Eigner einer Datei ein Recht für *alle* Bereiche freigeben. Der Eigner ist durch das Recht "own" erkennbar. Es wird beim Erzeugen der Datei eingetragen:

```
CREATEFILE (X₁,Y₁):
  create Bereich Y₁;
  enter own into (X₁,Y₁)
```
$$(3.2.3)$$

Das allgemeine Leserecht "allg-lesen" wird unabhängig von den Bereichen der Funktionseinheit Y_1 (als Zugriffsleiste) zugeordnet. In UNIX erfolgt dies im "I-Knoten", der auch die Adresse der Datei enthält. In unserem Formalismus drücken wir dies dadurch aus, daß wir formal $Y_1 \in \mathbf{B}$ zulassen und "allg-lesen" $\in Z(Y_1,Y_1)$ setzen. Nur der Eigner einer Datei Y_1 darf dieses Recht vergeben:

```
LET_ALL_READ (X₁,Y₁):
  <own in (X₁,Y₁)
  → enter allg-lesen into (Y₁,Y₁)>
```
$$(3.2.4)$$

In einem Bereich X_1 darf also in Y_1 gelesen werden, falls X_1 der Eigner von Y_1 ist oder wenn das allgemeine Leserecht vorliegt:

```
READ (X₁,Y₁):
  <own in (X₁,Y₁) or
   allg-lesen in (Y₁,Y₁))
  → enter lesen into (X₁,Y₁)
    "lesen"
    delete lesen from (X₁,Y₁) >
```
$$(3.2.5)$$

Dabei wurde angenommen, daß lesen nicht in $Z(X_1,Y_1)$ vorlag, da es sonst unbeabsichtigt gelöscht würde.

(3.2.8) *Beispiel*: Abbildung 3.2.3 zeigt eine Zugriffsmatrix mit Bereichen **B**$=\{B_1,B_2,F_2\}$ und Funktionseinheiten **F**$=\{F_1,F_2\}$. B_1 ist der Bereich eines Auftraggebers, der eine Datei F_1 mit Kundenadressen aufgebaut hat. Er ist wiederum der Eigner der Datei, was durch das Recht own$\in Z(B_1,F_1)$ ausgedrückt wird. B_1 möchte nun anderen Auftraggebern, die wir Benutzer nennen, die Benutzung dieser Kundenadressen gestatten, aus Konsistenz- und Sicherheitsgründen aber nur durch ein von ihm erstelltes Leseprogramm in der Datei F_2. Natürlich gibt er den fraglichen Benutzern das Ausführungsrecht für F_2. Dies ist jedoch nicht durch den Benutzer (hier B_2) ausführbar, da es einen Lesezugriff auf F_1 enthält. In UNIX ist aus solchen Gründen ein "user–ID–bit" als Recht eingeführt worden. Ein mit diesem Recht ausgestattetes Programm gelangt mit der Identifikation des (Datei-) Eigners und nicht mit der des Aufrufers (Benutzers) zur Ausführung.

Z	$F_1(Y_1)$ (Kundenadressen)	$F_2(Y_2)$ (Leseprogramm)
$B_1(X_1)$ (Eigner)	{own, lesen, schreiben}	{own, lesen, schreiben, ausführen}
$B_2(X_2)$ (Benutzer)	$\emptyset$	{ausführen}
$F_2(Y_2)$	$\emptyset$	{user–ID–bit}

Abb. 3.2.3: Zugriffsmatrix mit user–ID–bit

Bei der Ausführung eines Programms Y_2 (hier F_2) durch einen Benutzer X_2 (hier B_2) werden also alle Rechte des Eigners X_1 (hier B_1) auf X_2 übertragen, d.h. B_2 hat während der Ausführung von F_2 das Leserecht auf F_1 (Marty 83).

Es wäre eine Illusion, zu glauben, Schutzmechanismen könnten bei vernachlässigbaren Kosten aufgebaut werden. Soweit sie ernsthaften Sicherheitsanforderungen genügen sollen, erreichen ihre Entwicklungs- und Betriebskosten die Größenordnung des gesamten Systems. So wird z.B. von einem Projekt eines Betriebssystems (UCLA Secure UNIX) berichtet, daß die Einführung weitreichender

Schutzmechanismen zu einer solchen Durchsatzminderung führte, die das Betriebssystem unbrauchbar erscheinen läßt (Lomet et al 82).

Der folgende Satz macht plausibel, daß Schutzmechanismen eine große algorithmische Komplexität bei ihrer Behandlung erfordern können. Ein mögliches Problem besteht z.B. in der Frage, ob eine Anweisung ein bestimmtes Recht eintragen kann oder nicht. Wir sagen, daß eine Anweisung a ein Recht $r \in R$ "erschleicht", wenn sie bei ihrer Ausführung das Recht r in die Zugriffsmatrix neu einträgt. Wir nennen einen SM-Modul "unsicher", wenn es einen im Anfangszustand Q_o startenden Prozeß gibt, in dem dies vorkommt. Dabei setzen wir voraus, daß alle Anweisungen $a' \in A$, die r "rechtmäßig" einführen, vorher entfernt (oder blockiert) wurden.

(3.2.9) *Definition*: Sei SMM=(R,A) ein SM-Modul (Def. 3.2.2).

a) Eine Anweisung $a \in A$ *erwirbt* ein Recht $r \in R$ im Zustand Q, falls a) in Def. 3.2.4 gilt mit:
$\exists \ 1 \leq m \leq n: \ Q_{m-1} = (\mathbf{B}',\mathbf{F}',Z') \ \wedge \ Q_m = (\mathbf{B}'',\mathbf{F}'',Z'') \ \wedge \ \exists \ B,F:$
$r \in Z''(B,F) \backslash Z'(B,F)$.
(r wird beim Übergang von Q_{m-1} nach Q_m eingetragen.)

b) Ein SM-Modul SMM mit festem Anfangszustand Q_o ist *unsicher* für $r \in R$ (oder erschleicht r), falls für einen Zustand Q und eine Anweisung $a \in A$ gilt:
1. $Q_o \ \vdash^{*} Q$ (Q ist erreichbar)
2. a erwirbt r von Q.

Der folgende Satz nach (Harrison et al 76) zeigt, daß das Problem der Unsicherheit bei Schutzmechanismen unentscheidbar ist. Bei nichtdynamischer Datenstruktur ist es zwar entscheidbar, aber NP-schwer (d.h. mindestens so aufwendig wie NP-vollständig).

(3.2.10) *Satz*:
a) Das Problem, ob ein SM-Modul mit festem Anfangszustand Q_o unsicher ist für ein Recht r, ist unentscheidbar.
b) Enthält das SM-Modul keine dynamische Datenstruktur, d.h. nicht die primitive Operation *create*, dann ist das Problem zwar entscheidbar, aber polynomial platzvollständig, also NP-schwer.

Beweis: Eine beliebige Turing-Maschine M kann als SM-Modul SMM=(R_M,A_M) kodiert werden. Dazu faßt man das Arbeitsband T von

M als verkettete Liste auf und implementiert diese Zeigerstruktur als Zugriffsmatrix. Die Symbole auf T stellt man als Rechte dar und ebenso den augenblicklichen Zustand Z von M. Alle Operationen von M auf T können als Anweisungen von SMM dargestellt werden (vgl.(Harrison et al 76)). Eine Konfigurationsfolge k_o, k_1,..., k_n von M entspricht dann in eindeutiger Weise einer Folge $Q_o \vdash Q_1 \vdash ... \vdash Q_n$ von Zuständen in SMM. Die Konfigurationsfolge ist genau dann akzeptierend, wenn k_n einen Akzeptierungs-Zustand z_t von M enthält, was wiederum damit äquivalent ist, daß Q_n diesen Zustand als Recht enthält. Also ist der SMM genau dann unsicher für das Recht z_t, wenn k_o in M zu einer akzeptierenden Rechnung führt. Diese letzte Aussage ist bekanntlich unentscheidbar.

Wenn der SMM nicht die Operation *create* enthält, wird die Zugriffsmatrix Z_o des Anfangszustandes $Q_o=(\mathbf{B}_o,\mathbf{F}_o,Z_o)$ nicht vergrößert. Der SMM kann also höchstens Rechte in die quadratische (s,t)-Matrix Z_o eintragen. Dazu genügt ein Speicherplatz der Ordnung $O((s+t)^2)$. Weiterhin kann jede Turing-Maschine M, deren Speicherplatz durch ein Polynom p(n) beschränkt ist, wie oben geschildert, in einen SSM mit quadratischer (p(n),p(n))-Zugriffsmatrix transformiert werden. Also ist das Problem polynomial platzvollständig. □

3.3 Korrektheit von Rechensystemen und Realisierung von Schutzmechanismen

Die Formulierung von Rechten ist ebenso Bestandteil der Beschreibung von Aufträgen, wie die Spezifikation ihrer "produktiven" Aufgaben. Beide sind eng miteinander verbunden und zeigen ähnliche Probleme bei der Implementation. Daher ist es nicht sinnvoll, eine Betrachtung der Zuverlässigkeit und Korrektheit von Schutzmechanismen abzutrennen von der allgemeineren Problematik der Zuverlässigkeit und Korrektheit von Rechensystemen. Diese Diskussion stellt gleichzeitig eine natürliche Verbindung zwischen den in den vorangehenden Kapiteln behandelten Begriffen der Unteilbarkeit, Abstraktion und kausalen Unabhängigkeit und dem Kapitel 4 her, wo stochastische Modelle für Zuverlässigkeitsfragen eingeführt werden.

Hardware von Rechensystemen besitzt im Vergleich mit anderen technischen Systemen eine verhältnismäßig niedrige Ausfallrate, sie kann aber keinesfalls vernachlässigt werden. Für ein typisches 48 K Miniprozessor–System mit Drucker, Platte, Band usw. wird in (Longbottom 80) ein mittlerer Ausfallabstand der Hardware von 352 Stunden angegeben. Bei ununterbrochenem Betrieb fällt das System im Mittel also alle 2 Wochen aus.

Der überwiegende Anteil der Fehler in Rechensystemen wird jedoch von der Software verursacht. Für die Grundsoftware eines Rechensystems gibt Longbottom (80) eine Fehlerrate von 0,25 bis 10 Fehlern pro 1000 Anweisungen an, also 125 bis 5000 Fehler bei einem gerade ausgelieferten Programmsystem mit 500 000 Anweisungen. Bei einem großen Betriebssystem wurden nach Beseitigung der sofort nach der Freigabe auftretenden Fehler 600 Systemausfälle pro 1000 Betriebsstunden im ersten halben Jahr beobachtet. Nach 3,5 bzw. 8 Jahren waren es dann noch 30,10 bzw. 5 Ausfälle in der gleichen Zeitspanne (Longbottom 80).

Idealerweise sinkt die Ausfallrate mit der Zeit bis zur vollkommenen Korrektheit des Systems. Dieses Ideal wird in der Praxis jedoch nie erreicht. Bedenkt man, daß der mittlere Ausfallabstand anfangs 1,5 Stunden beträgt, so würde bei sofortiger Fehlerbeseitigung (die mehrere Stunden oder Tage dauern kann) kaum tatsächliche Betriebszeit übrigbleiben. Daher werden i.a. nach einem Ausfall das System und die Benutzerprogrammläufe nach Möglichkeit wieder aufgebaut und gestartet in der Hoffnung, daß die fehlerhafte Systemkonfiguration nun zufällig nicht mehr auftritt (vgl. Kap. 4).

Da die von Anfang an vorhandenen Fehler erst nach und nach durch verschiedene Benutzeranwendungen erkannt werden und zudem durch Korrektureingriffe,

Erweiterung, veränderte Umgebung ständig neue Fehler hinzukommen, werden Fehler über die gesamte Betriebszeit des Rechensystems beobachtet, z.B. mittlere Ausfallzeiten von 30 bis 200 h für Systemsoftware und 13 bis 60 h für gesamte Rechensysteme (Longbottom 80). Hersteller und Anwender betrachten daher Softwarefehler als unvermeidbar und statistischen Gesetzmäßigkeiten unterworfen. Auch für Software werden "Wartungsverträge" abgeschlossen, obwohl es sich um Produktionsfehler und nicht um Verschleiß handelt. Der Kostenanteil für Wartung nach der Erstauslieferung wird im Verhältnis zu den gesamten Planungs-, Herstellungs- und Betriebskosten (life cycle costs) heute auf zwischen 50 % und 80 % geschätzt (Glass 79).

Als Gründe für das niedrige Zuverlässigkeitsverhalten von Software werden angegeben:

1. Software von großen Systemen ist umfangreicher und komplexer als Hardware (Faktor 3 bis 10 nach (Longbottom 80)). Komplexe und schwierige Aufgaben werden tendenziell in die Software verlagert.

2. Bei Software werden, anders als bei Hardware, vollständige und verständliche Beschreibungen und Testverfahren nicht als natürlicher Teil des Entwicklungsprozesses betrachtet.

3. Große Software-Projekte erfordern Arbeitsteilung und Projektmanagement. Programmsysteme müssen daher in Moduln aufgeteilt und Schnittstellen definiert werden. Dies verursacht erhebliche Kommunikations- und Management- Probleme (Brooks 75; Scachi 84). Die entsprechenden Techniken sind im Vergleich zu traditionellen Ingenieursdisziplinen unterentwickelt und stellen daher eine wichtige Fehlerquelle dar (Hoare 84).

4. Hersteller und Anwender von Software haben Probleme bei der Spezifikation von Systemanforderungen. Ihre Verständigung wird dadurch erschwert, daß die zu lösende Aufgabe erst bei oder nach der Spezifikation formalisiert wird. Bei den meisten nicht-technischen Anwendungen mangelt es an formalen Systemmodellen (Hoare 84).

5. Rechensysteme können so komplex sein, daß sich ihre Ausführungsfolgen der potentiellen Vielfalt ihrer operationalen Umgebung (insbesondere im sozioökomoischen Bereich) anpassen, d. h. wenn sie die Mannigfaltigkeit von technischen oder menschlichen Rollen und Aktivitäten, von gesellschaftlichen Interessen und Restriktionen wiederspiegeln (Belady et al 77; Petri 76). In einer sich ständig wandelnden Umgebung muß ein nach festen Spezifikationen entwickeltes System zunehmend unzuverlässig werden.

6. Durch ständige Fehlerbeseitigung, Veränderung und Erweiterung großer Programmsysteme nehmen die Ausnahmeregelungen zu und die Systematik der Strukturierung und damit das Verständnis ab. Eingriffe in das System werden zunehmend schwierig und fehleranfällig (Belady et al 77).

7. DV-Anwender und Öffentlichkeit haben ein unterentwickeltes Qualitätsbewußtsein. Sie sind noch nicht bereit, ebensoviel für Zuverlässigkeit und Sicherheit von Rechensystemen zu investieren, wie sie dies in anderen Bereichen gewohnt sind.

Um diesen Problemen zu begegnen, wurde eine Vielzahl von Maßnahmen vorgeschlagen, die zum Teil am Ende dieses Kapitels im Zusammenhang beweisbar sicherer Systeme erwähnt werden. Wir beschränken uns hier auf zwei schon mehrfach in diesem Buch behandelte Prinzipien: *Abgrenzung* und *Abstraktion*.

a) *Abgrenzung*
Durch Einführen von Grenzen und Schnittstellen werden Teilaufträge und Funktionseinheiten definiert, um diese in möglichst hohem Maße unabhängig von ihrer Umgebung behandeln zu können. In höheren Programmiersprachen wird dies durch die Einführung von Programm-Moduln unterstützt, die unabhängig implementiert (und möglichst auch kompiliert) werden können (wie z.B. Prozeduren und Funktionen, Klassen in SIMULA, forms in ALPHARD, clusters in CLU, Moduln in EUCLID, MODULA, routines in GYPSY, packages, tasks in ADA) (Horowitz 83). Ihre Unabhängigkeit wird z.T. ausgenutzt, um nebenläufige Handlungen zu ermöglichen (Monitore in Concurrent PASCAL, tasks in ADA). Abgrenzung bedeutet auch Sichtbarmachen, wo logische Unabhängigkeit vorliegt. So gesehen gehört der Begriff der kausal unabhängigen bzw. unteilbaren Handlung (vgl. Kap. 2) unter dieses Prinzip. Der Begriff der offenen oder abgeschlossenen Teilmenge in Netzen (Def. 1.1 4) faßt den Begriff der Abgrenzung formal.

b) *Abstraktion*
Durch Abstraktion von Systemkomponenten werden für eine gröbere Betrachtungsebene (vgl. Kapitel 1.4) verzichtbare Details verdeckt. Dies erleichtert Strukturierungsmaßnahmen und führt zu einer hierarchischen Gliederung. Abstraktion setzt Abgrenzung in der jeweils niedrigeren Ebene voraus. Hierarchische Strukturen werden sowohl im Software-Projekt-Management als auch beim Aufbau von Rechen- und Programm-Systemen benutzt. Im Bereich der höheren Programmiersprachen wurden "abstrakte Datentypen" eingeführt, die die Benutzung von Objekten auf erlaubte Zugriffsmechanismen (z.B. Prozeduren) beschränken und die interne Objektstruktur verdecken (Horowitz 83). Unteilbare Handlungen (Kapitel 2) sind eine besonders ausgeprägte Form der Abstraktion. Vergröberung von Netzen (Def. 1.1.5) faßt den Begriff der Abstraktion formal.

Auch für die Spezifikation von Rechten und die Implementation von Schutzmechanismen sind Abgrenzung und Abstraktion Leitprinzipien. Erst wenn die Grenzen von Funktionseinheiten und Aufträgen definiert sind, können Zugriffe als Überschreitung dieser Grenzen festgestellt und Rechte überprüft werden. Durch Abstraktion werden interne Strukturen verdeckt, die unerlaubte Zugriffe ermöglichen können. Die Wirksamkeit von Schutzmechanismen sollte jedoch nicht auf der Annahme beruhen, daß ein möglicher Rechtsverletzer diese internen Strukturen nicht kennt, sondern vielmehr darauf, daß diese unzugänglich sind. Zum Beispiel müssen die Anweisungen von SM–Moduln (Def. 3.2.2) als unteilbare Handlungen implementiert sein, da nur so die Bindung der Operationen an die Überprüfung der Rechte gewährleistet ist.

Abgrenzung und Abstraktion sind auch wesentlich im Schichtenmodell für Kommunikationsprotokolle (Kapitel 2.6). Über den Vorteil der Strukturierung hinaus können damit Schutzmaßnahmen wie Zugriffsregelung, Verschlüsselung oder Authentifikation wirksam realisiert werden. Durch besondere Hardware kann z.B. gewährleistet werden, daß von einer höheren Schicht nur Anweisungen benutzbar sind, die in der darunterliegenden Schicht korrekt und geschützt implementiert wurden.

Das Schichtenmodell bei Kommunikationsprotokollen bildet eine Entwicklung nach, die bei Betriebssystemen schon früher eingeleitet wurde.

Das von Dijkstra beschriebene Betriebssystem THE (TH Eindhoven) (Dijkstra 68) ist in 6 Schichten gegliedert (Abb. 3.3.1).

Die Schicht 1, die wir hier den *Kern* nennen, regelt die Prozessorzuteilung an die einzelnen Prozesse. Zentralprozessor-Unterbrechungen (interrupts) werden behandelt und unteilbare Anweisungen (P- und V-Operationen, vgl. Kapitel 2) implementiert. Der Kern realisiert also für jeden Prozess einen virtuellen Zentralprozessor. Für alle höheren Schichten ist er damit unsichtbar, ebenso wie die Anzahl der beteiligten Prozesse. In Schicht 2 werden Unterbrechungssignale des Hintergrundspeichers behandelt. Seitenadressen werden verwaltet und nach einer bestimmten Strategie in den Hauptspeicher geladen (vgl. Kapitel 7). Diese Schicht abstrahiert von der physikalischen Seitenadresse im Hintergrundspeicher.

Schicht 3 ermöglicht die Kommunikation des Operateurs mit jedem der Prozesse. Oberhalb dieser Schicht besitzt jeder Prozeß einen eigenen virtuellen Bedienfernschreiber. In Schicht 4 wird zwischen den Prozessen und jeweiligen Ein/Ausgabe-Geräten ein virtueller Kanal eingerichtet. In Schicht 5 werden die Benutzeraufträge bearbeitet.

Schicht-Nr. und Name	Aufgabe der Schicht	die Schicht abstrahiert von:
5: Auftrags-Manager	bearbeitet Benutzer-Aufträge	Anzahl der Benutzer-Aufträge
4: Betriebsmittel- und E/A-Manager	implementiert virtuelle Ein/Ausgabe für einzelne Prozesse	Anzahl der E/A-Geräte, deren wechselseitiger Ausschluß
3: Operateur-Manager	implementiert virtuellen Operateur-Fernschreiber für einzelne Prozesse	wechselseitigem Ausschluß am Operateur-Fernschreiber
2: Seiten-Manager	implementiert automatische Seitenersetzung	physikalischer Seitenadresse im Hintergrundspeicher
1: Kern	implementiert virtuellen ZP für jeden Prozess, P- und V-Operationen	Anzahl der Prozesse, Implementation von Unteilbarkeit
0: Hardware	bearbeitet Maschinen-Programme	physikalischer Signalverarbeitung

Abb. 3.3.1: Schichtenmodell des THE-Betriebssystems

Die Ordnung der Schichten ist nicht beliebig. Der Operateur-Manager benötigt für eine komfortable Ausstattung des Dialogverkehrs viel Speicher, muß also über dem Seitenmanager liegen. Der Betriebsmittel-Manager muß mit dem Operateur kommunizieren (z.B. für Fehlermeldungen). Er muß also über dem Operateur-Manager liegen. Diese Überlegungen zeigen, daß ein Schichtenmodell sorgfältig konzipiert werden muß, ja manchmal sogar unmöglich ist. Andere Betriebssysteme wie z.B. VENUS oder CP/M benutzen andere Schichteneinteilungen.

Über das Schichtenmodell hinaus ist das Konzept des *Betriebssystem-Kerns* von allgemeinerer Bedeutung. Durch ihn wird gleichsam ein Skelett für das Betriebssystem bereitgestellt, auf das die Implementationen spezieller Dienste aufgesetzt werden können. Der Kern wird möglichst klein gehalten, um ihn sorgfältig und fehlerfrei implementieren zu können. Oft genügt die Realisierung von Prozessen (durch Interrupts) und elementare Kommunikationskanäle (Holt 83). Für verteilte Systeme wurden Betriebssystemkerne entwickelt, die auch die Kommunikation in einem lokalen Rechnernetz ermöglichen (z.B. das V–Kern–System (Cheriton 84)). Jeder Knotenrechner enthält dabei eine Kopie des Kerns (vgl. Abschnitt 2.5.2).

Das Prinzip des Schichtenmodells und Betriebssystem–Kerns wurde natürlich auch für die Entwicklung von sicherheitsorientierten Rechensystemen genutzt. In einem *Sicherheits–Kern* (security kernel) werden dabei alle wesentlichen Schutzmechanismen und sicherheitssensiblen Module, wie Speicherverwaltung oder Ein/Ausgabe, zusammengefaßt. Dabei ist man ebenfalls bestrebt, den Sicherheitskern klein zu halten, um ihn besonders sorgfältig entwickeln oder sogar verifizieren zu können.

Wie bei gesellschaftlichen Rechtsnormen verlangt der Entwurf von sicheren Rechensystemen eine sorgfältige Abwägung zwischen der Befriedigung von Schutzbedürfnissen und der durch die entsprechenden Schutzmechanismen bewirkten Behinderung des Auftragsverkehrs. Während der Entwicklung von MULTICS, einem der ersten Betriebssysteme mit Schutzmechanismen, wurden die folgenden fünf Grundsätze aufgestellt (Saltzer 74).

1. Es ist besser, von dem Prinzip der Erlaubnis von Zugriffen als von deren Verbot auszugehen. Bei Zweifelsfällen und fehlender Spezifikation wird dann von Schutzwürdigkeit ausgegangen. Entwerfer und Benutzer werden gezwungen, explizit Rechte festzulegen.

2. Jeder Zugriff auf jedes Objekt muß auf seine aktuelle Rechtmäßigkeit hin überprüft werden. Vorsicht ist insbesondere geboten, wenn Rechte änderbar sind.

3. Der Entwurf ist nicht geheim. Die Wirkung von Schutzmechanismen soll nicht vom Unwissen potentieller Rechtsbrecher abhängen. Die strenge Trennung von Schutzmechanismus und Zugriffsschlüssel erlaubt die Überprüfung des Systems von vielen Gutachtern, ohne diese Sicherheitsmaßnahmen unterwerfen zu müssen.

4. Es soll nur ein Minimum von Rechten vergeben werden (principle of least privilege, need to know principle). Die Anzahl der möglichen Fehler, wie auch deren Folgen, wird dadurch begrenzt.

5. Die Mensch–Maschine–Schnittstelle soll einfach und natürlich bedienbar sein, um die Auftraggeber an die selbstverständliche Benutzung der Schutzmechanismen zu gewöhnen.

Wir erkennen in diesen fünf Grundzügen z.T. die oben genannten Prinzipien der Abgrenzung und Abstraktion wieder.

Die Zugriffsmechanismen von MULTICS arbeiten mit Berechtigungen (capabilities). Als Nachteil wird die schwere Änderbarkeit von Rechten und aufwendige Systemüberwachung genannt. Wegweisend war jedoch, daß jede Information, also auch die Berechtigungen, nur über einen Zugriff auf den virtuellen Speicher zu beschaffen war. Daher genügte es, den jeweiligen Schutzmechanismus in das Seitenwechselprogramm des virtuellen Speichersystems zu integrieren.

MULTICS erlaubt auch die benutzerseitige Definition von (individuellen) Untersystemen (protected subsystems). In solchen Untersystemen können hierarchisch strukturierte Rechtsbereiche (MULTICS rings) $B_1 \supset B_2 \supset \ldots \supset B_n$ definiert werden, d.h. ein Auftrag in B_i hat auch alle Rechte von B_j, falls $j \geqq i$. Der Übergang zu tieferen Bereichen mit mehr Rechten ist nur an bestimmten Stellen (gates) möglich, deren Zugang an besondere Rechte gebunden ist.

Die Entwicklung eines sicheren Rechensystems setzt sowohl ein adäquates Systemmodell als auch den Korrektheitsbeweis seiner Implementation voraus. Aufgrund der geschilderten Probleme mit großen Programmsystemen wurden eine Reihe von sicheren Betriebssystemen mit der Zusatzforderung konzipiert, daß die Korrektheit der Programme formal bewiesen ist (Lomet et al 82).

Dabei wurden moderne Techniken des Software-Entwurfs eingesetzt. Andererseits können diese Entwicklungen als Pilotprojekte für allgemeine Systeme mit hohen Zuverlässigkeitsanforderungen angesehen werden. Beim Entwurf des Systemmodells wurden formale Spezifikationssprachen (wie SPECIAL, Ina Jo, AFFIRM, siehe (Lomet et al 82)) eingesetzt, da natürliche Sprachen zu mehrdeutig sind und keine formale Verifikation gegen informelle Spezifikationen möglich ist (siehe auch (Beichtinger et al 84)). Zur formalen Verifikation wurden weiterhin rechnergestützte Verifikationssysteme (wie Standfard Pascal Verifier, AFFIRM, GYPSY, Ina Jo, HDM, siehe (Lomet et al 82)) herangezogen. Bei den meisten Systemen wurde die oben schon behandelte Abspaltung eines Sicherheitskerns vorgenommen, weil dieser wegen seiner geringen Größe sorgfältig untersucht und verifiziert werden kann. Es zeigte sich jedoch, daß immer auch außerhalb des Kerns sicherheitssensible Programmteile liegen, die als "glaubwürdige Aufträge" (trusted processes) bezeichnet werden und genauso streng zu verifizieren sind wie der Kern (dazu gehören z.B. logon-Mechanismen, Datei-Sicherungs- und Wiederherstellungs-Aufträge, Rechnernetz-Schnittstellen).

Abschließend berichten wir kurz über einige dieser Projekte in der Überzeugung, daß viele der hier vorkommenden Probleme und Lösungen auch für zukünftige Entwicklungen typisch sein werden.

1. Das "Kernelized Secure Operating System" (KSOS) (McCauley 79) betreibt

UNIX–Programme nach DoD–Sicherheits–Anforderungen (DoD Bell–Lapdula security model). Es sollte voll verifiziert werden und sein Durchsatz sollte nicht schlechter als die Hälfte des UNIX–Systems sein. Der Kern sollte auch allein als sicheres Betriebssystem nutzbar sein. Teile wurden in SPECIAL spezifiziert und mit HDM verifiziert. Dabei wurden komplizierte verdeckte Kanäle gefunden. Zum Beispiel konnte ein TOP–SECRET–Auftrag einem SECRET–Auftrag ein Bit Information durch Ausschöpfen eines gemeinsamen Betriebsmittels übermitteln. Andere Teile von KSOS wurden systematischen Inspektionen (walktroughs) unterzogen.

Es zeigte sich, daß das Modellsystem unrealistisch war. Große Teile blieben unverifiziert. KSOS läuft 2 bis 10 mal langsamer als UNIX. Ein Grund liegt darin, daß KSOS zur einfacheren Verifikation anders als UNIX keine Nebenläufigkeit zuläßt.

2. Data Secure UNIX (DSU) (Walker 80) ist als sicheres Betriebssystem an der Universität Los Angeles entworfen worden. Sein hauptsächliches Ziel besteht im Schutz von Datenbeständen, weniger jedoch im Auffinden von verdeckten Kanälen usw. Es ist in einer höheren Programmiersprache (PASCAL) geschrieben und hat einen bemerkenswert kleinen Sicherheitskern (2000 PASCAL–Zeilen). Jeder Auftrag wird in einem eigenen Rechtsbereich mit zwei Adreßräumen bearbeitet. Einer von diesen dient dem Benutzerauftrag, der andere wird für die dem Rechtsbereich eigene UNIX–Schnittstelle benutzt, die die Verbindung mit dem Kern herstellt. Der Sicherheitskern verwaltet die Rechtsbereiche, darf aber selbst keine Rechte ändern. Letzteres ist nur durch einen eigenständigen Prozeß (policy manager) möglich. Alle Kern-Aufrufe sind unteilbare Handlungen, was zwar Nebenläufigkeit im Kern ausschließt, dafür aber die Verifikation erleichtert. Erst 10 – 40 % waren verifiziert (1982). Die Beweise wurden nicht automatisch geführt, teilweise aber durch die Systeme XIVUS und AFFIRM überprüft. Die Leistung ist 2 bis 20 mal schlechter als normales UNIX. Als Erklärung wurde eine unzureichende Hardware–Unterstützung (einer PDP–11) für Rechtsbereichswechsel und ein ineffizienter PASCAL–Compiler angegeben.

Zu würdigen ist DSU als erstes klares und formales Systemmodell für Datensicherheit, sowie als derzeit umfangreichstes Verifikationsprojekt im Systembereich.

3. Das ”Provably Secure Operating System” (PSOS) (Feiertag 79) beruht auf Berechtigungen (capabilities). Er wurde mit HDM entworfen und mit SPECIAL spezifiziert, war jedoch (1982) noch nicht implementiert und nur teilweise verifiziert. PSOS hat eine ausgeprägte Schichtenstruktur (Abb. 3.3.2).

Der Entwurf legt nicht fest, welche Ebenen hardwaremäßig zu implementieren sind (z.B. 0 bis 5; 7, 8 teilweise). PSOS legt ebenso nicht fest, welche Rechte zu vergeben sind, sondern stellt dem Benutzer durch unfälschbare Berechtigungen ein Werkzeug zur Verfügung, mit dem er sein eigenes Sicherheitssystem aufbauen kann.

PSOS ist ein ehrgeiziges System, in Anspruch und Allgemeinheit vergleichbar mit MULTICS, soll dabei aber zusätzlich verifizierbar sein. Wird es tatsächlich voll implementiert und verifiziert, dann wird es einen Höhepunkt in der Entwicklung von beweisbar sicheren Rechensystemen darstellen.

Ebene	Abstraktion	vergröberte Abstraktion
16	user request interpretation	
15	user environments and name space	
14	user input–output	user abstraction
13	procedure records	
12	user processes and visible input–output	
11	creation and deletion of user object	generally useful
10	directories	abstractions
9	abstract object managers	abstract object managers
8	segments and windows	
7	pages	
6	system processes and input–output	virtual resources
5	primitive input–output	
4	arithmetic and other basic procedures	
3	clocks	
2	interrupts	
1	registers and other storage	physical resources
0	capabilities	capabilities

Abb. 3.3.2: Schichtenmodell von PSOS

Die Projekte zeigen, daß es beweisbar sichere Systeme zur Zeit und in naher Zukunft *nicht* geben wird. Trotz enormer Anstrengungen hochqualifizierter Wissenschaftler traten unerwartet viele und schwerwiegende Probleme auf. Diese Erfahrung stützt unsere These, daß der Softwareentwicklungsbereich, an seinen Ansprüchen gemessen, eine unterentwickelte Disziplin ist.

4 Zuverlässigkeit: Stochastische Modelle

4.1 Begriffe und Erscheinungen

Unter *Zuverlässigkeit* versteht man die Fähigkeit, die beabsichtigte Funktion zu erbringen. Die Beurteilung der Zuverlässigkeit von Rechensystemen leidet wesentlich darunter, daß die beabsichtigte Funktion praktisch weder vollständig spezifizierbar noch verifizierbar noch durch Test überprüfbar ist. Trotzdem hat eine genaue Durchdringung der Zuverlässigkeitsprobleme von Rechensystemen wachsende Bedeutung, und zwar aus folgenden Gründen:

1. Unzuverlässigkeit erhöht die Wartungsanforderungen. Da Wartungskosten einen erheblichen Personalkostenanteil haben, vergrößern sie sich relativ zu den Herstellkosten, die durch automatisierte, integrierte Fertigung eine sinkende Tendenz zeigen.

2. Durch Einbringung von Rechensystemen in andere Systeme wachsen die Ansprüche, die beabsichtigte Funktion möglichst lange oder, wo vorübergehende Funktionsausfälle akzeptabel sind, in einem möglichst großen Zeitanteil aufrechtzuerhalten (etwa in einem unbemannten Raumfahrzeug bzw. in einem Teilnehmerrechensystem).

3. Mit wachsender Komplexität wird es schwieriger, akzeptabel zuverlässige Rechensysteme zu konstruieren.

4. Rechensysteme werden unter schwierigen Umweltbedingungen (Kraftfahrzeug, Weltraum) eingesetzt, was die Zuverlässigkeit herabsetzt.

5. Schließlich sind die technischen Mittel (Anlagenteile, Programme), die zur Sicherung der Zuverlässigkeit zusätzlich aufzuwenden sind, so viel billiger geworden, daß Maßnahmen zur Hebung der Zuverlässigkeit attraktiv werden.

Die Betrachtung der Zuverlässigkeit von Rechensystemen würde eine noch größere Rolle spielen, wenn nicht durch die Integration der Halbleiterschaltungen die

Zuverlässigkeit der Zentraleinheit in den letzen zwanzig Jahren sehr stark gestiegen wäre.

Im folgenden wird zunächst eine Einführung in etablierte Begriffe der Zuverlässigkeit, wobei wir im wesentlichen (DIN 40042) und (NTG 3004) folgen, und im Zusammenhang mit Rechensystemen zusätzlich erforderliche Begriffe gegeben.

(4.1.1)   *Definitionen:* Unter einem *Fehler* (defect) versteht man die unzulässige Abweichung eines Merkmals, also etwa der Schaltungsstruktur, einer physikalischen Größe, eines gespeicherten Wertes usf. . Unter den physikalischen Größen sind für die beabsichtigte Funktion die nachrichtentragenden , d.h. die Signale, vor allem bedeutsam. Unterliegt ein Signal einem Fehler, der zu einer falschen Deutung der digitalen Nachricht führt, so liegt ein *Digitalfehler* (fault) vor. Unter den Digitalfehlern sind solche besonders folgenreich, die in einem falschen, insbesondere internen Zustandswert bestehen, d.h. in einem falschen gespeicherten Wert. Solche mögen Zustandsfehler (error) heißen; speziell können sie Programme oder Werte betreffen.

In Rechensystemen können *Zustandsfehler* über lange Zeit bestehen, bevor sie die Benutzerfunktion offenkundig verfälschen; da die Chancen, den Fehler zu korrigieren, mit seinem Alter abnehmen, die Gefahr eines Folgefehlers aber zunimmt, ist oberstes Ziel aller Zuverlässigkeitsmaßnahmen, Fehler frühzeitig und vollständig zu entdecken.

Fehlerhafte Instanzen und Kanäle können zumeist die beabsichtigte Funktion nicht erbringen; sie sind total oder partiell funktionsfähig. Bei zustandsgesteuerten Instanzen und Kanälen können Zustandsfehler zur Funktionsunfähigkeit führen.

Fehler können *transient* oder *permanent* sein. Transiente Fehler spielen in Rechensystemen eine wichtige Rolle; sie sind z.B. eine Folge von vorübergehenden externen oder internen physikalischen Störeinflüssen, oder von ablaufabhängigen Programmfehlern. Permanente Fehler können die Folge eines transienten Fehlers sein, z.B. nach Abspeicherung eines Digitalfehlers als Zustand.

(4.1.2)   *Definitionen:* Als *Ausfall* (failure) einer Funktionseinheit bezeichnet man das Überschreiten eines Fehlerkriteriums; regelmäßig wird man bei einem permanenten Fehler, der zu totaler Funktionsunfähigkeit führt, von einem Ausfall sprechen, ebenso bei nicht erträglicher Häufung von transienten Fehlern. Ausfälle enden i.a. nicht spontan, sondern durch *Behebung* (recovery), sei es durch manuellen Eingriff, durch automa-

tische Rekonfiguration oder – bei bloßen Zustandsfehlern – durch Überschreiben mit korrekten Daten. Der Zeitraum von Eintreten des Ausfalls
bis zum nachfolgenden Unterschreiten des Fehlerkriteriums (z.B. nach
Behebung) heißt Ausfallzeit (downtime). Auf sie folgt ausfallfreie Zeit
(uptime). (NTG 3004) begrenzt "Ausfall" auf physische Funktionseinheiten (Hardware).

Eine funktionsfähige Funktionseinheit heißt auch *verfügbar* (available).
Stellt man sich auf den strengen Standpunkt, daß eine Funktionseinheit
nur dann verfügbar ist, wenn sie alle beabsichtigten Funktionen erbringen kann, dann sind die meisten Rechensysteme nicht verfügbar,
obwohl sie Nutzarbeit leisten. Man kann daher milder eine Funktionseinheit als *nutzbar* (serviceable) bezeichnen, wenn sie bezüglich der aktuell gegebenen oder betrachteten Aufträge verfügbar ist.

Wird ein Auftrag in einer fehlerhaften Funktionseinheit bearbeitet, so
kann es zu einer fehlerhaften Auftragsausführung, einer *Störung* (mal-
function), kommen (enger als (DIN 40042); (NTG 3004) schlägt hier
"Versagen" vor).

Das Störungsbild in Rechensystemen ist stark auftragsabhängig: Fehler führen
auftragsabhängig zu Störungen; Aufträge können sich selbst, andere oder die Funktionseinheiten des ausführenden Systems fehlerhaft machen und damit Störungen
hervorbringen. In Abschnitt 5.5 werden wir diese Wechselwirkung wieder auf-
greifen. Fehler in Rechensystemen sind praktisch unvermeidbar. Daher müssen
Rechensysteme so konstruiert werden, daß sie – je nach Anforderungen verschieden
weitgehend – *fehlertolerant* (fault–tolerant) sind, d.h. die vom Benutzer benötigten
Leistungen auch unter Fehlern korrekt erbringen. Fehlertoleranz setzt *Redundanz*
(redundancy) voraus. Im Zusammenhang mit Zuverlässigkeitsfragen versteht man
unter Redundanz alle internen Funktionen des Systems (im weitesten Sinne), die
zur Erbringung der korrekten Systemfunktion bei Abwesenheit von Fehlern nicht
erforderlich wären und die zusätzlich vom System erbracht oder bereitgehalten werden. Insbesondere gehören hierzu alle Fehlerentdeckungsfunktionen. Man unterscheidet noch *Zeitredundanz*, wobei die Redundanz durch wiederholten Einsatz derselben Funktionseinheit zur Bearbeitung desselben Auftrags erbracht wird, und
Funktionsredundanz, wobei zusätzliche Funktionseinheiten die zusätzlichen Funktionen erbringen. Zeitredundanz liegt etwa bei Wiederholung einer fehlerhaften
Zentralprozessoroperation vor oder bei mehrfachen Schreibversuchen auf einer Mag-
netbandstelle. Sie kann höchstens gegen transiente Fehler erfolgreich sein. Funktionsredundanz liegt etwa dann vor, wenn zwei Zentralprozessoren gleichzeitig
dieselbe Rechnung durchführen, oder wenn die Schreiboperation von der permanent
fehlerhaften Stelle auf dem Magnetband auf eine andere Stelle ausweicht. Funk-

tionsredundanz kann auch permanente Fehler kompensieren. Genauer unterscheidet man noch bei Funktionsredundanz zwischen *funktionsbeteiligter Redundanz* (wie im Falle des kontrollrechnenden Prozessorpaars) und *nicht funktionsbeteiligter Redundanz* (wie im Falle der Ausweichstelle auf dem Magnetband, oder etwa bei einem Ersatzprozessor, der die Aufgabe bei Ausfall des Hauptprozessors übernimmt). Nicht funktionsbeteiligte Redundanz nennt man auch "kalte Reserve" oder stand–by–Redundanz.

Fehler einer Funktionseinheit können ihre Ursache in falscher Spezifikation, falschem Entwurf, falscher Fertigung oder Beanspruchung haben. Entsprechend unterscheiden wir *Spezifikationsfehler, Entwurfsfehler, Fertigungsfehler* und *Beanspruchungsfehler*. Die *Beanspruchung* (stress) kann funktionsbedingt oder umgebungsbedingt sein. Wenn man die Alterung durch Verlustwärme, insbesondere durch Temperaturzyklen, und durch Klimatisierung als umgebungsbedingte Beanspruchung ansieht, dann kann man bei der Hardware der Zentraleinheiten funktionsbedingte Beanspruchung vernachlässigen. Aus diesem Grund empfiehlt sich hier das Prinzip der kalten Reserve kaum aus Zuverlässigkeitsgründen; aus energetischen Gründen, etwa an Bord einer Raumsonde, kann es sehr wohl notwendig sein. Bei Programmen (Software), die ja durch Verfälschungen während der Auftragsbearbeitung funktionsbedingter Beanspruchung unterliegen, ist dagegen das Prinzip der kalten Reserve weit verbreitet; die Reserve wird auf peripheren Speichern, eventuell auf Datenträgern außerhalb des Rechensystems, gehalten. Schließlich muß man im weitesten Sinne auch Bedienung und Wartung als eine Beanspruchung ansehen; sie kann zu *bedienbedingten* bzw. *wartungsbedingten* Fehlern führen. Bei der Hardware klingt die Häufigkeit von Störungen durch Entwurfsfehler meist in den ersten 2–3 Jahren nach Betriebsbeginn der ersten Anlage des Typs ab. Fertigungsfehler in der Anlage können meist in den ersten 2 Jahren Betriebszeit des jeweils betrachteten Anlage beseitigt werden. Danach wird das Fehlerbild im wesentlichen durch Beanspruchungsfehler bestimmt, wobei funktionsbedingte Beanspruchung nur bei mechanischen Peripheriegeräten von Bedeutung ist. Die Fehlerbehebungszeiten liegen (mit großer Streuung) im Mittel bei 2 Stunden; sehr häufig ist Fehlerbehebungszeit zugleich Ausfallzeit des Gesamtsystems.

Bei der Software verschwinden Entwurfsfehler meist in den ersten 3–5 Jahren. Anders als bei der Hardware sorgen allerdings laufende Erweiterungen und Änderungen der Software dafür, daß Rechensysteme im Betrieb beständig mit Software– Entwurfsfehlern zu kämpfen haben. Fertigungsfehler spielen keine Rolle; unter den Beanspruchungsfehlern sind Wartungsfehler, aber auch Betriebsfehler (etwa: falscher Aufruf zerstört Programm) und Bedienfehler bedeutsam. Die Fehlerbehebungszeit ist beträchtlich größer als bei der Hardware, aber i.a. nicht Ausfallzeit für das Rechensystem.

Oft wird als Kennzeichnung der Zuverlässigkeit einer Funktionseinheit der mittlere zeitliche Abstand der Störungen während der Beanspruchungsdauer benutzt. Diese Größe heißt *mittlerer Störungsabstand* (mean time between malfunctions, MTBM). Tatsächlich kennzeichnet diese Größe ebenso das Betriebs- und Wartungsverfahren, da von ihm abhängt, wieviele Störungen eines Typs auftreten, bevor der zugrundeliegende Fehler behoben wird. Analog definiert man einen *mittleren Ausfallabstand* (mean time between failures, MTBF). Den Kehrwert des mittleren Störungsabstandes nennen wir *Störungsfrequenz*. In gewissen Systemen ist eine Fehlerbehebung nicht möglich oder ein Ausfall nicht erträglich, so daß für die Beurteilung der Zuverlässigkeit lediglich die Zeit vom Beanspruchungsbeginn bis zum nachfolgenden Ausfall wichtig ist. Diese Zeit heißt *Lebensdauer* (life). (Longbottom 80) nennt Erfahrungswerte für die Schätzung der Störungsfrequenz. Dabei geht er – typischen Verhältnissen folgend – davon aus, daß in der Zentraleinheit nach 2 Störungen ein Wartungseingriff erfolgt, in der Peripherie nach 3 Störungen. Unter diesen Voraussetzungen ergeben seine Ermittlungen, die – gemessen an heutigen Systemen – verhältnismäßig ungünstige Werte liefern:

	Störungsfrequenz Bestwerte	mittlere Wartungs- eingriffsdauer
Zentralprozessor mit mittel ausgebauten Ein/Ausgabewerk (Grenzdurchsatz c in Millionen Befehlen je Sekunde ("Mips"))	$2 \cdot (c/Mips)^{0,65} \cdot 10^{-3} h^{-1}$	2,5 h
Hauptspeicher (Zykluszeit z)	$K/MBit \cdot 0,00135 (z/\mu s)^{-0,17}$	2,5 h
Platte 100 MB	$1,2 \cdot 10^{-3} h^{-1}$	2 h
Bandgerät	$2,1 \cdot 10^{-3} h^{-1}$	2 h
Zeilendrucker	$5,4 \cdot 10^{-3} h^{-1}$	2 h
Alphanumerisches Sichtgerät	$0,6 \cdot 10^{-3} h^{-1}$	1,5 h

Die angegebenen Werte für die Störungsfrequenz sind noch mit Faktoren zu korrigieren:

Umgebung: 1 bis 4
Wartbarkeit: 1 bis 4
Qualität: 1 bis 5 (im zeitlichen Mittel)
Auslastung: 0,25 bis 2
Leistung (bei peripheren Geräten) 0,7 bis 1,5

Die Überhöhung für *Entwurfsfehler* beträgt im ersten Jahr qualitätsabhängig 2 bis 3. Fertigungsfehler sind bei qualitativ guten Produkten nach einem, bei qualitativ schlechten Produkten nach 5 Schichtjahren abgeklungen; die anfängliche Überhöhung beträgt 1,5 bis 2. Für Grundsoftware gibt (Longbottom 80) 0,8 Systemausfälle je 1K Befehle/Konstanten in 10^3h an; im Gegensatz hierzu wird meist von einem mit der Programmgröße überlinearen Anwachsen der Ausfälle ausgegangen. Die anfängliche Überhöhung und der Bereich der Korrekturfaktoren sind nach Langbottom hier sehr viel größer als bei der Hardware:

Entwurfsfehler	1 im ersten Jahr
	0,1 im dritten Jahr
	0,01 ab siebten Jahr
Qualität	0,045 bis 0,36 (zeitliches Mittel)
Wartbarkeit, Änderungsrate	0,25 bis 2
Auslastung, Vielfalt der Belastung	0,25 bis 4

Die Systemausfallzeit beträgt im Mittel 0,4 h; in dieser Zeit werden das System und (weitgehend) die Benutzerprogrammläufe wieder aufgebaut und gestartet, nicht der verursachende Fehler beseitigt.

Typisch ergibt sich für die Störungsfrequenz in einem technischen System das in Abb. 4.1.1. gezeigte Bild: Auf eine Einlaufphase (I), in der die Störunsfrequenz durch Behebung von Fertigungs- und evtl. Entwurfsfehlern zurückgeht, folgt eine Phase II, in der die Störungsfrequenz annähernd gleichbleibend ist; in der nachfolgenden Phase III steigt die Störungsfrequenz, verursacht durch Beanspruchungsfehler wieder an. Bei der Hardware von Betriebssystemen ist die Phase I nach 5 Schichtjahren beendet; die Phase III beginnt für Zentraleinheiten bei guter Wartung und Umgebung erst jenseits von 30 Schichtjahren, für periphere Geräte ab ca. 20 Schichtjahren. Für Grundsoftware dauert Phase I wie angegeben deutlich länger; schlechte Dokumentation und Wartung können später in eine Phase III führen, in der Versuche zur Fehlerbeseitigung oder Änderung neue Fehler erzeugen und die Störungsfrequenz ansteigen lassen.

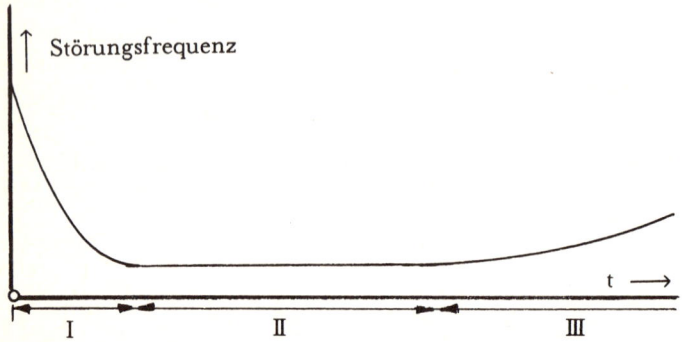

Abb.4.1.1: Phasen der Störungsfrequenz in einem technischen System

Im Folgenden werden wir einen Ausschnitt aus der stochastischen Zuverlässigkeitstheorie betrachten, auf den sich einfache und nützliche Modelle für das Verhalten von Rechensysteme aufbauen lassen. Für eine Einführung in die Zuverlässigkeitstheorie vgl. etwa (Schneeweiß 80), (Störmer 83). Fragen der Zuverlässigkeit von Rechensystemen werden auch in (Anderson Randell 78), (Siewiorek Swarz 82) behandelt.

4.2 Stochastische Modelle für Lebensdauer und für das Auftreten von Störungen und Ausfällen

Zur quantitativen Beschreibung des Zuverlässigkeitsverhaltens von Rechensystemen werden mit Erfolg stochastische, d.h. auf Wahrscheinlichkeiten gegründete Modelle eingesetzt. Tatsächlich wird in den meisten Fällen eine genaue Untersuchung erweisen, daß Fehler keineswegs auf zufällige Ereignisse, sondern auf deterministische physikalische und informatische Mechanismen zurückführbar sind. Für einen Betrachter, der diese Ursachen nicht erkennt, ist das Auftauchen von Fehlern aber sehr wohl ein zufälliger Prozeß, um so mehr als meist nicht überwiegend *eine* erkennbare Ursache zu Fehlern führt, sondern eine große Menge verschiedener, unabhängiger Ursachen, deren jede mit nur geringer Häufigkeit wirksam wird.

Stochastische Modelle werden wir in den weiteren Kapiteln auch zur Beschreibung des Verhaltens von Aufträgen benutzen, um mit Hilfe dieser Modelle die Auswirkungen der "zufälligen" Charakteristik der Aufträge auf den Vorgang der Bearbeitung von Aufträgen im System zu erfassen. Natürlich gilt hier noch mehr, daß die Aufträge – da ja das Rechensystem eine deterministische Maschine ist – *kein* elementar zufälliges Verhalten haben; trotzdem ist ihr Verhalten vorteilhaft so beschreibbar, als wäre es zufällig.

Nachteilig ist, daß die dem stochastischen Modell zugrunde liegenden Annahmen nur angenährt durch Messungen am realen System überprüft werden können. Einfache Modelle kann man auch ohne die stochastischen Annahmen, lediglich aus meßbaren Größen, aufbauen; solche Modelle heißen *operational*; die im 1.Kapitel benutzten Auftragsmodelle sind operational, und auch im 5.Kapitel werden wir uns nach Möglichkeit solcher operationaler Modelle bedienen.

Eine Einführung in stochastische Methoden für Modelle von Rechensystemen liegt in (Spies 83) und (Trivedi 82) vor. Wir dringen in stochastische Modelle ein, indem wir uns mit der stochastischen Beschreibung zeitlicher Vorgänge beschäftigen. Die Methoden sind selbstverständlich auf andere als zeitliche Größen anwendbar. Wir betrachten zunächst ein Zeitintervall, das im Zeitpunkt t=0 beginnt. Es endet mit einem Ereignis zu einem zufälligen Zeitpunkt. Die entsprechend zufällige Dauer des Intervalls beschreiben wir durch eine nicht negative Zufallsvariable T, die einer Verteilung, einer stetigen, fast überall differenzierbaren Funktion $F_T : \mathbb{R} \rightarrow (0;1)$

$$F_T(t) = P[T \leq t] \qquad (4.2.1)$$

gehorcht (P:Wahrscheinlichkeit). Als Dichte bezeichnet man eine Funktion mit

- 300 -

$$f : \mathbb{R} \to \mathbb{R}_o^+$$

$$f_T(t) = \frac{d}{dt} F_T(t) \quad , \text{ mit } \int_0^\infty f_T(t)\, dt = 1 \tag{4.2.2}$$

und als Erwartungswert von T

$$E[T] = \int_0^\infty t\, f_T(t)\, dt = \int_0^\infty (1 - F_T(t))dt \quad . \tag{4.2.3}$$

Können wir die Dauer mehrerer Intervalle messen, so können wir aus ihnen die mittlere Intervalldauer $\overline{T}$ berechnen. Sind die gemessenen Intervalle eine repräsentative Auswahl möglicher Intervalle nach derselben zufälligen Gesetzmäßigkeit, dann nähert sich mit wachsender Anzahl von Intervallen, die zur Berechnung von $\overline{T}$ herangezogen worden sind, $\overline{T}$ dem Erwartungswert E[T].

Wichtige, aus der Verteilung abgeleitete weitere Beschreibungsformen der Zufallsvariablen sind 2. Moment, Streuung, Variationskoeffizient und Enderate.

Man definiert als 2. Moment

$$E[T^2] = \int_0^\infty t^2\, f_T(t)\, dt \tag{4.2.4}$$

und als Streuung

$$\sigma_T{}^2 = \int_0^\infty (t - E[T])^2\, f_T(t)\, dt = E[T^2] - (E[T])^2 \tag{4.2.5}$$

und als Variationskoeffizienten

$$C_T = \frac{\sigma_T}{E[T]} \quad . \tag{4.2.6}$$

Wir versetzen uns nun in die Rolle eines Beobachters, der seit Beginn des Intervalls auf das abschließende Ergebnis wartet; nachdem das Ereignis bis t nicht eingetreten ist, fragt er sich, mit welcher Wahrscheinlichkeit das nachfolgende Intervall (t; t+Δt) den Eintritt des Ereignisses bringen wird.

Diese Wahrscheinlichkeit ist

$$P[T \le t+\Delta t \mid T > t] \qquad (4.2.7)$$

d.h. die Wahrscheinlichkeit, daß die Intervalldauer höchstens $t + \Delta t$ ist, unter der Bedingung, daß sie größer als t ist. Diese bedingte Wahrscheinlichkeit kann auf die einfache Wahrscheinlichkeit zurückgeführt werden; allgemein ist

$$P[X \mid Y] = \frac{P[X \wedge Y]}{P[Y]}$$

also

$$P[T \le t+\Delta t \mid T > t] = \frac{P[(T \le t+\Delta t) \wedge (T > t)]}{P[T > t]}$$

$$= \frac{P[t < T \le t+\Delta t]}{P[T > t]} = \frac{F_T(t+\Delta t) - F_T(t)}{1 - F_T(t)} \qquad (4.2.8)$$

da nach elementaren Regeln der Wahrscheinlichkeit

$$P[T \le t+\Delta t] = P[T \le t] + P[t < T \le t+\Delta t] \qquad (4.2.9)$$

und

$$P[T > t] + P[T \le t] = 1 \qquad (4.2.10)$$

ist.

Im allgemeinen wird die Wahrscheinlichkeit, das Ereignis in $(t; t+\Delta t)$ zu finden, mit Δt anwachsen. Wir beziehen daher diese Wahrscheinlichkeit auf Δt und untersuchen den Grenzwert für $\Delta t \to 0$:

$$\lim_{\Delta t \to 0} \frac{P[T \le t+\Delta t \mid T > t]}{\Delta t} =$$

$$\lim_{\Delta t \to 0} \frac{F_T(t+\Delta t) - F_T(t)}{\Delta t \cdot (1 - F_T(t))} = \frac{f_T(t)}{1 - F_T(T)} \qquad (4.2.11)$$

Dieser Grenzwert heißt die *Enderate* von T; wir schreiben

$$\theta(t) = \frac{f_T(t)}{1 - F_T(t)} \qquad (4.2.12)$$

Bei kleinem Δt und beschränktem $f_T(t)$ ist die Wahrscheinlichkeit, daß das abschließende Ereignis in $(t; t+\Delta t)$ fällt,

$$P[t < T \leq t+\Delta t] \approx \theta(t) \cdot \Delta t \qquad (4.2.13)$$

Nun sei t_0 ein Zeitpunkt im Intervall. Wir fragen uns, wir groß der Erwartungswert der noch verbleibenden Zeit

$$T_2 = T - t_0 \qquad (T > t_0)$$

ausfällt. Für die Verteilung von T, unter der Bedingung $T > t_0$, gilt

$$F_{T \mid T > t_0}(t) = P[T \leq t \mid T > t_0]$$

$$= \frac{P[t_0 < T \leq t]}{P[T > t_0]} \qquad (4.2.14)$$

$$= \frac{F_T(t) - F_T(t_0)}{1 - F_T(t_0)} \qquad (4.2.15)$$

Die Dichte ist

$$f_{T \mid T > t_0}(t) = \frac{f_T(t)}{1 - F_T(t_0)} \qquad (4.2.16)$$

d.h. für $t = t_0$ stimmt sie mit der Enderate überein.

Der Erwartungswert von T unter der Bedingung $T > t_0$ ist folglich

$$E[T \mid T > t_0] = \frac{1}{1 - F_T(t_0)} \int_{t_0}^{\infty} t\, f_T(t)\, dt \qquad (4.2.17)$$

und der auf t_0 folgende Rest von T, T_2 genannt, hat den Erwartungswert

$$E[T_2] = E[T \mid T > t_0] - t_0 =$$

$$\frac{1}{1 - F_T(t_0)} \int_{t_0}^{\infty} t \cdot f_T(t) \, dt - t_0 \quad .$$

Über partielle Integration erhält man

$$\frac{1}{1 - F_T(t_0)} \int_{t_0}^{\infty} (1 - F_T(t)) \, dt \quad . \tag{4.2.18}$$

(4.2.1) *Beispiel:* T sei die Lebensdauer L einer Funktionseinheit. Man nennt

$F_L(t) = P[L \leq t]$ Lebensdauerverteilung oder Ausfallwahrscheinlichkeit,

$r(t) = P[L > t] = 1 - F_L(t)$ Überlebenswahrscheinlichkeit (reliability),

$E[L] = \int_0^{\infty} r(t) \, dt$ Erwartungswert der Lebensdauer,

$$\lambda(t) = \frac{f_L(t)}{1 - F_L(t)} \quad \text{Ausfallrate.} \tag{4.2.19}$$

Man beobachtet in vielen Fällen, daß die Ausfallrate mit guter Annäherung als konstant angesehen werden kann. Dieser Sonderfall, daß

$$\theta(t) = \frac{f_T(t)}{1 - F_T(t)} = \theta \tag{4.2.20}$$

zeitlich konstant ist, daß also jederzeit ein kurzes Intervall Δt mit derselben Wahrscheinlichkeit $\theta \cdot \Delta t$ das abschließende Ereignis bringt, ist so wichtig, daß wir ihn genauer untersuchen. Zunächst ist bemerkenswert, daß bei dieser Voraussetzung der Zeitpunkt des Ereignisses offenbar unabhängig von der Vorgeschichte ist; das Ereignis tritt durch einen "gedächtnislosen" Mechanismus ein.

Aus 4.2.20 folgt mit 4.2.2

$$\frac{\frac{d}{dt}F_T(t)}{1 - F_T(t)} = \theta$$

und durch Integration

$$\ln(1 - F_T(t)) = -\theta t + c \qquad \text{(c ist Integrationskonstante)}$$

$$1 - F_T(t) = e^{-\theta t + c}$$

$$F_T = 1 - e^{-\theta t + c}$$

Da die zugehörige Dichte

$$f_T(t) = \theta \cdot e^{-\theta t + c} \qquad \text{wegen } 4.2.2$$

$$\int_0^\infty f_T(t)dt = \theta \cdot \int_0^\infty e^{-\theta t + c}\, dt = 1$$

erfüllen muß, folgt c = 0.

Also ist die Länge des Intervalls, das mit einem Ereignis endet, das mit konstanter Rate eintritt, mit

$$F_T(t) = 1 - e^{-\theta t} \qquad\qquad (4.2.21)$$

verteilt ("negativ–exponentielle Verteilung", Abb. 4.2.1). Weiter ist

$$f_T(t) = \theta \cdot e^{-\theta t} \qquad\qquad (4.2.22)$$

$$E[T] = \frac{1}{\theta} \qquad\qquad (4.2.23)$$

$$E[T^2] = \frac{2}{\theta^2} \qquad\qquad (4.2.24)$$

$$\sigma_T{}^2 = \frac{1}{\theta^2} \quad , \quad c_T = 1 \quad , \qquad\qquad (4.2.25)$$

und die Verteilung von T unter der Bedingung, daß es t_0 überschreitet, ist nach 4.2.15

$$F_{T\,|\,T\,,\,to}(t\ ) = \frac{F_T(t) - F_T(t_0)}{1 - F_T(t_0)}$$

$$= \frac{1 - e^{-\theta t} - (1 - e^{-\theta\,to})}{1 - (1 - e^{-\theta\,to})}$$

$$= 1 - e^{-\theta(t-\,to)} \qquad\qquad (4.2.26)$$

Dieses Ergebnis kann man auch so deuten: die Dauer des t_0 überschreitenden Restintervalls, T_2, ist ebenso negativ–exponentiell verteilt wie T. Insbesondere ist damit auch der Erwartungswert der Dauer des t_0 überschreitenden Restintervalls derselbe, also $E[T_2] = 1/\theta$! Man vergleiche Abb. 4.2.1.c.

Auf den ersten Blick mag es paradox erscheinen, daß der Erwartungswert des Restintervalls ebenso groß ist wie der Erwartungswert der Dauer aller Intervalle. Tatsächlich haben wir aber mit der Bedingung, daß das Intervall mindestens die Dauer t_0 hat, die Menge der mit θ negativ-exponentiell verteilten Intervalldauern auf eine Menge eingeschränkt, die einen größeren Erwartungswert hat, nämlich t_0 + $1/\theta$! Der Beobachter wird den Umstand, daß er im Intervall stets eine verbleibende Intervalldauer gleicher Länge erwarten kann, wieder als Ausdruck der "Gedächtnislosigkeit" des Ereignismechanismus ansehen.

Bei der Modellierung von Rechensystemen hat man oft Vorgänge nachzubilden, bei denen sich Ereignisse in der Zeit wiederholen. Also betrachten wir nun eine Folge von Ereignissen in der Zeit Z , wie das Auftreten von Fehlern oder das Eintreffen von Aufträgen. Die Dauer des Zeitintervalls, das durch zwei benachbarte Ereignisse der Folge abgesteckt wird, heiße *Ereignisabstand*. Wir nehmen nun – stark einschränkend, aber für viele Anwendungen brauchbar – an, daß alle Ereignisabstände derselben Verteilung gehorchen; sie seien durch *eine* Zufallsvariable T beschrieben, die wieder wie in 4.2.1 ff. beschrieben wird. Nun verwenden

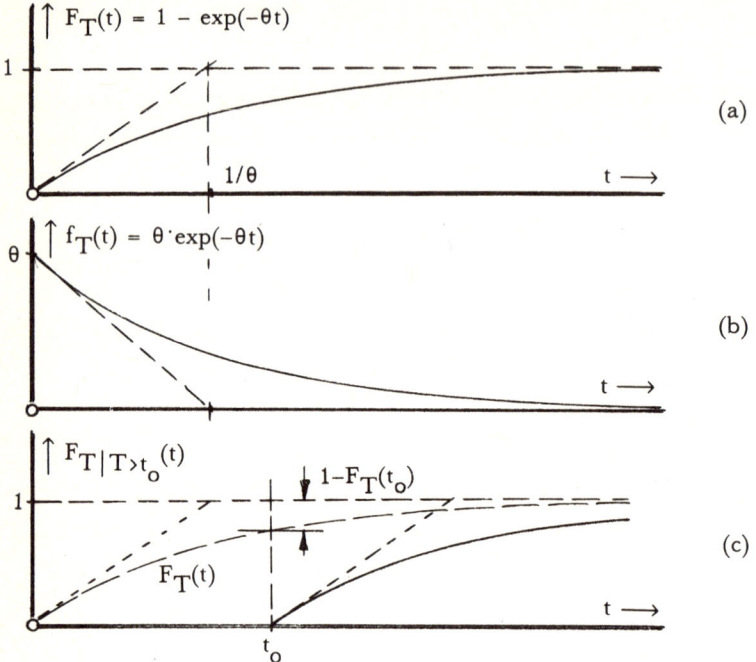

Abb. 4.2.1: Negativ-exponentielle Verteilung (a), negativ-exponentielle Dichte (b) und Verteilung des t_0 überschreitenden Restintervalls $t - t_0$ (c)

wir zwei Zeitskalen: eine globale Skala z und intervallokale Zeitskalen t. Auf der globalen Zeitskala z werden z_{i-1}, z_i, z_{i+1}….(vgl. Abb 4.2.2) das Auftreten der Ereignisse bezeichnen; zwischen ihnen liegt jeweils ein Intervall, dessen Dauer der Verteilung von T gehorcht; wir schreiben

$$z_{i+1} = z_i + T \quad . \tag{4.2.27}$$

In jedem Intervall wird ein Beobachter wieder bezüglich Enderate (jetzt sagt er *Ereignisrate*) und verbleibender Zeit bis zum nächsten Ereignis dieselben Beobachtungen machen wie oben beschrieben, wenn er seine Zeitskala t jeweils mit jedem Ereignis mit 0 beginnen läßt. Ist die Folge der Ereignisse in z unbegrenzt, dann wird mit jedem neuen Ereignis die Wahrscheinlichkeitsgesetzmäßigkeit des Vorgangs wiederhergestellt, d.h. von jedem Ereignis an folgt der Vorgang derselben Wahrscheinlichkeitsgesetzmäßigkeit. Daher heißen die Ereignisse des beschriebenen Prozesses auch Rekurrenz- oder Erneuerungspunkte, und unser Prozeß ist ein Beispiel für einen Rekurrenz- oder Erneuerungsprozeß. Die Folge der

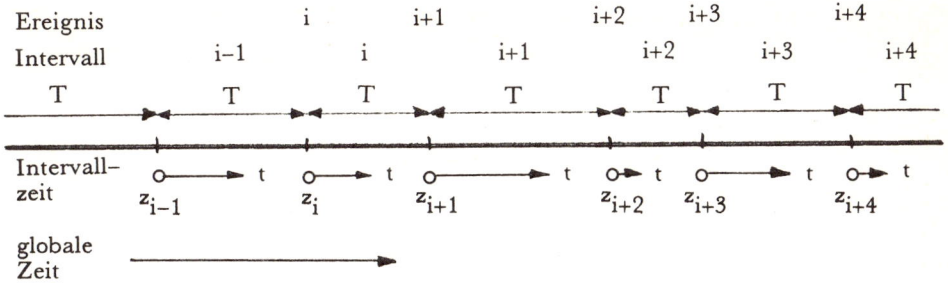

Abb. 4.2.2 Ereignisfolge als Erneuerungsprozeß: alle Ereigniszustände sind Realisierungen der Zufallsvariablen T

Ereignisabstände bildet einen stationären stochastischen Prozeß, da alle Ereignisabstände derselben Verteilung gehorchen. Unter unseren Voraussetzungen erhalten wir denselben Grenzwert des Mittels einer Stichprobe von Ereignisabständen, ob wir die Mittelung über das ite Intervall vieler Realisierungen des beschriebenen Prozesses oder über irgendeine Auswahl vieler (z.B. aufeinanderfolgender) Intervalle derselben Realisierung vollziehen, nämlich $E[T]$. Die Zahl M der Ereignisse, die in einem Zeitraum der Länge d beobachtet werden, ist ebenfalls eine Zufallsvariable. Ihr Erwartungswert ist – bei von der Ereignisfolge unabhängiger Lage des Zeitraums –

$$E[M] = \frac{d}{E[T]} \quad .$$

(4.2.28)

Im Sonderfall konstanter Enderate $\theta(t)$ der Intervalle liegt eine gegenüber der globalen Zeit z *konstante Ereignisrate* vor. Die Ereignisabstände gehorchen derselben negativ-exponentiellen Verteilung, und die Anzahl M der Ereignisse in einem Zeitraum der Länge d folgt der Poissonschen Wahrscheinlichkeitsfunktion

$$P[M=m] = \frac{(\theta \cdot d)^m}{m!} \cdot e^{-\theta d}$$

(4.2.29)

mit dem Erwartungswert

$$E[M] = \theta \cdot d \quad (\text{vgl.4.2.23, 4.2.28})$$

(4.2.30)

Der beschriebene Prozeß, der also begründet ist auf:

- das Eintreten des Ereignisses in t ist unabhängig vom Eintreten zu jedem anderen Zeitpunkt

- die Wahrscheinlichkeit für das Eintreten in (t; t+Δt), P(t, Δt), genügt

$$\lim_{\Delta t \to 0} \frac{P(t, \Delta t)}{\Delta t} = \lambda$$

für alle t,

heißt *Poisson-Prozeß*. Wegen seiner einfachen mathematischen Behandelbarkeit ist er ein wichtiges Modellierungsmittel. In diesem Prozeß ist sogar jeder Zeitpunkt Rekurrenzpunkt.

(4.2.2) *Beispiel:* Das Auftreten von Störungen läßt sich oft mit guter Genauigkeit durch eine konstante *Störungsrate* beschreiben. Dann sind die Störungsabstände S negativ-exponentiell verteilt, d.h.

$$F_S(t) = 1 - e^{-\sigma t} \tag{4.2.31}$$

wobei σ *Störungsrate* heißt.

In einem Intervall der Länge d wird eine Störungsfrequenz M/d ermittelt, wobei M der Poissonschen Wahrscheinlichkeitsfunktion nach 4.2.29 gehorcht,

$$P[M=m] = \frac{(\sigma \cdot d)^m}{m!} \, e^{-\sigma d} \tag{4.2.32}$$

mit dem Erwartungswert

$$E[M] = \sigma \cdot d \quad . \tag{4.2.33}$$

Also ist die Störungsrate gleich dem Erwartungswert der Störungsfrequenz in einem beliebigen Intervall d!

Dasselbe Modell dient auch dazu, das Auftreten von Ausfällen im

Betrieb zu beschreiben. Ausfallkriterien sind meist so definiert, daß erst eine Fehlerbehebung die Funktionsfähigkeit wieder herstellt. Unterliegt das System während der Fehlerbehebung nicht derselben Ausfallrate wie während des Betriebes, dann muß man zur Anwendung des Modells voraussetzen dürfen, daß die Fehlerbehebungszeiten sehr kurz im Verhältnis zu den Ausfallabständen sind.

Vorgänge in Rechensystemen sind meist als Überlagerung *vieler* asynchroner Prozesse beschreibbar, d.h. solcher Prozesse, zwischen denen keine verbindlichen zeitlichen Beziehungen bestehen. Z.B. komme ein neuer Auftrag in ein System, in dem Störungen dem gerade beschriebenen Modell folgen, und es sei von Interesse, wie lang die Zeit ist, die seit der letzten Störung vergangen ist, oder – noch wichtiger – wie lang die Zeit ist, die noch bis zur nächsten Störung bleibt. Im Störungsprozeß wird also durch die – vom Standpunkt des Störungsprozesses – zufällige Wahl des Auftragsankunftszeitpunktes ein Intervall mit einem bestimmten Ereignisabstand ausgewählt und in einen früheren und einen späteren Teil geteilt.

Überraschenderweise ist es nicht schwierig, die mittlere Länge der beiden Teile zu bestimmen. Man betrachte dazu Abb. 4.2.3. Der zufällige Zeitpunkt teile ein Intervall T in 2 Teile, deren späterer die *Restzeit RT* (residual time) des Intervalls heiße. Zu Beginn jeden Intervalls ist RT gleich der Intervall-Länge, während des Intervalls nimt es linear bis auf null ab. Bei einem Erneuerungsprozeß heißt RT auch Vorwärtsrekurrenzzeit, und der frühere Teil heißt Rückwärtsrekurrenzzeit. Sein Verlauf ist gerade spiegelbildlich.

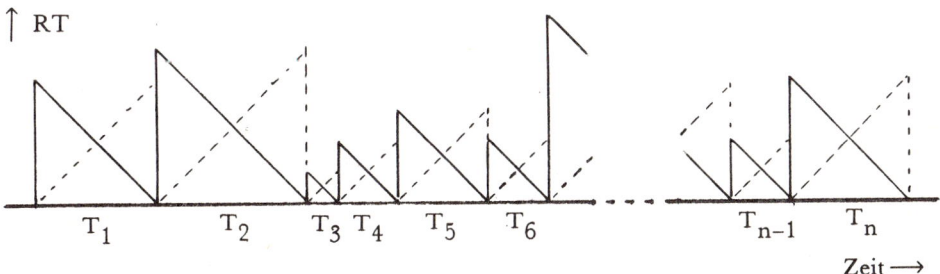

Abb. 4.2.3: Zur Ableitung der Restzeit RT (Vorwärtsrekurrenzzeit); gestrichelt: Rückwärtsrekurrenzzeit

In einem Zeitraum, der durch n Intervalle T bestimmt ist, hat die Funktion RT den Mittelwert (wir berechnen die Dreiecksflächen!)

$$\overline{RT} = \frac{\sum\limits_{i=1}^{n} (\frac{1}{2} T_i{}^2)}{\sum\limits_{i=1}^{n} T_i} \quad . \tag{4.2.34}$$

Gehen wir zu Erwartungswerten über, so ist

$$E[RT] = \frac{n \cdot E[\frac{1}{2} T^2]}{n \cdot E[T]} = \frac{E[T^2]}{2E[T]} \tag{4.2.35}$$

$$= \frac{E[T]}{2} + \frac{\sigma_T{}^2}{2E[T]} \quad (\text{vgl. } 4.2.5) \quad . \tag{4.2.36}$$

Also gilt die naheliegende Annahme, die Restzeit müsse im Mittel gleich der halben mittleren Intervall-Länge sein, nur im Falle verschwindender Streuung. Tatsächlich kann die Restzeit bei genügend großer Streuung beliebig groß werden, insbesondere größer als E[T]!

Wir hätten dieselbe Überlegung auch bezüglich der Rückwärtsrekurrenzzeit anstellen können, und mit demselben Ergebnis. Also stehen wir vor dem scheinbaren Paradox, daß das durch den zufällig gewählten Zeitpunkt ausgewählte Intervall T' als Erwartungswert

$$E[T'] = 2 \cdot E[RT] = E[T] + \frac{\sigma_T{}^2}{E[T]} \tag{4.2.37}$$

hat, also i.a. mehr als E[T]!

Tatsächlich sind die großen Intervalle mit größerer Wahrscheinlichkeit "Opfer" des zufällig gewählten Zeitpunktes; der Auswahlprozeß nimmt keine repräsentative Stichprobe der Zufallsvariablen T auf.

Für die Betrachtung von Rechensystemen, in denen viele Intervalle dadurch festgelegt sind, daß ein Ereignis eines Prozesses A den Anfang, das nächstfolgende Ereignis eines unabhängigen anderen Prozesses B das Ende markiert, ist es wichtig zu beachten, daß i.a. die mittlere Dauer dieser Zeit über dem halben mittleren Abstand der Ereignisse von B liegt! Also kann ein Auftrag erwarten, daß von seiner Ankunft bis zur nächsten Störung mehr als der halbe mittlere Störabstand vergeht, aber auch, daß der bei seiner Ankunft aktuell bearbeitete Auftrag noch mehr als eine halbe mittlere Bedienzeit vor sich hat!

(4.2.3) *Beispiel:* Der betrachtete Prozeß sei ein Poisson–Prozeß mit der Verteilung

$$F_T(t) = 1 - e^{-\theta t}$$

Die mittlere Restzeit ist

$$E[RT] = \frac{E[T^2]}{2E[T]} = \frac{2 \cdot \theta}{\theta^2 \cdot 2} = \frac{1}{\theta}$$

$$E[RT] = E[T] \qquad (4.2.38)$$

Also ist das zufällig ausgewählte Intervall T' im Mittel doppelt so lang wie T,

$$E[T'] = 2E[RT] = 2E[T] \quad . \qquad (4.2.39)$$

Das Ergebnis 4.2.38 haben wir früher schon für einen festen Zeitpunkt t_0 hergeleitet (4.2.26).

Betrachten wir insbesondere ein System mit konstanter Störungsrate, so ist damit der Erwartungswert des verbleibenden Intervalls bis zur nächsten Störung jederzeit gleich groß, d.h. der Umstand, daß die letzte Störung bereits weit zurückliegt, hat keine Erhöhung des Störrisikos zur Folge!

Schließlich analysieren wir noch eine besonders einfache Wechselwirkung asynchroner, also unabhängiger Poissonprozesse. Es mögen n Poissonprozesse mit den Raten θ_i (i $\in$ {1..n}) nebeneinander ablaufen. Ein resultierender Prozeß ergebe sich daraus, daß jedes Ereignis eines der n Poissonprozesse auch eines des resultierenden Prozesses ist. Für seine Ereignisabstände T gilt offenbar:

$$P[T \leq t] = 1 - P[T > t] = 1 - P[\bigcap_{i=1}^{n} (T_i > t)]$$

und, wegen der Unabhängigkeit,

$$= 1 - \prod_{i=1}^{n} P[T_i > t] = 1 - \prod_{i=1}^{n} e^{-\theta_i t}$$

$$= 1 - exp((-\sum_{i=1}^{n} \theta_i)\ t) \qquad\qquad (4.2.40)$$

Also ist auch der resultierende Prozeß ein Poissonprozeß, und seine Ereignisrate ist gleich der Summe der Ereignisraten der Poissonprozesse, aus denen er besteht.

(4.2.4) *Beispiel:* Ein System bestehe aus n Funktionseinheiten, die Störungen mit zeitkonstanter Störungsrate θ_i (i ϵ {1..n}) unterliegen. Jede Störung einer Funktionseinheit sei auch eine Störung des Systems. Dann unterliegt das System ebenfalls einem Störungsprozeß mit konstanter Rate, deren Wert

$$\sum_{i=1}^{n} \sigma_i \qquad \text{ist.} \qquad\qquad (4.2.41)$$

Mit den im Beispiel 4.2.2 erklärten Vorbehalten gilt dasselbe für die Ausfallrate eines Systems, für das Ausfallraten aller Funktionseinheiten bekannt sind, und das als ausgefallen anzusehen ist, wenn wenigstens eine seiner Funktionseinheiten ausgefallen ist. Oft wird zur Abschätzung der Ausfallrate eines Rechensystems die Summe der Ausfallraten aller seiner Hardwarekomponenten herangezogen. I.a. liegt die Ausfallrate des Systems wesentlich höher, da diese Abschätzung nicht berücksichtigt

- Entwurfsfehler
- Zustandsfehler, die nicht auf Ausfälle zurückzuführen sind, aber Ausfälle darstellen
- Bedien- und Wartungsfehler.

4.3 Zuverlässigkeit von Strukturen ohne Fehlerbehebung

In diesem und dem nächsten Abschnitt nehmen wir an, daß die Zuverlässigkeit eines Systems, das in n disjunkte Elemente zerfällt, lediglich durch die Zuverlässigkeit dieser Elemente bestimmt ist. Wir wissen bereits, daß Fehler ihre Ursachen in Aufträgen haben können bzw. nur bei Störung der Auftragsbearbeitung für den Zweck des Systems von Bedeutung sind; wir verschieben aber diese verfeinerten Erwägungen in den Abschnitt 5.5 ("auftragsbedingte Zuverlässigkeit") und betrachten nachfolgend in 4.3 und 4.4 lediglich die Zuverlässigkeit unter der eingangs genannten Voraussetzung und nennen diesen Aspekt der Zuverlässigkeit "strukturelle Zuverlässigkeit". In 4.3 beschränken wir uns dabei auf solche Systeme, bei denen Fehler nicht behoben werden, weil dies nicht möglich oder nicht lohnend ist, so daß die Lebensdauer L das Zuverlässigkeitsverhalten vollständig beschreibt.

Nach Beispiel 4.2.1 ist

$$r(t) = P[L > t] = 1 - F_L(t) \qquad (4.3.1)$$

die Überlebenswahrscheinlichkeit, und der Erwartungswert der Lebensdauer ist

$$E[L] = \int_0^\infty r(t)\, dt \quad . \qquad (4.3.2)$$

Die Ausfallwahrscheinlichkeit sei a(t), für sie gilt:

$$a(t) = P[L \le t] = F_L(t) \quad . \qquad (4.3.3)$$

Zu einem Zeitpunkt t werde durch eine binäre Größe z(t) das Überleben beschrieben:

$$z(t) = \begin{cases} 0 & L \le t & \text{\textit{kein Überleben}} \\ 1 & L > t & \text{\textit{Überleben}} \end{cases} \qquad (4.3.4)$$

Der *Überlebenszustand der n Elemente des Systems* ist durch

$$\vec{z}(t) = (z_1(t), \ldots, z_i(t), \ldots, z_n(t)) \qquad (4.3.5)$$

beschrieben. Mittels einer für das System charakteristischen booleschen *Überlebensfunktion*

$$B_S : \{0,1\}^n \to \{0,1\}$$

ergibt sich das Überleben des Systems zu

$$z_S(t) = B_S(\vec{z}(t)) \quad . \tag{4.3.6}$$

Die Überlebensfunktion B_S wird oft in Gestalt eines Überlebensgraphen $G_S = (X,K)$ beschrieben. K ist eine Menge von ungerichteten Kanten. Die Knotenmenge X besteht aus zwei Sorten von Knoten:

a) Elementknoten (⊡), die jeweils einem Element i zugeordnet sind. Mehrere Elementknoten können demselben Element zugeordnet sein, während nicht allen Elementen Elementknoten zugeordnet sein müssen.

b) Hilfsknoten (O), darunter je ein Anfangsknoten(Ⓐ) und ein Endknoten (Ⓔ)

Für einen gegebenen Zeitpunkt t heiße ein Weg in G_S von Ⓐ nach Ⓔ Überlebensweg zur Zeit t, falls für alle seine Elementknoten ⊡ gilt: $z_i(t) = 1$. Das System S überlebt nun zur Zeit t (also $z_S(t) = 1$) genau dann, wenn ein Überlebensweg zur Zeit t existiert. (G_S entspricht einer Realisierung der booleschen Funktion B_S mit elektrischen Schaltern als Elementknoten)

(4.3.1)   *Beispiel:*

a)   *Serienstruktur:* Ein System überlebe genau dann, wenn seine Elemente überleben. Es ist

$$z_s(t) = \bigwedge_{i=1}^{n} z_i(t) \quad , \tag{4.3.7}$$

und ein Überlebensgraph ist in Abb. 4.3.1 a dargestellt ("Serienstruktur"). Die Überlebenswahrscheinlichkeit des Systems ist

$$r_S(t) = \prod_{i=1}^{n} r_i(t) \quad . \tag{4.3.8}$$

b)   *Parallelstruktur:* Ein System überlebt genau dann, wenn wenigstens
eines seiner Elemente überlebt. Es ist

$$z_S(t) = \bigvee_{i=1}^{n} z_i(t) \quad , \tag{4.3.9}$$

und ein Überlebensgraph ist in Abb. 4.3.1 b dargestellt ("Parallelstruktur"). Die Überlebenswahrscheinlichkeit des Systems ist

$$r_S(t) = 1 - \prod_{i=1}^{n} a_i(t) = 1 - \prod_{i=1}^{n} (1 - r_i(t)) \quad . \tag{4.3.10}$$

c)   *k–aus–n–Struktur:* Ein System überlebe genau dann, wenn wenigstens k seiner n, bezüglich ihrer Überlebenswahrscheinlichkeit r(t)
gleichartigen, Elemente überleben. Die Überlebenswahrscheinlichkeit des Systems ist (Binomial– bzw. Bernoulli–Verteilung)

$$r_S(t) = \sum_{j=k}^{n} \begin{bmatrix} n \\ j \end{bmatrix} (r(t))^j (1 - r(t))^{n-j} \tag{4.3.11}$$

Im besonders wichtigen Fall n = 3, k = 2 ist

$$z_S(t) = z_1 z_2 \vee z_1 z_3 \vee z_2 z_3$$

und

$$r_S(t) = \begin{bmatrix} 3 \\ 2 \end{bmatrix} (r(t))^2 (1 - r(t)) + \begin{bmatrix} 3 \\ 3 \end{bmatrix} (r(t))^3 = 3(r(t))^2 - 2(r(t))^3 \quad , \tag{4.3.12}$$

und ein Überlebensgraph ist durch Abb. 4.3.1 c gegeben.

Man hüte sich, die Überlebensgraphen mit den Funktionseinheiten und Auf-
tragswege darstellenden Graphen wie etwa Abb. 1.4.1 a zu verwechseln, zumal es
Beispiele gibt, in denen beide Darstellungen (abgesehen von Anfangs– und
Endknoten) tatsächlich übereinstimmen, etwa wenn Aufträge an das System
nacheinander alle n Funktionseinheiten (Elemente) des Systems durchlaufen.

(4.3.2)   *Beispiel:* Wir nehmen nun die Fälle aus dem Beispiel 4.3.1 wieder auf,

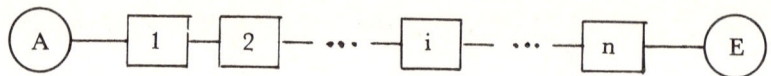

a) alle n Elemente für Überleben erforderlich

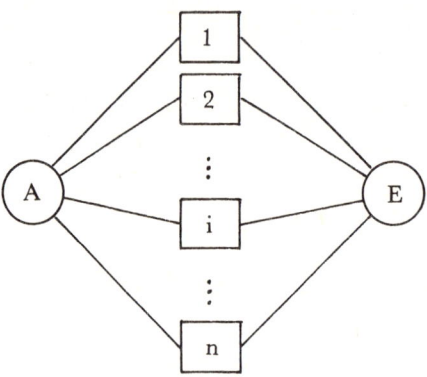

b) wenigstens 1 Element für Überleben erforderlich

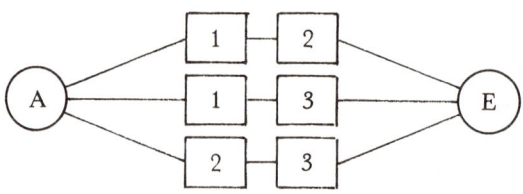

c) wenigstens 2 von 3 Elementen für Überleben erforderlich

Abb.4.3.1: Beispiele von Überlebensgraphen

indem wir speziell annehmen, daß die Elemente i jeweils Überlebenswahrscheinlichkeiten der Charakteristik

$$r_i(t) = e^{-\lambda_i t} \tag{4.3.13}$$

haben, also einer konstanten Ausfallrate λ_i unterliegen. Dann ergibt sich für das Überleben des Systems:

a)   *Serienstruktur:*

$$r_S(t) = \prod_{i=1}^{n} r_i(t) = \exp\left[-\sum_{i=1}^{n} \lambda_i t \right] \qquad (4.3.14)$$

Also ist bei der Serienstruktur die Lebensdauer ebenfalls negativ-exponentiell verteilt, wenn die Lebensdauern aller Elemente negativ–exponentiell verteilt sind.

b)   *Parallelstruktur:*

$$r_S(t) = 1 - \prod_{i=1}^{n} (1 - r_i(t)) = 1 - \prod_{i=1}^{n} (1 - e^{-\lambda_i t}) \qquad . \qquad (4.3.15)$$

Für den Sonderfall gleicher Ausfallraten λ ist

$$r_S(t) = 1 - (1 - e^{-\lambda t})^n \qquad (4.3.16)$$

und der Erwartungswert der Lebensdauer des Systems

$$E[L_S] = \int_0^{\infty} r_S(t)dt = \frac{1}{\lambda} \sum_{i=1}^{n} \frac{1}{i} \qquad . \qquad (4.3.17)$$

Die Lebensdauer des Systems ist nicht negativ–exponentiell verteilt.

c)   *k–aus–n–Struktur:*

$$r_S(t) = \sum_{j=k}^{n} \begin{bmatrix} n \\ j \end{bmatrix} e^{-j\lambda t}(1 - e^{-\lambda t})^{n-j} \qquad (4.3.18)$$

Im besonders wichtigen Fall "2 aus 3" ist nach 4.3.12

$$r_S(t) = 3e^{-2\lambda t} - 2e^{-3\lambda t} \qquad (4.3.19)$$

und

$$E\,[L] = \int_0^\infty r_S(t)\ dt = \frac{3}{2}\cdot\frac{1}{\lambda} - \frac{2}{3}\cdot\frac{1}{\lambda} = \frac{5}{6}\cdot\frac{1}{\lambda}\qquad(4.3.20)$$

d.h. kürzer als für ein einzelnes Element.

Abb. 4.3.2 zeigt den Verlauf der Überlebenswahrscheinlichkeit in diesem Fall und für eine Parallelstruktur aus 1,2,4 und 8 Elementen der Ausfallrate λ.

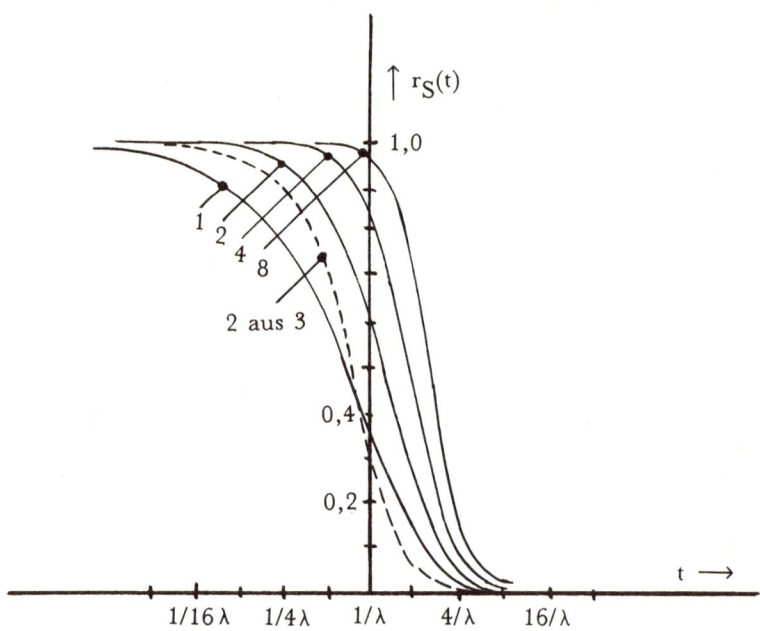

Abb. 4.3.2: Elemente gleicher, negativ-exponentiell verlaufender Überlebenswahrscheinlichkeit: Überlebenswahrscheinlichkeit einer Parallelstruktur aus 1, 2, 4, 8 Elementen und einer 2 aus 3-Struktur

Fehlertolerante Rechensysteme setzen Redundanz ein, um die erforderlichen Leistungen auch beim Auftreten von Fehlern zu erbringen. Zusammen mit Verfahren zur Fehlerentdeckung kann die Parallelstruktur zur Fehlertoleranz eingesetzt werden, wobei die parallelen Elemente funktionsbeteiligt sein können oder nicht. Unterliegen sie alle jederzeit derselben Ausfallrate, so gilt – unter Vernachlässigung von Umschalteinrichtungen zur Ausgliederung ausgefallener Einheiten –

4.3.15/4.3.17. Die erwartete Lebensdauer steigt für große n nur sehr langsam. Bessere Verhältnisse ergeben sich, wenn man nicht funktionsbeteiligte Redundanz benutzt und sicherstellen kann, daß die stand-by-Elemente keinem Ausfall unterliegen. Dann ist jeder Ausfall eines der n Elemente bis einschließlich des vorletzten ein Rekurrenzpunkt eines Poissonsprozesses mit Ereignisrate λ, und die Überlebenswahrscheinlichkeit ist

$$r_S(t) = P[\text{höchstens } n-1 \text{ Ereignisse in } t]$$

$$= \sum_{i=0}^{n-1} \frac{(\lambda t)^i}{i!} e^{-\lambda t} \quad \text{(nach 4.2.29)} \tag{4.3.21}$$

und der Erwartungswert der Lebensdauer ist, da stets

$$E\left[\sum_{j=1}^{m} X_j\right] = \sum_{j=1}^{m} E[X_j] \quad , \tag{4.3.22}$$

$$E[L_S] = E\left[\sum_{j=1}^{n} L_i\right] = \sum_{i=1}^{n} E[L_i] = \frac{n}{\lambda} \quad . \tag{4.3.23}$$

Wie bereits ausgeführt, unterliegt insbesondere bei Zentraleinheiten stand-by-Reserve keiner wesentlich geringeren Ausfallrate als funktionsbeteiligte Reserve (vgl.4.1), so daß hier 4.3.17 die bessere Annäherung an die Wirklichkeit ist.

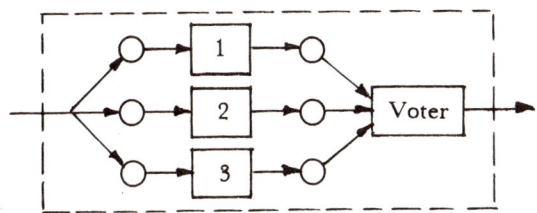

Abb. 4.3.3: 2-aus-3-Struktur mit Voter

Die Bedeutung der *2-aus-3-Struktur* (triple modular redundancy, TMR) rührt daher, daß (vgl. Abb. 4.3.3) diese Struktur erlaubt, alle drei Elemente jeweils gleich zu beauftragen und durch ein nachgeschaltetes Vergleichsglied eine Mehrheitsentscheidung fällen zu lassen, falls ein Element ein von den beiden anderen abweichendes Ergebnis liefert, und nur das mehrheitliche Ergebnis nach außen abzugeben; daher heißt der Vergleicher mit dieser Entscheidungsfunktion auch *Voter*. Der Voter reicht also das jeweilige Ergebnis weiter, in dem 3 von 3 oder 2 von 3 Elementen übereinstimmen. Anders als bei den oben betrachteten Parallelstrukturen ist hier die Fehlerentdeckung und -korrektur in die Struktur integriert; der Mechanismus ist zwar aufwendig durch Verdreifachung der Nutzfunktionseinheit, aber universell und unkomplex und unverzögert wirksam; es werden keine Schalter zum Heraustrennen ausgefallener Elemente aus dem Auftragsweg benötigt. Die Mehrheitsfunktion erfordert wenigstens das Überleben von 2 von 3, also nach 4.3.12

$$r_S(t) = 3(r(t))^2 - 2(r(t))^3 \quad .$$

Die Ausfallwahrscheinlichkeit ist

$$a_S(t) = (a(t))^3 + \begin{bmatrix} 3 \\ 2 \end{bmatrix} (a(t))^2 (1 - a(t))$$

$$= 3(a(t))^2 - 2(a(t))^3 \quad , \tag{4.3.24}$$

also um den Verbesserungsfaktor

$$v = \frac{a(t)}{3(a(t))^2 - 2(a(t))^3} = \frac{1}{a(t)(3 - 2a(t))} \tag{4.3.25}$$

geringer als für das Einzelelement. Für sehr kleine Werte von a ist

$$v \approx \frac{1}{3a} \tag{4.3.26}$$

Die 2-von-3-Mehrheitsstruktur bietet also bei kleinen Ausfallwahrscheinlichkeiten eine große Verbesserung.

(4.3.3)   *Beispiel:* Ein Bordrechner soll den Landeanflug steuern, Dauer 0,2 h. Es wird eine 2-von-3-Mehrheitsstruktur verwendet. Jedes der drei Elemente hat eine zeitkonstante Ausfallrate $\lambda = 10^{-4} \mathrm{h}^{-1}$. Die Ausfallwahrscheinlichkeit eines Elements während des Landeanflugs ist

$$a = 1 - e^{-\lambda t} = 1 - e^{-10^{-4} \mathrm{h}^{-1} \cdot 0.2 h}$$

$$\approx 2 \cdot 10^{-5} \quad .$$

Für die 2–aus–3–Struktur (d.h. unter Vernachlässigung des Voters) ist

$$a_S = 3a^2 - 2a^3 = 1,2 \cdot 10^{-9}$$

d.h.

$$\frac{a}{a_S} = 1,67 \cdot 10^4 = \frac{1}{3a}$$

Unter diesen Umständen bestimmt der Voter die Ausfallwahrscheinlichkeit!

Während die 2–aus–3–Mehrheitsstruktur sehr gute Fehlertoleranz für kleine Ausfallwahrscheinlichkeiten liefert, d.h. für Zeiten, die klein gegenüber der Lebensdauer des einzelnen Elements sind, ist sie nicht geeignet, die Lebensdauer heraufzusetzen; der Erwartungswert der Lebensdauer (vgl. 4.3.20) ist geringer als beim einfachen Element!

4.4 Zuverlässigkeit von Strukturen mit Fehlerbehebung

Bisher haben wir die Zuverlässigkeit von Systemen betrachtet, bei denen Fehlerbehebung nicht möglich oder nicht lohnend ist. Das wesentliche Zuverlässigkeitsmerkmal ist bei diesen Systemen die Lebensdauer. Jetzt werden wir Systeme betrachten, in denen Fehler behoben werden können. Fehlerbehebung ist dann wichtig, wenn

- Ausfälle akzeptabel sind (z.B. im Rechenzentrum), aber auch wenn

- ein partieller Ausfall und seine Behebung nicht zum Ausfall des Systems führt und dieses zur Fehlerbehebung zugänglich ist, wie z.B. bei vielen Prozeßrechensystemen.

Im ersten dieser beiden Fälle wechseln ausfallfreie Zeiten mit Ausfallzeiten; der Lebensdauer entspricht die ausfallfreie Zeit; aber für die Beurteilung der Zuverlässigkeit ist zusätzlich das Verhältnis der Summe der ausfallfreien Zeiten in einer Betrachtungszeit zu dieser Betrachtungszeit, die *mittlere Verfügbarkeit*, wichtig; weitere interessante Merkmale sind mittlere ausfallfreie Zeit und mittlere Ausfallzeit.

Im zweiten dieser Fälle wird man bei Ausfall eines Elements dieses aus der Funktion ausgliedern; bei ausreichender Fehlertoleranz kann die Funktion des Systems trotzdem erbracht werden, ja der Fehler kann sogar vielfach während des Betriebs behoben werden, und das System wird in den vollständig fehlerfreien Zustand zurückversetzt.

Insgesamt sind nach Abb. 4.4.1 vier Fälle zu unterscheiden, von denen die Fälle I und II in die Überlegungen des Abschnittes 4.3, die Fälle III und IV in die des Abschnittes 4.4 gehören.

Zur Analyse der Verfügbarkeit beschreiben wir wieder den Zustand des Systems nach 4.3.5 als

$$\vec{z}(t) = (z_1(t), \ldots, z_i(t), \ldots, z_n(t)) \quad,$$

wobei

$$z_i(t) = \begin{cases} 0 : \textit{Element i nicht verfügbar} \\ 1 : \textit{Element i verfügbar} \end{cases} \quad, \qquad (4.4.1)$$

und für das System

$$z_S(t) = B_S(\vec{z}(t)) \tag{4.4.2}$$

gilt.

In gleicher Weise ist das Konzept des Überlebensgraphen als Verfügbarkeitsgraph übernehmbar.

Ferner gelten aus denselben Gründen wie in 4.3 die Gesetzmäßigkeiten für Serien- und Parallelstrukturen und k–aus–n–Strukturen weiter, wobei an Stelle der Überlebenswahrscheinlichkeit r(t) nun die Wahrscheinlichkeit v(t) tritt, daß das betrachtete Element im Zeitpunkt t funktionsfähig ist, die man *Verfügbarkeit* nennt.

	Systemausfall ist erträglich	Systemausfall ist nicht erträglich
keine Fehlerbehebung	Fall I z.B. Taschenrechner Fehlerbehebung lohnt nicht Merkmal: Lebensdauer	Fall II z.B. Bordrechner für Luftfahrzeug/ unbemanntes Raumfahrzeug (manuelle) Fehlerbehebung in Betriebsphase nicht möglich Merkmal: Lebensdauer, Überlebens- wahrscheinlichkeit während kurzer / langer Frist
Fehlerbehebung	Fall III z.B.Rechensystem in Rechenzentrum Merkmal: Verfügbarkeit, Ausfallzeit,ausfallfreie Zeit	Fall IV z.B Fehlertolerantes Prozeßrechnersystem Behebung partieller Fehler im Betrieb möglich Merkmal: Lebensdauer

Abb. 4.4.1: Einsatzklassen und Ansprüche an Zuverlässigkeit von Rechensystemen

Wir entwickeln nun ein zunächst sehr einfaches Modell für ein System, das zwischen ausfallfreien Zeiten und Ausfallzeiten wechselt, also für ein Fall-III-

System nach Abb.4.4.1. Dabei nehmen wir an, daß während der ausfallfreien Zeit ein beständiges zeitkonstantes Ausfallrisiko besteht, das wir durch eine zeitkonstante *Ausfallrate* λ modellieren. Tritt der Ausfall ein, so geht das System in den anderen von genau zwei möglichen Zuständen (1,2) über, in dem es ausgefallen ist. In ihm unterliegt es einer *Behebungsrate* β, d.h. der Rate für das Ereignis "Behebungsende", mit dem es wieder in den ausfallfreien Zustand übergeht. Es ist sinnfällig, die Verhältnisse wie in Abb. 4.4.2 darzustellen.

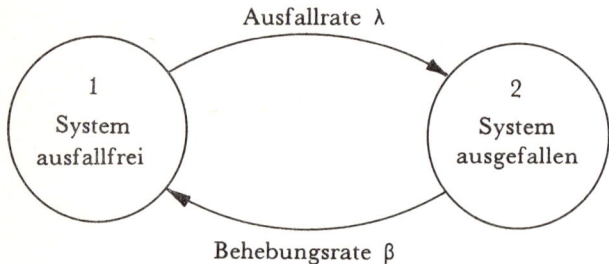

Abb. 4.4.2: Zustände und Zustandsübergangsraten eines Systems mit Fehlerbehebung

Ist auch die Behebungsrate zeitkonstant, so ist die Ausfallzeit, d.h. die Aufenthaltszeit in 2, negativ–exponentiell verteilt:

$$F_{T2}(t) = 1 - e^{-\beta t} \quad . \tag{4.4.3}$$

Die Aufenthaltszeit in 1, die ausfallfreie Zeit, ist ebenfalls negativ–exponentiell verteilt:

$$F_{T1}(t) = 1 - e^{-\lambda t} \quad . \tag{4.4.4}$$

Die Erwartungswerte der Aufenthaltszeiten in den genannten Zuständen sind $1/\beta$ bzw. $1/\lambda$.

Es ist lohnend, dieses Modell zu verallgemeinern. Nehmen wir etwa an, wir wollten etwas über die Ausfallwahrscheinlichkeit einer 2–von–3–Mehrheitsstruktur wissen, in der jeweils das ausgefallene (und durch die Mehrheitsentscheidung identifizierte) Element einer Reparatur unterzogen wird. Wir wählen 3 Zustände: 0 Elemente ausgefallen, 1 Element ausgefallen, 2 Elemente ausgefallen (womit wir das System als ausgefallen definieren, da nicht mehr bekannt ist, welches das noch funktionsfähige Element ist). Es ergibt sich ein Zustandsgraph wie in Abb. 4.4.3. Aus 4.2 wissen wir bereits, daß wir die Ausfallraten λ der drei Komponenten zu einer Gesamtrate 3λ zusammenfassen dürfen, die in den Zustand "1 Element ausgefallen" führt. Aus diesem Zustand führt zwar ein Übergang mit der Rate 2λ (da jedes der verbleibenden beiden Elemente ausfallen kann) in den Zustand "2 Elemente ausgefallen", in dem das System versagt, obwohl ein Element funktionsfähig ist, aber auch mit der Rate β in den Ausgangszustand zurück. Es wäre nun wichtig zu wissen, mit welcher Wahrscheinlichkeit zum Zeitpunkt t das System bereits in den Zustand 2 übergegangen, d.h. ausgefallen ist, wie groß der Erwartungswert der Frist vom Belastungsbeginn in 0 bis zum Übergang in 2, d.h. der Erwartungswert der Lebensdauer ist, welchen Einfluß eine Beschleunigung der Fehlerbehebung hat usf.. Zur Lösung verallgemeinern wir das Problem und lernen eine Modellklasse kennen, die für die Nachbildung von Vorgängen in Rechensystemen von großer Bedeutung ist: *homogene Markovsche Prozesse in kontinuierlicher Zeit.*

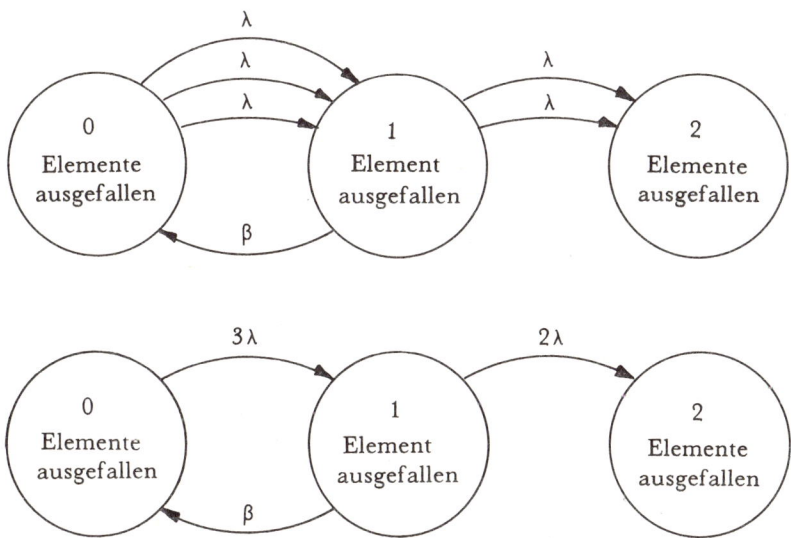

Abb. 4.4.3: Zustandsgraph einer 2–von–3–Mehrheitsstruktur mit Reparatur eines einzeln ausgefallenen Elements ohne/mit Berücksichtigung der Ratenaddition

Wir nehmen an, daß ein System sich jederzeit in einem von n einander ausschließenden Zuständen $s \in \$ \subseteq \mathbb{N}$ befindet. Der Zustand s(t) des Systems sei durch eine Zufallsvariable S beschrieben, die einer vom Parameter t ($t \in \mathbb{R}_0^+$) abhängigen Verteilung gehorcht. Dann bildet S(t) einen zustandsdiskreten stochastischen Prozeß. Die Übergangswahrscheinlichkeit, d.h. die Wahrscheinlichkeit, im

Intervall (t;t+Δt) von i nach j überzugehen, P[S(t+Δt) = j | S(t) = i], sei unabhängig davon, in welchem Verlauf der Zustand i eingenommen wurde, d.h. es ist

$$P[S(t+\Delta t) = j \mid S(t) = i \wedge S(t-a) = k]$$

$$= P[S(t+\Delta t) = j \mid S(t) = i] \qquad (4.4.5)$$

für alle a und k (a ∈ $\mathbb{R}^+$, i, j, k ∈ $\$$).

Diese Eigenschaft heißt *Markov-Eigenschaft*, und also ist der betrachtete Prozeß ein zustandsdiskreter Markov-Prozeß, oft auch Markovsche Kette genannt. Schließlich schränken wir noch die Übergangswahrscheinlichkeiten in zweifacher Hinsicht ein. Zunächst verlangen wir, daß die Übergangswahrscheinlichkeiten nicht von t abhängen:

$$P[S(t+\Delta t) = j \mid S(t) = i] = P_{ij}(\Delta t) \qquad . \qquad (4.4.6)$$

Mit dieser Einschränkung erhalten wir einen *homogenen* zustandsdiskreten Markov-Prozeß. Die Übergangswahrscheinlichkeiten werden zur Beschreibung *zeitunveränderlicher System- oder Zuverlässigkeitseigenschaften* herangezogen, und so ist diese Einschränkung einigermaßen natürlich.

In den bisher betrachteten Zuverlässigkeitsmodellen ist eine noch weiter einschränkende Voraussetzung gemacht worden, die wir nun auch übernehmen: Wir verlangen, daß die Zustandsübergangsrate

$$\lambda_{ij} = \lim_{\Delta t \to 0} \frac{P_{ij}(\Delta t)}{\Delta t} = \lim_{\Delta t \to 0} \frac{P[S(t+\Delta t) = j \mid S(t) = i]}{\Delta t} \qquad (4.4.7)$$

zeitkonstant ist. Unter Einführung von T_{ij}, Aufenthaltzeit in i bei nachfolgendem Übergang in j, kann man λ_{ij} auch in einer 4.2.11 entsprechenden Form ausdrücken:

$$\lambda_{ij} = \qquad (4.4.8)$$

$$\lim_{\Delta t \to 0} \frac{P[T_{ij} \le t+\Delta t \mid T_{ij} > t \wedge \text{kein anderer Übergang aus i kommt dem nach j zuvor}]}{\Delta t}$$

Die zeitkonstante Übergangsrate wird – wir erinnern uns an die Überlegungen in 4.1. – sicherstellen, daß der Übergang von i nach j ohne Berücksichtigung der verstrichenen Aufenthaltszeit in i verläuft, und daß die restliche Aufenthaltszeit negativ–exponentiell und genauso wie die gesamte Aufenthaltszeit verteilt ist. Also ist zu jedem Zeitpunkt $t \in \mathbb{R}_0^+$ die Wahrscheinlichkeitsgesetzmäßigkeit des Prozesses durch Angabe von S(t) vollständig beschrieben, unabhängig von der Vorgeschichte, weshalb der so eingeschränkte Prozeß nun *homogener zustandsdiskreter Markovscher Prozeß in kontinuierlicher Zeit* heißt.

Wir berechnen jetzt die Zustandswahrscheinlichkeiten eines derartigen Prozesses. Nach dem Satz der totalen Wahrscheinlichkeit (4.2.38) ist mit der Abkürzung

$$P[S(t) = i] = p_i(t) \tag{4.4.9}$$

$$p_i(t+\Delta t) = \sum_{j=1}^{n} p_j(t) \cdot P_{ji}(\Delta t) \quad , \tag{4.4.10}$$

da zum Zeitpunkt t genau einer der n = card ($) Zustände vorliegt.

Mit

$$\sum_{j=1}^{n} P_{ij}(\Delta t) = 1 \quad \text{bzw.}$$

$$P_{ii}(\Delta t) = 1 - \sum_{\substack{j=1 \\ j \neq i}}^{n} P_{ij}(\Delta t) \tag{4.4.11}$$

(unter Einbeziehung des Falls ii, daß S(t+Δt) = i und S(t) = i, tritt ein Übergang nach genau einem Zielort ein) folgt

$$p_i(t+\Delta t) = \sum_{\substack{j=1 \\ j \neq i}}^{n} p_j(t) \cdot P_{ji}(\Delta t) + p_i(t) - p_i(t) \cdot \sum_{\substack{j=1 \\ j \neq i}}^{n} P_{ij}(\Delta t) \tag{4.4.12}$$

bzw.

$$\frac{p_i(t+\Delta t) - p_i(t)}{\Delta t} = \sum_{\substack{j=1 \\ j \neq i}}^{n} \frac{p_j(t) \cdot P_{ji}(\Delta t)}{\Delta t} - p_i(t) \cdot \sum_{\substack{j=1 \\ j \neq i}}^{n} \frac{P_{ij}(\Delta t)}{\Delta t} \tag{4.4.13}$$

und für $\Delta t \to 0$ unter Benutzung von 4.4.7

$$\dot{p}_i(t) = \sum_{\substack{j=1 \\ j \neq i}}^{n} p_j(t) \cdot \lambda_{ji} - p_i(t) \cdot \sum_{\substack{j=1 \\ j \neq i}}^{n} \lambda_{ij} \quad , \ i \in \{1..n\} \qquad (4.4.14)$$

Außerdem gilt

$$\sum_{j=1}^{n} p_j(t) = 1 \quad . \qquad (4.4.15)$$

4.4.14 und 4.4.15 sind der Schlüssel zur Berechnung dieser sehr wichtigen Modellklasse, die Vorgänge in Rechensystemen durch homogene zustandsdiskrete Markov-Prozesse in kontinuierlicher Zeit nachbildet.

(4.4.1)   *Beispiel* : Wir nehmen das anfangs eingeführte Beispiel wieder auf. Ein System sei dadurch gekennzeichnet, daß es zwei Zustände besitzt:

1: ausfallfrei

2: ausgefallen

In jedem Zustand unterliegt es einer konstanten Übergangsrate in den Gegenzustand:

$\lambda_{12} = \lambda$ Ausfallrate
$\lambda_{21} = \beta$ Behebungsrate

4.4.14 und 4.4.15 ergeben

$$\dot{p}_1(t) = p_2 \cdot \beta - p_1 \cdot \lambda \qquad (4.4.16)$$

$$\dot{p}_2(t) = p_1 \cdot \lambda - p_2 \cdot \beta \qquad (4.4.17)$$

$$p_1(t) + p_2(t) = 1 \quad . \qquad (4.4.18)$$

Indem wir 4.4.18 in 4.4.16 benutzen

$$\dot{p}_1(t) = (1 - p_1)\cdot\beta - p_1\cdot\lambda$$

$$\dot{p}_1(t) + (\lambda + \beta)\cdot p_1(t) = \beta \qquad (4.4.19)$$

Diese Differentialgleichung für $p_1(t)$ hat die Lösung

$$p_1(t) = A\cdot e^{-(\lambda+\beta)t} + \frac{\beta}{\lambda+\beta} \qquad (4.4.20)$$

Die Integrationskonstante A wird so gewählt, daß eine Anfangs-bedingung erfüllt wird. Es sei $p_1(0) = 1$ (System ist in t=0 nicht aus-gefallen). Dann folgt aus

$$1 = A\cdot 1 + \frac{\beta}{\lambda+\beta}$$

$$A = 1 - \frac{\beta}{\lambda+\beta} = \frac{\lambda}{\lambda+\beta} \qquad (4.4.21)$$

und es ist

$$p_1(t) = \frac{\lambda}{\lambda+\beta}e^{-(\lambda+\beta)t} + \frac{\beta}{\lambda+\beta} \qquad (4.4.22)$$

Mit $p_1(0) = 0$ hätten wir

$$p_1(t) = \frac{\beta}{\lambda+\beta}(1 - e^{-(\lambda+\beta)t}) \qquad (4.4.23)$$

erhalten. Die beiden Varianten sind in Abb. 4.4.4 gezeigt. Mit $p_1(t)$ haben wir die Verfügbarkeit v(t) im Sinne der eingangs gegebenen Definition berechnet. Offenbar nähert sie sich dem Grenzwert

$$\frac{\beta}{\lambda+\beta} \qquad \text{für } t\to\infty$$

$$\lim_{t\to\infty}v(t) = \frac{\beta}{\lambda+\beta} = v \qquad (4.4.24)$$

mit $E[T_1] = E[Ausfallfreie\ Zeit] = \dfrac{1}{\lambda}$

und $E[T_2] = E[Behebungszeit] = \dfrac{1}{\beta}$

ist

$$v = \frac{E[T_1]}{E[T_1] + E[T_2]} \qquad . \qquad (4.4.25)$$

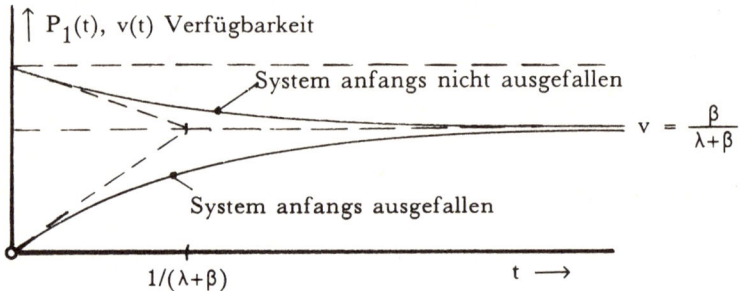

Abb. 4.4.4: Zeitlicher Verlauf der Verfügbarkeit eines einfachen Systems mit Fehlerbehebung bei verschiedenen Anfangszuständen. Ausfallrate λ, Behebungsrate β

Besteht ein System aus n Elementen mit Ausfallraten λ_i und Behebungsraten β_i, in denen Ausfälle und Behebungen unabhängig eintreten, dann sind nach einer Zeit t, die groß ist gegen $\max\{1/(\lambda_i + \beta_i)\}$, alle Elemente durch zeitunabhängige Verfügbarkeiten gekennzeichnet, und die Systemverfügbarkeit bestimmt sich wie in den Beispielen 4.3.1, wobei an die Stelle der Systemüberlebenswahrscheinlichkeit $r_s(t)$ die Systemverfügbarkeit $v_s(t)$ tritt und an die der Elementüberlebenswahrscheinlichkeit $r_i(t)$ die Elementverfügbarkeit

$$v_i = \frac{\beta_i}{\lambda_i + \beta_i} \qquad . \qquad (4.4.26)$$

Mit der Vergrößerung der Zustandsmenge wird es schnell schwieriger, den Verlauf der Zustandswahrscheinlichkeiten aus 4.4.14, 4.4.15 zu ermitteln. Wir betrachten dazu aufs neue die 2–von–3–Mehrheitsstruktur mit ihrem Zustandsübergangsverhalten nach Abb. 4.4.3.

(4.4.2) *Beispiel:* Eine 2–von–3–Mehrheitsstruktur erlaube Fehlerbehebung im Betrieb, Behebungsrate β, jede Einheit unterliege einer Ausfallrate λ; 4.4.14, 4.4.15 ergeben (vgl. Abb 4.4.3)

$$\dot{p}_0(t) = p_1(t)\cdot\beta - p_0(t)\cdot 3\lambda \tag{4.4.27}$$

$$\dot{p}_1(t) = p_0(t)\cdot 3\lambda - p_1(t)\cdot(2\lambda+\beta) \tag{4.4.28}$$

$$\dot{p}_2(t) = p_1(\dot{t})\cdot 2\lambda \tag{4.4.29}$$

$$p_0(t) + p_1(t) + p_2(t) = 1 \quad . \tag{4.4.30}$$

Die Lösungen $p_0(t)$, $p_1(t)$, $p_2(t)$ sind aus diesem System simultaner Differentialgleichungen nur in einem längeren Rechenprozeß zu gewinnen.(vgl. (Schneeweiß 80), (Trivedi 82)). Um den Erwartungswert der Lebensdauer zu erhalten, benutzen wir einen anderen Weg, der über die Wahrscheinlichkeit verläuft, im Zustand 1 vor Ausfall der 2. Einheit mit der Fehlerbehebung fertig zu werden, und über die Erwartungswerte der Aufenthaltszeiten in den Zuständen.

In einem Zustand i mögen Übergangsraten λ_{ij} ($j \in \$ \setminus\{i\}$) bestehen, wobei wenigstens ein λ_{ij} nicht null ist. Wir fragen uns, wie groß die Wahrscheinlichkeit Q_{ij} ist, mit der der Zustand i in Richtung j verlassen wird. Für die Wahrscheinlichkeit ΔQ_{ij}, den Übergang nach j im Intervall (0;t) nicht, dann aber im Intervall (t;t+Δt) zu vollziehen, gilt

$$\lim_{\Delta t\to 0}\Delta Q_{ij} = \lim_{\Delta t\to 0}\lambda_{ij}\cdot e^{-\lambda_{ij}}\cdot\Delta t = dQ_{ij} \quad . \tag{4.4.31}$$

Die Wahrscheinlichkeit, daß vor Ende des Intervalls (0; t+Δt) kein Übergang in einen anderen Zustand eintritt, ist

$$\exp\left[-\left[\sum_{\substack{k=1\\k\neq i}}^{n}\lambda_{ik} - \lambda_{ij}\right](t+\Delta t)\right] \quad .$$

Also ist – über alle Wert von t integriert – die Wahrscheinlichkeit p_{ij}, daß dem Übergang nach j kein anderer zuvorkommt

$$p_{ij} = \int_{t=0}^{\infty} \exp\left[-\left[\sum_{\substack{k=1 \\ k \neq i}}^{n} \lambda_{ik} - \lambda_{ij} \right] t \right] \cdot dQ_{ij} \qquad (4.4.32)$$

$$= \int_{t=0}^{\infty} \lambda_{ij} \cdot \exp\left[-\left[\sum_{\substack{k=1 \\ k \neq i}}^{n} \lambda_{ik} \cdot t \right] \right] \cdot dt = \frac{\lambda_{ij}}{\sum_{\substack{k=1 \\ k \neq i}}^{n} \lambda_{ik}} \qquad (4.4.33)$$

(4.4.3)   *Beispiel:* Im in 4.4.2 beschriebenen Zustand 1 wird mit

$$p_{10} = \frac{\beta}{\beta + 2\lambda}$$

die Reparatur vor dem Ausfall des 2. Elements vollendet.

Als nächstes untersuchen wir die Verteilung der Aufenthaltsdauer im Zustand i , unter der Voraussetzung, daß der Aufenthalt mit einem Übergang nach j beendet wird. Diese Aufenthaltsdauer heiße T_{ij}. Die Wahrscheinlichkeit, daß im Intervall (t;t+Δt) ein Übergang nach j eintritt, ohne daß ein anderer Übergang ihm zuvorkommt, ist im Grenzfall Δt→0 proportional zu

$$\lim_{\Delta t \to 0} P[\text{Übergang nach j vor t+}\Delta t] \cdot P[\text{kein anderer Übergang vor t+}\Delta t]$$

$$= \lim_{\Delta t \to 0} \lambda_{ij} \cdot e^{-\lambda_{ij} \cdot \Delta t} \cdot \exp\left[-\left[\sum_{\substack{k=1 \\ k \neq i}}^{n} \lambda_{ik} \right] (t+\Delta t) \right] \quad . \qquad (4.4.34)$$

Also ist die Dichte von T_{ij}

$$f_{T_{ij}}(t) \sim \lambda_{ij} \cdot \exp\left[-\left[\sum_{\substack{k=1 \\ k \neq i}}^{n} \lambda_{ik} t \right] \right] \qquad (4.4.35)$$

k sei der Proportionalitätsfaktor; unter Rückgriff auf 4.2.2 ist

$$\int_0^\infty k \cdot \lambda_{ij} \cdot \exp\left[-\left[\sum_{\substack{k=1 \\ k \neq i}}^{n} \lambda_{ik} t \right] \right] dt = 1$$

also

$$k = \frac{\displaystyle\sum_{\substack{k=1 \\ k \neq i}}^{n} \lambda_{ik}}{\lambda_{ij}}$$

und

$$f_{T_{ij}}(t) = \left[\sum_{\substack{k=1 \\ k \neq i}}^{n} \lambda_{ik} \right] \cdot \exp\left[-\left[\sum_{\substack{k=1 \\ k \neq i}}^{n} \lambda_{ik} t \right] \right] \qquad (4.4.36)$$

mit dem Erwartungswert

$$E[T_{ij}] = \frac{1}{\displaystyle\sum_{\substack{k=1 \\ k \neq i}}^{n} \lambda_{ik}} \qquad . \qquad (4.4.37)$$

Das aber heißt, daß unabhängig vom Zielzustand der Erwartungswert der Aufenthaltszeit in i stets denselben Wert hat; durch Mittelung über alle Zielzustände j ergebe sich

$$E[T_i] \quad ,$$

dann ist

$$E[T_i] = \frac{1}{\displaystyle\sum_{\substack{k=1 \\ k \neq i}}^{n} \lambda_{ik}} = E[T_{ij}] \quad j \in \$ \setminus \{i\} \qquad (4.4.38)$$

Nun betrachten wir die Frist vom Zeitpunkt eines Überganges in den Zustand i bis zum ersten nachfolgenden Übergang in j , Z_{ij}; dabei sei nicht gefordert, daß der Übergang aus i in j direkt erfolgt. Diese Frist habe den Erwartungswert $E[Z_{ij}]$. Untersuchen wir das System zu einem zufällig gewählten Zeitpunkt und finden wir es in i, so ist der Erwartungswert der Zeit von diesem Zeitpunkt bis zum ersten nachfolgenden in j ebenfalls $E[Z_{ij}]$. Stets gilt

$$E[Z_{ij}] = E[T_i] + \sum_{\substack{k=1 \\ k \neq i,j}}^{n} P_{ik} \cdot E[Z_{kj}] \quad .$$

In der Summe wird der Übergang ij ausgeschlossen, weil in diesem Falle außer $E[T_i]$ keine weitere Zeit ausfällt.

(4.4.3) *Beispiel:* Die bereits betrachtete 2–von–3–Mehrheitsstruktur mit Reparatur hat eine erwartete Lebensdauer

$$E[L] = E[Z_{02}] = E[T_0] + 1 \cdot E[Z_{12}]$$

$$E[Z_{12}] = E[T_1] + P_{10} \cdot E[Z_{02}] \tag{4.4.39}$$

damit

$$E[L] = \frac{E[T_0] + E[T_1]}{1 - P_{10}}$$

$$= \frac{\dfrac{1}{3\lambda} + \dfrac{1}{\beta + 2\lambda}}{1 - \dfrac{\beta}{\beta + 2\lambda}}$$

$$= \frac{5}{6\lambda}\left[1 + \frac{\beta}{5\lambda}\right] \quad . \tag{4.4.40}$$

Im Vergleich zu 4.3.20 ergibt sich also eine Verlängerung der Lebensdauer um $\beta/5\lambda$, z.B. bei $1/\beta = 2h$, $1/\lambda = 1000$ h, um das 100fache von 833h auf $8,34 \cdot 10^4$h! Systeme, die Reparatur im Betrieb zulassen, können auf sehr große Lebensdauern gebracht werden; für den Fall IV, Abb. 4.4.1, können damit auch weitgesteckte Zuverlässigkeitsforderungen erfüllt werden.

Wir wenden uns nun der bereits im Beispiel 4.4.1 beobachteten Erscheinung zu, daß für große Werte von t alle Zustände zeitunabhängige, von Null verschiedene Wahrscheinlichkeiten haben können; im Beispiel 4.4.2 ist dies offenbar nicht der Fall, da früher oder später der Prozeß in den Zustand 2 übergeht und diesen nicht mehr verläßt, so daß für t→∞ $p_0(t) = p_1(t) = 0$, $p_2(t) = 1$ ist.

(4.4.4)   *Definition:* Ein Zustand j ist von Zustand i *erreichbar*, wenn die Wahrscheinlichkeit, daß j irgendwann nach i eingenommen wird, größer als null ist. Ein Zustand, von dem kein anderer erreichbar ist, heißt *Absorptionszustand*. Sind alle Zustände des diskreten Zustandsraumes (der Kette) untereinander erreichbar, so heißt der Zustandsraum (die Kette) *irreduzibel*.

(4.4.5)   *Beispiele:* Im Zustandsraum nach Abb. 4.4.3 liegt mit Zustand 2 ein Absorptionszustand vor. Der Zustandsraum ist daher nicht irreduzibel. Dagegen ist der Zustandsraum nach Abb. 4.4.2 irreduzibel

(4.4.6)   *Satz:* Für einen Markov-Prozeß mit diskretem irreduziblen Zustandsraum \$ in kontinuierlicher Zeit bestehen die Grenzwerte

$$p_i = \lim_{t \to \infty} p_i(t) \qquad i \in \{1..n\} \qquad n = card (\$)$$

und sind unabhängig vom Zustand zum Zeitpunkt t = 0. Die Zustände p_i ergeben sich aus (vgl. 4.4.14)

$$\sum_{\substack{j=1 \\ j \neq i}}^{n} p_j \cdot \lambda_{ji} = p_i \sum_{\substack{j=1 \\ j \neq i}}^{n} \lambda_{ij} \quad . \tag{4.4.41}$$

4.4.41 erlaubt eine einprägsame Deutung: im Zustand k besteht ein "Fluß" von Zustandsübergängen in l, der der Wahrscheinlichkeit, in k zu sein, und der Übergangsrate von k nach l proportional ist. Also besagt 4.4.41, daß im Grenzfall t→∞ die Summe aller dieser Flüsse aus allen Zuständen j nach i ebenso groß wie die Summe aller Flüsse aus i in alle Zustände j ist.

Neben 4.4.41 gilt 4.4.15, und mit 4.4.15 folgt, daß in endlichen, irreduziblen Zustandsräumen alle p_i größer als null sind; der Prozeß heißt dann *positiv-rekurrent*. Auch Prozesse mit irreduziblem, nicht endlichen Zustandsraum können positiv-rekurrent sein.

(4.4.7)   *Definition:* Ein Prozeß, der einer zeitunabhängigen Verteilung $F_S(i)$ gehorcht, heißt *stationär*.

Unter den Voraussetzungen des Satzes 4.4.6 besteht für positiv-rekurrente Prozesse ein stationärer *Grenzprozeß*, d.h. ein Prozeß, in den der Prozeß für $t\to\infty$ übergeht. Er hat die zeitunabhängige Verteilung $F_S(i)$

$$\lim_{t\to\infty} F_S(i,t) = \lim_{t\to\infty} P[S(t)\leq i] = \sum_{j=1}^{i} p_j \qquad (4.4.42)$$

Mit der Verteilung sind auch alle aus ihr abgeleiteten Größen zeitunabhängig, z.B. $E[S]$.

(4.4.8)   *Beispiel:* Zu dem Beispiel nach Abb. 4.4.2 (d.h. Beispiel 4.4.1) ergibt sich der bereits beobachtete stationäre Grenzprozeß aus

$$p_1\cdot\lambda = p_2\cdot\beta$$

$$p_2\cdot\beta = p_1\cdot\lambda$$

$$p_1 + p_2 = 1$$

zu

$$p_1 = \frac{\beta}{\lambda+\beta} \quad , \quad p_2 = \frac{\lambda}{\lambda+\beta} \quad . \qquad (4.4.43)$$

(4.4.9)   *Beispiel:* Ein Rechensystem bestehe aus n unabhängig arbeitsfähigen Elementen, deren jedes alle Funktionen des Systems zu leisten vermag. Die n Elemente überwachen sich selbst. Aufträge können von einem beliebigen der n Elemente bearbeitet werden. Die Elemente haben je eine Ausfallrate λ und einen Grenzdurchsatz c. Da nur eine Wartungsmannschaft vorhanden ist, wird an nur einem ausgefallenen Element gleichzeitig gearbeitet, mit Behebungsrate β. Daher heißt unser Modell in der Literatur oft "Machine-Repairman-Model". Als Zustand wählen wir die Zahl der ausgefallenen Elemente. Wir erhalten einen Zustandsgraphen wie in Abb. 4.4.5 gezeigt.

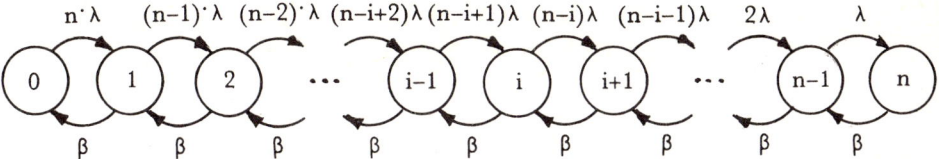

Abb. 4.4.5: Zustandsgraph zum "Machine–Repairman–Model"; i : Zahl
der ausgefallenen Elemente

Für den stationären Grenzprozeß gilt nach 4.4.41

$$p_0 \cdot n \cdot \lambda = p_1 \cdot \beta$$

$$p_1 \cdot ((n-1)\lambda + \beta) = p_0 \cdot n \cdot \lambda + p_2 \cdot \beta$$

$$\ldots$$

$$p_i \cdot ((n-i)\lambda + \beta) = p_{i-1} \cdot (n-i+1)\lambda + p_{i+1} \cdot \beta$$

$$\ldots$$

$$p_n \cdot \beta = p_{n-1} \cdot \lambda \quad .$$

Indem wir die 2. bis (n–1)te Gleichung mit ihrem Vorgänger zusammenfassen, erhalten wir

$$p_0 \cdot n \cdot \lambda = p_1 \cdot \beta$$

$$p_1 \cdot (n-1)\lambda = p_2 \cdot \beta$$

$$\ldots$$

$$p_i \cdot (n-i)\lambda = p_{i+1} \cdot \beta$$

$$\ldots$$

$$p_{n-1} \cdot \lambda = p_n \cdot \beta \quad .$$

Wir nennen den Quotienten λ/β die relative Behebungszeit ϕ, da

$$\phi = \frac{\lambda}{\beta} = \frac{\cdot \frac{1}{\beta}}{\frac{1}{\lambda}} = \frac{E[\text{Behebungszeit}]}{E[\text{ausfallfreie Zeit}]} \qquad (4.4.44)$$

und erhalten damit

$$p_1 = n \cdot \phi \cdot p_0$$

$$p_2 = (n-1) \cdot \phi \cdot p_1 = n(n-1) \cdot \phi^2 \cdot p_0$$

$$\cdot \cdot \cdot$$

$$p_i = (n-i+1)\phi \cdot p_{i-1} = n(n-1) \cdot \ldots \cdot (n-i+1)\phi^i \cdot p_0$$

$$= \frac{n!}{(n-i)!} \phi^i \cdot p_0 \qquad (4.4.45)$$

$$p_n = n! \cdot \phi^n \cdot p_0 \quad . \qquad (4.4.46)$$

p_n ist die Wahrscheinlichkeit, daß das System ausgefallen ist. Nun bestimmen wir p_0 aus 4.4.15, das für uns lautet

$$\sum_{j=0}^{n} p_j = 1$$

$$\sum_{j=0}^{n} \frac{n!}{(n-j)!} \phi^j p_0 = 1 \quad ,$$

also

$$p_0 = \left[\sum_{j=0}^{n} \frac{n!}{(n-j)!} \phi^j \right]^{-1} \quad . \qquad (4.4.47)$$

Damit sind die p_i bekannt

$$p_i = \frac{n!}{(n-i)!} \cdot \phi^i \cdot \left[\sum_{j=0}^{n} \frac{n!}{(n-j)!} \phi^j \right]^{-1} \qquad (4.4.48)$$

und mit ihnen auch der Erwartungswert des Grenzdurchsatzes des Systems, c_S: Sind nämlich i Elemente ausgefallen, so beträgt der Grenzdurchsatz $(n-i)\cdot c$. Also ist

$$E[C_S] = \sum_{i=0}^{n} p_i \cdot (n-i) \cdot c \quad . \qquad (4.4.49)$$

(4.4.10) *Beispiel:* Wir engen das Beispiel 4.4.9 nun ein auf $n = 3$, $\lambda = (2000h)^{-1}$, $\beta = (2h)^{-1}$ und fragen zusätzlich, wie groß die Zeit von Beginn des Betriebs mit 3 ausfallfreien Elementen bis zum erstmaligen Ausfall aller Elemente ist. Es ist

$$\phi = \frac{\lambda}{\beta} = \frac{2h}{2000h} = 10^{-3} \quad . \qquad (4.4.50)$$

Also ist

$$p_0 = \left[\sum_{j=0}^{3} \frac{3!}{(3-j)!} \phi^j \right]^{-1} = 0{,}9970030030$$

$$p_1 = 3\phi \cdot p_0 = 0{,}0029910090$$

$$p_2 = 6\phi^2 \cdot p_0 = 0{,}0000059820$$

$$p_3 = 6\phi^3 \cdot p_0 = 0{,}0000000059 \quad .$$

Der Erwartungswert der Zahl der ausgefallenen Elemente ist

$$E[i] = \sum_{j=0}^{n} j \cdot p_j = 0{,}0030029907 \quad .$$

Der erwartete Grenzdurchsatz ist nach 4.4.49

$$E[c_S] = 2{,}996977009 \; c \quad .$$

Der Erwartungswert der Zeit bis zum Ausfall des gesamten Systems berechnet sich als (vgl. 4.4.33, 4.4.38, 4.4.39, und Abb. 4.4.6)

$$E[Z_{03}] = E[T_o] + E[Z_{13}]$$

$$E[Z_{13}] = E[T_1] + P_{12} \cdot E[Z_{23}] + P_{10} \cdot E[Z_{03}]$$

$$E[Z_{23}] = E[T_2] + P_{21} \cdot E[Z_{13}] \quad .$$

Damit folgt zunächst

$$E[Z_{03}] = \frac{E[T_o](1 - p_{12} \cdot p_{21}) + E[T_1] + E[T_2] \cdot p_{12}}{1 - p_{12} \cdot p_{21} - p_{10}}$$

und mit

$$E[T_o] = \frac{1}{3\lambda}, \quad E[T_1] = \frac{1}{2\lambda + \beta}, \quad E[T_2] = \frac{1}{\lambda + \beta},$$

$$P_{10} = \frac{\beta}{2\lambda + \beta}, \quad P_{12} = \frac{2\lambda}{2\lambda + \beta}, \quad P_{21} = \frac{\beta}{\lambda + \beta}$$

folgt nach Zwischenrechnung

$$E[Z_{03}] = \frac{1}{6\lambda}(11 + (\frac{\beta}{\lambda})^2 + 4\frac{\beta}{\lambda}) \qquad (4.4.52)$$

für unser Zahlenbeispiel

$$E[Z_{03}] = \frac{2000h}{6}(11 + (\frac{2000h}{2h})^2 + 4\frac{2000h}{2h})$$

$$E[Z_{03}] = 3{,}34 \cdot 10^8 h \quad . \qquad (4.4.53)$$

Gehen wir von Bereitschaftswartung auf Abrufwartung über, so möge die mittlere Behebungszeit von 2 h auf 6 h steigen.

Die Lebensdauer ist dann

$$E[Z_{03}] = \frac{2000h}{6}(11 + (\frac{2000h}{6h})^2 + 4 \cdot \frac{2000h}{6h})$$

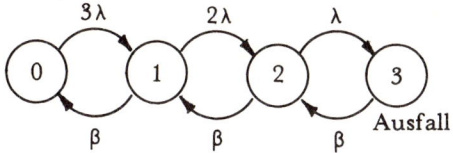

Abb.:4.4.6: Zustandsgraph eines Systems aus 3 Elementen in Parallelstruktur, Ausfallrate λ, Behebungsrate β

$$E[Z_{03}] = 3{,}75 \cdot 10^7 h \quad .$$

Ohne Reparatur (d.h. β = 0) ist

$$E[Z_{03}] = \frac{11}{6\lambda} = \frac{11 \cdot 2000h}{6} = 3{,}67 \cdot 10^3 h \quad . \tag{4.4.55}$$

5 Auftragsverkehr

5.1 Littlesche Formeln

Die Untersuchung der Bearbeitung zusammengesetzter Aufträge in einem System, das aus Funktionseinheiten zusammengesetzt ist, führte im Abschnitt 1.4 auf folgendes Bild: Aufträge strömen in das System ein und durchwandern es, wobei jeder Besuch an einer Funktionseinheit der Bedienung eines Teilauftrages entspricht; die Aufträge können sich auch in nebenläufige Teilaufträge aufspalten. Das zeitliche Verhalten wird durch die Verweilzeiten in den Funktionseinheiten bestimmt. Bevor wir diesen Auftrags"verkehr" im System quantitativ analysieren, werden wir sehr wichtige Zusammenhänge zwischen den drei grundlegenden Beschreibungsgrößen Füllung, Durchsatz und Verweilzeit (vgl. Def. 1.4.10, 1.4.14) studieren, denen schon das Beispiel am Ende des Abschnitts 1.4 gegolten hat: Littlesche Formeln.

Dazu betrachten wir eine Funktionseinheit F, der Aufträge zugehen, in einem Intervall $(t_1; t_2)$, $t_2 > t_1$. In einem Zeitpunkt t_0 ($t_0 \leq t_1$) sei die Funktionseinheit leer. Es sei für $t \geq t_0$

$n_z(t)$: die Zahl der Aufträge, die in $(t_0; t($ ihre Verweilzeit in F begonnen haben.

$n_a(t)$: die Zahl der Aufträge, die in $(t_0; t($ ihre Verweilzeit in F beendet haben.

Die Füllung ist

$$f(t) = n_z(t) - n_a(t) \geq 0 \qquad (5.1.1)$$

Durch Rückgriff auf die Verweilzeitdefinition haben wir Abbruch oder Verdrängung von Aufträgen ausgeschlossen. Wir können allerdings die Gültigkeit unserer Überlegung jederzeit auf diese Fälle ausdehnen, wenn wir im Fall von Abbruch oder Verdrängung den Auftrag durch den bis zum Abbruch bzw. bis zur Verdrängung erledigten Teilauftrag ersetzen können.

(5.1.1)   *Definition:* Als *Zugang* von Aufträgen an die Funktionseinheit F
bezeichnen wir den Quotienten

$$z(t_1, t_2) = \frac{n_z(t_2) - n_z(t_1)}{t_2 - t_1} \quad , \tag{5.1.2}$$

wobei $t_2 > t_1$. Als *Angebot* im Intervall $(t_1; t_2)$ $(t_2 > t_1)$ bezeichnen wir
die Summe der Bedienzeiten der in $(t_1; t_2)$ zugehenden Aufträge, geteilt
durch die Dauer des Intervalls.
Als Durchsatz von F bezeichnen wir natürlich

$$d(t_1, t_2) = \frac{n_a(t_2) - n_a(t_1)}{t_2 - t_1} \tag{5.1.3}$$

Wir betrachten nun ein einfaches operationales Modell und nachfolgend ein stochastisches Modell.

Einfaches operationales Modell

Wie schon in 1.5 nehmen wir zusätzlich an, daß die Funktionseinheit in den Zeitpunkten t_1 und t_2 leer ist. Dann ist

$$n_z(t_2) - n_z(t_1) = n_a(t_2) - n_a(t_1) \quad , \tag{5.1.4}$$

d.h. alle Aufträge, die der Funktionseinheit in $(t_1; t_2)$ zugegangen sind, sind von
ihr in $(t_1; t_2)$ auch erledigt worden.

Allgemein bezeichnet man den Umstand, daß in einem Betrachtungsintervall
ebenso viele Aufträge zugehen wie abgehen, als *Flußgleichgewicht* (flow balance).
Es ist dann

$$z(t_1, t_2) = d(t_1, t_2) \quad , \tag{5.1.5}$$

was natürlich insbesondere in unserem noch spezielleren Fall gilt. Abbildung 5.1.1
zeigt beispielhaft den Verlauf von $n_z(t)$ und $n_a(t)$ unter diesen Voraussetzungen.
Der Mittelwert der Füllung in $(t_1; t_2)$ ist

$$\overline{f}(t_1, t_2) = \frac{1}{t_2 - t_1} \int_{t1}^{t2} f(t)\,dt \qquad (5.1.6)$$

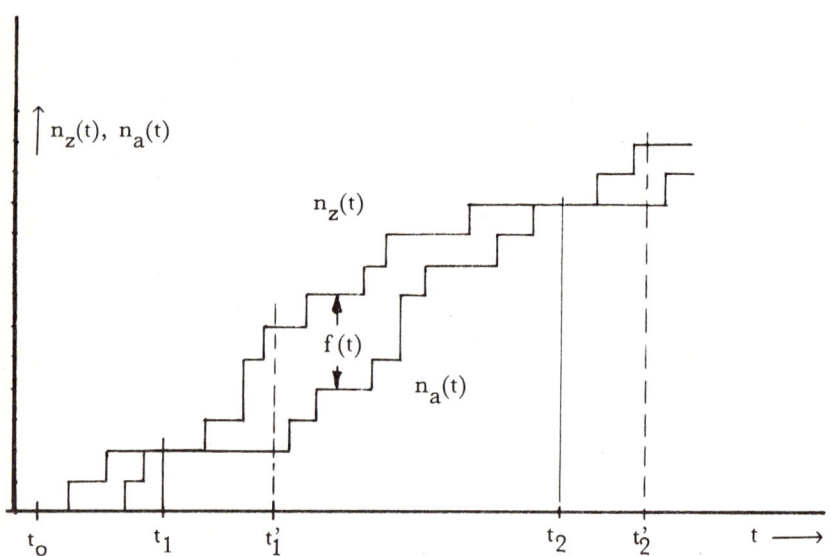

Abb. 5.1.1: Zur Erläuterung der Littleschen Formel: einfaches operationales Modell

Der Zugang und Durchsatz ist

$$z(t_1, t_2) = d(t_1, t_2) = \frac{n_a(t_2) - n_a(t_1)}{t_2 - t_1} \qquad (5.1.7)$$

Schließlich ist die mittlere Verweilzeit ebenfalls in den benutzten Größen definierbar, da der i-te seit t_0 eintreffende Auftrag mit seiner Verweilzeit y_i einen Beitrag $1 \cdot y_i$ zum Füllungs-Zeit-Integral leistet:

$$\overline{y}(t_1, t_2) = \frac{1}{n_z(t_2) - n_z(t_1)} \cdot \sum_{i = n_z(t1)+1}^{n_z(t2)} y_i$$

$$= \frac{1}{n_z(t_2) - n_z(t_1)} \int_{t1}^{t2} f(t)\,dt \qquad (5.1.8)$$

Also gilt in dem einfachen operationalen Modell (unter Verwendung von 5.1.6, 5.1.7, 5.1.8)

$$\overline{f}(t_1, t_2) = z(t_1, t_2) \cdot \overline{y}(t_1, t_2) \qquad\qquad (5.1.9)$$

$$\overline{f}(t_1, t_2) = d(t_1, t_2) \cdot \overline{y}(t_1, t_2) \qquad\qquad (5.1.10)$$

d.h. das zeitliche Mittel der Füllung in $(t_1; t_2)$ ist gleich dem Produkt des Zugangs bzw. Durchsatzes in $(t_1; t_2)$ und der mittleren Verweilzeit der in $(t_1; t_2)$ in der Funktionseinheit verweilenden Aufträge. 5.1.9 und 5.1.10 sind Littlesche Formeln unseres Modells.

Es sei noch folgendes bemerkt:

–   Die Begriffe "Aufträge", "erledigen", "Funktionseinheit" sind nicht erforderlich zur Ableitung der Formeln 5.1.9, 5.1.10. Sie beschreiben die für unsere Problematik bedeutsame Deutung des Modells und der in ihm bestehenden Gesetze.

–   Wenn man die Voraussetzung $f(t_1) = f(t_2) = 0$ fallen läßt, (vgl. die Punkte t_1' und t_2' in Abb. 5.1.1) entsteht i.a. ein Fehler in 5.1.7 (Zugang nicht notwendigerweise so groß wir der Durchsatz) und in 5.1.8 (in $(t_1; t_2)$ können Aufträge fertig werden, deren Verweilzeit im Füllungs–Zeit–Integral nur teilweise erfaßt ist, da sie schon vor t_1' eingetroffen sind; andererseits werden in t_2' vorhandene Aufträge erst nach t_2' fertig, liefern Beiträge zum Füllungs–Zeit–Integral, nicht aber zum Durchsatz). Beide Fehler wirken gegensinnig. Ist der resultierende Fehler klein relativ zum Zugang/Durchsatz bzw. zum Füllungs–Zeit–Integral, dann gelten auch die Formeln mit guter Näherung. Zu einer exakten Analyse siehe (Kowalk 80).

–   Betrachten wir insbesondere eine "einfache" Funktionseinheit (Def. 1.4.2): hier ist die Füllung eine binäre Größe, und die mittlere Füllung ist gleich dem Zeitanteil, in dem diese Funktionseinheit belegt ist. Dieser ist aber nach 1.4.6 gleich der Auslastung. Also gilt für eine einfache Funktionseinheit 5.1.9 bzw. 5.1.10 in der Form

$$\rho(t_1, t_2) = z(t_1, t_2) \cdot \overline{y}(t_1, t_2)$$
$$= d(t_1, t_2) \cdot \overline{y}(t_1, t_2) \qquad . \qquad\qquad (5.1.11)$$

Stochastisches Modell

Wir setzen jetzt die Füllung F(t), die Verweilzeit des i–ten Auftrags Y_i, Zugang $Z(t_1, t_2)$ und Durchsatz $D(t_1, t_2)$ als Zufallsvariable mit beschränkten, von t, t_1, t_2, i unabhängigen Erwartungswerten voraus: E[F], E[Y], E[D], E[Z]. Daraus folgt, daß im Mittel so viele Aufträge zugehen wie erledigt werden,

$$E[Z] = E[D] \quad . \tag{5.1.12}$$

Wegen der Zeitunabhängigkeit der Erwartungswerte muß eine Beziehung zwischen ihnen für *beliebige* Betrachtungsintervalle (t'_1; t'_2) gelten. Es sei nun in t'_1 und t'_2 die Füllung nicht notwendigerweise null. Dann enthält 5.1.8 den bereits beschriebenen Fehler, dessen Betrag am oberen und am unteren Rand jeweils

$$\sum_{j=1}^{F} RY_j$$

ist (RY Restverweilzeit, F Füllung am oberen bzw. unteren Rand).

Als *beliebiges* Betrachtungsintervall untersuchen wir nun $t_2 - t_1 \to \infty$. Da mit E[F] und E[Y] auch

$$E[\sum_{j=1}^{F} RY_j]$$

beschränkt ist, verschwinden mit $t_2 - t_1 \to \infty$ auch die mittleren Randfehler in 5.1.8, und es gilt

$$E[F] = E[Z] \cdot E[Y] \tag{5.1.13}$$

$$E[F] = E[D] \cdot E[Y] \tag{5.1.14}$$

nach unseren Voraussetzungen für *jedes* Intervall. 5.1.13 und 5.1.14 sind Littlesche Formeln.

Bemerkungen:
– Wieder gilt für einfache Funktionseinheiten

$$\rho = E[Z] \cdot E[Y] = E[D] \cdot E[Y] \qquad (5.1.15)$$

Dabei ist ρ nun als

$$\rho = \frac{E[D]}{C} \qquad (5.1.16)$$

zu definieren.

– Für den – sehr speziellen – Fall, daß die Funktionseinheit die Aufträge in derselben Reihenfolge abgehen läßt, wie sie zugegangen sind, bietet 5.1.13 eine sehr anschauliche Deutung: in der mittleren Verweilzeit $E[Y]$ eines Auftrags regeneriert sich die mittlere Füllung (es treffen nämlich im Mittel $E[Z] \cdot E[Y]$ Aufträge ein).

5.2 Elementare Wartesysteme

Wir studieren nun einfache Modelle für die Bedienung von Aufträgen: elementare Wartesysteme. Sie charakterisieren die Bedienung lediglich durch die Bedienzeit an *einem* Typ von Instanz, und das Warten von Aufträgen steht im Vordergrund des Interesses. Als Modelle von Rechensystemen, in denen ja die Bedienung in zahlreiche Bedienungen verschiedenen Typs aufgelöst wird, sind die elementaren Wartesysteme von minderem Interesse. Allerdings lassen sich wichtige Aussagen über die Auswirkung von Bedienstrategien für sie treffen, so daß ihnen das ganze sechste Kapitel ("Ablaufplanung") gewidmet ist. Diese Aussagen lassen sich eingeschränkt auf das Verhalten eines Systems aus vielen Instanzen übertragen, insbesondere wenn das Verkehrsbild im wesentlichen durch eine Instanz bestimmt ist. Das ist dann der Fall, wenn eine Einheit hoch ausgelastet ist, die anderen gering. Dann wird auch die an dieser Instanz angewendete Bedienstrategie vor allem wirksam. Allen Bedienstrategien ist nämlich gemeinsam, daß sie an niedrig ausgelasteten Bedieneinheiten ohne Wirkung bleiben.

(5.2.1) *Definitionen:* Ein System, in dem der Abruch von Aufträgen zulässig ist, heißt *Verlustsystem* (loss system). Rechensysteme sind i.a. keine Verlustsysteme. Wenn ein Auftrag lediglich deshalb aktuell nicht erledigt werden kann, weil die Kapazität der beauftragbaren Funktionseinheit begrenzt ist, dann kann die zugehörige Anweisung (Auftragsbeschreibung) in einem dafür bestimmten "Warte"kanal lagern, bis der Auftrag zur Ausführung übernommen werden kann, d.h. der Auftrag wartet. Solche Lagerzeit heißt *Wartezeit* (waiting time). Ein System, in dem aktuell nicht ausführbare Aufträge warten, ohne abgebrochen zu werden, heißt *Wartesystem* (queueing system). Ein Wartesystem, das nur aus einer Instanz besteht, die Aufträge ausführt, und einem Kanal, in dem Aufträge auf Ausführung durch die Instanz warten, heißt *elementares Wartesystem.* Die Instanz heißt *Bedienstation* (service station), und der Kanal heißt *Wartepool* (waiting pool). Ist die Bedienstation eine einfache Instanz, dann heißt sie *Bedieneinheit* (server).

(5.2.2) *Beispiel:* Das in Deutschland übliche Fernsprechvermittlungssystem ist ein Verlustsystem, da nicht bedienbare Vermittlungsaufträge (Teilnehmer besetzt oder keine freie Leitung) vom System abgebrochen werden. In rechnergestützten Kommunikationssystemen werden oft Nachrichten als "Pakete" transportiert. In gewissen Betriebszuständen (Verklemmungen, lokale Überlastung) werden in Subsystemen Pakete vernichtet, um den Betrieb aufrechtzuerhalten. Hier wird Schaden für den Benutzer dadurch vermieden, daß Kopien der Nachrichten beim Sender aufbewahrt werden, bis der korrekte Empfang vom Empfänger bestätigt wird, so daß das Gesamtsystem als Wartesystem arbeitet. – Elementare Wartesysteme sind überall zu finden, wo Bedienstationen begrenzter Kapazität auftreten (Postschalter, Autowaschanlage, Start/Landebahn, Rechensystem, Zentralprozessor...). Die Realisierung von Wartepools erfordert in Rechensystemen die Bereitstellung von Speichern; dabei kann ein Speicher viele Wartepools enthalten (z. B. im Hauptspeicher liegen Programme und Daten mehrerer aktuell wartender Programmläufe, die auf verschiedene Bedieneinheiten wie Kanäle, periphere Geräte, Prozessoren warten); auch kann ein Wartepool über mehrere Speicher verteilt sein, etwa eine Prozessorwarteschlange eines Teilnehmersystems über Platten– und Hauptspeicher.

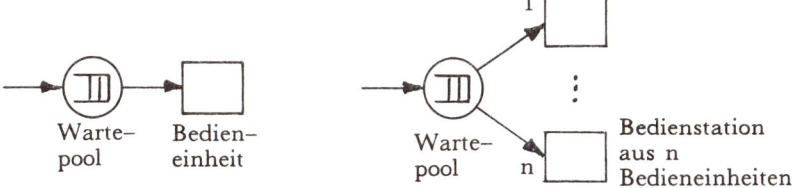

Abb. 5.2.1: Darstellung elementarer Wartesysteme

Abb. 5.2.1 zeigt die Darstellung, die wir im folgenden für elementare Wartesysteme benutzen. Sie ist unüblich, gibt aber den Instanz– bzw. Kanalcharakter von Bedienstation und Wartepool wieder. Zur genannten Beschreibung eines elementaren Wartesystems sind die folgenden Größen noch wichtig:

(5.2.3)   *Definitionen:* Der Auftragsankunftsprozeß gibt die Auftragsbeginnzeitpunkte (Def.1.4.1) $t_{z,i}$ der Aufträge i an. Also ist ein *Auftragsankunftsprozeß* (arrival process) eine Folge

$$(t_{z,i}) \qquad i \in \{1..n\}$$

wobei

$$t_{z,i} \leqq t_{z,i+1} \qquad i \in \{1..n-1\} \quad .$$

In stochastischen Modellen wird meist angenommen, daß jede Auftragsankunft ein Erneuerungszeitpunkt des Prozesses ist; der Prozeß wird durch die Verteilung der *Zwischenankunftszeiten A* (interarrival times) beschrieben, die dann zeitunabhängig ist. Die Bedienzeit wird ebenfalls als Zufallvariable mit zeitunabhängiger Verteilung angesehen und als unabhängig vom Zeitpunkt der Ankunft und von der Vorgeschichte des Ankunfts- oder Bedienprozesses. Die wichtigsten Fälle für die Zwischenankunftszeiten A sind

D (deterministic) : A ist konstant

M (Markovian) : A ist negativ–exponentiell verteilt:

$$F_A(t) = 1 - e^{-\lambda t} \qquad (5.2.1)$$

λ heißt Ankunftsrate

G (general) : A gehorcht beliebiger Verteilung.

Dieselben Fälle liefern auch die wichtigsten Beispiele für Bedienzeitmodelle. Solange das System nicht leer ist, bildet die Folge der Bedienende- (oder "Abgangs–") Zeitpunkte den *Bedienprozeß* (service process).

Es ergeben sich zwei Bemerkungen:

- Die übliche Analyse elementarer Wartesysteme geht von einem stochastischen Modell aus. Wir verfolgen nachstehend, soweit möglich, vorrangig den operationalen Weg und ergänzen ihn jeweils durch das stochastische Gegenstück.

- Der Fall negativ–exponentieller Zwischenankunftszeit ist nicht nur für viele Systeme eine gute Annäherung an reale Verhältnisse, weil er für eine große Zahl unabhängiger Auftragsquellen eintritt, deren jede nur sehr selten einen Auftrag liefert, sondern auch mathematisch einfach behandelbar nach den bereits in 4.4 benutzten Methoden. Aus 4.2 (vgl. 4.2.22) folgt

$$E[A] = \frac{1}{\lambda} \quad , \qquad (5.2.2)$$

und der Erwartungswert des Zugangs $Z(t_1, t_2)$ (Def. 5.1.1) ist nach 4.2.2

$$E[Z(t_1, t_2)] = \frac{E[Zahl\ der\ Auskünfte\ in\ (t_1; t_2)]}{t_2 - t_1}$$

$$- \frac{\lambda(t_2 - t_1)}{t_2 - t_1} = \lambda = E[Z] \quad , \tag{5.2.3}$$

unabhängig von der Zeit, und unter den in 5.1 gemachten Voraussetzungen ist auch der Erwartungswert des Durchsatzes

$$E[D] = \lambda \quad . \tag{5.2.4}$$

Dieser Ankunftsprozeß ist ein Poissonprozeß (vgl. 4.2).

(5.2.4) *Definition:* Die *Bedienstrategie* (service discipline) legt fest, welcher im elementaren Wartesystem verweilende Auftrag jeweils bedient wird.

Eine Bedienstrategie heißt

nicht verdrängend (non-preemptive), wenn kein Auftrag aus der Bedienstation verdrängt wird; d.h. jeder Auftrag, dessen Bedienung bereits begonnen hat, wird erledigt, bevor in derselben Bedieneinheit ein anderer Auftrag bedient wird; sonst heißt sie *verdrängend* (preemptive).

Eine Bedienstrategie heißt

produktiv, wenn sie keinen Auftrag warten läßt, solange die Füllung der Bedienstation kleiner als die Kapazität ist,

fair gegen Aufträge einer Klasse K, wenn sie keinen Auftrag aus K, der eine endliche Bedienzeit hat, unendlich lange warten läßt, aber einen später ankommenden Auftrag einer anderen Klasse nur endlich warten läßt

overhead-frei, wenn sie selbst nicht zur Füllung der Bedienstation beiträgt.

Es sei hervorgehoben, daß die *verdrängende Strategie* lediglich den Auftrag aus der Bedieneinheit, nicht aus dem elementaren Wartesystem, verdrängt, d.h. daß es auch bei verdrängenden Strategien eine definierte Verweilzeit im elementaren Wartesystem gibt, allerdings keine definierte Bedienzeit; für diese setzt man oft die Summe der Bedienzeit aller Teilaufträge, in die der Auftrag durch die Verdrängung zerlegt wird. Stimmt diese Summe stets mit der Bedienzeit überein, die sich bei nicht verdrängender Strategie ergibt, liegt ein "preemptive-resume-Fall" vor; die nach Verdrängung verbleibende Bedienzeit ist gerade die

Restbedienzeit im Verdrängungszeitpunkt. In Kapitel 6 werden wir dies stets voraussetzen. Offensichtlich sind alle nicht-verdrängenden produktiven Strategien fair, wenn sichergestellt ist, daß die Bedienstation stets nach endlicher Zeit nur noch so weit gefüllt ist, daß auch der am meisten benachteiligte Auftrag in Bedienung genommen werden muß.

Intuitiv ist es naheliegend anzunehmen, daß der Übergang zu einer *produktiven Strategie* die mittlere Wartezeit senkt, ebenso daß eine Vergrößerung der Füllung die mittlere Wartezeit heraufsetzt. Überraschenderweise lassen sich aber zu beiden Vermutungen Gegenbeispiele angeben.

(5.2.5) *Beispiel:* Eine Funktionseinheit werde unter der nicht-verdrängenden Bedienstrategie SPT betrieben (shortest processing time next: es wird jeweils unter den wartenden Aufträgen der mit der kleinsten Bedienzeit in Bedienung genommen). Der anfangs freien Funktionseinheit gehen die Aufträge (Auftragsbeginn z, Bedienzeit b)

A $z = 1$ $b = 100$

B $z = 2$ $b = 1$

zu. Offenbar wird A ohne Wartezeit bedient, während B von 2 bis 101 wartet. Die mittlere Wartezeit beträgt $99/2 = 49{,}5$. Besser wäre, bei Ankunft von A die Bedienstation frei zu lassen, also eine nicht produktive Strategie zu benutzen, und bei Ankunft von B sofort B zu bedienen, danach erst A. A hätte dann von 1 bis 3 zu warten, also betrüge die mittlere Wartezeit $2/2 = 1$! Nun nehme man an, daß ein weiterer Auftrag,

X $z = 0$ $b = 3$

zugeht. Die Füllung ist nun größer; die angenommene Strategie (SPT) wird nun so vorgehen:

X bedient von 0 bis 3, Wartezeit 0
B bedient von 3 bis 4, Wartezeit 1
A bedient von 4 bis 104, Wartezeit 3

Gesamtwartezeit 4, mittlere Wartezeit $4/3$! Also ist durch den zusätzlichen Auftrag die mittlere Wartezeit stark gesunken.

Eine wesentliche Voraussetzung unseres Beispiels ist die Nicht-Verdrängbarkeit gewesen. Leicht sieht man, daß die verdrängende Strategie SRPT (shortest remaining processing time: es wird jeweils der Auftrag mit der kleinsten restlichen Bedienzeit bedient) die beiden Anomalien nicht zeigt.

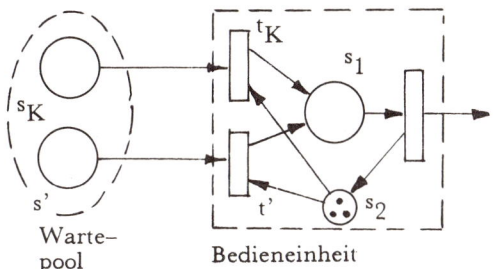

Abb. 5.2.2: Zum Begriff der fairen Bedienstrategie

Abb. 5.2.2 zeigt ein elementares Wartesystem, bei dem die Aufträge der Klasse K im Teil-Wartepool s_K lagern, alle andern jedoch in s'. Bei dieser Darstellung ist eine Bedienstrategie genau dann *fair*, wenn das Netz fair schaltet im Sinne von Definition 2.4.8 b).

Weitere Kennzeichen eines elementaren Wartesystems sind die Kapazität des Systems, die Zahl der Bedieneinheiten (das ist die Kapazität der Bedienstation) und – in einigen Modellen – die maximale Zahl von Aufträgen, die im Gesamtsystem, d.h. im elementaren Wartesystem und in der Auftragsquelle vorhanden sind; sind bereits alle Aufträge im elementaren Wartesystem, so kann kein weiterer Auftrag ihm zugehen.

Die folgende Syntax hat sich eingebürgert zur Charakterisierung von elementaren Wartesystemen:

⟨Ankunftsprozeß⟩ / ⟨Bedienprozeß⟩ / ⟨Zahl der Bedieneinheiten⟩ / ⟨Kapazität des Systems⟩ / ⟨maximale Zahl von Aufträgen⟩.

Die beiden letzten Angaben entfallen, wenn die Größen nicht beschränkt sind.

(5.2.6)   *Beispiele:* M/G/1 ist ein stochastisches, elementares Wartesystem mit Poisson-Ankunfts-Prozeß, beliebiger Bedienzeitverteilung, einer Bedieneinheit. Es ist das wesentliche Modell des sechsten Kapitels, in dem vor allem die Auswirkung von Bedienstrategien auf die Bedienung durch einen einzelnen Zentralprozessor analysiert wird; hier ist der Zugangsprozeß mit erträglicher Annäherung ein Poissonprozeß; die

Bedienzeitverteilung weicht stark von der negativ-exponentiellen ab (Variationskoeffizient C_B deutlich größer als 1).

Die folgende Abbildung 5.2.3 veranschaulicht ein M/G/3/5/10–System. Alle Stellen innerhalb der Bedienstation haben die Kapazität 1.

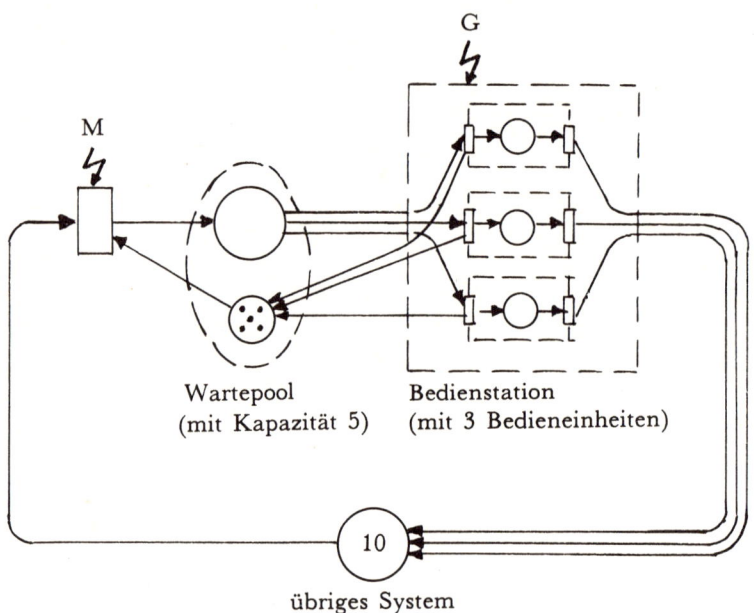

Abb. 5.2.3: Elementares Wartesystem vom Typ M/G/3/5/10

Die folgenden Beziehungen zwischen Durchsatz d(D), Grenzdurchsatz c, Auslastung ρ, Füllung f(F), Wartezeit w(W), Bedienzeit b(B), Verweilzeit y(Y) im gesamten elementaren Wartesystem gelten in operationalen (bzw. stochastischen) Modellen:

Bedienstation BS / Bedieneinheit BE

$$c_{BS} = n \cdot c_{BE} = \frac{n}{E[B]} \quad \text{(n Bedieneinheiten)} \tag{5.2.5}$$

$$\rho_{BS}(t_1, t_2) = \frac{d(t_1, t_2)}{c_{BS}} \quad \text{bzw.} \rho_{BS} = \frac{E[D]}{c_{BS}} \tag{5.2.6}$$

$$\overline{f}_{BS}\,(t_1,t_2) \;=\; d(t_1,t_2)\;\cdot\; \overline{b}(t_1,t_2) \qquad\qquad (5.2.7)$$

(hierbei $f_{BS}(t_1) = f_{BS}(t_2) = 0$ vorausgesetzt; $d(t_1,\,t_2)$ ist der Durchsatz des elementaren Wartesystems, also auch der Bedienstation; die Verweilzeit in der Bedienstation ist die Bedienzeit b; die Formel folgt aus 5.1.10 bzw. für

$$E[F_{BS}] \;=\; E[D]\;\cdot\; E[B] \qquad\qquad (5.2.8)$$

aus 5.1.14. Ist die Bedienstation eine einfache Funktionseinheit, so gilt nach 5.1.11 für die Auslastung in $(t_1,\,t_2)$

$$\rho_{BS}\,(t_1,t_2) \;=\; d(t_1,t_2)\;\cdot\; \overline{b}(t_1,t_2) \qquad\qquad (5.2.9)$$

bzw.

$$\rho_{BS} \;=\; E[D]\;\cdot\; E[B] \qquad\qquad (5.2.10)$$

und im Sonderfall M/G/1

$$\rho_{BS} \;=\; \lambda\;\cdot\; E[B] \qquad . \qquad\qquad (5.2.11)$$

Die Auslastung der Bedienstation ist aber zugleich die des Wartesystems, da der Wartepool keinen begrenzten Durchsatz hat!

Wartepool WP:

Die Verweilzeit im Wartepool ist die Wartezeit w (vgl. Def. 5.2.1). Für den Wartepool WP gilt unter denselben Voraussetzungen wie zu 5.2.7

$$\overline{f}_{WP}(t_1,t_2) \;=\; d(t_1,t_2)\;\cdot\; \overline{w}(t_1,t_2) \qquad\qquad (5.2.12)$$

bzw.

$$E[F_{WP}] \;=\; E[D]\;\cdot\; E[W] \qquad\qquad (5.2.13)$$

Gesamtsystem WS (elementares Wartesystem):

$$f_{WS}(t_1, t_2) \; = d(t_1, t_2) \cdot \overline{y}(t_1, t_2) \qquad\qquad (5.2.14)$$

$$\overline{y}(t_1, t_2) = \overline{w}(t_1, t_2) + \overline{b}(t_1, t_2) \qquad\qquad (5.2.15)$$

entsprechend auch für jeden Auftrag i

$$y_i = w_i + b_i \qquad\qquad (5.2.16)$$

bzw. im stochastischen Modell

$$E[F_{WS}] = E[D] \cdot E[Y] \qquad\qquad (5.2.17)$$

$$E[Y] = E[W] + E[B] \qquad\qquad (5.2.18)$$

$$Y = W + B \qquad\qquad (5.2.19)$$

für jeden Auftrag.

Die weitere Untersuchung elementarer Wartesysteme verschieben wir auf das sechste Kapitel.

5.3 Auftragsverkehr in allgemeinen Systemen

5.3.1 Ermittlung des Auftragsverkehrs: Motive und Verfahren

Für ein gegebenes System und eine gegebene Belastung den Auftragsverkehr zu ermitteln, ist eine wichtige Aufgabe. Sie stellt sich beim Entwurf eines neuen Systems, etwa durch Einbringung neuer Funktionseinheiten oder durch Austausch vorhandener, durch Änderung der Strategien des Systems und schließlich bei Veränderung der Belastung. Unter Belastung (work-load) verstehen wir dabei, unter Verallgemeinerung des Begriffs des Auftragsankunftsprozesses nach Abschnitt 5.2, Folgen von Aufträgen, geordnet nach Auftragsankunftszeitpunkten, jeder Auftrag beschrieben durch Auftragsankunftszeitpunkt und Inanspruchnahme von Betriebsmitteln des Systems; genauer ist damit erst die primäre Belastung beschrieben, die durch die Aufträge selbst bestimmt ist. Durch die Selbstorganisation des Systems, insbesondere durch die Tätigkeit des Betriebssystems, tritt zusätzlich eine sekundäre Belastung auf, die einerseits in der Inanspruchnahme von Betriebsmitteln durch den Selbstorganisationsprozeß besteht, andererseits in zusätzlichen Inanspruchnahmen durch die diesem Prozeß unterworfenen Aufträge, z.B. als zusätzliche Bedienzeitansprüche bei Verdrängung. Ersteren Teil, die Inanspruchnahme von Betriebsmitteln durch den Selbstorganisationsprozeß, nennt man auch *Overhead*.

Der Auftragsverkehr, der in einem gegebenen System unter einer bestimmten Belastung eintritt, kann auf folgende Art ermittelt werden:
- experimentell durch Messung von Abläufen
- im realen System
- in einem Modell, in dem die Abläufe durch Simulation erzeugt werden
- rechnerisch (symbolisch oder numerisch) an einem Modell des realen Systems.

Jede der genannten Techniken hat bedeutende Nachteile. Messungen sind – insbesondere am realen System – meist nur mit großem Aufwand korrekt planbar und durchführbar; sie können das Verkehrsbild verfälschen; sie sind oft schwierig auszuwerten. Existiert das zu untersuchende System (noch) nicht oder ist die zu untersuchende Belastung nicht generierbar, dann scheiden Messungen am realen System aus.

Die Aufstellung eines guten Modells, d.h. eines, das in einem weiten Bereich von Parameterwerten dasselbe Verhalten wie das reale System zeigt, ist schwierig, und die Überprüfung der Verhaltensähnlichkeit, d.h. die *Validierung*, ist aufwendig. Simulationsmodelle haben den Vorteil, daß ihre Struktur im Prinzip keinen Einschränkungen unterliegt; solche können sich praktisch allerdings aus Zeit- und

Speicherbegrenzungen bei der Simulation ergeben. Bezüglich der Planung und Auswertung der Messung bestehen die bereits genannten Schwierigkeiten; die Durchführung ist allerdings wesentlich einfacher als bei Messungen an realen Systemen. Bei rechnerischer Auswertung ist man auf einfache Modellstrukturen beschränkt; trotzdem lassen sich viele wichtige Fragen beantworten. Bei symbolischer Rechnung erhält man als wichtigen Vorteil, daß die Beeinflussung der Verkehrsgrößen durch die System- und Lastparameter durchschaubar wird; numerische Auswertung erlaubt aber, die Grenzen für die Modellstrukturen weiter zu ziehen. Rechnerische Modelle (man sagt auch: analytische Modelle) erlauben kaum, den Verkehr während einer Veränderung der Belastung oder des Systems zu erfassen. Wegen dieser Eigentümlichkeiten ist die Vorhersage des Auftragsverkehrs meist auf eine gemischte Technik angewiesen, z.B. grobe Orientierung durch ein rechnerisches Verfahren, genaue Untersuchung durch Simulation eines Modells, dessen Parameter aufgrund von Meßergebnissen am realen System eingestellt worden sind; man benutzt auch "hybride" Techniken, in denen numerische und simulative Methoden in derselben Auswertung nebeneinander eingesetzt werden.

Die Techniken zur Ermittlung des Auftragsverkehrs, insbesondere durch rechnerische Modelle, haben in den letzten 15 Jahren große Fortschritte gemacht. Die folgenden Bücher sind als Überblicke zu diesem Gebiet wichtig: (Bolch Akyildiz 82), (Ferrari D 78), (Gelenbe Mitrani), (Kleinrock 75), (Kleinrock 76), (Kobayashi 78), (Lavenberg 83), (Sauer Chandy 81).

Im nachfolgenden stellen wir zunächst eine formale Belastungsdefinition auf, die wir operational und stochastisch benutzen. Für eine sehr allgemeine Klasse von Systemen gewinnen wir Aussagen über die Durchsätze der Funktionseinheiten und die Verweilzeiten der Aufträge. Wir unterscheiden Systeme, die bezüglich des Auftragsflusses offen und geschlossen sind, und gewinnen Grenzaussagen für kleine und große Füllung. Unter Einschränkung der Klasse von Systemen gehen wir zu sogenannten Wartenetzen über, insbesondere zu symbolisch auswertbaren, in denen Aufträge in markovscher Bewegung im Netz voranschreiten. Wir verschaffen uns eine Übersicht über die verschiedenen Klassen solcher Netze.

5.3.2 System und Belastung

Wir greifen nun die Überlegungen des Abschnittes 1.4. wieder auf. Das System FES werde nach Def. 1.4.6 als S/T-Netz angesehen. Wir betrachten nur zu FES passende Auftragssysteme AS. Die Systeme teilen wir nach folgender Unterscheidung in zwei bezüglich der Ermittlung des Auftragsverkehrs wichtige Klassen:

(5.3.2.1) *Definitionen:* Ein System verarbeite vollständige Auftragssysteme (Def. 2.3.4.5), d.h. solche mit Anfangs-("Initialisierungs-") und Endteilauftrag ("Ausgabeauftrag"). Jedes vollständige Auftragssystem trage als ein Auftrag zur Füllung bei, bis der Endauftrag erledigt ist, unabhängig davon, wieviele Teilaufträge kollateral abgearbeitet werden. Ein System mit konstanter Füllung heißt *geschlossen* (closed), ein System mit veränderlicher Füllung *offen* (open).

Das geschlossene System muß nach Erledigung eines Auftrags einen neuen Auftrag übernehmen; die Marke (im Auftrags/Verkehrs-Netz das abgearbeitete Auftragssystem) verläßt die Endtransition des Auftragssystems und geht in die Auftragseingangsstelle über, einen neuen Auftrag repräsentierend. Geschlossene Systeme sind schwieriger auszuwerten als offene Systeme, stellen aber für wichtige Beispiele adäquate Modelle dar (z.B. Mehrprogrammbetrieb mit konstanter Füllung (fixed number of tasks) oder Teilnehmerrechensysteme mit konstanter Teilnehmerzahl). Wichtige andere Systeme, z.B. Rechnernetze, werden eher als offene Systeme nachgebildet. In offenen Systemen können beliebige Ankunftsprozesse bestehen.

Im Zusammenhang mit üblichen Auswerteverfahren werden Systeme von Funktionseinheiten nachbildende S/T-Netze meist wie in Abb. 1.4.12 als Graphen dargestellt.

Wir präzisieren nun den Begriff der Belastung.

(5.3.2.2) *Definitionen:* Ein *Auftragsstrom* (task stream, job stream) ist ein Paar (Auftragsankunftsprozeß, Auftragstyp). Unter *Belastung* (workload) eines Systems verstehen wir eine Menge von Auftragsströmen.

Es gibt verschiedene Konkretisierungen von Auftragsankunftsprozeß und Auftragstyp. Bezüglich des Auftragsankunftsprozesses ist vor allem wichtig:

a1) Vektor von Auftragsankunftszeitpunkten (Auftragsbeginn, Def. 1.4.1)
$(z_1, z_2, ..., z_j, ..., z_n)$
a2) Stochastischer Prozeß, z.B. Poissonprozeß mit Zwischenankunftszeit A,

$$F_A(t) = 1 - e^{-\lambda t}, \quad \lambda = \frac{1}{E[A]} \qquad \text{vgl. 4.2.}$$

In einem geschlossenen System wird der Auftragsankunftsprozeß ersetzt durch eine anfängliche Füllung der Funktionseinheiten des Systems mit Aufträgen und die danach anzuwendende Regel, daß jede Erledigung unverzüglich zu einem neuen Auftrag desselben Typs führt.

Der Auftragstyp kann ebenso in verschiedener Art beschrieben werden, dem Abstraktionsgrad des Modells entsprechend, etwa als

b1) Vektor von zum Funktionseinheiten–System FES passenden Auftragssystemen AS_j (vgl. Def. 1.4.6), mit Angabe der Eingabestelle, $(AS_1, ..., AS_j, ..., AS_n)$ und der zugehörigen Ankunftszeitpunkte $e_1, ..., e_j, ..., e_n$; jeder Teilauftrag wird dabei durch seinen Funktionseinheitstyp und z.B. eine Bedienzeit beschrieben.

b2) Vektor $(X_1, ..., X_j, ..., X_n)$ von Beschreibungen der Belegphasen an den Funktionseinheiten des Systems; die X_j können durch synchrone Prozesse (Def. 1.3.10c) oder die Besuchszahl/Bedienzeitprodukte an den Funktionseinheiten gegeben sein.

b3) Stochastische Beschreibung durch einen Vektor von Bedienzeitverteilungen für die m Funktionseinheiten(typen) des Systems und eine Matrix von Wegewahrscheinlichkeiten $\vec{q}_{ik}$; diese Beschreibung kann durch Klassenbildung und klassenabhängige Verteilungen und Wegewahrscheinlichkeiten verfeinert werden.

Die Auftragsbeschreibungen b1 und b2 passen zum Ankunftsprozeß der Form a1; die Auftragsbeschreibung b3 wird typisch zu Ankunftsprozessen der Form a2 verwendet. Alle Auftragstypbeschreibungen sind (durch Bedienzeiten bzw. Belegungen) auf einfache Funktionseinheiten bezogen. Gegenüber dem Modell in 1.4 kann man erweiternd noch verlangen, daß ein Teilauftrag nicht *einen* Funktionseinheitstyp beansprucht, sondern eine Menge von Typen (z.B. Zentralprozessor und Drucker); die rechnerischen Modellauswertungsverfahren versagen hier im allgemeinen.

Wir bemerken noch zu den Auftragstypdefinitionen, daß sie durchweg die sich bei einer konkreten Berechnung ergebende Belastung beschreiben. Tatsächlich erhält ja ein System seine Belastung durch ein Programm o.ä. vorgegeben, das durch die Ausführung von Verzweigungen, induktiven Schleifen und Rekursionen erst zur Laufzeit ein Auftragssystem erzeugt bzw. die Belegungen ermittelt, vgl. die

Konstruktion eines Prozesses aus einem S/T–Netz in 1.3. Also ist unsere Belastungsdefinition bezüglich der Auftragsbeschreibung nach Def. 1.1.7 gewissermaßen rückschauend gebildet.

5.3.3 Durchsatzgesetze und die Auswirkung von Grenzdurchsätzen

Wir entwickeln nun eine wichtige Gesetzmäßigkeit, nämlich das allgemeine Durchsatzgesetz. Es bestimmt die Durchsätze der Funktionseinheiten bzw. Funktionseinheitentypen des Systems abhängig von der Belastung, und bei Existenz von Grenzdurchsätzen erlaubt es auf die Auslastung der Funktionseinheiten(typen) zu schließen und auf den Systemgrenzdurchsatz. Dabei betrachten wir zunächst *offene Systeme*, dann geschlossene, und jeweils zunächst ein *operationales*, dann ein stationäres stochastisches Modell.

Für das offene System dürfen wir verlangen, daß es in t_1 und t_2 ($t_2 > t_1$) leer ist. Wir betrachten den Auftragsverkehr im Intervall $(t_1; t_2)$. Das System umfasse m Funktionseinheiten. In $(t_1; t_2)$ mögen ihm n Aufträge zugehen und erledigt werden, von denen der Auftrag k in der Funktionseinheit i zu v_{ik} Teilaufträgen führt ($k \in \{1..n\}$, $i \in \{1..m\}$). Dabei ist v_{ik} natürlich die schon aus Def. 1.4.8 bekannte *Besuchszahl* des Auftrages k in der Funktionseinheit i. Dort verbringt er *Verweilzeiten* y_{ikl} ($l \in \{1..v_{ik}\}$) und erzeugt einen Teildurchsatz

$$d_{ik}(t_1, t_2) = \frac{v_{ik}}{t_2 - t_1} \quad . \tag{5.3.3.1}$$

Für diese Feststellung müssen wir nicht voraussetzen, daß der Auftrag sequentiell abgearbeitet wird, vielmehr können Teilaufträge kollateral abgearbeitet werden, und auch nicht, daß je Teilauftrag nur eine Funktionseinheit beaufschlagt wird, vielmehr darf der Teilauftrag gleichzeitig in mehreren Funktionseinheiten verweilen! Natürlich ist der Gesamtdurchsatz der Funktionseinheit i

$$d_i(t_1, t_2) = \sum_{k=1}^{n} d_{ik}(t_1, t_2) = \frac{1}{t_2 - t_1} \sum_{k=1}^{n} v_{ik} \tag{5.3.3.2}$$

oder, indem wir die mittlere Besuchszahl $\overline{v}_i$ je Auftrag und den Systemdurchsatz $d_{FES}(t_1, t_2)$ einführen, den die n Aufträge hervorbringen

$$d_i(t_1, t_2) = \frac{n}{t_2 - t_1} \cdot \frac{1}{n} \sum_{k=1}^{n} v_{ik} \tag{5.3.3.3}$$

$$d_i(t_1, t_2) = d_{FES}(t_1, t_2) \cdot \overline{v}_i \quad . \tag{5.3.3.4}$$

5.3.3.2 bzw. 5.3.3.4 ist das *allgemeine Durchsatzgesetz*. Besteht nun in $(t_1; t_2)$

für die Funktionseinheit i ein Grenzdurchsatz c_i, definiert in den in $(t_1; t_2)$ anfallenden Teilaufträgen (Besuchen), so ist die Auslastung von i nach Def. 1.4.14

$$\rho_i = \frac{d_i(t_1, t_2)}{c_i} = \frac{1}{c_i \cdot (t_2 - t_1)} \sum_{k=1}^{n} v_{ik} = \frac{d_{FES}(t_1, t_1) \cdot \overline{v}_i \ell^i}{c_i} \; . \qquad (5.3.3.5)$$

(5.3.3.1) *Definition:* In einem System aus m Funktionseinheiten heißen die Funktionseinheiten mit der Auslastung

$$\rho_{max} = \max\{\rho_i\} \qquad i \in \{1..m\}$$

(Verkehrs)engpässe (bottlenecks) des Systems.

Sollen alle in $(t_1; t_2)$ eingehenden Aufträge bis t_2 erledigt sein, dann muß nach Definition des Grenzdurchsatzes

$$\rho_{max} \leq 1 \qquad (5.3.3.6)$$

sein.

Sind die Funktionseinheiten "einfach" (Def. 1.4.2), dann reduziert sich 5.3.3.5 zu

$$\rho_i = \frac{1}{t_2 - t_1} \sum_{k=1}^{n} x_{ik} = d_{FES}(t_1, t_2) \cdot \overline{x}_i$$

$$= \frac{d_i(t_1, t_2)}{\overline{v}_i} \cdot \overline{v}_i \cdot \overline{b}_i = d_i(t_1, t_2) \cdot \overline{b}_i \qquad (\text{vgl. } 5.1.11) \qquad (5.3.3.7)$$

wobei $\overline{x}_i$ die mittlere Belegtzeit je Auftrag ist und – gültig bei einfachen Instanzen – $\overline{b}_i$ die mittlere Bedienzeit je Teilauftrag; 5.3.3.6 reduziert sich zu

$$\max\left\{\sum_{k=1}^{n} x_{ik}\right\} \leq t_2 - t_1 \quad , \qquad (5.3.3.8)$$

wobei x_{ik} nach Def. 1.4.4 die Belegtzeit des Knotens i durch den Auftrag k ist.

(5.3.3.2) *Beispiel:* Im Zeitintervall (0s; 50s) werde ein System von Funktionseinheiten (Def. 1.4.6) aus 4 Funktionseinheiten F_1, ..., F_4 mit 4 passenden Auftragssystemen AS_1, ..., AS_4 beschickt, wobei AS_1 vom Typ 1 und AS_2, AS_3, AS_4 vom Typ 2 in Abb. 5.3.3.1 sind.

Typ 1:

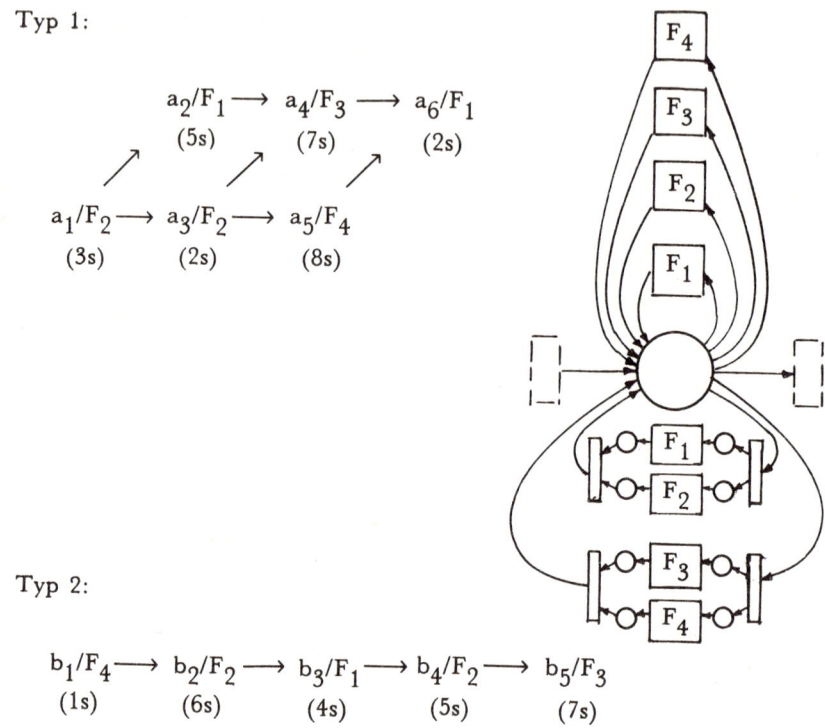

$$a_2/F_1 \longrightarrow a_4/F_3 \longrightarrow a_6/F_1$$
$$(5s) \qquad (7s) \qquad (2s)$$

$$a_1/F_2 \longrightarrow a_3/F_2 \longrightarrow a_5/F_4$$
$$(3s) \qquad (2s) \qquad (8s)$$

Typ 2:

$$b_1/F_4 \longrightarrow b_2/F_2 \longrightarrow b_3/F_1 \longrightarrow b_4/F_2 \longrightarrow b_5/F_3$$
$$(1s) \qquad (6s) \qquad (4s) \qquad (5s) \qquad (7s)$$

Abb. 5.3.3.1: Auftragssysteme und System von Funktionseinheiten in den Beispielen 5.3.3.2, 5.3.3.4 und 5.3.3.6

Von den Funktionseinheiten nehmen wir an, daß sie elementare Wartesysteme mit *einer* Bedieneinheit sind; entsprechend ist ein Auftragstyp zusätzlich durch die an den Teilaufträgen in Klammern angegebenen Bedienzeiten gekennzeichnet. Die Ankunftszeit des Auftragssystems vom Typ 1 sei $g_1 = 0s$, derjenigen vom Typ 2 seien $g_2 = 0s$, $g_2' = 3s$, $g_2'' = 6s$. Damit ergeben sich die folgenden Belegtzeiten (vgl. Def. 1.4.4) der Bedieneinheiten unter Berücksichtigung der Zahl der Teilaufträge je Typ:

Bedien-einheit	Belegtzeit Typ1	Belegtzeit Typ2	gesamte Belegtzeit	Auslastung
F_1	5+2	4	7+3·4 = 19s	0,38
F_2	3+2	6+5	5+3·11 = 38s	0,76
F_3	7	7	7+3·7 = 28s	0,56
F_4	8	1	8+3·1 = 11s	0,22

Dabei berechnet sich die Auslastung als gesamte Belegtzeit pro Zeitintervall (50s), vgl. 1.4.6. Mit Hilfe der Besuchszahlen ergeben sich folgende Durchsätze für die Teilaufträge:

Bedien-einheit	Besuchszahlen Typ1	v_i Typ2	Durchsatz (in Teilaufträgen)	Grenzdurchsatz (in Teilaufträgen)
F_1	2	1	5/50 = 0,1 s	5/19 = 0,26/s
F_2	2	2	8/50 = 0,16 s	8/38 = 0,21/s
F_3	1	1	4/50 = 0,08 s	4/28 = 0,14/s
F_4	1	1	4/50 = 0,08 s	4/11 = 0,36/s

Abb. 5.3.3.2 zeigt einen möglichen Verlauf der Auftragsbearbeitung als
synchronen Prozeß (Def. 1.3.10 c) in einer Darstellung als Kausalnetz
und als Balkendarstellung (vgl. Abb. 1.3.12). (Die zu AS_1 gehörenden
Teilaufträge sind schwarz hervorgehoben; die gestrichelte Linie zeigt
AS_2).

Der Prozeß illustriert, weshalb 5.3.3.6/ 5.3.3.8 keine hinreichende
Bedingung für die Erledigbarkeit aller Aufträge im Intervall $(t_1; t_2)$ ist;
man vergrößere in Gedanken die Bedienzeiten von b_5, b_5' und b_5''.
Offenbar ist nur

$$\max\{g_k + y_k\} \leq t_2 \qquad 1 \leq k \leq n \qquad (5.3.3.9)$$

(g_k Ankunftszeit, y_k Verweilzeit) für den Auftrag hinreichend. Bei dem
gewählten Prozeß treten Wartezeiten z.B. vor den Bedienzeiten von a_5,
b_2, b_4 und b_5 auf (siehe insbesondere die Zeiten in Abb. 5.3.3.2 a)).

Aus der Definition 5.3.3.1 mit den Aussagen 5.3.3.2 und 5.3.3.6 folgt
eine Schranke für den Durchsatz des Systems FES. Es gilt nämlich
nach 5.3.3.2/6 für den Verkehrsengpaß VE

a)

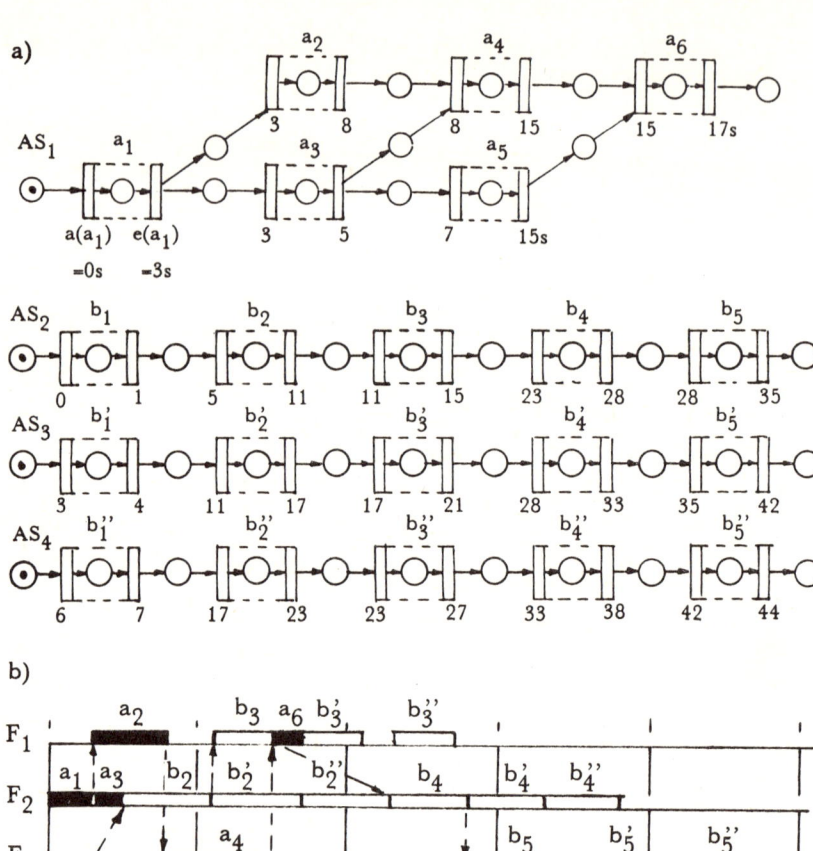

b)

Abb. 5.3.3.2: Synchroner Prozeß in a) Kausalnetz– und b) Balkendiagramm– Darstellung (Gantt-Diagramm)

$$\rho_{VE} = \frac{1}{c_{FE}\,(t_2 - t_1)} \sum_{k=1}^{n} v_{VEk} = max(\rho_i) \leqq 1$$

bzw. entsprechend 5.3.3.5

$$\frac{d_{FES}\,(t_1, t_2) \cdot \overline{v}_{VE}}{c_{VE}} \leqq 1 \qquad (5.3.3.10)$$

$$d_{FES}\ (t_1, t_2) \leqq \frac{c_{VE}}{\overline{v}_{VE}} \qquad\qquad (5.3.3.11)$$

und für eine einfache Instanz als Verkehrsengpaß

$$d_{FES}\ (t_1, t_2) \leqq \frac{1}{\overline{v}_{VE}\ \cdot\ \overline{b}_{VE}}\ , \qquad\qquad (5.3.3.12)$$

wobei $\overline{b}_{VE}$ die mittlere Bedienzeit im Verkehrsengpaß ist.

Das Beispiel 5.3.3.2 hat gezeigt, daß es eine i.a. niedrigere Schranke für den Systemdurchsatz als 5.3.3.6 (und damit 5.3.3.11/12) gibt, nämlich 5.3.3.7, was allerdings weit schwerer auszuwerten ist, da es die Kenntnis der Verweilzeiten voraussetzt. Das Beispiel gibt zugleich einen Hinweis, wann 5.3.3.6 eine zu optimistische Abschätzung ist, nämlich wenn Freizeiten der Engpässe anfallen. Das ist der Fall

– wenn die Systemfüllung f_{FES} zu klein ist

– wenn – auch bei großer Systemfüllung – am Anfang oder Ende des Intervalls $(t_1;\ t_2)$ von den Aufträgen überwiegend eine andere Funktionseinheit als ein Engpaß beaufschlagt wird. Typisches Beispiel: Durchführung eines "Benchmarktests", in dem auf ein zu Beginn und zu Ende des Tests leeres System eine Menge von Aufträgen gegeben wird, für die – üblicherweise – der Zentralprozessor Engpaß ist, die aber mit einer Ausgabephase enden, die den sonst wenig ausgelasteten Drucker beaufschlagt.

5.3.3.6 (und damit 5.3.3.11/12) sind gute Abschätzungen, wenn $(t_1 - t_2)$ groß gegen die Verweilzeit eines einzelnen Auftrags allein im System ist, und die Füllung groß ist. Wir greifen erst in 5.3.5 die Frage auf, wann eine Füllung "groß" ist. Zunächst definieren wir

(5.3.3.3) *Definition: Als Grenzdurchsatz (throughput limit)* c_{FES} *eines Systems FES aus* m *Funktionseinheiten mit den Grenzdurchsätzen* c_i, *mittleren Besuchszahlen* $\overline{v}_i$ $(i \in \{1..m\})$ *bezeichnen wir*

$$c_{FES}\ = \min\left\{\frac{c_i}{\overline{v}_i}\right\} = \frac{c_{VE}}{\overline{v}_{VE}} \qquad\qquad (5.3.3.13)$$

(VE: Verkehrsengpaß).

Im Falle mehrerer Auftragstypen läßt sich der Grenzdurchsatz je Auftragstyp angeben, wahrscheinlich unter Hemmung der anderen Auftragstypen, oder auch für eine Mischung, etwa dem vorgegebenen Durchsatz entsprechend. Dann ist für c_{FE} und $\bar{v}_{VE}$ ein mit den Durchsatzanteilen gewichtetes Mittel einzusetzen.

(5.3.3.4) *Beispiel:* Wir nehmen Beispiel 5.3.3.2 wieder auf.

Funktionseinheit 2 ist Engpaß VE, $\rho_2 = \rho_{VE} = 0,76$. Die (hier ja nicht wirksame) Schranke c_{FES} (vgl. 5.3.3.13) ergibt

$$c_{FES} = \frac{c_{FE}}{\bar{v}_{VE}} = \frac{0,21\,Teilaufträge/s}{2\,Teilaufträge/Auftrag} = 0,105\,Aufträge \quad ,$$

da die mittlere Besuchszahl der Funktionseinheit

$$\bar{v}_{VE} = \frac{1}{n}\sum_{k=1}^{n} v_{VEk} = \frac{1}{4}(2 + 2 + 2 + 2) = 2$$

und ihr Grenzdurchsatz, wie schon ermittelt,

$$c_{VE} = 0,21$$

Teilaufträge/s ist.

Also verbietet der Engpaß, Funktionseinheit 2, mehr als 5,25 Aufträge in 50s durch das System "durchzusetzen". Abb. 5.3.3.2 zeigt aber, daß im kurzen Intervall $t_2 - t_1 = 50s$ die Füllung so niedrig bleibt, daß bereits 4 Aufträge die Obergrenze bilden.

Die bisherigen Überlegungen lassen sich unmittelbar auf den Fall übertragen, daß anstelle einer Funktionseinheit i ein Element eines Typs i von Funktionseinheiten beauftragbar ist. Damit läßt sich der Typendurchsatz, die Typauslastung und der Engpaßtyp nach obigem Vorbild ermitteln, worauf wir verzichten.

Wir wenden uns nun einem *stärker eingeschränkten Auftragsmodell* zu, das meistens vorausgesetzt wird: der Auftrag werde seriell ausgeführt, und jeder Teilauftrag richtet sich an genau eine der Funktionseinheiten des Systems. Indem wir – wie bisher – voraussetzen, daß ein Auftrag seinen Auftragsbeginn hat, sobald alle ihm präzedenten Aufträge beendet sind, ist dann in jedem Zeitpunkt der

Auftragsverweilzeit genau ein Teilauftrag begonnen, aber nicht beendet. Alle bisher abgeleiteten Aussagen gelten weiter. Es ist aber üblich, sie anders zu formulieren.

Dazu untersuchen wir zu jedem Teilauftrag den Nachfolger, der ja nun eindeutig bestimmt ist, der letzte ausgenommen; die Fertigstellung des letzten Teilauftrags eines Auftrags trägt offenbar zum Systemdurchsatz $d_{FES}(t_1, t_2)$ bei. Allgemein bezeichnen wir mit $d_{ij}(t_1, t_2)$ den Durchsatz solcher Teilaufträge in i, die zu Nachfolgern in j führen, wobei auch j = 0 zugelassen sei und den End-Teilauftrag beschreibt. Damit ist

$$d_i(t_1, t_2) = \sum_{j=1}^{m} d_{ij}(t_1, t_2) + d_{i,0}(t_1, t_2) \qquad (5.3.3.14)$$

und

$$d_{FES}(t_1, t_2) = d_0(t_1, t_2) = \sum_{i=1}^{m} d_{i,0}(t_1, t_2) \qquad . \qquad (5.3.3.15)$$

Nun lassen sich die Zugänge $z_i(t_1, t_2)$ ausdrücken als

$$z_i(t_1, t_2) = \sum_{j=1}^{m} d_{ij}(t_1, t_2) + z_{0,i}(t_1, t_2) \qquad , \qquad (5.3.3.16)$$

wobei $z_{0,i}(t_1, t_2)$ der Zugang von Aufträgen an FES mit erstem Teilauftrag in i ist, so daß

$$z_{FES}(t_1, t_2) = \sum_{i=1}^{m} z_{0,i}(t_1, t_2) \qquad (5.3.3.17)$$

Da wir mit $f_{FES}(t_1) = f_{FES}(t_2) = 0$ Flußgleichgewicht gefordert haben, sind alle Zugänge und Durchsätze paarweise gleich, d.h. aus 5.3.3.14 und 5.3.3.16 folgt

$$d_i(t_1, t_2) = \sum_{j=1}^{m} d_{ji}(t_1, t_2) + z_{0,i}(t_1, t_2) \qquad . \qquad (5.3.3.18)$$

Indem wir noch einführen

(5.3.3.5) *Definition:* Als *relative Wegewahlhäufigkeiten* (relative routing frequencies) bezeichnen wir die Quotienten

$$q_{ji} = \frac{d_{ji}(t_1,t_2)}{d_j(t_1,t_2)} \quad ; \qquad (5.3.3.19)$$

diese hängen ebenfalls von $(t_1; t_2)$ ab,

können wir 5.3.3.18 auch so formulieren

$$d_i(t_1,t_2) = \sum_{j=1}^{m} d_j(t_1,t_2) \cdot q_{ji} + z_{o,i}(t_1,t_2) \quad (i \in \{1..m\}) \quad . \qquad (5.3.3.20)$$

Dies ist das *Durchsatzgesetz des eingeschränkten Modells.* Sind alle relativen Wegewahlhäufigkeiten q_{ij} und externen Zugänge $Z_{o,i}(t_1, t_2)$ bekannt und letztere nicht durchweg null (sonst läge ein geschlossenes System vor!), dann läßt sich ein Lösungsvektor $\vec{d} = (d_1, ..., d_i, ..., d_m)$ berechnen, und durch Normierung auf den Systemdurchsatz $d_{FES}(t_1, t_2)$ (5.3.3.17)

$$\frac{d_i(t_1,t_2)}{d_{FES}(t_1,t_2)} = \sum_{j=1}^{m} \frac{d_j(t_1,t_2)}{d_{FES}(t_1,t_2)} \cdot q_{ji} + \frac{z_{o,i}(t_1,t_2)}{d_{FES}(t_1,t_2)}$$

erhalten wir ein Gleichungssystem für $\overline{v}_i$:

$$\overline{v}_i = \sum_{j=1}^{m} \overline{v}_{ij} \cdot q_{ji} + \frac{z_{o,i}(t_1,t_2)}{d_{FES}(t_1,t_2)} \quad , \qquad i \in \{1..m\} \qquad (5.3.3.21)$$

das, wie zu erwarten, die Besuchszahlen aus den relativen Wegewahlhäufigkeiten zu ermitteln gestattet; der rechts stehende Bruch gibt lediglich den Anteil der Auftragsankünfte an, der in i stattfindet. Es sei noch bemerkt, daß i.a. von den Besuchszahlen kein eindeutiger Rückschluß auf die Wegewahlhäufigkeit möglich ist.

(5.3.3.6) Wir greifen wieder Beispiel 5.3.3.2 auf, serialisieren aber nun: a_2 vor a_3 und a_4 vor a_5 . Davon bleiben alle Durchsätze, der Engpaß und der Grenzdurchsatz des Systems unberührt. Unter Berücksichtigung, daß ein Auftrag von Typ 1 und drei Aufträge vom Typ 2 in $(t_1; t_2)$ verarbeitet werden, ist (verkürzt, d.h. ohne (t_1, t_2) notiert):

$$d_1 = 5/50s \quad z_{o,1} = 0/s$$
$$d_2 = 8/50s \quad z_{o,2} = 1/50s$$

$d_3 = 4/50s \quad z_{o,3} = 0/s$
$d_4 = 4/50s \quad z_{o,4} = 3/50s$

Die Matrix der $d_{i,j}$ ist

$$\overline{d}_{i\,j} = \frac{1}{50s} \begin{bmatrix} 0 & 4 & 0 & 0 \\ 4 & 0 & 4 & 0 \\ 0 & 0 & 0 & 1 \\ 1 & 3 & 0 & 0 \end{bmatrix} \;,$$

abzulesen an Abb. 5.3.3.1, und die Matrix der q_{ij} ist

$$\overline{q}_{i\,j} = \begin{bmatrix} 0 & 0,8 & 0 & 0 \\ 0,5 & 0 & 0,5 & 0 \\ 0 & 0 & 0 & 0,125 \\ 0,25 & 0,75 & 0 & 0 \end{bmatrix} \;.$$

Mit einer weiteren Spalte (für j=0) würden wir durchweg die Zeilen-
summe 1 erhalten.

Man überzeugt sich, daß 5.3.3.20 und 5.3.3.21 erfüllt sind, z.B.

$$d_2 = \frac{5}{50s}\cdot 0,8 + \frac{8}{50s}\cdot 0 + \frac{4}{50s}\cdot 0 + \frac{4}{50s}\cdot 0,75 + \frac{1}{50s} = \frac{8}{50s}$$

$$\overline{v}_1 = \frac{5}{4}\cdot 0 + \frac{8}{4}\cdot 0,5 + \frac{4}{4}\cdot 0 + \frac{4}{4}\cdot 0,25 + \frac{0}{4} = \frac{5}{4} \;.$$

Die relativen Wegewahlhäufigkeiten können für dieses Beispiel
folgendermaßen anschaulich gemacht werden: Wir stellen das System der
Funktionseinheiten wie in Abb. 5.3.3.3 dar, wobei jede Funktionseinheit
wie angegeben verfeinert zu denken ist. Dadurch kann der Weg der
(seriellen) Auftragssysteme durch den Weg einer Marke dargestellt werden.
In Abb. 5.3.3.4 sind die Wege der Aufträge vom Typ 1 gestrichelt und
vom Typ 2 durchgezogen dargestellt. Die relativen Wegewahlhäufigkei-

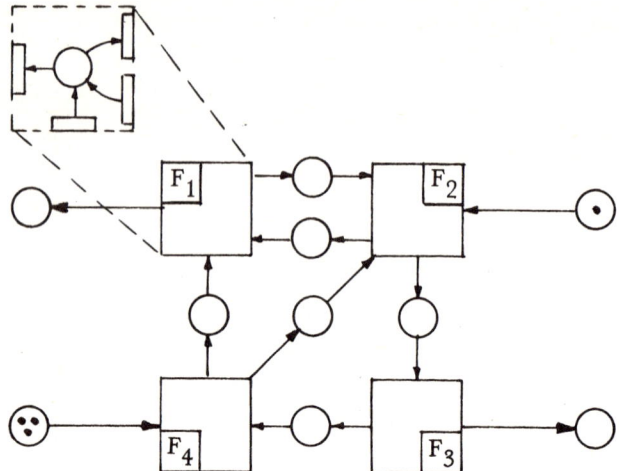

Abb. 5.3.3.3: System von Funktionseinheiten

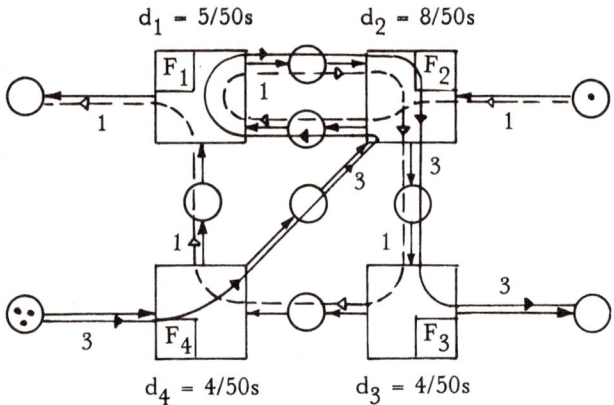

Abb. 5.3.3.4: System von Funktionseinheiten mit Belastung

ten können nun direkt abgelesen werden:

$$z.B.: \qquad q_{21} = \frac{4 \text{ Aufträge von } F_2 \text{ nach } F_1}{8 \text{ Aufträge verlassen } F_2} = 0,5$$

Abb. 5.3.3.5 zeigt alle relativen Wegewahlhäufigkeiten als Übergangswahrscheinlichkeiten von Knoten. Ergänzt man die gestrichelten Zustände für abgehende Aufträge, so ergibt die Summe der Übergangswahrscheinlichkeiten in jedem Zustand 1.

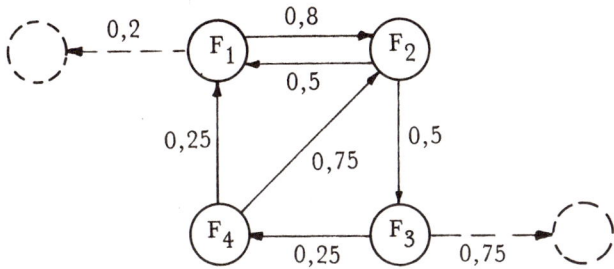

Abb. 5.3.3.5 Relative Wegewahlhäufigkeiten im Zustandsdiagramm

Wir wenden uns nach dem operationalen dem *stochastischen* Modell zu. Wie schon in 5.1 spezialisieren wir uns dabei auf den Fall, daß alle Durchsätze, nun Zufallsvariable $D(t_1, t_2)$, zeitunabhängige Erwartungswerte haben (stationäres Modell):

$$E[D(t_1, t_2)] = E[D] \quad . \qquad (5.3.3.22)$$

Damit dürfen wir nicht länger $f(t_1) = f(t_2) = 0$ verlangen. Stattdessen beschränken wir uns auf

$$E[z_i] < c_i \qquad \text{bzw.}$$

$$\rho_i < 1 \quad . \quad (i \in \{1..m\}) \qquad (5.3.3.23) \quad .$$

Dann können alle Funktionseinheiten langfristig alle zugehenden Aufträge erledigen, d.h. es ist

$$E[Z_i] = E[D_i] \quad , \qquad (5.3.3.24)$$

und es herrscht (langfristig) Flußgleichgewicht.

Es ist üblich, nur Modelle mit seriell durchgeführten Aufträgen zu betrachten, wobei jeder Teilauftrag genau eine Funktionseinheit beaufschlagt, d.h. wir befinden uns auf dem Boden des eingeschränkten Modells, in dem der Auftrag als *eine* Marke durch das Netz der Funktionseinheiten wandert.

Die für unser operationales Modell eingeführten Begriffe und Beziehungen bleiben erhalten. Die Aufträge seien wieder durch Besuchszahlen an den Funktionseinheiten gekennzeichnet, die nach Auftragstyp verschieden sein können; auch die Besuchszahl ist nun ein Erwartungswert, etwa

$E[V_{ia}]$ Erwartungswert der Besuchszahl der Aufträge des Typs a an der Funktionseinheit i

$E[V_i]$ Erwartungswert der mittleren Besuchszahl je Auftrag an der Funktionseinheit i

Entsprechend bestehen Verweilzeiten $E[Y_{ia}]$, $E[Y_i]$, und entsprechend 5.3.3.4 besteht ein allgemeines Durchsatzgesetz als

$$E[D_i] = E[D_{FES}] \cdot E[V_i] \quad , \qquad (i \in \{1..m\}) \qquad (5.3.3.25)$$

wobei wieder FES das System aus m Funktionseinheiten bezeichnet. Ebenso übernehmen wir den Begriff des Verkehrsengpasses, der durch $\max\{E[D_i]/c_i\}$ gekennzeichnet ist, und die Folgerung für den Grenzdurchsatz des Systems als

$$c_{FES} = \frac{c_{VE}}{E[V_{VE}]} \quad . \qquad (5.3.3.26)$$

Anders als zuvor spielen in unserem stochastischen Modell die Randfehler eines Intervalls $(t_1; t_2)$ keine Rolle, so daß c_{FES} besser approximiert wird als im operationalen Fall.

Sehr oft wird das stochastische Modell noch eingeschränkter definiert, indem als Gegenstück zu den relativen Wegewahlhäufigkeiten nach Def. 5.3.3.6 Wegewahlwahrscheinlichkeiten p_{ij} eingeführt werden:

(5.3.3.7) *Definition:* Als *Wegewahlwahrscheinlichkeit* (routing probability) p_{ij} bezeichnen wir die bedingte Wahrscheinlichkeit

$$p_{ij} = P[\textit{Teilauftrag an j} \mid \textit{voriger Teilauftrag an i}] \quad . \qquad (5.3.3.27)$$

Sie sei unabhängig von der Zeit und davon, welche Funktionseinheiten vor i besucht werden und in welcher Folge.

Unter dieser speziellen Annahme führt der Auftrag im Netz der Funktionseinheiten eine Markovsche Bewegung durch, ebenso wie der Zustand der in 4.4 betrachteten Systeme im Zustandsraum. Während aber der in 4.4 betrachtete Prozeß in jedem Punkt des Zeitkontinuums die Markov-Eigenschaft hat, von der Vorgeschichte – abgesehen vom aktuellen Zustand – unabhängig zu sein, gilt das bei dem hier betrachteten Prozeß nur zu den Zeitpunkten, in denen der Zustand gewechselt wird (Markov-Prozeß in diskreter Zeit). Insbesondere sind natürlich auch die Verweilzeiten in den Funktionseinheiten nicht notwendig negativ-exponentiell verteilt.

Im Abschnitt 5.4 studieren wir den Auftragsverkehr in Systemen, deren Zustand einen Markovschen Prozeß in kontinuierlicher Zeit in einem Zustandsraum beschreibt, der das verweilzeitliche *und* systemräumliche Voranschreiten von f_{FES} Aufträgen wiedergibt.

Man kann, um verschiedene Auftragstypen nachbilden zu können, eine erweiterte Definition der Wegewahlwahrscheinlichkeit einführen:

(5.3.3.8) *Definition:* Als *klassenabhängige Wegewahlwahrscheinlichkeit* $p_{ir;js}$ bezeichnen wir die bedingte Wahrscheinlichkeit

$$p_{ir;js} = P[\text{Teilauftrag an } j \text{ in Klasse } s \mid \text{voriger Teilauftrag an } i \text{ in Klasse } r].$$

$$(5.3.3.28)$$

Sie sei unabhängig von der Zeit und von Funktionseinheit und Klasse weiter zurückliegender Teilaufträge desselben Auftrags.

Mit dieser Modellstruktur, deren Mächtigkeit Beispiel 5.3.3.9 zeigen wird, ist es nun möglich, indem man jedem Auftragstyp seine eigene Klasse zuteilt, jedem Auftragstyp seine eigene (Markovsche) Bewegung durch das Netz vorzuschreiben; man kann aber auch denselben Auftrag – etwa abhängig von seiner Vorgeschichte – in verschiedene Klassen aufteilen oder wahrscheinlichkeitsbedingte Wechsel in einen anderen Auftragstyp vollziehen lassen. Dabei bewegen sich die Aufträge in einem $\mathbb{M} \times \mathbb{K}$ – Raum, wobei

$\mathbb{M}$ die Menge der Funktionseinheiten(typen)
$\mathbb{K}$ die Menge der Klassen

ist. Die Elemente dieses Raumes sollen *Orte* (loci) heißen. Die Auftragstypen sind dann im $\mathbb{M} \times \mathbb{K}$ Raum durch Graphen beschreibbar, deren Kanten durch die von null verschiedenen Übergangswahrscheinlichkeiten des Auftragstyps angegeben werden. Voneinander disjunkte Graphen heißen *Subketten* (subchains) des Zustandsraumes. Es ist bei Existenz mehrerer Auftragstypen durchaus möglich, daß in einem offenen System, d.h. also einem, in dem ein Ort (o,k) Knoten wenigstens eines Auftragstypgraphen ist, weitere Subketten bestehen, die die Funktionseinheit o nicht berühren; dann ist das System bezüglich dieser Subketten bzw. Auftragstypen geschlossen.

Entsprechend 5.3.3.20 gilt für die Übergangswahrscheinlichkeit nach Def. 5.3.3.7

$$E[D_i] = \sum_{j=1}^{m} E[D_j] \cdot p_{ji} + E[Z_{o,i}] \quad . \quad (i \in \{1..m\}) \tag{5.3.3.29}$$

Hieraus läßt sich (es muß wenigstens ein $E[Z_{o,i}]$ von null verschieden sein!) bei Kenntnis einer Belastung, die alle p_{ij} und $E[Z_{o,i}]$ vorgibt, der Vektor der Durchsätze, $\vec{E}[D_i]$, berechnen. Ebenso läßt sich, entsprechend 5.3.3.21, aus

$$E[V_i] = \sum_{j=1}^{m} E[V_j] \cdot p_{ji} + \frac{E[Z_{o,i}]}{E[D_{FES}]} \quad , \tag{5.3.3.30}$$

$$\text{wobei} \quad E[D_{FES}] = \sum_{i=1}^{m} E[Z_{o,i}] \quad ,$$

der Vektor der Besuchszahlen, $\vec{E}[V_i]$, berechnen.

Für die erweiterten Wegewahrscheinlichkeiten nach Def. 5.3.3.8 gilt entsprechend 5.3.3.20

$$E[D_{i,r}] = \sum_{j=1}^{m} \sum_{s=1}^{n} E[D_{j;s}] \cdot p_{js;ir} + E[Z_{o,i}] \quad . \tag{5.3.3.31}$$

(5.3.3.9) *Beispiel:* Ein mittelgroßes Rechensystem besteht aus Zentralprozessor, Platte für eine Datenbank, Systemplatte für Zwischenspeicherung der Ein/Ausgabe (Spooling, vgl. 5.6.2) und für System- und Benutzerdateien. Das System wird mit zwei Typen von Aufträgen beaufschlagt:

"Stapelaufträge", Zugang 0,01/s; sie beginnen stets mit einem Rechenteilauftrag A im Zentralprozessor. Mit 90% Wahrscheinlichkeit folgt ein Zugriff auf die Systemplatte, mit 5% ist der Auftrag fertig, und mit 5% folgt ein Rechenteilauftrag B. Nach Benutzung der Systemplatte erfolgt stets aufs neue ein Rechenteilauftrag A mit denselben nachfolgenden Wegewahlwahrscheinlichkeiten. Mit 95% Wahrscheinlichkeit wird Rechenteilauftrag B in einen Teilauftrag an die Datenbankplatte übergehen, worauf mit 50% Wahrscheinlichkeit wieder ein B-Teilauftrag folgt; mit 5% Wahrscheinlichkeit führt er wieder in einen A-Teilauftrag. Mit den verbleibenden 50% Wahrscheinlichkeit folgt auf den Teilauftrag an den Datenbankplatte ein weiterer; ein dazwischen notwendiger priorisierter Teilauftrag an den Zentralprozessor werde vernachlässigt.

"Abfrageaufträge" vom Terminal, Zugang 0,2/s. Sie beginnen stets mit einem Rechenteilauftrag C und einem nachfolgenden Transport an der Systemplatte. Darauf folgt ein neuer Rechenteilauftrag D und danach mit 10% Wahrscheinlichkeit ein neuer Transport an der Systemplatte und das Ende des Auftrags. Mit 90% Wahrscheinlichkeit folgt auf den Rechenteilauftrag D ein Datenbankplatten-Teilauftrag und wieder der Rechenteilauftrag D mit den gleichen Wegewahlwahrscheinlichkeiten.

Wir setzen zur Lösung zunächst den Auftragsfluß in einen Orts- (d.h. Funktionseinheiten X Klassen) – Graphen um, vgl. Abb. 5.3.3.6. Es handelt sich offenbar um zwei Auftragstypen, die keine gemeinsamen Orte haben; die beiden bilden Subketten.

Wir haben zur Modellierung je Auftragstyp 2 Klassen eingesetzt, um die verschiedenen Wegewahlwahrscheinlichkeiten und, wie wir später sehen werden, Bedienzeiten der Teilaufträge an derselben Funktionseinheit trennen zu können. An den Kanten des Graphen sind die Wegewahlwahrscheinlichkeiten entsprechend Def. 5.3.3.8 eingetragen. Für die Durchsätze durch die Orte gilt 5.3.3.21 ($i \in \{1..3\}$, $k \in \{1..4\}$)

"Stapelaufträge"

$$E[D_{11}] = E[D_{12}] \cdot 0,05 + E[D_{21}] + 0,01/s$$
$$E[D_{12}] = E[D_{11}] \cdot 0,05 + E[D_{31}] \cdot 0,5$$
$$E[D_{21}] = E[D_{11}] \cdot 0,9$$
$$E[D_{32}] = E[D_{12}] \cdot 0,95 + E[D_{32}] \cdot 0,5 \quad .$$

Damit ergeben sich die Teildurchsätze und ortsbezogenen(!) Besuchszahlen (auf "Stapelaufträge" bezogen)

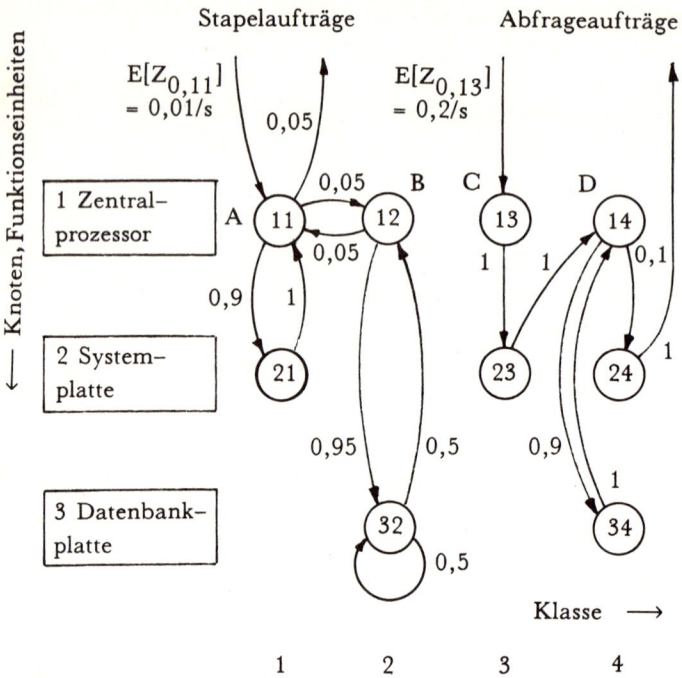

Abb. 5.3.3.6 Funktionseinheiten x Klassen–Graph zu Beispiel 5.3.3.9

$E[D_{11}] = 0,2/s \qquad E[V_{11}] = 20$
$E[D_{12}] = 0,2/s \qquad E[V_{12}] = 20$
$E[D_{21}] = 0,18/s \qquad E[V_{21}] = 18$
$E[D_{32}] = 0,38/s \qquad E[V_{32}] = 38 \quad .$

"Abfrageaufträge"

$E[D_{13}] = 0,2/s$
$E[D_{23}] = E[D_{13}]$
$E[D_{14}] = E[D_{23}] + E[D_{34}]$
$E[D_{24}] = E[D_{14}] \cdot 0,1$
$E[D_{34}] = E[D_{14}] \cdot 0,9 \quad .$

Damit ergeben sich die Teildurchsätze und Besuchszahlen (auf "Abfrageaufträge" bezogen).

$E[D_{13}] = 0,2/s \qquad E[V_{13}] = 1$

$$E[D_{23}] = 0{,}2/s \quad E[V_{23}] = 1$$
$$E[D_{14}] = 2/s \quad E[V_{14}] = 10$$
$$E[D_{24}] = 0{,}2/s \quad E[V_{24}] = 1$$
$$E[D_{34}] = 1{,}8/s \quad E[V_{34}] = 9 \quad .$$

Durchsätze der Funktionseinheiten:

$$E[D_1] = E[D_{11}] + E[D_{12}] + E[D_{13}] + E[D_{14}] = 2{,}6/s$$
$$E[D_2] = E[D_{21}] + E[D_{23}] + E[D_{24}] = 0{,}58/s$$
$$E[D_3] = E[D_{32}] + E[D_{34}] = 2{,}18/s \quad .$$

Um noch die Auslastungen der Funktionseinheiten zu berechnen, die wir durchweg als einfache Instanzen ansehen können (die beiden Plattenspeicher sind für die Operation "Lesen" und "Schreiben" Instanzen, nur für das "Lagern" Kanäle!), benutzen wir 5.3.3.7 in der hier entsprechenden Form

$$\rho_i = E[D_i] \cdot E[B_i] \quad ,$$

wobei B_i die Bedienzeit eines Teilauftrages ist. Allerdings entsteht in unserem Beispiel die Gesamtauslastung der Instanzen durch eine Überlagerung von Durchsätzen; da in einfachen Funktionseinheiten die Auslastung als relative Belegtzeit angesehen werden kann, addieren sich die Teilauslastungen zur Gesamtauslastung:

$$\rho_i = \sum_{r=1}^{n} E[D_{ir}] \cdot E[B_{ir}] \tag{5.3.3.32}$$

Es sei

$$\left. \begin{array}{l} E[B_{11}] = 2s \\ E[B_{12}] = 0{,}05s \\ E[B_{13}] = 0{,}2s \\ E[B_{14}] = 0{,}05s \end{array} \right\} \quad \text{Funktionseinheit 1: Zentralprozessor}$$

$$\left. \begin{array}{l} E[B_{21}] = 0{,}1s \\ E[B_{23}] = 0{,}1s \\ E[B_{24}] = 0{,}1s \end{array} \right\} \quad \text{Funktionseinheit 2: Systemplatte}$$

$$\left. \begin{array}{l} E[B_{32}] = 0{,}05s \\ E[B_{34}] = 0{,}05s \end{array} \right\} \quad \text{Funktionseinheit 3 : Datenbankplatte}$$

Damit ist nach 5.3.3.31

$$\rho_1 = 0,2\cdot + 0,2\cdot 0,05 + 0,2\cdot 0,2 + 2\cdot 0,05 = 0,55$$
$$\rho_2 = 0,18\cdot 0,1 + 0,2\cdot 0,1 + 0,2\cdot 0,1 = 0,058$$
$$\rho_3 = 0,38\cdot 0,05 + 1,8\cdot 0,05 = 0,109 \quad .$$

Der Zentralprozessor ist Engpaß. An dieser Stelle ergibt sich zugleich, daß die Durchsätze die Grundannahme 5.3.3.23/24 unseres Modells einhalten: alle Auslastungen sind kleiner als eins, d.h. alle Durchsätze sind kleiner als die Grenzdurchsätze. – Wir nehmen das Beispiel im Abschnitt 5.4.5 wieder auf und berechnen die sich ergebenden Verweilzeiten, allerdings unter zusätzlichen Voraussetzungen.

Schließlich haben wir den Fall der *geschlossenen Systeme* zu behandeln. Bei den offenen Systemen kann man offenbar aus der bekannten Belastung die Durchsätze und Auslastungen der Funktionseinheiten und den Grenzdurchsatz des Netzes angeben. Dazu werden Ankunftsprozeß und Auftragstypbeschreibung (z.B. Auftragssystem, Besuchszahlen, Bedienzeiten, Wegewahlhäufigkeiten/wahrscheinlichkeiten) herangezogen. Da wir versichert sind, daß das System wieder von allen Aufträgen geleert wird bzw. alle Auslastungen unter eins bleiben, können im Wettbewerb stehende Aufträge den Durchsatz nicht beeinflussen. Die sehr viel schwieriger zu beantwortende Frage nach den Verweilzeiten haben wir hinausgeschoben. In ihre Beantwortung gehen nicht nur die genannten Größen der Auftragsbeschreibung ein, sondern auch die Wettbewerbssituation an den Funktionseinheiten und die Bedienstrategien. Sie sorgen dafür, daß die Aufträge verkehrsabhängige Wartezeiten hinnehmen müssen. Erst über die Kenntnis der mittleren Verweilzeiten sind über die Littlesche Formel auch mittlere Füllungen berechenbar.

Bei geschlossenen Systemen und ebenso bei geschlossenen Subketten in offenen Systemen ist die Situation wesentlich schwieriger, weil der Auftragsankunftsprozeß keine externe Größe ist, sondern sich aus den Verweilzeiten ergibt. Diese sind zwar durch die Auftragstypen, die Füllung und die Bedienstrategien festgelegt, aber nicht mit elementaren Mitteln zu berechnen. Andererseits läßt sich aus ihnen, da ja die Füllung (bezüglich aller Subketten!) vorgegeben ist, der Durchsatz, und damit die abgeleiteten Größen, wie Auslastungen, sofort angeben.

Im geschlossenen System endet die Verweilzeit eines Auftrags mit der Erledigung des Endauftrags und führt unmittelbar zum Beginn der Verweilzeit eines neuen Auftrags. Dieser gehört derselben Subkette an; daher nennt man die Verweilzeit in geschlossenen Systemen auch anschaulich *Umlaufzeit*. Für jeden so abgegrenzten Auftrag sind wieder Besuchszahlen definiert, ebenso ergeben sich

Wegewahlhäufigkeiten bzw. Wegewahlwahrscheinlichkeiten, auch in der erweiterten Form 5.3.3.28. Ebenso ist der Grenzdurchsatz nach Def. 5.3.3.3 bestimmbar, allerdings nur für jeweils einen Auftragstyp, solange die Durchsätze unbekannt sind. Auch die Berechnung der Besuchszahlen aus den Wegewahlhäufigkeiten bzw. Wegewahlwahrscheinlichkeiten nach 5.3.3.21 bzw. 5.3.3.30 ist weiter möglich; der Ankunftsort i ist derjenige, an dem der Auftrag seinen Anfangsauftrag erledigt. Dagegen liefern 5.3.3.20 bzw. 5.3.3.29 die Durchsätze nur noch bis auf einen konstanten Faktor, da die Gleichungssysteme bei Verschwinden des Zugangs $Z_{o,i}$ homogen werden.

Wenn man aber die Durchsätze messen kann, wozu ein Intervall $(t_1; t_2)$ besonders geeignet ist, für das alle Aufträge im Zeitpunkt t_1 in derselben Scheibe ihres Kausalnetzes sind wie in t_2, kann man natürlich alle zuvor für die operationale Behandlung geschlossener Netze (Subketten) angegebenen Gesetzmäßigkeiten ausnutzen.

Wir nehmen die Ermittlung des Durchsatzes in geschlossenen Systemen wieder auf in
- 5.3.5: durch Beschränkung auf Grenzfälle und in
- 5.4:   durch Beschränkung auf enge Klassen von Belastungen und Systemen.

5.3.4 Verweilzeitgesetze

Ohne wesentliche Einengung der bislang benutzten Voraussetzungen lassen sich gewisse, allerdings ziemlich unspezifische, Aussagen über die Verweilzeit von Aufträgen in Systemen machen. Wir setzen dazu im folgenden voraus, daß ein Teilauftrag an seinen Auftragnehmer erteilt wird, sobald alle außerhalb des Auftragnehmers liegenden Voraussetzungen erfüllt sind, insbesondere natürlich Erledigung der präzedenten Teilaufträge und Eintreten etwaiger anderer Synchronisationsbedingungen. Mit diesem Zeitpunkt beginnt also die Verweilzeit des Teilauftrags; sie endet mit der Erledigung; wenn – weil andere den Nachfolgeteilauftrag bedingende Ereignisse noch ausstehen – der Nachfolgeteilauftrag noch nicht vergeben werden kann, findet die Verweilzeit nicht unmittelbar ihre Fortsetzung in einer anderen. Das bedeutet, daß nicht jeder Auftrag jederzeit mit einem Teilauftrag zur Füllung des Systems beiträgt, gezählt in Teilaufträgen; natürlich sehr wohl zur Füllung, gezählt in Aufträgen! Um zu verhindern, daß einer belegten Funktionseinheit ein weiterer Teilauftrag zugeht, müssen erforderlichenfalls Funktionseinheiten begrenzter Kapazität mit Wartepools ausgestattet werden. Die Wartepools müssen natürlich im realen System keineswegs ihrer Funktionseinheit ausschließlich zugeordnet sein. Der Auftrag geht der um den Wartepool vergrößerten Funktionseinheit zu. Diese Funktionseinheit stellt ein elementares Wartesystem nach 5.2 dar; abhängig von der Bedienstrategie, der Füllung und der Kapazität der Bedienstation besteht die Verweilzeit neben Bedienzeit zusätzlich aus Wartezeit.

(5.3.4.1)   *Beispiel* wie Beispiel 5.3.3.2: Abb. 5.3.3.4 läßt erkennen, daß die Teilaufträge a_5, b_2, b_4, b_2', b_4', b_5', b_2'', b_4'' und b_5'' vor ihrer Bedienzeit eine Wartezeit hinnehmen müssen. Die Beendigung des Teilauftrags a_3 fällt nicht mit dem Beginn von a_4 zusammen, da a_2 noch aussteht.

Zu dem Teilauftrag l sei z_l der Auftragsbeginn und y_l die Verweilzeit, e_l das Auftragsende. Natürlich ist

$$e_l = y_l + z_l \, . \tag{5.3.4.1}$$

$\cdot l$ sei die Menge der zu l direkt präzedenten Teilaufträge. Damit gilt, falls keine externen Synchronisationsbedingungen abgewartet werden,

$$e_l = y_l + \begin{cases} \max_{i \in \cdot l}\{e_i\} & falls \ \cdot l \neq \emptyset \\ \\ z_l & sonst \end{cases} \tag{5.3.4.2}$$

5.3.4.2 ist das *verallgemeinerte Verweilzeitgesetz*. Sind die Auftragsbeginnzeit-punkte z_p aller Teilaufträge ohne Vorgänger und alle Verweilzeiten y_i bekannt, so lassen sich alle e_l und damit auch das Auftragsende e_{AS} des Auftragssystems $AS = (a, \prec \cdot)$ berechnen:

$$e_{AS} = \max_{l \in A}\{e_l\} \quad , \qquad (5.3.4.3)$$

und die Verweilzeit des Auftragssystems beträgt

$$y_{AS} = e_{AS} - \min_{l \in A}\{z_l\} \quad . \qquad (5.3.4.4)$$

Im wichtigsten Spezialfall, nämlich daß das Auftragssystem seriell ausgeführt wird, vereinfacht sich 5.3.4.4 zu

$$y_{AS} = \sum_{j=1}^{r} y_{AS,j} \quad , \qquad (5.3.4.5)$$

dabei ist $AS = (A, \prec \cdot)$ mit $A = \{a_1, ..., a_j, ...a_r\}$ mit zugehörigen Verweilzeiten $y_{AS,j}$ vorausgesetzt. Indem die Teilaufträge den ausführenden Funktionseinheiten i ($i \in \{1..m\}$) zugeordnet werden, wir wieder Besuchszahlen $v_{AS,i}$ einführen und mittlere Verweilzeiten $\overline{y}_{AS,i}$ an den Funktionseinheiten, folgt

$$y_{AS} = \sum_{i=1}^{m} v_{AS,i} \cdot \overline{y}_{AS,i} \quad . \qquad (5.3.4.6)$$

Schließlich kann man über mehrere Auftragssysteme mitteln und erhält

$$\overline{y} = \sum_{i=1}^{m} \overline{v}_i \cdot \overline{y}_i \quad , \text{ wobei } \overline{v}_i = \frac{\overline{v_{AS,i} \cdot \overline{y}_{AS,i}}}{\overline{y}_i} \quad , \qquad (5.3.4.7)$$

was meist als *Verweilzeitgesetz* bezeichnet wird. Finden alle Teilaufträge freie Funktionseinheiten vor und ist die Bedienstrategie produktiv, dann ist

$$\overline{y} = \sum_{i=1}^{m} \overline{v}_i \cdot \overline{b}_i \quad , \qquad (5.3.4.8)$$

wobei $\bar{b}_i$ die mittlere Bedienzeit in i darstellt. Die erste Bedingung ist u.a. dann erfüllt, wenn jeder Auftrag allein im System FES ist ($f_{FES} \leq 1$ Auftrag). Dann ist nach Definition der Bedienzeit die Verweilzeit des Auftrages eine Bedienzeit b im System:

$$\bar{b} = \sum_{i=1}^{m} \bar{v}_i \cdot \bar{b}_i \quad . \tag{5.3.4.9}$$

Dieser Schluß kann auch auf der allgemeineren Grundlage von 5.3.4.2 gezogen werden, wenn sichergestellt ist, daß jeder Teilauftrag eine freie Funktionseinheit vorfindet. Es ist dann

$$e_l = b_l + \begin{cases} \max_{i \in \cdot l} \{e_i\} & \text{falls } \cdot l \neq \emptyset \\ \\ z_l & \text{sonst} \end{cases} \tag{5.3.4.10}$$

Hierfür ist aber $f_{FES} \leq 1$ Auftrag nicht hinreichend, da ein Teilauftrag i.a. an einer Funktionseinheit auf die Fertigstellung eines nebenläufigen Teilauftrags für dieselbe Funktionseinheit warten kann.

Es sei noch bemerkt, daß die Bedienzeit die Verweilzeit in derselben Weise nach unten begrenzt wie der Grenzdurchsatz den Durchsatz nach oben. In 5.3.5 nutzen wir die Existenz dieser Schranken aus.
Alle Ergebnisse sind in den stochastischen Fall übertragbar, insbesondere (5.3.4.5) und (5.3.4.7):

$$E[Y] = \sum_{i=1}^{m} E[V_i] \cdot E[Y_i] \tag{5.3.4.11}$$

und (falls jeder Teilauftrag eine freie Funktionseinheit vorfindet)

$$E[B] = \sum_{i=1}^{m} E[V_i] \cdot E[B_i] \quad . \tag{5.3.4.12}$$

Dabei ist vorauszusetzen, daß für diejenigen Aufträge, über die die Erwartung gebildet wird, die Besuchszahl V_i und die mittlere Verweilzeit Y_i bzw. die mittlere Bedienzeit B_i unabhängig sind.

5.3.5 Grenzverhalten bei kleiner und großer Füllung

Zwei Grenzfälle des Verhaltens eines Systems unter Belastung sind verhältnismäßig einfach zu berechnen und zu messen, und diese legen zudem das Gesamtverhalten weitgehend fest: diese sind die mittlere Bedienzeit und der Grenzdurchsatz.

Zur Untersuchung betrachten wir ein System S in einem Zeitraum, der so groß ist, daß die in 5.1 beschriebenen Randeffekte vernachlässigt werden können. In diesem Zeitraum möge die mittlere Füllung $\overline{f}_S$, der Durchsatz d_S, die mittlere Verweilzeit $\overline{y}_S$ betragen. Im stochastischen Modell mögen zeitunabhängige Erwartungswerte $E[F_S]$, $E[D_S]$, $E[Y_S]$ bestehen. Es gilt Littles Formel (5.1). Die Aufträge sind als Auftragssysteme beschrieben. Das System kann offen oder geschlossen sein. Die mittlere Verweilzeit eines Auftrages im System allein, nach Definition seine Bedienzeit, sei $\overline{b}_S$ bzw. $E[B_S]$; sie ist nach den Formeln in 5.3.4 berechenbar, sehr oft auch einfach meßbar. Der Grenzdurchsatz ergibt sich nach 5.3.3.13 als

$$c_S = \frac{c_{VE}}{\overline{v}_{VE}} \quad bzw. \quad \frac{c_{VE}}{E[V_{VE}]} \ .$$

Im allgemeinen wird die Anwesenheit eines weiteren Auftrags im System die Verweilzeit erhöhen (wir sehen von dem anomalen Beispiel ab). Als "klein" bezeichnen wir eine Füllung des Systems, bei der die Verweilzeit nicht wesentlich von der Bedienzeit verschieden ist. Nach Littles Formel (5.1) gilt dann

$$d_S = \frac{\overline{f}_S}{\overline{y}_S} \approx \frac{\overline{f}_S}{\overline{b}_S} \ , \tag{5.3.5.1}$$

d.h. der Durchsatz wächst bei kleinen Füllungen proportional dem Mittelwert der Füllung. Es sei darauf hingewiesen, daß sehr wohl die Füllung einen kleinen Mittelwert haben kann, ohne daß sich im System je die Verhältnisse von kleiner Füllung ergeben, nämlich wenn in einen langen Zeitraum, in dem das System frei ist, kurze Intervalle großer Füllung fallen. Natürlich gilt dann unsere Überlegung nicht, weil die Aufträge sich erheblich behindern können. Beschränkt man sich auf geschlossene Systeme, so braucht man diese Einschränkung nicht auszusprechen; insbesondere tritt hier bei $f_S = 1$ keine Behinderung auf und 5.3.5.1 gilt exakt.

Bei großer Füllung des Systems wird der Durchsatz durch den Verkehrsengpaß begrenzt, und wenn dieser voll ausgelastet wird, folgt

$$\overline{y}_S = \frac{\overline{f}_S}{d_S} \approx \frac{\overline{f}_S}{c_S} \tag{5.3.5.2}$$

d.h. die mittlere Verweilzeit wächst bei großen Füllungen proportional dem Mittelwert der Füllung.

Ein konsistentes Bild ergibt sich nur, wenn der Charakter der Aufträge durch die

Füllung unbeeinflußt bleibt. Wir verlangen daher faire Bedienstrategien, um zu verhindern, daß im stark gefüllten System eine Veränderung der Auftragsmischung durch unbegrenztes Warten eintritt.

Offenbar zeigt das System den folgenden asymptotischen Verlauf von Durchsatz und mittlerer Verweilzeit als Funktion der mittleren Füllung (Abb. 5.3.5.1). Der Schnittpunkt der beiden Asymptoten liegt bei der mittleren Füllung

$$\bar{f}_s{}^* = c_s \cdot \bar{b}_s \ . \tag{5.3.5.3}$$

Dieser Wert heißt *Sättigungsfüllung*. Er erlaubt abzuschätzen, was "kleine" und "große" Füllung ist, und ist zugleich, da im geschlossenen System der Durchsatz für einen Auftrag allein

$$d_s(f_s = 1) = \frac{1}{b_s} \ \text{ist},$$

gleich dem Verhältnis von Grenzdurchsatz zum Durchsatz im mit nur einem Auftrag belasteten geschlossenen System.

Das graphische Bild der beiden Funktionen $E[D_S]$, $E[Y_S]$ folgt umso besser den Asymptoten, je geringer die Streuung der Bedienzeiten ist. Für konstante Bedienzeiten fällt es mit den Asymptoten zusammen. Bei streuenden Bedienzeiten fällt der Durchsatz niedriger und die Verweilzeit höher aus, wenn das Verhalten des Systems durch mehrere Engpässe bestimmt wird oder mehrere Instanzen fast so hoch wie der Engpaß ausgelastet sind.

Wir haben bisher angenommen, daß die Verweilzeit – solange keine Behinderung eintritt – und der Grenzdurchsatz von der mittleren Füllung unabhängig sind. Das ist nicht notwendigerweise so, wenn ein Overhead vom System aufzubringen ist. Wir unterscheiden verschiedene Fälle.

Der Overhead nehme einen füllungsunabhängigen Anteil der Leistung des Systems ein. So wird etwa eine periodische Unterbrechungsbehandlung im Zentralprozessor die mittleren Bedienzeiten um einen konstanten Faktor strecken und – ist er bereits Engpaß – den Grenzdurchsatz verkleinern; er kann aber auch erst durch die Bürde des Overheads Engpaß werden.

Nimmt der Overhead proportional oder überproportional zur mittleren Füllung zu, etwa durch periodischen Aufruf der Planungskomponente des Betriebssystems mit einer der Füllung proportionalen oder überproportionalen Laufzeit, so nimmt der Grenzdurchsatz der beanspruchten Funktionseinheit für die Aufträge des Systems hyperbolisch ab; ab einer gewissen mittleren Füllung wird diese Funktionseinheit Engpaß und bestimmt das asymptotische Verhalten.

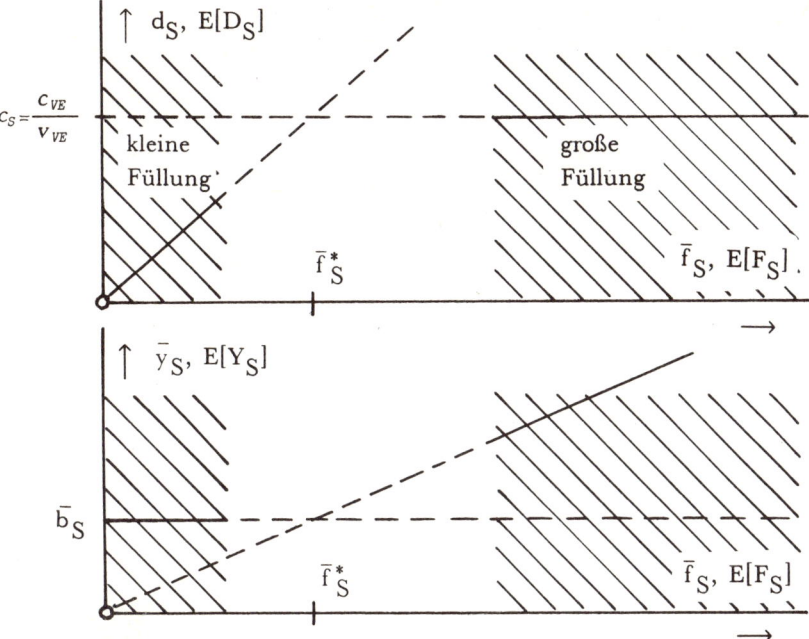

Abb. 5.3.5.1: Verhalten eines Systems mit Bedienzeit $\bar{b}_S$ ($E[B_S]$) und Grenzdurchsatz c_S. $\bar{f}_S^*$ ist die Sättigungsfüllung.

Abbildung 5.3.5.2 zeigt die beiden Overheadfälle (die sich natürlich überlagern
können). Man beachte, daß die $\bar{d}_S$ und $\bar{y}_S$-Kurven über die Littlesche Formel miteinander zusammenhängen.

Besonders durchsichtige Verhältnisse ergeben sich für das Grenzverhalten von
geschlossenen Systemen. Hier ist die Füllung eine konstante Größe, und die Unterscheidung von Füllung und mittlerer Füllung entfällt. Wir engen unsere Untersuchung auf den folgenden wichtigen Fall ein.

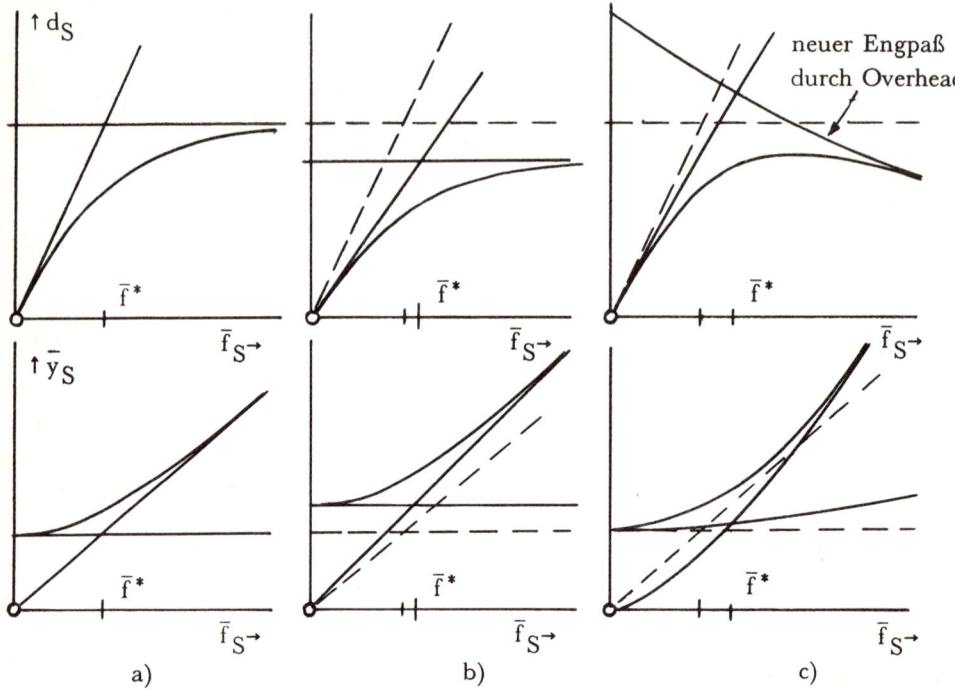

Abb. 5.3.5.2: Idealer Verlauf von Durchsatz d_S und mittlerer Verweilzeit $\bar{y}_S$ (a), füllungsunabhängiger Overhead in Verweilzeit und Grenzdurchsatz (b), mit der Füllung wachsender Overhead, durch den bei großer Füllung ein anderer Engpaß entsteht (c). Entsprechendes gilt im stochastischen Fall für $E[B_S]$, $E[Y_S]$, $E[F_S]$.

(5.3.5.1)   *Beispiel*: Ein System S bestehe aus m Instanzen i ($i \in \{1..m\}$), gekennzeichnet durch Bedienzeiten $E[B_i]$ und m_i Bedieneinheiten. Die Bedienstrategien seien produktiv und fair. Die Grenzdurchsätze sind folglich $c_i = \dfrac{m_i}{E[B_i]}$. Die Belastung besteht aus f_S seriell ausgeführten Auftragssystemen mit (von Bedienstrategien unabhängigen) Besuchszahlen $E[V_i]$. Da die Bedienstrategien produktiv sind, folgt

$$E[B_S] = E[Y(f_S=1)] = \sum_{i=1}^{m} E[V_i] \cdot E[B_i]$$

wie 5.3.4.12. Weiter ist

$$c_S = \frac{c_{VE}}{E[V_{VE}]} = \frac{m_{VE}}{E[V_{VE}] \cdot E[B_{VE}]} \; , \tag{5.3.5.4}$$

und nach 5.3.5.3

$$f_S{}^* = c_S \cdot E[B] = \frac{m_{VE} \cdot \sum E[V_i] \cdot E[B_i]}{E[V_{VE}] \cdot E[B_{VE}]} \ . \tag{5.3.5.5}$$

Die Auslastung des Knotens i ist wegen $E[D_i] = E[V_i] \cdot E[D_S]$

$$\rho_i = \frac{E[V_i] \cdot E[D_S]}{c_i} = \frac{E[V_i] \cdot E[B_i]}{m_i} \cdot E[D_S], \tag{5.3.5.6}$$

Damit läßt sich 5.3.5.5 auch schreiben als

$$f_S{}^* = \frac{\sum\limits_{i=1}^{m} m_i \dfrac{E[V_i] \cdot E[B_i]}{m_i}}{\dfrac{E[V_{VE}] \cdot E[B_{VE}]}{m_{VE}}} = \frac{\sum\limits_{i=1}^{m} m_i \rho_i}{\rho_{VE}} \tag{5.3.5.7}$$

Also läßt sich die Sättigungsfüllung auf die Auslastung der Instanzen zurückführen! Im Sonderfall, daß alle Instanzen einfach sind ($m_i \equiv 1$), ist

$$f_S{}^* = \frac{\sum\limits_{i=1}^{m} \rho_i}{\rho_{VE}} \ . \tag{5.3.5.8}$$

Falls alle Instanzen gleich ausgelastet sind, besagt unser Ergebnis, daß eine Füllung als klein anzusehen ist, die klein gegen die Zahl der unabhängig beauftragbaren Instanzen ist.

Im Sonderfall, daß alle Instanzen einfach sind, folgt auch ein einfaches Meßverfahren, mit dem sich die Kennwerte der Diagramme ermitteln lassen. Man schicke eine Menge von Aufträgen, die man für repräsentativ hält, seriell durch das System. Die mittlere Bedienzeit ergibt sich durch Messung der individuellen Bedienzeiten der Aufträge und Mittelung oder – bei n Aufträgen – durch Mittelung über die Summe aller Belegtzeiten x_i:

$$\bar{b}_S = \frac{1}{n} \sum\limits_{i=1}^{m} x_i$$

Die Belegtzeit der Instanz i gibt an, wie lange die Instanz i während des Meßintervalls, in dem n Aufträge bedient wurden, belegt war. Der Engpaß VE folgt aus $x_{VE} = \max\{x_i\}$. Der Grenzdurchsatz beträgt

$$c_S = \frac{n}{x_{VE}} \tag{5.3.5.10}$$

und die Sättigungsfüllung

$$f_0{}^* = \frac{\sum\limits_{i=1}^{m} x_i}{x_{VE}} \ . \tag{5.3.5.11}$$

Wir benutzen die Ergebnisse dieses Beispiels zur Analyse einer Mehrprozessoranlage im Vergleich zu einer Einprozessoranlage gleichen Prozessorgrenzdurchsatzes.

(5.3.5.2) *Beispiel*: Der Auftragsverkehr in einer Rechenanlage sei im wesentlichen durch Rechen- und Transportphasen bestimmt. Ein Auftrag verlange im Mittel $E[V_{ZP}] = 100$ Rechenphasen, $E[B_{ZP}] = 30$ ms, und 100 Transportphasen, die sich auf 4 Platten gleichmäßig verteilen, $E[V_P] = 100$, $E[B_P] = 20$ ms, $m_P = 4$. Es wird erwogen, anstelle des einen Prozessors 4 Prozessoren von je einem Viertel der Leistung ($E[B_{P'}] = 120$ ms) einzusetzen.

Mit einem Prozessor ist $E[B_S] = E[V_{ZP}] \cdot E[B_{ZP}] + E[V_P] \cdot E[B_P]$.

$E[B_S] = 100 \cdot 30 \text{ ms} + 100 \cdot 20 \text{ ms} = 5 \text{ s}$

Die Auslastung ist nach 5.3.5.6

$$\rho_i = \frac{E[V_i] \cdot E[B_i]}{m_i} \cdot E[D_S] \ .$$

Sie ist maximal für den Prozessor, der also Verkehrsengpaß VE ist.

$$c_S = \frac{c_{ZP}}{E[V_{ZP}]} = \frac{1}{30 ms \cdot 100} = 0,33/s$$

$$f_S^* = 0,33 \cdot 5 = 1,65$$

(um diesen Faktor kann Mehrprogrammbetrieb den Durchsatz verbessern).

In Abb. 5.3.5.3 ist der hier (geschlossenes System!) exakt bestimmbare Wert für $f_S = 1$ eingetragen (⊗) und zusätzliche Schätzpunkte für größere Füllungen.

Bei Übergang auf 4 Prozessoren von je einem Viertel der Leistung folgt

$E[B_S]' = 100 \cdot 120 \text{ ms} + 100 \cdot 20 \text{ ms} = 14 \text{ s}$.

c_{ZP} ist unverändert, ebenfalls bleibt der Prozessor Engpaß. Es folgt

$$f_S^{*'} = 0,33 \cdot 14 = 4,62 \ .$$

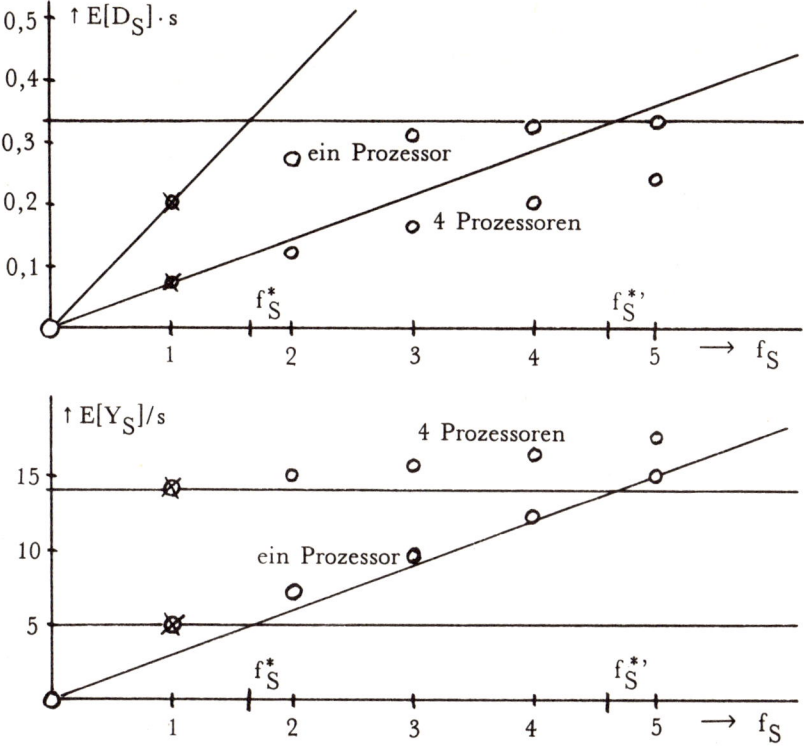

Abb. 5.3.5.3: Erbringung der Prozessorleistung durch einen und durch vier Prozessoren; Verweilzeit $E[Y_S]$, Durchsatz $E[D_S]$, Füllung (Grad des Mehrprogrammbetriebs) f_S. Nur die Punkte ⊗ sind berechnet; die Punkte O sind geschätzt.

Das Ergebnis ist in Abb. 5.3.5.3 eingetragen und zeigt, daß die Aufteilung auf vier Prozessoren bezüglich Durchsatz und Verweilzeit deutlich unterlegen ist. Ein Ausgleich ist bei großer Füllung möglich, allerdings um den Preis eines vergrößerten Hauptspeichers. Wenn der Betrieb der 4 Prozessoren einen vergrößerten Overhead erbringt, sieht der Vergleich noch ungünstiger aus.

5.4 Wartenetze

5.4.1 Einführung

Um genauere Aussagen über den Auftragsverkehr in Systemen machen zu können, müssen wir die Voraussetzungen stärker als bisher einschränken. Solche genaueren Aussagen betreffen insbesondere die Verweilzeit beim Auftreten von Warten und damit auch den Durchsatz in geschlossenen Systemen. Dazu definieren wir eine Klasse von Systemen aus Instanzen und Kanälen mit zugehöriger Belastung:

(5.4.1.1) *Definition*: Ein *Wartenetz* (queueing network) ist gekennzeichnet durch

- eine Menge $\mathbb{M}$ von elementaren Wartesystemen i (i $\in [1..|\mathbb{M}|]$), genannt die *Knoten* des Wartenetzes, mit je m_i gleichen Bedieneinheiten, Kapazität k_i und Bedienstrategie BS_i

- seriell ausgeführte Auftragssysteme, deren Teilaufträge bei Bedienung am Knoten i durch Zugehörigkeit zu einer Klasse r (r $\in \mathbb{K}$, Klassenmenge) mit der klassenspezifischen Bedienzeit b_{ir} und der klassenspezifischen Folgegesetzmäßigkeit (i,r)→(j,s) gekennzeichnet sind (i,j $\in \mathbb{M}$, r,s $\in \mathbb{K}$).

Wartenetze können offene oder geschlossene Systeme sein. Wir übernehmen die Begriffe Ort und Subkette aus 5.3.3. Abbildung 5.4.1.1 zeigt die Darstellung eines Wartenetzes.

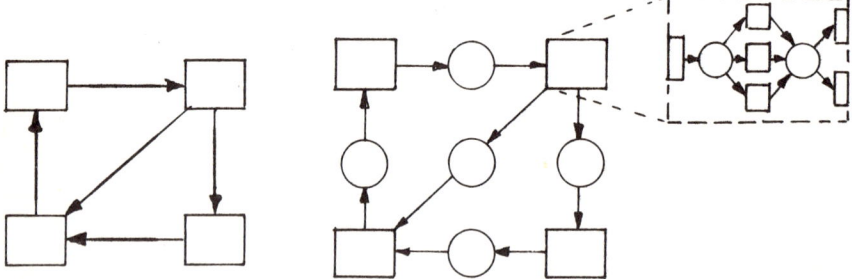

Abb. 5.4.1.1: Darstellung eines geschlossenen Wartenetzes als Stellen-Transitionsnetz (rechts, mit der Verfeinerung eines Knotens mit m=3 Bedieneinheiten) und als Graph von Funktionseinheiten (links)

5.4.2 Das elementare Wartesystem M/M/m/k

Die von uns im folgenden studierten Wartenetze haben teilweise Knoten, die M/M/m-Wartesysteme sind oder ihnen im Verhalten gleichen. Wir studieren daher zunächst das Verhalten des elementaren Wartesystems M/M/m/k, also eines Wartesystems mit

- negativ–exponentiell verteilten Zwischenankunftszeiten A; es sei $F_A(t) = 1 - e^{-\lambda t}$
- negativ–exponentiell verteilten Bedienzeiten B; es sei $F_B(t) = 1 - e^{-\mu t}$
- m gleichen Bedieneinheiten
- Kapazität k.

Wir setzen m<k voraus. Die Bedienstrategie sei produktiv und benutze die auftragsindividuelle anfängliche oder – nach Verdrängung – restliche Bedienzeit B bzw. RB nicht als Bedienungs- oder Verdrängungskriterium, d.h. sie sei produktiv und restzeitunabhängig. Die Füllung F des Systems bildet einen homogenen markovschen Prozeß in kontinuierlicher Zeit (vgl. Abschnitt 4.4). Das folgt daraus, daß jede Änderung der Füllung auf unabhängige Poissonprozesse zurückgeht, nämlich den Ankunftsprozeß und den Bedienprozeß. Da die Bedienstrategie den aktuell zu bedienenden Auftrag restbedienzeitunabhängig wählt, unterliegt die Bedienung einer konstanten Bedienrate, woran auch Verdrängung nichts ändert, da die restliche Bedienzeit nach 4.2.26 derselben Verteilung wie die anfängliche Bedienzeit unterliegt. Bei Verdrängung wird lediglich der bislang bediente Auftrag gegen einen gleicher Bedienrate ausgetauscht. Also ist die Füllung des Systems durch einen Prozeß mit dem in Abb. 5.4.2.1 gezeigten Zustandsgraph beschrieben.

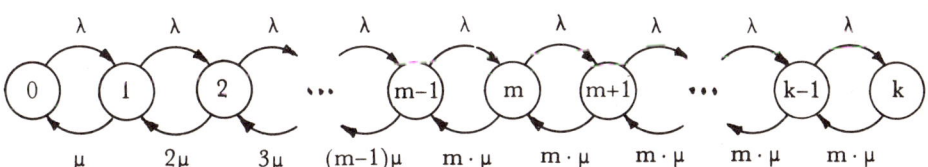

Abb. 5.4.2.1: Zustandsgraph des elementaren Wartesystems M/M/m/k

Unter Anwendung von 4.4.6 erhält man für die Zustandswahrscheinlichkeiten des stationären Grenzprozesses des endlichen, irreduziblen Zustandsraums

$$p_0 \cdot \lambda = p_1 \cdot \mu \qquad\qquad\qquad\qquad (5.4.2.1)$$

$$p_1 \cdot \lambda = p_2 \cdot 2\mu$$

$$p_{i-1} \cdot \lambda = p_i \cdot i \cdot \mu \qquad i \in \{1..m\}$$

$$p_{m-1} \cdot \lambda = p_m \cdot m \cdot \mu$$

$$p_{j-1} \cdot \lambda = p_j \cdot m \cdot \mu \qquad j \in \{m..k\}$$

$$p_{k-1} \cdot \lambda = p_k \cdot m \cdot \mu \ .$$

Dabei haben wir für P[F=i] bzw. P[F=j] geschrieben p_i bzw. p_j; außerdem haben wir zur Aufstellung des Gleichungssystems 5.4.2.1 benutzt, daß auch für jede Teilmenge der Zustandsmenge das Flußgleichgewicht gilt, wenn es für jeden einzelnen Zustand gilt; die Gleichungen 5.4.2.1 folgen aus Vertikalschnitten im Zustandsgraph. Die Zustandswahrscheinlichkeiten lassen sich einfach auf p_0 zurückführen:

$$p_i = \left(\frac{\lambda}{\mu}\right)^i \cdot \frac{1}{i!} \cdot p_0 \qquad i \in \{1..m\} \qquad\qquad (5.4.2.2)$$

$$p_j = \left(\frac{\lambda}{\mu}\right)^j \cdot \frac{1}{m!} \cdot \frac{1}{m^{j-m}} \cdot p_0 \qquad j \in \{m..k\} \qquad (5.4.2.3)$$

Wir führen das Verhältnis von Zugang zu Grenzdurchsatz

$$\rho = \frac{E[Z]}{c} = \frac{\lambda}{m \cdot \mu}$$

ein und erhalten unter geringfügiger Umformung

$$p_i = \rho^i \cdot \frac{m^i}{i!} p_0 \qquad i \in \{1..m\} \qquad\qquad (5.4.2.4)$$

$$p_j = \rho^j \cdot \frac{m^m}{m!} p_0 \qquad j \in \{m..k\} \qquad\qquad (5.4.2.5)$$

Damit folgt wegen $\sum_{l=0}^{k} p_l = 1$

$$p_0 + \sum_{i=1}^{m} \rho^i \frac{m^i}{i!} p_0 + \sum_{j=m+1}^{k} \rho^j \frac{m^m}{m!} p_0 = 1$$

$$p_0 = \left(\sum_{i=0}^{m} \rho^i \frac{m^i}{i!} + \sum_{j=m+1}^{k} \rho^j \frac{m^m}{m!}\right)^{-1} \ . \qquad (5.4.2.6)$$

Hieraus kann man den Erwartungswert der Füllung

$$E[F] = \sum_{l=0}^{k} l \cdot p_l \qquad\qquad\qquad (5.4.2.7)$$

berechnen, über ihn wegen $E[D] = \lambda(1 - p_k)$ die mittlere Verweilzeit $E[Y]$ nach Littles Formel. Die mittlere Wartezeit folgt aus $E[W] = E[Y] - E[B] = E[Y] - \frac{1}{\mu}$.

Es sei noch bemerkt, daß M/M/m/k strenggenommen kein Wartesystem ist, weil Aufträge, die bei belegtem System ankommen, verloren gehen. Im folgenden wird aber entweder immer durch die Umgebung sichergestellt sein, daß die Kapazität ausreicht, um alle ankommenden Aufträge aufzunehmen, oder es wird unbegrenzte Kapazität vorausgesetzt ($k \to \infty$).

Wir betrachten nun wichtige Sonderfälle:

1. *Sonderfall: $k \to \infty$ (System M/M/m)*
Es läßt sich zeigen, daß auch in diesem Fall unter gewissen Umständen ein stationärer Grenzprozeß besteht, obwohl der Zustandsraum nun nicht endlich ist.

Es ist nach 5.4.2.6

$$p_0 = \left(\sum_{i=0}^{m-1} \rho^i \frac{m^i}{i!} + \sum_{j=m}^{\infty} \rho^j \frac{m^m}{m!} \right)^{-1} = \left(\sum_{i=0}^{m-1} \frac{(\rho \cdot m)^i}{i!} + \frac{(\rho \cdot m)^m}{m!} \cdot \sum_{j=0}^{\infty} \rho^j \right)^{-1} .$$

Die rechte Summe konvergiert für $\rho < 1$ (ρ ist dann die Auslastung):

$$p_0 = \left(\sum_{i=0}^{m-1} \frac{(\rho \cdot m)^i}{i!} + \frac{(\rho \cdot m)^m}{m!(1-\rho)} \right)^{-1} \tag{5.4.2.8}$$

und dieses ist auch die hier gültige Bedingung für die Existenz des stationären Grenzprozesses. Die Bedingung $\rho < 1$ besagt, daß $E[B] < m \cdot E[A]$ bzw. $E[D] < c$ ist, d.h. das System kann langfristig die ankommenden Aufträge alle bedienen.

Weiter läßt sich zeigen (Burke 56), daß die Bedienzeitpunkte dieses Systems ebenfalls einen Poissonprozeß bilden, natürlich mit der Rate λ, da ja wegen $k \to \infty$ kein Auftragsverlust eintritt.

2. *Sonderfall: $m \to \infty$; $k = m$ (System M/M/∞)*
Jeder Auftrag wird (wegen der produktiven Bedienstrategie) sofort in Bedienung genommen. Es gibt also keine Wartezeit. Aus 5.4.2.6 folgt

$$p_0 = \left(\sum_{i=0}^{\infty} \frac{(\rho \cdot m)^i}{i!} \right)^{-1} = e^{\frac{-\lambda}{\mu}} . \tag{5.4.2.9}$$

Da die mittlere Verweilzeit

$$E[Y] = E[B] = \frac{1}{\mu}$$

ist, folgt

$$E[F] = E[D] \cdot E[Y] = \frac{\lambda}{\mu} = \rho \qquad (5.4.2.10)$$

als mittlere Füllung.

3. *Sonderfall: m=1; k→∞ (System M/M/1)*
Nun ist

$$p_0 = (\sum_{j=0}^{\infty} \rho^j)^{-1} = 1-\rho \qquad (5.4.2.11)$$

und

$$p_j = \rho^j \cdot p_0 \quad .$$

Die mittlere Füllung ist

$$E[F] = \sum_{j=0}^{\infty} j \cdot p_j = p_0 \cdot \sum_{j=0}^{\infty} j \cdot \rho^j = (1-\rho)\frac{\rho}{(1-\rho)^2} = \frac{\rho}{1-\rho} \qquad (5.4.2.12)$$

und damit die mittlere Verweilzeit

$$E[Y] = \frac{E[F]}{E[D]} = \frac{\frac{1}{\mu}}{1-\rho} = \frac{E[B]}{1-\rho} \quad . \qquad (5.4.2.13)$$

Die mittlere Wartezeit ist

$$E[W] = E[Y] - E[B] = \frac{\rho}{1-\rho} \cdot E[B] \quad . \qquad (5.4.2.14)$$

Da der Ankunftsprozeß unabhängig vom Zustand des Systems verläuft, ist die von den ankommenden Aufträgen im Mittel "beobachtete" Füllung die mittlere Füllung des Systems $E[F]$. Da 5.4.2.14 sich als

$$E[W] = E[F] \cdot E[B] \qquad (5.4.2.15)$$

schreiben läßt, hat der ankommende Auftrag im Mittel so viele mittlere Bedienzeiten zu warten, wie die mittlere Füllung beträgt; dazu trägt auch der gerade in Bedienung befindliche Auftrag mit seiner Restbedienzeit ($E[RB] = E[B]$!) wie jeder andere Auftrag bei. Besonders einleuchtend ist 5.4.2.15 bei der Bedienstrategie FCFS (first come – first served, Bedienreihenfolge ist Ankunftsreihenfolge); wir haben 5.4.2.15 aber unter allgemeineren Voraussetzungen abgeleitet.

5.4.3 Jackson–Netze

In offenen Wartenetzen aus m Knoten kann man aus den Zugängen und Wegewahlwahrscheinlichkeiten alle Knotendurchsätze $E[D_i]$ berechnen:

$$E[D_i] = \sum_{j=1}^{m} E[D_j] \cdot p_{ji} + E[Z_{0,i}] \quad i \in \{1..m\} \text{, vgl. 5.3.3.29 .}$$

(5.4.3.1) *Definition*: Ein *Jackson–Netz* (Jackson 57) ist ein Wartenetz nach Def. 5.4.1.1, mit folgenden besonderen Eigenschaften:
  – alle Knoten haben die Kapazität unendlich
  – der Knoten i hat m_i Bedieneinheiten
  – die Bedienstrategien sind produktiv und restbedienzeitunabhängig
  – es gibt nur eine Auftragsklasse
  – das Netz ist offen, die Zugänge sind Poissonprozesse
  – die Bedienzeiten sind negativ–exponentiell verteilt, mit füllungsunabhängigen Erwartungswerten $E[B_i(f_i)]$
  – die Folgegesetzmäßigkeiten sind durch Wegewahlwahrscheinlichkeiten p_{ij} ($i \in IM$, $j \in IM \cup \{0\}$, IM Knotenmenge, 0 "Außenwelt", vgl. 5.3.3.14) gegeben.

Im folgenden setzen wir füllungsunabhängige Bedienzeiten B_i voraus.

(5.4.3.2) *Satz*: Die stationäre Zustandswahrscheinlichkeit eines Jackson–Netzes, d.h. die stationäre Wahrscheinlichkeit, daß ein Füllungsvektor

$$\vec{f} = (f_1, f_2, .. f_i, .. f_m) \qquad m = |IM|$$

auftritt, ist

$$p(\vec{f}) \sim \prod_{i=1}^{m} p_i(f_i) \text{ ,} \qquad (5.4.3.1)$$

wobei die Wahrscheinlichkeiten $p_i(f_i)$ nach 5.4.2.4..6 gebildet sind:

$$p_i(f_i) = \frac{(\rho \cdot m_i)^{f_i}}{f_i!} p_i(0) \qquad f_i \in \{1..m_i\}$$

$$p_i(f_i) = \rho_i^{f_i} \cdot \frac{m_i^{m_i}}{m_i!} \cdot p_i(0) \qquad f_i \in \{m_i..\infty\}$$

$$p_i(0) = \left(\sum_{j=0}^{m_i-1} \frac{(\rho \cdot m_i)^j}{j!} + \frac{(\rho \cdot m_i)^{m_i}}{m_i!(1-\rho)} \right)^{-1} \qquad (5.4.3.2)$$

Voraussetzung für das Eintreten des stationären Grenzprozesses ist, daß alle $\rho_i < 1$ sind.

Zum Beweis siehe z.B. (Bolch Akyildiz 82). 5.4.3.1 ist nicht etwa eine selbstverständliche Folge davon, daß der Abgangsprozeß eines M/M/m-Systems ein Poisson-Prozeß ist. In Jackson-Netzen folgen zwar alle externen Zugänge Poisson-Prozessen; mit Poisson-Zugangsprozessen gespeiste Knoten produzieren Poisson-Abgangsprozesse; zufällige Aufteilung entsprechend p_{ij} verändert den Poisson-charakter nicht; die Zusammenführung unabhängiger Poisson-Prozesse ergibt (wie wir in 4.2.39 gesehen haben) wieder einen Poisson-Prozeß. Dennoch kann durch Rückkehr von an einem Knoten bedienten Aufträgen die für isolierte M/M/m-Systeme verlangte Unabhängigkeit zwischen Zugangsprozeß und Füllung zerstört sein, so daß es keineswegs selbstverständlich ist, daß das ganze Netz wie aus unabhängigen M/M/m-Systemen zusammengesetzt erscheint (Produktform von 5.4.3.1).

Zur praktischen Berechnung ermittelt man zunächst aus 5.4.4.29 [5.3.3.29] die Knotendurchsätze, damit die Auslastungen und erhält dann aus den Beziehungen 5.4.3.2 die gewünschten Zustandswahrscheinlichkeiten, über sie z.B. die mittlere Füllung und Verweilzeit. Einfach ist dieses Vorgehen im wichtigen Sonderfall von Knoten mit nur einer Bedienstation (vgl. 5.4.2.11 ff).

(5.4.3.3) *Beispiel*: Ein Wartenetz beschreibe ein Rechensystem, in dem Aufträge aus im Mittel 100 Rechenphasen (Zp, Knoten 3, $E[B_3]=0,04$ s) und 100 Transportphasen (Pl 1, Knoten 1, $E[B_1]=0,04$ s; Pl 2, Knoten 2, $E[B_2]=0,02936$ s) bestehen, die sich abwechseln. Die Aufträge beginnen mit einer Rechenphase, auf sie folgt mit Wahrscheinlichkeit

$p_{31} = 0,29$ Transportphase an Pl 1

$p_{32} = 0,70$ Transportphase an Pl 2

$p_{30} = 0,01$ Auftragsende.

Der Zugang von Aufträgen beträgt 0,2 Aufträge/s. Die Zwischenankunftszeiten sind negativ-exponentiell verteilt, $\lambda_{03}=0,2$/s. Auch alle Bedienzeiten sind negativ-exponentiell verteilt. Abbildung 5.4.3.1 zeigt das Wartenetz als Stellen-Transitions-Netz.

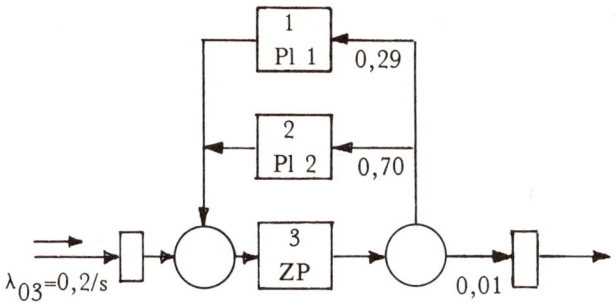

Abb. 5.4.3.1: Wartenetz nach Beispiel 5.4.3.3 als Stellen–Transitions–
Netz

Man erhält zunächst aus 5.4.4.29 $\quad$ [5.3.3.29]

$E[D_1] = 0,29 \cdot E[D_3]$
$E[D_2] = 0,70 \cdot E[D_3]$
$E[D_3] = E[D_1] + E[D_2] + 0,2 \text{ /s}$,

folglich

$E[D_1] = 5,8 \text{ /s}$
$E[D_2] = 14 \text{ /s}$
$E[D_3] = 20 \text{ /s}$.

Die Auslastungen sind entsprechend 5.3.3.7

$\rho_i = E[D_i] \cdot E[B_i]$
$\rho_1 = 5,8 \cdot 0,04 \qquad = 0,232$
$\rho_2 = 14 \cdot 0,02936 = 0,411$
$\rho_3 = 20 \cdot 0,04 \qquad = 0,8$.

Also existiert ein stationärer Grenzprozeß. Knoten 3 ist Engpaß. Die
mittleren Verweilzeiten sind nach 5.4.2.13

$$E[Y_i] = \frac{E[B_i]}{1 - \rho_i}$$

$$E[Y_1] = \frac{0,04s}{1 - 0,232} = 0,0521s$$

$$E[Y_2] = \frac{0,02936s}{1 - 0,411} = 0,0498s$$

$$E[Y_3] = \frac{0,04s}{1 - 0,8} = 0,2s$$.

Die Besuchszahlen, bezogen auf λ_{03}, sind

$$E[V_i] = \frac{E[D_i]}{\lambda_{03}}$$

$$E[V_1] = \frac{5,8}{0,2} = 29$$

$$E[V_2] = \frac{14}{0,2} = 70$$

$$E[V_3] = \frac{20}{0,2} = 100 \; .$$

Damit gewinnen wir die mittlere Verweilzeit der Aufträge im System (vgl. 5.3.4.11)

$$E[Y] = \sum_{i=1}^{3} E[V_i] \cdot E[Y_i]$$

$$E[Y] = 29 \cdot 0,0521 + 70 \cdot 0,0499 + 100 \cdot 0,2 = 25 \; s.$$

Die Bedienzeit (vgl. 5.3.4.12) ist

$$E[B] = \sum_{i=1}^{3} E[V_i] \cdot E[B_i]$$

$$E[B] = 29 \cdot 0,04 + 70 \cdot 0,02936 + 100 \cdot 0,04 = 7,215 \; s.$$

Also nehmen die Aufträge im Mittel eine Wartezeit

$$E[W] = E[Y] - E[B] = 17,785 \; s$$

hin. Die mittlere Füllung beträgt

$$E[F] = E[Y] \cdot E[D] = E[Y] \cdot \lambda_{03}$$

$$E[F] = 25 \cdot 0,2 = 5 \; .$$

Der Grenzdurchsatz beträgt

$$c = \frac{E[D]}{\rho_3} = \frac{0,2 \; /s}{0,8} = 0,25 \; /s \; .$$

5.4.4 Gordon-Newell-Netze

Gordon-Newell-Netze sind geschlossene Wartenetze mit einer Klasse und negativ-exponentiellen Bedienzeiten. Mit dieser Einschränkung gelingt es uns erstmals, die Umlaufzeit (vgl. 5.3.3) von Aufträgen und damit den Durchsatz eines geschlossenen Systems zu berechnen.

(5.4.4.1) *Definition*: Ein *Gordon-Newell-Netz* (Gordon Newell 67) ist ein Wartenetz nach Definition 5.4.1.1 mit den folgenden besonderen Eigenschaften:

  - das Netz ist geschlossen und mit n Aufträgen gefüllt
  - alle Knoten haben eine Kapazität $k_i \geq n$
  - die Bedienstrategien sind produktiv und restbedienzeitunabhängig
  - es gibt nur eine Auftragsklasse
  - die Bedienzeiten sind negativ-exponentiell verteilt, mit füllungs-unabhängigem Erwartungswert $E[B_i]$
  - die Folgegesetzmäßigkeiten sind durch Wegewahlwahrscheinlichkeiten p_{ij} ($i, j \in \mathbb{M}$, Knotenmenge) gegeben.

Wieder sehen wir im folgenden von füllungsabhängigen Bedienzeiten ab.

(5.4.4.2) *Satz*: Die stationäre Zustandswahrscheinlichkeit eines Gordon-Newell-Netzes, d.h. die stationäre Wahrscheinlichkeit, daß ein Füllungsvektor $\vec{f} = (f_1, f_2, \dots f_i, \dots f_m)$, $m = |\mathbb{M}|$, auftritt, ist

$$p(\vec{f}) = \frac{1}{G(n,m)} \prod_{i=1}^{m} q_i(f_i) , \qquad (5.4.4.1)$$

wobei

$$q_i(f_i) = \begin{cases} \dfrac{x_i^{f_i}}{f_i!} & \text{für } f_i \leq m_i \\[3mm] \dfrac{x_i^{f_i}}{m_i! m_i^{f_i - mi}} & \text{für } f_i \geq m_i , \end{cases} \qquad (5.4.4.2)$$

x_i Lösungen von

$$\mu_i \cdot x_i = \sum_{j=1}^{m} \mu_j x_j p_{ji} \qquad (5.4.4.3)$$

sind (man setzt willkürlich ein x_i, z.B. x_1, gleich 1), und G(n,m) die Normalisierungskonstante

$$G(n,m) = \sum_{\sum_{i=1} f_i = n} \prod_{i=1}^{m} q_i(f_i) \ ist. \qquad (5.4.4.4)$$

Bei den x_i handelt es sich offenbar um den Auslastungen proportionale Größen; man vergleiche dazu 5.4.4.3 und 5.3.3.29, das in einem geschlossenen System die Form

$$E[D_i] = \sum_{j=1}^{m} E[D_j] \cdot p_{ji} \qquad (5.4.4.5)$$

und, da $E[D_i] = \rho_i \cdot m_i \cdot \mu_i$, die Form

$$\rho_i \cdot m_i \cdot \mu_i = \sum_{j=1}^{m} \rho_j \cdot m_j \cdot \mu_j \cdot p_{ji}$$

annimmt; d.h. die Größen x_i sind $\rho_i \cdot m_i$ proportional.

Da wieder alle Änderungen von Knotenfüllungen durch Poissonprozesse hervorgebracht werden, stellt die Füllung $\vec{f} = (\ f_1,\ f_2,\ ...f_i,\ ...f_m\ )$ einen homogenen markovschen Prozeß in kontinuierlicher Zeit dar. Im Gegensatz zum Jackson-Netz ist der Zustandsraum eines Gordon-Newell-Netzes endlich, allerdings für nichttriviale Netze sehr groß: n Aufträge lassen sich auf so viele Arten auf m Knoten verteilen, wie man in ein Wort von n Einsen m−1 Trennzeichen einsetzen kann, die im Wort die Füllung des ersten, zweiten, ...m-ten Knotens abteilen; d.h. auf so viele Arten, wie man unter n+m−1 Elementen m−1 wählen kann, d.h. $\binom{n+m-1}{m-1}$.

Unter diesen Umständen ist die Berechnung von Zustandswahrscheinlichkeiten nach 5.4.3.3 praktisch untauglich. Es sind aber Verfahren entwickelt worden, die die wichtigen Verkehrsgrößen trotzdem effizient zu berechnen gestatten. Von diesen sind die wichtigsten

- Verfahren mit Berechnung der Normalisierungskonstanten:
  - Faltungsverfahren (Buzen 73)
  - LBANC-Verfahren (local balance algorithm for normalizing constant) (Chandy Sauer 80)

- Verfahren ohne Berechnung der Normalisierungskonstanten
  - MVA (mean value analysis), Mittelwertverfahren (Reiser 79)
  - Durchsatzalgorithmus (Kowalk 85).

Wir passen das Beispiel 5.4.3.3 an die geänderten Bedingungen an, indem wir Ein- und Ausgang kurzschließen, und berechnen die Verkehrswerte nach dem Faltungs- und Mittelwertverfahren. Beide Verfahren sind auch für Knoten mit mehreren Bedieneinheiten verwendbar, worauf wir hier verzichten; man vergleiche etwa (Lavenberg S 83).

(5.4.4.3) *Beispiel*: Durch Kurzschluß von Ein- und Ausgang geht das Jackson-Netz aus Beispiel 5.4.3.3 in das Gordon-Newell-Netz nach Abb.

5.4.4.1 über. Einen Auftragsumlauf rechnen wir entsprechend von einem Passieren des Schnitts S bis zum nächsten.

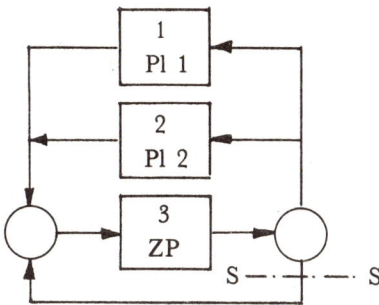

Abb. 5.4.4.1: Beispiel eines Gordon-Newell-Netzes

Die Besuchszahlen $E[V_i]$ bleiben erhalten:

$E[V_1] = 29$
$E[V_2] = 70$
$E[V_3] = 100$.

Da sie Lösungen des Gleichungssystems

$$E[V_i] = \sum_{j=1}^{m} E[V_j] \cdot p_{ji}$$

(vgl. 5.3.3.30) sind, müssen die

$$x_i = \frac{E[V_i]}{\mu_i} = E[V_i] \cdot E[B_i] \qquad (5.4.4.6)$$

auch Lösungen des Gleichungssystems 5.4.4.3 sein.

Es ergibt sich

$x_1 = 29 \cdot 0,04 = 1,16$ s
$x_2 = 70 \cdot 0,02936 = 2,0552$ s
$x_3 = 100 \cdot 0,04 = 4$ s .

Dieser Lösungsvektor hat eine anschauliche Bedeutung: es handelt sich um die mittlere Belegung der Knoten je Auftrag (vgl. 1.5). Wir werden für das Mittelwertverfahren von diesem Lösungsvektor ausgehen.

Zunächst berechnen wir aber die Verkehrsgrößen nach dem Faltungsverfahren. Man berechnet dazu die Normalisierungskonstante (5.4.4.4) schrittweise über eine Hilfsfunktion $g(f,i)$, $f \in \{0..n\}$ (Füllung), $i \in \{1..m\}$ (Knotenindex) mit den Eigenschaften

$$g(f,1) = x_1^f$$
$$g(0,i) = 1$$

$$g(f,i) = g(f,i-1) + x_i \cdot g(f-1,i) \qquad\qquad (5.4.4.7)$$

und $G(n,m) = g(n,m)$.

Besonders erfreulich ist, daß aus Werten von $g(f,i)$ auch wichtige Verkehrsgrößen unmittelbar bestimmbar sind, insbesondere die Auslastung

$$\rho_i = x_i \cdot \frac{g(n-1,m)}{g(n,m)} \qquad\qquad\qquad (5.4.4.8)$$

Hieraus lassen sich wegen 5.4.4.5 alle Durchsätze und Auslastungen bestimmen. Eine Multiplikation der Werte x_i mit einer Konstanten bleibt ohne Einfluß auf ρ_i. Das Rechenverfahren verläuft besonders einfach, wenn man die Konstante so wählt, daß x_1 in $x_1' = 1\,\mathrm{s}$ übergeht. Für uns folgt

$x_1 = 1{,}16\ \mathrm{s}$	$x_1' = 1\ \mathrm{s}$
$x_2 = 2{,}052\ \mathrm{s}$	$x_2' = 1{,}7722\ \mathrm{s}$
$x_3 = 4\ \mathrm{s}$	$x_3' = 3{,}4483\ \mathrm{s}$

$g(f,i)$ berechnen wir in einem rechteckigen Schema nach 5.4.4.7 für n=5:

	$i=1$ $x_1'=1$	$i=2$ $x_2'=1{,}7722$	$i=3=m$ $x_3'=3{,}4483$
f=0	1	1	1
1	1	2,7722	6,2205
2	1	5,1289	26,5791
3	1	11,4788	103,1313
4	1	21,3428	376,9706
5=n	1	38,8237	1338,7312

Die Auslastungen sind nach 5.4.4.8

$$\rho_1 = 0,2816$$
$$\rho_2 = 0,499$$
$$\rho_3 = 0,971$$

und die Durchsätze (wegen $E[D_i] = \dfrac{\rho_i}{E[B_i]}$)

$$E[D_1] = 7,04\ /s$$
$$E[D_2] = 17,0\ /s$$
$$E[D_3] = 24,28\ /s\ .$$

Damit ist der Auftragsdurchsatz durch die Schnittstelle S in Abb. 5.4.4.1, E[D], über die Besuchszahl berechenbar, z.B.

$$E[D] = \frac{E[D_3]}{E[V_3]} = \frac{24,28/s}{100} = 0,2428/s\ . \qquad (5.4.4.9)$$

Littles Formel ergibt die Umlaufzeit

$$E[Y] = \frac{n}{E[D]} = \frac{5}{0,2428/s} = 20,6\,s\ .$$

Über die Funktion g(f,i) kann man auch weitere Verkehrswerte direkt bestimmen, z.B. Verweilzeit und Füllung je Knoten. Wir verzichten darauf; die angegebene Spezialliteratur gibt ausführliche Auskunft.

Aus dem Rechenschema für g(f,i) kann man aus

$$E[D] = \frac{E[D_3]}{E[V_3]} = \frac{\rho_3}{E[V_3]\cdot E[B_3]} = \frac{x'_3}{E[V_3]\cdot E[B_3]} \cdot \frac{g(f-1,3)}{g(f,3)}$$

(vgl. 5.4.4.8, 5.4.4.9) den Durchsatz als Funktion der Füllung f ermitteln. Diese Werte sind in Abb. 5.4.4.2 dargestellt, zusammen mit den Asymptoten. Diese ergeben sich nach 5.3.4.9 aus $E[B]=7,215\,s$ als $\dfrac{f}{7,215\,s}$ und über den Engpaßknoten 3 als

$$c = \frac{c_3}{E[V_3]} = \frac{1}{E[V_3]\cdot E[B_3]} = 0,25/s\ .$$

Es ist $f^* = 7,215\cdot 0,25 = 1,80.$

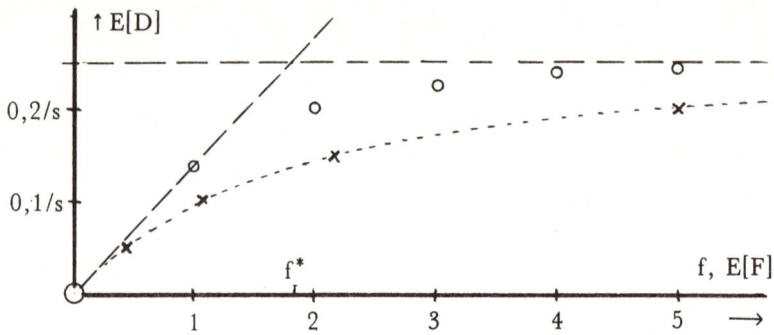

Abb. 5.4.4.2: Durchsatz der Wartenetze nach Beispiel 5.4.3.3 (Jackson-
Netz,X) und Beispiel 5.4.4.3 (Gordon-Newell-Netz, O)

In dasselbe Diagramm sind zum Vergleich mehrere Wertepaare (E[D],
E[F]) des Jackson-Netzes nach Beispiel 5.4.3.3 eingetragen. Es fällt auf,
daß die gleichmäßige Füllung mit Aufträgen des geschlossenen Netzes zu
höherem Durchsatz (bzw. zu kleineren Verweilzeiten) bei gleicher
(mittlerer) Füllung führt.

Wir demonstrieren jetzt noch das Vorgehen nach dem Mittelwertverfahren anhand desselben Beispiels. Grundlage des Mittelwertverfahrens
ist der Input/Output-Satz von Sevcik (Sevcik Mitrani 81), der u.a. aus-
sagt, daß in einem Gordon-Newell-Netz diejenige Füllung, die ein in
einem Knoten eintreffender Auftrag im Mittel beobachtet, mit der
mittleren Füllung übereinstimmt, die dieser Knoten in demselben Netz
mit einem Auftrag weniger hätte. Der Auftrag verweilt in dem Knoten
im Mittel für die Bedienzeit der bereits angetroffenen Aufträge, ver-
mehrt um seine eigene Bedienzeit, d.h. es ist

$$E[Y_i(f)] = E[B_i](1+E[F_i(f-1)]) ,$$
$$(5.4.4.10)$$

Darin ist $Y_i(f)$ Verweilzeit im Knoten i bei f Aufträgen im Netz,
$F_i(f-1)$ Füllung des Knotens i bei f-1 Aufträgen im Netz.

Der Grundgedanke ist nun folgender: die Füllungen $E[F_i(0)]$ sind null.
Damit sind die Knotenverweilzeiten eines einzelnen Auftrags berechen-
bar. Aus 5.3.4.8 folgt über die bekannten Besuchszahlen die Umlaufzeit
E[Y], daraus der Netzdurchsatz E[D] und über diesen und die
Besuchszahlen die Füllungen der Knoten bei Netzfüllung 1 usw.. Es

sind also bis zum Erreichen der Netzfüllung n n Iterationen durchzuführen. Wir demonstrieren die beiden ersten Iterationsschritte:

1. *Netzfüllung f=1*
Gegeben die Besuchszahlen und Bedienzeiten wie bisher. Es ist $E[F_i(0)]=0$ für $i\in\{1..3\}$. Es folgt

$$E[Y_i(1)] = E[B_i](1+E[F_i(0)])$$
$$E[Y_1(1)] = 0,04 \cdot 1 \qquad = 0,04\,s$$
$$E[Y_2(1)] = 0,02936 \cdot 1 = 0,02936\,s$$
$$E[Y_3(1)] = 0,04 \cdot 1 \qquad = 0,04\,s \ .$$

Die mittlere Umlaufzeit ist

$$E[Y(1)] = \sum_{i=1}^{3} F[V_i] \cdot E[Y_i(1)] = 29 \cdot 0,04 + 70 \cdot 0,02936 + 100 \cdot 0,04 = 7,21\,s \ .$$

Der Durchsatz ist nach Littles Formel

$$E[D(1)] = \frac{1}{E[Y(1)]} = 0,1386\,/s \ .$$

Die Knotenfüllungen sind

$$E[F_i(1)] = E[D_i(1)] \cdot E[Y_i(1)] = E[V_i] \cdot E[D(1)] \cdot E[Y_i(1)]$$
$$E[F_1(1)] = 29 \cdot 1 = 0,161$$
$$E[F_2(1)] = 70 \cdot 1 = 0,285$$
$$E[F_3(1)] = 100 \cdot 1 = 0,554 \ .$$

2. *Netzfüllung f=2*

$$E[Y_i(2)] = E[B_i](1+E[F_i(1)])$$
$$E[Y_1(2)] = 0,04 \cdot (1+0,161) \qquad = 0,04644$$
$$E[Y_2(2)] = 0,02936 \cdot (1+0,285) = 0,03773$$
$$E[Y_3(2)] = 0,04 \cdot (1+0,554) \qquad = 0,06216 \ .$$

Die mittlere Umlaufzeit ist

$$E[Y(2)] = 10,20\,s \ .$$
$$E[D(2)] = \frac{2}{10,20} = 0,196$$
$$E[F_i(2)] = E[V_i] \cdot E[D(2)] \cdot E[Y_i(2)]$$
$$E[F_1(2)] = 29 \cdot 0,196 \cdot 0,04644$$
$$E[F_2(2)] = 70 \cdot 0,196 \cdot 0,03773$$
$$E[F_3(2)] = 100 \cdot 0,196 \cdot 0,06216$$

usw.. Im 5. Durchgang (f=5) erhält man $E[Y(5)] = 20{,}58\,s$ und $E[D(5)] = 0{,}2429\,/s$ wie im Faltungsverfahren.

Faltungsverfahren und Mittelwertverfahren sind (mit deutlich mehr Aufwand) auch für den allgemeinen Fall (mehr als eine Bedieneinheit je Knoten) benutzbar.

5.4.5 BCMP-Netze

Man kann das Konzept von Auftragsklassen und das Konzept von Subketten (vgl.
5.3.3) in Wartenetze einführen, offene, geschlossene und gemischte Netze gemeinsam behandeln und auch von den negativ-exponentiellen Bedienzeitverteilungen
abgehen, allerdings nur um den Preis kräftiger Einschränkungen bei den Bedienstrategien. Solche Netze sind von Baskett, Chandy, Muntz und Palacios analysiert
worden und heißen daher BCMP-Netze.

(5.4.5.1) *Definition*: Ein BCMP-Netz (Baskett et al 75) ist ein Wartenetz nach
Definition 5.4.1.1 mit den folgenden besonderen Eigenschaften:

- an jedem Knoten gehört ein Auftrag genau einer Klasse $k \in \mathbb{K}$ an
- die Folgegesetzmäßigkeiten sind durch klassenabhängige Wegewahlwahrscheinlichkeiten (Def. 5.3.3.8) $p_{ir;js}$ gegeben, $i, j \in \mathbb{M}$ (Knotenmenge), $r, s \in \mathbb{K}$
- durch die klassenabhängigen Wegewahlwahrscheinlichkeiten können
  Subketten (vgl. 5.3.3) gebildet werden, bezüglich derer das Netz offen
  oder geschlossen ist
- der Zugang zu offenen Subketten kann eine netzzustandsabhängige
  Rate haben
- bezüglich der Bedienstrategien und Bedienzeitverteilungen gilt: jeder
  Knoten ist von einem der vier folgenden Typen:

  Typ 1 ($\cdot$/M/m-FCFS): Die Bedienzeit ist für alle Klassen mit derselben Bedienrate μ_i negativ-exponentiell verteilt. Die Bedienrate kann
  von der Knotenfüllung abhängen: $\mu_i(f_i)$. Die Bedienstrategie ist FCFS
  (first come – first served, nach Eintreffreihenfolge).

  Typ 2 ($\cdot$/G/1-PS): Die Bedienzeit darf klassenabhängig nach Cox
  verteilt sein. Die Bedienstrategie ist "Processor Sharing", d.h. bei
  Füllung des Knotens mit f_i Aufträgen wird je Sekunde und Auftrag
  $1/f_i$ Sekunden Bedienzeit abgeleistet.

  Typ 3 ($\cdot$/G/∞): Die Bedienzeit darf klassenabhängig nach Cox verteilt
  sein. Da die Zahl der Bedieneinheiten wenigstens so groß wie die
  Knotenfüllung ist, gibt es kein Warten und keine Bedienstrategie.

  Typ 4 ($\cdot$/G/1-LCFS-p): Die Bedienzeit darf klassenabhängig nach
  Cox verteilt sein. Die Bedienstrategie ist LCFS-p (last come – first
  served, preemptive resume: es wird stets der letztgekommene Auftrag
  bedient, mit Verdrängung).

Eine Cox-Verteilung ist dadurch charakterisiert, daß die Laplace-Transformierte der Wahrscheinlichkeitsdichte eine rationale Funktion ist. Alle praktisch interessanten Wahrscheinlichkeitsdichten können so approximiert werden, so daß Cox-Verteilungen praktisch beliebige Verteilungen (G) sind.

Der Zustand eines BCMP-Netzes kann durch die Verteilung von Aufträgen auf Knoten und Klassen, nach Position bezüglich der Bedienreihenfolge bei FCFS und LCFS-p, und im Falle Coxscher Verteilungen nach der erreichten Teilbedienzeit, beschrieben werden; Coxsche Bedienzeiten können nämlich durch bedingte Aneinanderreihungen negativ-exponentieller Teilbedienzeiten dargestellt werden. Dieser Zustand ändert sich ausschließlich durch Poissonprozesse, und also liegt wieder ein homogener markovscher Prozeß in kontinuierlicher Zeit vor, dessen stationärer Grenzprozeß existiert, wenn alle Knotenauslastungen unter eins bleiben. Der Zustandsraum ist auch in einfachsten Anwendungen inakzeptabel groß. Meist sind allerdings nur Aussagen über die Wahrscheinlichkeit von Untermengen des Zustandsraums gesucht. Der Vorteil der BCMP-Netze im Verhältnis zu mächtigeren Modellklassen von Systemen, die eine Nachbildung des Zustands als homogenen markovschen Prozeß in kontinuierlicher Zeit erfordern, ist gerade, daß für solche semantisch wichtigen Untermengen des Zustandsraums verhältnismäßig einfach berechenbare Zustandswahrscheinlichkeiten bestehen.

Im Falle von geschlossenen Netzen erhält man für den aggregierten Zustand mit der Bedeutung $\vec{\vec{f}} = (\vec{f}_1, \ldots \vec{f}_i, \ldots \vec{f}_{|IM|})$, $i \in IM$, wobei $\vec{f}_i = (f_{i1}, \ldots f_{ik}, \ldots f_{i|IK|})$, $k \in IK$ die Füllung des Knotens i nach Klasse k ist, eine Lösung ähnlicher Struktur wie für Gordon-Newell-Netze:

$$p(\vec{\vec{f}}) = \frac{1}{G} \prod_{i=1}^{|IM|} q_i(\vec{f}_i) \tag{5.4.5.1}$$

also wieder eine Produktform. G bezeichnet wieder eine Normalisierungskonstante, die nun von der Füllung der Subketten und der möglichen Verteilung von Aufträgen auf Knoten abhängt. Die Funktionen q_i sind abhängig vom Knotentyp, und zwar ist

$$q_i(\vec{f}_i) = \begin{cases} f_i! \cdot \prod_{k=1}^{|IK|} \frac{1}{f_{ik}!} x_{ik}^{f_{ik}} & Typ\ 1, 2, 4 \\ \prod_{k=1}^{|IK|} \frac{1}{f_{ik}!} x_{ik}^{f_{ik}} & Typ\ 3 . \end{cases} \tag{5.4.5.2}$$

Dabei ist f_i die Gesamtfüllung des Knotens i, und die x_{ik} sind wieder Belegungen

$$x_{ik} = E[V_{ik}] \cdot E[B_{ik}] , \tag{5.4.5.3}$$

wobei die Besuchszahlen $E[V_{ik}]$ entsprechend 5.3.3.30 berechnet werden:

$$E[V_{ik}] = \sum_{j=1}^{|IM|} \sum_{s=1}^{|IK|} E[V_{js}] \cdot p_{js;ik} \tag{5.4.5.4}$$

In 5.4.5.2 ist vorausgesetzt, daß in Typ1–Knoten nur eine Bedienstation vorhanden ist (m=1) und daß die Bedienrate nicht füllungsabhängig ist.

Für den Fall nur offener Subketten ergibt sich die Zustandswahrscheinlichkeit $p(\vec{f})$ wieder wie bei den Jackson–Netzen als Produkt der Zustandswahrscheinlichkeiten einzelner M/M/m–Knoten. Es ist

$$p(\vec{f}) = \prod_{i=1}^{|M|} p_i(f_i) \, , \qquad (5.4.5.5)$$

wobei

$$p_i(f_i) = \begin{cases} (1-\rho_i)\,\rho_i^{f_i} & \text{Typ } 1 \ (m_i=1),\ 2,\ 4 \\ e^{-\rho_i}\,\dfrac{\rho_i^{f_i}}{f_i!} & \text{Typ } 3 \, . \end{cases} \qquad (5.4.5.6)$$

ρ_i sind die Knotenauslastungen, die über

$$\rho_i = \sum_{k=1}^{|IK|} E[D_{ik}] \cdot E[B_{ik}] \qquad (5.4.5.7)$$

bestimmt werden, vgl. Beispiel 5.3.3.9. Für die Typ 1-Knoten ist vorausgesetzt worden, daß nur eine Bedieneinheit vorhanden ist.

Die vorstehenden Lösungen besagen, daß unter den eingeschränkten Voraussetzungen und bezüglich der betrachteten Zustände das BCMP–Netz aus unabhängigen M/M/1– und M/M/∞– Knoten zusammengesetzt erscheint. Mit deren Zustandswahrscheinlichkeiten gelten auch deren Verweilzeiten, d.h. es ist

$$E[Y_i] = \begin{cases} \dfrac{E[B_i]}{1-\rho} & \text{Typ } 1,\ 2,\ 4 \\ E[B_i] & \text{Typ } 3 \, , \end{cases} \qquad (5.4.5.8)$$

wobei $E[Y_i]$ bzw. $E[B_i]$ die mittlere Verweilzeit bzw. Bedienzeit über alle Klassen am Knoten i ist.

Zur Berechnung der Verkehrsgrößen von BCMP–Netzen gibt es eine Reihe von Verfahren, u.a. Anpassungen des Faltungsverfahrens und des Mittelwertverfahrens, vgl. Beispiel 5.4.4.3. Hierzu muß wieder auf die Spezialliteratur verwiesen werden. In dem einfachen Fall eines nur offenen Netzes kommt man mit geringen Hilfsmitteln aus. Zur Demonstration greifen wir unser Beispiel 5.3.3.9 wieder auf:

(5.4.5.2) *Beispiel*: Wir berechnen nun die Verweilzeiten an den Orten des Netzes und die resultierenden Verweilzeiten in den beiden offenen Subketten.

Funktionseinheit (Knoten) 1: ZP

Angesichts der stark streuenden Bedienzeitverteilung müssen wir voraussetzen, daß die Bedienstrategie Processor Sharing oder Last come – first served – preemptive resume ist, was für einen Zentralprozessor erträglich plausibel ist. Wir greifen auf Abschnitt 6 vor und benutzen, daß die mittlere Verweilzeit eines Auftrags mit der Bedienzeit x unter beiden Strategien

$$E[Y \mid B=x] = \frac{x}{1-\rho} \qquad (5.4.5.9)$$

ist. Also ist im Beispiel

$$E[Y_1 \mid B_1=x] = \frac{x}{1-\rho_1} = \frac{x}{0,5} = 2x \ .$$

Funktionseinheit (Knoten) 2: Systemplatte

Die Bedienstrategie an einer Platte ist nicht unterbrechend. Ein BCMP–Netz läßt nur First come – first served zu. Die Verweilzeit ist

$$E[Y_2] = \frac{E[B_2]}{1-\rho_2} = \frac{0,1\,s}{1-0,058} = 0,106\,s \ .$$

Funktionseinheit (Knoten) 3: Datenbankplatte

Voraussetzungen wie bei der Systemplatte

$$E[Y_3] = \frac{E[B_3]}{1-\rho_3} = \frac{0,05\,s}{1-0,109} = 0,0561\,s \ .$$

Damit ergibt sich für die Stapelaufträge als Verweilzeit:

$$E[Y] = E[V_{11}] \cdot 2 \cdot 2\,s + E[V_{12}] \cdot 2 \cdot 0,05\,s + E[V_{21}] \cdot 0,106\,s + E[V_{32}] \cdot 0,0561\,s = 86\,s \ .$$

Mit Littles Formel folgt eine mittlere Füllung von

$$E[F] = E[D] \cdot E[Y] = 0,01 \cdot 86 = 0,86 \quad \text{Stapelaufträgen.}$$

Für die Abfrageaufträge ergibt sich als Verweilzeit

$$E[Y] = E[V_{13}] \cdot 2 \cdot 0,2\,s + E[V_{23}] \cdot 0,106\,s + E[V_{14}] \cdot 2 \cdot 0,05\,s + E[V_{24}] \cdot 0,106\,s + E[V_{34}] \cdot 0,0561\,s = 2,12\,s$$

und als mittlere Füllung

$$E[F] = E[D] \cdot E[Y] = 0,2 \cdot 2,12 = 0,424 \ .$$

5.5 Wechselwirkungen von Auftragsverkehr und Zuverlässigkeit

Bisher haben wir, wie allgemein üblich, Zuverlässigkeits- und Verkehrseigenschaften getrennt behandelt. Wir haben lediglich ausgenutzt, daß markovsche Prozesse geeignete Modellierungsmittel für beide Systemeigenschaften sind. Tatsächlich gibt es aber intensive Wechselwirkungen (vgl. Abb. 5.5.1).

Die getrennte Behandlung betrachtet den Auftragsverkehr als eine Funktion der Belastung und des Systems von Funktionseinheiten. Die Zuverlässigkeit hängt von Systemeigenschaften und spontanen Fehlerprozessen in Systemelementen ab. Sie äußert sich in Fehlern des Systems. Soweit Abb. 5.5.1 a).

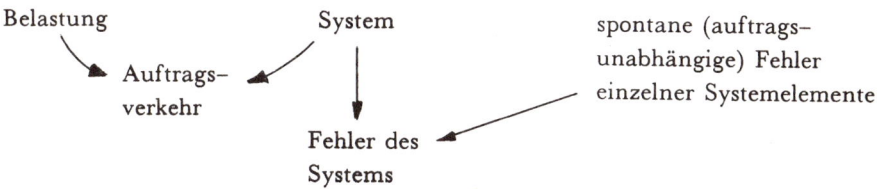

a) Konventionelle, getrennte Modellierung

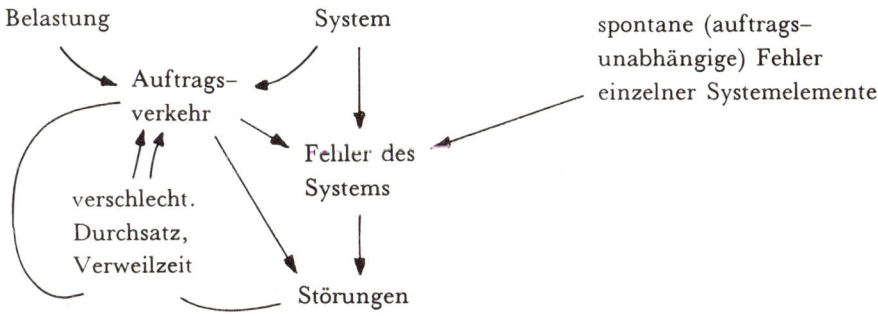

b) Verkehr bewirkt Fehler; Störungen treten verkehrsabhängig auf; Störungen mindern den Nutzdurchsatz, womit sich Verweilzeiten erhöhen.

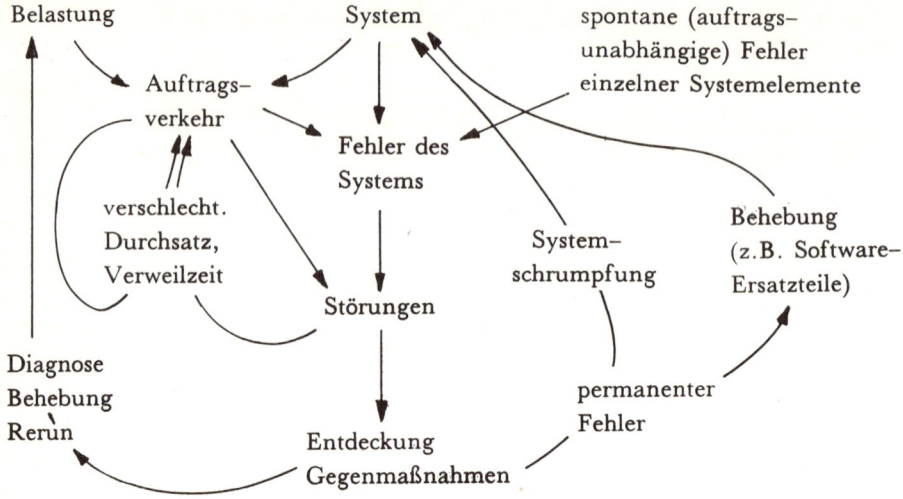

c) Fehler und Störungen werden entdeckt, führen zu Gegenmaßnahmen mit Systemschrumpfung (oder Behebung); Diagnose, Rerun-Zeiten erhöhen die Belastung.

Abb. 5.5.1: Wechselwirkungen von Auftragsverkehr und Zuverlässigkeit

Eine genauere Betrachtung (Abb. 5.5.1 b)) berücksichtigt, daß Fehler eines Systems auch durch die Belastung eintreten, z.B. in Softwarekomponenten, die durch falschen Aufruf fehlerhaft werden. Fehler des Systems führen zu fehlerhafter Auftragsausführung, d.h. zu Störungen, die natürlich verkehrsabhängig sind. Störungen mindern den Nutzdurchsatz, erfordern Wiederholung von Aufträgen; die gestörten Aufträge erhalten damit längere Verweilzeiten, und über die durch Wiederholungen hinaufgetriebenen Auslastungen verlängern sich auch die Verweilzeiten der ungestörten Aufträge. Erscheinungen dieser Art sind unschwer in Modellen erfaßbar.

Schwieriger ist die Modellierung der Gegenmaßnahmen in fehlertoleranten Systemen. Störungen (besser: bereits Fehler) werden entdeckt und lösen Gegenmaßnahmen aus, die die Belastung erhöhen (Diagnose, Umkonfigurierung, Wiederholzeiten (rerun)). Permanente Fehler erfordern Behebung unter Wiederherstellung des fehlerfreien Systems (z.B. Ersetzen beschädigter Software durch fehlerfreie Kopien), oft aber Rekonfiguration durch Ausgliederung fehlerhafter Betriebsmittel, verändern also das System durch Schrumpfung. Man vergleiche Abb. 5.5.1 c).

Die Wirkungszyklen können Instabilität bedeuten: die zusätzliche Belastung durch Gegenmaßnahmen kann Folgefehler auslösen; die Einschränkung des Systems kann die Fehlerhäufigkeit erhöhen.

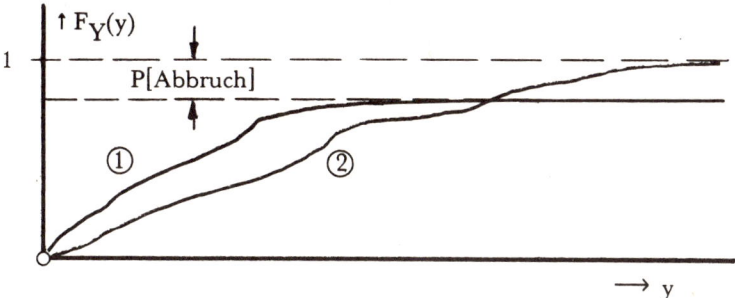

Abb. 5.5.2: Verweilzeitverteilung der Aufträge in einem System mit geringer Fehlertoleranz (1) und einem gleichartigen System, in dem Betriebsmittel für die Fehlertoleranz eingesetzt werden (2). Der Abbruch von Aufträgen ist als Verweilzeit y=∞ dargestellt. Im System 2 verweilen die Aufträge im Mittel länger, werden aber nicht abgebrochen.

Zuverlässigkeits– und Verkehrseigenschaften eines Systems lassen sich bei gegebener Belastung vom Standpunkt des Benutzers integriert durch die Verweilzeitverteilung darstellen. Wir stellen dazu Auftragsabbrüche durch unendliche Verweilzeiten dar, vgl. Abb. 5.5.2. Indem die Fehlertoleranzmaßnahmen Betriebsmittel des Systems der Auftragsbearbeitung entziehen und Teilaufträge wiederholt werden, erhöht sich die Verweilzeit bei verkleinertem Abbruchrisiko P[Abbruch]. Der Nutzen der Auftragsbearbeitung ist nach den in Abschnitt 1.6 entwickelten Konzepten im Mittel

$$E[N] = \int_{y=0}^{\infty} n(y) \cdot f_Y(y)\, dy \ , \qquad (5.5.1)$$

worin $n(y)$ die Nutzfunktion nach Def. 1.6.1 und $f_Y(y)$ die Verweilzeitdichte ist. Die Nutzenfunktion wird für ein gewisses y_{max} verschwinden (bei dieser Verweilzeit ist die Auftragserledigung nutzlos), d.h. 5.5.1 kann aufgefaßt werden als

$$E[N] = \int_{y=0}^{y_{max}} n(y) \cdot f_Y(y)\, dy \ , \qquad (5.5.2)$$

und die abgebrochenen Aufträge (keine Erledigung in endlicher Verweilzeit) liefern keinen Nutzen. Für den Auftraggeber nützliche Fehlertoleranzmaßnahmen erbringen durch Verhinderung des Abbruchs, d.h.

$$P[Y<\infty]_2 > P[Y<\infty]_1 \, ,$$

mehr Nutzen, als sie durch Streckung der Verweilzeit verlieren, vgl. Abb.5.5.3. Zur gesamten Bewertung sind noch die zusätzlichen auftragsbezogenen Kosten zu veranschlagen, die durch die Fehlertoleranzmaßnahmen eintreten, vgl. unsere Modelle im Abschnitt 1.5, und die aus dem Nutzenvorteil erwirtschaftet werden müssen.

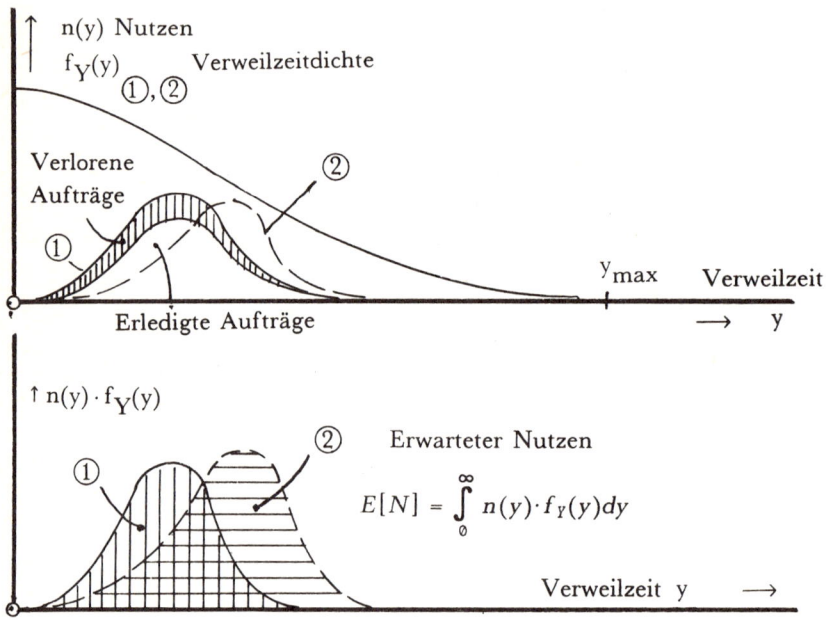

Abb. 5.5.3: Nutzen, Verweilzeitdichte ohne (1) und mit (2) Fehlertoleranz und erwarteter Nutzen E[N]

Wichtig ist, daß dank des Nutzenkonzepts auch vom Standpunkt des Auftraggebers Verkehrs– und Zuverlässigkeitseigenschaften des Systems integriert zu betrachten sind.

Wir folgen nun (Schoen 84) und analysieren verkehrsabhängige Störungen und – später – störungsabhängige Belastung. Im Prinzip könnten wir dazu ein integriertes Modell im Zustandsraum eines markovschen Prozesses aufbauen; wir bevorzugen aber die besser handhabbaren BCMP–Netze, also aggregierte markovsche Prozesse.

Wir behandeln die wechselseitigen Abhängigkeiten in einer Modellwelt wie Beispiel 5.3.3.9/5.4.5.2.

In dieser Modellwelt wandern Aufträge in einem Ortsraum $IM \times IK$, wobei jeder Ort durch seinen Knoten (Knotenmenge IM) und seine Klasse (Klassenmenge IK) beschrieben ist. Indem wir nur eine Bedienstation je Knoten zulassen, ist je Knoten jeweils höchstens ein Auftrag in Bedienung. Die Störungen, die Aufträge verursachen oder erleiden, werden allein von den Bedienungen abhängen oder zusätzlich von der Verweilzeit. Rechenphasen, Speicherzugriffe, Ein/Ausgabe-Operationen gehören in die erste Kategorie, nicht aber Verfälschungen von im Hauptspeicher lagernden Daten des Auftrags durch Fremdeinwirkung, die verweilzeitabhängig sind. Zunächst betrachten wir die bedienungsabhängigen Störungen.

Nach Definition 4.1.1 können Fehler transient oder permanent sein. Wir nehmen im folgenden an, daß permanente Fehler behoben werden, sobald sie eine Störung, also eine fehlerhafte Auftragsausführung, bewirkt haben. Ebenso mögen die Störungen ohne Auswirkung auf den weiteren Auftragsablauf behoben werden, d.h. wir vernachlässigen zunächst die zusätzliche Belastung durch Behebung von Fehlern und Störungen. Erst später erweitern wir unsere Modelle entsprechend. Mit dieser Voraussetzung erhalten wir ein stationäres Verkehrsbild, wie für die Auswertung von BCMP-Netzen erforderlich.

Fehler können *spontan* auftreten. Das soll heißen, daß sie unabhängig von der Auftragsbearbeitung entstehen; die Wirkung des Fehlers, also die Störung, tritt aber stets auftragsabhängig auf. Im Modell werden wir entsprechend Orten oder Knoten eine Spontanfehlerrate zuteilen; die betroffenen Aufträge erleiden Spontanstörungen. Fehler können auch *auftragsinduziert* sein, d.h. sie werden durch Auftragsbearbeitungen verursacht. In diesem Fall ist zu unterscheiden, ob der Fehler an dem Ort auftritt, der vom Verursacher aktuell belegt ist; dann werde er gestört, und der Fehler heißt *selbstinduziert*. Andernfalls kann der Verursacher einen Fehler an anderen Orten bewirken; der Fehler heißt dann *fremdinduziert*.

Vereinfachend beschreiben wir die Verhältnisse durch

- ortsabhängige, zeitkonstante Fehlerraten in drei Kategorien:

α_i Spontanfehlerrate des Ortes i

β_i potentielle Rate selbstinduzierter Fehler des Ortes i

$\gamma_{i,OM}$ potentielle Rate von Fehlern einer Ortsmenge OM, die durch Aufträge im Ort i induziert werden.

Die beiden letzten Raten heißen deshalb potentiell, weil erst unter Belegung des Ortes i Fehler produziert werden.

– Störungsfrequenzen, die aus den Fehlerraten unter Berücksichtigung der Wahrscheinlichkeit abgeleitet werden, daß die Orte des Verursachers und des Opfers belegt sind. Vereinfachend nehmen wir Unabhängigkeit der Belegungen an. Da die Bedienstationen der Orte nach Vorausetzung "einfache" Funktionseinheiten im Sinne von Def. 1.4.2 sind, können wir deshalb die Auslastungen als Belegtwahrscheinlichkeiten benutzen.

Für den Fall selbstinduzierter Fehler ist lediglich die potentielle Fehlerrate mit der Auslastung des Ortes zu gewichten, da in diesem Umfang Fehler produziert werden und diese mit Wahrscheinlichkeit 1 zu einer Störung desselben Ortes führen, mag der Fehler transient oder permanent sein.

Bei spontanen Fehlern wird dem betroffenen Ort eine Spontanfehlerrate zugeteilt, die in dem Umfang zu Störungen führt, wie der Ort belegt ist, wenn die Fehler transient sind. Treten spontane permanente Fehler in einer Ortsmenge OM auf (z.B. Fehler eines Knotens, z.B. eines Hardware–Betriebsmittels), dann wirken sich diese in jedem Fall als Störung aus, wobei die einzelnen Orte $i \in$ OM in dem Umfang betroffen sind, wie sie zur Auslastung der Ortsmenge beitragen, also jeweils mit ρ_i / ρ_{OM}, wobei ρ_{OM} die Auslastungssumme der Ortsmenge ist.

Bei fremdinduzierten transienten Fehlern geht die Auslastung des verursachenden und des betroffenen Ortes ein, da eine Störung nur bei Belegung beider Orte eintritt. Bei fremdinduzierten permanenten Fehlern muß ähnlich wie bei den spontanen permanenten Fehlern berücksichtigt werden, daß jeder Ort i in dem Umfang betroffen ist, wie er anteilig zur Auslastung der gesamten betroffenen Ortsmenge OM beiträgt. Damit ergeben sich die folgenden Störungsfrequenzen am Ort i für die 6 verschiedenen Wirkungsmechanismen:

Fehler ist	transient	permanent
spontan	$\rho_i \alpha_{it}$	$\dfrac{\rho_i}{\rho_{OM}} \cdot \alpha_{OMp}$
selbstinduziert	$\rho_i \beta_{it}$	$\rho_i \beta_{ip_{\rho_i}}$
fremdinduziert	$\rho Pdj \rho_i \gamma_{jit}$	$\rho_J \dfrac{\rho_i}{\rho_{OM}} \cdot \gamma_{JOMp}$

$$(5.5.3)$$

Dabei ist mit t "transient" und mit p "permanent" bezeichnet. Wirken mehrere Mechanismen oder mehrere Verursacher j auf einen Ort ein, so sind die Frequenzen zu addieren.

(5.5.1)   *Beispiel*: Wir nehmen das Beispiel 5.3.3.9 auf und erweitern es zugleich um spontane, selbstinduzierte und fremdinduzierte (potentielle) Fehlerraten. In unserem Beispiel sind als Ortsmengen die Knoten von Bedeutung, die deshalb in Abb. 5.5.4 besonders hervorgehoben sind. Folgende Fehler mögen auftreten:

Spontan-transient: Schreib/Lesefehler durch Staub auf der Systemplatte. Störungsfrequenzen:

$$\rho_{21} \cdot a_{21}, \ \rho_{23} \cdot a_{23}, \ \rho_{24} \cdot a_{24} \ .$$

Benutzen alle Orte gleichermaßen staubbelastete Zonen, dann ist $a_{21} = a_{23} = a_{24}$.

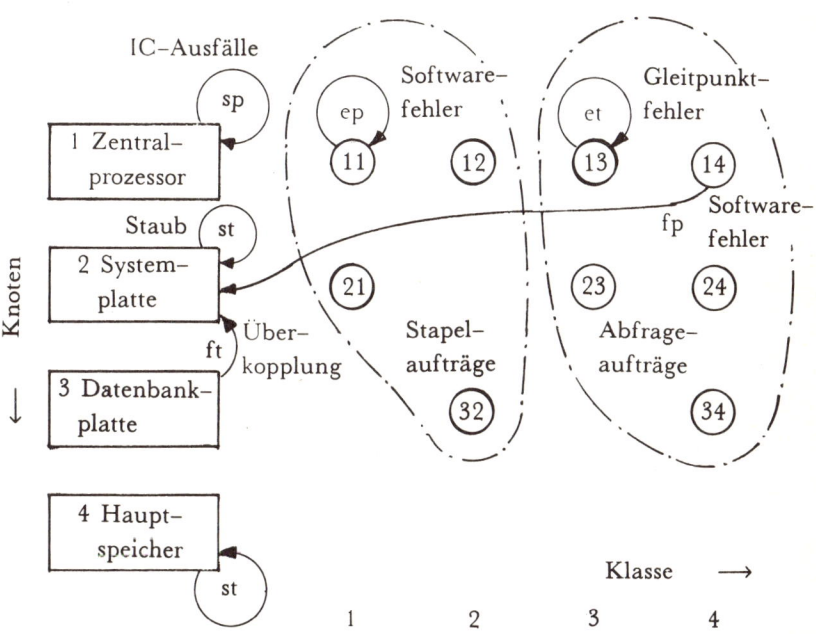

Abb. 5.5.4: Fehlermechanismen des Beispiels 5.5.1 (Abk.: s spontan, e selbstinduziert, f fremdinduziert, t transient, p permanent)

Spontan-permanent: Ausfälle integrierter Schaltungen im Zentralprozessor. Störungsfrequenzen:

$$\frac{\rho_{11}}{\rho_{ZP}} \cdot a_{11p} \ , \frac{\rho_{12}}{\rho_{ZP}} \cdot a_{12p} \ , \frac{\rho_{13}}{\rho_{ZP}} \cdot a_{13p} \ , \frac{\rho_{14}}{\rho_{ZP}} \cdot a_{14p} \ ,$$

wobei $\rho_{ZP} = \rho_{11} + \rho_{12} + \rho_{13} + \rho_{14}$ ist und (bei gleichartiger Benutzung des Zentralprozessors) alle a_{1kp} ($k \in \{1..4\}$) gleich sind.

Selbstinduziert-transient: Gleitpunktfehler bei Benutzung des Zentralprozessors mit am Ort 13 auftretenden Operanden. Störungsfrequenz:

$$\rho_{13} \cdot \beta_{13t} \; .$$

Selbstinduziert-permanent: Softwarefehler am Ort 11 beschädigt das benutzte Programm oder den Status, sodaß Störung des Auftrags eintritt. Störungsfrequenz:

$$\rho_{11} \cdot \beta_{11P} \; .$$

Fremdinduziert-transient: Beim gleichzeitigen Datentransport von/zu der Datenbankplatte werden durch Überkopplung Daten auf dem Transport von/zu der Systemplatte verfälscht. Störungsfrequenzen:

$$\rho_{DP} \cdot \rho_{21} \cdot \gamma_{DP,SP} \quad , \quad \rho_{DP} \cdot \rho_{23} \cdot \gamma_{DP,SP} \quad , \quad \rho_{DP} \cdot \rho_{24} \cdot \gamma_{DP,SP} \quad ,$$

wobei $\rho_{DP} = \rho_{32} + \rho_{34}$ die Auslastung der Datenbankplatte, $\gamma_{DP,SP}$ die potentielle Fehlerrate der Datenbankplatte mit Ziel-Ortsmenge SP (d.h. 21,23,24) ist.

Fremdinduziert-permanent: Das am Ort 14 ausgeführte Programm möge aufgrund eines Softwarefehlers die für die Systemplatte benutzte Plattentreiberroutine beschädigen. Störungsfreqenzen:

$$\rho_{14} \cdot \frac{\rho_{21}}{\rho_{SP}} \cdot \gamma_{14,SP\ p} \; , \; \rho_{14} \cdot \frac{\rho_{23}}{\rho_{SP}} \cdot \gamma_{14,SP\ p} \; , \; \rho_{14} \cdot \frac{\rho_{23}}{\rho_{SP}} \cdot \gamma_{14,SP\ p} \; ,$$

wobei $\rho_{SP} = \rho_{21} + \rho_{23} + \rho_{24}$ ist und SP die Ortsmenge $\{21,23,24\}$.

Bemerkenswert ist, daß eine der Störungsraten, nämlich die vom Typ fremdinduziert-transient, quadratisch bei proportionaler Erhöhung aller Durchsätze ansteigt.

Schließlich haben wir noch solche Störungen in das Modell aufzunehmen, deren Häufigkeit nicht von Art und Anzahl der Bedienungen, sondern von der Verweilzeit des gestörten Auftrags abhängen. Beispiele sind etwa Spontanfehler im Hauptspeicher oder fremdinduzierte Fehler durch Überschreiben eines Plattenbereichs. Selbstinduzierte Fehler scheiden aus, da diese ja immer Bedienungen zuteilbar sind. Im speziellen Falle von transienten Fehlern in Speichern erhalten wir als Störungswahrscheinlichkeiten

$$p = y \cdot \bar{f} \cdot \delta \qquad \textit{falls } p \ll 1 \; , \tag{5.5.4}$$

wobei $\quad$ p $\quad$ Störungswahrscheinlichkeit

y   Speicherverweilzeit

$\overline{f}$ mittlere Füllung in Dateneinheiten, z.B. KBytes

δ   Spontanfehlerrate (transiente Fehler) je Dateneinheit, z.B. KBytes

bzw. bei fremdinduzierten Fehlern

$$p = y \cdot \overline{f} \cdot \rho_j \cdot \gamma_{js} \qquad falls \ p \ll 1 \ , \qquad (5.5.5)$$

wobei   p   Störungswahrscheinlichkeit

         y   Speicherverweilzeit

         $\overline{f}$ mittlere Füllung in Dateneinheiten, z.B. KBytes

         ρ_j Auslastung des störungsverursachenden Ortes

         γ_{js} potentielle Rate von Fehlern, die ein Auftrag im Ort j im Speicher S erzeugt.

Da Verweilzeiten mit der Auslastung überproportional ansteigen, zeigen auch diese Störungen eine überproportionale Steigerung gegenüber dem Gesamtdurchsatz.

Wir können unser Modell nun noch dazu verwenden, die Störungsfrequenz, die mittlere störungsfreie Zeit und das Auftragsrisiko zu berechnen.

Die Störungsfrequenz im Gesamtsystem ergibt sich durch Summation der Störungsfrequenzen über alle Orte bzw. Ortsmengen als Verursacher und Ziele der Störungen. Der Kehrwert ist die mittlere störungsfreie Zeit. Das mittlere Auftragsrisiko P[Störung] berechnet sich als

$$P[\text{Störung}] = \frac{\sum \sigma_{Auftrag}}{E[D_{Auftrag}]} \ , \qquad (5.5.6)$$

wobei $\sum \sigma_{Auftrag}$ die auf den Auftrag entfallende Störungsfrequenz ist, d.h. die Summe wird über alle Zielorte gebildet, die zur Subkette dieses Auftragstyps gehören,

         $E[D_{Auftrag}]$ der Durchsatz dieses Auftragstyps ist.

Auch diese Beziehung gilt nur, wenn P[Störung] klein gegen 1 ist.

Man kann die Berechnung auf individuelle Aufträge verfeinern, indem man auf die Bedienzeiten in den Orten statt auf die Auslastung zurückgreift.

(5.5.2)   *Beispiel*: Wir nehmen das obige Beispiel wieder auf. Im Beispiel 5.4.5.2 sind für die Stapel- und die Abfrageaufträge Verweilzeiten berechnet worden. Mit bekannter Füllung der Aufträge im Speicher und Speicherspontanfehlerrate läßt sich die Speicherfehlerwahrscheinlichkeit p berechnen.

Die Störungsfrequenz des Systems für Stapelaufträge beträgt

$$\sigma_{Stapel} = \rho_{21} \cdot a_{21} + \frac{\rho_{11}}{\rho_{ZP}} \cdot a_{11P} + \frac{\rho_{12}}{\rho_{ZP}} \cdot a_{12P} + \rho_{11} \cdot \beta_{11P}$$

$$+ \rho_{DP} \cdot \rho_{21} \cdot \gamma_{DP,SP} + \rho_{14} \cdot \frac{\rho_{21}}{\rho_{SP}} \cdot \gamma_{14,SP\ p} + p_{Stapel} \cdot E[D_{Stapel}] \ ,$$

wobei p_{Stapel} aus 5.5.4 entnommen wird. Für Abfrageaufträge ist

$$\sigma_{Abfrage} = \rho_{23} \cdot a_{23} + \rho_{24} \cdot a_{24} + \frac{\rho_{13}}{\rho_{ZP}} \cdot a_{13P} + \frac{\rho_{14}}{\rho_{ZP}} \cdot a_{14P}$$

$$+ \rho_{13} \beta_{13t} + \rho_{DP} \cdot \rho_{23} \cdot \gamma_{DP,SP} + \rho_{DP} \cdot \rho_{24} \cdot \gamma_{DP,SP}$$

$$+ \rho_{14} \cdot \frac{\rho_{23}}{\rho_{SP}} \cdot \gamma_{14,SP\ p} + \rho_{14} \cdot \frac{\rho_{24}}{\rho_{SP}} \cdot \gamma_{14,SP\ p} + p_{Abfrage} \cdot E[D_{Abfrage}] \ ,$$

wobei $p_{Abfrage}$ aus 5.5.4 entnommen wird.

Man erhält nun die Gesamtstörungsfrequenz des Systems als

$$\sigma = \sigma_{Stapel} + \sigma_{Abfrage}$$

und die mittlere störungsfreie Zeit als Kehrwert. Die mittleren Auftragsrisiken sind

$$P[\text{Störung; Stapel}] = \frac{\sigma_{Stapel}}{E[D_{Stapel}]}$$

$$P[\text{Störung; Abfrage}] = \frac{\sigma_{Abfrage}}{E[D_{Abfrage}]} \ .$$

Folgt auf eine Störung eine für sie eigentümliche Behebungszeit, während der der Auftragsfluß nicht fortschreitet, so kann man aufgrund der Störungen auch die Nutzbarkeit (d.h. die Verfügbarkeit für Aufträge der gegebenen Art und Mischung) berechnen als

$$1 - \sum \sigma_k \cdot t_k \ , \tag{5.5.7}$$

wobei k alle Störungstypen durchläuft und t_k die störungsbezogene Behebungszeit ist; wieder muß $\sum \sigma_k \cdot t_k \ll 1$ verlangt werden.

Im allgemeinen wird aber das System bei der Behebung von Störungen (sei es selbsttätig oder durch externen Eingriff) gewisse Aufträge weiter bedienen oder aufgrund der Störung in der Bedienung von Aufträgen zurücksetzen, d.h. es entsteht eine *störungsabhängige Belastung*.

Die Nachbildung der störungsabhängigen Belastung erfolgt durch Übergänge auf Ortsmengen, die die Behebungsmaßnahmen nachbilden. Sind die zusätzlichen

Wegewahlwahrscheinlichkeiten, mit denen der Auftrag den Ort, an dem er gestört worden ist, zur Behebung der Störung verläßt, nur von den statischen Daten wie Bedienzeit oder Fehlerrate abhängig, so können die Wegewahlwahrscheinlichkeiten vor Auswertung des BCMP-Netzes in dieses eingebracht werden; andernfalls muß auf eine iterative Berechnung ausgewichen werden.

(5.5.3)   *Beispiel*: Wieder nehmen wir das bisherige Beispiel auf. Wir ergänzen das Netz um Behebungsmaßnahmen unter Einführung von zusätzlichen Orten, vgl. Abb. 5.5.5. Tritt in Ort 13 der Gleitpunktfehler auf, dann wird durch Ausweichen auf eine programmierte Gleitpunktroutine (Ort 15) eine Störungsbehebung gemacht. Die Wegewahlwahrscheinlichkeit $P_{13,15}$ hängt nur von statischen Modellgrößen ab:

$$P_{13,15} = a_{13t} \cdot E[B_{13}] \ ,$$

worin a_{13t} die Spontanfehlerrate in 13,
$E[B_{13}]$ die Bedienzeit in 13 ist.

Also kann diese Wegewahlwahrscheinlichkeit bereits bei der Konstruktion des Netzes zugrundegelegt werden.

Tritt durch Einwirkung von Ort 14 die Beschädigung des Systemplattentreibers auf, dann werde aus der Beauftragung der Platte in 21, 23 oder 24 eine CPU-Routine in 16, 17 bzw. 18 angestoßen, die von der Datenbankplatte eine unversehrte Kopie nachlädt (36, 37, 38). Auch wenn es sich in jedem Fall um denselben Vorgang handelt, sind hier je 3 neue Orte aufgewendet worden, um eindeutige Rückkehr zu sichern. Die Wegewahlwahrscheinlichkeiten $p_{21,16}$ usw. bestimmen sich als

$$p_{21,16} = p_{14} \cdot \frac{E[B_{21}]}{\rho_{SP}} \cdot Y_{14,SP\,p}$$

(vgl. Beispiel 5.5.1). Dieser Wert ist aber von ρ_{14} und ρ_{SP} abhängig, die erst aufgrund einer Auswertung bekannt werden und daher nicht zur Konstruktion des Netzes herangezogen werden können!

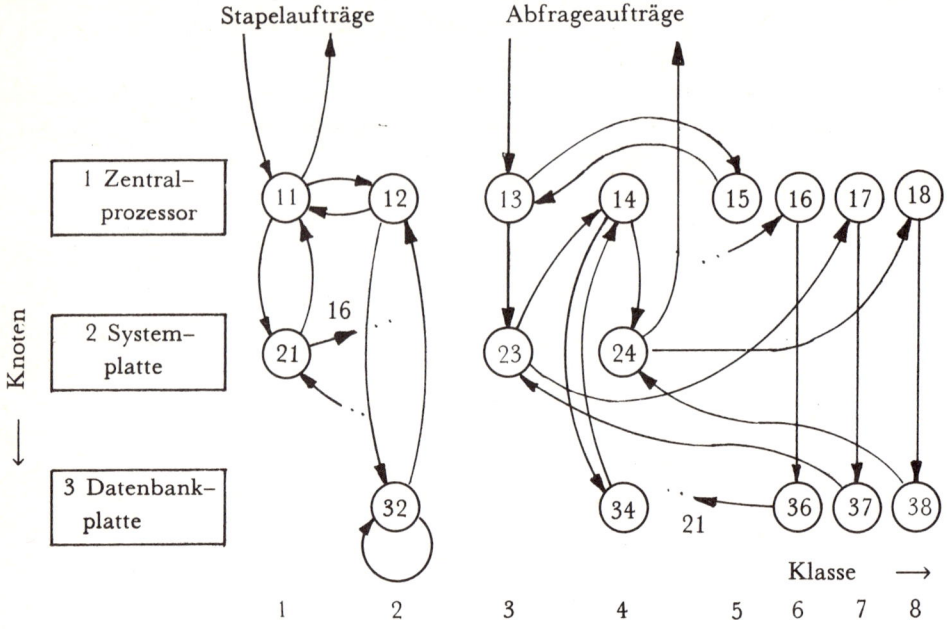

Abb. 5.5.5: Erweiterung des Verkehrsmodells durch zusätzliche Orte zur Behebung
von Störungen:
Ort 15: Behebung der spontan-transienten Gleitpunktstörung
Orte 16..18, 36..38: Behebung der von Ort 14 verursachten Störung in
21, 23, 24 (Beschädigung des Treiberprogramms für die Systemplatte)

Wir benötigen also zur Lösung ein Auswerteverfahren für BCMP-Netze mit
verkehrsabhängigen Wegewahlwahrscheinlichkeiten. (Schoen 84) gibt ein geeignetes
Verfahren an,

> {WB seien die Wahrscheinlichkeiten, in die Störungsbehebung über-
> zugehen}
> WB:= 0;
> repeat werte BCMP-Netz aus;
> berechne neue Wegewahlwahrscheinlichkeiten WB';
> vertausche WB und WB'
> until WB, WB' (fast) gleich.

das angesichts der sehr kleinen Wegewahlwahrscheinlichkeiten und der kleinen
zusätzlichen Belastung schnell konvergiert.

Es verbleibt eine weitere, bislang von uns unbehandelte Klasse von Wechselwirkungen zwischen Auftragsverkehr und Zuverlässigkeit: Rekonfiguration des Systems

durch Ausgliederung permanent funktionsunfähiger Einheiten unter Umleitung des Auftragsverkehrs. Dieses Problem ist grundsätzlich in markovschen Modellen lösbar, wobei allerdings nur relativ einfache Systeme derart analysierbar sind. Für fehlertolerante Systeme sind mehrfach solche Analysen gemacht worden.

Sind die Rekonfigurationen selten, so kann man die von uns benutzte Technik zur näherungsweisen Bestimmung des Verkehrsbildes verwenden. Es gibt endlich viele Konfigurationen, die durch Rekonfiguration bzw. durch Fehlerbehebung erreicht werden. Man faßt jede Konfiguration als einen Hyperzustand auf. Die Übergangsrate aus einer Konfiguration in eine andere ergibt sich aus Störungsfrequenzen wie in obigen Beispielen (da es sich in der Regel um schwerwiegende Hardwarefehler handelt, überwiegen die spontanen permanenten Fehler) oder aus Fehlerbehebungsraten. Aus den berechneten Übergangsraten werden die Zustandswahrscheinlichkeiten der Hyperzustände annähernd unter Benutzung von 4.4.41 ermittelt. Damit können die Verkehrs- und Zuverlässigkeitswerte ermittelt werden.

5.6 Betriebsformen von Rechensystemen

5.6.1 Kategorien

Der Betrieb eines Rechensystems wird so organisiert, daß ein *extern bestimmtes Betriebsziel* erreicht wird. Als Freiheitsgrade stehen die Gestaltung der Anlage und der Strategien, nach denen die Funktionseinheiten Aufträgen zur Verfügung gestellt werden, d.h. die innere Organisationsform, zur Verfügung. Im Grenzfall, für das elementare Wartesystem, reduziert sich letzterer Freiheitsgrad auf die Auswahl der Bedienstrategie.

Unter den externen Betriebszielen betrachten wir die quantitativ erfaßbaren, etwa

- Maximierung des Grenzdurchsatzes, was i.a. einhergeht mit
  - Vergrößerung der Verweilzeiten
  - Senkung der Auftragskosten
- Minimierung der Verweilzeit, u.U. unter Einbeziehung des Weges zum System
- Minimierung des Auftragsrisikos
- Minimierung der Auftragskosten (vgl. Abschnitt 1.5)
- Minimierung der Differenz zwischen Restnutzen bei Auftragserledigung (vgl. Abschnitt 1.6) und Auftragskosten.

Oft wird versucht, einen geeignet erscheinenden Kompromiß zwischen diesen i.a. nicht gleichzeitig optimierbaren Zielen zu erreichen.

Als *innere Organisationsform* ist zunächst zu unterscheiden:

- konzentriertes System: im Betrieb kann der Zustand des Systems ermittelt und vom System zur Steuerung eingesetzt werden
- verteiltes System: im Betrieb kann der Zustand des Systems nicht eindeutig ermittelt werden; die Steuerung des Systems geht von Kenntnissen von Teilzuständen und eventuell Vermutungen über den globalen Zustand aus. Zur genaueren Definition vergleiche Abschnitt 2.6 und (Giloi 80).

Für die zeitliche Organisation der Auftragsbearbeitung ist vor allem wichtig zu unterscheiden:

- serieller Betrieb: das System nimmt einen Auftrag erst dann in Bedienung, wenn alle zuvor in Bedienung genommenen Aufträge erledigt sind; das System ist also eine "einfache" Funktionseinheit.
- Simultanbetrieb (vgl. 1.4): das System arbeitet mit einer Füllung von mehr als eins. Meist arbeiten dabei Teile des Systems im Multiplexbetrieb, d.h. sie

verdrängen Aufträge. Beträgt die Füllung der Zentraleinheit, gemessen in Rechenaufträgen, mehr als eins, so spricht man von *Mehrprogrammbetrieb* (multi-programming). Gründe für die Verdrängung von Aufträgen sind

- wirksame Priorisierung eiliger Aufträge
- Durchsetzung bedienzeitproportionaler Wartezeiten, auch ohne Kenntnis der Bedienzeiten
- Sicherung der Auslastung anderer Funktionseinheiten.

5.6.2 Konzentrierte Systeme

Konzentrierte Systeme sind zum einen von historischem Interesse. Außerdem treten sie als Komponenten verteilter Systeme auf. Da auch die üblichen Rechenanlagen sich unter Beibehaltung ihrer globalen Organisationsprinzipien in Richtung auf verteilte Systeme entwickeln, indem Teilfunktionen eigenen Prozessoren zugeteilt werden, deren interner Zustand global nicht bekannt sein muß, erhalten Prinzipien verteilter Systeme auch für konventionell organisierte Rechenanlagen Bedeutung. Auftragsfüllung und zeitliche Ordnung des Auftragsflusses sind wesentliche Bestimmungsgrößen der Systemorganisation.

Im einfachsten Fall liegt serieller Betrieb vor, d.h. die Kapazität beträgt 1 Rechenauftrag.

(5.6.2.1) *Beispiel*: Serieller Betrieb. Ein Rechensystem verarbeite Aufträge mit folgenden mittleren Betriebsmittelansprüchen:

300 Lochkarten (LK) lesen
10^6 Rechenoperationen (Op)
500 Zeilen (Z) drucken

Das Rechensystem (Abb. 5.6.1) besitzt drei Instanzen mit den folgenden Grenzdurchsätzen:

Lochkartenleser $\quad c'_{LK} = 1000 \dfrac{LK}{\min}$

Zentralprozessor $\quad c'_{ZP} = 10^4 \dfrac{Op}{s}$

Drucker $\quad c'_{DR} = 1000 \dfrac{Z}{\min}$

Die Inanspruchnahme des Zentralprozessors für Kartenlesen und Drucken kann vernachlässigt werden.

Auftragssystem:

300 LK lesen $\longrightarrow$ 10^6 Rechenoperationen $\longrightarrow$ 500 Zeilen drucken
ausführen

FES:

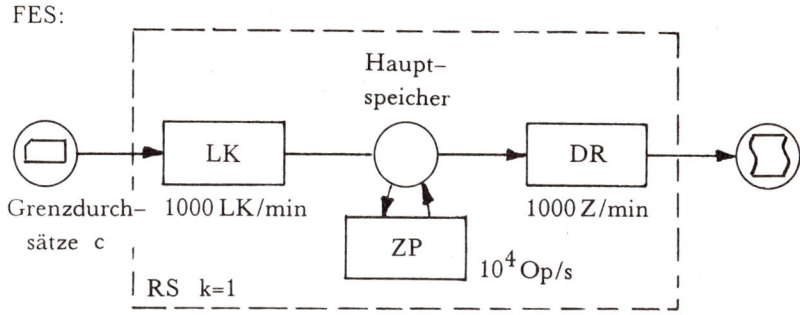

Abb. 5.6.2.1: Rechensystem im seriellen Betrieb als Netz aus Instanzen und Kanälen FES mit Auftragssystem. Durch die Begrenzung der Kapazität auf einen Auftrag ist internes Warten (d.h. vor ZP, vor DR) ausgeschlossen.
(Abk.: LK Lochkartenleser, DR Drucker, ZP Zentralprozessor, RS Rechensystem)
Die angegebenen Werte bezeichnen die Grenzdurchsätze.

Die Auftragsverweilzeit im Rechensystem ist hier nach Definition Auftragsbedienzeit $E[B_{RS}]$; für sie gilt

$$E[B_{RS}] = E[B_{LK}] + E[B_{ZP}] + E[B_{DR}]$$

Dabei ist

$$E[B_{LK}] = \frac{300\,LK}{1000\,LK/min} = 0{,}005\,h$$

$$E[B_{ZP}] = \frac{10^6\,Op}{10^4\,Op/s} = 0{,}0278\,h$$

$$E[B_{DR}] = \frac{500\,Z}{1000\,Z/min} = 0{,}00833\,h \ ,$$

also

$$E[B_{RS}] = 0{,}0411\ h.$$

Die Grenzdurchsätze, ausgedrückt in Aufträgen an das Rechensystem, sind

$$c_{LK} = \frac{1}{E[B_{LK}]} = 200/h$$

$$c_{ZP} = 36/h$$

$$c_{DR} = 120/h \ .$$

Der Zentralprozessor ist also Engpaß. Der Grenzdurchsatz des Rechensystems ist

$$c_{RS} = \frac{1}{E[B_{RS}]} = 24{,}3 \ \textit{Aufträge/h.}$$

Wird das System einem Zugang von 20 Aufträgen/h unterworfen, so ist die Auslastung des Systems

$$\rho_{RS} = \frac{E[D_{RS}]}{c_{RS}} = \frac{20}{24{,}3} = 0{,}82$$

und die der drei Instanzen

$$\rho_{LK} = 0{,}1$$

$$\rho_{ZP} = 0{,}55$$

$$\rho_{DR} = 0{,}17 \ .$$

Bei einer Auslastung des Systems von 82 % sind am Eingang (also vor dem Lochkartenleser) bereits bedeutende Warteschlangen zu erwarten. Betrachten wir unser Rechensystem zur Abschätzung als ein M/M/1-System, so können wir die Verweilzeit, die die Wartezeit vor dem Rechensystem und die Bedienzeit im Rechensystem enthält, nach 5.4.2.13 berechnen:

$$E[Y_{RS}] = \frac{E[B_{RS}]}{1-\rho_{RS}} = \frac{0{,}0411\,h}{1-0{,}82} = 0{,}28\,h \ .$$

Die Wartezeit ist im Mittel

$$E[W] = E[Y_{RS}] - E[B_{RS}] = 0{,}28 - 0{,}0411\,h = 0{,}24\,h$$

und die Zahl der wartenden Aufträge (Littles Formel)

$$E[F_W] = E[W] \cdot E[D] = 0{,}24 \cdot 20 = 4{,}8 \ !$$

Wesentliches Motiv des Mehrprogrammbetriebs ist es daher, die gleichzeitige Bedienung in den Instanzen zu gestatten, um die Auslastungen zu verbessern (damit die Kosten gesenkt werden) und den Grenzdurchsatz zu erhöhen (um die Wartezeit *vor* dem System zu reduzieren). Zugleich erhöht sich allerdings dabei die Wartezeit *im* System durch Warten zwischen den Bedienungen durch die Instanzen.

Die einfachste Form des Mehrprogrammbetriebs erlaubt lediglich die Überlappung von Ein/Ausgabe–Vorgängen mit der Verarbeitung im Zentralprozessor. Der Zentralprozessor verbleibt im seriellen Betrieb. Die Eingabedaten werden auf einen Speicher übertragen durch ein Dienstprogramm des Systems; ebenso werden die Ausgabedaten vom Speicher über den Drucker ausgegeben. Diese Betriebsform heißt Simultaneous Peripheral Operation On–Line (SPOOLing). Als Speicher ist ein Plattenspeicher geeignet. Wieder kann die Beanspruchung des Zentralprozessors durch die Abwicklung der Ein/Ausgabe (durch den Betrieb des "Spoolers") vernachlässigt werden. Wir nehmen das Beispiel wieder auf:

(5.6.2.2) *Beispiel*: Zur Durchführung des Spooling-Betriebs wird eine Platte mit $E[B_p]=30\,ms$ je Zugriff in das Rechensystem eingebracht, vgl. Abb. 5.6.2.2. Die übrigen Elemente bleiben mit ihren Grenzdurchsätzen unverändert. Der Auftragsfluß ist nun folgender: die Eingabe von 300 Karteninhalten ergebe 150 Datensätze auf der Platte; jeder Datensatz wird mit einem Zugriff abgelegt. Die Datensätze werden im Hauptspeicher aufgebaut, bevor sie über das Steuerwerk STWK auf die Platte P gebracht werden. Das Steuerwerk transportiere ohne Mitwirkung des Zentralprozessors, d.h. es ist vom "DMA" (direct memory access)-Typ, oder es arbeitet mit einem Ein/Ausgabekanal zusammen. Die Eingabedatensätze bauen auf der Platte die Auftragswarteschlange für den Zentralprozessor auf, der für jeden Auftrag 2 Plattenzugriffe zum Laden in den Hauptspeicher brauchen möge. Mit ebenfalls 2 Plattenzugriffen übertrage der Zentralprozessor die Druckausgabe aus dem Hauptspeicher auf die Platte, von wo sie in 250 Zugriffen auf den Drucker herausgebracht wird. Für den Drucker baut sich offenbar auf der Platte eine Warteschlange auf.

Wir behandeln das System zunächst mit den asymptotischen Methoden aus Abschnitt 5.3.5.

Die Bedienzeit eines einzelnen Auftrags ist wie bisher 0,0411 h zuzüglich der Zeit für 150+2+2+250 = 404 Plattenzugriffe, d.h.

$$E[V_P] \cdot E[B_P] = 404 \cdot 0,03\,s = 0,00367\,h \ .$$

Die gesamte Bedienzeit je Auftrag beträgt also

$$E[B_{RC}] = 0,0411 / 0,00367 = 0,0445\,h \ .$$

Auftragssystem (vergröbert):

LK $\longrightarrow$ P $\longrightarrow$ ZP $\longrightarrow$ P $\longrightarrow$ DR

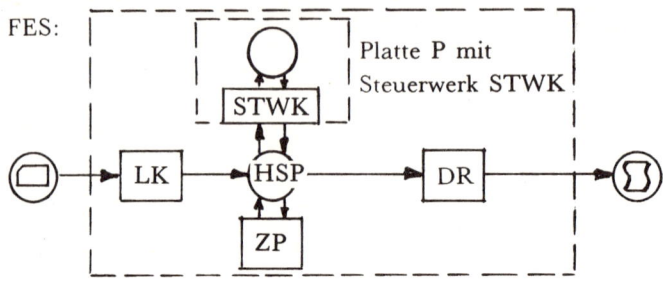

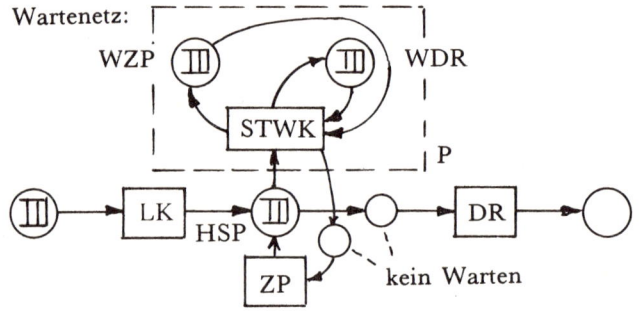

Abb. 5.6.2.2: Spoolingbetrieb nach Beispiel 5.6.2.2: Netz aus Instanzen
und Kanälen und Wartenetz.
(Abk.: LK Lochkartenleser, ZP Zentralprozessor, HSp
Hauptspeicher, DR Drucker, WZP Auftragswarteschlange
für den Zentralprozessor, WDR Auftragswarteschlange
für den Drucker)

Die Auslastung der Platte beträgt bei 20 Aufträgen/h

$$\rho_P = E[D] \cdot E[V_P] \cdot E[B_P] = 20 \cdot 0{,}00367 = 0{,}0734 \ .$$

Im Vergleich mit den bereits berechneten Auslastungen der anderen Instanzen bei 20 Aufträgen/h ergibt sich also, daß der Zentralprozessor
weiterhin Engpaß ist. Er bestimmt den Grenzdurchsatz des Systems (vgl.
5.3.3.13)

$$c_{RS} = \frac{c_{VE}}{E[V_{VE}]} = \frac{c_{ZP}}{E[V_{VE}]} = \frac{c_{ZP}}{1} = 36 \ Aufträge/h.$$

Also können wir mit (vgl. 5.3.5.3)

$$f_{RS}^* = c_{RS} \cdot E\,[B_{RS}] = 36 \cdot 0{,}045 = 1{,}62$$

die asymptotischen Diagramme (Abb. 5.6.2.3) zeichnen. Es läßt sich schätzen, daß ein Durchsatz von 20 Aufträgen/h zu einer mittleren Füllung von ca. 1,5 Aufträgen führen wird und zu Verweilzeiten von noch unter 0,1 h, also wesentlich besser als im seriellen Betrieb, wo Wartezeit vor dem System und Bedienzeit insgesamt 0,28 h betrug.

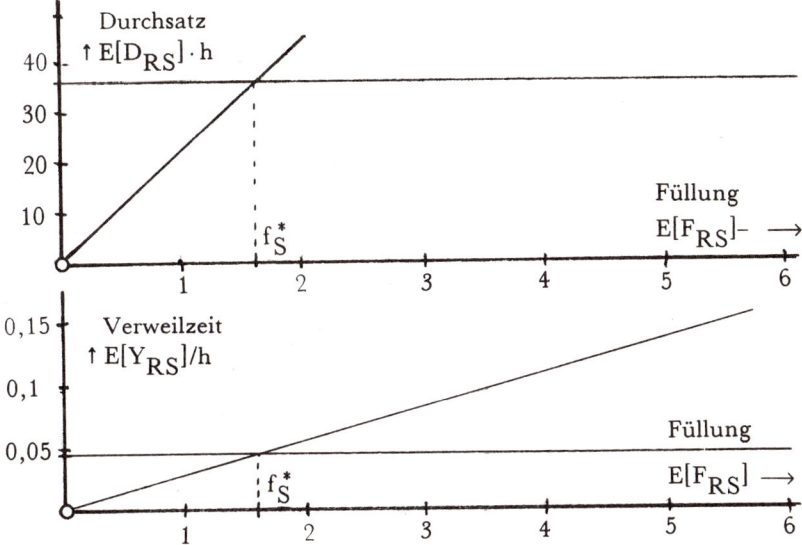

Abb. 5.6.2.3: Asymptotische Diagramme zu Beispiel 5.6.2.2

Die Abschätzung können wir durch exakte Werte ersetzen, wenn wir von eingeschränkten Voraussetzungen ausgehen: restzeitunabhängige Strategien, negativ-exponentielle Bedienzeiten, feste Wegewahlwahrscheinlichkeiten, Poissonankunftsprozeß mit $\lambda = 20/s$. Wir haben dann ein Jacksonnetz vor uns, dessen Knotenverweilzeiten nach 5.4.2.13 ermittelbar sind; da der Ausdruck linear bezüglich der Bedienzeit ist, können wir alle Bedienungen eines Knotens zu einer zusammenziehen und erhalten:

$$E[Y_{RS}] = \frac{E[B_{LK}]}{1-\rho_{LK}} + \frac{E[V_P] \cdot E[B_P]}{1-\rho_P} + \frac{E[B_{ZP}]}{1-\rho_{ZP}} + \frac{E[B_{DR}]}{1-\rho_{DR}}$$

$$= \frac{0{,}005}{1-0{,}1} + \frac{0{,}00367}{1-0{,}073} + \frac{0{,}0278}{1-0{,}55} + \frac{0{,}00833}{1-0{,}17}$$

$$E[Y_{RS}] = 0,0813\,h$$

also einen mehr als 3 mal besseren Wert als im seriellen Betrieb, obwohl jeder Auftrag zusätzlich mit 404 Plattenzugriffen belastet ist und die Bedienzeit daher (wenig) größer geworden ist.

Der Spooling–Betrieb bringt noch einen Vorteil: auf die Eingangswarteschlange auf der Platte kann eine Bedienstrategie ausgeübt werden, die gewisse Aufträge zulasten der anderen bevorzugt abfertigen kann.

Der Mehrprogrammbetrieb kann dadurch noch leistungsfähiger gemacht werden, daß der serielle Betrieb des Zentralprozessors aufgegeben wird und Aufträge den Zentralprozessor räumen, wenn ihre Rechenphase beendet und eine Transportphase begonnen wird. Eine solche Betriebsform haben wir bereits in den Beispielen 5.3.3.9/5.4.5.2 (Mehrprogrammbetrieb mit zwei Auftragsklassen) und den Beispielen 5.4.3.3/5.4.4.3 und 5.3.5.2 analysiert, so daß hier kein weiteres Beispiel gegeben werden soll. Für Mehrprogrammbetrieb ist typisch, daß eine kleine Anzahl von Aufträgen als Bewerber für die Vergabe von Prozessor und peripheren Speichern zugelassen wird, etwa so viele, wie unabhängig belegbare Instanzen zu vergeben sind, vgl. unsere Diskussion der Sättigungsfüllung $\bar{f}_S^{\,*}$ in Abschnitt 5.3.5.

Mehrprogrammbetrieb ist eine innere Betriebsform. Solange nur voneinander unabhängige Rechenaufträge zu bearbeiten sind und die Wegezeiten zum Rechner akzeptabel sind, bietet Mehrprogrammbetrieb nur die beschriebenen quantitativen Vorteile. Das ändert sich, wenn das Rechensystem eine größere Zahl von Benutzern, die an sogenannten Benutzerstationen (Terminals) arbeiten, im Multiplexbetrieb bedient, um alle Aufträge mit im Verhältnis zu den Bedienzeiten angemessenen Wartezeiten voranzubringen. Diese Betriebsform heißt *Teilnehmerbetrieb* (time sharing). Sie kann aus wirtschaftlichen Gründen günstig sein oder aus funktionalen, etwa wenn die Benutzer an gemeinsamen Datenbeständen arbeiten, wie in einem Platzbuchungssystem; häufiger besteht der wirtschaftliche Vorteil in der billigen Zugänglichkeit großer Datenbestände, die zentral gehalten werden, als in billiger zentraler Prozessorleistung; wegen der zunehmenden Leistung billiger Einzelplatzsysteme und der zunehmenden Ansprüche an am Benutzerplatz erforderliche Verarbeitungsleistung, etwa für Graphik- und Dokumentendarstellung, werden Teilnehmersysteme dieser Funktion durch Netze von Arbeitsplatzrechnern ersetzt, gehen also in verteilte Systeme über.

Wir analysieren die Betriebsform wieder in einem Beispiel und kommen dazu auf Beispiel 5.3.3.9/5.4.5.2 zurück:

(5.6.2.3) *Beispiel*: Im Beispiel 5.3.3.9 mögen die Abfrageaufträge A von Benutzern an Terminals herrühren, die nach jeder Erledigung eines Auftrags eine mittlere Denkzeit E[T] = 10 s benötigen, bevor der nächste Auftrag an das Rechensystem ergeht. Es gibt f_{TN} derartige Benutzer, die das Rechensystem mit genau f_{TN} umlaufenden Aufträgen A füllen. Zur Analyse benutzen wir die asymptotische Methode, für die wir Bedienzeit im Rechensystem und Grenzdurchsatz des Rechensystems benötigen:

Bedienzeit im Rechensystem:

$$E[B_{RS,A}] = \sum_i E[V_i] \cdot E[B_i] \, ,$$

wobei i die Orte 13, 14, 23, 24, 34 durchläuft, vgl. Beispiel 5.3.3.9 (Abfrageaufträge):

$$E[B_{RS,A}] = 1 \cdot 0{,}2 + 1 \cdot 0{,}1 + 10 \cdot 0{,}05 + 1 \cdot 0{,}1 + 9 \cdot 0{,}05 = 1{,}35 \, s \, .$$

Grenzdurchsatz des Rechensystems:
Für die Abfrageaufträge ergeben sich die folgenden Teilauslastungen:

$$\rho_{1A} = E[D_{13}] \cdot E[B_{13}] + E[D_{14}] \cdot E[B_{14}] = 0{,}2 \cdot 0{,}2 + 2 \cdot 0{,}05 = 0{,}14$$

$$\rho_{2A} = E[D_{23}] \cdot E[B_{23}] + E[D_{24}] \cdot E[B_{24}] = 0{,}2 \cdot 0{,}1 + 0{,}2 \cdot 0{,}1 = 0{,}04$$

$$\rho_{3A} = E[D_{34}] \cdot E[B_{34}] = 9 \cdot 0{,}05 = 0{,}45 \, .$$

Für die Abfrageaufträge A ist also die Datenbankplatte Verkehrsengpaß, und der Grenzdurchsatz an Abfrageaufträgen ist

$$c_A = \frac{E[D_A]}{\rho_{3A}} = \frac{0{,}2}{0{,}45} = 0{,}44 \, /s \, .$$

Wir nehmen an, daß die Abfrageaufträge gegenüber den Stapelaufträgen bevorzugt werden. Das kann strikt am Zentralprozessor geschehen. An den peripheren Speichern ist eine Verdrängung eines bereits transportierenden Auftrags unüblich und führt (da der verdrängte Auftrag nicht nach dem resume-Typ, vgl. 5.2, wieder aufgenommen werden kann) zu zusätzlicher Belastung. Vereinfachend nehmen wir aber an, daß der Abfragebetrieb durch den Stapelbetrieb *nicht* behindert wird.

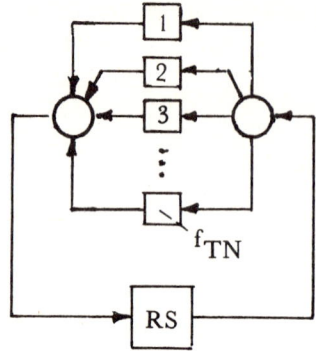

Abb. 5.6.2.4: Teilnehmersystem mit f_{TN} Teilnehmern als geschlossenes
System

Im Teilnehmersystem TN, vgl. Abb. 5.6.2.4, laufen f_{TN} Aufträge in
einem geschlossenen System um. Die Umlaufzeit eines Auftrags allein
(die Bedienzeit je Umlauf) ist

$$E[B_{TN}] = E[B_{RS}] + E[T] \qquad (5.6.2.1)$$

Für genügend große f_{TN} ist der Grenzdurchsatz c_{TN} immer durch RS
gegeben, da der Grenzdurchsatz der Teilnehmerschaft mit f_{TN} proportional anwächst. Also ist

$$c_{TN} = c_{RS} \qquad (5.6.2.2)$$

Für den Teilnehmer ist die Verweilzeit seines Auftrags in RS, im Mittel
$E[Y_{RS}]$, von Interesse:

$$E[Y_{RS}] = E[Y_{TN}] - E[T] . \qquad (5.6.2.3)$$

Diese Zeit nennt er *Reaktionszeit*. Sie ist gleich der Umlaufzeit
abzüglich der Denkzeit. Für die mittlere Umlaufzeit gilt aufgrund der
Littleschen Formel

$$E[Y_{TN}] = \frac{f_{TN}}{E[D_{TN}]} , \qquad (5.6.2.4)$$

also ist die Reaktionszeit

$$E[Y_{RS}] = \frac{f_{TN}}{E[D_{TN}]} - E[T] \qquad (5.6.2.5)$$

("Reaktionszeitgesetz") und asymptotisch (für $f_{TN} \to \infty$) gilt

$$E[Y_{RS}] = \frac{f_{TN}}{c_{RS}} - E[T] \ .$$ (5.6.2.6)

Da wir $E[B_{RS}]$, $E[T]$, c_{RS} kennen, können wir asymptotische Diagramme zeichnen, wofür wir noch

$$f_{TN}^* = E[B_{TN}] \cdot c_{RS}$$ (5.6.2.7)

$$= (E[B_{RS}] + E[T]) \cdot c_{RS}$$ (5.6.2.8)

$$= (1,35 + 10) \cdot 0,44 = 5$$

bestimmen (vgl. Abb. 5.6.2.5).

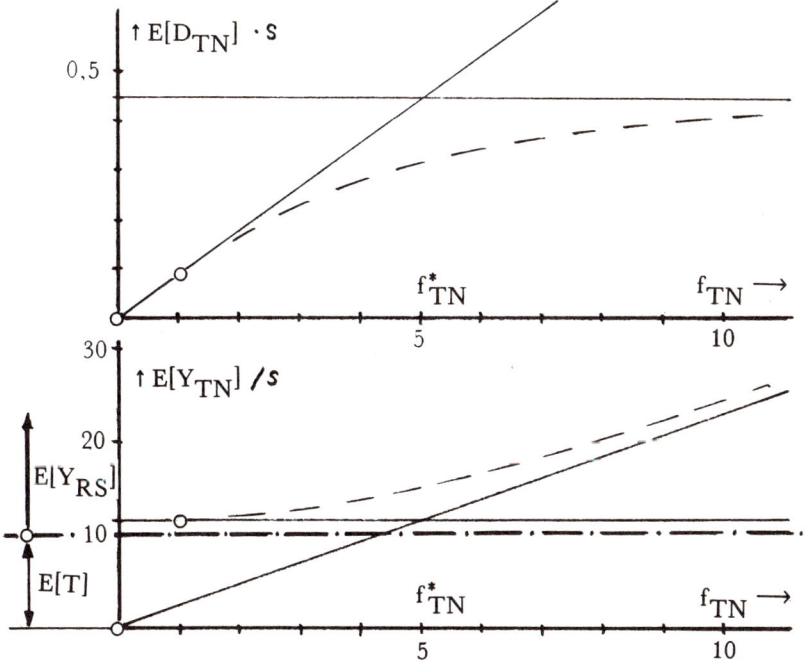

Abb. 5.6.2.5: Asymptotische Diagramme für das Teilnehmersystem nach Beispiel 5.6.2.3.

(Abk.: D_{TN} Durchsatz (in Interaktionsschritten), f_{TN} Teilnehmerzahl, Y_{TN} Umlaufzeit, Y_{RS} Reaktionszeit, T Denkzeit, f_{TN}^* Sättigungs-Teilnehmerzahl)

Offenbar kann der im Beispiel 5.3.3.9 vorausgesetzte Durchsatz von 0,2 Abfragen/s von 3 Teilnehmern annähernd aufgebracht werden; sie beobachten eine Reaktionszeit $E[Y_{RS}]$ von ca. 2 s (vgl. Beispiel 5.4.5.2 und Abb. 5.6.2.5).

Unser Modell beschreibt Beziehungen zwischen Erwartungswerten. Für die Bediengüte in einem Teilnehmersystem ist es wesentlich, daß Aufträge kurzer Bedienzeit auch nur kurze Wartezeiten hinnehmen müssen. Im 6. Kapitel sehen wir, daß das praktisch nur durch verdrängende Bedienstrategien in RS zu erreichen ist. Das bedeutet aber, daß wir in RS einen Mehrprogrammbetrieb benötigen. Im allgemeinen werden für Kurzaufträge (z.B. Editieren von Texten) Reaktionszeiten von 2–3 s noch als annehmbar empfunden. Die in Teilnehmersystemen benutzten verdrängenden Strategien bringen bei großen Teilnehmerzahlen einen erheblichen Overhead, der, falls er den Verkehrsengpaß beansprucht, zu einer Absenkung des Grenzdurchsatzes bei großer Teilnehmerzahl bzw. Füllung und entsprechend zu einem Ansteigen der Verweilzeiten führt (Abb. 5.6.2.6).

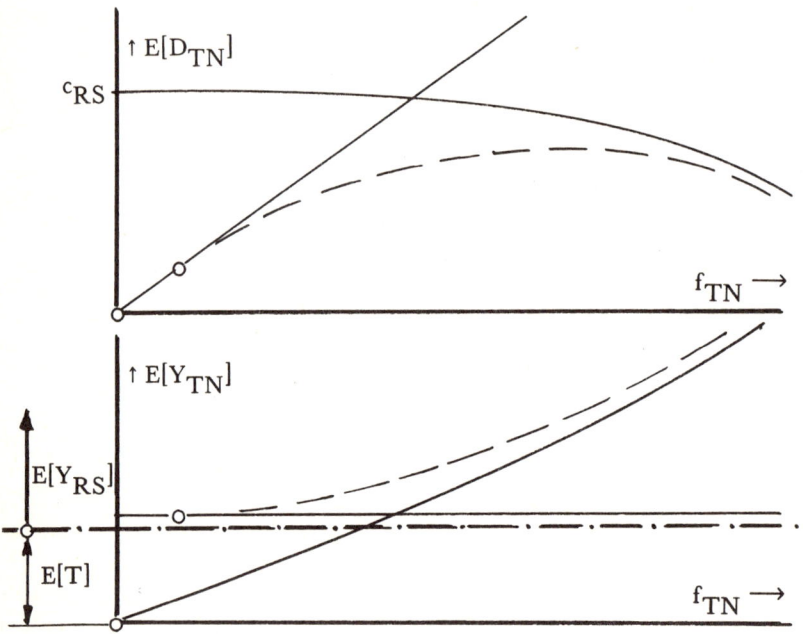

Abb. 5.6.2.6: Mit der Teilnehmerzahl f_{TN} rückläufiger Durchsatz $E[D_{TN}]$ bzw. überproportionaler Anstieg der Verweilzeiten bei mit der Teilnehmerzahl wachsendem Overhead am Verkehrsengpaß

- 439 -

Wir fragen uns nun, welchen Einfluß der Teilnehmerbetrieb auf einen gleichzeitig abgewickelten "Stapelbetrieb" hat. Unter *Stapelbetrieb* (batch mode) verstehen wir eine Betriebsart, in der Rechenaufträge mehrerer Teilnehmer seriell über ein Eingabegerät an das Rechensystem gegeben werden, wo sie seriell oder im Mehrprogrammbetrieb verarbeitet werden. Die Stapelaufträge des Beispiels 5.3.3.9 sollen so aufgefaßt werden. Es ist typisch, daß die Teilnehmerbetriebsaufträge gegenüber den (ohnehin verzögert in das Rechensystem eingebrachten) Stapelaufträgen priorisiert werden. Wir verfolgen das Beispiel weiter:

(5.6.2.4) *Beispiel*: Im obigen Beispiel ist angenommen worden, daß die Abfrageaufträge so priorisiert sind, daß sie ohne Behinderung durch die Stapelaufträge bearbeitet werden, was angesichts einer nicht verdrängenden Strategie am Verkehrsengpaß Datenbankplatte nur angenähert realisierbar ist. Es sei nun angenommen, daß der Abfragedurchsatz auf 0,4 Abfragen/s gebracht wird, was nach Abb. 5.6.2.5 ca. 10 Teilnehmer voraussetzt, die eine mittlere Reaktionszeit von (roh) 10 s beobachten. Bei 0,4 Abfragen/s sind alle Teilauslastungen ρ_{iA} verdoppelt:

$$\rho_{1A} = 0,28$$
$$\rho_{2A} = 0,08$$
$$\rho_{3A} = 0,90 \; .$$

Der bisherige Stapeldurchsatz 0,01 Stapelaufträge/s führte zu den folgenden Auslastungen ρ_{iS}:

$$\rho_{1S} = 0,41$$
$$\rho_{2S} = 0,018$$
$$\rho_{3S} = 0,019 \; .$$

Offenbar bleibt die Summe der Auslastungen, $\rho_i = \rho_{iA} + \rho_{iS}$, für alle $i \in [1..3]$ unter 1, so daß der Stapeldurchsatz aufrechterhalten werden kann. Allerdings beträgt die Auslastung des Engpasses nun ca. 0,92, so daß die Verweilzeiten an der Datenbankplatte stark zunehmen, wovon allerdings die Stapelaufträge kaum betroffen sind wegen der geringen Besuchszahl an der Datenbankplatte. Würden die Abfrageaufträge den Zentralprozessor zum Engpaß machen, könnten sich für die Stapelaufträge stark vergrößerte Verweilzeiten ergeben, die, falls die erforderliche vergrößerte Füllung im System nicht untergebracht werden kann (Hauptspeicher!), auch zu einer Verschlechterung des Stapeldurchsatzes (batch degradation) führen würden.

Eine weitere wichtige Betriebsform ist *Realzeitbetrieb* (real time operation). Bei

Realzeitbetrieb liegen Aufträge mit zu einer kritischen Verweilzeit y_{krit} stark fallenden Nutzenfunktion vor. Der Betrieb muß so organisiert werden, daß die Aufträge vor y_{krit} erledigt werden. Zu den Strategien, die (soweit überhaupt erreichbar) dieses ermöglichen, vgl. (Walke 80).

5.6.3 Verteilte Systeme

Die technisch wichtigste Form eines verteilten Systems ist ein *Rechnernetz*, d.h. eine Menge miteinander kommunizierender Rechner. Es gibt verschiedene Motive und Betriebsformen für den Aufbau und Betrieb von Rechnernetzen.

Räumliche Verteilung der Quellen und Senken der Aufträge erfordert noch kein Rechnernetz; die Quellen und Senken können mit Leitungen an ein zentrales Rechensystem angeschlossen werden. Diese Betriebsform heißt *Datenfernverarbeitung* (remote data processing). Praktisch gibt es aber Gründe, aus denen auch in diesem Fall ein Rechnernetz entsteht:

- die Auftrags-Quellen und -Senken können a priori Rechner sein
- es kann günstig sein, an der Quelle/Senke gewisse Verarbeitungen lokal vorzunehmen und dafür Rechner einzusetzen, zum Beispiel durch Übergang von einfachen Terminals zu Arbeitsplatzrechnern
- es kann günstig sein, die Übertragungswege für mehrere Quellen (Senken) gemeinsam zu nutzen und dieses über Hilfsrechner ("Konzentratoren") zu organisieren.

Wenn autonome Rechner zu einem Netz zusammengeschlossen werden, so soll das Netz den Rechnern zusätzliche Leistungen eröffnen. Diese Leistungen können Kommunikationsleistungen oder Daten(verarbeitungs)leistungen sein; letztere werden wir in austauschbare und nicht austauschbare Funktionen aufteilen. Oft treten die Leistungen zugleich auf.

Wenn das Rechnernetz den angeschlossenen autonomen Rechnern, den sogenannten Arbeitsrechnern (hosts), Kommunikationsleistungen bietet, liegt mit dem Netz ein *Kommunikationsverbund* vor. Insbesondere kann ein solches Netz selbst Rechner zur Erfüllung der Kommunikationsaufgaben enthalten, sogenannte Vermittlungsrechner (switching computers). Wir studieren ein Kommunikationsnetz:

(5.6.3.1) *Beispiel*: Kommunikationsnetz (vgl. Abb. 5.6.3.1). An den Knoten $(i, j \in$ IM, IM=$\{A,B,C,D,E\})$ mögen Nachrichten zum Transport an andere Knoten in das Netz einlaufen. Die Nachrichten werden dabei oft unter Zwischenspeicherung und Wegewahl an den Knoten ans Ziel gebracht, z.B. von A nach C über B (Store- and forward-Verfahren). Um die Verweilzeit langer Nachrichten klein zu halten und die zur Zwischenspeicherung erforderlichen Speicherbereiche in den Knoten besser verwalten zu können, zerlegt man die Nachrichten in *Pakete* fester Kapazität (z.B. 1000 Bits). Wir veranschlagen die Zugänge an den Knoten $E[Z_i]$ und alle Durchsätze in Paketen/s. Der Zugang am Knoten zerfällt nach dem Zielort:

$$E[Z_i] = \sum_{j \in M} E[Z_{i,j}] .$$

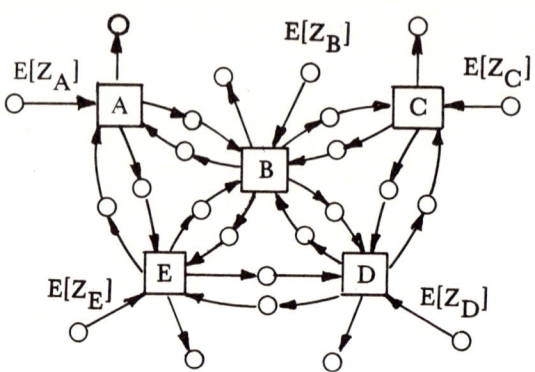

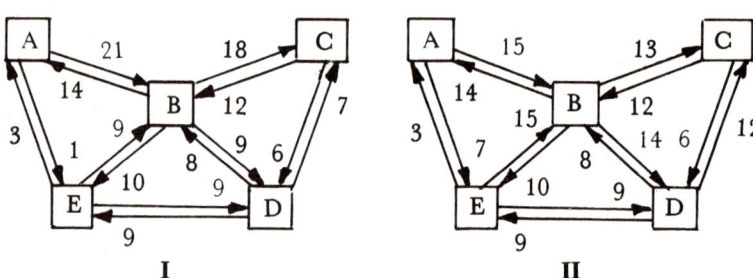

Abb. 5.6.3.1: Kommunikationsnetz nach Beispiel 5.6.3.1 mit 2 Varianten interner Durchsätze

Die Zugangsmatrix $\overleftarrow{E[Z_{ij}]}$ (Pakete/s) sei

Ziel Quelle	A	B	C	D	E
A	0	7	12	2	1
B	5	0	6	7	10
C	8	4	0	2	4
D	1	7	2	0	5
E	3	9	5	4	0

Also ist z.B. $E[Z_A] = \sum\limits_{j \in M} E[Z_{Aj}] = 22$ Pakete/s

Der Durchsatz des Netzes ist

$$E[D_N] = \sum\limits_{i,j \in M} E[Z_{ij}] \, ,$$

in unserem Falle 104 Pakete/s.

Die Verweilzeit eines Pakets, das eine Etappe des Netzes durchläuft, rechne vom Vorliegen des Pakets in einem Knoten bis zum Vorliegen im nächsten Knoten.

Die Verweilzeit besteht aus folgenden Teilen

- Wartezeit, bis der Knoten eine Entscheidung über die Wegewahl trifft (und zusätzlich Fehlerüberprüfung, eventuelle Umschlüsselung, was wir jedoch vernachlässigen)
- Zeit für diese Entscheidung
- Wartezeit bis zum Beginn des Transports über die Leitung zum nächsten Knoten (bei stark belastetem Netz wesentlich größer als die beiden erstgenannten Zeiten)
- Laufzeit des ersten Zeichens des Pakets zum nächsten Knoten (ca. 1 ms je 100 km bei Kabelverbindungen; wesentlich bei Verbindungen über Satelliten: ca. 100 ms) des Übertragungswegs (der "Leitung")
- Laufzeit des Restpakets: bestimmt durch den Grenzdurchsatz c_L und die Paketgröße P (1250 bits einschließlich 25 % "Verpackungsoverhead") p/c_L, bei uns 1250 Bits/(50.000 Bits/s) = 25 ms .

Um Verweilzeiten bestimmen zu können, müssen die Besuchszahlen bekannt sein. Indem wir die Verweilzeiten für "Entscheidung" im Knoten und Warten darauf vernachlässigen, fassen wir das System als aus so vielen Funktionseinheiten bestehend auf, wie gerichtete Kanten von Knoten zu Knoten bestehen.

Diese Funktionseinheiten sind gerichtete Übertragungswege, wobei im Beispiel angenommen wird, daß zu einem Übertragungsweg auch immer zugleich der Gegen-Weg besteht, daß also Duplex-Wege vorhanden sind.

Zur Bestimmung der Durchsätze durch die Knoten und Leitungen brauchen wir noch eine Wegewahlregel (routing rule). Es sei verabredet, daß jedes Paket die direkte Leitung nimmt, wenn vorhanden, und

A $\longleftrightarrow$ D führe über B
A $\longleftrightarrow$ C B
C $\longleftrightarrow$ E D.

Damit ergibt sich das in Abb. 5.6.3.1 unter I gezeigte Bild der Leitungsdurchsätze $E[D_{ij}]$:

vom \ nach	A	B	C	D	E
A	0	21	–	–	1
B	14	0	18	9	10
C	–	12	0	6	–
D	–	8	7	0	9
E	3	9	–	9	0

Da alle Leitungen denselben Grenzdurchsatz besitzen, ist Leitung AB mit 21 Paketen/s Engpaß. Bei einem Grenzdurchsatz von 50.000 Bits/s und 25 % "Verpackungsoverhead" je Paket können höchstens (50.000 Bits/s)/(1000 · 1,25 Bits/Paket) = 40 Pakete/s transportiert werden, so daß die Auslastung mit 21/40 = 0,525 für eine Leitung sehr hoch ist. Die Besuchszahlen $E[V_{ij}]$ folgen aus der obigen Matrix direkt nach Division durch den Netzdurchsatz $E[D_N]$. Die Summe der Besuchszahlen,

$$\sum_{i,j \in M} E[V_{ij}] = \sum_{i,j \in M} \frac{E[D_{ij}]}{E[D_N]} = \frac{136 \ Pakete/s}{104 \ Pakete/s}$$

ergibt die mittlere Etappenzahl je Paket = 1,31.

Also beträgt die mittlere Bedienzeit je Paket (vgl. 5.3.4.12) im Netz

$$E[B_N] = \sum_{i,j \in M} E[V_{ij}] \cdot E[B_{ij}] = 1,31 \cdot 0,025 \ s = 0,033 \ s \ ,$$

da alle Leitungen die (brutto) 1250 Bits je Paket in einer Zeit 1250 Bits/(50.000 Bits/s) = 0,025 s transportieren.

Der Grenzdurchsatz des Netzes ist durch den Verkehrsengpaß AB gegeben:

$$c_N = \frac{E[D_N]}{\rho_{VE}} = \frac{104 \ Pakete/s}{0,525} = 198 \ Pakete/s.$$

Die Sättigungsfüllung ist

$$f_N^* = E[B_N] \cdot c_N = 0,033 \cdot 198 = 6,5 \ .$$

Damit lassen sich die Verläufe nach Abb. 5.6.3.2 schätzen. Es sei bemerkt, daß es sich um ein offenes System handelt; die Kurven schneiden nicht im Punkt $E[F_N] = 1$ die Asymptote, sondern liegen bei schlechteren Werten.

Wir versuchen jetzt, die Verkehrseigenschaften des Netzes durch Verbesserung der Wegewahl günstiger zu gestalten. Dazu leiten wir einen Teil des Verkehrs von den hochbelasteten Leitungen AB und ~~CD~~ über E BC bzw. D um (Variante II, Abb. 5.6.3.1). Nun sind AB und EB Engpässe. Ihre Auslastung ist

$$\rho_{AB} = \rho_{EB} = \frac{15 \ Pakete/s}{40 \ Pakete/s} = 0,375 \ .$$

Nun ist der Grenzdurchsatz

$$c_N = \frac{E[D_N]}{\rho_{AB}} = \frac{104/s}{0,375} = 277 \ Pakete/s.$$

Allerdings haben wir die Verbesserung des Grenzdurchsatzes mit einer Erhöhung der Durchsatzsumme $\sum_{i,j \in M} E[D_{i,j}]$ von 136 auf 147 Pakete erkauft. Das führt zu einer kaum vergrößerten Bedienzeit von

$$\sum_{i,j \in M} E[V_{i,j}] \cdot E[B_{i,j}] = \sum_{i,j \in M} \frac{E[D_{i,j}]}{E[D_N]} \cdot 0,025 \ s = \frac{147}{104} \cdot 0,025 = 0,035 \ s \ .$$

Das Resultat ist ebenfalls in Abb. 5.6.3.2 eingetragen. Es zeigt sich, daß die Wegewahlvorschrift II bei geringerem Verkehr kleine Nachteile, bei starkem Verkehr bedeutende Vorteile aufweist.

Die Verweilzeiten an den Leitungen lassen sich erfahrungsgemäß mit guter Annäherung unter der Annahme berechnen, daß die Leitungen M/D/1-Wartesysteme sind (vgl. Abschnitt 6).

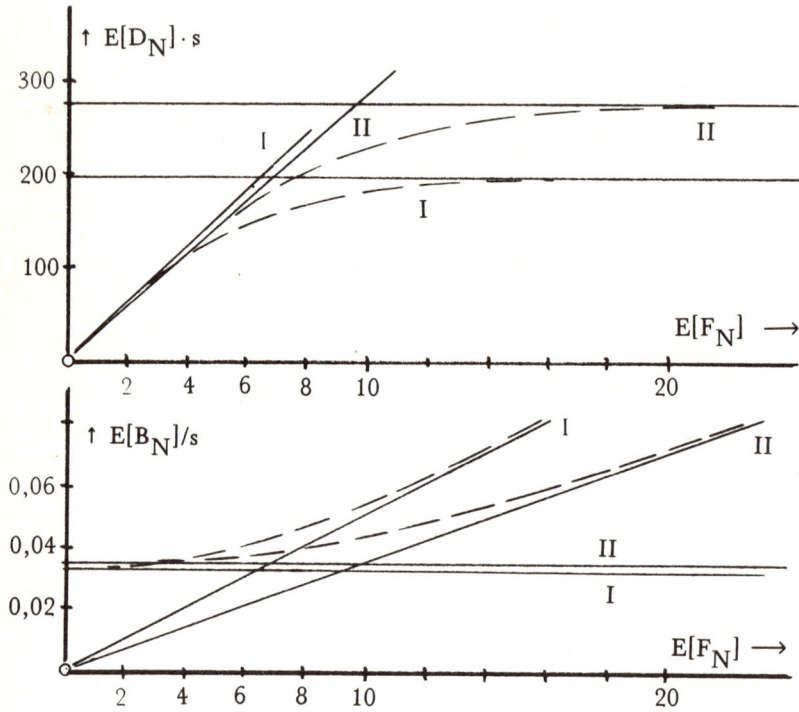

Abb. 5.6.3.2: Durchsatz und Bedienzeit des Kommunikationsnetzes nach Beispiel 5.6.3.1

Auch wo die Leistung des Netzes in der Hauptsache darin besteht, die Arbeitsrechner mit zusätzlichen Daten(verarbeitungs)funktionen zu versorgen, bietet das Netz (eventuell implizit) Kommunikationsdienstleistungen. Bei den Daten(verarbeitungs)funktionen handelt es sich um

Bereitstellung austauschbarer Funktionen: das Rechnernetz wird dann eingesetzt für

- *Lastverbund*: Aufträge, die auch im eigenen Rechner erledigt werden könnten, werden anderen Rechnern übergeben, um ungenutzte Betriebsmittel auszulasten; das Motiv ist in der Regel Wirtschaftlichkeit. Lastverbund lohnt unter üblichen Datenübertragungs- und Verarbeitungskosten nicht; Schnittstellenverschiedenheiten engen·die Menge der potentiellen Partner stark ein.

– *Sicherheitsverbund*: Um bei längerem Ausfall des eigenen Rechensystems kritische Aufträge trotzdem bearbeitet zu bekommen, können gleichartige Rechner vernetzt werden. In verteilten Systemen erlaubt das Fehlen eines globalen Zustandes nur langsame Reaktionen, so daß Sicherheitsverbund nur zur Kompensation langer Ausfälle lohnt.

Bereitstellung nicht austauschbarer Funktionen: das Rechnernetzt bietet Funktionen, die am eigenen Arbeitsrechner nicht verfügbar sind. Neben dem Kommunikationsverbund ist dies die wichtigste Begründung von Rechnernetzen:

– *Funktionsverbund*: das Rechnernetz macht die Funktionen von Spezialrechnern oder speziellen Programmen zugänglich
– *Datenverbund*: das Rechnernetz macht lokal nicht vorhandene Daten zugänglich.

6 Ablaufplanung

6.1 Last

Im folgenden analysieren wir die Auswirkungen von Bedienstrategien auf Verweilzeit und Durchsatz. Wir ziehen uns dazu auf die Klasse der elementaren Wartesysteme zurück und führen zunächst ein neues Konzept für die Auftragslast ein, das für das Nachfolgende an die Stelle des allgemeinen Konzepts der Belastung (vgl. Def. 5.3.2.2) tritt: die Last eines elementaren Wartesystems.

(6.1.1) *Definition*: Die *Last* u(t) (load) in einem elementaren Wartesystem (vgl. 5.2) ist die Summe der zum Zeitpunkt t von der Bedieneinheit noch abzuarbeitenden Bedienzeiten.

In einem G/G/m–System mit produktiver overheadfreier Bedienstrategie (vgl. Def. 5.2.4) hat die Last u(t) offenbar folgende Eigenschaften (vgl. Abb. 6.1.1):

1) $u(t) \geqq 0$

2) $\lim_{\varepsilon \to 0}(u(t_a + \varepsilon) - u(t_a - \varepsilon)) = B_a$,

   wenn t_a ein Ankunftszeitpunkt ist und der ankommende Auftrag die Bedienzeit B_a verlangt: mit jeder Ankunft wächst die Last um die Bedienzeit des ankommenden Auftrags

3) $\dfrac{du}{dt} = \left\{ \begin{array}{l} - f(t), \text{ falls } f(t) \leqq m \\ - m \text{ , sonst} \end{array} \right\}$ *falls t kein Ankunftszeitpunkt ist.*

   (f(t) ist die Füllung des Systems), d.h. in jeder Sekunde realer Zeit werden min{f(t),m} Sekunden Bedienzeit abgearbeitet.

Wichtig sind noch die folgenden beiden Begriffe:

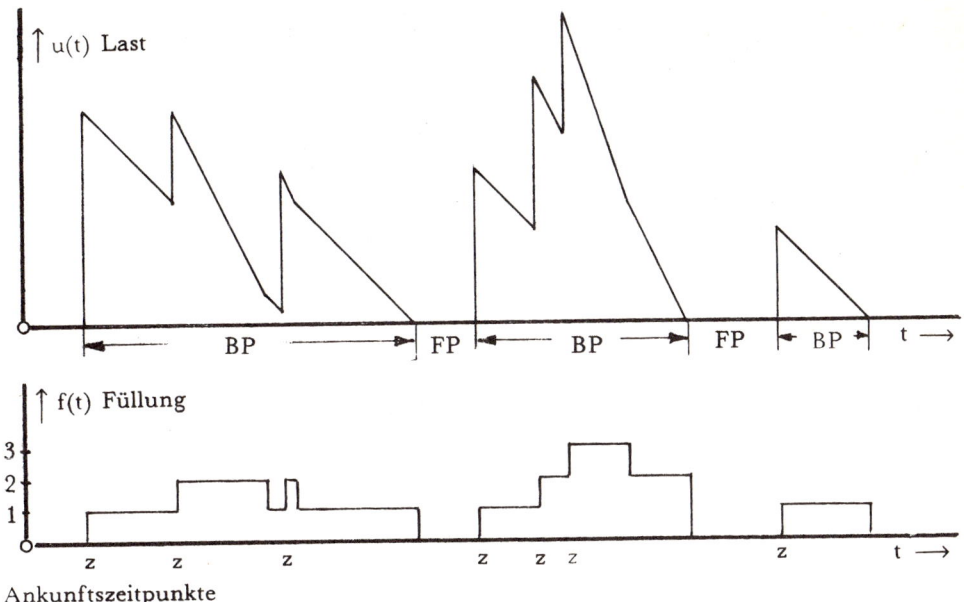

Abb. 6.1.1: Last u(t), Füllung f(t) und Ankunftszeitpunkte z in einem System G/G/m (m ≥ 3); FP Freiphase, BP Bedienphase.

(6.1.2)   *Definition: Freiphase* (idle period) eines Wartesystems ist ein Zeitintervall, in dem die Last u(t) stets null ist. Die Freiphase beginnt mit dem Abgang des aktuell einzigen Auftrags und endet mit der nächsten Auftragsankunft. *Beschäftigungsphase* (busy period) eines Wartesystems ist ein Zeitintervall, in dem die Last u(t) stets von null verschieden ist. Die Beschäftigungsphase beginnt mit einer Auftragsankunft im leeren System und endet mit einem Auftragsabgang, der das System leer zurückläßt.

Besonders einfache Verhältnisse ergeben sich im Sonderfall M/G/1, den wir in den folgenden Abschnitten beim Studium der Bedienstrategien voraussetzen werden. Da der Ankunftsprozeß gedächnislos verläuft und die Bedienzeiten unabhängig von den Ankunftszeitpunkten sind, fällt das Ende der Bedienphase auf einen zufälligen Zeitpunkt in einer Zwischenankunftszeit, unabhängig vom Zeitpunkt der vorhergehenden Ankunft! Die Dauer FP der Freiphase ist also eine Restzeit RA der Zwischenankunftszeit A, und damit ist ihr Erwartungswert

$$E[FP] = E[RA] = \frac{E[A^2]}{2 \cdot E[A]} = \frac{1}{\lambda} , \qquad (6.1.1)$$

wozu wir zuhilfegenommen haben:

– den Erwartungswert der Restzeit (Vorwärtsrekurrenzzeit) nach 4.2.35
– den Erwartungswert der Restzeit im Poissonprozeß nach 4.2.38.

Auch der Erwartungswert der Dauer BP der Bedienphase läßt sich durch eine relativ einfache Überlegung gewinnen: Es komme ein Auftrag mit der Bedienzeitforderung x in das leere System; der Auftrag beendet also eine Freiphase. Die Dauer der durch ihn begonnenen Beschäftigungsphase ist von x abhängig! Sie ist nämlich:

x + Summe der Bedienzeiten aller Aufträge, die in der durch den Auftrag begonnenen Beschäftigungsphase eintreffen,

also ist die Dauer dieser Beschäftigungsphase BP_x

$$BP_x = x + \sum_{\substack{Aufträge \ i \ kommen \ in \ BP_x \ an}} B_i \tag{6.1.2}$$

und für den Erwartungswert gilt in Analogie zu 4.2.33 (im Mittel $\lambda \cdot E[BP_x]$ Ankünfte in $E[BP_x]$)

$$E[BP_x] = x + \lambda \cdot E[BP_x] \cdot E[B]$$

$$E[BP_x] = \frac{x}{1-\rho}, \tag{6.1.3}$$

wozu wir 5.2.11 benutzt haben. Durch Mittelung über alle x erhalten wir

$$E[BP] = \frac{E[B]}{1-\rho}. \tag{6.1.4}$$

Nennen wir das Zeitintervall, das durch Freiphase und nachfolgende Bedienphase gebildet wird, Beschäftigungszyklus BZ, so ist der Erwartungswert des Beschäftigungszyklus

$$E[BZ] = E[FP] + E[BP],$$

und die mittlere Füllung der Bedieneinheit im mittleren Beschäftigungszyklus ist

$$E[F] = \frac{E[BP]}{E[FP] + E[BP]} = \frac{\dfrac{E[B]}{1-\rho}}{\dfrac{1}{\lambda} + \dfrac{E[B]}{1-\rho}} = \rho$$

(vgl. 1.4.6).

Man kann (mit allerdings nicht elementaren Methoden) auch das 2. Moment von BP berechnen (vgl. (Kleinrock 75)) und erhält

$$E[BP^2] = \frac{E[B^2]}{(1-\rho)^3} \qquad\qquad (6.1.5)$$

Bisher haben wir angenommen, daß die Bedienzeit durch den Auftrag festgelegt ist. Sie hängt aber in gewissen Wartesystemen auch von einem Systemzustand ab, der abhängig von der Zeit und/oder von der Art vorhergehender Bedienungen ist. Ein wichtiges technisches Beispiel hierfür stellen die peripheren Speicher dar, bei denen die Bedienzeit eines Auftrags in Transportzeit (die durch den Auftrag bestimmt wird) und Einstellzeit (die durch Auftrag und Systemzustand bestimmt wird) zerfällt. Für diese Systeme besteht also keine eindeutige Last. Daß die Bedienzeit durch die Wahl des Bedienzeitpunktes beeinflußt werden kann, läßt sich durch geschickte Strategien zur Lastminderung nutzen, wie wir sehen werden.

6.2 Bedienstrategien: allgemeine Eigenschaften

Im Abschnitt 5.2 ist der Begriff der Bedienstrategie eingeführt worden, und es sind verdrängende, produktive, overheadfreie und faire Bedienstrategien definiert worden. Beispiele für Bedienstrategien sind in 5.2 und 5.3 aufgetreten; die dort genannten Bedienstrategien werden in 6.3 und 6.4 genauer behandelt. In 5.2 ist schon gezeigt worden, daß die kleinsten mittleren Verweilzeiten nicht notwendigerweise von produktiven Strategien geliefert werden, d.h. es kann verweilzeitoptimal sein, Bedieneinheiten frei zu lassen!

In 6.1 ist außerdem beschrieben worden, daß für alle produktiven overheadfreien Strategien bei zustandsunabhängigen Bedienzeiten die Last $u(t)$ eine Invariante ist; daher werden diese Strategien oft auch lasterhaltend (load conservative) genannt. Mit Last sind innerhalb dieser Klasse natürlich auch Frei– und Beschäftigungsphase invariant.

Eine wichtige weitere Klassifizierung von Strategien ergibt sich durch die Information, die die Strategie heranziehen kann, etwa
– Auftragsankunftszeitpunkte
– (Rest)bedienzeiten
– Nutzenfunktionen der Aufträge (vgl. 1.6)

Die Information kann sicher sein oder geschätzt, z.B. aus Verteilungen der genannten Größen.

Die Strategie setzt die Belastung des Wartesystems in eine Belegungsfolge der Bedieneinheiten um. Die Strategie kann dazu bestimmt sein, Belegungsfolgen zu erzeugen, die optimal sind z.B. bezüglich
– Durchsatz
– mittlere Verweilzeit
– Zahl der eingehaltenen Termine
– mittleren Restnutzen (vgl. 1.6, eine Verallgemeinerung der drei Erstgenannten).

Eine Belegungsfolge, die die Strategie unter einem Informationsstand festgelegt hat, wird i.a. revidiert werden, sobald Ereignisse neue Informationen liefern (z.B. unerwartete Ankunft) oder Schätzungen anders ausfallen (z.B. wird nach bisheriger Bedienzeit q die Gesamtbedienzeit b aufgrund der bekannten Bedienzeitverteilung anders geschätzt). Die Revision der Belegungsfolge kann die Verdrängung von Aufträgen erfordern; ist diese ausgeschlossen, dann muß die Strategie sich damit begnügen, den aktuellen Informationsstand jeweils bei Bedienende auszuwerten. Indem wir uns auf *eine* Bedieneinheit und bekannte Nutzenfunktion beschränken, gilt:

- Liegen alle Aufträge im Wartesystem vor und sind ihre Bedienzeiten bekannt, so kann aus dieser Information eine verdrängende Strategie keine (durchsatz-, verweilzeit-, nutzen-) günstigere Bedienfolge aufstellen als es die günstigste nichtverdrängende Strategie tut; diese heiße S_{opt}.

- Fällt während der Belegungsfolge Information über Ankünfte und Bedienzeiten an, dann ist unter den besten overheadfreien Strategien wahrscheinlich auch diejenige, die jederzeit anhand der aktuellen Information S_{opt} anwendet. Da diese Maxime i.a. häufige Neuplanungen erfordert, kann sie bei Berücksichtigung von Overhead suboptimale Bedienfolgen erzeugen.

Bezüglich der einfachsten Optimierungsziele, Durchsatz und mittlere Verweilzeit, gilt im System M/G/1 folgendes:

- Ist die Auslastung ρ kleiner als 1, dann erbringen alle produktiven overheadfreien Strategien endliche mittlere Bedienphasen, sind also (abgesehen von Fällen, die mit Wahrscheinlichkeit null auftreten) fair; Ankunftsrate und Erwartungswert des Durchsatzes stimmen überein, die Strategie realisiert also den möglichen Durchsatz, da alle Aufträge im System erledigt werden. Das gilt auch dann, wenn die Strategie zwar produktiv, aber nicht overheadfrei ist, wenn nur die sich mit Overhead ergebende Auslastung unter 1 bleibt. Da für $\rho < 1$ die genannten Strategien den Erwartungswert des Durchsatzes unverändert lassen, folgt nach Littles Formel (5.1.14), daß eine Strategie, die die mittlere Füllung minimiert, auch die mittlere Verweilzeit minimiert und umgekehrt. Wenn die Strategie die Bedienzeit nicht ändert (zustandsunabhängige Bedienzeiten), dann gilt dasselbe für die mittlere Wartezeit.

- Ist die Auslastung nicht kleiner als 1, dann kann die Strategie unfair sein (z.B. SPT (shortest processing time): Bedienung des Auftrages mit der kleinsten Bedienzeit) oder fair (z.B. FCFS (first come – first served): Bedienung nach Ankunftsreihenfolge). SPT ist hier offenbar durchsatzgünstiger.

Zur Optimierung der Termineinhaltung und des mittleren Nutzens vgl. (Walke 78) bzw. (Kretschmann 83).

Allen produktiven Strategien ist gemeinsam, daß sie in schwach gefüllten Systemen wirkungslos bleiben: bei Füllung 1 gibt es keine Entscheidung zu treffen. In manchen Systemen kann man zwar günstige Strategien angeben, die aber erst bei so großen Füllungen wirksam werden, daß sich nicht akzeptable Verweilzeiten ergeben. Das gilt z.B. an peripheren Speichern. Andererseits gibt es genug Beispiele für Systeme, in denen akzeptierte Verweilzeiten groß gegen die Bedienzeiten sind, man also mit großer Füllung arbeiten kann, z.B. Teilnehmersysteme; hier haben auch komplexe Bedienstrategien ihren berechtigten Platz.

6.3 Nichtverdrängende Bedienstrategien im Wartesystem M/G/1

Das elementare Wartesystem M/G/1 ist ein Modell, in dem Aussagen über mittlere Wartezeiten mit verhältnismäßig einfachen Mitteln gewonnen werden können. Das liegt daran, daß wegen der Gedächtnislosigkeit des Ankunftprozesses die ankommenden Aufträge eine repräsentative Stichprobe der Füllung ziehen; im Mittel trifft also ein ankommender Auftrag $E[F]$ Aufträge im System an. Daß das nicht etwa eine G/G/1 – Eigenschaft ist, weist man einfach an D/D/1 nach, einem Spezialfall von G/G/1: hier sei zum Beispiel die Zwischenankunftszeit 1s (konstant), die Bedienzeit 0,8 s (konstant), und der ankommende Auftrag finde das System leer vor. Dann ist die mittlere Füllung 0,8 (als relative Belegzeit), obwohl der Auftrag bei Ankunft jeweils das System leer findet!

Wir werden in diesem Abschnitt in 6.3.1 bis 6.3.4 zustandsunabhängige Bedienzeiten voraussetzen; da die betrachteten Strategien produktiv sind und von Overhead abgesehen wird, besteht in dieser Klasse Lastinvarianz. Erst in 6.3.5 verlassen wir diese Voraussetzung und analysieren Zugriffsstrategien auf periphere Speicher, als Beispiel für lastmindernde Bedienstrategien.

6.3.1 FCFS, LCFS und andere Strategien mit bedienzeitunabhängiger Wartezeit

(6.3.1.1)   *Definition*: *FCFS* (first come – first served) ist eine produktive, nicht
verdrängende Bedienstrategie, bei der die Aufträge in der Folge ihrer
Ankunftszeitpunkte bedient werden. *LCFS* (last come – first served) ist
eine produktive, nicht verdrängende Bedienstrategie, bei der bei
Bedienende jeweils der zuletzt gekommene Auftrag als nächster bedient
wird.

FCFS ist eine faire Strategie, da es keine Überholungen gibt (vgl. Def. 5.2.4).
Wegen dieser Erscheinung wird sie auch FIFO (first in – first out) genannt. Die
mittlere Wartezeit E[W] besteht aus zwei Teilen:

– aus der Bedienzeitsumme der $F_{WP} \geq 0$ im Wartepool lagernden Aufträge: die
mittlere Bedienzeitsumme ist $E[F_{WP}] \cdot E[B]$, da ja der Auftrag im Mittel die
mittlere Füllung im Wartepool antrifft und die wartenden Aufträge *nicht* nach
ihrer Bedienzeit selektiert sind; zudem sind Wartepoolfüllung und Bedienzeiten
der wartenden Aufträge stochastisch unabhängig.

– aus der mittleren *gewichteten* Restbedienzeit GRB eines etwa gerade bedienten
Auftrags in der Bedieneinheit: diese ist

$$E[GRB] = P[F{=}0] \cdot 0 + P[F{>}0] \cdot E[RB];$$

dabei ist F die Füllung des Wartesystems und E[RB] die mittlere Restbedienzeit
entsprechend 4.2.35:

$$E[RB] = \frac{E[B^2]}{2E[B]}. \tag{6.3.1.1}$$

Da $P[F{>}0] = \rho$ (Auslastung), folgt

$$E[GRB] = \rho \cdot \frac{E[B^2]}{2E[B]} = \frac{\lambda}{2} \cdot E[B^2] \tag{6.3.1.2}$$

mittlere gewichtete Restbedienzeit.

Damit folgt für die mittlere Wartezeit unter FCFS

$$E[W] = E[F_{WP}] \cdot E[B] + \frac{\lambda}{2} \cdot E[B^2].$$

Mit Littles Formel, angewendet auf den Wartepool, in dem die Verweilzeit W ist, folgt

$$E[W] = \lambda \cdot E[W] \cdot E[B] + \frac{\lambda}{2} \cdot E[B^2]$$

$$E[W] = \frac{\lambda \cdot E[B^2]}{2(1-\rho)}. \tag{6.3.1.3}$$

(Pollaczek–Khinchinsche Mittelwertformel, vgl. z.B. (Kleinrock 75)). Unter Benutzung von 4.2.5 und 4.2.6 kann man 6.3.1.3 auch schreiben als

$$E[W] = \frac{\rho}{1-\rho} \cdot \frac{E[B^2]}{2E[B]} = \frac{\rho}{1-\rho} \cdot E[B] \cdot \frac{(1+C_B^{\,2})}{2} \tag{6.3.1.4}$$

oder als

$$E[W] = \frac{E[GRB]}{1-\rho}. \tag{6.3.1.5}$$

Da unter FCFS jeder Auftrag gerade den Abbau der bei Ankunft im System angetroffenen Last u(t) abwarten muß, ist die mittlere FCFS-Wartezeit auch die mittlere Last:

$$E[u(t)] = E[W] = \frac{\lambda \cdot E[B^2]}{2(1-\rho)}. \tag{6.3.1.6}$$

Aus 6.3.1.3 folgt für den Sonderfall M/M/1 (da B dort negativ–exponentiell verteilt ist, gilt $C_B=1$) natürlich 5.4.2.14.

(6.3.1.2) *Beispiele*: Wir vergleichen die mittlere Wartezeit für ein M/D/1-, ein M/M/1- und ein M/G/1 – System, letzteres mit großem Variationskoeffizienten C_B. Die Auslastung betrage 0,8.

M/D/1: B ist konstant, $C_B=0$ (vgl. 4.2.6, da $\sigma_B=0$),

$$E[W] = \frac{0,8}{1-0,8} \cdot \frac{E[B]}{2} = 2E[B].$$

M/M/1: B ist negativ-exponentiell verteilt, $C_B=1$ (vgl. 4.2.25)

$$E[W] = \frac{0,8}{1-0,8} \cdot \frac{E[B]\cdot(1+1)}{2} = 4E[B]$$

M/G/1: B sei so verteilt, daß $C_B=4$ (typischer Wert für Bedienzeiten am Zentralprozessor, wo die Überlagerung von sehr kurzen und lang rechnenden Teilaufträgen zu großen Variationskoeffizienten führt):

$$E[B] = \frac{0,8}{1-0,8} \cdot \frac{E[B]\cdot(1+4^2)}{2} = 34E[B].$$

Also ergibt das Modell M/M/1 wesentlich zu optimistische Wartezeiten für einen Zentralprozessor unter FCFS!

LCFS, oft auch LIFO genannt (last in – first out), ist nur für ρ<1 eine faire Strategie. Die mittlere Wartezeit besteht wieder aus zwei Teilen:

– aus der Bedienzeitsumme der während des Wartens des betrachteten Auftrags eintreffenden Aufträge, E[W]·λ an Anzahl, mit im Mittel der Bedienzeit E[B]

– aus der mittleren gewichteten Restbedienzeit E[GRB].

Also folgt für die mittlere Wartezeit

$$E[W] = E[W]\cdot\lambda\cdot E[B] + E[GRB],$$

also dieselben Ergebnisse 6.3.1.4 bis 6.3.1.6 wie im Fall FCFS! Beiden Strategien ist gemeinsam, daß die mittlere Wartezeit eines Auftrags unabhängig von seiner Bedienzeit B ist; im FCFS-Fall hängt sie ab vom Stand der aktuellen Bedienung und der Zahl der Wartenden, im LCFS-Fall vom Stand der aktuellen Bedienung und der Zahl der während der Wartezeit nachkommenden Aufträge. Auch andere Strategien, z.B. RANDOM (zufällige Auswahl) haben diese Eigenschaft. In 6.3.2 sehen wir, daß die Pollaczek-Khinchin-Formeln für alle diese Strategien gelten.

Die Übereinstimmung betrifft allerdings nur das erste Moment der Wartezeitverteilung. FCFS hat das kleinste 2. Moment der Wartezeiten dieser Strategiefamilie, läßt also am gleichmäßigsten warten.

6.3.2 Schranken und Invarianzen

Die mittlere Wartezeit ist bei den nichtverdrängenden Strategien nach unten dadurch begrenzt, daß auch der nach der Strategie meistbevorzugte Auftrag die Restbedienzeit eines aktuell in der Bedieneinheit befindlichen Auftrags abzuwarten hat:

$$E[W]_{min} = E[GRB] = \rho \cdot \frac{E[B^2]}{2E[B]}. \qquad (6.3.2.1)$$

An Zentralprozessoren ist bei mittleren und großen Auslastungen diese Grenze inakzeptabel hoch, da

$$E[GRB] = \rho \cdot \frac{E[B^2]}{2E[B]} = \rho \cdot E[B] \cdot \frac{(1+C_B^{\,2})}{2} \qquad (6.3.2.2)$$

für typische Werte (vgl. Beispiel 6.3.1.2) $\rho=0,8$, $C_B=4$

$$E[GRB] = 6,8 \cdot E[B]$$

liefert! Dies ist ein wesentlicher Grund, weshalb i.a. nichtverdrängende Strategien an Zentralprozessoren untauglich sind.

Eine zweite Schranke für die mittlere Wartezeit besteht nach oben. Bei $\rho < 1$ bedient jede produktive overheadfreie Strategie, die ja die Last u(t) invariant läßt, auch den meistbenachteiligten Auftrag entweder sofort (System leer) oder am Ende der aktuellen Bedienphase, also nach Ablauf der Restbedienphase RBP:

$$E[W]_{max} = P[F=0] \cdot 0 + P[F>0] \cdot E[RBP]. \qquad (6.3.2.3)$$

Ähnlich wie zuvor in 6.3.1.1, ist hiermit offenbar eine *mittlere gewichtete Restbedienphase* definiert, für die nach 4.2.35 gilt

$$E[GRBP] = \rho \cdot \frac{E[BP^2]}{2E[BP]}, \qquad (6.3.2.4)$$

und mit 6.1.4 und 6.1.5 gilt

$$E[GRBP] = \rho \cdot \frac{E[B^2]}{2E[B] \cdot (1-\rho)^2} = \frac{\lambda}{2} \cdot \frac{E[B^2]}{(1-\rho)^2} \qquad (6.3.2.5)$$

$$E[W]_{max} = E[GRBP] = \frac{\frac{\lambda}{2} \cdot E[B^2]}{(1-\rho)^2} . \qquad (6.3.2.6)$$

Also ist

$$\frac{E[W]_{max}}{E[W]_{min}} = \frac{1}{(1-\rho)^2}, \qquad (6.3.2.7)$$

die im Mittel bewirkte Diskriminierung der meistbevorzugten gegen die meist-benachteiligten Aufträge, die eine nichtverdrängende Strategie bestenfalls erreichen kann; wir werden später sehen, daß bei verdrängenden Strategien die Diskrim-inierung unbegrenzt ist. Im früher betrachteten Beispiel $\rho = 0.8$ ist

$$\frac{E[W]_{max}}{E[W]_{min}} = 25. \qquad (6.3.2.8)$$

Die mittlere Wartezeit bei FCFS usw. ist das geometrische Mittel der beiden Schranken

$$E[W]_{FCFS} = sqrt(E[W]_{max} \cdot E[W]_{min}) . \qquad (6.3.2.9)$$

Benutzt die Strategie die (bekannte) Bedienzeit individueller Aufträge als Kriterium für die Bedienreihenfolge, dann lassen sich bedienzeitabhängige Wartezeiten er-zielen, also anders als in der in 6.3.1 betrachteten FCFS-Klasse. In diesem Fall ist $E[W|B=x]$ von Interesse, die mittlere Wartezeit bei Bedienzeit x. Innerhalb der Klasse der nichtverdrängenden, lastinvarianten Strategien unterliegt diese *Klein-rocks Erhaltungsgesetz* (conservation law, (Kleinrock 64, 76)):

$$\int_0^\infty E[W|B=x] \cdot x \cdot f_B(x) \, dx = \frac{1}{2} \cdot \frac{\rho}{(1-\rho)} \cdot E[B^2] \qquad (6.3.2.10)$$

d.h. die Summe der mit der Häufigkeit ihres Auftretens gewichteten Produkte von

Bedienzeit und zugehöriger mittlerer Wartezeit ist innerhalb der genannten Strategieklasse invariant. Der Zusammenhang beruht auf einer zweifachen Berechnung der mittleren Last:

einerseits ist

$$E[u(t)] = \frac{\lambda}{2} \cdot \frac{E[B^2]}{(1-\rho)},$$
vgl.6.3.1.6;

andererseits besteht die mittlere Last aus E[GRB] und der Summe aller Bedienzeiten der wartenden Aufträge. Unter letzteren gebe es eine Teilfüllung durch Aufträge mit Bedienzeiten im Intervall (x,x+Δx): F(x,x+Δx). Nach Littles Formel ist ihre mittlere Anzahl

$$E[F(x,x+\Delta)] = \lambda(x,x+\Delta x) \cdot E[W(x,x+\Delta x)],$$

worin λ(x,x+Δx) die Ankunftsrate von Aufträgen aus dem genannten Intervall ist und E[W(x+Δx)] die zugehörige mittlere Wartezeit. Wegen der Zerlegbarkeitseigenschaften des Poisson–Ankunftsprozesses ist

$$\lambda(x,x+\Delta x) = \lambda \cdot (F_B(x+\Delta x) - F_B(x)),$$

und nach Division durch Δx und Δx → 0 ist

$$n(x) = \lambda \cdot f_B(x) \cdot E[W \mid B=x], \qquad (6.3.2.11)$$

worin

$$n(x) = \lim_{\Delta x \to 0} \frac{E[F(x,x+\Delta x)]}{\Delta x} \qquad (6.3.2.12)$$

eine bedienzeitbezogene Füllungsdichte ist, für die natürlich

$$\int_0^\infty n(x)\,dx = E[F] \qquad (6.3.2.13)$$

gilt. Also ist die mittlere Bedienzeitsumme der wartenden Aufträge

$$\int_0^\infty n(x) \cdot x \; dx = \int_0^\infty \lambda \cdot f_B(x) \cdot E[W \mid B=x] \cdot x \; dx$$

und die zweite Berechnung der mittleren Last ergibt

$$E[u(t)] = \frac{\lambda}{2} \cdot E[B^2] + \lambda \cdot \int_0^\infty E[W \mid B=x] \cdot x \cdot f_B(x) \; dx \quad ,$$

woraus mit 6.3.1.6

$$\frac{\lambda}{2} \cdot \frac{E[B^2]}{1-\rho} = \frac{\lambda}{2} \cdot E[B^2] + \lambda \cdot \int_0^\infty E[W \mid B=x] \cdot x \cdot f_B(x) \; dx,$$

folgt und damit 6.3.2.10:

$$\int_0^\infty E[W \mid B=x] \cdot x \cdot f_B(x) \; dx = \frac{1}{2} \cdot \frac{\rho}{1-\rho} \cdot E[B^2].$$

Zwei wichtige Folgerungen ergeben sich unmittelbar:

– bei vorgegebener Bedienzeitverteilung (d.h. $x \cdot f_B(x)$, $E[B^2]$ vorgegeben) ist die Fläche unter dem mit $x \cdot f_B(x)$ gewichteten $E[W \mid B=x]$ eine Invariante; d.h. eine zu einer Strategie konkurrierende (lastinvariante, nichtverdrängende) Strategie kann eine Vergleichsstrategie zwar für gewisse Bedienzeiten x bezüglich der mittleren Wartezeiten unterbieten, muß dafür aber höhere Wartezeiten bei anderen Bedienzeiten verlangen; in die Bilanz gehen die Bedienzeiten nach Größe und Häufigkeit ein; daher ist Bevorzugung für sehr kleine oder sehr seltene Bedienzeiten ohne erhebliche Benachteiligung von Aufträgen anderer Bedienzeiten möglich. In einem $E[W \mid B=x] = W(x)$ – Diagramm bedeutet 6.3.2.10, daß keine Strategie der Klasse einen Verlauf zeigen kann, der einseitig über oder unter dem einer anderen Strategie liegen kann (vgl. Abb. 6.3.2.1).

– alle Strategien S, die eine bedienzeitunabhängige mittlere Wartezeit liefern (wie FCFS, LCFS, RANDOM), bei denen also $E[W \mid B=x] = E[W]$ ist, liefern dieselbe mittlere Wartezeit, denn in 6.3.2.10 folgt

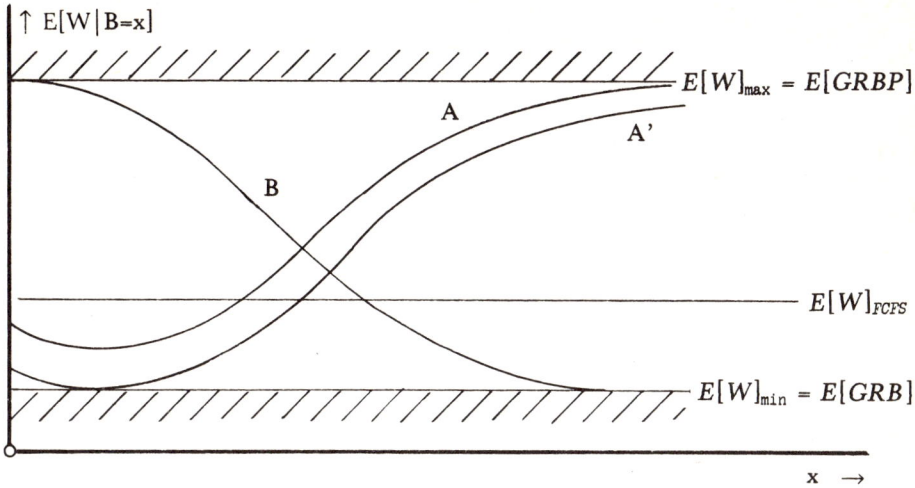

Abb. 6.3.2.1: Mittlere Wartezeit eines Auftrags mit Bedienzeit x, E[W|B=x]: Schranken, mittlere FCFS-Wartezeit und mögliche Verläufe fiktiver Strategien (A,B) und ein neben A nicht möglicher Verlauf (A').

$$\int_0^\infty E[W]_S \cdot x \cdot f_B(x)\ dx = \frac{1}{2} \cdot \frac{\rho}{1-\rho} \cdot E[B^2]$$

$$E[W]_S \cdot E[B] = \frac{1}{2} \cdot \frac{\rho}{1-\rho} \cdot E[B^2]$$

$$E[W]_S = \frac{\lambda \cdot E[B^2]}{2(1-\rho)} \quad \text{wie 6.3.1.3}$$

unabhängig von der Strategie S.

Es gibt weitere Invarianzeigenschaften (vgl. Kleinrock 76, Kowalk 81).

6.3.3 Prioritätsstrategien

Oft werden Strategien benutzt , die die Aufträge nach irgend einem Kriterium in Klassen i (i ϵ [1...p]) teilen, etwa nach Quelle, nach Bedienzeit oder nach Termin bzw. nach Nutzenfunktion. Bei Beendigung einer Bedienung wird ein Auftrag aus der Klasse mit größtem i in Bedienung genommen, zu der alle Klassen mit j ϵ [1...i-1] aktuell keinen Auftrag im Wartepool haben. Sind alle Klassen im Wartepool durch wenigstens einen Auftrag vertreten, dann wird ein Auftrag aus Klasse 1 in Bedienung genommen. Welcher Auftrag aus den etwa mehreren aus einer Klasse genommen wird, entscheidet eine Substrategie dieser Klasse. Wir nehmen an, daß diese eine bedienzeitunabhängige mittlere Wartezeit liefert (FCFS-Typ). Eine Klasse ist also umso höher bevorzugt, je kleiner ihr Index i ist. Die mittlere Wartezeit eines Auftrags der Klasse i besteht aus drei Anteilen:

- gewichtete Restbedienzeit E[GRB]; ist $\rho < 1$, dann werden alle zugehenden Aufträge auch bedient, es ist wie bisher

$$E[GRB] = \frac{\lambda}{2} \cdot E[B^2]$$

- Wartezeit auf gleich und besser priorisierte Aufträge, die bei Ankunft des Auftrags schon warten:

$$\sum_{j=1}^{i} E[F_{WP,j}] \cdot E[B_j],$$

darin ist $F_{WP,j}$ die Füllung des Wartepools mit Aufträgen der Klasse j, die mittlere Bedienzeiten $E[B_j]$ haben; aus Littles Formel folgt mit λ_j, Ankunftsrate von Aufträgen in Klasse j,

$$\sum_{j=1}^{i} E[F_{WP,j}] \cdot E[B_j] = \sum_{j=1}^{i} \lambda_j \cdot E[W_j] \cdot E[B_j],$$

worin $E[W_j]$ die mittlere Wartezeit in der Klasse j ist.

- Wartezeit auf besser priorisierte Aufträge, die während des Wartens des betrachteten Auftrags in den Klassen 1...i-1 eintreffen und daher vor dem betrachteten Auftrag bedient werden; ihre Anzahl ist im Mittel

$$E[W_i] \cdot \sum_{j=1}^{i-1} \lambda_j$$

mit der Wartezeit

$$E[W_i] \cdot \sum_{j=1}^{i-1} \lambda_j \cdot E[B_j] \ .$$

Alle drei Anteile zusammen ergeben

$$E[W_i] = \frac{\lambda}{2} \cdot E[B^2] + \sum_{j=1}^{i} \lambda_j \cdot E[W_j] \cdot E[B_j] + E[W_i] \cdot \sum_{j=1}^{i-1} \lambda_j \cdot E[B_j]$$

$$= \frac{\lambda}{2} \cdot E[B^2] + \sum_{j=1}^{i-1} \lambda_j \cdot E[W_j] \cdot E[B_j] + E[W_i] \cdot \sum_{j=1}^{i} \lambda_j \cdot E[B_j] \ .$$

$$E[W_i] = \frac{\frac{\lambda}{2} \cdot E[B^2] + \sum_{j=1}^{i-1} \lambda_j \cdot E[W_j] \cdot E[B_j]}{1 - \sum_{j=1}^{i} \lambda_j \cdot E[B_j]} \qquad (6.3.3.1)$$

Hierin stellen die Produkte $\lambda_j \cdot E[B_j]$ offenbar Teilauslastungen des Systems durch Aufträge der Klasse j dar, also schreiben wir mit

$$\rho_j - \lambda_j \cdot E[B_j] \qquad (6.3.3.2)$$

$$E[W_i] = \frac{\frac{\lambda}{2} \cdot E[B^2] + \sum_{j=1}^{i-1} \rho_j \cdot E[W_j]}{1 - \sum_{j=1}^{i} \rho_j} \ . \qquad (6.3.3.3)$$

Hiermit kann man $E[W_1]...E[W_p]$ nacheinander berechnen. Man kann auch $E[W_i]$ ohne Zwischenrechnung erhalten aus

$$E[W_i] = \frac{\frac{\lambda}{2} \cdot E[B^2]}{(1 - \sum_{j=1}^{i} \rho_j) \cdot (1 - \sum_{j=1}^{i-1} \rho_j)} \qquad (6.3.3.4)$$

Die mittlere Wartezeit folgt aus

$$E[W] = \sum_{i=1}^{p} E[W_i] \cdot \frac{\lambda_i}{\lambda} = \frac{1}{2} E[B^2] \cdot \sum_{i=1}^{p} \frac{\lambda_i}{(1 - \sum_{j=1}^{i} \rho_j) \cdot (1 - \sum_{j=1}^{i-1} \rho_j)} \quad . \qquad (6.3.3.5)$$

Bei $\rho \geq 1$ ist die Prioritätenstrategie gegenüber den benachteiligten Klassen (i+1...p) nicht fair. Sie hat aber den Vorteil, daß sie den Klassen 1...i endliche mittlere Wartezeiten sichert, wenn

$$\sum_{j=1}^{i} \rho_j < 1$$

ist. Bei der Berechnung dieser Wartezeiten ist zu berücksichtigen, daß E[GRB] anders ausfällt (die benachteiligten Aufträge werden nicht bzw. mit reduzierten Wahrscheinlichkeiten in Bedienung genommen).

6.3.4 Bedienzeitabhängige Strategien

Eine nichtverdrängende Strategie, die die individuelle Bedienzeit von Aufträgen nicht (direkt oder indirekt, über eine Prioritätsklasse mit kennzeichnender mittlerer Bedienzeit) zur Auswahl heranzieht, gibt allen Aufträgen dieselbe mittlere Wartezeit. In Rechensystemen sind auftragsindividuelle Bedienzeiten großenteils unbekannt, so daß eine Diskriminierung nach Bedienzeiten durch nichtverdrängende Strategien nicht erreicht werden kann, obwohl sie oft gewünscht wird (ein Auftrag mit kurzer Bedienzeit soll auch nur kurz warten). Überraschenderweise erlauben verdrängende Strategien eine bedienzeitabhängige Diskriminierung *ohne* Kenntnis auftragsindividueller Bedienzeiten! Dies ist ein weiterer Grund für die praktische Bedeutung verdrängender Strategien.

Im Wartepool mögen f Aufträge mit Bedienzeit b_i ($i \in \{1..f\}$) liegen. Die mittlere Verweilzeit der Aufträge ist

$$\bar{y} = \frac{1}{f} \cdot \sum_{i=1}^{f} y_i = \frac{1}{f} \cdot \sum_{i=1}^{f} (w_i + b_i) \ . \tag{6.3.4.1}$$

Die Folge 1...f sei die Bedienfolge. Dann ist die Wartezeit des i–ten Auftrags

$$w_i = b_1 + b_2 + \cdots + b_{i-1}$$

also

$$\bar{y} = \frac{1}{f} \cdot \sum_{i=1}^{f} \sum_{j=1}^{i} b_j \ . \tag{6.3.4.2}$$

In der Doppelsumme tritt b_i f–i+1 mal auf, also ist

$$\bar{y} = \frac{1}{f} \cdot \sum_{i=1}^{f} (f-i+1) \cdot b_i \ . \tag{6.3.4.3}$$

Für i=1..f ist (f–i+1) eine absteigende Zahlenfolge. Die Summe von Produkten $\lambda_i \cdot \beta_i$, in denen λ_i mit i absteigend ist, wird durch die Permutation der β_i minimiert, die die β_i monoton nichtfallend ordnet, und durch Permutation der β_i maximiert, die die β_i monoton nicht steigend ordnet. Also minimiert die Strategie SPT (shortest processing time first, auch SJN, shortest job next) die mittlere Verweilzeit, LPT (longest processing time first) maximiert sie.

(6.3.4.1)   *Definition*: Die Strategie *SPT* ist eine produktive, overheadfreie Strategie, die bei Bedienende jeweils einen Auftrag kleinster Bedienzeit in Bedienung nimmt. Die Strategie *LPT* ist eine produktive, overheadfreie Strategie, die bei Bedienende jeweils einen Auftrag größter Bedienzeit in Bedienung nimmt.

SPT minimiert also auch die mittlere Wartezeit der im Wartepool bereits wartenden Aufträge, LPT maximiert sie. Nach den Überlegungen in 6.3.1 liegt eine Optimalstrategie S_{opt} vor, die i. a. bei jeder Änderung der b_i zu einer neuen optimalen Bedienfolge führt. Solche Änderungen treten ein

– bei Auftragsankünften (ein weiteres b_i)

– bei Nachschätzung von unbekannten b_i (diesen Gesichtspunkt, den wir hier damit ausgeschlossen haben, daß wir bei Bedienzeiten als bekannt vorausgesetzt haben, greifen wir in 6.4.8 wieder auf).

Eine nichtverdrängende Strategie muß unter diesen Umständen suboptimal bleiben, weil sie bei Auftragsankunft die aktuelle Bedienfolge nicht abändern kann; sie kann nicht den neu zugegangenen Auftrag gegen den aktuell bedienten tauschen, auch wenn seine Bedienzeit unter der Restbedienzeit des aktuell bedienten Auftrags liegt. Insofern ist SPT lediglich die wartezeitgünstigste nichtverdrängende Strategie. Die mittlere Wartezeit eines Auftrags mit der Bedienzeit x folgt durch Grenzübergang aus 6.3.3.4, indem wir jedem x eine infinitesimale Klasse geben:

$$E[W \mid B=x] = \frac{\frac{\lambda}{2} \cdot E[B^2]}{(1-\lambda \cdot \int_0^x z \cdot f_B(z)dz)^2} \qquad (6.3.4.3)$$

$$E[W] = \frac{\lambda}{2} \cdot E[B^2] \cdot \int_0^\infty \frac{f_{B(x)}dx}{(1-\lambda \cdot \int_0^x z \cdot f_B(z)\,dz)^2} \qquad (6.3.4.4)$$

SPT bestätigt die in 6.3.2 aufgestellten Schranken:

$$E[W \mid B=0] = \frac{\lambda}{2} \cdot E[B^2] = E[GRB] = E[W]_{min} \ . \quad (vgl. \ 6.3.2.1)$$

$$E[W \mid B\to\infty] = \frac{\lambda}{2} \cdot E[B^2] \cdot \frac{1}{(1-\rho)^2} = E[GRBP] = E[W]_{max} \ . \quad (vgl. \ 6.3.2.6)$$

Für LPT gelten auch 6.3.4.3 und 6.3.4.4, wenn man die Integrationsgrenzen $(0,x)$ durch (x,∞) ersetzt.

Für den Fall $\rho \geqq 1$ sind beide Strategien nicht fair; hier gilt das in 6.3.3 Gesagte entsprechend.

Gelegentlich wird eine Strategie HRN (highest response ratio next) diskutiert (Brinch Hansen 73). Sie ist produktiv und overheadfrei; es wird bei Bedienende der Auftrag i mit dem höchsten Verhältnis W_i'/x_i in Bedienung genommen; W_i' ist die vom Auftrag i bisher hingenommene Wartezeit. Diese Strategie ergibt offenbar ein $E[W|B=x]$ mit folgenden Grenzeigenschaften:

$E[W|B=0]$: diese Aufträge werden vor allen anderen mit $B > 0$ bevorzugt (im leeren System ohnehin, im nichtleeren System, weil sie – wegen der Restbedienzeit – endliche W' bis zum Bedienende aufweisen).

$E[W|B \rightarrow \infty]$: da (für $\rho < 1$) mit Wahrscheinlichkeit 1 nur endliche Wartezeiten auftreten, werden diese Aufträge so weit wie möglich zurückgestellt, für sie gilt also $E[W]_{max}$.

Also stimmen die Randwerte mit denen von SPT überein. Dank 6.3.2.10 zeichnet man leicht ein qualitatives Diagramm für $E[W|B=x]$ für SPT, LPT, HRN und FCFS in Erweiterung von Abb. 6.3.2.1 (Abb. 6.3.4.1). HRN bedient Aufträge großer Bedienzeit besser als SPT, weil diese Aufträge große Wartezeiten W' erleiden, was durch schlechtere Bedienung bei Aufträgen kleiner Bedienzeit ausgeglichen wird.

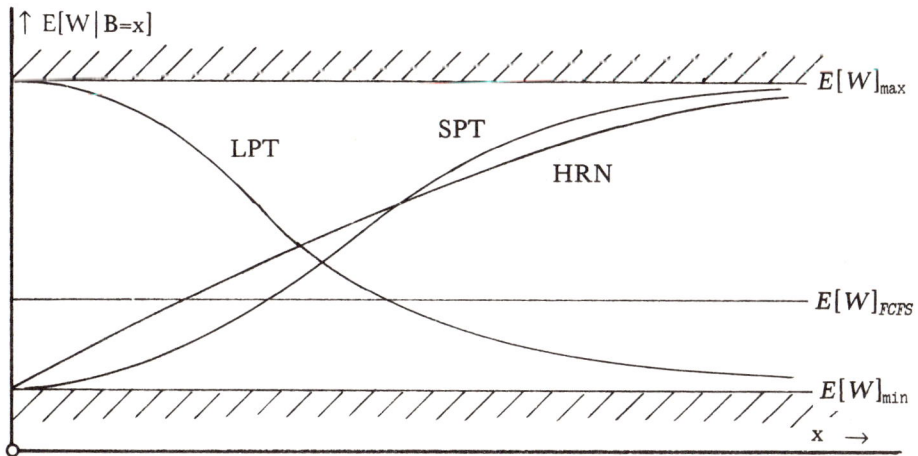

Abb. 6.3.4.1: Mittlere Wartezeit $E[W|B=x]$ von Aufträgen mit der Bedienzeit x bei einigen nichtverdrängenden Strategien.

6.3.5 Lastmindernde Strategien

In 6.3.1 ist bereits auf Fälle hingewiesen worden, in denen Bedienzeiten vorliegen, die nicht unabhängig vom Zustand des Systems allein durch den Auftrag festgelegt sind. Für Rechensysteme praktisch bedeutsam ist der Fall der Bedienung von Aufträgen an peripheren Speichern, an denen die Bedienzeit in eine auftragsabhängige Transportzeit T und eine Einstellzeit ES zerfällt, die auftrags- und systemzustandsabhängig ist, wobei der Systemzustand von der Zeit und von der Vorgeschichte des Bedienprozesses abhängen kann.

(6.3.5.1)   Beispiel: *Trommel- und Festkopfplattenspeicher* (vgl. Abb. 6.3.5.1)
Beide periphere Speicher benutzen unbewegte Schreib- und Leseköpfe. Die Speicherung geschieht auf der magnetisierbaren Mantelfläche eines Zylinders bzw. auf den Deckflächen von zylindrischen dünnen Scheiben. Da die Hauptachse Rotationsachse ist, sind die Datenspuren Umfangslinien bzw. konzentrische Kreise. Gelesen bzw. geschrieben wird auf Trommeln in einer oder mehreren Spuren parallel, auf Platten in einer Spur. Ein Transportauftrag lautet auf Lesen bzw. Schreiben eines Datenblocks, der in einem Sektor durch Sektoradresse und durch Schreib/Lesekopf (also Spur-Nummer) festgelegt ist. Die Einstellzeit besteht aus der vernachlässigbaren Kopfumschaltzeit und aus der Sektoreinstellzeit, die eine Restrotationszeit ist, also abhängig von der geforderten Sektoradresse (auftragsabhängig) und der aktuellen Winkeleinstellung (zeitabhängig).

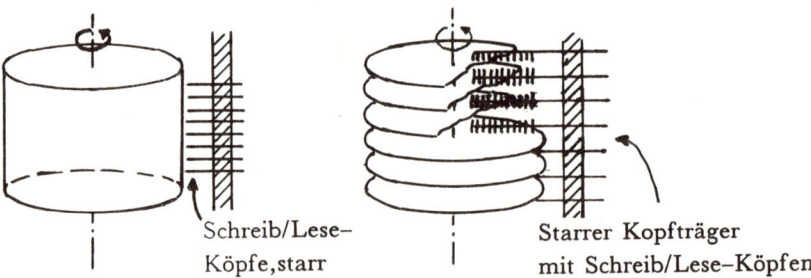

Trommel:
Spuren sind Umfangslinien

Festkopfplatte:
Spuren sind konzentrische
Kreise in mehreren Ebenen

Rotationszeit: 5...20ms, Grenzdurchsatz 0,1...5MB/s; Einstellzeit ist Restrotationszeit

Abb. 6.3.5.1: Trommelspeicher und Festkopfplattenspeicher (Prinzipbild)

(6.3.5.2) Beispiel: *Plattenspeicher mit beweglichen Köpfen* (vgl. Abb. 6.3.5.2).
Die Speicherung geschieht, wie beim Festkopfplattenspeicher, auf den
Deckflächen dünner zylindrischer Scheiben. Das Speichermedium (der
Satz von Scheiben, "Platten") kann je nach Bauart austauschbar sein
(Wechselplatten) oder nicht. Der Kopfträger ist radial verschiebbar und
trägt je Oberfläche nur einen Kopf. Man gewinnt eine billigere Konstruktion und erheblich größere Spurdichte um den Preis eines dritten
Zeitanteils in der Bedienzeit, die nun aus Kopfträgereinstellzeit, Restrotationszeit und Transportzeit besteht.

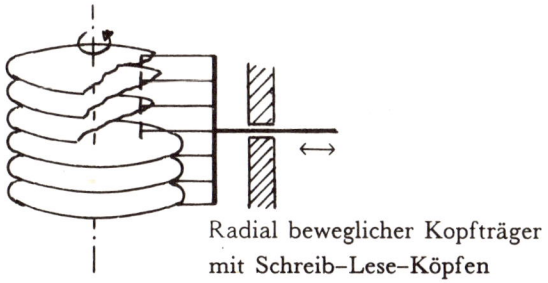

Radial beweglicher Kopfträger
mit Schreib–Lese–Köpfen

Rotationszeit 8...30ms, Kopfträgereinstellzeit 30...100ms, 50...800 Spuren
je Deckfläche der Platten, Grenzdurchsatz 0,1...2MB/s, Einstellzeit ist
Kopfträgereinstellzeit und Restrotationszeit

Abb. 6.3.5.2: Plattenspeicher mit beweglichen Köpfen (Prinzipbild)

Wir beschäftigen uns nun zunächst mit Strategien für Trommeln und Festkopfplatten. Beide haben dasselbe Bedienzeitverhalten.

Bei Bedienung nach FCFS gilt wieder 6.3.1.3:

$$E[W] = \frac{\lambda \cdot E[B^2]}{2(1-\rho).}$$

Die Bedienzeit zerfällt in Restrotationszeit RR und Transportzeit T:

$$B = RR + T \qquad (6.3.5.1)$$

$$E[B] = E[RR] + E[T] = \frac{R}{2} + E[T] \, , \qquad\qquad (6.3.5.2)$$

da die Rotationszeit R konstant ist. Damit folgt

$$\rho = \lambda \cdot E[B] = \lambda \cdot (\frac{R}{2} + E[T]) \, . \qquad\qquad (6.3.5.3)$$

Das zweite Moment der Bedienzeit folgt aus

$$E[B^2] = E[(RR+T)^2] = E[RR^2] + 2E[RR \cdot T] + E[T^2] \, .$$

Da Restrotationszeit und Transportzeit unabhängiger Zufallsvariablen sind, folgt

$$E[B^2] = E[RR^2] + 2E[RR] \cdot E[T] + E[T^2] = E[RR^2] + R \cdot E[T] + E[T^2] \, .$$

Zur Berechnung von $E[RR^2]$, des zweiten Moments der Restrotationzeit, greifen wir auf (4.2.4) zurück:

$$E[RR^2] = \int_0^\infty t^2 f_{RR}(t) \, dt. \qquad\qquad (4.2.4)$$

Die Dichte von RR, $f_{RR}(t)$, ist konstant im Bereich (0;R) und sonst 0. Wegen

$$\int_0^\infty f_{RR}(t) \, dt = 1$$

folgt

$$f_{RR}(t) = \begin{cases} 1/R \ \text{für } t \in (0;R) \\ 0 \ \text{sonst.} \end{cases} \qquad\qquad (6.3.5.4)$$

Also ist

$$E[RR^2] = \int_0^\infty t^2 \cdot f_{RR}(t) \, dt = \int_0^R \frac{t^2}{R} \, dt = \frac{R^2}{3} \, , \qquad\qquad (6.3.5.5)$$

womit wir schließlich

$$E[B^2] = \frac{R^2}{3} + R \cdot E[T] + E[T^2] \qquad (6.3.5.6)$$

erhalten und

$$E[W] = \frac{\lambda(\frac{R^2}{3} + R \cdot E[T] + E[T^2])}{2 \cdot (1-\lambda \cdot (\frac{R}{2} + E[T]))} \cdot \qquad (6.3.5.7)$$

Benutzt man eine Trommel bzw. eine Festkopfplatte für Seitentausch (vgl. Kap.7), dann sind Blöcke fester Größe zu transportieren, von denen man n auf einer Spur anordnet. Damit ist die Transportzeit T eine Konstante,

$$T = \frac{R}{n} \qquad (6.3.5.8)$$

und wir erhalten aus 6.3.5.7

$$E[W] = \frac{\lambda \cdot R^2 \cdot (\frac{1}{3} + \frac{1}{n} + \frac{1}{n^2})}{2 \cdot (1-\lambda \cdot R \cdot \frac{n+2}{2n})} \cdot \qquad (6.3.5.9)$$

Der Grenzdurchsatz wird für

$$\lambda \cdot R \cdot \frac{n+2}{2n} = 1$$

erreicht, ist also

$$c = \frac{2n}{n+2} \cdot \frac{1}{R} \cdot \qquad (6.3.5.10)$$

Die mittlere Verweilzeit ist

$$E[Y] = \frac{R}{2} + \frac{R}{n} + \frac{\lambda \cdot R^2 \cdot (\frac{1}{3} + \frac{1}{n} + \frac{1}{n^2})}{2 \cdot (1-\lambda \cdot R \cdot \frac{n+2}{2n})} \cdot \qquad (6.3.5.11)$$

Nun gehen wir erstmalig zu einer lastmindernden Strategie über, indem wir jeder

der n Seiten je Spur einen Sektor zuweisen und (fiktiv) je Sektor einen eigenen Wartepool anlegen, vgl. Abb. 6.3.5.3. Bedient werden kann jeweils ein Auftrag aus dem Wartepool, dessen Sektor gerade die Schreib/Leseköpfe passiert; dabei ist die Reihenfolge der Wartepools 1,2...n, 1... zyklisch einzuhalten.

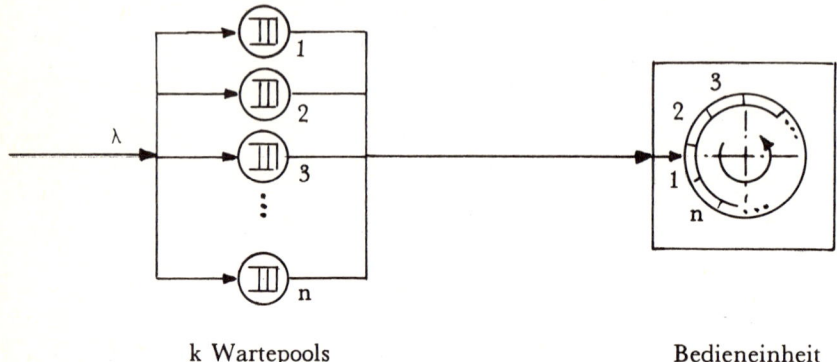

k Wartepools   Bedieneinheit

Abb. 6.3.5.3: Seitentauschtrommel/Festkopfplattenspeicher (paging drum) als War-
tesystem: es bestehen zu n Sektoren n (fiktive) Wartepools; zu jedem
Zeitpunkt kann zyklisch in der Reihenfolge 1,2,1...n, 1... aus einem
Wartepool bedient werden.

Wieder dauert ein Transport R/n; aber je Umdrehungszeit R kann jeder Wartepool nur einmal bedient werden. Die genaue Analyse ist aufwendig (vgl. Coffman, Denning 73). Wie so oft, sind aber die asymptotischen Fälle, die sich durch sehr schwachen und sehr starken Auftragsverkehr ergeben, leicht abzuschätzen.

Sehr schwacher Verkehr: Für $\lambda \rightarrow 0$ ergeben sich dieselben Verhältnisse wie mit 6.3.5.8 ... 6.3.5.11 beschrieben.

Sehr starker Verkehr: die Wahrscheinlichkeit, daß alle Wartepools nicht leer sind, geht gegen 1; damit wirkt das System angenähert wie ein M/D/1–System mit konstanter Bedienzeit T=R/n. Der Grenzdurchsatz ist

$$c = \frac{n}{R} \qquad\qquad (6.3.5.12)$$

und die Auslastung

$$\rho = \frac{\lambda \cdot R}{n} \ . \qquad\qquad (6.3.5.13)$$

Die Wartezeit folgt wieder aus 6.3.1.3 als

$$E[W] = \frac{\lambda \cdot E[B^2]}{2(1-\rho)} \; ,$$

es ist

$$E[W] = \frac{\lambda \cdot \dfrac{R^2}{n^2}}{2(1- \dfrac{\lambda \cdot R}{n})} \qquad\qquad (6.3.5.14)$$

und die zugehörige mittlere Verweilzeit

$$E[Y] = \frac{R}{n} + \frac{\lambda \cdot \dfrac{R^2}{n^2}}{2 \cdot (1- \dfrac{\lambda \cdot R}{n})} \; . \qquad\qquad (6.3.5.15)$$

Wir haben bei den Rechnungen durch Benutzung von 6.3.1.3 implizit vorausgesetzt, daß innerhalb jeden Wartepools nach FCFS oder ähnlich (vgl. 6.3.1)
bedient wird. Die beschriebene Strategie heißt SATF (shortest access time first).
Der asymptotisch korrekte Verlauf läßt sich nun angeben und ist in Abb. 6.3.5.4
eingetragen. SATF bietet durch Lastminderung bessere Verweilzeiten und einen
besseren Grenzdurchsatz als FCFS. Der Vorteil wird umso größer, je größer n ist,
d.h. je mehr Seiten je Spur speicherbar sind.

Wir gehen nun zu Strategien für Platten mit beweglichen Köpfen über. Wieder
betrachten wir anfangs eine FCFS-artige Strategie, vgl. Abschnitt 6.3.1, also mit
einer Wartezeit nach

$$E[W] = \frac{\lambda \cdot E[B^2]}{2(1-\rho)} \; . \qquad\qquad (6.3.1.3)$$

Der Plattenspeicher (vgl. Beispiel 6.3.5.2) verfüge auf jeder Deckfläche über s
Spuren, d.h. es gibt s zulässige Positionen des Schreib/Lesekopfträgers. Die Menge
der allein durch Kopfauswahl, also ohne radiale Verschiebung zugänglichen Spuren
heißt Zylinder; folglich habe die Platte s Zylinder. Bei bezüglich der Zylinder

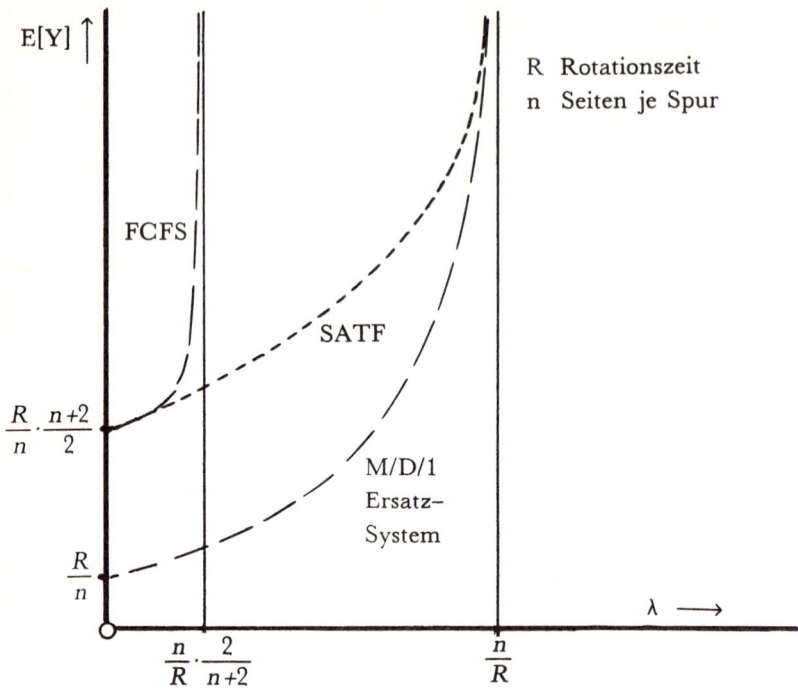

Abb. 6.3.5.4: Mittlere Verweilzeit E[Y] unter der Strategie SATF (shortest access time first) an einer Trommel/Festkopfplatte

zufällig verteilten Zugriffen sind im Mittel zum Erreichen des gesuchten Zylinders s/3 Zylinder zu überlaufen.

Bei der großen Zahl von Zylindern auf heutigen Plattenspeichern können wir ohne wesentlichen Fehler zu einem kontinuierlichen Modell übergehen; aus einer zufälligen, in (0;s) gleichverteilten Position x wird ein Weg y(x) zu einem ebenfalls in (0;s) gleichverteilten Zielpunkt zurückgelegt, vgl. Abb. 6.3.5.5.

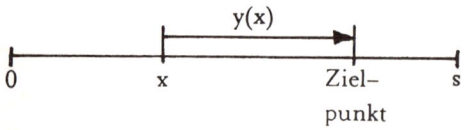

Abb. 6.3.5.5: Zur Ableitung der mittleren Anzahl der überlaufenen Zylinder zwischen zwei Zugriffen

Es ist

$$E[y(x)] = E[y(x) \mid Bewegung\ nach\ links] \cdot P[Zielpunkt\ links\ von\ x]$$

$$+ E[y(x) \mid Bewegung\ nach\ rechts] \cdot P[Zielpunkt\ rechts\ von\ x]$$

$$E[y(x)] = \frac{x}{2} \cdot \frac{x}{s} + \frac{s-x}{2} \cdot \frac{s-x}{s} = \frac{x^2}{s} + \frac{s}{2} - x \qquad (6.3.5.16)$$

Über alle Punkte x ist zu mitteln:

$$E[y] = \int_0^s E[y(x)] \cdot f_x(x)\ dx = \int_0^s (\frac{x^2}{s} + \frac{s}{2} - x) \cdot \frac{1}{s}\ dx$$

$$E[y] = \frac{s}{3} . \qquad (6.3.5.17)$$

Also beträgt die Bedienzeit an einer Platte für eine zylinderunabhängige Strategie

$$E[B] = b \cdot \frac{s}{3} + \frac{R}{2} + E[T] , \qquad (6.3.5.18)$$

worin b die Zeit für die Bewegung des Kopfträgers um einen Zylinder ist, R die Rotationszeit und T die Transportzeit.

Unser Modell ist in sofern etwas zu pessimistisch, als die Zugriffe eine gewisse Lokalität aufweisen, d.h. sie fallen bevorzugt auf in unmittelbarer Vergangenheit bereits gewählte Zylinder oder in deren Nachbarschaft; es ist oft möglich, hierdurch und durch geeignete Unterbringung von Datensätzen die mittlere Versetzung von Zugriff zu Zugriff deutlich unter s/3 zu halten.

Wir gehen nun wieder zu lastmindernden Strategien über. Ziel muß es hier sein, die Strategie so zu wählen, daß die Versetzung zwischen zwei Zugriffen klein gehalten wird. Sie wird minimiert durch die Strategie SST (shortest seektime first, nach Erledigung eines Auftrags wird der in Bedienung genommen, für den die kleinste Zahl von Zylindern zu überlaufen ist). Leider führt eine strenge Anwendung dieses Prinzips zu sehr großen Wartezeiten für die im Zylinderintervall außen liegenden Positionen.

Eine Variante, FSCAN genannt, durchläuft alle Zylinder und bedient dabei alle Aufträge, die *vor* dem Lauf schon vorlagen. Anders als bisher nennen wir hier die Zeit vom Eintreffen des Auftrags bis zum Transportbeginn Wartezeit; sie ist

$$E[W] = \frac{\lambda}{2} \cdot E[Z^2] + n \cdot E[Z] + b \cdot s \qquad (6.3.5.19)$$

wobei:

$$Z: \text{Restrotationszeit} + \text{Transportzeit}$$

$$E[Z] = \frac{R}{2} + E[T]$$

$\frac{\lambda}{2} \cdot E[Z^2]$: mittlere gewichtete Restzeit von Z

n: Zahl der Aufträge, die in der mittleren Wartezeit bedient werden; das sind $E[W] \cdot \lambda$.

Also folgt

$$E[W] = \frac{b \cdot s + \frac{\lambda}{2} \cdot E[Z^2]}{1 - \lambda \cdot E[Z]} \ . \qquad (6.3.5.20)$$

Dabei ist noch zugrundegelegt, daß der Kopfträger im Mittel zwischen Eintreffen und Bedienung eines Auftrags s Zylinder überläuft, wovon je im Mittel die Hälfte vom Eintreffen bis zum Beginn des neuen Laufs und die Hälfte bis zur Bedienung anfallen.

Durchweg kleinere mittlere Wartezeiten erhält man, wenn auch noch während des Laufs eintreffende Aufträge bedient werden, soweit ihr Zylinder nicht bereits überlaufen ist. Eine solche Strategie heißt SCAN. Dabei ist die Wartezeit allerdings wieder zylinderabhängig, wie bei SST, was sie bei FSCAN nicht ist. Letzteres liegt daran, daß sich im Mittel bei FSCAN die Zeit bis zum Beginn des nächsten Laufs und von dort bis zum gesuchten Zylinder zu der Zeit für einen vollen Lauf ergänzt. Bei SCAN ist lediglich die Restzeit bis zur nächsten Ankunft am gesuchten Zylinder abzuwarten; die Zwischenankunftzeit streut aber am Rande des Zylinderbereiches sehr viel mehr als in der Mitte, so daß hier die Restzeit und damit die Wartezeit größer sind!

Eine detaillierte Analyse von SCAN und FSCAN, die hier der einfachen Dar-
stellbarkeit zuliebe vereinfacht worden ist, findet man in (Coffman Denning 73).

6.4 Verdrängende Bedienstrategien im Wartesystem M/G/1

6.4.1 Würdigung verdrängender Strategien

An gewissen Instanzen ist Verdrängung nicht möglich bzw. betrieblich unerwünscht, da die im Verdrängungszeitpunkt bereits getätigte Bedienung nutzlos ist: Ein/Ausgabekanäle, Peripheriegeräte. An Zentralprozessoren, oft auch an Übertragungswegen, kann aber meist eine abgebrochene Bedienung wieder aufgenommen werden (preemptive resume, vgl.5.2).

Da Zentralprozessoren die Unterbrechungen (interrupts) bedienen, liegen nichtverdrängende Bedienstrategien im strengsten Sinn überhaupt nicht vor. Sind die (häufigen!) Unterbrechungen allerdings kurz und wird nach der Unterbrechung der von der Bedienstrategie zuvor verfügte Auftrag weiter bedient, so kann man die Abstraktion nichtverdrängender Bedienstrategien aufrechterhalten.

Verdrängende Strategien sind aus den folgenden Gründen für die Zuteilung von Zentralprozessoren wesentlich:

- ohne Verdrängung gibt es keine wirksame Bevorzugung eiliger Aufträge (vgl. Beispiel 6.3.1.2)

- verdrängende Strategien erlauben die Bevorzugung von Aufträgen kleiner Bedienzeit *ohne* Kenntnis der individuellen Bedienzeiten der Aufträge.

Nachteilig an den verdrängenden Strategien ist, daß der in realen Systemen mit jedem Auftragswechsel verbundene Overhead verstärkt auftritt. Das gilt insbesondere für die sehr häufig verdrängenden "Zeitscheibenstrategien". Besonders schwierige Verhältnisse treten auf, wenn bei großer Füllung Zeitscheibenstrategien benutzt werden und der Hauptspeicher als Wartepool nicht ausreicht, so daß den Verdrängungen an der Bedieneinheit (Zentralprozessor) Verdrängungen aus dem Wartepool (Hauptspeicher) überlagert werden, indem Aufträge zwischen Hauptspeicher und peripherem Speicher ausgetauscht werden (Swapping).

6.4.2 Schranken für die mittlere Wartezeit

Für die nichtverdrängenden Strategien wurden in 6.3.2 die folgenden Schranken für die mittlere Wartezeit ermittelt:

$$E[W]_{min} = E[GRB] = \frac{\lambda}{2} \cdot E[B^2] \tag{6.3.2.1}$$

$$E[W]_{max} = E[GRBP] = \frac{\lambda \cdot E[B^2]}{2(1-\rho)^2} \; , \tag{6.3.2.6}$$

nämlich die mittlere gewichtete Restbedienzeit bw. Restbedienphase. Die verdrängenden Strategien haben keine von null verschiedene untere Schranke für die mittlere Wartezeit, d.h. es ist

$$E[W]_{min} = 0 \; . \tag{6.4.2.1}$$

Dieser Vorteil wird mit einer deutlich höheren Schranke für die maximale mittlere Wartezeit erkauft. Ist die Strategie produktiv und overheadfrei, also lasterhaltend, was wir wieder voraussetzen, dann wird der meistbenachteiligte Auftrag am Ende der Bedienphase erstmals bedient. Hier beginnt ein zweiter Teil seiner Verweilzeit, Y_{II}; also ist für einen Auftrag der Bedienzeit x

$$E[Y \mid B=x] = E[GRBP] + E[Y_{II} \mid B=x] \; . \tag{6.4.2.2}$$

Dabei ist die mittlere gewichtete Restbedienphase wieder nach 6.3.2.6 bestimmt. In seinem zweiten Verweilzeitanteil Y_{II} wird der meistbenachteiligte Auftrag gegenüber jedem anderen Auftrag zurückgestellt, der in Y_{II} kommt; also besteht Y_{II} aus der Eigenbedienzeit x des betrachteten Auftrags und der Bedienzeitsumme der im Mittel $\lambda \cdot Y_{II}$ nachkommenden Aufträge:

$$E[Y_{II} \mid B=x] = x + \lambda \cdot E[Y_{II} \mid B=x] \cdot E[B]$$

$$E[Y_{II} \mid B=x] = \frac{x}{1-\rho} \tag{6.4.2.3}$$

Damit ist

$$E[Y \mid B=x] = \frac{\lambda \cdot E[B^2]}{2(1-\rho)^2} + \frac{x}{1-\rho} \qquad (6.4.2.4)$$

und die obere Wartezeitschranke

$$E[W]_{max} = E[W \mid B=x] = E[Y \mid B=x] - x = \frac{\lambda \cdot E[B^2]}{2(1-\rho)^2} + \frac{\rho}{1-\rho} \cdot x. \quad (6.4.2.5)$$

Abbildung 6.4.1 zeigt die Schranken für verdrängende und nichtverdrängende Strategien im Vergleich.

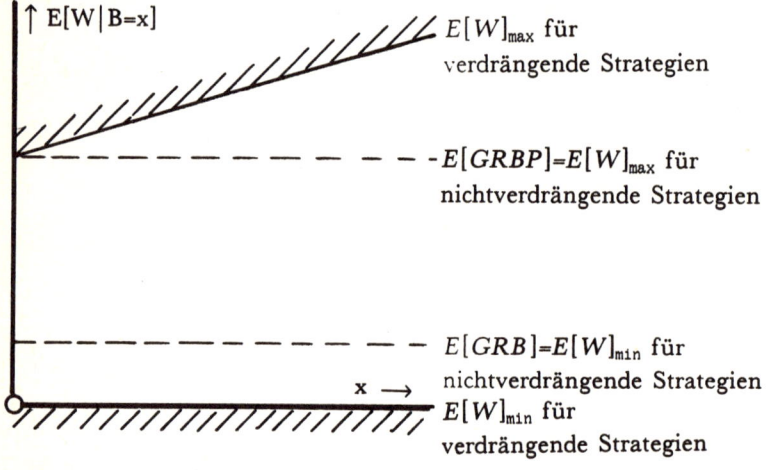

Abb. 6.4.2.1: Schranken der mittleren Wartezeit für verdrängende und nichtverdrängende Strategien, abhängig von der Bedienzeit x.

6.4.3 Sonderfall: negativ-exponentiell bzw. entartet negativ-exponentiell verteilte
Bedienzeit

Ist die Bedienzeit negativ-exponentiell verteilt, dann ist das M/G/1-System ein
M/M/1-System. Wird ein M/M/1-System unter einer verdrängenden,
restbedienzeitunabhängigen Strategie betrieben, dann hat jeder verdrängte Auftrag
eine mit demselben Parameter

$$\mu = \frac{1}{E[B]}$$

verteilte Restbedienzeit wie die neu ankommenden oder bereits verdrängten
Aufträge. Eine Verdrängung ändert also den Zustand des in Abb. 5.4.2.1 dargestellten homogenen markovschen Prozesses in kontinuierlicher Zeit nicht! Also
gelten die von uns in Abschnitt 5.4.2 gezogenen Folgerungen

$$E[F] = \frac{\rho}{1-\rho} \qquad (5.4.2.12)$$

$$E[Y] = \frac{E[B]}{1-\rho} \qquad (5.4.2.13)$$

$$E[W] = \frac{\rho}{1-\rho} \cdot E[B] \qquad (5.4.2.14)$$

auch dann, wenn eine verdrängende, aber restbedienzeitunabhängige Strategie vorliegt, also insbesondere für die Strategie LCFS-p, RR, SET (vgl. 6.4.5, 6.4.6,
6.4.7). Die genannten Ergebnisse gelten *nicht* für Strategien, die aufgrund der
(Rest)bedienzeit Aufträge auswählen, also insbesondere nicht für SPT, HRN
(6.3.4), SRPT, SERPT (6.4.8).

Die negativ-exponentielle Verteilung ist für Zentralprozessoren unrealistisch, da
Variationskoeffizienten C_B der Bedienzeit B auftreten die wesentlich größer als 1
sind, vgl. Beispiel 6.3.1.2. Man kann jedoch die reale Verteilung bezüglich des
ersten und zweiten Moments durch eine *entartet negativ-exponentielle* Verteilung
oft gut annähern.

(6.4.3.1) *Definition*: Eine Verteilung einer Zufallsvariablen T mit

$$F_T(t) = \begin{cases} 0 & t < 0 \\ 1-p \cdot e^{-\mu t} & t \geq 0 \end{cases} \qquad (6.4.3.1)$$

heißt *entartet negativ-exponentielle Verteilung*.

Die Verteilung ist in Abb. 6.4.3.1 dargestellt. Sie hat den Erwartungswert

$$E[T] = \frac{p}{\mu} \; . \qquad (6.4.3.2)$$

Abb. 6.4.3.1: Entartet negativ-exponentielle Verteilung

und das 2. Moment

$$E[T^2] = \frac{2p}{\mu^2} \qquad (6.4.3.3)$$

und die Streuung

$$\sigma_T^2 = \frac{p \cdot (2-p)}{\mu^2} \qquad (6.4.3.4)$$

und den Variationskoeffizienten

$$C_T = sqrt(\frac{2-p}{p}) \; . \qquad (6.4.3.5)$$

Eine beobachtete Verteilung mit E[T], C_T kann durch eine entartet negativ-exponentielle angenähert werden mit

$$\mu = \frac{p}{E[T]} \quad und \quad p = \frac{2}{1+C_T^2} \; . \qquad (6.4.3.6)$$

Für den im Beispiel 6.3.1.2 genannten Wert $C_T=4$ folgt $p \approx 0,12$, d.h. 88% aller beobachteten Werte sind 0, der Rest ist negativ-exponentiell verteilt mit einem Erwartungswert

$$E[T \mid T>0] = \frac{1}{\mu} = \frac{E[T]}{p} = 8,5 \cdot E[T] \ . \qquad (6.4.3.7)$$

Das folgt aus 4.2.15

$$F_{T \mid T>to}(t) = \frac{F_T(t) - F_T(t_o)}{1 - F_T(t_o)} \qquad t>t_o>0$$

$$= \frac{1 - pe^{-\mu t} - (1 - pe^{-\mu to})}{1 - (1 - pe^{-\mu to})}$$

$$= \frac{pe^{-\mu to} - pe^{-\mu t}}{pe^{-\mu to}}$$

$$= 1 - e^{-\mu(t-to)} \ . \qquad (6.4.3.8)$$

Also ist der $t_o>0$ überschreitende Teil mit der Größe $t-t_o$ mit μ negativ-exponentiell verteilt, und für $t_o \to 0$ gilt

$$F_{T \mid T>0}(t) = 1 - e^{-\mu t} \ . \qquad (6.4.3.9)$$

Nun betrachten wir – bei entartet negativ-exponentieller Verteilung – eine Klasse von Strategien, die jeden ankommenden Auftrag sofort bedient und restbedienzeitunabhängig ist. Hierzu gehören LCFS-p, RR-ps, SET (vgl. 6.4.5, 6.4.6, 6.4.7). Das System M/G/1 geht mit dieser Bedienzeitverteilung und Strategieklasse in ein M/M/1-System über, das nur noch den Zugang $p \cdot \lambda$ hat. Dieses System hat die mittlere Wartezeit

$$E[W] = (1-p) \cdot 0 + p \cdot \frac{\rho}{1-\rho} \frac{E[B]}{p} \qquad (6.4.3.10)$$

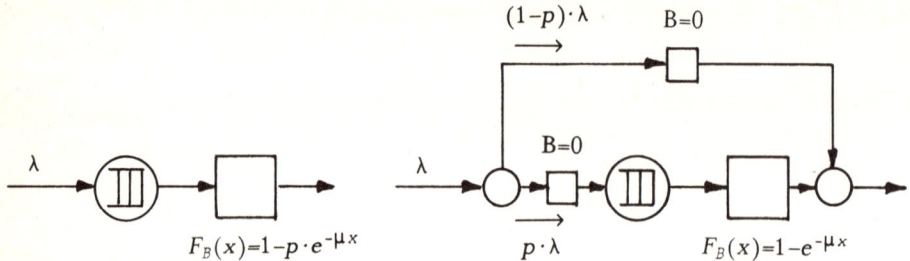

Abb. 6.4.3.2: Elementares Wartesystem mit entartet negativ–exponentieller Bedienzeitverteilung und M/M/1–System mit Umgehung für B=0–Aufträge,
das unter einer restbedienzeitunabhängigen Strategie, die jeden ankommenden Auftrag sofort bedient, ersterem äquivalent ist.

wobei

$$\rho = p \cdot \lambda \cdot \frac{1}{\mu} = \lambda \cdot E[B] \qquad (6.4.3.11)$$

ist, also

$$E[W] = \frac{\lambda \cdot (E[B])^2}{1-\rho} \qquad (6.4.3.12)$$

Im Vergleich dazu verlangt FCFS die mittlere Wartezeit

$$E[W]_{FCFS} = \frac{\lambda \cdot (E[B])^2 \cdot (1+C_B{}^2)}{2(1-\rho)} \ . \qquad (6.4.3.13)$$

Der Verbesserungsfaktor

$$\frac{E[W]_{FCFS}}{E[W]} = \frac{1+C_B{}^2}{2} = \frac{1}{p} \qquad (6.4.3.14)$$

beträgt also für das genannte Beispiel $0,5 \cdot (1+C_B{}^2)=8,5$!

Diese Verbesserung ist – anders als bei SPT – ohne Kenntnis der Bedienzeit individueller Aufträge erzielt worden.

6.4.4 Prioritätsstrategien

Wieder setzen wir das Modell aus Abschnitt 6.3.3 voraus. Aber nun verdränge jeder ankommende Auftrag der Klasse i einen Auftrag, der in j>i gerade bedient wird. Innerhalb jeder Klasse werde nach einer Strategie vom FCFS-Typ bedient, d.h. mit bedienzeitunabhängiger Wartezeit. Die mittlere Verweilzeit eines Auftrags der Klasse i, $E[Y_i]$, besteht aus 3 Teilen:

- der Wartezeit in einem FCFS-System, das aus den Klassen 1...i gebildet wird:

$$\frac{\sum_{j=1}^{i} \lambda_j \cdot E[B_j^2]}{2 \cdot (1 - \sum_{j=1}^{i} \rho_j)}$$

- der Zeit, um die die $E[Y_i] \cdot \sum_{j=1}^{i-1} \lambda_j$ Überholer mit Bedienzeiten $E[B_j]$ die Verweilzeit strecken:

$$E[Y_i] \cdot \sum_{j=1}^{i-1} \lambda_j \cdot E[B_j]$$

- der eigenen Bedienzeit: $E[B_i]$

Mit etwas Umformung folgt

$$E[Y_i] = \frac{E[B_i] \cdot (1 - \sum_{j=1}^{i} \rho_j) + \frac{1}{2} \sum_{j=1}^{i} \lambda_j \cdot E[B_j^2]}{(1 - \sum_{j=1}^{i} \rho_j) \cdot (1 - \sum_{j=1}^{i-1} \rho_j)} \qquad (6.4.4.1)$$

6.4.5 LCFS-p

Eine besonders einfache, verdrängende, produktive und von uns wieder als overheadfrei angesehene Strategie ist LCFS-p (last come – first served – preemptive). Unter dieser Strategie wird jederzeit der letztgekommene Auftrag bearbeitet. Die mittlere Verweilzeit eines Auftrags mit der Bedienzeit x ist

$$E[Y \mid B=x] = x + E[Y \mid B=x] \cdot \lambda \cdot E[B] \, ,$$

da alle in der Verweilzeit eintreffenden Aufträge vor dem betrachteten Auftrag erledigt werden und die Verweilzeit entsprechend strecken. Also ist

$$E[Y \mid B=x] = \frac{x}{1-\rho} \qquad (6.4.5.1)$$

und

$$E[W \mid B=x] = E[Y \mid B=x] - x = \frac{\rho}{1-\rho} \cdot x \, . \qquad (6.4.5.2)$$

Daraus folgt für die mittlere Verweilzeit und Wartezeit

$$E[Y] = \frac{E[B]}{1-\rho} \qquad (6.4.5.3)$$

$$E[W] = \frac{\rho}{1-\rho} \cdot E[B] \, , \qquad (6.4.5.4)$$

d.h. unter dieser Strategie hat das System M/G/1 eine Wartezeit, die nicht vom 2. Moment der Bedienzeit abhängt! Die mittlere Wartezeit ist um einen Faktor

$$\frac{E[W]_{FCFS}}{E[W]_{LCFS}} = \frac{(1+C_B{}^2)}{2} \qquad (6.4.5.5)$$

verbessert, d.h. unser Schluß 6.4.3.14 gilt unter LCFS-p unabhängig von der speziellen Verteilung; der Verbesserungsfaktor ist nur größer als 1, wenn $C_B{}^2$ größer 1 ist!

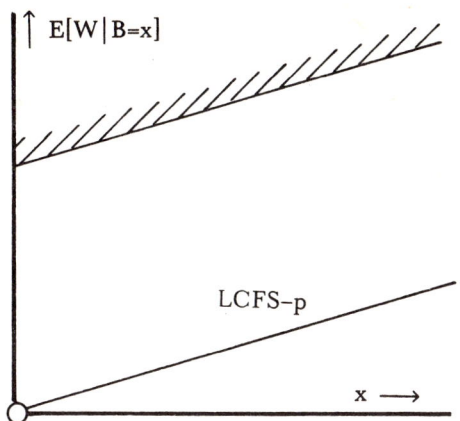

Abb. 6.4.5.1: Mittlere Wartezeit bei LCFS-p, abhängig von der Bedienzeit x

6.4.6 Round Robin

Die Strategie Round Robin nimmt die Aufträge nach Reihenfolge des Eintreffens im Wartepool in Bedienung. Sie bricht aber jede Bedienung nach einer *Zeitscheibe* q ab, wenn der Auftrag nicht bis dahin fertig geworden ist, und verdrängt ihn in den Wartepool, wo er wie jeder andere eingetroffene Auftrag behandelt wird. Die unfertigen Aufträge durchlaufen das System also zyklisch und erhalten je Zyklus eine Teilbedienung der Länge q.

Einfach sind die Grenzfälle (q→∞,q→0) zu analysieren; diese Ergebnisse taugen auch für

$$q \gg E[B] \ bzw. \ q \ll E[B] \ .$$

1. *Grenzfall:* q→∞: Das System arbeitet nach FCFS, Verdrängungen treten nicht auf, nach 6.3.1.3 ist

$$E[W] = \frac{\lambda \cdot E[B^2]}{2 \cdot (1-\rho)} \ . \tag{6.3.1.3}$$

2. *Grenzfall:* q→0: Dieser Fall trägt die Bezeichnung "processor sharing" (geteilte Bedieneinheit), weil in einem Zeitintervall Δt, in dem die Füllung f ist, die Restbedienzeit *aller* Aufträge um Δt/f abnimmt. Ein Auftrag der Bedienzeit x≫q macht x/q Zyklen; in jedem Zyklus wartet er E[F]·q. Also ist seine gesamte Wartezeit

$$E[W \mid B=x] = \frac{x}{q} \cdot E[F] \cdot q = x \cdot E[F] \ . \tag{6.4.6.1}$$

Nach Little's Formel ist

$$E[F] = \lambda \cdot E[Y] = \lambda \cdot E[W] + \lambda \cdot E[B] = \lambda \cdot E[W] + \rho \ . \tag{6.4.6.2}$$

Also ist

$$E[W \mid B=x] = x \cdot \lambda \cdot E[W] + x \cdot \rho \tag{6.4.6.3}$$

und im Mittel ist (wegen der Linearität in x)

$$E[W] = E[W \mid B=x]_{x=E[B]} = E[B] \cdot \lambda \cdot E[W] + E[B] \cdot \rho = \rho \cdot E[W] + \rho \cdot E[B]$$

$$E[W] = \frac{\rho}{1-\rho} \cdot E[B] \; . \tag{6.4.6.4}$$

Damit erhalten wir in 6.4.6.3

$$E[W \mid B=x] = \frac{x \cdot \lambda \cdot \rho}{1-\rho} \cdot E[B] + x \cdot \rho$$

$$E[W \mid B=x] = \frac{\rho}{1-\rho} \cdot x \tag{6.4.6.5}$$

und

$$E[Y \mid B=x] = E[W \mid B=x] + x = \frac{x}{1-\rho} \; . \tag{6.4.6.6}$$

Also durchweg dieselben Ergebnisse wie im Fall LCFS–p!

Insbesondere folgt auch

$$E[Y] = E[W] + E[B] = \frac{E[B]}{1-\rho} \; . \tag{6.4.6.7}$$

Verschieden sind aber LCFS–p und RR–ps (processor sharing) bezüglich der Streuung der Wartezeiten. Hier schneidet RR–ps ähnlich besser ab gegenüber LCFS–p wie FCFS gegenüber LCFS. Dafür hat LCFS–p Overheadvorteile: nur bei jeder Ankunft wird verdrängt, während RR–ps wegen des Overheads bei Verdrängung überhaupt praktisch undurchführbar ist und nur mit Zeitscheiben, die klein gegen $E[B]$ sind, angenähert werden kann. Praktisch kann man aus diesem Grund Zeitscheiben von ca. 10 ms nicht unterschreiten; unten lernen wir einen Grund kennen, aus dem die Zeitscheiben wesentlich größer gewählt werden, wenn die Füllung des Systems groß ist.

Wir betrachten nun den mittleren Fall, nämlich daß die Zeitscheibe q weder als sehr klein noch als sehr groß im Verhältnis zur mittleren Bedienzeit angesehen werden kann.

Bei Zeitscheiben, die nicht sehr klein sind, muß berücksichtigt werden, daß mit von null verschiedener Wahrscheinlichkeit die Bedienung vor Ende der Zeitscheibe abbricht, d.h. die effektive Dauer der Zeitscheibe ist kleiner als q. In jedem Zyklus hat ein Auftrag dann nur

$$a = E[F] \cdot E[effektive\ Zeitscheibe] < E[F] \cdot q$$

zu warten. Damit ergibt sich als Bild von $E[W|B=x]$ eine Treppenfunktion; die mittlere Steigung ist umso geringer, je größer q gewählt wird; für den Grenzfall $q \rightarrow \infty$ hat die Treppe nur eine Stufe, deren Höhe $E[W]_{FCFS}$ ist, vgl. Abb. 6.4.6.1.

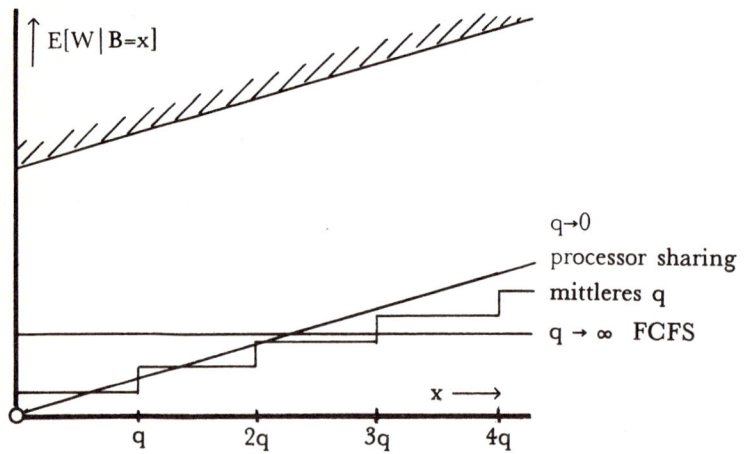

Abb. 6.4.6.1: Mittlere Wartezeit, abhängig von Bedienzeit x, für verschiedene Zeitscheibengrößen

Der Grund, aus dem große Zeitscheiben, z.B. 300ms, benutzt werden, liegt in der Aufteilung des Wartepools auf Hauptspeicher und peripheren Speicher bei großer Füllung. Ein verdrängter Auftrag wird dann auf den peripheren Speicher ausgelagert, und ein anderer Auftrag rückt in den Hauptspeicher nach; dieser Austausch (swapping) kann mit dem Bedienen überlappt werden, wenn im Hauptspeicher wenigstens zwei Aufträge Platz finden. Ein solcher Austausch dauert ca. 200ms; soll der Austausch nicht den Zeitscheibendurchsatz begrenzen, dann müssen die Zeitscheiben größer, bei z.B. 300ms gewählt werden. Nachteilig ist bei großen Zeitscheiben die hohe Wartezeit bei Aufträgen kurzer Bedienzeit (vgl. Abb. 6.4.6.1). In einem Teilnehmersystem sind im allgemeinen mehr als 3s Wartezeit für einen sehr kurzen Auftrag nicht erträglich. Will man diese Wartezeit nicht unterschreiten, so muß

$$W = E[F] \cdot q < 3s$$

$$E[F] < \frac{3s}{q} \quad z.B. \quad = \frac{3s}{0,3s} = 10$$

sein; im System dürfen also nur 10 Aufträge neben dem Kurzauftrag sein. Will man mit Round Robin diese 3s auch dann noch sichern, wenn andere Teilnehmer langrechnende Aufträge betreiben, dann dürfen nur 1+10=11 Teilnehmer angeschlossen sein! Für dieses Betriebsziel – gute Wartezeit eines Kurzauftrags bei vielen Langaufträgen – diskriminiert RR bei technisch akzeptablen Zeitscheiben nicht ausreichend.

6.4.7 SET

Die Strategie SET teilt die Bedieneinheit in verschwindend kleinen Zeitscheiben unter die Aufträge kleinster bisheriger Bedienzeit (shortest elapsed time) auf. Ein neu ins System kommender Auftrag wird daher die Bedienzeit sofort und ungeteilt erhalten, bis seine bisherige Bedienzeit die desjenigen Mitbewerbers erreicht hat, der nächst ihm die kleinste bisherige Bedienzeit hat; dann werden beide zu gleichen Teilen bedient, bis sie die bisherige Bedieneinheit eines dritten erreicht haben usw. Kein Auftrag kann bedient werden, solange ein anderer im System eine kleinere bisherige Bedienzeit hat.

Das Grenzverhalten dieser Strategie ($E[W|B{\to}0]$, $E[W|B{\to}\infty]$) ist leicht zu übersehen. Ein Auftrag sehr kleiner Bedienzeit wird ohne Wartezeit fertig. Ein Auftrag sehr großer Bedienzeit wird nur noch dann bedient, wenn er im System allein ist. Er wird wie der in 6.4.2 diskutierte meistbenachteiligte Auftrag behandelt. Damit ergibt sich im Vergleich zu RR–ps der in Abb. 6.4.7.1 gezeigte Verlauf. Im Verhältnis zu RR–ps bevorzugt SET nicht nur Aufträge kurzer Bedienzeit besser, sondern es verdrängt auch weniger oft, da kurze Aufträge länger rechnen können, ohne verdrängt zu werden, und lange Aufträge aus der Konkurrenz ausscheiden und daher erst dann bedient werden, wenn sie allein sind, also nicht mehr im Sharing–Betrieb sind.

Es sei noch darauf hingewiesen, daß ähnlich wie bei LCFS–p und RR–ps (vgl. 6.4.5.5, was für beide gilt) auch bei SET eine günstigere mittlere Wartezeit als bei FCFS nur bei stark streuenden Bedienzeiten ($C_B{>}1$) eintritt. Im Falle etwa, daß alle Bedienzeiten konstant sind (M/D/1), ist SET die Strategie der maximalen Verschleppung, da alle Aufträge gleichzeitig am Ende der Bedienphase fertig werden; hier maximiert also SET die mittlere Wartezeit!

SET kann man durch ein System von mehreren Wartepools annähern, vgl. Abb. 6.4.7.2; man wählt die erste Bedienung mit einer so kleinen Zeitscheibe, daß ein ankommender Auftrag mit guter Wahrscheinlichkeit den zugehörigen ersten Wartepool leer findet. Wird er nicht fertig, dann erhält er eine längere Zeitscheibe, muß aber wahrscheinlich hinter Mitbewerbern warten. Jeder Wartepool i wird nur dann bedient, wenn in den Wartepools $1...i{-}1$ kein Auftrag wartet bzw. gerade kein Auftrag aus diesen Pools bedient wird. Daher wird ein Auftrag im letzten Wartepool bei hoher Auslastung des Systems selten bedient werden, aber i.a. wenige Mitbewerber haben. Offenbar bietet SET, auch in dieser technisch praktiklen Version mit endlichen Zeitscheiben, ausreichende Garantie für kurze Wartezeiten einiger Kurzaufträge auch bei Anwesenheit vieler Langaufträge, ist also hierin RR mit endlichen Zeitscheiben überlegen.

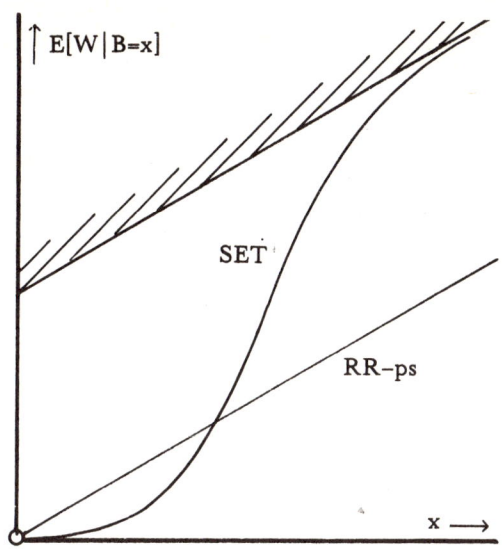

Abb. 6.4.7.1: Mittlere Wartezeit, abhängig von Bedienzeit x für SET (shortest elapsed time) und RR–ps (Round Robin – processor sharing)

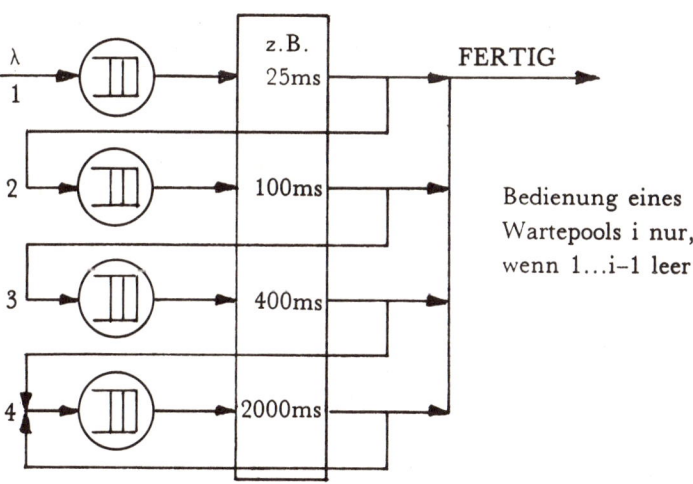

Abb. 6.4.7.2: Annäherung an SET bei endlichen Zeitscheiben durch FCFS–Wartepools aufsteigender bisheriger Bedienzeit.

6.4.8 Bedienzeitabhängige Strategien

Nach 6.3.4 wird die mittlere Verweilzeit (oder Wartezeit) von bereits im System vorliegenden Aufträgen dadurch minimiert, daß die Aufträge in Reihenfolge nicht fallender Bedienzeiten bearbeitet werden. Nach 6.2 besteht bei Berücksichtigung von während der Abarbeitung der Bedienfolge eintreffender Information die optimale Strategie in der Anwendung der Grundstrategie jeweils bei neuer Information. Die mittlere Verweilzeit wird daher von der Strategie minimiert, die jeweils am Auftrag kürzester Restbedienzeit arbeitet: SRPT (shortest remaining processing time). Sind die Restbedienzeiten unbekannt, so können sie möglicherweise aus bisherigen Bedienzeiten t_o und der Bedienzeitverteilung geschätzt werden: SERPT (shortest expected remaining processing time).

Besonders interessant ist hier der Fall M/M/1. Aufgrund der negativ-exponentiellen Bedienzeitverteilung ist die erwartete Restbedienzeit jederzeit und für jeden Auftrag dieselbe; d.h. jede Strategie, die ohne Kenntnis individueller Restbedienzeiten auskommen muß, ist gleich geschickt zur Minimierung der mittleren Verweilzeit bzw. Wartezeit! In einer Umgebung ohne differenzierende Information gibt es keine Optimalstrategie; dasselbe gilt z.B. bezüglich der Existenz einer Optimalstrategie für die Seitenersetzung bei gänzlich regellosem Referenzstring (vgl. Kap.7).

In der für Zentralprozessorbedienzeiten oft brauchbaren Annäherung der Verteilung durch das entartet negativ-exponentielle Modell (vgl. Abschnitt 6.4.3) ist die erwartete Restbedienzeit jedes neu ankommenden Auftrags

$$E[RB] = E[B] = \frac{p}{\mu} \qquad (6.4.8.1)$$

(vgl. 6.4.3.2)

Ist der Auftrag bereits bedient worden, so ist

$$E[RB] = \frac{1}{\mu} \; (> \frac{p}{\mu}) \qquad (6.4.8.2)$$

(vgl. 6.4.3.9)

Daher besagt die Strategie SERPT bei dieser Bedienzeitverteilung lediglich: Bediene jeden ankommenden Auftrag sofort!

Die weitere Behandlung bereits anfänglich bedienter Aufträge kann beliebig erfolgen, da die Aufträge sich bezüglich erwarteter Restbedienzeit nicht mehr unterscheiden: wir haben bereits LCFS-p, RR-ps, SET als Strategien, die diese Anforderungen erfüllen , kennengelernt. Nach 6.4.3.12 liefern diese Strategien alle dieselbe mittlere Wartezeit, und dieses ist das nach obigem erreichbare Minimum.

Es sei darauf hingewiesen, daß es bezüglich Verdrängungshäufigkeit (d.h. also Overhead) und Streuung der Wartezeit deutliche Unterschiede zwischen diesen Strategien gibt.

6.5 Vergleich

Die verschiedenen Strategien, deren Verhalten wir – wenigstens asymptotisch – quantitativ untersucht haben, sind in Abb. 6.5.1 einander gegenübergestellt, wobei der Vergleich wieder über die mittlere Wartezeit $E[W|B=x]$ abhängig von der Bedienzeit x geführt ist. Die Form der Kurven hängt von der Bedienzeitverteilung ab.

Bei Betrachtung von Abb. 6.5.1 beachte man, daß der Quotient

$$\frac{E[GRBP]}{E[GRB]} = \frac{1}{(1-\rho)^2} \tag{6.5.1}$$

ist, d.h. daß die Diskriminierung wesentlich von der Auslastung abhängt! Für $\rho=0$ fallen beide Grenzen zusammen.

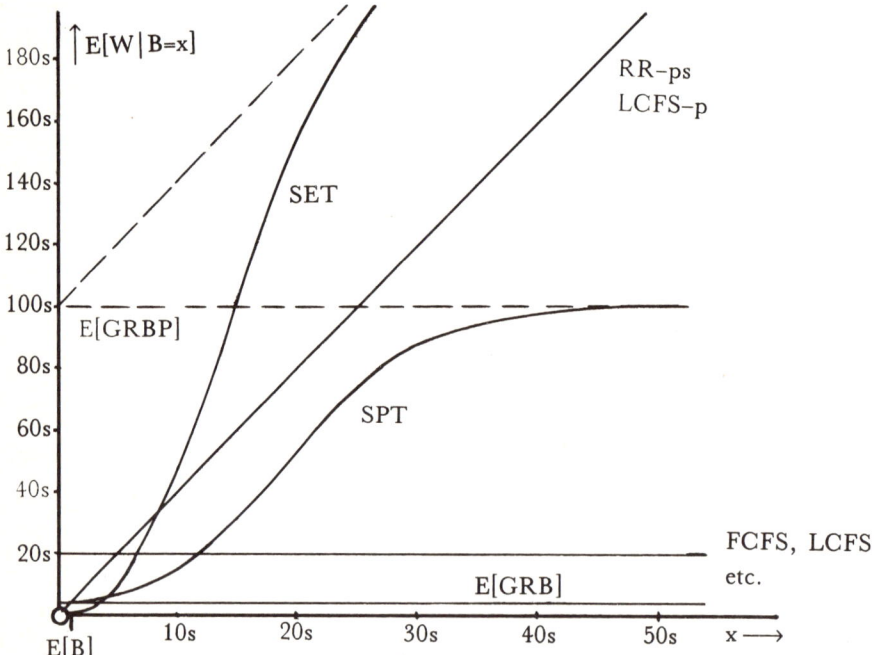

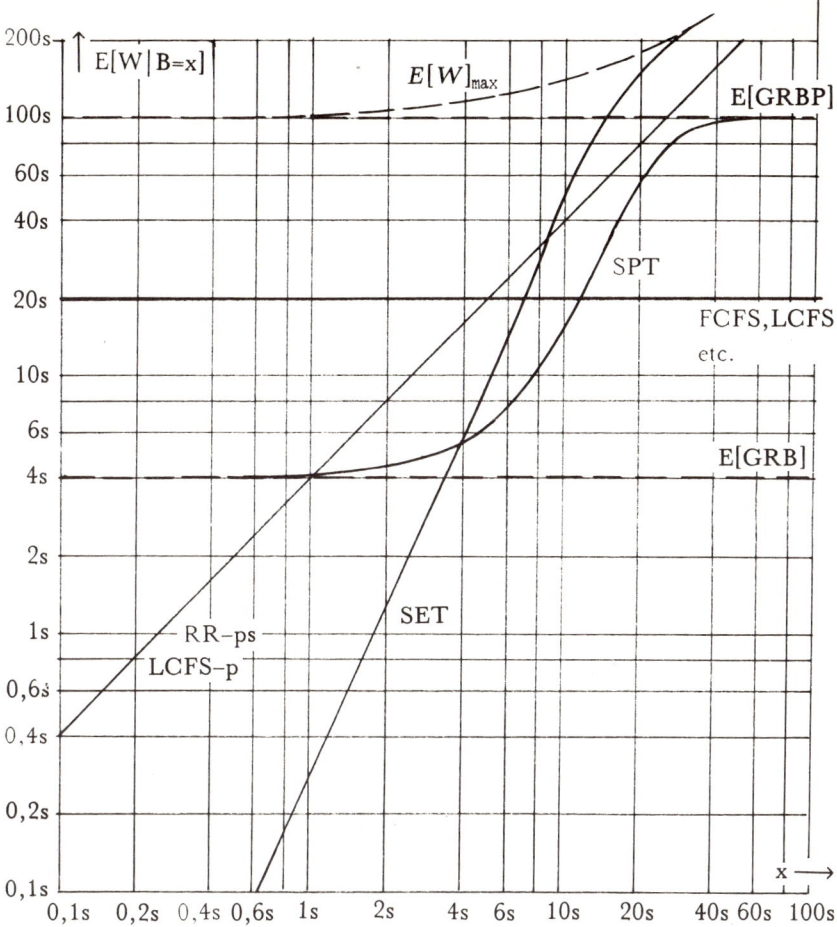

Abb. 6.5.1: Mittlere Wartezeiten, abhängig von Bedienzeiten x, für verschiedene Strategien, linear und logarithmisch dargestellt.
Werte: E[B]=1s, C_B=3, $E[B^2]$=10s², ρ=0,8, λ=0,8/s, E[GRB]=4s, E[GRBP]=100s; entartet negativ-exponentielle Bedienzeitverteilung mit p=0,2 und μ=0,2/s.

7 Speicherverwaltung

7.1 Grundphänomene

Aufträge an Rechensysteme benötigen im Normalfall Speicherplatz zu ihrer Bearbeitung. Oft sind umfangreiche Datenmengen schon bei der Übergabe des Auftrags in dessen Beschreibung enthalten. Zugriffe auf die Daten können einen bedeutenden Teil der Bearbeitungszeit ausmachen. Daher hat die Art der Speicherverwaltung großen Einfluß auf die Erreichbarkeit der jeweiligen Betriebsziele des Rechensystems, wie etwa Maximierung des Grenzdurchsatzes oder Minimierung der Verweilzeit (vgl. Abschnitt 5.6.1).

Bei den heute vorherrschenden Rechenarchitekturen wird die Auftragsbeschreibung im Speicher gelagert. Folglich führt die Ausführung *jeder* Anweisung zu einem Speicherzugriff. Die Funktionseinheit "Speicher" ist daher oft Engpaß (von Neumann – bottleneck) (Def. 5.3.3.1) des Rechensystems. Moderne Architekturen haben das Ziel, diesen Engpaß zu beseitigen.

Aufträge mit Speicherbedarf werden an Funktionseinheiten übergeben, die einen Speicher als Betriebsmittel zur Verfügung haben (Abb. 1.1.11, Abb. 7.1.1 a)). In Abb. 7.1.1 b) ist eine Verfeinerung (als Pr/T–Netz) gegeben, die eine Speicherverwaltung bei *seriellem Betrieb* beschreibt. Bei Übernahme eines Auftrags a_1 aus dem Wartepool wp in die (einfache) Funktionseinheit F wird eine Menge da$(a_1) \subset \{p_1, \ldots, p_m\}$ von Daten bzw. *Dateneinheiten* (z.B. Bytes, Worte, Segmente, Seiten) in den Speicher übernommen. Auf diese Daten wird während der Auftragsbearbeitung (in Stelle s_1) zugegriffen. Tatsächlich werden meist der Auftrag a zusammen mit seinen Daten im Speicher gelagert. In der systematischen Darstellung von Abb. 7.1.1 b) kennzeichnet die Markierung der Stelle s_1 durch den Auftrag a_1 jedoch dessen Zustand "in Bearbeitung". Später werden wir dann die Verfeinerung von Abb. 7.1.2 benutzen, in der das Schalten der Transition c die Entnahme bzw. Sperrung einer Dateneinheit $x = p_i$ und d ihre Überschreibung bzw. Freigabe darstellt. Der serielle Betrieb ist also dadurch gekennzeichnet, daß zu jedem Zeitpunkt nur ein Auftrag in Bearbeitung ist und nur die Daten *eines* Auftrages den Speicher belegen. Mehrprogrammbetrieb im Zeitscheibenverfahren ist hierbei schon möglich,

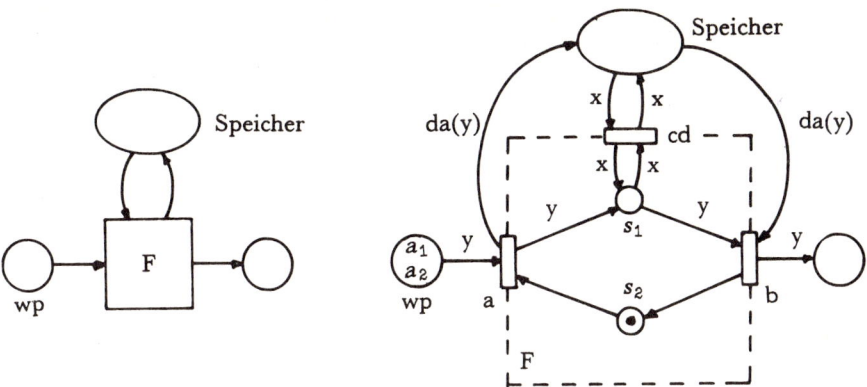

Abb. 7.1.1: Speicher als Betriebsmittel a) und Verfeinerung bei seriellem Betrieb als Pr/T-Netz b)

wenn mit dem Auftrag a_1 auch seine Daten $da(a_1)$ verdrängt werden (swapping).

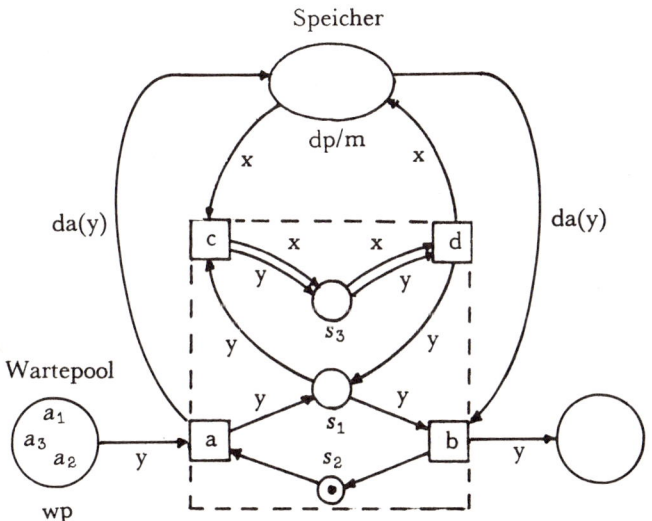

Abb. 7.1.2: Speicher bei seriellem Betrieb

Wie in Abschnitt 5.5 dargestellt, erlaubt der Übergang zu *Simultanbetrieb* eine bessere Auslastung des Zentralprozessors. Im einfachsten Fall bedeutet dies eine Überlappung von Ein/Ausgabe-Vorgängen mit der Bearbeitung eines anderen Auftrages im Zentralprozessor (Spooling). Eine Leistungssteigerung wird durch *Mehrprogrammbetrieb* (Abschnitt 5.6.2) erzielt, bei dem mehrere Aufträge ausführungsbereit im Hauptspeicher gehalten werden, um dadurch Freiphasen des Zentralprozessors zu reduzieren. Abb. 7.1.3 zeigt die entsprechende Erweiterung von Abb. 7.1.2: die ausführungsbereiten Aufträge lagern im Auftragspool ap und ihre Daten im Speicher dp.

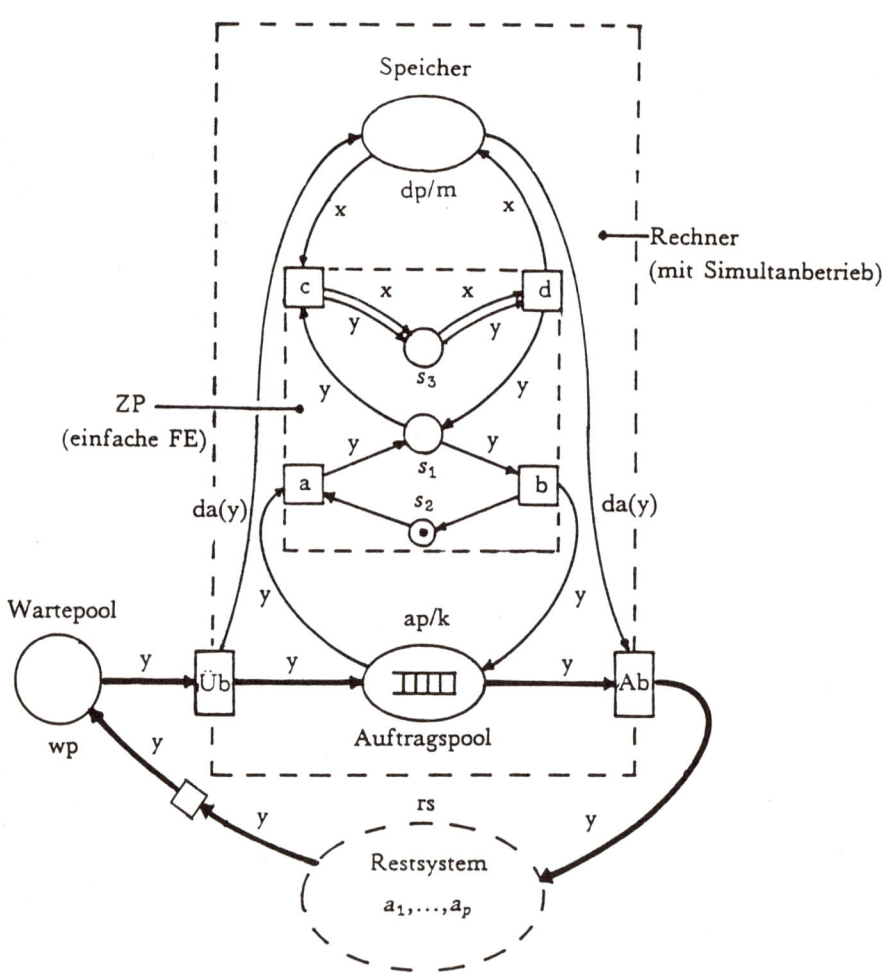

Abb. 7.1.3: Speicher bei Simultanbetrieb

Simultanbetrieb führt zu hohem Speicherbedarf, so daß schon die ersten Realisierungen (wie etwa swapping) Hintergrundspeicher (Trommel, Platte) zu Hilfe nehmen mußten. Der (Haupt-)Speicher wird dadurch zum Datenpool, in dem gerade oder bald benötigte Datenspeichereinheiten lagern. Die Auftraggeber können Daten langfristig im Massenspeicher des Systems halten und brauchen diese nicht erst bei Auftragsübergabe in den Speicher zu bringen. Wir rechnen den Wartepool wp von Abb. 7.1.3 zum Restsystem rs und erhalten dadurch die symmetrische Darstellung von Abb. 7.1.4. Sowohl Aufträge wie auch Speichereinheiten können in der Funktionseinheit zur kurzfristigen Nutzung lagern. Dem Auftragspool entspricht der Datenpool (beide können im Hauptspeicher implementiert sein). Der Übergabe bzw. dem Abschluß von Aufträgen entspricht das Laden und Verdrängen von Dateneinheiten. Laden von Dateneinheiten (z.B. von "Seiten") kostet verhältnismäßig viel Zeit. Während man früher – oder heute in Spezialfällen – den Auftraggeber (den Programmierer) mit der Aufgabe betraute, die nötigen Seiten rechtzeitig zu laden, tendiert man heute zu automatisierten Ladeverfahren (Seitenwechselalgorithmen). Wie eine schlechte Bedienstrategie (Kap.6) kann eine schlechte Seitenwechselstrategie den (in der Transition Ab gemessenen) Auftragsdurchsatz sinken lassen. Insbesondere kann es günstig sein, beide Strategien aufeinander abzustimmen.

Das Little'sche Gesetz (Abschnitt 5.1) läßt sich zweifach auf die Funktionseinheit von Abb. 7.1.4 anwenden. Einmal gilt für die Aufträge (vgl. Formel (5.1.10)):

$$\overline{f}(t_1, t_2) = d(t_1, t_2) \cdot \overline{y}(t_1, t_2) \qquad (7.1.1)$$

Entsprechend betrachten wir den oberen Teil von Abb. 7.1.4. Die mittlere Füllung im Datenpool $\overline{f}_{dp}$ ist dann gleich dem Produkt aus der mittleren Seitenverweilzeit $\overline{x}$ und der Anzahl d_{ver} der Verdrängungen

$$\overline{f}_{dp}(t_1, t_2) = d_{ver}(t_1, t_2) \cdot \overline{x}(t_1, t_2) \qquad (7.1.2)$$

Findet ein Auftrag die gewünschte Seite nicht im Datenpool, so spricht man von einem *Seitenfehler*. Sei $F(t_1, t_2)$ die Anzahl der Seitenfehler in (t_1, t_2), die *Seitenfehlerhäufigkeit*. Üblicherweise wird eine Seite nur dann aus dem Datenpool verdrängt, wenn aufgrund eines Seitenfehlers eine neue Seite nachgeladen werden muß, also:

$$d_{ver}(t_1, t_2) = F(t_1, t_2) \qquad (7.1.3)$$

Außerdem ist nach einer Anlaufphase der Datenpool ständig gefüllt:

$$f_{dp}(t_1, t_2) = m \qquad (7.1.4)$$

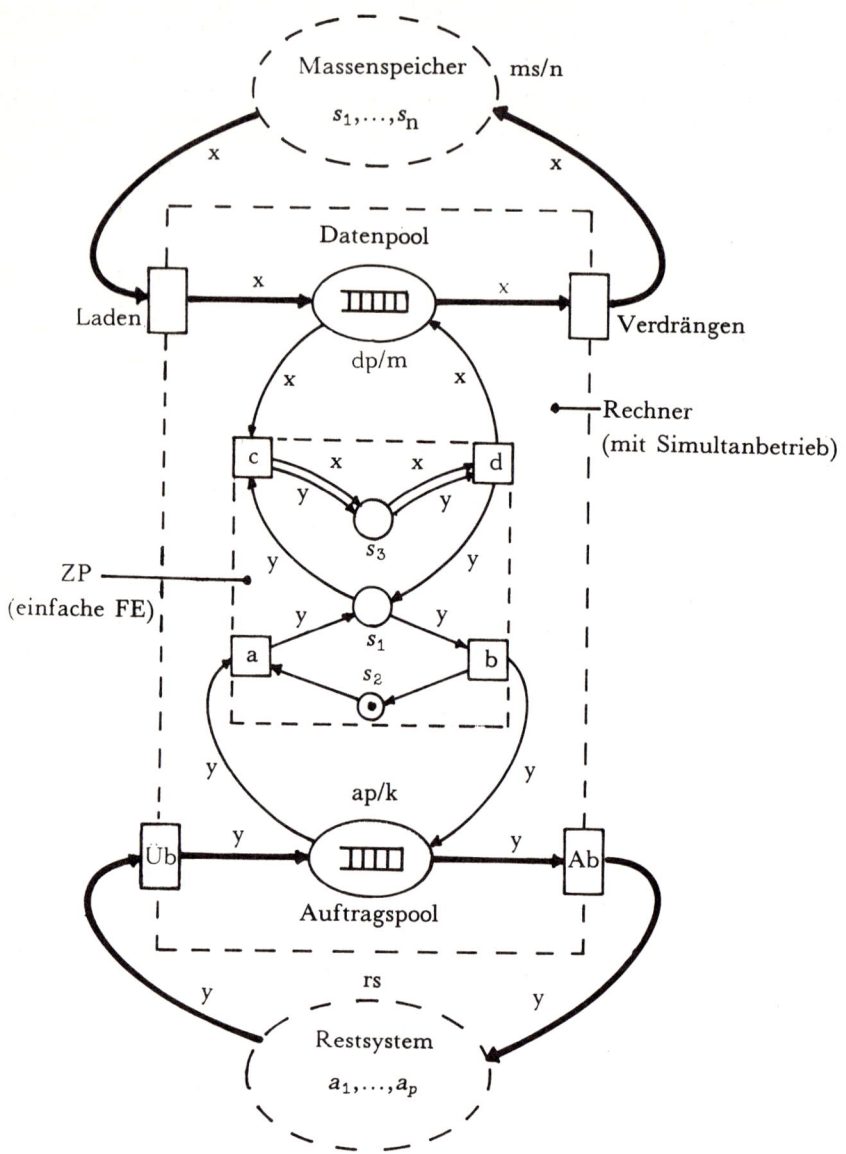

Abb. 7.1.4: Funktionseinheit mit virtueller Speicherverwaltung

Aus (7.1.2) bis (7.1.4) ergibt sich

$$\bar{x}(t_1, t_2) = \frac{m}{F(t_1, t_2)} \qquad (7.1.5)$$

Mit dieser Formel kann man (grob) die mittlere Seitenverweilzeit $\bar{x}(t_1,t_2)$ in (t_1,t_2) aus dem (bekannten) Wert von m und der (meßbaren) Größe von $F(t_1,t_2)$ bestimmen. Aus (7.1.5) wird klar, daß das Ziel aller Seitenwechselstrategien sein muß, die Verweilzeit der Seiten zu maximieren, um dadurch die (durchsatzmindernde) Seitenfehlerhäufigkeit zu minimieren.

7.2 Totale Zuteilung von Hauptspeicher

Entsprechend den verschiedenen Betriebsformen und Optimierungszielen von Rechensystemen, wird der Hauptspeicher auf unterschiedliche Weise verwaltet. Vor der Einzelbehandlung in diesem und im nächsten Abschnitt geben wir zum Überblick vier *Gegensatzpaare für Speicherverwaltung* an, wobei in Klammern angegeben ist, worauf sich die Unterscheidung bezieht:

    a) total/partiell (Abschnitt 7.2/7.3)
         (Speicherzuteilung an einzelne Aufträge)
    b) starr/veränderlich (Abschnitt 7.2.1)
         (Aufteilung des Hauptspeichers)
    c) verschiebbar/fest (Abschnitt 7.2.2)
         (Lagerungsort im Hauptspeicher)
    d) zusammenhängend/gestreut (Abschnitte 7.2.3/7.3)
         (einzelnen Aufträgen zugeordnete Speicherbereiche)

7.2.1 Starre und veränderliche Aufteilung

Ein Auftrag kann bei der Auftragsübernahme entweder seinen insgesamt benötigten Speicherplatz belegen (entsprechend Abb. 7.1.3) oder während der Auftragsbearbeitung Nachforderungen stellen. Die partielle Zuteilung von Hauptspeicher hat einige Vorteile, die im nächsten Abschnitt 7.3 angegeben werden, führt andererseits aber auch zu neuen Problemen. Beispielsweise können mehrere Aufträge gleichzeitig Nachforderungen stellen, die zusammen den noch freien Speicherplatz übersteigen. Wenn eine Verdrängung von Aufträgen nicht möglich ist, so liegt u.U. eine Verklemmung vor (vgl. Kap. 2.4.3, insbesondere das Bankiersproblem).

Schon bei Rechnern, die als einfache Funktionseinheiten im seriellen Betrieb arbeiten, ist eine Aufteilung des Hauptspeichers notwendig, wenn ein Betriebssystem simultan mit einem Benutzerauftrag Speicher belegt. Die einfachste Verallgemeinerung besteht dann darin, den Hauptspeicher in n≥2 feste Teile, *Regionen* oder *Partitionen* genannt, aufzuteilen, um n–1 Aufträge simultan lagern zu können. Diese Form der Speicherverwaltung heißt *starre Aufteilung*. Mehrprogrammbetrieb (Kap. 5.6) mit fester Auftragszahl (MFT, d.h.multiprogramming with fixed number of tasks) ist eine entsprechende Betriebsform.

Die passiven Rechte eines Auftrags (Kap. 3.1) erfordern Schutzmechanismen, die vor unberechtigten Zugriffen auf die Speicherteile schützen. Die einfachsten Formen solcher Schutzmechanismen sind Adressierungsverfahren über zwei Register, die die Randadressen der Region oder die Basisadresse und den größtmöglichen

Zuschlag enthalten. Auf besondere Maßnahmen zum Schutz der Betriebssystems–
Region wurde in Kap.3 hingewiesen.

Um die Vergabe der Speicherteile an einzelne Aufträge zu beschleunigen, können
wartende Aufträge in Wartepools vorsortiert werden (Abb. 7.2.1.1). Aufträge des
i–ten Pools belegen dann die i–te Region ($i \in \{1..n\}$) des Speichers. Diese Vorsor-
tierung erfolgt entweder nach speicherunabhängigen Kriterien (etwa Priorität,
Rechen/Dialog–intensiv) oder nach dem Speicherbedarf. Die Regionen haben im
letzteren Fall unterschiedliche Grösse. Jeder Auftrag wird in denjenigen Wartepool
eingeordnet, der die kleinsten gerade noch ausreichende Region bedient. Entspricht
der vom Auftrag angegebene Speicherbedarf nicht zufällig genau einer der festgelegten Regionen, dann bleibt Speicherplatz ungenutzt übrig. Diese Erscheinung,
die zu unerträglich niedriger Füllung (Def. 1.4.2) des Speichers führen kann, wird
interne Speicherzerstückelung (internal fragmentation) genannt (obwohl weniger die
Zerstückelung selbst, als mehr der daraus erwachsende Speichermangel gemeint ist).
Externe Speicherzerstückelung (external fragmentation) liegt dann vor, wenn alle
Regionen zu klein für wartende Aufträge sind, insgesamt aber genug Speicher frei
ist.

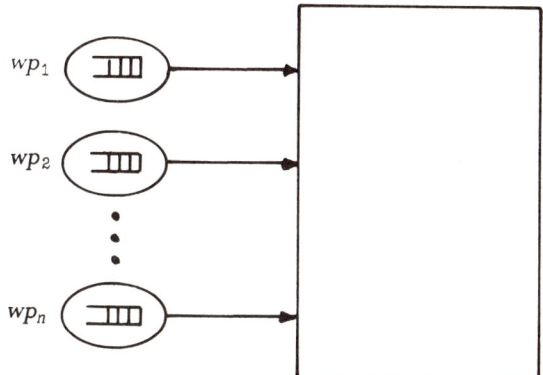

Abb. 7.2.1.1: Aufteilung der Aufträge im Wartepool

Manche Strategien erlauben die Belegung einer größeren Region, wenn die
eigentlich passende belegt ist (best–available–fit statt best–fit only). Dies führt
jedoch zu größerer (interner) Zerstückelung, wenn unmittelbar ein Auftrag folgt,
dessen (größerer) Speicherbedarf gerade in diese Region passen würde.

Starre Speicherverwaltung steht natürlich nicht im Widerspruch zu
speicherverdrängenden Bedienstrategien (swapping). Während eine Region gerade
ausgelagert und neu belegt wird, kann der Zentralprozessor einen Auftrag in einer

anderen Region bedienen. Zur Erreichung einer hohen Zentralprozessorauslastung müssen speicherverdrängende Strategien insbesondere dann eingesetzt werden, wenn

a) der Auftrag lange Ein/Ausgabe–Zeiten (z.B. am Terminal) bewirkt oder
b) stark verdrängende Zentralprozessor–Bedienstrategien (wie SET, RR vgl. Kap.6) vorliegen.

Für Aufträge mit großem Speicherbedarf muß in der starren Speicheraufteilung eine entsprechend große Region enthalten sein. Treten solche Aufträge aber selten ein, dann ist eine niedrige relative Speicherfüllung durch interne oder externe Zerstückelung unvermeidbar. Bei vielen Aufträgen mit wenig Speicherbedarf verhindert außerdem die starre Aufteilung einen verstärkten (und kostengünstigeren) Simultanbetrieb.

Trotz des erhöhten Verwaltungsaufwandes ist es daher in vielen Fällen sinnvoll, die Größe der Regionen dynamisch zu ändern, also *veränderliche Speicherzuteilung* zuzulassen. Damit variiert auch die Anzahl der rechenbereiten Aufträge, d.h. die Füllung des Rechensystems durch Aufträge (MVT, d.h. multiprogramming with variable number of tasks).

Abbildung 7.2.1.2 zeigt die Aufteilung eines Speichers von 128KBytes Kapazität, der anfangs durch Aufträge A,B,C,D und das Betriebssystem BS belegt ist. Gleichzeitig warten drei Aufträge E,F und G auf Speicherzuteilung. Die unterstrichenen Aufträge (also A und C) geben nach ihrer Bearbeitung ihren Speicherplatz frei, sodaß im zweiten Schritt der Auftrag F anstelle von C Speicher belegen kann. Durch Schraffur ist die externe Speicherzerstückelung dargestellt. Beispielsweise hätte im 4. Schritt anstelle von E der später eingetroffene Auftrag J berücksichtigt werden können, wodurch die Zerstückelung vermindert worden wäre. Bei der Suche nach einer hinreichenden Lücke für den Speicherbedarf eines neuen Auftrags werden zwei Suchstrategien unterschieden:

a) die *First-Fit-Strategie*: belegt wird die zuerst gefundene Lücke hinreichender Größe.
b) die *Best-Fit-Strategie*: belegt wird eine Lücke, bei der der freibleibende Rest minimal ist.

Um den algorithmischen Aufwand zu reduzieren, werden die freien Speicherlücken in einer *Freispeicherliste* (FSL) geführt. Um bei der First-Fit-Strategie eine Häufung von freien Speicherbereichen geringer Größe zu vermeiden, beginnt man die Suche nicht jedesmal am Anfang der Freispeicherliste, sondern sucht weiter ab der zuletzt gefundenen Stelle. Bei der Best-Fit-Strategie ist es sinnvoll, die Freispeicherliste nach der Grösse der Lücken zu sortieren. Entsprechend grösser ist dann natürlich der Organisationsaufwand bei Speicherfreigaben.

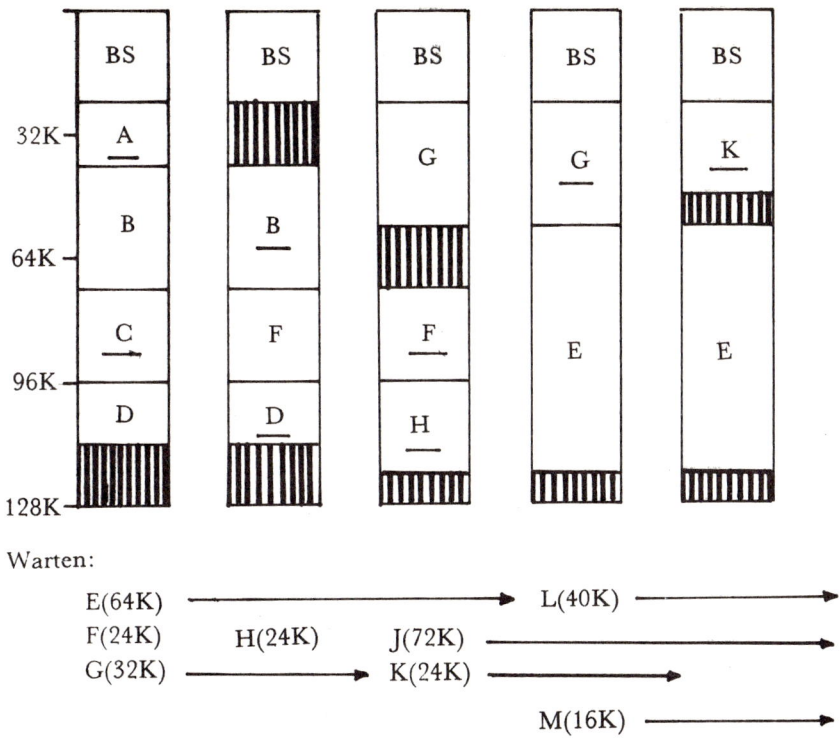

Warten:

E(64K) ⟶ L(40K) ⟶

F(24K)   H(24K)   J(72K) ⟶

G(32K) ⟶ K(24K) ⟶

M(16K) ⟶

Abb. 7.2.1.2: Veränderliche Speicherzuteilung

Von der Best-Fit-Strategie verspricht man sich eine verminderte Speicherzerstückelung, weil die Lücken optimal ausgenutzt werden. Diese Vermutung ist jedoch weder durch theoretische Überlegungen, noch durch Simulation belegbar. Eine ausführliche Diskussion findet man in (Denert et al 77), wo auch das folgende Beispiel entnommen ist. Für eine Freispeicherliste aus zwei Elementen der Größe 20 und 15 zeigt Abb. 7.2.1.3 zwei Anforderungsfolgen, wobei nur jeweils eine Strategie erfolgreich ist. Wir erwähnen noch das *Buddy-Verfahren*, bei dem nur Blöcke der Größe $c \cdot 2^i$ ($i \in \mathbb{N}$) vergeben werden. Der Nachteil größerer interner Zerstückelung wird dabei durch einfache Adressierung und einfaches Verschmelzen benachbarter freier Blöcke aufgewogen.

Verfahren mit unregelmäßiger Blockgröße befolgen die folgende 50%-Regel (Knuth 68):

Speicheran-forderungen	FSL im Fall First-Fit	FSL im Fall Best-Fit	Speicheran-forderungen	FSL im Fall First-Fit	FSL im Fall Best-Fit
	20 15	20 15		20 15	20 15
12			12		
	8 15	20 3		8 15	20 3
16			14		
	aus!	4 3		8 1	6 6
			8		
				1 1	aus!

Hier ist Best-Fit besser!   Hier ist First-Fit besser!

Abb. 7.2.1.3: Vergleich der First- und Best-Fit-Strategie

(7.2.1.1) *Satz*: Sei F eine Funktionseinheit, mit einer mittleren Füllung von f Aufträgen. Jedem der Aufträge sei ein Speicherblock unterschiedlicher Größe zugewiesen. Ferner sei l die (mittlere) Anzahl der Lücken und p die Wahrscheinlichkeit, daß ein hinzukommender Auftrag eine Lücke ganz belegt. Die Zuweisungsstrategie plaziere die Dateneinheit jeweils durchweg an den oberen oder unteren Rand der Lücke. Befindet sich das System bezüglich l im Gleichgewicht (also im stationären Grenzprozeß), dann gilt:

$$l = \frac{1}{2} \cdot (1-p) \cdot f$$

Beweis: Die Anzahl $f = f_0 + f_1 + f_2$ enthalte f_2 Aufträge mit 2 benachbarten Lücken, f_1 Aufträge mit einer Nachbarlücke (wie K in Abb. 7.2.1.2), und f_0 Aufträge ohne Nachbarlücke. Hinzukommende Aufträge verringern die Lückenzahl mit der Wahrscheinlichkeit

$$\Delta l_1 = p , \qquad\qquad (7.2.1.1)$$

Während abgehende Aufträge mit der Wahrscheinlichkeit

$$\Delta l_2 = \frac{f_0 - f_2}{f} \qquad\qquad (7.2.1.2)$$

neue Lücken schaffen. Für die Lückenzahl gilt:

$$l = \frac{1}{2} \cdot (f_1 + 2f_2) . \qquad\qquad (7.2.1.3)$$

Löst man (7.2.1.3) nach $f_1 + f_2 = 2l - f_2$ auf, so ergibt sich

$$f = f_0 + f_1 + f_2 = f_0 + 2l - f_2 \qquad\qquad (7.2.1.4)$$

(7.2.1.2) wird mit (7.2.1.4) zu

$$\Delta l_2 = \frac{f - 2l}{f} \qquad\qquad (7.2.1.5)$$

Die Gleichgewichtsannahme $\Delta l_1 = \Delta l_2$ ergibt nun mit (7.2.1.1) und (7.2.1.5) die Behauptung des Satzes. $\square$

(7.2.1.2) *Beispiel*: Wir wenden den Satz an, um die benötigte Kapazität k' des Speichers zu bestimmen.

Ist A der mittlere Speicherbedarf und L die mittlere Lückenzahl, dann gilt für die Kapazität k' des Speichers, gemessen in Dateneinheiten:

$$k' = l \cdot L + f \cdot A \qquad\qquad (7.2.1.6)$$

Für die entsprechende relative Füllung erhalten wir mit Satz 7.2.1.1:

$$\phi' = \frac{f \cdot A}{k'} = \frac{f \cdot A}{l \cdot L + f \cdot A} = \frac{2 \cdot f \cdot A}{(1-p) \cdot f \cdot L + 2 \cdot f \cdot A} = \frac{2A}{(1-p) \cdot L + 2A} \qquad (7.2.1.7)$$

Fordert man nun beispielsweise eine relative Speicherfüllung von $\phi' = 0{,}8$ bei $f = 6$ und mißt $A = 10K$, $p = 0{,}5$ so ergibt Satz 7.2.1.1: $l = 1{,}5$ und (7.2.1.7): $L = 10K$ und (7.2.1.6) eine Speicherkapazität von $k' = 75K$.

7.2.2 Verschiebbare Speicherbelegung

Durch externe Speicherzerstückelung können nach einer bestimmten Zeit nur noch
so kleine Lücken von freiem Speicher übrigbleiben, daß einem Auftrag kein Speicher zugewiesen werden kann, obwohl insgesamt genug Speicher vorhanden ist.
Beispielsweise kann im 5. Schritt von Abb. 7.2.1.2 der Auftrag M nicht bearbeitet
werden, obwohl die beiden Lücken zusammen 16K ausmachen. In gewissen
Zeitabständen müssen daher die belegten Speicherblöcke zusammengeschoben werden (compaction). Dies setzt natürlich die entsprechenden Adressierungsverfahren
voraus, um die zugehörigen Speicherreferenzen entsprechend mitzuändern.

Wir betrachten folgende einfache Strategie: Speicher werde konsekutiv vergeben
und bei Bedarf, d.h. wenn am Ende kein Platz mehr ist, durch Zusammenschieben
verdichtet (Abb. 7.2.2.1).

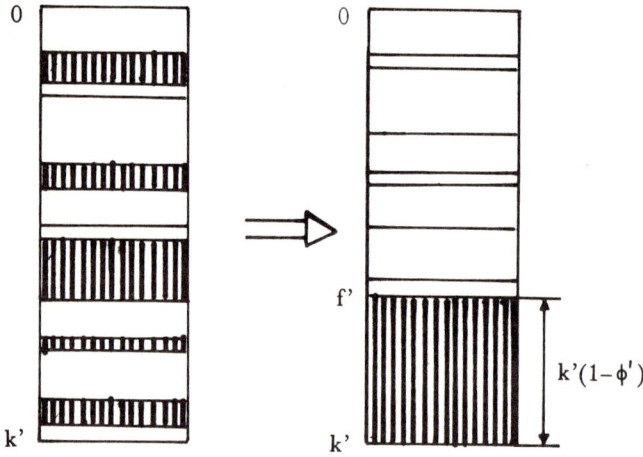

Abb. 7.2.2.1: Speicherverdichtung durch Zusammenschieben

Wir betrachten Füllung f', Kapazität k' und relative Füllung $\phi'=f'/k'$ gemessen in
Speichereinheiten, also f'=f·A mit den Bezeichnungen von Satz (7.2.1.1) und
Beispiel (7.2.1.2). Nach dem Verdichten ist also

$$k'-f' = k'-k'\cdot\phi' = k'\cdot(1-\phi') \tag{7.2.2.1}$$

Speicher frei, so daß im Mittel

$$\frac{k'(1-\phi')}{A} \tag{7.2.2.2}$$

Aufträge Platz finden. Um den Aufwand für das Verdichten mit dem Rechenaufwand der Aufträge zu vergleichen, sei die mitlere Zahl der ZP-Operationen je Auftrag gleich r. Pro Zeiteinheit werden d_r Operationen ausgeführt (Operationen-Durchsatz), wodurch die Auftragsbedienzeit zu r/d_r wird. Die Zeit bis zum erneuten Verschieben ist damit

$$T_{Rechen} = \frac{k' \cdot (1-\phi')}{A} \cdot \frac{r}{d_r} .$$ (7.2.2.3)

Werden d_v Dateneinheiten pro Zeiteinheit verschoben (Verschiebe-Durchsatz), dann dauert das Verdichten die Zeitspanne

$$T_{Verdichte} = \frac{k' \cdot \phi'}{d_v}$$ (7.2.2.4)

Unter Vernachlässigung sonstiger ZP-Aufgaben ist die ZP-Auslastung

$$\rho_{ZP} = \frac{T_{Rechen}}{T_{Rechen} + T_{Verdichte}} = \frac{\bar{\phi}'}{\phi' + \phi' \cdot a}$$ (7.2.2.5)

mit $\bar{\phi}' = 1-\phi'$ und $a = A \cdot d_r / r \cdot d_v$.

Abb. 7.2.2.2 zeigt ρ_{ZP} als Funktion (7.2.2.5) von ϕ'. Hohe ZP-Ausnutzung ($\rho_{ZP} \to 1$) ist unmöglich bei großer Speicherbelegung ($\phi' \to 1$). Dies gilt auch bei kleinem Parameter a, d.h. z.B. wenn sehr viel schneller verschoben als gerechnet würde ($a=0,02$). Nimmt man $d_r \approx c_v$ an, dann muß um $a \approx 0,02$ zu erzielen, $r \approx 50A$ gelten, d.h. die Aufträge müssen 50 Rechenoperationen je Dateneinheit erfordern. Als Ausweg müssen daher Speicheranordnungen angesehen werden, die ohne Verdichtung auskommen, also etwa streuende Anordnungen (vgl. Abschnitte 7.2.3, 7.3).

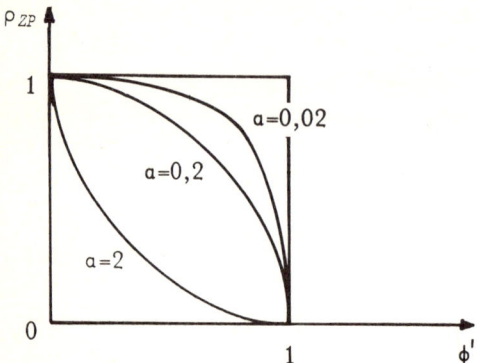

Abb. 7.2.2.2: Zentralprozessorauslastung gegen Speicherfüllung

7.2.3 Gestreute Anordnung von Speicher

Bildet der einem Auftrag zugeordnete Speicher nicht einen zusammenhängenden Block von Speicheradressen, dann spricht man von *gestreuter Speicheranordnung*. Sie ist zum Beispiel dann erforderlich, wenn mehr als zwei Aufträge einen gemeinsamen Speicherbereich teilen. Die Speicherzuteilung wird hier dadurch erleichtert, daß der benötigte Speicherplatz auf verschiedene Lücken verteilt wird. Der Speicher muß weniger häufig verdichtet werden.

Programmieren auf abstrakter Ebene führt dazu, speicherbelegende Funktionseinheiten, wie Programm-Modulen, Prozeduren, Felder, abstrakte Datenstrukturen usw. als unabhängig von konkreten Speicheradressen zu betrachten. Solche, als zusammenhängend aufgefaßte Speicherbereiche werden *Segmente* genannt. Der Auftraggeber benötigt zum Zugriff zwei Angaben: den Segmentbezeichner und eine relative Adresse. Ein PASCAL-Compiler kann beispielsweise getrennte Segmente für globale Variable, den Laufzeitkeller und die jeweiligen Haupt- und Unterprogramme definieren. Die Zuordnung von Segmentbezeichnern zu Speicheradressen erfolgt über eine *Segmenttabelle*.

Bei streuender Speicheranordnung wird häufig zur Zeit nur ein Teil des gesamten Speicherbedarfs benötigt. Hier wird streuende Anordnung mit partieller Speicherzuteilung verbunden (siehe nächster Abschnitt 7.3).

7.3 Partielle Zuteilung von Hauptspeicher

Erhält ein Auftrag während seiner Verweilzeit im Speicher nicht Platz für alle seine Dateneinheiten, so spricht man von *partieller Zuteilung* von Hauptspeicher.

7.3.1 Dynamischer Speicherbedarf, Überlagerung

Eine partielle Zuteilung von Speicher ist z.B. dann nötig, wenn die Auftragsbeschreibung keine explizite Festlegung des Speicherbedarfs enthält. Bei blockstrukturierten Sprachen, wie ALGOL, können bei Eintritt in einen neuen Block neue Variablen definiert werden. Ein ”Laufzeitsystem” verwaltet den benötigten Speicher in Form eines *Kellers*, wodurch die Referenz auf globale Variablen in umfassenden Blöcken erleichtert wird. Auch bei rekursiven Prozeduren und dynamischen Datenstrukturen (z.B. Felder mit variabler Größe) ist der Speicherbedarf erst während der Auftragsbearbeitung bestimmbar. Dies gilt auch für Sprachen, die den Aufbau von durch Zeiger (pointer) verketteten Datenstrukturen erlauben (ALGOL 68, PASCAL, LISP). Da solche Zeigerstrukturen i.a. unregelmäßig sind, nennt man den entsprechenden Speicherbereich *Halde* (heap).

Dynamische Datenstrukturen erlauben es, Speicherplatz zu sparen, da dieser nur in dem Zeitintervall belegt wird, in dem er auch tatsächlich benötigt wird. Während bei der Verwaltung mit Keller die Art der Speicherfreigabe unkritisch ist (nämlich bei Verlassen des entsprechenden Blockes), müssen bei der Halde die nicht benötigten Speicherteile aufwendig bestimmt werden. Bei Speichermangel wird ein eigenes Verwaltungsprogramm (garbage collector) aktiviert, das die nicht mehr zugreifbaren Knoten der Zeigerstruktur aufsucht und sie wieder in die *Freispeicherliste* einfügt.

Manche Programmiersprachen erlauben daher auch eine explizite Speicherfreigabe durch den Programmierer. Dieser kann z.B. diejenigen Segmente festlegen, welche nicht *gleich*zeitig benötigt werden. Beispielsweise soll dies für solche Segmente in Abb. 7.3.1.1 a) gelten, die nicht auf einem Weg vom Wurzelsegment S_o zu einem Blatt des Baumes liegen. Statt der insgesamt benötigten Speichergröße von 90 K werden dann nur 40 K Worte an Speicherplatz benötigt (Abb. 7.3.1.1 b)). Die Form der Speicherverwaltung ist hier die des Kellers, ähnlich wie bei blockstrukturierten Programmiersprachen. Da Segmente den Auftragsadreßbereich aktuell nicht mehr benötigter Segmente überdecken, nennt man dieses Verfahren *Überlagerung* (overlay) Wird bei Bearbeitung eines Segmentes eine Adresse in einem anderen Segment aufgerufen, dann prüft das Steuerprogramm (overlay supervisor), ob dieses Segment gleichzeitig im Speicher vorhanden ist ("Inklusivreferenzen" bei IBM). Falls dies nicht der Fall ist ("Exklusivreferenzen"), muß dieses Segment aus dem Hintergrundspeicher eingelagert werden. Um Platz zu schaffen, müssen andere Segmente eventuell ausgelagert werden, was eine wohlstrukturierte Verwaltung unmöglich machen kann. Aus diesem Grunde werden Exklusivreferenzen häufig verboten. Eine grundsätzlichere Lösung des Problems wird aber erst durch Seitenadressierung erreicht.

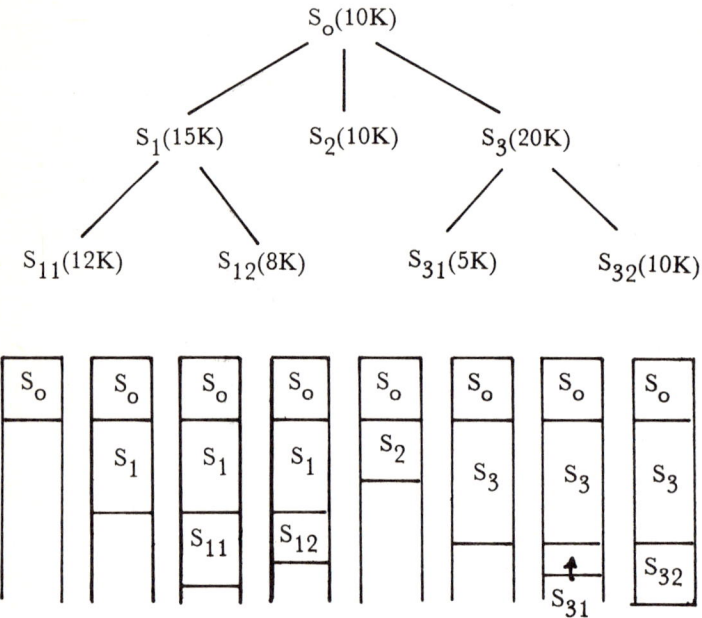

Abb. 7.3.1.1: Überlagerung von Segmenten

7.3.2 Seitenersetzung mit fester Kachelzahl

Die Einführung höherer Programmiersprachen (etwa um 1955) entlastete den Programmierer von der Berücksichtigung spezieller Rechner- und Speicher-Eigenschaften. Gleichzeitig entstand ein verhältnismäßig großer zusätzlicher Bedarf an Speicher. Da die Programmierer den Speicher nun nicht mehr selbst verwalten konnten, wurden automatische Speicherzuteilungsverfahren notwendig. Dadurch erschienen dem Auftraggeber Hintergrundspeichermedien als direkt zugreifbar, weshalb man auch von *virtuellem Speicher* spricht.

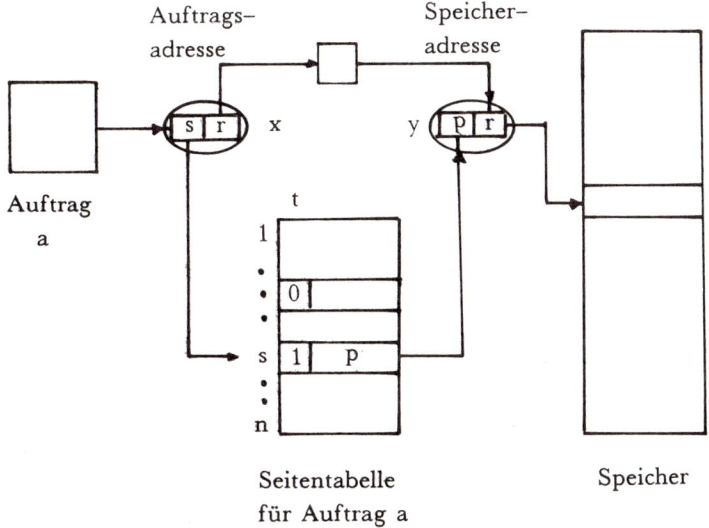

Abb. 7.3.2.1: Seitenadressierung

Der Hintergrundspeicher wird dabei in n Segmente gleicher Größe q (etwa 2048, 4096 bytes oder 512, 2048 Worte) eingeteilt. Diese werden *Seiten* (pages) genannt. Für eine Teilmenge von $m \leq n$ Elementen dieser Seitenmenge ist Platz im Hauptspeicher vorgesehen. Diese Speicherstücke, deren Größe den Seiten entspricht, heißen *Kacheln* (frames). Soll bei der Bearbeitung eines Auftrages a_1 ein Speicherzugriff erfolgen, so erzeugt dieser Auftrag eine Adresse der Form (s,r) (Abb. 7.3.2.1). Dabei bedeutet $s \in \{1..n\}$ die Seitennummer und $r \in \{1..q\}$ die Relativadresse. Mit Hilfe eines Seitentabellenregisters wird dann die *Seitentabelle* des Auftrages a_1 bestimmt und dort der Eintrag für die Seite s geprüft. Ein Markierungsbit (hier 1 oder 0) zeigt an, ob die Seite s eine Kachel des Hauptspeichers belegt. Ist dies der Fall, dann enthält die Seitentabelle die Adresse p der Seite im Haupt

speicher (Abb. 7.3.2.1). Daraus wird durch (p,r) die Speicheradresse für den Zugriff ermittelt.

Befindet sich die Seite s nicht im Hauptspeicher, was durch das Markierungsbit 0
in der Seitentabelle angezeigt wird, dann muß die Seite zunächst in eine freie Kachel des Hauptspeichers kopiert werden. Dieses Ereignis wird *Fehlgriff* oder *Seitenfehler* (page fault) genannt. Die Folge der von einem Auftrag während seiner Bearbeitung erzeugten Seitennummern s heißt *Referenzwort* (reference sequence).

(7.3.2.1) *Definition*: Es seien $N=\{1..n\}$ eine Menge von Auftragsadressen,
genannt *Seiten* und $M=\{1..m\}$ eine Menge von Speicheradressen,
genannt *Kacheln*, mit $m \leq n$. Zu jedem Zeitpunkt $t \in \mathbb{N}^+ = \{1,2,...\}$ sei
eine *Belegfunktion*

$$f_t: N \rightarrow M \cup \{0\}$$

gegeben. Gilt $f_t(x)=y \neq 0$, dann bedeutet y die Kachel, in der die Seite x
zum Zeitpunkt t lagert. Bei $f_t(x)=0$ liege ein *Fehlgriff* (page fault) vor,
d.h. die Seite befindet sich nicht im Hauptspeicher. Eine endliche Folge
$w = s_1 s_2...s_k \in N^+$ von Seiten heißt *Referenzwort*. Eine Folge $S = S_0 S_1...S_k$
von Seitenmengen $S_i \subset N$ mit $|S_i| \leq m$ heißt *zu w passende Belegungsfolge*,
falls $s_i \in S_i$ für alle $i \in \{1..k\}$ gilt, d.h. die aufgerufene Seite s_i befindet
sich zum Zeitpunkt i in der den Hauptspeicher belegenden Seitenmenge
S_i. Gilt $s_t \notin S_{t-1}$ für $t \in \{1..k\}$, dann liegt ein *Fehlgriff* oder *Seitenfehler*
(page fault) im Schritt t vor.

(7.3.2.2) *Definition*: Ein Algorithmus A(m,n), der zu jedem Referenzwort w eine
passende Belegungsfolge S bestimmt, heißt *Seitenwechselalgorithmus*
(paging algorithm). Er bestimmt für jedes $t \in \{1..k\}$ eine Menge $X_t \subset N$
von *eingelagerten* und eine Menge $Y_t \subset N$ von *ausgelagerten Seiten*, die
$S_t = (S_{t-1} \setminus Y_t) \cup X_t$, und $X_t \cap Y_t = \emptyset$ erfüllen müssen. F(A,m,w) bezeichnet
die *Anzahl der Seitenfehler*, die in der zu w gehörenden Belegungsfolge
bei A(m,n) auftreten.

Gilt: a) $S_0 = \emptyset$
b) $|X_t| = |Y_t| = 0$ falls $s_t \in S_{t-1}$
c) $X_t = \{s_t\}, |Y_t| = 0$ falls $s_t \notin S_{t-1}$ und $|S_{t-1}| < m$
d) $X_t = \{s_t\}, |Y_t| = 1$ falls $s_t \notin S_{t-1}$ und $|S_{t-1}| = m$

dann heißt A(m,n) *Bedarfsseitenwechsel-Algorithmus* (demand paging).

(7.3.2.3) *Beispiel*: Ein Bedarfsseitenwechsel-Algorithmus wird vollständig durch
die jeweilige Bestimmung von $Y_t = \{y_t\}$ festgelegt. Y_t ist im Beispiel von

Abb. 7.3.2.2 mit n=10, m=3 jeweils unterstrichen. Die beiden unteren Zeilen der Tabelle beziehen sich auf die folgende Definition.

t	0	1	2	3	4	5	6	7
s_t		4	3	7	4	2	4	5
S_t	∅	{4}	{3,4}	{3,4,7}	{$\underline{3}$,4,7}	{2,4,7}	{2,4,$\underline{7}$}	{2,4,5}
Häu$_t$(4)		0	1	1	1	2	2	3
Rd$_t$(4)		0	1	2	3	1	2	1

Abb. 7.3.2.2: Bedarfsseitenwechsel

(7.3.2.4) *Definition*: Es sei $w = s_1 s_2 \ldots s_k$ ein Referenzwort und $t \in \{1..k\}$. Für eine Seite $i \in \{1..n\}$ ist $\text{Häu}_t(i) := |\{j| \, 1 \leq j < t, \, s_j = s_i\}|$ die *Häufigkeit* des Auftretens von s_i *vor* dem Zeitpunkt t. Die *Rückwärtsdistanz* von i zum Zeitpunkt t sei $\text{Rd}_t(i) := 0$, falls $\text{Häu}_t(i) = 0$ und sonst gleich der Zahl der Zugriffe seit dem letzten Aufruf (einschließlich) von i : $\text{Rd}_t(i) := t - \max\{l| \, \text{Häu}_l(i) < \text{Häu}_t(i)\}$. Entsprechend wird die *Vorwärtsdistanz* $\text{Vd}_i(t)$ definiert.

In Abb. 7.3.2.2 sind die Häufigkeiten und Rückwärtsdistanzen für die Seite 4 zu den jeweiligen Zeitpunkten t angegeben. Mit Hilfe dieser Begriffe werden nun einige Bedarfsseitenwechselalgorithmen formuliert. Ziel ist natürlich jeweils, die Anzahl der Fehlgriffe klein zu halten, d.h. z.B. nicht gerade diejenige Seite auszulagern, die in den nächsten Schritten aufgerufen wird.

(7.3.2.5) *Definition*: Die folgenden *Bedarfsseitenwechsel-Algorithmen* werden durch die Auswahl des jeweils zu verdrängenden Elements $\{y\} = Y_t$ von Def. 7.3.2.2 definiert:

a) FIFO   (first in first out):
   verdrängt wird die Seite y, die als erste eingelagert wurde,

b) LIFO   (last in first out):
   verdrängt wird die Seite y, die als letzte eingelagert wurde,

c) LRU   (least recently used):
   verdrängt wird die Seite mit der größten Rückwärtsdistanz,

d) B_o (Algorithmus von Belady):
   verdrängt wird die Seite mit der größten Vorwärtsdistanz,

e) LFU   (least frequently used):
ersetzt wird eine Seite mit minimaler Häufigkeit. Bei mehreren Seiten mit gleicher Häufigkeit wird nach LRU entschieden.

Als "realisierbar" bezeichnet man solche Ersetzungsalgorithmen, zu deren Ausführung im Zeitpunkt t die Kenntnis des Referenzwortes $s_1...s_t$ ausreicht. B_o ist in diesem Sinne nicht realisierbar. Er ist jedoch nützlich, da er optimal in einem später präzisierten Sinne ist, und daher bei Simulationen als Gütemaß für realisierbare Algorithmen dienen kann. Der Bewertung von Seitenwechselalgorithmen liegt eine Kostenfunktion h(p) zugrunde, die angibt, wie teuer das Einlagern von p Seiten ist. Die Kosten für das Auslagern werden dabei vernachlässigt, da sie i.a. in festem Verhältnis zu den Einlagerungskosten stehen.

(7.3.2.6)   *Definition*: Es sei $h: \mathbb{N} \rightarrow \mathbb{R}^+$ eine monoton wachsende Funktion (Kostenfunktion) mit $h(0)=0$ und $h(p) \geq h(1)=1$ für $p > 1$. Für einen Seitenwechselalgorithmus A(m,n) (Def. 7.3.2.2) und ein Referenzwort $w = s_1 s_2 .... s_k$ (Def. 7.3.2.1) seien die *Seitentransportkosten* definiert durch

$$C(A,m,w) = \sum_{t=1}^{k} h(|X_t|) .$$

Tritt w mit der Wahrscheinlichkeit p(w) unter allen möglichen Referenzworten auf, dann sind die wahrscheinlichen Kosten definiert durch

$$C(A,m) = \sum_{w \in N^+} p(w) \cdot C(A,m,w) .$$

Wie die Algorithmen von Def. 7.3.2.5 vermuten lassen, werden meist Bedarfsseitenwechselalgorithmen benutzt. Mit dem obigen Kostenkriterium läßt sich folgende Aussage über die Kostenwirksamkeit dieser Einschränkung treffen.

(7.3.2.7)   *Satz*: Setzt man für die Kostenfunktion $h(k) \geq k$ für alle $k \in \mathbb{N}$ voraus, dann gibt es zu jedem Seitenwechselalgorithmus A(m,n) einen Bedarfsseitenwechselalgorithmus A'(m,n) ohne Kostensteigerung:

$$C(A',m,w) \leq C(A,m,w)$$

Im Beweis (siehe (Coffman et al 73), Seite 248) wird A' aus A folgendermaßen konstruiert. A möge für ein Referenzwort w die Belegungsfolge $S = S_o S_1 ... S_k$ erzeugen (Def. 7.3.2.1) und dabei jeweils Mengen X_t ein- bzw. Mengen Y_t auslagern. A' wird nun als Bedarfsseitenalgorithmus so konstruiert, daß seine Belegungsfolge $S' = S'_o S'_1 ... S'_k$ die Beziehung

$$S'_t = (S_t \cup R_t) \backslash P_t$$

für alle $t \in \{0..k\}$ erfüllt.

Dabei seien R_t und P_t Seitenmengen die A' aus X_t und Y_t berechnet und speichert. Dadurch vermeidet A' das unnütze Ein- und Auslagern von Seiten, auf die garnicht zugegriffen wird. Da jede von A' eingelagerte Seite auch von A eingelagert wird, ergibt sich folgende Abschätzung:

$$C(A,m,w) = \sum_{t=1}^{k} h(|X_t|) \geq \sum_{t=1}^{k} |X_t| \geq \sum_{t=1}^{k} |X'_t| = C(A',m,w)$$

Dabei folgt die erste Ungleichung aus der Voraussetzung des Satzes. □

Um zu diskutieren, ob die Voraussetzung $h(k) \geq k$ des letzten Satzes realistisch ist, betrachten wir die Kosten, die durch die Dauer t eines Seitenwechsels entstehen. Sie setzen sich zusammen aus der Zeit für das Kopieren des Seiteninhalts, der Seitentransportzeit T_t, und einer Wartezeit T_w:

$$T = T_w + T_t \tag{7.3.2.1}$$

Die Wartezeit entsteht durch das notwendige Einstellen von Platte oder Trommel (Restrotationszeit) oder deren Leseköpfen (Einstellzeit). Bei elektronischen Hintergrundspeichern ist die Wartezeit bedeutend kleiner, dafür aber proportional zur Anzahl der zu transportierenden Seiten. Die Zeit, um k Seiten vom Hintergrundspeicher in den Hauptspeicher zu transportieren, ist also proportional zu:

a) $k \cdot (T_w + T_t)$ bei elektronischen Speichern und
b) $T'_w + k \cdot T'_t$ bei mechanischen Speichern.

Die Voraussetzung von Satz 7.3.2.7 ist also realistisch für die zunehmend wichtigen elektronischen peripheren Speicher.

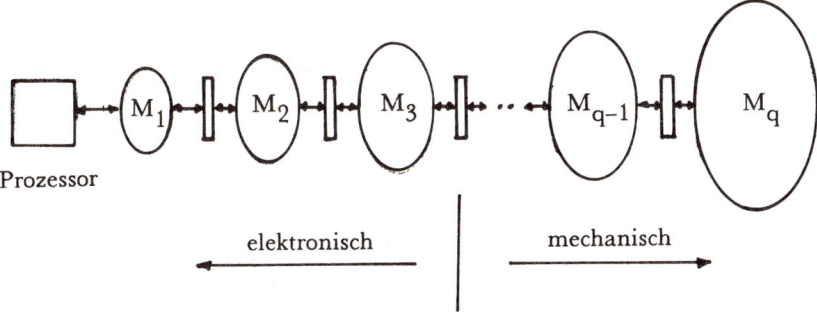

Prozessor

elektronisch | mechanisch

Abb. 7.3.2.3: Speicherhierarchie

Da elektronische Speicher schneller, aber teurer sind, werden beide Speichertypen in Form einer Hierarchie (Abb. 7.3.2.3) miteinander verbunden. Die elektronischen Speicher sind näher am Prozessor, die mechanischen weiter entfernt von ihm angeordnet. Ein Beispiel für eine solche Anordnung ist M_1: Register, M_2: Cache-Speicher, M_3: Hauptspeicher, M_4: Festplatte, M_5: Bänder.

Die Seitenverwaltung erfolgt z.B. nach folgender Regel (Denning 70):

1. Für jede Seite im M_i ($1 \leq i < q$) existiert eine Kopie in $M_{i+1}, \ldots M_q$.
2. Wenn eine Seite im M_1 beschrieben wird, so muß dies auch für alle Kopien in $M_2, \ldots M_q$ erfolgen.
3. Wenn eine Seite nicht in M_1 aufgefunden wird, wird sie vom kleinsten M_j, das sie enthält, nach M_1 geladen. Die Wartezeit hängt also von j ab.
4. Falls M_i ($1 \leq i < q$) voll ist und Seiten verdrängt werden müssen (meist nach LRU), so brauchen diese nur gelöscht zu werden (da ja in M_{i+1} eine Kopie existiert).

Vorteil dieser Speicherorganisation ist, daß sich die am häufigsten benutzten Seiten im schnelleren Speicher M_1 ansammeln (Arbeitsmenge, s. Abschnitt 7.3.3). Außerdem können die Seiten klein dimensioniert werden, da die Transportzeiten klein sind.

Satz 7.3.2.7 suggeriert, daß die Einschränkung auf Bedarfsseitenwechselalgorithmen unkritisch ist. Dies ist natürlich nur bedingt richtig, da der im Beweis konstruierte Algorithmus A' für jedes Referenzwort verschieden sein kann. Außerdem kann A' aufwendiger in der Implementation sein, da über die Seitenmengen R_t und P_t Buch zu führen ist.

Akzeptiert man diese Einschränkung auf Bedarfsseitenwechselalgorithmen, dann steht man vor der Frage, für welchen Algorithmus die Seitentransportkosten $C(A,m,n)$ minimal sind. Dies hängt stark von der Art der im Anwendungsfall vorkommenden Referenzworte ab. Jeder Seitenwechselalgorithmus kann optimal sein für bestimmte Mengen von Referenzworten. Absolute Gewißheit gibt es nur für den nicht realisierbaren Algorithmus B_o, der daher gerne als ideale untere Schranke für die Kosten herangezogen wird.

(7.3.2.8) *Satz*: Für jedes $m \in \mathbb{N}$ und $w \in \mathbb{N}^+$ verursacht der Algorithmus von Belady (Def. 7.3.2.5 d)) minimale Kosten $C(A,m,w)$ unter allen Bedarfsseitenwechselalgorithmen.

Zum Beweis siehe (Coffman et al 73). Um die Kosten für verschiedene Längen von Referenzworten vergleichen zu können, benutzt man den Begriff der Fehlerrate.

(7.3.2.9) *Definition:* CR(A,m,w) := $\dfrac{C(A,m,w)}{lg(w)}$ heißt *Kostenrate* von A beim Referenzwort w. (lg(w) bezeichnet die Wortlänge von w).

FR(A,m,w) := $\dfrac{F(A,m,w)}{lg(w)}$ heißt *Seitenfehlerrate* oder *Fehlerrate* von A bei w. Wenn A und w festliegen, schreiben wir auch kürzer CR(m) und FR(m).

Bei den meisten Algorithmen fällt die Kostenrate mit wachsendem m bis zum Wert 0 für m=n. Experimente haben gezeigt, daß die Algorithmen von Def. 7.3.2.5 einen Verlauf im schraffierten Bereich von Abb. 7.3.2.4 nehmen. Die Gerade entspricht einem Algorithmus, der die zu verdrängenden Seiten zufällig bestimmt. Die Kurven zeigen, daß die Fehlerrate weniger durch Verbesserung von A als durch Steigerung der Kachelzahl m im Hauptspeicher gesenkt werden kann. Daß alle Algorithmen jedoch deutlich besser als der Zufallsalgorithmus sind, läßt sich dadurch erklären, daß Programme i.a. auf die Speicheradressen nicht zufällig zugreifen, sondern diese auf eine Teilmenge der Seiten konzentriert sind. Gründe für die lokale Häufung von Speicheradressen eines Programms können sein:

a) sequentielle Bearbeitung von hintereinanderstehenden Anweisungen,
b) wiederholte Bearbeitung von Daten auf wenigen Seiten,
c) Prozeduren auf lokalen Daten.

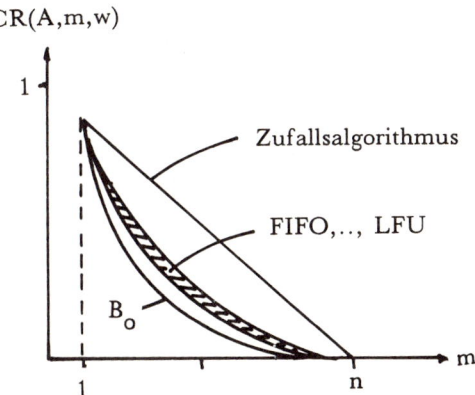

Abb. 7.3.2.4: Verlauf von Fehlerratenkurven

Es sei t die Zugriffszeit einer Speichereinheit im Hauptspeicher und $T = T_w + T_t$ (vgl. 7.3.2.1) die Ladezeit für eine Seite im Hintergrundspeicher. Wir nehmen an, daß ein Programm alle n Seiten benutzt. In (Coffman et al 68) wurde experimentell folgende Formel für den Mittelwert der Seitenfehlerrate FR(m) ermittelt:

$$E[FR(m)] = a \cdot e^{-\frac{b}{n} \cdot m} \qquad (7.3.2.2)$$

mit $0 < a < 1 < b$.

Der Verlauf der Funktion FR(m) ähnelt den Kurven in der schraffierten Fläche von Abb. 7.3.2.4 und bestätigt die Beobachtung der lokalen Häufung von Daten. Die Art und Größe der Lokalität wird durch die Parameter a und b beschrieben.

w=	1	2	3	4	1	2	5	1	2	3	4	5
m=3	1	2	3	4	1	2	5	5	5	3	4	4
		1	2	3	4	1	2	2	2	5	3	3
			1	2	3	4	1	1	1	2	5	5
m=4	1	2	3	4	4	4	5	1	2	3	4	5
		1	2	3	3	3	4	5	1	2	3	4
			1	2	2	2	3	4	5	1	2	3
				1	1	1	2	3	4	5	1	2

Abb. 7.3.2.5: Anomalie des FIFO–Algorithmus

Wie Abb. 7.3.2.4 nahelegt, erwartet man keine Kostensteigerung, wenn man die Kachelzahl erhöht, also $C(A,m,n) \geq C(A,m',n)$ für $m < m'$. In Abb. 7.3.2.5 ist unter dem Referenzwort w die beim FIFO-Algorithmus zu w gehörige Belegungsfolge für m=3 Kacheln und für m=4 Kacheln angegeben. Die neu eingelagerten Seiten sind jeweils unterstrichen. Bei m=3 Kacheln treten $F(A,3,w)=9$ Seitenfehler, beim größeren m=4 aber sogar $F(A,4,w)=10$ Seitenfehler auf! Algorithmen, bei denen diese Anomalie nicht möglich ist, heißen Stack-Algorithmen.

(7.3.2.10) *Definition*: Es sei A(m,n) ein Seitenwechselalgorithmus und $w = s_1 s_2 ... s_k \in N^+$ ein Referenzwort. Ist $S = S_0 S_1 ... S_k$ die von A(m,n) erzeugte, zu w passende Belegungsfolge (Def. 7.3.2.1), dann bezeichne $S(A,m,w) := S_k$ die *Endbelegung* unter w. A heißt *Stack-Algorithmus*, falls $S(A,m,w) \subset S(A,m+1,w)$ gilt für alle $m \in \{1..n\}$ und $w \in N^+$.

(7.3.2.11) *Satz*: Die Algorithmen LIFO, LRU, B_0 und LFU (Def. 7.3.2.5) sind Stack-Algorithmen, nicht jedoch FIFO.

Als Beispiel betrachten wir in Abb. 7.3.2.6 das Referenzwort w aus Abb. 7.3.2.5 wieder für m=3 und m=4, jedoch für LRU. Man sieht, daß für jedes Anfangsstück von w die erreichte Belegung für m=3 eine Teilmenge der entsprechenden Belegung für m=4 ist.

w=	1	2	3	4	1	2	5	1	2	3	4	5
m=3	1	2	3	4	1	2	5	5	5	3	4	5
		1	2	3	4	1	2	2	2	2	3	4
			1	2	3	4	1	1	1	1	2	3
m=4	1	2	3	4	4	4	5	5	5	3	4	5
		1	2	3	3	3	4	4	4	5	3	4
			1	2	2	2	2	2	2	2	2	3
				1	1	1	1	1	1	1	1	2

Abb. 7.3.2.6: LFU als Stack–Algorithmus

7.3.3 Seitenersetzung mit variabler Kachelzahl

Automatische Seitenersetzungsverfahren befreien den Programmierer von Speicherverwaltungsaufgaben. Da die bisher behandelten Verfahren in keiner Weise auf die Art der Anwenderprogramme Rücksicht nehmen, kann es bei bestimmten Programmen zu sehr nachteiligen Auswirkungen kommen. Beispielsweise wird in (Schneck 83) von folgender Erfahrung berichtet. Ein FORTRAN–Programm der Form

```
     DIMENSION A(1000,1000)
     DO 1 I=1,1000
     DO 1 J=1,1000
   1 A(I,J)=0
     END
     END.
```

durchläuft ein großes Feld A. Da die Matrix A in linearer Form A(1,1) A(2,1) ... A(1000,1) A(2,1) ... im Speicher spaltenweise abgelegt wurde, erfolgen die Zugriffe immer im Abstand von 1000 Adressen. Dies führte bei jedem Zugriff zu einem Seitenfehler. Wäre die Anweisung A(I,J)=0 durch A(J,I)=0 ersetzt worden, hätte das permanente Nachladen von Seiten vermieden werden können.

Unerwünscht ist auch eine Situation wie in Abb. 7.3.3.1.

```
w=   1  2  3  4  1  2  3  4  1  2  3  4...
     1  2  3  4  1  2  3  4  1  2  3  4
        1  2  3  4  1  2  3  4  1  2  3
           1  2  3  4  1  2  3  4  1  2
```

Abb. 7.3.3.1: Seitenflattern bei LRU

Im Referenzwort w wird immer gerade diejenige Seite aufgerufen, die LRU als Ersetzungsalgorithmus im vorangehenden Schritt verdrängt hat. Wäre die Kachelzahl von m=3 auf m=4 erhöht worden, so wären nach der Anfangsphase keine Seitenfehler mehr aufgetreten.

Bei zu häufigen Seitenfehlern sinkt die Prozessorauslastung stark ab, da die Seitenladezeit relativ groß ist. Im Mehrprogrammbetrieb kann man das Verhalten weniger Programme mit zu hoher Seitenfehlerrate durch genügend viele Programme mit geringer Seitenfehlerrate kompensieren. Ist jedoch im Mittel die Seitenfehlerrate zu hoch, dann sinkt trotz Mehrprogrammbetrieb der Durchsatz stark ab. Solch überhöhtes Seitentauschen nennt man auch Seitenflattern. Muß bei Mehrprogrammbetrieb jeder Auftrag sich nach Verdrängung eine Seitenmenge erst wieder aufbauen, dann ist es besonders ärgerlich, wenn die Verdrängungszeitpunkte nicht mit dem Verlassen eines Lokalitätsbereichs zusammenfallen.

Seitenflattern kann also auf eine unangemessene Berücksichtigung der Lokalität von Speicheradressen zurückzuführen sein. Man hat daher versucht, Seitenwechselalgorithmen zu entwerfen, die bewirken, daß ständig die am häufigsten aufgerufenen Seiten im Hauptspeicher zu finden sind. Der dazu nötige Hauptspeicherplatz kann durch Verdrängen kollateral in Bearbeitung befindlicher Aufträge beschafft werden. Für den Gesamtdurchsatz eines Rechensystems kann es somit zuweilen günstiger sein, zeitweise den Mehrprogrammbetrieb einzuschränken.

Werden für einen Auftrag zu viele Seiten eingelagert, so vergeudet man Speicher. Hält man jedoch zu wenig Seiten bereit, kann Seitenflattern die Folge sein. Eine in diesem Sinne für ein Programm optimale Menge von Seiten nennt man *Arbeitsmenge* (working set).

Die Arbeitsmenge wird aufgefaßt als die kleinste Menge von Seiten, bei der die Seitenfehlerrate noch erträglich ist. Im folgenden soll gezeigt werden, wie präziser ausgedrückt werden kann, was hier "erträglich" bedeutet.

Die Bestimmung von Arbeitsmengen vor Auftragsbeginn ist sehr schwierig. Es wurden zum Teil recht aufwendige stochastische Modelle aufgestellt, um dieses Problem einer analytischen Behandlung zugänglich zu machen (Denning 80). Wir beschränken uns hier auf die einfache Darstellung des Problems als Wartenetz mit zwei elementaren Wartesystemen.

Bei der Bearbeitung jedes Auftrags treten in gewissen Abständen Seitenfehler auf. Nach einer bestimmten Zeit T, der *Transportzeit* (vgl. 7.3.2.1), ist die Seite nachgeladen, und es beginnt wieder eine Phase ohne Seitenfehler, die wir *Rechenzeit* R nennen. Vor der Rechenphase und der Transportphase können jeweils Wartezeiten auftreten, wenn gerade andere kollaterale Aufträge bedient werden.

Um die Auslastung des Prozessors zu ermitteln, beschreiben wir das System als Wartenetz wie in Abb. 7.3.3.2.

Es sei konstant gefüllt mit k Aufträgen. Jeder dieser Aufträge verbringt eine Rechenzeit R im Zentralprozessor ZP und verursacht eine Seitentransportzeit T im peripheren Speicher. r und t seien negativ-exponentiell verteilte Zufallsvariablen für R und T:

$$F_R(r) = 1 - e^{-\mu r} \qquad\qquad (7.3.3.1)$$

$$F_T(t) = 1 - e^{-Tt} \qquad (7.3.3.2)$$

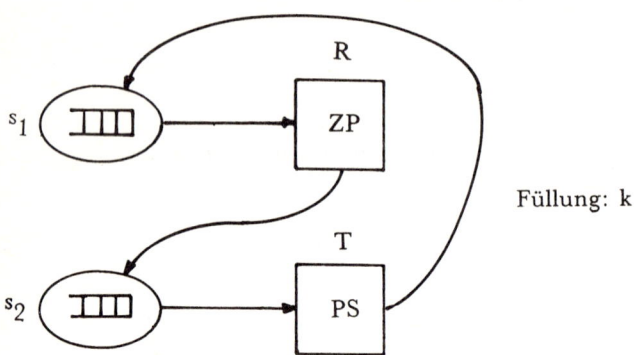

Füllung: k

Abb. 7.3.3.2: Wartenetz aus Zentralprozessor und peripherem Speicher

Diesem Modell liegen folgende idealisierende Annahmen zugrunde (Brinch Hansen 73):

a) Der Hauptspeicher wird in gleicher Weise von allen Aufträgen mit der gleichen Zufallsverteilung genutzt.
b) Die Aufträge werden ununterbrochen bearbeitet bis sie Seitenfehler verursachen.
c) Der Zentralprozessor ist nur dann frei, wenn alle Aufträge auf Seitentransporte warten.
d) Auftragsbearbeitung und Seitentransporte erfolgen kollateral.

Mit den Bedienraten ρ bzw. τ und der maximalen Füllung k erhalten wir für den peripheren Speicher PS den Zustandsgraph von Abb. 7.3.3.3.

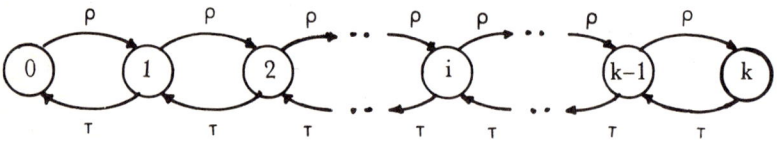

Abb. 7.3.3.3: Zustandsgraph für das elementare Wartesystem PS

Für den stationären Grenzprozeß gilt nach (4.4.41):

$$p_i \cdot \sum_{j=0, j \neq i}^{k} \lambda_{ij} = \sum_{j=0, j \neq i}^{k} p_j \lambda_{ij} \qquad (7.3.3.3)$$

mit $\lambda_{ij} \in \{\rho, \tau, 0\}$ entsprechend Abb. 7.3.3.3, sowie

$$\sum_{i=0}^{k} p_i = 1 . \qquad (7.3.3.4)$$

Aus diesen Gleichungen folgt für die Zustandswahrscheinlichkeit p_i, daß gerade für i Aufträge eine Seite transportiert wird:

$$p_i = \frac{x^i (1-x)}{1 - x^{i+1}} \quad mit \ x = \frac{\rho}{\tau} \neq 1 \qquad (7.3.3.5)$$

$x = \rho / \tau = E[T]/E[R]$ heißt *Transport/Rechenzeit-Verhältnis* der Aufträge.

Insbesondere ist die Auslastung des Zentralprozessors

$$\rho^{ZP} = 1 - p_k = \frac{1 - x^k}{1 - x^{k+1}} .$$

Der Verlauf dieser Funktion ist für k=1,2,5 und k→∞ in Abb. 7.3.3.4 dargestellt.

Bei einem Wert von beispielsweise x=0,5 dauert die Rechenphase im Mittel doppelt so lang wie die Transportphase. Enthält das System nur einen Auftrag (k=1), so kann die Unterbrechung der Prozessornutzung bei Seitentransporten nicht durch andere Aufträge ausgeglichen werden. Die Zentralprozessorauslastung liegt bei ρ_{ZP}=0,67. Für k=2 bzw. k=5 steigt sie auf 0,86 bzw. 0,98 und nähert sich 1,00 für große Füllungen k. Letzteres gilt für alle "rechenintensiven" Aufträge, d.h. bei x‹1. Für x=10, also zehnmal längere Transportphase als Rechenphase gilt ρ_{ZP}‹0,1 für alle k. Auch bei beliebiger Steigerung des Simultanbetriebs bleibt die Zentralprozessorauslastung unter 0,1, also weit unter eins. Letzteres gilt für alle "transportintensiven" Aufträge, d.h. bei x›1.

Für x=1 ist ρ_{ZP} undefiniert, da sich hier kein stationärer Grenzzustand einstellt. Ergänzt man die Kurven stetig an der Stelle x=1, so ist hier, also bei E[R]=E[T], die größte mittlere Transportzeit gegeben, die noch eine beliebig gute Zentralprozessorauslastung erlaubt. Da die mittlere Transportzeit mit der Seitenfehlerrate steigt, kann x=1 als Bedingung für die kleinste noch erträgliche Seitenfehlerrate aufgefaßt werden, d.h. als Punkt der Arbeitsmenge.

Ist E[t] die mittlere Dauer eines Hauptspeicherzugriffs, so gilt für die Rechenzeit

$$E[R] = \frac{E[t]}{E[FR(m)]} \qquad (7.3.3.6)$$

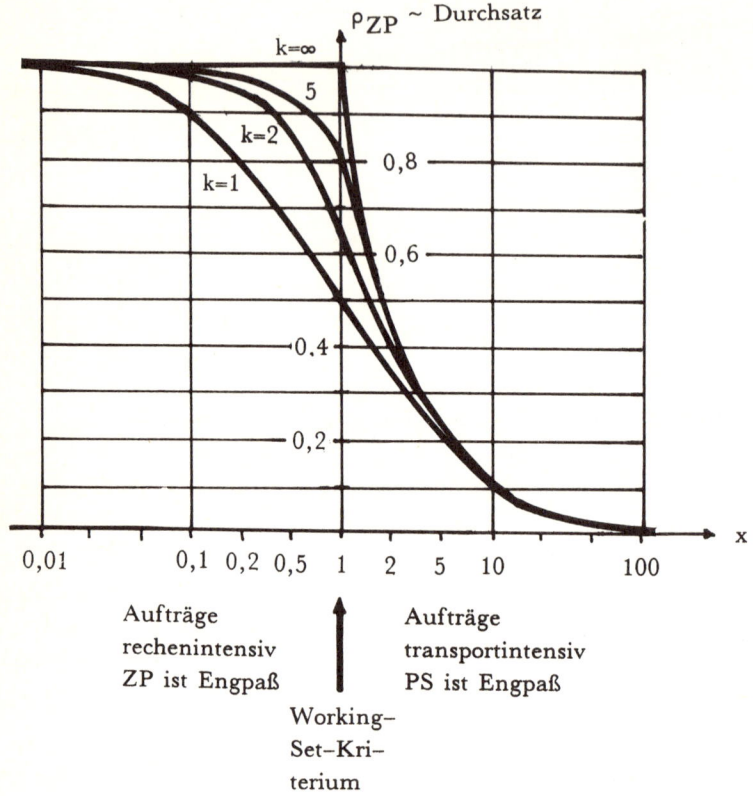

Abb. 7.3.3.4: Zentralprozessorauslastung ρ_{ZP} als Funktion des Transport/Rechenzeit-Verhältnisses x

Die Bedingung E[T]=E[R] für die Arbeitsmenge führt daher mit der empirischen Formel (7.3.2.2) zu

$$e^{\frac{b}{n}\cdot m} = \frac{a\cdot E[T]}{E[t]} \qquad (7.3.3.7)$$

und

$$m_{ws} = m = \frac{n}{b}\cdot \ln\frac{a\cdot E[T]}{E[t]} \qquad (7.3.3.8)$$

Die working-set-Größe m_{ws} hängt also von den maschinenunabhängigen Lokalitätsparametern a und b, sowie von den hardware-spezifischen Werten E[T] und E[t] ab. Der Quotient $r = \frac{a\cdot E[T]}{E[t]}$ heißt auch *Zugriffsrate*. Die Formel (7.3.3.8) zeigt, daß die Arbeitsmenge um so größer sein muß, je langsamer der periphere Speicher ist.

PS	E[T]	r	m_{ws}/n
Platte	40 ms	10^{-4}	0,83
Trommel	10 ms	10^{-3}	0,69
Ergänzungs-speicher	1 ms	10^{-2}	0,46

Abb. 7.3.3.5: Arbeitsmengen bei verschiedenen Speichermedien

Für Abb. 7.3.3.5 sind die Größen der Arbeitsmengen für typische Beispiele von Speichermedien wie Platte, Trommel und Ergänzungsspeicher angegeben, wobei in (7.3.3.8) a=0,1, b=10 und E[t]=1 angenommen wurde. Die Werte für m_{ws}/n zeigen, daß Bedarfsseitenersetzungsalgorithmen keine radikale Speicherersparnis bringen. Der Hauptvorteil liegt im bequemeren Umgang mit großen Adressräumen.

Da die Arbeitsmenge in der Praxis schwer zu ermitteln ist, werden Seitenwechselalgorithmen mit Hilfe eines Parameters p angegeben, der Einfluß auf die Größe des benötigten Hauptspeichers hat. Aufgrund von Erfahrungswerten oder mit Hilfe von stochastischen Modellen können dann das Betriebssystem oder der Operateur Einfluß auf den Algorithmus nehmen mit dem Ziel, beispielsweise die Seitenfehlerrate zu minimieren.

Der Algorithmus WS (working set) (Denning 68) bestimmt die Arbeitsmenge als die Menge der in den letzten p Schritten aufgerufenen Seiten. Bei dem Ersetzungsverfahren PFF (page fault frequency) (Chu et al 72) werden alle Seiten ausgelagert, die seit dem letzten Seitenfehler nicht mehr aufgerufen wurden. Dies geschieht jedoch nur, wenn dieser mehr als p Schritte zurückliegt.

(7.3.3.1) *Definition*: Es sei $w = s_1 s_2 \ldots s_k \in N^+$ ein Referenzwort und $p \in \{1..k-1\}$ ein Parameter. Der Seitenersetzungsalgorithmus

a) *WS (Working Set)* lautet: lade und verdränge Seiten derart, daß die zu w passende Belegfolge $S = S_1 S_2 \ldots S_k$ (Def. 7.3.2.1) mit

$$S_t := ws(t,p) := \{s_q, \ldots, s_t\} \text{ mit } t \in \{0..k\} \text{ und } q := \begin{cases} 1 & \text{falls } t \leq p \\ t-p & \text{sonst} \end{cases} \text{ entsteht.}$$

ws(t,p) heißt *Arbeitsmenge* (working set) im Schritt t mit Fenstergröße p.

b) *PFF (Page Fault Frequency)* lautet: verdränge nur bei Schritten $t_q \in \{1..k\}$, q=1,2,..., in denen Seitenfehler auftreten und seit dem letzten Seitenfehler (oder Anfang für den ersten Seitenfehler) mehr als p Schritte liegen: $t_q > t_{q-1} + p$. In diesem Falle werden alle Seiten ausgelagert, die nicht in $\{s_{t_{q-1}+1}, \ldots, s_{t_q-1}\}$ vorkommen.

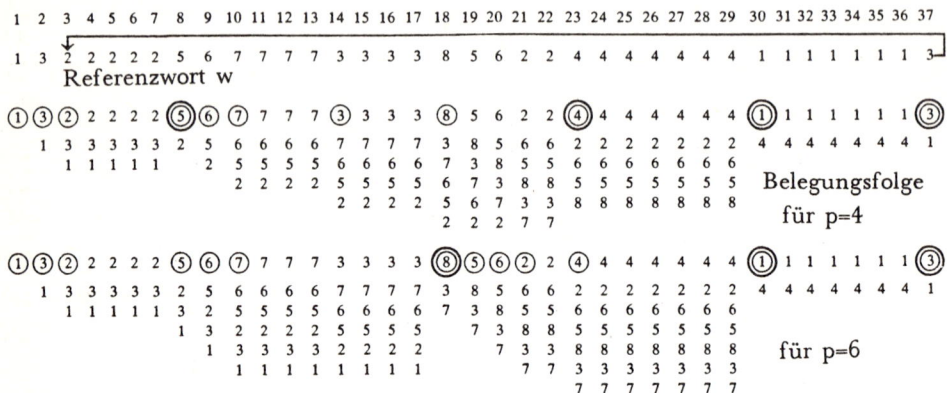

Abb. 7.3.3.6: Belegungsfolgen für PFF bei p=4 und p=6

Für ein spezielles Referenzwort w ist in Abb. 7.3.3.6 die Belegungsfolge von PFF bei p=4 dargestellt. Die in Kreise gesetzten Seiten sind infolge eines Seitenfehlers gerade eingelagert worden. Wurden gleichzeitig Seiten ausgelagert, so ist der Kreis verdoppelt. Beispielsweise wurden die Seiten 2, 5, 6 und 8 im Schritt $t_{10}=30$ verdrängt, da zwischen dem letzten Seitenfehler in $t_9=23$ sieben, also mehr als p=4 Schritte liegen. Beim Seitenfehler $t_7=14$ wird dagegen nicht ausgelagert, weil $t_7=14 > t_6+4 = 10+4$ verletzt ist.

Um den Parameter p sinnvoll benutzen zu können, erwartet man von Algorithmen wie WS und PFF intuitiv folgende Eigenschaften:

E1) Die Seitenfehlerrate soll eine nichtwachsende Funktion der mittleren Hauptspeicherbelegung sein.

E2) Die Seitenfehlerrate soll eine nichtwachsende Funktion des Parameter p sein.

E3) Die mittlere Hauptspeicherbelegung soll eine nichtfallende Funktion des Parameters p sein.

Die Hauptspeicherbelegung bei einer Belegungsfolge kann ermittelt werden, indem einfach die Größen der Mengen $S_1, \ldots, S_k$ aufsummiert werden. Wir nennen diese Größen $S_{Schritt}(p)$. Häufen sich Seitenfehler, so verlängert sich die Speicherbelegung zu diesen Zeitpunkten wegen der größeren Seitentransportzeit T. Die *zeitlichen Speicherkosten* $S_{Zeit}(p)$ berücksichtigen diesen Speichermehraufwand.

(7.3.3.2) *Definition:* Gegeben sei die Belegungsfolge $S = S_o, S_1, .. S_k$ zu einem Referenzwort w bei einem Seitenwechselalgorithmus A mit Parameter p.

a) Die *schrittweisen Speicherkosten* von S (virtual time memory allocation costs) sind definiert als

$$S_{Schritt}(p) := \frac{1}{k} \cdot \sum_{t=1}^{k} |S_t|$$

b) Die *zeitlichen Speicherkosten* von S (real time memory allocation costs) seien gegeben durch

$$S_{Zeit}(p) := \frac{k \cdot S_{Schritt}(p) + T \cdot S_T(p)}{k + T \cdot F(p)}$$

Dabei ist $S_T(p) := \sum_{j=1}^{F(p)} |S_{tj}|$ die Summe aller Speicherbelegungen bei Schritten mit Seitenfehlern. T ist wie üblich die mittlere Seitentransportzeit und F(p) die Zahl der Seitenfehler.

Im Beispiel von Abb. 7.3.3.6 ist

$$S_{Schritt}(4) := \frac{140}{37} \approx 3,78 \quad und$$

$$S_{Zeit}(4) = \frac{37(140/37) + T \cdot 35}{37 + T \cdot 11} \quad .$$

In (Franklin et al 78) wurde gezeigt, daß bei PFF für alle drei oben genannten Eigenschaften E1, E2 und E3 Referenzworte existieren, so daß die Eigenschaften verletzt sind (Anomalien):

Anomalien zu E1.

a) für schrittweise Speicherkosten:
$$S_{Schritt}(p) < S_{Schritt}(q) \quad und \quad F(p) < F(q)$$
b) für zeitliche Speicherkosten:
$$S_{Zeit}(p) < S_{Zeit}(q) \quad und \quad F(p) < F(q)$$

Anomalien zu E2:

$$p < q \quad und \quad F(p) < F(q) \quad .$$

Anomalien zu E3:

a) für schrittweise Speicherkosten:
$$p < q \quad und \quad S_{Schritt}(p) > S_{Schritt}(q)$$

b) für zeitliche Speicherkosten:

$$p < q \text{ und } S_{Zeit}(p) > S_{Zeit}(q)$$

Beispiele für diese Anomalien sind in Abb. 7.3.3.6 abzulesen:

Anomalie zu E1a:

$$S_{Schritt}(4) = 3{,}78, \; S_{Schritt}(6) = 4{,}43 \text{ und } F(4) = 11, \; F(6) = 13$$

Anomalie zu E1b:

$$S_{Zeit}(4) = \frac{140+35 \cdot T}{37+11 \cdot T} < 3{,}85$$
$$S_{Zeit}(6) = \frac{164+50 \cdot T}{37+13 \cdot T} > 3{,}85, \; F(4) = 11, \; F(6) = 13 \quad \text{(gilt für alle } T > 0)$$

Anomalie zu E2:

$$F(4) = 11, \; F(6) = 13$$

Anomalie zu E3a:

siehe (Franklin et al 78).

Die Anomalien von PFF treten auf, wenn nicht aktive Seiten bei großem p länger als nötig im Hauptspeicher verbleiben, jedoch ausgelagert werden kurz bevor sie wieder aufgerufen werden.

(7.3.3.3) *Satz*: Es sei w ein beliebiges Referenzwort, für das der Ersetzungsalgorithmus WS Belegungsfolgen unter den Parametern p und q erzeugt. Dann gilt:

a) $p < q \Rightarrow F(p) \geq F(q)$

b) $S_{Schritt}(p) < S_{Schritt}(q) \Rightarrow F(p) \geq F(q)$

c) $p < q \Rightarrow S_{Schritt}(p) < S_{Schritt}(q)$

Beweis: Für die Belegungsfolgen $S(p) = S_o(p), S_1(p), \ldots, S_k(p)$ bei p und $S(q) = S_o(q), \ldots, S_k(q)$ bei q gilt $S_t(p) \subset S_t(q)$ für $p < q$ und alle $t \in \{1..k\}$.

□

Wegen Satz 7.3.3.3 können bei WS nicht die Anomalien zu E1a, E2 und E3a auftreten, wohl aber solche zu E1b und E3b (siehe (Franklin et al 78)).

Die folgende Definition ist in Analogie zu den STACK–Algorithmen bei fester Kachelzahl (Def. 7.3.2.10) zu sehen.

(7.3.3.4) *Definition*: es sei A ein Seitenersetzungsalgorithmus, der für Referenzworte w Belegungsfolgen $S(p) = S_o(p), S_1(p), \ldots S_k(p)$ in Abhängigkeit
eines Parameters p erzeugt. A hat die *verallgemeinerte STACK-
Eigenschaft*, falls für alle w und $t \in \{1..k\}$ gilt:

$$p < q \Rightarrow S_t(p) \subset S_t(q) .$$

Satz 7.3.3.3 gilt natürlich für alle Algorithmen, die die verallgemeinerte STACK-
Eigenschaft haben, wozu auch WS gehört. Da die Bearbeitungszeit eines Auftrags
von der CPU-Zeit und der Seitenfehlerzahl abhängt, kann diese Zeit beim
Vergrößern des Parameters p hier nicht steigen. Der Durchsatz eines Rechensystems
hängt jedoch von seiner Füllung ab. Bei größeren zeitlichen Speicherkosten müssen
eventuell Aufträge verdrängt werden. Tritt also beispielsweise die Anomalie zu E3b
auf, so kann beim Vergrößern des Parameters p unter WS der Durchsatz des Rechensystems sinken.

Diese Erscheinungen wurden tatsächlich bei großen Anwendungsprogrammen
beobachtet. In (Abu-Sufah et al 82) wird beispielsweise berichtet, daß bei einem
solchen Programm unter WS eine 200-prozentige Steigerung des Speicherbedarfs
auftrat, obwohl der Parameter p gesenkt wurde. Dies ist um so beachtenswerter,
wenn man der in (Denning 80) vertretenen Auffassung folgt, daß
höchstwahrscheinlich kein realisierbarer Algorithmus zu finden ist, der besser als
WS arbeitet.

Läßt man die Einschränkung der Realisierbarkeit fallen, d.h. erlaubt Vorausschau
im Referenzwort, dann existiert ein Algorithmus DMIN (Budzinski et al 81), für
den $S_{Zeit}(p)$ optimal ist. DMIN ist das Analogon zum optimalen Algorithmus B_o
bei fester Kachelzahl. Während also B_o das Speicher-Zeit-Produkt $S_{Zeit}(p)$ nur
hinsichtlich der Zeit optimiert und den Speicher konstant hält, optimiert DMIN
bezüglich beider Komponenten Zeit *und* Speicher.

In Architekturen superschneller Rechner wird zunehmend versucht, Anweisungen
eines Auftrags kollateral auszuführen. Wie in Kapitel 2.3 gezeigt, können maximal
nebenläufige Auftragssysteme in vielen Fällen zeitweise kollateral von mehreren
Prozessoren bearbeitet werden, wobei sich die Anzahl der benötigten Prozessoren
dynamisch ändert. Es ist daher möglich, daß ein Konzept einer Arbeitsmenge in
Zukunft auch zur Betriebsmittelverwaltung der Prozessoren eingesetzt wird. Die Arbeitsmenge eines Auftrags wäre hier eine Menge von Prozessoren, die unter einem
Optimalitätskriterium einem Auftrag zu einem Zeitpunkt zuzuordnen ist. In der
Netzdarstellung von Abb. 7.1.4 ist dann die einfache Funktionseinheit des Zen-
tralprozessors durch eine Funktionseinheit mit größerer Kapazität zu ersetzen.

7.4 Dateiverwaltung

Das Dateisystem ist für viele Benutzer der sichtbarste und meist auch der wichtigste Dienst eines Rechensystems. Große Mengen von Anwenderdaten, aber auch Dienstleistungsprogramme wie Assembler, Compiler oder Editoren, können aus Kostengründen nur auf peripheren Speichermedien gelagert werden.

Ursprünglich wurde der Begriff der Datei (file) mit seinem Speichermedium, dem Magnetband, identifiziert. Der Zugriff war auf sequentielles Lesen und Schreiben beschränkt. Die Datenmengen paßten in ihrer Größe jedoch nicht immer zu der vorgegebenen Bandgröße: mehrere Dateien füllten ein Band oder große Datenmengen erstreckten sich über mehrere Bänder. Später konnten dann Trommeln und Platten das Band ersetzen, was andere Zugriffsmechanismen erlaubte.

Daher wird heute eine Datei abstrakt als "Ansammlung von (relevanten) Daten" aufgefaßt. Zugriffsmechanismen werden dabei weitgehend unabhängig von speziellen physikalischen Gegebenheiten festgelegt.

Man unterscheidet Dateien nach *Datei–Typen*, die Art und Organisation der Daten regeln, und nach *Zugriffsmechanismen*. Anhand von Dateitypen kann das Betriebssystem erkennen, welche Art von Daten vorliegt und wie diese Daten zu behandeln sind, z.B. Text unterteilt in Seiten, Zeilen und Worte. Ein solcher Dateityp ist anders zu behandeln als eine Datei, die Programme enthält. Dateien mit unterschiedlichen Zugriffsmechanismen sind z.B. *sequentielle Dateien* und *direktadressierbare Dateien*. In sequentiellen Dateien sind die Daten als Sequenz aufgereiht. Zugreifbar sind nur Daten, die sich unter einem "Schreib/Lese-Kopf" befinden. Dieser kann (zum Lesen und Schreiben) nach rechts bewegt oder total an den Anfang zurückgesetzt werden. Bei direktadressierbaren Dateien liegt eine Aufteilung der Daten in Blöcke gleicher Größe vor, die direkt adressierbar sind (in Platten oder auf Trommeln).

Dateien sind in mehrfacher Hinsicht mit *abstrakten Datentypen* vergleichbar, wie sie in höheren Programmiersprachen diskutiert und benutzt werden. Wie diese können sie als Objekte erzeugt ("create file"), verändert und gelöscht ("delete file") werden. Manche Betriebssysteme erfordern, daß eine Datei vor dem Zugriff "eröffnet" ("open file") und bei Auftragsende "geschlossen" ("close file") wird. Bei der Eröffnung wird die Datei in einen Zustand versetzt, die die nachfolgenden Zugriffe vorbereitet und dadurch erleichtert. Unter diesem Aspekt können wir eine Datei als Funktionseinheit (Def. 1.1.6) betrachten und das Öffnen bzw. Schließen der Datei als Auftragsübergabe bzw. Auftragsende (Def. 1.4.1) beschreiben. Abbildung 7.4.1 zeigt die der Abb. 1.4.5 entsprechende Netzdarstellung als Pr/T-Netz.

Die Füllung der Funktionseinheit ist eine für die Datei wichtige Größe, denn nur bei Füllung null (wenn alle Aufträge die Datei wieder geschlossen haben) darf die Datei gelöscht werden.

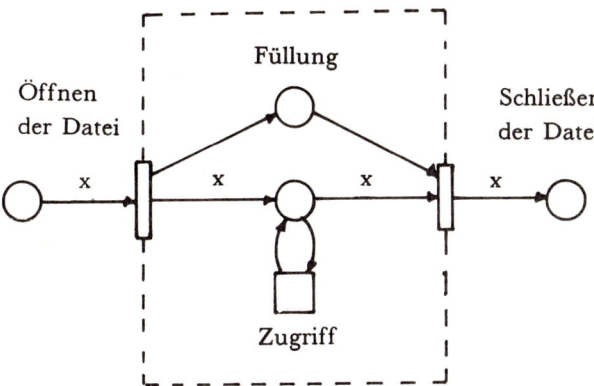

Abb. 7.4.1: Datei als Funktionseinheit

Um die Zuverlässigkeit der Datenhaltung zu erhöhen, sollten Dateien von Zeit zu Zeit kopiert werden ("save file, backup file"). Um Dateien auf einem Speichermedium aufzufinden, beginnt dieses mit einem Dateiverzeichnis ("directory"). Hier können bestimmte Dateien aufgesucht werden. Dies kann z.B. durch Suche nach einem bestimmten Dateibezeichner ("search file <Bez.>") oder durch Auflisten des Verzeichnisses ("list directory") erfolgen.

Im Dateiverzeichnis wird je nach Bedarf und Zielsetzung hinter dem Dateibezeichner spezielle Information zu dieser Datei bereitgehalten. Dazu kann gehören (Peterson et al 83):

a) der Dateibezeichner (z.B. als alphanumerische Folge),
b) der Dateityp (z.B. Text, kompiliertes Programm, usw.),
c) der Ablageort (z.B. als Speicheradresse),
d) die Dateigröße (z.B. in bytes oder Blöcken),
e) eine Schutzvorschrift (z.B. eine Liste zugriffsberechtigter Auftraggeber, oder erlaubte Zugriffsarten (vgl. Kapitel 3)),
f) ein aktuelles Nutzungsprofil (z.B. Anzahl der Aufträge, die die Datei eröffnet und noch nicht geschlossen haben, also die Füllung im Sinne von Abb. 7.4.1),
g) eine Nutzungsstatistik (z.B. Zeitpunkt der letzten Zugriffe oder Änderungen, Namen der zugreifenden Aufträge).

Dateiverzeichnisse können direkt auf die entsprechenden Datenblöcke verweisen oder auf Unterverzeichnisse. Beispielsweise kann für jeden Auftraggeber ein Benutzerverzeichnis (user file directory) existieren, auf das in einem Hauptverzeichnis (master file directory) verwiesen wird. Da die Auftraggeber ihrerseits wieder Unterverzeichnisse anlegen können, ergeben sich Verzeichnisstrukturen in Form von Bäumen, azyklischen Graphen oder beliebigen Graphen (vgl. (Peterson et al 83)).

Das Betriebssystem UNIX benutzt beispielsweise Bäume als Verzeichnisstruktur. Abbildung 7.4.2 zeigt einen solchen Verzeichnisbaum. Durch /dev/disk1 kann auf die im entsprechenden Blatt des Baumes angesiedelte Platte 1 zugegriffen werden. Diese Platte möge ein vorher nichtresidentes Dateisystem enthalten. Durch mount /dev/disk1 /lib kann dieses Dateisystem mit seiner eigenen Verzeichnis-Hierarchie in das bestehende Verzeichnis integriert werden. Nach dieser Operation kann beispielsweise durch /lib/infosys auf diese Datei zugegriffen werden (nach (Marty 83)).

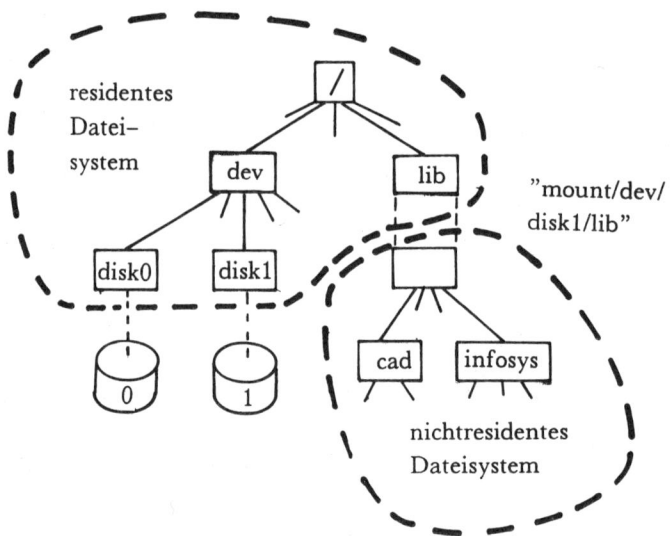

Abb. 7.4.2: Residentes und nichtresidentes Dateiverzeichnis

Bei der Implementation von Datei-Systemen muß eine Abbildung der Dateiblöcke auf physikalische Speicheradressen vorgenommen werden. Hierbei treten im Prinzip die gleichen Probleme von interner und externer Zerstückelung, von zusammenhängender und gestreuter Anordnung usw. auf, wie dies im Abschnitt 7.2 für den Hauptspeicher diskutiert wurde (vgl. (Peterson et al 83)).

Literaturverzeichnis

Abu-Sufah WA, Padua DA (1982) Some Results on the Working Set Anomalies in Numerical Programs. IEEE Trans. Softw. Eng. SE–8: 97–106

Ackermann WB (1982) Data Flow Languages. Computer, IEEE 15/2: 15–25

The ADA Language Reference Manual (1980). United States Department of Defense. Auch in: Lecture Notes in Computer Science 155. Springer, Berlin

Anderson T, Randell B (1981) Computing Systems Reliability. Cambridge University Press, Cambridge

Aristoteles (1969) Nikomachische Ethik, Buch VI. Reclam, Stuttgart

Baskett F, Chandy KM, Muntz RR, Palacios F (1957) Open, Closed and Mixed Networks of Queues with Different Classes of Customers. Journ. ACM 22: 248–260

Barnes JGP (1980) An Overview of ADA. Software–Practice and Experience 10: 851–887

Bartlett KA, Scantlebury R.A. (1969) A Note on Reliable Full–Duplex Transmission over Half–Duplex Links. Comm. ACM 12: 260–261

Bayer R, Heller H, Reiser A (1980) Parallelism and Recovery in Database Systems. ACM Trans. Database Syst. 5: 139–156

Best E (1983) Relational Semantics of Concurrent Programs. In: Formal Description of Programming Concepts II. Bjørner D (Ed), North–Holland: 431–452

Beichtinger FW, Herzog O, Petzsch H (1984) SLAN4 – A Software Specification and Design Language. IEEE Trans. Softw. Eng., SE–10: 155–162

Belady LA, Lehmann MM (1977) The Characteristics of Large Systems. IBM Report RC 6785

Bernstein PA, Shipman DW, Wong WS (1979) Formal Aspects in Serializability in Database Concurrency Control. IEEE SE–5, 3: 203–216

Berthelot G, Roucairol G, Valk R (1980) Reduction of Nets and Parallel Programs. In: Brauer W (1980)

Berthmieu B, Menache M (1982) An Enumerative Approach for Analyzing Time Petri Nets. CNRS, Toulouse

Best E, Randell B (1981) A Formal Model of Atomicity in Asynchronous Systems. Acta Informatica 16: 93–124

Best E, Merceron A (1984) Frozen Tokens and D Continuity: A Study in Relating

Systems Properties to Process Properties. Proc. 5th Europ. Workshop on Applications and Theory of Petri Nets, Aarhus: 254–270

Beth T (1982) Kryptographie als Instrument des Datenschutzes. Informatik–Spektrum 5: 82–96

Blaaner GA (1976) Digital Systems Implementation. Prentice–Hall, Englewood Cliffs

Bode A, Händler W (1980, 1983) Rechnerarchitektur (2 Bände). Springer, Berlin Heidelberg New York

Bolch G, Akyildiz IF (1982) Analyse von Rechensystemen. Teubner, Stuttgart

Boorstyn RR, Frank H (1977) Large–Scale Network Topological Optimization. IEEE Trans. Comm. COM–25: 29–47

Brauer W (1980) Net Theory and Applications. Lecture Notes in Computer Science 84. Springer, Berlin

Brinch–Hansen P (1973) Operating System Principles. Prentice–Hall, Englewood Cliffs

Brinch–Hansen P (1977) The Architecture of Concurrent Programs. Prentice–Hall, Englewood Cliffs

Brooks FP (1975) The Mythical Man–Month. Addison–Wesley, Reading MA

Bucci G, Golinelli S (1977) A Distributed Strategy for Resource Allocation in Information Networks. Proc. Int. Computing Symp. North–Holland, Amsterdam: 345–356

Budzinski RL, Davidson ES, Mayeda W, Stone HS (1981) DMIN: An Algorithm for Computing the Optimal Dynamic Allocation in a Virtual Memory Computer. IEEE Trans. Softw. Eng. SE–7: 113–121

Burke PJ (1956) The Output of a Queueing System. Operations Research 4: 699–704

Burns JE, Jackson P, Lynch NA, Fischer MJ, Peterson GL (1982) Data Requirements for Implementation of N–Process Mutual Exclusion Using a Single Variable. Journ. ACM 29: 183–205

Buzen IP (1973) Computational Algorithms for Closed Queueing Networks with Exponential Servers. Comm. ACM 16: 527–531

Campbell RH, Habermann AN (1974) The Specification of Process Synchronization by Path Expressions. Lecture Notes in Computer Science 16. Springer, Berlin

Carvalho OSF, Roucairol G (1984) Further Comments on Mutual Exclusion in Computer Networks. L.R.I, Rap. Rech. No 166. Univ. de Paris–Sud, Orsay

Chandy KM, Hewes JE (1976) File Allocation in Distributed Systems. Proc. Int. Symp. on Computer Performance Modeling, Measurements and Evaluations. Havard Univ.

Chandy KM, Sauer CH (1980) Computational Algorithms for Product Form Queueing Networks. Comm. ACM 23: 573–583

Cheriton DR (1984) The V–Kernel: A Software Base for Distributed Systems. IEEE Software 1: 19–46

Chu WW, Opderbeck H (1972) The Page Fault Frequency Replacement Algorithm. AFIPS 1972 FJCC 41, AFIPS Press, Montvale, N.J.: 597–609

Coffmann EG, Varian LC (1968) Further Experimental Data on the Behaviour of Programs in a Paging Environment. Comm. ACM 11: 471–474

Coffmann EG, Denning PJ (1973) Operating Systems Theory. Prentice–Hall, Englewood Cliffs

Courtois PJ, Heymans F, Parnas DL (1971) Concurrent Control with "Readers" and "Writers". Comm. ACM 14: 667–668

Cremers AB, Hibbard TN (1978) Mutual Exclusions of N Processors Using an O(N)–valued Message Variable. Lecture Notes in Computer Science 62: 165–176. Springer, Berlin

Davis AL, Keller RM (1982) Data Flow Graphs. Computer, IEEE 15/2: 26–41

Denert E, Frank R (1977) Datenstrukturen. B.I.–Wissenschaftsverlag, Mannheim

Denning DE (1982) Cryptography and Data Security. Addison–Wesley, Reading MA

Denning PJ (1968) The Working Set Model for Program Behavior. Comm. ACM 11: 323–333

Denning PJ (1970) Virtual Memory. Computing Surveys 2: 153–189

Denning PJ (1980) Working Sets Past and Present. IEEE Trans. Softw. Eng. SE–6: 64–84

Denning PJ, Buzen IP (1978) The Operational Analysis of Queueing Network Models. ACM Computing Surveys 10: 225–261

Dijkstra EW (1968) The Structure of "THE"–Multiprogramming System. Comm. ACM 11: 341–346. Nachdruck (1983): Comm. ACM 26: 49–51

Dijkstra EW (1968) Cooperating Sequential Processes. In: Progr. Languages: 43–112, Genuys (Ed). Academic Press, New York

Dijkstra EW (1972) Hierarchical Ordering of Sequential Processes. In: Hoare CAR, Perrot RII (Ed), Operating Systems Techniques: 72–93. Academic Press, London

Dijkstra EW (1975) Guarded Commands, Nondeterminacy and Formal Derivation of Programs. Comm. ACM 18: 453–457

Dijkstra EW (1976) A Discipline of Programing. Prentice–Hall, Englewood Cliffs

Dijkstra EW (1977) A Correctness Proof for Communicating Processes – A Small Exercise. EDW–604

Dijkstra EW (1978) Finding the Correctness Proof of a Concurrent Program. Lecture Notes in Computer Science 64: 31–38. Springer, Berlin

Dijkstra EW, Lamport L, Martin AJ, Scholten CS, Steffens EFM (1978) On–The–Fly Garbage Collection: An Exercise in Cooperation. Comm. ACM 21: 966–975

DIN 40042: Zuverlässigkeit elektrischer Geräte, Anlagen und Systeme. Beuth–Verlag, Berlin

DIN 66200 (1981) Informationsverarbeitung I, 5. Auflage. Beuth–Verlag, Berlin

Eisenberg MA, McGuire MR (1972) Further Comments on Dijkstra's Concurrent Programming Control Problem. Comm. ACM 15: 999

Erwe F (1962) Differential– und Integralrechnung. Bibliographisches Inst., Mannheim, Zürich, Wien

Eswaran KP, Gray JN, Lorie RA, Traiger IL (1976) The Notions of Consistency and Predicate Locks in a Database System. Comm. ACM 19: 624–633

Feiertag RJ, Neumann PG (1979) The Foundations of a Provable Secure Operating System (PSOS). Proc. NCC, AFIPS Press: 329–334

Ferrari D (1978) Computer System Performance Evaluation. Prentice–Hall, Englewood Cliffs

Floyd RW (1967) Assigning Meanings to Programs. Proc. AMS Symp. in Applied Math., Amer. Math. Soc.: 19–31

Ford LR, Fulkerson DR (1962) Flows in Networks. Princeton Univ. Press, Princeton

Franklin MA, Graham GS, Gupta RK (1978) Anomalies with Variable Partition Paging Algorithms. Comm. ACM 21: 232–236

Gajski DD, Padua DA, Kuck DJ, Kuhn RH (1982) A Second Opinion on Data Flow Machines and Languages. Computer, IEEE 15/2: 58–69

Garey MR, Johnson DS (1979) Computers and Intractability, A Guide to the Theory of NP-Completeness. Freeman, San Fracisco

Genrich HJ, Lautenbach K, Thiagarajan PS (1980) Elements of General Net Theory. In: Brauer W (1980)

Genrich HJ, Lautenbach K (1981) System Modelling with High–Level Petri Nets. Theor. Computer Science 13: 109–136

Gilenk E, Mitrani I (1980) Analysis and Synthesis of Computer Systems. Academ. Press, Londen

Giloi W (1980) Rechnerarchitektur. Springer, Berlin

Glass RL (1979) Software Reliability Guidebook. Prentice–Hall, Englewood Cliffs

Graham GS, Denning PJ (1972) Protection–Principles and Practices. AFIPS Conf. SJCC 40: 417–429

Greenberger M (1965) The Priority Problem. MIT–MAC Technical Rep. 22, Cambridge

Gries D (1981) The Science of Programming. Springer, New York

Habermas J (1981) Theorie des kommunikativen Handelns. Suhrkamp, Frankfurt a. M.

Hailpern BT (1982) Verifying Concurrent Processes Using Temporal Logic. Lecture Notes in Computer Science 129. Springer, Berlin

Harrison MA, Ruzzo WL (1976) Protection in Operating Systems. Comm. ACM 19: 461–471

Hausschildt D, Valk R (1984) Safe States in Banker Like Resource Allocation Problems. Proc. 5th Europ. Workshop on Applications and Theory of Petri Nets, Aarhus

Hoare CAR (1969) An Axomatic Basis for Computer Programming. Comm. ACM 12: 576–583

Hoare CAR (1974) Monitors, an Operating System Structuring Concept. Comm. ACM 17: 549–557

Hoare CAR (1978) Communicating Sequential Processes. Comm. ACM 21: 666–677

Hoare CAR (1984) Programming Sorcery or Science. IEEE Softw. 1: 5–16

Hofmann F (1984) Betriebssysteme: Grundkonzepte und Modellvorstellungen. Teubner, Stuttgart

Hofri M, Jenny CJ (1978) On the Allocation of Processes in Distributed Computing Systems. IBM Rep. RZ 905, Yorktown Heights, Zürich

Holt RC (1972) Some Deadlock Properties of Computer Systems. Computer Surveys 4: 179–196

Holt RC (1983) Concurrent Euclid, the Unix System and Tunis. Addison–Wesley, Reading Mass.

Horowitz E (1983) Fundamentals of Programming Languages. Springer, Berlin

Ibarki T, Kameda T (1982) Deadlock–Free Systems for a Bounded Number of Processes. IEEE Trans. on Computer C–31: 3, 188–193

Jensen K (1981) Coloured Petri Nets and the Invariant Method. Theor. Computer Science 14: 317–336

Jenny ChJ (1982) On the Allocation of Computational Objects in Distributed Systems. IBM Rep. RZ 1123, Rüschlikon

Jones AK, Chansler RJ, Durham JrI, Feiler P, Schwans K (1977) Software Management of Cm* – A Multiple Microprocessor. AFIPS Conf. Proc. NCC

Jones AK (1978) Protection Mechanisms and the Enforcement of Security Policies. In: Bayer R et al (1978) Operating Systems, Lecture Notes in Computer Science 60. Springer, Berlin

Kaufmann A, Faure R (1974) Methoden des Operations Research. de Gruyter, Berlin

Keller RM (1975) A Fundamental Theorem of Asynchronous Parallel Computation. Lecture Notes in Computer Science 24: 102–112

Keller RM (1976) Formal Verification of Parallel Programs. Comm. ACM 19: 371–384

Klaus K (1969) Wörterbuch der Kybernetik. Fischer, Frankfurt

Kleinrock L (1964) Communication Nets: Stochastic Message Flow and Delay. McGraw–Hill, New York

Kleinrock L (1975) Queueing Systems, vol. 1: Theory. Wiley, New York

Kleinrock L (1976) Queueing Systems, vol. 2: Computer Applications. Wiley, New York

Knuth DE (1968,1973) The Art of Computer Programming . Vol. 1. Addison–Wesley

Kobayashi H (1978) Modeling and Analysis: An Introduction to System Performance Evaluation Methodology. Addison–Wesley, Reading

Kobayashi H (1982) Communication Network Design and Control Algorithms – A Survey. IBM Rep. RC 9233. Yorktown Heights

Kowalk W (1980) Verkehrsanalyse in endlichen Zeiträumen. Springer, Berlin

Kowalk W (1981) Conservation laws in Operational Analysis. In: Kylstra, Performance 81. North–Holland, Amsterdam

Kowalk W (1985) The Throughput Algorithms for BCMP Networks. In: Beilner H (Ed): Messung, Modellierung und Bewertung von Rechensystemen. Springer, Berlin

Kretschmann J (1983) Restnutzenoptimale Bedienstrategien. Dissertation, Fachbereich Informatik, Univ. Hamburg

Kruskal JG (1956) On the Shortest Spanning Subtree of a Graph and the Travelling Salesman Problem. Proc. American Math. Society 7: 48–50

Kujansuu R, Lindqvist M (1984) Efficient Algorithms for Computing S–Invariants for Predicate/Transition Nets. Proc. 5th Europ. Workshop on Applic. and Theory of Petri Nets: 156–173. Aarhus

Kung HT, Papadimitrou CH (1983) An Optimality Theory of Concurrency Control for Databases. Acta Informatica 19: 1–11

Lamport L (1978) Time, Clocks and the Ordering of Events in a Distributed System. Comm. ACM 21: 558–565

Lamport L (1980) The 'Hoare Logic' of Concurrent Programs. Acta Informatica 14: 21–37

Lampson BW, Sturgis H (1976) Reflections on an Operating System Design. Comm. ACM 19: 251–266

Lauer PE, Torrigiani PR, Shields MW (1979) COSY – A System Specification Language Based on Paths and Processes. Acta Informatica 12: 109–158

Lavenberg S (1983) Computer Performance Modeling Handbook. Academic Press, New York

Lomet DB (1977) Process Structuring, Synchronization, and Recovery Using Atomic Actions. ACM Sigplan Notices 12: 128–137

Longbottom R (1980) Computer System Reliability. Wiley, Chichester

Luckham DC, Park DMR, Paterson MS (1970) On Formalized Computer Programs. J. Computer Syst. Science 4: 220–249

Marty R (1983) UNIX – Eine Einführung für den professionellen Software–Entwickler. Informatik–Spektrum 6: 191–204

May D, Taylor RJB (1984) OCCAM–Microprocessors and Microsystems. vol. 8: 73–79

May D, Shepherd R (1985) OCCAM and the Transputer. In: Reijns GL et al (1985) Elsevier Science Publ. IFIP: 19–33

McCauley EJ, Drongowski PJ (1979) KSOS – The Design of a Secure Operating System. Proc. 1979 NCC, AFIPS Press: 345–353

McGraw JR (1982) The VAL Language: Description and Analysis. ACM TO-PLAS 4: 44–82

Mevissen H (1982) Algebraische Bestimmung von S-Invarianten in Prädikat-Transitions-Netzen. ISF-Rep., GMD, Bonn

Morgan HL, Levin KP (1977) Optimal Program and Data Locations in Computer Networks. Comm. ACM 20: 315–322

Needham RM (1980) Capabilities and Protection. In: Wilhelm R (1980) GI-10. Jahrestagung, Informatik-Fachberichte 33: 45–53. Springer, Berlin

NTG3004 (1982) NTG-Empfehlungen 3004 (Entwurf): Zuverlässigkeitsbegriffe in Hinblick auf komplexe Software und Hardware. NTZ 35: 327–333

Oberquelle H (1980) Nets as a Tool in Teaching and in Terminology Work. In: Brauer W (1980): 481–506

Owicki S, Gries D (1976) An Axiomatic Proof Technique for Parallel Programs I. Acta Informatica 6: 319–340

Papadimitriou CH (1979) The Serializability of Concurrent Database Updates. J. ACM 26: 4, 631–653

Peterson JL (1981) Petri Net Theory and the Modeling of Systems. Prentice- Hall, Englewood Cliffs

Peterson JL, Silberschatz A (1983) Operating Systems Concepts. Addison–Wesley, Reading MA

Peterson GL (1983) Concurrent Reading While Writing. ACM Trans. on Progr. Lang. and Syst. 5: 46–55

Petri CA (1962) Kommunikation mit Automaten. Schriften des Inst. f. Instrumentelle Math. 2, Bonn

Petri CA (1975) Interpretations of Net Theory. Inst. f. Informationsverarbeitung, GMD Interner Bericht: 75–07

Petri CA (1976) Kommunikationsdisziplinen. ISF-Bericht 76-1, GMD, St. Augustin

Petri CA (1977) Modelling as Communication Discipline. In: Beilner II, Gelenbe E (1977) Measuring, Modelling and Evaluation of Computer Systems. Proc. 3rd Int. Symp.

Petri CA (1978) Concurrency as a Basis of Systems Thinking. ISF-78-06, Int. Rep. GMD, St. Augustin

Prim RC (1957) Shortest Connection Networks and Some Generalizations. Bell System Techn. Journ. 36: 1389–1401

Pieper F (1977) Einführung in die Programmierung paralleler Prozesse. Oldenbourg, München

Popek GJ, Kampe M, Kline CS, Stroughton A, Urban M, Walton E (1979) UCLA Secure UNIX. Proc. AFIPS NCC 48

Ramchandani C (1973) Analysis of Asynchronous Concurrent Systems by Timed Petri Nets. MIT Rep.

Reiser M, Lavenberg SS (1978) Mean Value Analysis of Closed Multichain Queueing Networks. J. ACM 27: 313–322

Reisig W (1982) Petrinetze. Springer, Berlin

Ricart G, Agrawala AK (1981) An Optimal Algorithm for Mutual Exclusion in Computer Networks. Comm. ACM 24: 9–17 und Corrigendum auf Seite 578

Richter G (1985) Clocks and their Use for Time Modeling. In: Sernadet A et al (Ed). Proc. IFIP WG 8.1, Working Conf.

Roubine O, Robinson L (1977) SPECIAL Reference Manual. SRI Int., Menlo Park

Saltzer JH (1974) Protection and the Control of Information Sharing in Multics. Comm. ACM 17: 388–402

Sauer CH, Chandy KM (1981) Computer Systems Performance Modeling. Prentice–Hall, Englewood Cliffs

Scacchi W (1984) Managing Software Engineering Projects: A Social Analysis. IEEE Trans. Software Engineering SE–10, No 1: 49–59

Schneck PB (1983) The Myth of Virtual Memory. Software–Practice 13: 537–543

Schnädelbach H (1984) Rationalität. Suhrkamp, Frankfurt a. M.

Schneeweiß W (1980) Zuverlässigkeits–Systemtheorie, Methoden zur Beurteilung der Zuverlässigkeit technischer Systeme. Datakontext–Verlag, Köln

Schoen O (1984) Verkehrs/Zuverlässigkeitsmodelle auf der Basis von BCMP–Netzen. Bericht 108, FB Informatik. Universität Hamburg

Schroff R (1974) Vermeidung von totalen Verklemmungen in bewerteten Petrinetzen. Diss. TU München

Sepehr H (1984) Untersuchungen an Petri–Netzen mit vorgegebener Schaltzeit und Schaltkapazität. IfI-Bericht

Sethi R (1982) Useless Actions Make a Difference: Strict Serializability of Database Updates. J. ACM 29,2: 349– 403

Sevcik KC, Mitrani I (1981) The Distribution of Queueing Network States at Input and Output Instants. J. ACM 28: 358–371

Siewiorek DP, Bell CG, Newell A (1982) Computer Structures: Principles and Examples. McGraw–Hill, New York

Siewiorek D, Swarz A (1982) The Theory and Practice of Reliable System Design. Digital Press, Bedford

Spies PP (1982) Grundlagen stochastischer Modelle: Einführung für Studierende der Informatik. Hanser, München

Stone H (1979) Introduction to Computer Architecture. SRA, Chicago

Störmer H (1983) Mathematische Theorie der Zuverlässigkeit: Einführungen und Anwendungen. Oldenbourg, München

Tang DT, Woo LS, Bahl LR (1978) Optimization of Teleprocessing Networks with Concentrators and Multiconnected Networks. IEEE Trans. Computers 27: 594– 604

Tanenbaum AS (1981) Computer Networks. Prentice–Hall, Englewood Cliffs

Taylor RN (1983) Complexity of Analyzing the Synchronization Structure of Concurrent Programs. Acta Informatica 19: 57–84

Timed Petri Nets (1985). Proc. Int. Workshop, IEEE, Torino, Italy

Trivedi KS (1982) Probability and Statistics with Reliability, Queueing and Computer Science Applications. Prentice–Hall, Englewood Cliffs

Valk R, Jantzen M (1985) The Residue of Vector Sets with Applications to Decidability Problems in Petri Nets. Acta Informatica 21: 643–674

Walke B (1978) Realzeitrechner-Modelle: Theorie und Anwendung. Oldenbourg, München

Walker BJ, Kemmerer RA, Popek GJ (1980) Specification and Verification of the UCLA UNIX Security Kernel. Comm. ACM 23: 118–131

Watson I, Gurd J (1982) A Practical Data Flow Computer. Computer, IEEE 15/2: 51–57

Weck G (1984) Datensicherheit. Teubner, Stuttgart

Weck G (1985) Prinzipien und Realisierung von Betriebssystemen. Teubner, Stuttgart

Wettstein H (1984) Architektur von Betriebssystemen. Hanser, München Wien

Wulf WA, Cohen ES, Corwin WM, Jones AK, Levin R, Pierson C, Pollack FJ (1974) Hydra: The Kernel of a Multiprocessor Operating System. Comm. ACM 17: 337–345

Zimmermann H (1980) OSI Reference Model – The ISO Model of Architecture for Open Systems Interconnection. IEEE Trans. Comm. COM–28: 425–432

Zuberek WM (1980) Timed Petri Nets and Preliminary Performance Evaluation. 7th Anu. Symp. on Computer Architecture

Stichwortverzeichnis

E

einfache Funktionseinheit 62	Def. 1.4.2
Eingangsstelle 10	Def. 1.1.3
Eingangstransition 10	Def. 1.1.3
Eingangsvariablen 149	Def. 2.3.4.2
Einrichtung 59	vor Def. 1.4.1
Einschränkung 25	Def. 1.2.2
Element 59	vor Def. 1.4.1
Elementüberdeckung 28	Def. 1.2.7
else 21	Def. 1.1.9
Enderate θ 303	4.2 (4.2.12)
Endmarkierung 40	Def. 1.3.5
entartet–negativ–exponentielle Verteilung 484	Def. 6.4.3.1
Entwurf 93	1.7
Ereignisabstand T 306	4.2
Ereignisrate θ 307	4.2
erreichbar 336	Def. 4.4.4
erreichbare Markierung 40	Def. 1.3.5
erreichbares Fall/Transitions–System 120	Def. 2.2.3
Erreichbarkeitsgraph 40	Def. 1.3.6
Erreichbarkeitsmenge 40	Def. 1.3.5
Erwartungswert 301	4.2 (4.2.3)
extensionaler Begriff 6	nach Def. 1.1.1
externe Speicherzerstückelung 507	7.2.1
Extensionalitäts–Prinzip 121	Def. 2.2.5

F

FCFS 455	Def. 6.3.1.1
faires Verhalten 230	Def. 2.4.4.7
faire Schaltregel 232	Def. 2.4.4.8
Fall 40	Def. 1.3.6
Fallgraph 40	Def. 1.3.6
Fall/Transitions–System 120	Def. 2.2.2
Fall/Transitions–System, erreichbares 120	Def. 2.2.3
Fehler 294,417	Def. 4.1.1, 5.5
Fehler, auftragsinduzierter 417	5.5
Fehler, fremdinduzierter 417	5.5
Fehler, permanenter 294	4.1
Fehler, selbstinduzierter 417	5.5

- 553 -

H

Handlung 6   Def. 1.1.1
Hasse–Diagramm 24   nach Def. 1.2.1
Hintereinanderausführung 21   Def. 1.1.9
homogener Markovscher Prozess
    in kontinuierlicher Zeit 328   4.4
HRN 469   6.3.4
Hülle 25   Def. 1.2.2

I

identische Relation 25   Def. 1.2.2
Initialisierungsauftrag 150   Def. 2.3.4.5
in Linie 27   Def. 1.2.6
innere Organisationsform 426   5.6.1
interne Speicherzerstückelung 507   7.2.1
Interpretation 151   Def. 2.3.4.6
Instanz 16   nach Def. 1.1.5
inverse Relation 25   Def. 1.2.2
Inzidenzmatrix 209   Def. 2.4.2.1
irreduzibel 336   4.4
Iteration 25   Def. 1.2.2

J

Jackson–Netze 397   Def. 5.4.3.1

K

k–aus–n–Struktur 316   4.3
K–eingeschränkte Menge 217   Def. 2.4.3.3
K–gesteuertes S/T–Netz 217   Def. 2.4.3.4
Kachel 518   Def. 7.3.2.1
Kanal 16   nach Def. 1.1.5
Kantenbewertung 37   Def. 1.3.2
Kapazität 37   Def. 1.3.2
Kapazität einer Funktionseinheit 62   Def. 1.4.2
Kausalnetz 26   Def. 1.2.4

– 558 –

S

St

T

W

Z

Studienreihe Informatik

Herausgegeben von W. Brauer und G. Goos

G. Blaschek, G. Pomberger, F. Ritzinger: **Einführung in die Programmierung mit Modula-2.** VII, 279 S., 26 Abb. *1986.*

R. Marty: **Methodik der Programmierung in Pascal.,** 3. Auflage. IX, 201 S., 33 vollständige Programmbeispiele. *1986.*

W. Reisig: **Petrinetze – Eine Einführung.** 2., überarbeitete und erweiterte Auflage. IX, 196 S., 111 Abb. *1986.*

H. Stoyan, G. Görz: **LISP – Eine Einführung in die Programmierung.** XI, 358 S., 29 Abb. *1986.*

J. Nievergelt, K. Hinrichs: **Programmierung und Datenstrukturen – Eine Einführung anhand von Beispielen.** XI, 149 S. *1986.*